Nikkyo Niwano: Buddhismus für heute

Nikkyo Niwano

Buddhismus für heute

Eine moderne Darstellung
des Dreifachen Lotus Sutra

Octopus Verlag
Wien 1984

Impressum: Octopus Verlag Wien 1984, Erich Skrleta, Fleischmarkt 16, A-1010 Wien, Herstellung: Karrer, Linz.
Dieses Buch wurde original in japanischer Sprache 1961 von Kosei Publishing Company Tokyo, Japan, unter dem Titel *Hokekyo no Atarashii Kaishaku* herausgebracht. Aus dem Englischen übersetzt von Heinz W. Kuhlmann.

Inhalt

Vorwort

Die Lehren des Buddhismus werden allgemein als schwer verständlich betrachtet. Einer der Hauptgründe hierfür mag vielleicht darin liegen, daß die buddhistischen Sutren schwer zu verstehen sind. Dies ist jedoch nur allzu natürlich, weil die Sutren vor etwa zweitausend Jahren zuerst in indischen Sprachen — wie Sanskrit und Pali — geschrieben wurden; nach ihrer Einführung in China übersetzte man sie dann ins Chinesische, und diese chinesischen Versionen der Sutren wurden von China nach Japan gebracht.

Es wird allgemein anerkannt, daß von den vielen buddhistischen Sutren das Sutra der Lotusblume vom Wunderbaren Gesetz (Saddharma-puṇḍarīka-Sūtra), gewöhnlich als Lotus Sutra bekannt, das hervorragendste ist. Beim Lesen dieses und anderer Sutren in der Übersetzung stoßen wir jedoch auf viele ungeläufige oder exotischen Wörter, welche dem Leser das Gefühl einer übertriebenen Ernsthaftigkeit vermitteln. Die meisten Kommentare zu den Sutren geben uns lediglich Interpretationen, welche sich eng an die wörtliche Bedeutung des Originals klammern.

Das Lotus-Sutra erscheint auch mysteriös und weit entfernt von unserem praktischen Leben, weil es phantastische Geschichten und Szenen aus visionären Welten präsentiert, während es gleichzeitig eine Anzahl philosophischer Begriffe voll von versteckter Bedeutung enthält. Aus diesem Grunde legen die meisten Menschen dieses Sutra verzweifelt beiseite, weil es für sie zu tief ist zu verstehen, während andere es gänzlich verwerfen, weil sie meinen, daß diese Sutra sich mit Dingen beschäftige, die für unser heutiges Leben nicht mehr relevant seien.

Das Lotus-Sutra war jedoch nicht so schwierig für die Menschen in der Zeit als Shakyamuni Buddha predigte. Als Erleuchteter sprach er nich von Dingen, die so geheimnisvoll waren, als daß die allgemeinen Leute sie nicht verstanden hätten. Auch drängte er seinen Zuhörern keine persönlichen, esoterischen Ansichten auf. Lange Zeit dachte er nach über die Probleme dieser Welt, des Menschen, wie der Mensch in dieser Welt leben solle und über zwischenmenschliche Beziehungen, und schließlich erlangte er das Wissen der universalen Wahrheit, welche für jede Zeit, für jeden Ort und für jeden Menschen Gültigkeit besitzt. Diese Wahrheit, welche auf jede Zeit, jeden Ort und jeden Menschen zutrifft, kann nicht so schwierig sein, daß Menschen sie nicht verstehen würden. So ist es beispielsweise für jeden leicht, die Tatsache zu begreifen, daß ein Ganzes geteilt durch drei ein Drittel ergibt. Diese Wahrheit ist ganz verschieden von solch irrationalenm und doch weitverbreitetem Glauben, daß durch die Verehrung eines bestimmten Gegenstandes die Heilung von einer Krankheit zu erwarten sei.

Wir können jedoch die Wahrheit, daß ein Ganzes geteilt durch drei ein Drittel ergibt, nicht erkennen, solange wir nicht alt genug sind, es zu verstehtn. Dr. Yōichi Yoshida, Professor an der Rikkyō Universität in Tokio und ein berühmter Mathematiker, berichtet in seinem Buch, einer Sammlung von Essays über Mathematiker, wie er beim Studium von Dezimalrechnung im dritten oder vierten Jahr der Grundschule auf unendlich unteilbare Rechnungen stieß, wie beispielsweise eins geteilt durch drei 0,3333… ergibt. Andererseits konnte er ein Stück Papier in drei genau gleiche Teile falten. Er wußte jedoch nicht, warum das so war. Da er Mathematiker werden wollte, dachte Yoshida ernsthaft darüber nach, warum eins rechnerisch nicht durch drei geteilt werden konnte, während eine solche Teilung praktisch möglich war. Im fünften oder sechsten Schuljahr lernte er dann Brüche, und dabei erkannte er, daß die Bruchzahl „ein Drittel" eine Lösung für das Problem bot, eins rechnerisch durch drei zu teilen. Er interessierte sich dabei sehr für Brüche und versuchte eifrig, sich „ein Drittel" als eine Zahl vorzustellen. Schließlich konnte er verstehen, warum es kein Wunder war, ein Stück Papier in drei gleiche Teile falten zu können.

Das gleiche läßt sich von den Lehren des Buddha sagen. Obschon diese Lehren im Prinzip für jeden verständlich sein sollten, kann man sie nicht einmal teilweise verstehen, solange man nicht ein gewisses Maß geistiger Reife erreicht hat. Beim Erlernen der Mathematik wäre es vielleicht eine gute Idee, den Schulkindern schon frühzeitig das Bruchrechnen beizubringen. Jedoch unterrichten die Lehrer zuerst die ganzen Zahlen — eins, zwei, drei und so weiter — und gehen erst dann zu den Bruchzahlen über, weil nämlich Kinder im ersten oder zweiten Schuljahr ohne diese Grundlage Brüche nicht verstehen können. In der Praxis lehren die Lehrer Kinder Brüche, wie beispielsweise ein Drittel, auch indem sie ein Stück Papier in drei Teile falten, anstatt zu versuchen, die Theorie der Brüche zu erklären.

Shakyamuni predigte auf verschiedene Weise für die damaligen Menschen, je nach ihren geistigen Kräften und ihrer Fähigkeit zu begreifen. Er unterhielt sich mit ihnen unter Verwendung mannigfaltiger Arten von Argumentation sowie in Parabeln, so daß die Menschen seiner Zeit fähig waren, seine Lehren zu begreifen. Manche Leute betrachten das Lotus-Sutra nur oberflächlich und sehen lediglich, was es auszudrücken scheint. Sie meinen, daß sie unmöglich an das Sutra glauben können, weil es phantastische Welten erörtert, die in der Wirklichkeit nicht bestehen. Solche Überlegungen sind im Fall des Lotus-Sutra in der Tat oberflächlich. Wenn die Menschen den wahren Geist des Lotus-Sutra erkennen würden, dann könnten sie sehen, daß dieses Sutra mit modernen, wissenschaftlichen und menschlichen Wahrheiten erfüllt ist.

Die Zeitgenossen von Shakyamuni fanden es einfach, seine Lehren zu verstehen. Aus diesem Grunde brachten die Lehren des Buddha eine wunderbare Veränderung in das Leben der Menschen. Wäre dies nicht der Fall gewesen, hätten sich — nach seiner relativ kurzen aktiven Lehrtätigkeit von nur fünfzig Jahren — nicht so viele Menschen zu seiner Lehre bekannt. Darüber hinaus wird berichtet, daß in der Gemeinschaft von Shakyamuni eine solch freie Atmospäre herschte, daß „diejenigen, die kamen, willkommen geheißen wurden; diejenigen, die gingen, nicht bedauert wurden". Wie am Fall der fünftausend Mönche dargestellt ist, welche die Versammlung verließen, wovon im Kapitel 2 des Lotus-Sutras, „Taktgefühl", berichtet ist, versuchte Shakyamuni nicht, die füntausend eitlen Mönche zum Bleiben in der Versammlung zu bewegen, als er gerade das Lotus-Sutra predigen wollte. So verließen sie ihn, wobei sie sagten, daß es für sie nicht mehr nötig sei, dieses Sutra zu hören, da sie bereits Erleuchtung erlangt hätten. Trotz der Tatsache, daß er weder Menschen zwang zu kommen, um ihn predigen zu hören noch dazu anhielt, bei ihm zu bleiben, wuchs die Zahl der Anhänger von Shakyamunis Lehren rasch auf Zehntausende von Menschen. Dies lag zweifellos an Shakyamunis unvergleichlicher Kraft an Eingabe und Überzeugung. Diese Kraft aber beruhte auf der Tatsache, daß seine Lehren selbst sowohl wertvoll wie auch leicht verständlich waren.

Shakyamunis liberale Einstellung brachte jedoch nach seinem Tode seinen Schülern für eine Zeitlang Sorgen und Schwierigkeiten. Der Grund hierfür waren seine letzten Worte an seine Schüler. Er sagte ihnen nur: „Alle Erscheinungen sind stets im Wechsel begriffen. Bemüht euch, den Buddhismus mit Eifer auszuüben." Er gab ihnen dagegen keine Hinweise, wer seine Gemeischaft leiten sollte, oder wie dies geschehen sollte. Seine Schüler gründetern natürlich regionale Gruppen und befolgten seine Lehren. Da sie jedoch keinerlei doktrinäre Kontrolle über die Lehren Shakyamunis ausübten, entstanden bald unterschiedliche Meinungen innerhalb der verschiedenen Gruppen und Regionen in dem riesigen Land Indien.

Das Grundproblem bestand darin, daß Shakyamunis Lehren richtig interpretiert wurden in Gebieten, welche er oft besucht hatte, um zu lehren, während dagegen in Bezirken, wo die Menschen keine Gelegenheit gehabt hatten, seine Predigten direkt zu hören, und wo daher seine Lehren nur aus zweiter Hand vermittelt wurden, die Lehren beträchtlich verändert wurden, je nach den persönlichen Ideen, welche die verschidenen Prediger den Lehren des Buddha hinzufügten. In ähnlicher Weise wurde den Lehren des Buddha nach Shakyamunis Tod manches neue Gedankengut hinzugefügt.

Die Geschichte des Buddhismus zeigt, daß Shakyamunis Lehren während seines Lebens und für einige Zeit nach seinem Tod nützlich und lebensnah waren. Im Laufe der Zeit ging jedoch der wahre Geist seiner Lehren verloren, und nur deren Form blieb erhalten.

Wie bereits oben erwähnt, verursachte Shakyamunis liberale Einstellung seinen Schülern für eine Zeitlang nach seinem Tod Schwierigkeiten. Diese „Zeit nach seinem Tod" ist nicht auf das erste Jahrhundert oder die beiden folgenden nach Shakyamunis Tod begrenzt; sie reicht vielmehr bis in unsere heutige Zeit — rund fünfundzwanzig Jahrhunderte später. Vom Gesichtspunkt der Geschichte des Menschengeschlechts sind zweitausendfünfhundert Jahre nur eine kurze Zeit. In Japan besaß der von China eingeführte Buddhismus eine Zeitlang eine große Kraft, immer wenn ein gelehrter oder hervorragender Priester auftrat. Aber schon bald nahm diese Kraft ab. Im dreizehnten Jahrhundert brachte beispielsweise der Priester Nichiren, der Gründer der Nichiren-Schule, neues Leben in den japanischen Buddhismus. Nach seinem Tod aber wandten sich die Lehren von seiner wahren Absicht ab und degenerierten in Formalismus.

In Indien begann bald nach dem Tod Shakyamunis die Interpretation seiner Lehren sich in jedem Gebiet und in jeder Gruppe von Schülern zu unterscheiden. Buddhistische Mönche versuchten ihre Autorität zu etablieren, indem sie eine Art von Leben führten und predigten, welches für buddhistische Laien unmöglich zu befolgen ist. Wie wir im Lotus-Sutra sehen können, hörten zu Shakyamunis Lebzeiten *Bhiksus* (Mönche), *Bhikshunīs* (Nonnen), *Upāsakas* (männliche Laienanhänger) und *Upāsikas* (weibliche Laienanhänger) auf seine Predigten, praktizierten seine Lehren und bemühten sich um die Ausbreitung des Gesetzes — alle in harmonischer Eintracht miteinander. Nach Buddhas Tod eröffnete sich jedoch eine Kluft zwischen den Mönchen und Laienanhängern, manchmal noch bevor es der einen oder anderen Gruppe überhaupt bewußt wurde.

Dieser sich ständig vergrößernde Unterschied entstand, weil einige Mönche beim Einhalten der Gebote den Formalitäten größere Bedeutung beilegten als dem grundsätzlichen, hinter den Geboten stehenden Geist. Es gab auch Mönche, die mit Absicht Shakyamunis ursprünglich pragmatische Lehren in eine sehr schwierige Philosophie verwandelten, um sie auf diese Weise den zu der Zeit in Indien bestehenden Lehren und Philosophien entgegenzustellen.

Andererseits entwickelten einige Leute selbstsüchtige Gedanken und bestanden — entgegen dem was Shakyamuni gesagt hatte — darauf, daß es unmöglich sei für alle Menschen, den gleichen Grad an Erleuchtung zu erlangen wie Buddha. Sie behaupten, daß es für uns ganz unmöglich sei, so groß wie der Buddha zu werden.

Laienanhänger, die sahen, daß der Buddhismus sich auf diese Weise von seinen Ursprüngen entfernte und seine Kraft verlor, hatten deshalb den glühenden Wunsch, Shakyamunis wahren Geist in die Lehren zurückzubringen. So entstand eine neue buddhistische Gruppe. Die Anhänger dieser Gruppe nannten ihren Buddhismus *Mahāyāna,* das „große Fahrzeug", um uns die Welt des Buddha zu vermitteln, und sie verwarfen den bestehenden Buddhismus als *Hinayāna,* das „kleine Fahrzeug". Mönche der älteren Gruppen entgegneten dem: „Es ist euer Buddhismus, der falsch ist." Folglich entstand ein heftiger Zusammenprall zwischen der neuen und alten Form.

Das Lotus-Sutra erscheint unter diesen Umständen als eine Bemühung, den Buddhismus in einem Fahrzeug zu vereinen. Dieses Sutra betont, daß es im Buddhismus nur ein Fahrzeug gibt, nämlich das *Ekayāna,* dem alle Menschen in gleicher Weise folgen sollen, und daß es der letzte Zweck der Lehren Shakyamunis sei, alle Menschen zu diesem Fahrzeug zu bringen.

Man nimmt an, daß das Lotus-Sutra etwa siebenhundert Jahre nach dem Tod von Shakyamuni Buddha aufgezeichnet worden ist. Ich persönlich sehe eine tiefe Bedeutung in der Tatsache, daß die Veränderungen im Buddhismus während der ersten siebenhundert Jahre ein grundsätzliches Muster festlegten, dem der Buddhismus während seiner langen Geschichte hindurch folgte. Im zwanzigsten Jahrhundert, wo der Buddhismus sich zu sehr der Form zugewandt hat und dabei seine Kraft, die Menschen zu erretten, verloren hat, ist unter den Laienanhängern wieder eine Bewegung entstanden, den Buddhismus auf die wahren Lehren Shakyamunis zurückzuführen, und diese Bewegung verbreitet sich durch die Bemühungen der Laienanhänger jetzt über ganz Japan.

Diese neue Bewegung zur Neubewertung der Lehren Buddhas hat sich nicht nur in Japan, sondern in der ganzen Welt verbreitet. In westlichen Ländern gibt es viele Menschen, die mit Monotheismus, Atheismus oder Materialismus unbefriedigt sind und schließlich die Lösung ihrer Probleme im Buddhismus suche. Ich habe gehört, daß der Buddhismus zur Grundlage eines neuen ethischen Systems gemacht wurde — in der Volksrepublik China, einem kommunistischen Land.

Dies ist ein besonders wichtige Epoche. Wir sind in Gefahr einer plötzlichen Vernichtung ausgesetzt, wenn der Mensch nicht lernt, die menschliche Würde zu schätzen, indem er die Lehren Buddhas erkennt und zu einer Lebensart zurückfindet, die anderen wie auch ihm selbst leben hilft.

Ich bedaure zutiefst, daß das Lotus-Sutra, welches die höchsten Lehren des Buddha umfaßt, so schwer verständlich scheint, und daß es nur von einer begrenzten Anzahl von Menschen sowie von Religionsfachleuten studiert wird. Das Lotus-Sutra wird im allgemeinen weder voll gewürdigt noch verstanden, und deshalb dringt es nicht in das tägliche Leben der Menschen ein. Dies war der erste Grund für meinen Entschluß, dieses Buch zu schreiben. Mein tiefstes Verlangen ist es, das Lotus-Sutra zu erläutern, so daß sein Geist von modernen Menschen verstanden werden kann und ihre Anteilnahme gewinnt. Dabei bin ich jedoch der ursprünglichen Absicht des Sutra bis aufs letzte treu geblieben.

Wir können das Lotus-Sutra nicht wirklch verstehen, wenn wir nur einen Teil lesen. Es ist sowohl eine tiefe Lehre wie auch ein wunderbares Kunstwerk, das sich wie ein Drama entfaltet. Deshalb können wir seine wahre Bedeutung nicht erfassen, wenn wir es nicht vom Anfang bis zum Ende ganz lesen. Es ist jedoch nicht einfach, das Sutra zu lesen, seine schwierige und unbekannte Terminologie zu verstehen und seine Bedeutung voll zu erfassen. Wir brauchen einen Kommentar, der uns hilft, das Sutra in Beziehung zu unserem heutigen Leben zu verstehen. Dies ist der zweite Grund für meinen Entschluß, dieses Buch zu schreiben.

Selbst in der Übersetzung finden wir in dem Sutra eine unbeschreibliche Kraft, die unsere Herzen durchdringt. Ich meine, daß die Leser das Lotus-Sutra besser verstehen werden, wenn sie bei der Lektüre dieses Buches darin nachschlagen. Ich glaube auch, daß sie durch dieses Buch etwas vom Geist des Lotus-Sutra verspüren können.

Wenn Leser, die den Geist des Sutra verstehen, morgens und abends Schlüsselstellen rezitieren, dann wird die Kraft daraus immer fester in ihren Sinnen verwurzelt und drückt sich durch Sicherheit in ihrem täglichen Lebenswandel derart aus, daß sich ihnen ein neues Leben eröffnet. In dieser Hoffnung und in diesem Glauben habe ich dieses Buch geschrieben.

Einleitung

● Entstehung und Verbreitung des Lotus-Sutras.

Im Vorwort habe ich kurz darauf verwiesen, wie das Lotus-Sutra aufgezeichnet wurde; jetzt möchte ich aber eine detailliertere Beschreibung des Prozesses geben, der das Sutra schließlich nach Japan gebracht hat.

Zur Zeit Shakyamunis gab es in Indien noch kein allgemein verbreitetes Schriftsystem. Deshalb wurden seine Predigten auswendiggelernt und mündlich verbreitet. In jener Zeit als die Menschen alles, was sie behalten wollten, auswendiglernen mußten, besaßen sie ein derart starkes Gedächtnis, wie wir es uns gar nicht vorstellen können. Auch war das alltägliche Leben der Menschen weniger kompliziert und geschäftig als heute. Die großen Schüler des Buddha, die einen klaren Kopf und einen reinen Geist besaßen, hörten aufmerksam zu, um jedes von Shakyamuni gesprochene Wort aufzunehmen. Deshalb ist es nahezu sicher, daß sie die Predigten Shakyamunis nicht hörten. Hinzu kommt noch, daß nach dem Tode des Buddha seine Schüler häufig Zusammenkünfte abhielten, um zu überprüfen, ob ihre Erinnerungen sie nicht täuschten. Nach Bestätigung der tatsächlichen Worte Buddhas und nach gegenseitiger Berichtigung von Fehlern brachten sie ihre Gedanken in ein System. Aus diesem Grund sind die Worte Shakyamunis richtig erhalten geblieben, obschon sie von Mund zu Mund vermittelt wurden.

Shakyamuni hielt auf seinen zahlreichen Wanderungen durch die riesigen Gebiete Nordindiens über einen Zeitraum von fünfzig Jahren viele Predigten. Er predigte auch auf verschiedene Weise, je nach dem Auffassungsvermögen seiner Zuhörer. Wir müssen die Tatsache berücksichtigen, daß sich die Lehren Buddhas von Ort zu Ort und von Gruppe zu Gruppe seiner Schüler unterschieden, und daß im Laufe der zeit beträchtliche Unterschiede im Hinblick auf Verständnis und Predigt seiner Lehren entstanden. Durch die Bemühungen seiner Schüler wurden die Lehren Shakyamunis selbst jedoch richtig überliefert. Es gibt kein Sutra, da nicht heilig wäre. Die Lehren von Shakyamuni sind im Āgama Sutra, Prajñāpramitā Sutra, Amitābha Sutra und vielen anderen aufgezeichnet. Aber nur im Lotus-Sutra wurde der grundlegende Geist aller Lehren Shakyamunis während seines aktiven Lebens zum erstenmal klar ausgedrückt; in diesem Sutra ist der wesentliche Gehalt aller seiner Lehren vereinigt und in leicht verständlichen Begriffen beschrieben. In anderen Worten: im Lotus-Sutra sind die Grundlagen des Buddhismus, der Kern der Lehren Shakyamunis umfassend in einfachen und doch inhaltsreichen Worten erläutert.

Manche Leute diesputieren über den relativen Wert verschiedener Sutren und sind sogar von der Illusion befangen, daß der relative Wert derselben von Unterschieden in den Lehren Shakyamunis herrührte. Dies ist ein schwerer Irrtum. Kein Sutra wurde von Shakyamuni selbst verfaßt. Tatsache ist, daß er während der fünfzig Jahre zwischen seiner ersten Predigt für die fünf Mönche im Hirschpark zu Vārānasi (Benares) und seinem Tod im Alter von achtzig Jahren, zahlreiche Predigten vor unzähligen Menschen hielt. Aus diesen vielen Predigten wählte jede Gruppe von Schülern und deren Anhänger einige, die sie direkt oder von anderen gehört hatten, zur Integrierung in ihre eigenen Sutren aus. Welches Sutra uch immer wir studieren, um die Lehren Shakyamunis zu begreifen, Shakyamuni selbst erfüllt uns in jedem mit dem gleichen Licht der Weisheit. Wenngleich also das Lotus-Sutra gewiß die hervorragendste Lehre unter den vielen Sutren ist, so ist es dennoch grundsätzlich falsch, deshalb andere Sutren zu verachten.

● Symbolische Ausdrücke im Lotus-Sutra

Das Lotus-Sutra wurde in Form eines Dramas verfaßt, so daß die Menschen jener Zeit es leicht verstehen konnten. Die Verfasser des Sutras bemühten sich, den Menschen zu helfen, seinen Inhalt zu erfassen, indem sie abstrakte Ideen in konkreter Form darstellten. Im ersten Kapitel des Lotus-Sutras, „Einleitung“, wird zum Beispiel gesagt, daß beim Aussenden des Strahls von Buddhas Stirn der östliche Teil der achtzehntausend Buddha-Länder erleuchtet wurde und alle Buddhas mit ihren Schülern überall zu sehen waren. Dieser Ausdruck bedeutet, daß der Buddha in jedem Himmelskörper wie auf der Erde vorhanden ist; er existiert überall durch das gesamte Universum.

Beschreibungen wie das Erbeben der Erde und das Herabregnen von Blumen gehören zu dieser Art von Ausdrücken. Heutzutage hören wir oft Redensarten wie „Vor Angst erstarrte mir das Blut in den Adern“ oder „Ich habe mich vor Lachen gebogen.“ Niemand nimmt solche Ausdrücke wörtlich. Aber selbst wenn sie nicht den Tatsachen entsprechen, so dienen sie doch dazu, das wahre Gefühl des Sprechers oder Schreibers bildlich und wirkungsvoll mitzuteilen. Dieser Aspekt liefert uns einen Schlüssel zum Verständnis des Lotus-Sutras. Der wesentliche Gesichtspunkt ist nicht „Tatsache“, sondern „Wahrheit“ — die Wahrheit der Lehren Buddhas. Selbst wenn uns im Lotus-Sutra Dinge begegnen, die unwirklich erscheinen, so müssen wir die tiefe Wahrheit erfassen, welche unter der Oberfläche der Worte verborgen liegt.

● Die Übersetzung von Kumārajīva ins Chinesische

Verschiedene Leute brachten das Lotus-Sutra nach China und übersetzten es ins Chinesische; jedoch ist die heute in Ostasien allgemein gebräuchliche Version die von Kumārajīva erstellte Übersetzung. Sein Vater, Kumārajāna, der aus einer vornehmen Familie in Indien stammte, ging nach Kucha, einem in Zentralasien zwischen Indien und China gelegenen Land, und heiratete die Schwester des Königs dieses Landes. Im Jahre 344 wurde ihnen ein Sohn, Kumārajīva, geboren. Zu der Zeit blühte in Kucha der Buddhismus, und Kumārajīva trat im Alter von sieben Jahren zusammen mit seiner Mutter in ein Kloster ein. Später wurde er dann nach Indien geschickt, um den Mahāyāna Buddhismus zu studieren.

Es wird gesagt, daß sein Lehrer, Sūryasoma, der Kumārjīvas Fähigkeit und Charakter erkannte, ihn bei seiner Rückkehr in sein Heimatland das *Saddharma-puṇḍarīka-Sūtra* (das Sutra der Lotusblume vom Wunderbaren Gesetz) lehrte. Dann legte er seine rechte Hand auf Kumārajīvas Haupt und sagte dabei: „Die Sonne des Buddha ist im Westen untergegangen, und ihre verbleibenden Strahlen sind im Begriff, den Osten zu erreichen. Dieses Sutra hat eine Beziehung zum Nordosten. Verbreite dort mit Ehrfurcht dieses Sutra!"

Wenn wir jetzt über Sūryasomas Worte „Dieses Sutra hat eine Beziehung zum Nordosten" reflektieren, so erkennen wir, daß diese Prophezeiung eine sehr tiefe Bedeutung beinhaltet, und wir können nicht umhin, von der Erkenntnis bewegt zu werden, daß in späteren zeiten dr Buddhismus seine höchste Blüte in Japan erreicht, einem Land weit im Nordosten von Indien.

In Befolgung der Worte seines Lehrers beschloß Kumārajīva, das Lotus-Sutra in China — nach Nordosten — zu verbreiten. Aber da zu jener Zeit in China viele Kriege geführt wurden und Grenzen wie Nationen sich ständig veränderten, konnte sein Plan nicht so leicht wie erhofft verwirklicht werden. Sein Ruf als Übersetzer verbreitete sich jedoch über ganz China, und im Jahre 401 zog er auf Einladung des Kaisers nach Ch'ang-an, der Hauptstadt der späteren Ch'in Dynastie. Kumārajīva, der damals schon zweiundsechzig Jahre alt war, wurde zu einem staatlichen Lehrmeister ernannt, und acht Jahre lang — bis zu seinem Tode im Jahre 413 im Alter von siebzig — übersetzte er viele Sutren ins Chinesische.

Es versteht sich, daß das Lotus-Sutra das bedeutendste war unter den vielen Sutren, die er übersetzte. Da er in den chinesischen Übersetzungen, die er gesehen hatte, viele Fehler entdeckte, übte er bei seiner eigenen Übersetzungsarbeit besondere Sorgfalt. Obwohl er Sanskrit und Chinesisch gut beherrschte, versuchte er nicht, die buddhistischen Sutren ganz allein ins Chinesische zu übertragen, sondern er versammelte um sich viele Gelehrte, die in beiden Sprachen bewandert waren. Außerdem lehrte er in Anwesenheit des Kaisers und anderer das Lotus-Sutra. Basierend auf den Notizen, welche sie sich von seinen Vorträgen machten, fertigte jeder der Gelehrten eine Übersetzung des Lotus-Sutras an. Nachdem jeder seine eigene Übersetzung vollendet hatte, wurde diese von allen gemeinsam gründlich untersucht und diskutiert, und schließlich erstellte diese Gelehrtengruppe unter Kumārajīvas Leitung eine Standardübersetzung des Sutras. Es wird überliefert, daß bis zu zweitausend Männer mit dieser Arbeit beschäftigt waren. Deshalb können wir beruhigt folgern, daß in Kumārajīvas Übersetzung des Lotus-Sutras vom Sanskrit ins Chinesische die Lehren von Shakyamuni nahezu ohne Irrtum vermittelt sind.

Im Zusammenhang mit Kumārajīvas Übersetzung wird folgende Geschichte erzählt. Der Kaiser von Yao Ch'in, der Kumārajīvas Persönlichkeit und Fähigkeit tief schätzte, wollte unbedingt, daß dieser ein Kind habe. Deshalb zwang der Kaiser ihn zu heiraten. Auf seinem Sterbebett äußerte Kumārajīva: „ich war gezwungen worden, die Mönchsregel zu brechen und eine Frau zu heiraten; jedoch glaube ich, daß das, was ich gesagt habe, niemals im Gegensatz zur Lehre des Buddha war. Wenn ich in dem, was ich gesagt habe, ehrlich war, dann wird bei der Einäscherung meines Körpers allein meine Zunge unverbrannt übrigbleiben." Als seine Familie seinen Körper einäscherte — so wird berichtet — wurde seine Zunge in der Tat nicht von den Flammen verzehrt und strahlte ein helles Licht aus.

Das Lotus-Sutra spielte in der Folgezeit eine sehr bedeutende Rolle im chinesischen Buddhismus. Nachdem Chihi-i[1], der als der „Kleine Shakyamuni" verehrt wurde, eine umfassende Studie über alle Sutren des *Mahāyana* und *Hinayāna* Buddhismus durchgeführt hatte, gelangte er zu dem Schluß, daß die wahre Absicht des Buddha im Lotus-Sutra enthalten sei, und er schrieb zum Lotus-Sutra die hervorragenden Kommentare *Hokke-gengi*[2], *Hokke-mongu*[3] *und Makashikan*[4]. Als Ergebnis wurde das Lotus-Sutra noch weiter über ganz China ausgebreitet, und bald wurde es auf dem Wege über Korea in Japan eingeführt.

● Das Lotus-Sutra in Japan

Im Jahre 577 wurde das Lotus-Sutra in seiner Übersetzung durch Kumā rajīva nach Naniwa (dem heutigen Osaka) in Japan gebracht, und achtunddreißig jahre später wurde das *Hokke-gisho*[5], der erste japanische Kommentar zum Lotus-Sutra, vom Prinzregenten Shōtoku (574 — 622) verfaßt. Dieses Werk gilt als das älteste vorhandene Buch, welches von einem Japaner geschrieben wurde.

Prinz Shōtoku verkündete den Kodex, welcher als die Siebzehn-Artikel-Verfassung bekannt ist, gegründet im Geist des Lotus-Sutras. Durch diese Verfassung schaffte der Prinz den ersten Gesetzeskodex in Japan. Es ist von größter Bedeutung, daß die Dämmerung der Zivilisation in Japan durch die Anwendung der Ideen des Lotus-Sutras ermöglicht wurde. Über einen Zeitraum von vierzehnhundert Jahren wurde seitdem dieser Geist ununterbrochen von Generation zu Generation den Menschen in Japan überliefert.

Viele berühmte buddhistische Priester in Japan verbreiteten mit großem Eifer die Lehren des Lotus-Sutra — unter ihnen Saichō[6], Dōgen[7] und Nichiren[8]. Besonders Nichiren verlieh diesem Sutra neues Leben. In seinen Bemühungen, dieses Sutra im Volke zu verbreiten, setzte er oft sein eigenes Leben aufs Spiel.

Seit Nichirens Tod im Jahre 1282 sind siebenhundert Jahre verflossen. Die Lehren Shakyamunis hatten nach seinem Tode allmählich an Kraft verloren; jedoch gewannen sie siebenhundert Jahre später durch das Auftauchen des Lotus-Sutras ihre lebensnahe Stärke zurück. Es ist höchst interessant zu beobachten, daß sich das gleiche Phänomen während der siebenhundert Jahre zwischen dem Tod des Prinzen Shōtoku und dem Auftreten Nichirens wiederholte. In den siebenhundert Jahren nach Nichirens Tod wurde der wahre Geist des Lotus-Sutras jedoch wieder vergessen. Einige Leute in Japan glauben sogar, daß sie erlöst werden könnten nur durch das Schlagen von Handtrommeln und ständigem Wiederholen der Formel, welche den Titel des Lotus-Sutras enthält, d. h. *Namu Myōhō Renge-kyō* — ich nehme meine Zuflucht im Sutra der Lotusblume vom Wunderbaren Gesetz — oder daß ihre „Gebete" erhört würden, wenn sie nur die von Nichiren verfaßte Inschrift, welche diese Formel zum Hauptinhalt hat, verehren.

Die Inhalte und der Geist des Lotus-Sutras sind sehr heilig. Die Ausübung seiner Lehren ist ebenfalls heilig. Wir führen ein ganz normales alltägliches Leben; indem wir aber die Lehren des Sutras verstehen, daran glauben und es befolgen, versuchen wir einen Geisteszustand zu erreichen, der frei ist von Illusionen und Leiden. Wir erkennen, daß die Menschen in Harmonie leben und einander helfen sollten. Wenn jemand ein solches Gefühl besitzt — selbst nur für ein paar Stunden am Tag — dann bessern sich auch seine Lebensverhältnisse und seine Gesundheit auf natürliche Weise. Die Hoffnung, daß alle Menschen in der Welt von solchen Gefühlen getragen werden und glücklich leben, ist der tiefste Gedanke des Lotus-Sutras.

In der Tat ist das Lotus-Sutra die Lehre von menschlichem Respekt, Selbstvervollkommnung und Frieden. Kurzum, es ist die Lehre des Humanismus. Heute, gerade siebenhundert Jahre nach dem Tode Nichirens, müssen wir den Geist des Lotus-Sutras wiederherstellen und ein besseres Leben schaffen — in unserem eigenen Interesse, für unsere Familien, unsere Gesellschaft und die ganze Welt.

● Aufbau des dreifachen Lotus-Sutras

Das dreifache Lotus-Sutra, oder *Hokke Sambu-kyō,* besteht aus dem Sutra von den unzähligen Bedeutungen (*Muryōgi-kyō*); dem Sutra der Lotusblume vom Wunderbaren Gesetz (*Myōhō Renge-kyō*), im allgemeinen als Lotus-Sutra bekannt, und dem Sutra der Meditation über die Bodhisattvas der universalen Tugend (*Kan-fugen-bosatsu-gyōbō-kyō,* oder einfach *Kan-fugen gyō*).

● Das Sutra von den unzähligen Bedeutungen

Von den drei oben genannten Sutren enthält das Sutra von den unzähligen Bedeutungen die Predigt, welche Shakyamuni auf dem Geiergipfel (Berg Gṛdhrakūṭa) hielt, unmittelbar bevor er das Lotus-Sutra predigte. Das Sutra von den unzähligen Bedeutungen, welches mit dem Lotus-Sutra untrennbar verbunden ist, wird als eine Einführung in das letztere betrachtet. Dies beruht darauf, daß Shakyamuni im Sutra von den unzähligen Bedeutungen die Ziele und die Ordnung seiner Predigt im Laufe der vergangenen vierzig Jahre darlegt und dabei auch sagt, daß er die Wahrheit noch nicht offenbart habe. Dies bedeutet nicht, daß er bis dahin die Unwahrheit gepredigt hätte; vielmehr hatte er bislang noch nicht die letzte Wahrheit verkündet, obwohl auch schon alle seine früheren Predigten die Wahrheit brachten. Mit anderen Worten: er hatte noch nicht die letzte Tiefe seiner Lehren offenbart, weil er nämlich befürchtet, daß die Menschen sie noch nicht erfassen könnten, da ihr Verständnis noch nicht genügend entwickelt war. Deshalb machte er im Hinblick auf seine nächste Predigt ein bedeutsames Versprechen: „Jetzt bin ich im Begriff, die letzte Wahrheit zu verkünden.“ Seine nächste Predigt war das Lotus-Sutra. Wenn wir deshalb versäumen, das Sutra von den unzähligen Bedeutungen zu lesen, dann können wir weder die Stellung des Lotus-Sutras innerhalb all der Predigten, welche Shakyamuni im Laufe seines Lebens hielt, klar erkennen, noch können wir die tiefe Heiligkeit des Lotus-Sutras verstehen.

Der Titel des Sutras — „Unzählige Bedeutungen" — vermittelt die Vorstellung von einer Lehre mit unendlichen Bedeutungen. In diesem Sutra wird gesagt, daß die unzähligen Bedeutungen von einem Gesetz ausgehen. Dieses eine Gesetz ist das von der „Nicht-Form". An dieser Stelle erklärte Shakyamuni dieses Gesetz noch nicht im Detail; deshalb kann seine Bedeutung durch dieses Sutra nicht klar verstanden werden. Er erörterte es aber gründlich im Lotus-Sutra, welches er anschließend predigte. Darin verdetulichte er, daß die Lehre von den unendlichen Bedeutungen sich letzten Endes auf die im Lotus-Sutra gepredigte Wahrheit bezieht. Dieses Sutra war der Höhepunkt und die wichtigste Predigt, welche er in seinem Leben hielt.

Kurz gesagt, das Sutra von den unzähligen Bedeutungen war eine Predigt zur Einführung des Lotus-Sutras, also ein sogenanntes „Eröffnungssutra" (*kaikyō*) zum Lotus-Sutra. Das Sutra von den unzähligen Bedeutungen besteht aus drei Kapiteln: „Tugenden" (*Tokugyō-hon*), „Predigten" (*Seppō-hon*) und „Zehn Verdienste" (*Jūkudoku-hon*). Kapitel 1 ist „Einführung" (*jobun*) genannt, Kapitel 2 der „Hauptteil" (*shōshūbun*) und Kapitel 3 der „abschließende Teil" (*ruzūbun*). Diese dreifache Unterteilung ist auch bei anderen Sutren zu finden. Der einführende Teil eines Sutras erörtert wann, wo und für welche Art von Menschen das Sutra gepredigt wurde; ferner warum es gepredigt werden mußte oder welche Bedeutung es enthielt. Der Hauptteil enthält den hauptsächlichen Gegenstand des Sutras und ist deshalb der wichtigste der drei Teile. Der abschließende Teil zeigt, welchen Gewinn man erreichen kann, wenn man das, was im Hauptteil gelehrt wird, gründlich versteht und entsprechend befolgt, und welcher Schutz deshalb denen verliehen wird, die das Sutra verehren und sich um seine Ausbreitung bemühen.

● Das Lotus-Sutra

Das Sutra der Lotusblume vom Wunderbaren Gesetz, allgemein als das Lotus-Sutra bekannt, besteht aus achtundzwanzig Kapiteln:

Kapitel 1 „Einführung"; Kapitel 2 „Taktgefühl"; Kapitel 3 „Eine Parabel"; Kapitel 4 „Urteilskraft im Glauben"; Kapitel 5 „Die Prabel von den Kräutern"; Kapitel 6 „Voraussage"; Kapitel 7 „Die Parabel von der Zauberstadt"; Kapitel 8 „Die Fünfhundert Schüler empfangen die Voraussage ihres Schicksals"; Kapitel 9 „Voraussage des Schicksals der Arhats, Schulung und Geschulte"; Kapitel 10 „Ein Lehrer des Gesetzes"; Kapitel 11 „Betrachtung des kostbaren Stupa"; Kapitel 12 „Devadatta"; Kapitel 13 „Ermahnung zur Beharrlichkeit"; Kapitel 14 „Ein glückliches Leben"; Kapitel 15 „Hervorsprießen aus der Erde"; Kapitel 16 „Offenbarung des (ewigen) Lebens des

Tathāgata“; Kapitel 17 „Unterscheidung der Verdienste“; Kapitel 18 „Die Verdienste der freudigen Annahme“; Kapitel 19 „Die Verdienste des Predigers“; Kapitel 20 „Der Bodhisattva, der nie verachtet“; Kapitel 21 „Die göttliche Kraft des Tathāgata“; Kapitel 22 „Der letzte Auftrag“; Kapitel 23 „Die Geschichte des Bodhisattvas Medizinkönig“; Kapitel 24 „Der Bodhisattva Wunderklang“; Kapitel25 „Die Allseitigkeit des Bodhisattva Betrachter der Schreie der Welt“; Kapitel 26 „Dharanis“; Kapitel 27 „Die Geschichte des strahlenden Königs“; und Kapitel 28 „Ermutigung des Bodhisattva universelle Tugend“. Der Titel eines jeden Kapitels verweist auf einen Teil oder den gesamten Inhalt.

Seit alter Zeit haben die buddhistischen Gelehrten das Lotus-Sutra auf verschiedene Weise unterteilt, um ein besseres Verständis zu gewinnen. Nach der Einteiung, welcher die meisten Gelehrten folgen, wird eine Trennungslinie zwischen Kapitel 14 und 15 gezogen. Die erste Hälfte wird als das „Gesetz der Erscheinung“ (*shakumon*) und die zweite Hälfte als das „Gesetz des Ursprungs“ (*hommon*) definiert. Jedes dieser beiden Gesetze wird in einführende, Haupt- und abschließende Teile aufgegliedert. Im Gesetz der Erscheinung ist das Kapitel 1 als der einführende Teil definiert; die Kapitel 2 bis 9 sind der Hauptteil; und die Kapitel 10 bis 14 sind der abschließende Teil. Im Gesetz des Ursprungs ist die erste Hälfte des Kapitels 15 der einführende Teil; der zweite Teil vom Kapitel 15, Kapitel 16 und die erste Hälfte von Kapitel 17 sind der Hauptteil, und die verbleibenden elf Kapitel sind der abschließende Teil.

● Das Gesetz der Erscheinung und das Gesetz des Ursprungs

Das Gesetz der Erscheinung enthält die Lehren des Buddha, der in der Geschichte auftritt (*shakubutsu*). Der „erscheinende Buddha“ verweist auf den historischen Shakyamuni, der in diese Welt geboren wurde, nach Jahren der Askese die Buddhaschaft erreichte und im Alter von achtzig Jahren starb. Deshalb enthält das Gesetz der Erscheinung die Lehren über die Organisation des Universums, des menschlichen Lebens sowie der menschlichen Beziehungen basierend auf der Erfahrung und Erleuchtung von Shakyamuni, der den idealen Zustand für einen Menschen erreichte. Shakyamuni lehrt uns auch, daß Weisheit die wichtigste Eigenschaft zur Erhaltung richtiger menschlicher Beziehungen ist. Der Kern des Gesetzes der Erscheinung ist die Weisheit des Buddha.

Das Gesetz des Ursprungs, mit Kapitel 16 als seinem Kern, verkündet, daß Shakyamuni fortwährend die Menschen im Universum seit ewigen Zeiten belehrt hat. Mit anderen Worten: der Buddha ist die Wahrheit des

Universums, d. h. das fundamentale Prinzip oder die fundamentale Kraft, welche alle Erscheinungen im Universum, einschließlich der Sonne, anderer Planeten, Menschen, Tiere, Pflanzen und so weiter, mit Leben erfüllt und in Bewegung setzt. Deshalb hat der Buddha überall im Universum seit dessen Beginn existiert. Dieser Buddha wird der Ursprüngliche Buddha (*hombutsu*) genannt.

Die menschliche Form, in welcher der Ursprüngliche Buddha in dieser Welt auftrat, ist der historische Shakyamuni als der erscheinende Buddha. Wir können die Beziehung zwischen den beiden leicht verstehen, wenn wir den Zusammenhang zwischen elektrischen Wellen und dem Fernsehen betrachten. Die elektrischen Wellen, welche von Fernsehsendern ausgestrahlt werden, füllen unsere Umgebung. Wir können sie nicht sehen, hören oder berühren, und dennoch bleibt die Tatsache bestehen, daß solche elektrischen Wellen den Raum um uns füllen. Wenn wir unsere Fernsehgeräte einschalten und auf einen bestimmten Kanal einstellen, dann erscheint das gleiche Bild, und die gleiche Stimme ist von jedem auf diese Wellenlänge eingestellten Gerät zu hören. In diesem Sinne entspricht der Ursprüngliche Buddha der Person, die im Fernsehstudio spricht. Er ist nicht nur im Studio manifestiert, sondern durchdringt auch unsere Umwelt gleich elektrischen Wellen. Der erscheinende Buddha entspricht dem Bild von seiner Person, welches auf dem Bildschirm erscheint und der Stimme, die heraustönt. Der erscheinende Buddha könnte nicht erscheinen, wenn der Ursprüngliche Buddha nicht bestünde; genau so wie kein Fernsehbild erscheinen und keine Stimme gehört werden könnte, wenn es keine elektrischen Wellen gäbe. Demzufolge können wir den Ursprünglichen Buddha nicht sehen, es sei denn durch den erscheinenden Buddha, ebenso wie wir elektrische Wellen nicht direkt als Bilder und Stimmen empfangen können, es sei denn durch das Medium eines Fernsehgerätes.

Somit ist der Ursprüngliche Buddha derjenige Buddha, welcher in jedem Teil des Universums von Ewigkeit zu Ewigkeit fortbesteht. Aber nur durch die Lehren von Shakyamuni, der in dieser Welt in Befolgung der Wahrheit des Ursprünglichen Buddha auftrat, können wir diese Wahrheit erfassen. Wir können nicht behaupten, daß entweder der Ursprüngliche Buddha oder der erscheinende Buddha heiliger oder wichtiger sei: Beide sind in gleichem Maße notwendig.

Rundfunk- und Fernsehsender strahlen ihre elektrischen Wellen aus in der Hoffnung, daß möglichst viele Menschen sie in ihren Fernsehgeräten und Radios empfangen. In der gleichen Weise existiert der Ursprüngliche Buddha in jedem Teil des Universums und ist bereit, alle Wesen des Universums zu erlösen. Er belehrt Menschen, Tiere und Pflanzen. Erlösung bedeutet die ganze Manifestation und vollständige Entwicklung des Lebens, welches für jede Lebensform entsprechend ihrer wahren Natur unentbehrlich ist.

Der Ursprüngliche Buddha ist eins mit der Wahrheit des Universums. Wir brauchen nur die Wellenlänge unseres eigenen Lebens auf die Wahrheit des Universums abzustimmen, und der Buddha erscheint uns. Zu der Zeit verschwindet die dunkle Wolke der Täuschung, welche über unserem Geist und Körper hängt, und das Licht unseres wesentlichen Lebens beginnt aus unserem Inneren heraus zu strahlen. Diese Geistesverfassung ist unsere wahre Erlösung und die geistige Haltung, welche wir erreichen sollten.

Der Ursprüngliche Buddha besteht andauernd von unendlicher Vorzeit bis in die unendliche Zukunft, das heißt: Dieser Buddha ist ohne Anfang oder Ende. Dieser Buddha erscheint in verschiedenen Formen, welche den Gegebenheiten der jeweiligen Zeit und des jeweiligen Ortes angemessen sind. Er erscheint, um alle Menschen zu befreien und zwar durch Mittel und Wege, die ihren Fähigkeiten, seine Lehren zu verstehen, entsprechen. Dies ist der Gehalt des Begriffes vom Ursprünglichen Buddha.

Das Gesetz des Ursprungs ist die Lehre, welche die Beziehung zwischen dem Buddha und den Menschen ausdrückt, also die Erlösung des Menschen durch den Ursprünglichen Buddha. Diese Erlösung beruht auf der Güte des Buddha, und diese Güte ist der Kern im Gesetz des Ursprungs.

● Das Sutra der Meditation über die Bodhisattvas d. universalen Tugend

Dieses Sutra lehrt die Ausübung der Bodhisattvas der universalen Tugend. Es besteht aus der Predigt, welche Shakyamuni in dem großen Waldkloster Vaisali in Zentralindien hielt, nachdem er das Lotus-Sutra gelehrt hatte, und begründet den Weg der Reue als die Ausübung des Geistes des Lotus-Sutras.

Beim Lesen des Lotus-Sutras erfahren wir eine große Ermutigung, erfassen die wahre Bedeutung der Predigten, welche Shakyamuni im Laufe seines Lebens hielt und erkennen, daß wir die gleiche Geistesverfassung wie der Buddha durch Befolgung seiner Lehren erreichen können. Jedoch bleibt die Tatsache bestehen, daß wir in unserem täglichen Leben ständig von Leiden und Sorgen beunruhigt und immer wieder von der einen oder anderen Begierde ergriffen werden. Aus diesem Grund neigen wir dazu, den Mut zu verlieren, und wir vergessen die wertvollen Lehren des Sutras.

Wenngleich wir auch theoretisch verstehen, daß wir zu Buddhas werden können, so wissen wir doch nicht, wie wir uns von unseren Täuschungen befreien können; gar zu leicht wird unser Geist von einer dunklen Wolke der

Täuschung verdeckt. Reue bedeutet das Wegwischen solcher dunklen Wolken, und das Sutra der Meditation über die Bodhisattvas der universalen Tugend lehrt uns die Weise, dieses zu tun. Deshalb steht dieses Sutra auch in enger Beziehung zum Lotus-Sutra und wird als Epilog zum Lotus-Sutra, „abschließendes Sutra" (*kekkyō*) des Lotus-Sutras genannt. Wegen seines Inhalts wird es auch als das „Sutra der Reue" bezeichnet.

[1] Chih-i (538—97) ist der dritte Patriarch der chinesischen T'ien-t'ai (japanisch: Tendai) Schule.

[2] *Hokke-gengi* ist ein Werk von zehn oder zwanzig Rollen; sein vollständiger Titel lautet *Myōhō Renge-kyō Gengi.* Dieses Werk wurde von Chih-i verfaßt und von Kuan-ting in der Sui Dynastie (581—681) aufgeschrieben. In diesem Werk wird der Titel des Lotus-Sutras im Detail erläutert, und die tiefe Lehre dieses Sutras wird anhand seines Titels erklärt.

[3] *Hokke-mongu* ist ein Kommentar von zehn oder zwanzig Rollen zum Lotus-Sutra; sein vollständiger Titel lautet *Myōhō Renge-kyō Mongu.* Dieses Werk wurde ebenfalls von Chih-i verfaßt und von Kuan-ting aufgeschrieben.

[4] *Makashinkan* ist ein Werk von zwanzig Rollen, welches die verschiedenen Aspekte der Meditation vom Standpunkt der T'ien-t'ai Schule erläutert. Es gilt als eines der drei Hauptwerke des T'ien-t'ai Buddhismus.

[5] *Hokke-gisho* ist ein Kommentar von vier Rollen zum Lotus-Sutra. Obwohl dieses Werk auf das *Hokke-giki* des Chinesen Fa-yün aufbaut, enthält es auch viele einmalige Erklärungen und Meinungen. Das von dem Prinzen selbst geschriebene Manuskript ist heute noch vorhanden.

[6] Saichō (767—822) war der Gründer der japanischen Tendai (T'ien-t'ai) Schule. Im Jahre 804 wurde er auf kaiserlichen Befehl nach China entsandt, wo er die T'ien-t'ai Doktrinen studierte. Nachdem er nach Japan zurückgekehrt war, beantragte er eine staatliche Anerkennung der Tendai Schule. Im Jahre 806 wurde ihm vom Kaiser der Ehrentitel ‚Dengyō-daishi' verliehen. Hierbei wurde erstmals in Japan der Titel ‚Daishi' d. h. „großer Lehrer" benutzt.

[7] Dōgen (1200—1253) war der Gründer der Sōtō Schule des Zen-Buddhismus in Japan. Nachdem er auf dem Berg Hiei in der Nähe von Kyoto zum Priester wurde, nahm ihm der Rinzai Zen-Meisters Eisai als Schüler auf. Er studierte sieben Jahre lang in China. Nach seiner Rückkehr nach Japan lebte er eine Zeitlang in der Nähe von Kyoto und gründete später das große Sōtō Zen-Kloster Eihei-ji in der heutigen Provinz Fukui. Er schrieb mehrere bedeutende Werke über Zen, darunter das monumentale Werk *Shōbō-genzo.*

[8] *Nichiren* (1222—82) war der Gründer jener japanischen Schule, die seinen Namen trägt. Im Jahre 1253 verkündete er, daß man den Titel des Lotus-Sutra als Mantra *Namu Myōhō Renge-kyō* rezitieren solle. Während seiner aktiven Verbreitung des Lotus-Sutras erlitt er viele Verfolgungen einschließlich der Verbannung ins Exil. Unter seinen Werken befindet sich ein sehr bedeutender Kommentar zum Lotus-Sutra.

Erster Teil

Das Sutra von den unzähligen Bedeutungen

Kapitel 1

Tugenden

Wie bereits erwähnt wurde, ist dieses Sutra eine Einführung in das Lotus-Sutra. Es beginnt mit der Beschreibung einer Reihe von Bodhisattvas, welche die Tugenden und die Erhabenheit von Shakyamuni Buddha preisen. Das Kapitel beginnt mit der Redewendung: „Solches habe ich vernommen." Hierauf folgt in erlesener und erhabender Sprache ausgedrückt eine Beschreibung der Verhältnisse jener Zeit, in welcher der Buddha sich in einem Kloster auf dem Berg Gṛdhrakūṭa, dem sogenannten Geiergipfel, aufhielt. (Die letztere Bezeichnung bezieht sich auf die Form dieses Berges, welche einem Geier gleicht.) Dort versammelte der Buddha eine große Anzahl — insgesamt zwölftausend — *Bhikshus* (buddhistische Mönche) um sich.

Das aus dem Sanskrit stammende Wort *Bhikshu* bezeichnet einen buddhistischen Mönch; und die großen *Bhikshus* sind die bedeutendsten Schüler des Buddha, wie Sāriputra und Kāśyapa, um nur zwei zu nennen. Obwohl diese *Bhikshus* noch nicht die Bodhisattvaschaft erlangt haben, konnten sie doch bereits in Befolgung der Hīnayāna-Lehren die Rangstufe eines *Arhat* erreichen. Ein *Arhat* ist frei von allen irdischen Täuschungen; er ist ein Heiliger in höchster irdischer Vollendungsstufe. — Die Zahl der zwölftausend großen *Bhikshus* ist nicht unbedingt wörtlich zu nehmen. In den Sutras begegnen wir oft Zahlen, welche im allgemeinen jedoch lediglich auf „eine große Anzahl" hinweisen.

Bei der großen Zusammenkunft waren auch viele Bodhisattva-*Mahāsattvas* vertreten. Ein Bodhisattva ist jemand, der die Lehren des Mahāyāna Buddhismus ausübt. *Mahā* bedeutet „groß" und *sattva* bedeutet „Person"; somit verweist der Begriff *mahāsattva* auf eine „große Persönlichkeit", d. h. jemand, der sich ein großes Ziel gesetzt hat. Die Bodhisattvas werden so bezeichnet, weil sie sich das große Ziel gesetzt haben, höchste Erleuchtung zu suchen und schließlich die Buddhaschaft zu erreichen, indem sie allen Menschen Erleuchtung bringen.

Auch Götter, Drachen, *Yakshas,* Geister und Tiere kamen zu dieser Zusammenkunft. — Unter Göttern sind Wesen zu verstehen, die in den verschiedenen Himmeln leben; Drachen dagegen sind reptilförmige Halbgötter, welche auf dem Meeresboden hausen. *Yakshas* wiederum sind fliegende Dämonen. Wir sehen also, daß unter den Wesen auf der großen

Zusammenkunft auch Dämonen waren, welche im allgemeinen den Menschen Unglück bringen und deshalb gefürchtet werden. Ebenso erschienen Tiere vor dem Buddha. — Diese Art von Beschreibung ist kennzeichnend für den Buddhismus und kann in anderen Religionen nicht gefunden werden. Der Buddha bemühte sich nicht nur, den Menschen zur Erleuchtung zu führen, sondern er war von einem derart großen Wohlwollen erfüllt, daß er alle Wesen des Universums von ihren Leiden erlösen und sie in das Reich der Wonne und Glückseligkeit führen wollte. Deshalb durften sogar menschenfressende Dämonen zur Versammlung kommen, um die Predigt des Buddha zu hören.

Außerdem waren Menschen aus allen Gesellschaftsschichten vertreten: *Bhikshus* (Mönche), *Bhikshunīs* (Nonnen), *Upāsakas* (männliche Laienanhänger), *Upāsikās* (weibliche Laienanhänger), viele tugendhafte Könige, Prinzen, Minister und gewöhnliche Leute, Männer und Frauen, Reiche und Arme. Sie erwiesen dem Buddha ihre Verehrung, indem sie sich zu seinen Füßen niederwarfen und um ihn herum Prozessionen veranstalteten. Nachdem sie Räucherwerk abgebrannt, Blumen gestreut und ihn auf verschiedenste Weise verehrt hatten, ließen sie sich an seiner Seite nieder.

Für Buddhisten ist die Verehrung des Buddha ein Ausdruck der Dankbarkeit. Wenn wir ein tiefes Dankbarkeitsgefühl besitzen, müssen wir dieses stets in unserem Verhalten zum Ausdruck bringen. Dankbarkeit ohne Verehrung kann nicht als echte Dankbarkeit angesehen werden. Japanische Buddhisten verehren den Buddha vor ihren Familienaltären, indem sie Blumen, Tee und Wasser opfern, Räucherwerk abbrennen und Gongs schlagen.

Alle auf der Versammlung anwesenden Bodhisattvas waren große Heilige, die nach dem guten Gesetz lebten. Ihr Leben war von Meditation und Weisheit geregelt, und sie besaßen ein Verständnis für wahre Emanzipation — der Befreiung aus Abhängigkeiten. Da sie sich ständig mit Meditation beschäftigten, war ihr Geist gelassen und frei von Zerstreuung. Sie waren mit jeder Umwelt zufrieden und nicht an irdischem Gewinn interessiert. Sie waren immun gegen jegliche Täuschung und Ablenkung. Aufgrund ihres ruhigen und klaren Verstandes besaßen sie stets tiefe und weitreichende Überlegung.

Da diese erhabenen Bodhisattvas schon seit langer Zeit eine solche geistige Verfassung erreicht hatten, konnten sie all die unzähligen Lehren des Buddha behalten. Dank ihrer großen Weisheit besaßen sie außerdem die Fähigkeit, tief in alle Dinge einzudringen.

Weisheit ist die Fähigkeit, die Unterschiede zwischen allen Dingen zu erkennen, und dabei auch die allen gemeinsame Wahrheit zu sehen.

Kurzum, Weisheit ist die Fähigkeit zu erkennen, daß jeder ein Buddha werden kann. Die Lehren des Buddha betonen, daß wir nicht alle Dinge in der Welt richtig erkennen und unterscheiden können, bevor wir nicht vollkommen die Fähigkeit erlangt haben, sowohl die Unterschiede wie auch das Gemeinsame zu erkennen.

Diese tugendhaften Bodhisattvas verbreiteten die Lehre des Buddha; ebenso wie alle Buddhas das Rad des Gesetztes in Bewegung halten. Die Reihenfolge, welche die Bodhisattvas bei der Ausbreitung der Lehre beachten sollen, ist in diesem Kapitel klar ausgedrückt. — Wie ein Tautropfen den Staub auf der ausgedörrten Erde festhält, so träufeln die Bodhisattvas zuerst einen Tropfen ihrer Lehren in den Staub der menschlichen Begierden. Dies ist besonders wertvoll, um das Tor zum Nirvana zu öffnen. Im Anschluß daran predigen sie den Weg der Emanzipation — der Befreiung aus Abhängigkeiten —, um alle Leiden und Täuschungen wegzunehmen, denen die Menschen ausgesetzt sind. Dabei vermitteln sie den Menschen auch ein Gefühl großer Freude und Erfrischung, als ob ihr Geist und Gemüt durch Anhören des Gesetzes reingewaschen worden sei. Dann lehren sie die Doktrin der „Zwölf Ursachen“ für diejenigen, welche aufgrund von Unwissenheit, hohem Alter, Krankheit und Tod leiden und sich Sorgen machen. Auf diese Weise helfen sie diesen Menschen, sich selbst von ihren Leiden zu befreien, so wie ein Regenschauer denen Kühlung bringt, die unter der Sommerhitze leiden. Bis zu dieser Stelle haben die Bodhisattvas die Lehren des Hīnayāna gepredigt.

Das Gesetz der Zwölf Ursachen, auch die Doktrin der zwölfgliedrigen Kette von abhängigen Ursprüngen genannt, ist eine der Hauptlehren im Hīnayāna. In dieser wichtigen Doktrin erläutert Shakyamuni den Prozeß, den ein Mensch von seiner Geburt bis zum Tod durchschreitet, und wie dieser Prozeß sich in seinem Übergang zu den drei Zeitzuständen der Existenz — der Vergangenheit, der Gegenwart und der Zukunft — wiederholt. In diesem Zusammenhang zeigt er ebenfalls, basierend auf der Überlegung, daß alles menschliches Leiden auf grundsätzlicher Unwissenheit (Täuschung) beruht, wie die Menschen sich selbst von ihrem Leiden befreien können, indem sie ihre Unwissenheit abstreifen und beim Druchschreiten der drei Zeitzustände ihrer Existenz Glück erlangen können. Eine detaillierte Erklärung dieser Doktrin erscheint im Kapitel 7 des Lotus-Sutras, „Die Parabel von der Zauberstadt“.

Die Bodhisattvas erleuchten die allgemeine Bevölkerung durch die Reihenfolge der obengenannten Lehren, und sie veranlassen alle Menschen, die Saat der Buddhaschaft zu verbreiten. In taktvoller Weise fördern sie die Mahāyāna-Lehre und bemühen sich, daß alle möglichst schnell eine vollkommene Erleuchtung erreichen. (Wobei „schnell“ sowohl „rasch“ als auch „direkt, ohne Umweg“ bedeutet).

Im Anschluß daran werden diese Bodhisattvas in den höchsten Worten aufgrund ihrer verschiedenen Tugenden und ihrer Bedeutung für alle Menschen gepriesen. Viele *Bhikshus* werden auch als hervorragende *Arhats* gelobt, weil sie frei sind von fehlerhaften Bindungen, frei von Abhängigkeiten, und weil sie wahrhaft emanzipiert sind.

Diese Bewunderung der Bodhisattvas und *Bhikshus* ist kein leeres Lob. Es verweist auf die Muster, nach denen diese Menschen die Lehren des Buddha ausgeübt haben. Wir können nicht mit einem einzigen Sprung den gleichen geistigen Zustand wie der Buddha erreichen. Zuerst müssen wir einmal die Lebensweise und die Übungen der Bodhisattvas und der *Bhikshus* studieren. Einige Leute glauben, daß unsere Unfähigkeit, der gleichen Art von Übungen zu folgen, darauf beruhe, daß diese zu weit von der Wirklichkeit des alltäglichen Lebens entfernt seien. Diese Denkweise ist natürlich und gut zu verstehen; aber es sollte dennoch kein Grund sein, nicht selbst zu versuchen, den vorgelebten Mustern der Bodhisattvas und *Bhikshus* zu folgen. Selbst wenn man nur einer der vielen tugendhaften Übungen der Bodhisattvas folgt, welche in den Sutras zum Ausdruck kommen, liegt darin ein Schlüssel oder eine Möglichkeit, das Tor zur Erleuchtung zu öffnen.

Nachdem alle Anwesenden der verschiedensten Gruppen sich mit ruhigem Geist und Gemüt niedergelassen hatten und für die Lehren des Buddha voll aufnahmebereit waren, erhob sich der Bodhisattva mit dem Beinamen „Großer Schmuck“ von seinem Platz, und mit ihm standen viele andere Bodhisattvas auf, um alle gemeinsam den Buddha mit verschiedenen Opfergaben zu verehren. Der Bodhisattva Großer Schmuck verbeugte sich vor dem Buddha und pries ihn in Versen. In den Sutras werden häufig Verse benutzt, um in bündiger Form die wichtigsten Punkte zu erfassen, die zuvor in Prosa dargestellt worden sind, oder auch um den Buddha und die Bodhisattvas zu preisen.

Alle Wesen, einschließlich des Bodhisattvas Großer Schmuck, priesen den erleuchteten Geist des Buddha, der alles erkannt hatte, alles übertroffen hatte und der alle Wesen des Universums nach seinem Wunsch geführt hatte. Sie bewunderten auch die Schönheit von Gesicht, Körper und Stimme des Buddha, welche natürlich durch seine Tugend besonders hervortraten, und sie priesen die mögliche wunderbare Erleuchtung aller Lebewesen durch seine Lehren. Sie rühmten auch die Tatsache, daß der Buddha während seiner langen Bemühungen nicht an sich selbst dachte, und daß er sich völlig der Errettung aller Lebewesen widmete. Hierbei ertrug er alle möglichen Schwierigkeiten und gelangte schließlich zu der großen Weisheit, dank derer er alle Lebewesen zur Erleuchtung führen kann. Die abschließenden Verse in diesem Kapitel, welche den Buddha als den Großen Erleuchteten, den Großen Heiligen Herrn preisen, drücken die Bewunderung der Bodhisattvas aus, die sich auf dem Weg zur Erlangung dieses Zustandes befinden, welchen der Buddha selbst erreicht hat. Sie beendeten ihr Lob mit den Worten:

„Wir vertrauen uns dem Einen an/
Der alle schweren Dinge vollendet hat."

Die Preisung des Buddha dient dazu, ihn als Ideal tief in unser Gedächtnis einzuprägen. Hierbei wird das ewige Ziel der Buddhaschaft begründet, indem wir ein Bild von der Gestalt und Macht des Buddha erstellen, welches vollkommen ist und höchste Ehrung empfängt.

Kapitel 2

Predigten

In diesem Kapitel, dem Hauptteil des Sutras von den unzähligen Bedeutungen, lehrt Shakyamuni uns, daß der Buddha seit seiner Erleuchtung das Gesetz mit einem bestimmten Ziel und in einer bestimmten Reihenfolge gelehrt habe. Obwohl das Gesetz in verschiedener Weise gepredigt wurde, bestand die fundamentale Wahrheit stets darin, daß ein Gesetz, oder eine Wahrheit, der Ursprung für unzählige Gesetze oder Lehren ist.

Zusammen mit den vielen Bodhisattva-*Mahāsattvas* sagte der Bodhisattva Großer Schmuck zum Buddha: „Wir möchten Dich über das Gesetz des Buddha fragen und hoffen ernsthaft, daß Du uns anhörst".

Daraufhin erwiderte der Buddha ihnen: „Ausgezeichnet! Ausgezeichnet! Ihr habt mir diese Frage gerade im richtigen Moment gestellt. Ihr hättet vielleicht die Gelegenheit versäumt, wenn ihr mich nicht gerade jetzt gefragt hättet. Ich werde bald in das *Parinirvāna* eingehen; deshalb bin ich besorgt, daß nach meinem Tode keine Fragen offenbleiben. Fragt mich darum, was ihr wollt. Ich will alle eure Fragen beantworten."

Daraufhin sagte der Bodhisattva Großer Schmuck im Einklang mit vielen anderen Bodhisattvas zum Buddha: „Wenn die Bodhisattva-*Mahāsattvas,* welche die Mahāyāna-Unterweisungen ausgeübt haben, schnell die vollkommene Erleuchtung erreichen wollen, welcher Lehre sollen sie dann folgen?"

Der Buddha erwiderte ihnen: „Hier gibt es eine heilige Lehre, welche ‚Unzählige Bedeutungen' genannt wird. Wenn ein Bodhisattva diese Lehre studiert, dann erreicht er die vollkommene Erleuchtung. Ein Bodhisattva, der die Lehre der Unzähligen Bedeutungen studieren möchte, sollte beachten, daß alle Gesetze oder Phänomene verschieden zu sein und sich im ständigen Wechsel zu befinden scheinen; tatsächlich aber ist ihre Grundlage eine große unveränderliche Kraft, welche sich in verschiedener Weise manifestiert. Ihr solltet erkennen, daß an der Wurzel aller Gesetze eine einzige Wahrheit liegt, die sich über alle Unterschiede hinwegsetzt und auf ewig unveränderlich ist. Weil die Lebewesen sich oft dieser Wahrheit nicht bewußt sind, unterscheiden sie aus selbstsüchtigen Überlegungen und denken: ‚Es ist vorteilhaft' oder ‚Es ist nachteilig'. Deshalb hegen sie schlechte

Gedanken, lassen böses Karma aufkommen und bewegen sich innerhalb der sechs Bereiche des Daseins".

Die sechs Bereiche des Daseins (auf Japanisch als *rokushu* oder *rokudō* bezeichnet) sind die sechs Welten, durch welche die Lebewesen hindurchschreiten: Hölle (*jigoku*), hungrige Geister (*gaki*), Tiere (*chikushō*), Dämonen (*shura*), Menschen (*ningen*) und Himmel (*tenjō*). Diese Doktrin lehrt uns sowohl die geistigen Zustandsformen des Menschen wie auch den Aufbau der Welt mit dem Menschen als ihrem Mittelpunkt.

„Hölle" ist der geistige Zustand, wenn wir von Ärger erfüllt sind. Jeder und alles erscheint uns als ein Feind, wenn wir im Zorn entflammen. Wenn ein Mann sich zum Beispiel mit seiner Frau gestritten hat, dann haßt er sogar das Geschirr, das nun wirklich nichts mit dem Streit zu tun hat, und vielleicht zertrümmert er es sogar. Aber durch das Zertrümmern von Geschirr oder das Schlagen eines Gegners kann er das Geschirr oder den Gegner nicht wirklich zerstören. Am meisten leidet dabei die Person, die zornig ist.

„Hungrige Geister" bezeichnet denjenigen geistigen Zustand, in dem eine Fülle von Begierden in uns aufsteigt. Begierde ist nicht allein auf Geld und materielle Dinge beschränkt, sondern umfaßt auch das Verlangen nach Ehre oder Zuneigung von anderen. Bedingt durch unsere Gier verstehen wir es nicht, uns zufrieden zu geben, selbst wenn wir unsere momentane Begierde befriedigen. Je mehr Begierden wir haben, desto mehr werden wir von ihnen — gleich einem Teufelskreis — abhängig.

„Tiere" drücken den geistigen Zustand aus, dem es an Weisheit und vernünftigem Überlegen mangelt. In diese Gruppe gehört ein Mensch, der nicht überlegt, ganz instinktiv und spontan handelt und immer das tut, was er gerade möchte, ohne an die Folgen zu denken.

„Dämonen" bezeichnen den geistigen Zustand, in dem jemand in jeder Hinsicht auf sich selbst ausgerichtet ist und nur seine eigenen Interessen im Sinn hat. Diese Art von geistiger Haltung führt zu Konflikten, Streitereien, Disputen und Kriegen unter den Menschen. Dies ist die Geisteshaltung, bei der Selbstsucht zu Zank und Streit führt.

„Menschen" ist die Bezeichnung für den geistigen Zustand, in dem wir uns bemühen, die oben erwähnten vier Übel bewußt zu machen, so daß wir nicht in Extreme geraten, wenngleich wir auch alle diese vier geistigen Zustandsformen besitzen. Diese Geistesverfassung entspricht der eines gewöhnlichen Menschen.

„Himmel" bezeichnet die Welt der Freude. Hierbei handelt es sich jedoch noch nicht um die unveränderliche Freude, welche durch die Erleuchtung des Buddha gewonnen wird. Es ist vielmehr das Vergnügen der Sinne und Gefühle, als Vergnügen, die durch Täuschungen hervorgerufen werden.

Somit ist es eine vorübergehende Freude, welche sich in die Welt der Hölle, der hungrigen Geister oder der Dämonen verwandeln kann, sobald irgendetwas Unangenehmes passiert. Verzückung und Begeisterung sind typische Kennzeichen für solch einen Geisteszustand. In diesem Fall bezeichnet „Himmel" einen Ort, dessen Bewohner von Leiden oder Sorgen frei sind. Solange wir aber nicht die wahre Erleuchtung erreichen können, selbst wenn wir auch den Zustand des „Himmels" erreichen sollten, wären wir doch noch nicht zufrieden damit. Normalerweise denkt man, daß alle Sorgen ein Ende hätten, wenn man Millionär wäre, in einer Villa leben und viele Hausangestellte haben könnte. In der Praxis jedoch laufen die Dinge nicht so wie gewünscht. Wenn es wirklich ein sogenanntes Paradies gäbe, in dem die Menschen den ganzen Tag lang dem Müßiggang nachgehen könnten, dann würden sie sicher bald Langeweile bekommen und die Begierde entwickeln, doch irgendetwas zu tun. „Himmel" ist ein solcher stagnierender geistiger Zustand.

Die sechs Welten erscheinen fortwährend im Geist des Menschen und wechseln von der einen zur anderen. Dieser Geisteszustand wird als „Wanderung innerhalb der sechs Welten" (*rokudō rinne*) bezeichnet. Wenn wir keine guten Unterweisungen bekommen und nicht praktizieren, dann wandern wir ständig innerhalb der sechs Welten, und unsere Sorgen und Leiden finden niemals ein Ende. Jeder wird dies erkennen, sobald er sich selbst erforscht.

Der Buddha lehrte die Bodhisattvas wie folgt: „Wenn ihr, Bodhisattva-*Mahāsattvas,* all die Lebewesen beobachtet, die innerhalb der sechs Stufen des Daseins auf der Wanderung sind, dann solltet ihr Mitgefühl entwickeln und großes Mitleid zeigen, um sie aus diesen Bereichen zu befreien. Zuerst müßt ihr tief in alle Gesetze eindringen. Wenn ihr diese gründlich versteht, dann könnt ihr natürlich erkennen, was in Zukunft aus ihnen hervorkommen kann. Ihr könnt auch erkennen, daß sie eine Zeitlang ruhig und ohne Veränderung bleiben. Ihr könnt auch erkennen, daß sie sich verändern. Darüber hinaus könnt ihr erkennen, daß sie schließlich verschwinden. So beobachtend könnt ihr die Gründe erkennen, wie sich gute und böse Gesetze ergeben. Wenn ihr diese Betrachtung abgeschlossen und alle vier Aspekte der Gesetze vom Anfang bis zum Ende erkannt habt, dann solltet ihr als nächstes beobachten, daß keines der Gesetze auch nur für einen Augenblick unbeweglich verharrt, sondern in jedem Moment neu auftritt und verschwindet. Nach solchen Beobachtungen könnt ihr die Fähigkeiten, die Natur und die Begierden eines jeden Lebewesens verstehen, als ob ihr in deren Bewußtsein eingedrungen wäret".

„Da sie unzählige Naturen und Begierden besitzen, sollte euer Predigen für sie unmeßbar sein; und so wie euer Predigen unmeßbar ist, so sollten dessen Bedeutungen auch unzählbar sein. Der Grund hierfür liegt darin, daß die Lehre mit unzähligen Bedeutungen in dem einen Gesetz ihren Ursprung hat. Was ist dieses eine Gesetz? Es ist die Wahrheit. Was ist die Wahrheit? Sie ist Nicht-Form, welche die Unterschiede zwischen allen Dingen überschreitet. Alle Dinge sind gleich, denn sie haben Buddhanatur. Diese Tatsache ist die Wahrheit und die wirkliche Ansicht aller Dinge. Bodhisattva-*Mahāsattvas*! Die Barmherzigkeit, die ihr nach Erkenntnis dieses wahren Aspekts unmittelbar zeigen könnt, ist tugendhaft und nicht vergeblich. Mit dieser Barmherzigkeit befreit ihr in hervorragender Weise die Lebewesen von ihren Leiden, und außerdem bietet ihr allen die Möglichkeit, Freude zu erlangen. Wenn deshalb ein Bodhisattva vollkommen nach der Lehre von den unzähligen Bedeutungen lebt, dann wird er mit Sicherheit bald die vollkommene Erleuchtung erreichen können".

Dann stellte der Bodhisattva Großer Schmuck dem Buddha eine weitere Frage: „Obwohl wir keine Zweifel haben über die vom Buddha gepredigten Gesetze, fragen wir Dich doch wiederholt, weil wir besorgt sind, daß die Lebewesen verwirrt sein und die Gesetze nicht begreifen könnten. Du hast den Lebewesen fortwährend alle Gesetze, und dabei besonders die vier Gesetze, über einen Zeitraum von mehr als vierzig Jahren, seitdem der Tathāgata Erleuchtung erlangt, gepredigt. Die vier Gesetze sind Leiden, Leerheit, Vergänglichkeit und Ichlosigkeit.

Leiden bedeutet, daß das menschliche Leben mit allen Arten von Leiden erfüllt ist. Leerheit verweist darauf, daß alle Dinge verschieden voneinander scheinen; wir müssen jedoch den Aspekt der Gleichheit erkennen, welcher jenseits solcher Unterscheidungen liegt. Vergänglichkeit drückt die Tatsache aus, daß in dieser Welt nichts in ewig unveränderlicher Form besteht, sondern daß alle Dinge sich in einem beständigen Wechsel befinden. Ichlosigkeit zeigt, daß im Universum keine unabhängige Existenzform ohne Beziehung zu anderen Dingen, existiert. Deshalb dürfen wir auch nicht an unserem Ich haften. Außerdem hast Du uns die wirkliche Ansicht aller Dinge auf verschiedene Weise gelehrt. Diejenigen, welche diese Gesetze gehört haben, konnten in unterschiedlichem Maße Verdienste erlangen; sie haben nach Erleuchtung gestrebt und schließlich die höchste Stufe der Bodhisattvaschaft erreicht.

„So scheint es, daß der Tathāgata diese ganzen vierzig Jahre lang die gleichen Gesetze gepredigt hat; wir wissen aber, daß Du sie während dieser Zeit immer tiefer und gründlicher gepredigt hast. Wir befürchten jedoch, daß nicht alle Lebewesen die Unterschiede zwischen Deinen früheren und späteren Predigten der Gesetze erkannt haben. Oh Weltgeehrter! Möge es Dir gefallen, dies für alle Lebewesen zu erläutern."

Daraufhin erwiderte Buddha dem Bodhisattva Großer Schmuck: „Ausgezeichnet! Ausgezeichnet! Große gute Söhne; ihr habt dem Tathāgata hier eine gute Frage gestellt. Hierin zeigt sich wahrhaft eure Güte, daß ihr mich über die wunderbare Bedeutung des tiefgründigen und erhabenen ‚Großen Fahrzeugs' gefragt habt, welches der Buddha predigt. Ihr fragt nicht im Interesse eurer eigenen Erleuchtung, sondern zum Wohl aller Lebewesen. Nachdem ich sechs Jahre lang unter dem Bodhi Baum gesessen hatte, war ich in der Lage, die vollkommene Erleuchtung zu erlangen. Als ich all die Gesetze mit dem Auge des Buddha sah, erschienen sie unbeschreibbar verschieden. Ich wußte, daß Wünsche und Wesenheit der verschiedenen Lebewesen nicht gleich sind. Aus diesem Grund predigte ich das Gesetz mehr als vierzig Jahre lang auf verschiedene Weise mit einfühlendem Verständnis. Während dieser Zeit habe ich aber noch nicht die Wahrheit offenbart. Die Fähigkeit der Lebewesen, das Gesetz zu begreifen, sind zu verschieden, als daß sie die erhabene Buddhaschaft schnell erreichen könnten.

„Gute Söhne! Das Gesetz ist gleich Wasser, welches Schmutz abwäscht. Das Wasser hat nur eine Natur, aber ein Strom, ein Fluß, ein Brunnen, ein Teich, ein Graben und ein großes Meer sind doch verschieden voneinander. Ebenso steht es mit der Natur des Gesetzes. Obschon jede Erscheinungsform als Wasser die gleiche Reinigungswirkung besitzt, ist ein Brunnen doch kein Teich, ein Teich ist kein Strom, und weder ein Fluß noch ein Graben sind ein Meer. Alle Gesetze, die der Tathāgata predigte, sind so zu verstehen. Obwohl die Predigten am Anfang, in der Mitte und am Ende in gleicher Weise wirksam die Täuschungen der Lebewesen hinwegwaschen, ist der Anfang nicht die Mitte, und die Mitte ist nicht das Ende. Die Predigten am Anfang, in der Mitte und am Ende sind gleich im Ausdruck, aber verschieden voneinander in der Bedeutung.

„Gute Söhne! Als ich erstmals das Rad der Lehre von den Vier Edlen Wahrheiten für die fünf Mönche im Hirschpark zu Vārānasī (Benares) in Bewegung setzte, predigte ich, daß die Gesetze von Natur aus leer, unablässig veränderlich ständigen Entstehen und Vergehen unterworfen sind. Das Gleiche predigte ich auch, als ich die Zwölf Ursachen und Sechs *Pāramitās* für all die *Bhikshus* und Bodhisattvas an verschiedenen Orten während der mittleren Periode erklärte. Und jetzt, wo ich das Sutra von den unzähligen Bedeutungen, dieses Große Fahrzeug, erläutere, predige ich auch die gleiche Sache.

„Gute Söhne! Somit sind die Predigten am Anfang, in der Mitte und am

Ende die gleichen im Ausdruck, sie unterscheiden sich jedoch voneinander in der Bedeutung. Wie die Bedeutung sich ändert, so ändert sich das Verständnis der Lebewesen. So wie sich das Verständnis ändert, so verändern sich auch das Erreichen des Gesetzes, die Verdienste und die Wege. Als Ergebnis meiner Erleuchtung ist diese Tatsache all denen wohlbekannt, die meine Predigten in der jeweiligen Periode gehört haben, — als ich am Anfang die Vier Edlen Wahrheiten im Hirschpark predigte; als ich in der Mitte an verschiedenen Orten die tiefgründigen Zwölf Ursachen predigte, und als ich anschließend die zwölf Arten von Sutren des Großen Ausmaßes sowie andere Sutren predigte.

„Gute Söhne! Ich habe, in anderen Worten, von Anfang an nur eine Wahrheit gepredigt. Dies ist nicht auf mich allein beschränkt; alle Buddhas taten dies ebenso. Weil die fundamentale Wahrheit nur eine einzige ist, antworten die Buddhas der Vielfalt mit nur einem Wort. Obwohl sie nur einen Körper besitzen, enthüllen sie unzählige und zahllose Körper; in jedem Körper zeigen sie verschiedene und unzählbare Formen und in jeder Form unzählige Abstufungen.

„Gute Söhne! Dies ist die unfaßbare und tiefgründige Welt der Buddhas. Menschen der zwei Fahrzeuge[1] können dies nicht begreifen, und sogar die Bodhisattvas, welche die höchste Stufe erreicht haben, können es nicht erkennen.

„Nur ein Buddha zusammen mit einem anderen Buddha kann es gut ergründen. Deshalb müßt ihr danach streben, die gleiche Stufe wie der Buddha zu erreichen durch das Sutra von den unzähligen Bedeutungen, das ich jetzt predige. Dieses wunderbare, tiefgründige und erhabene Sutra ist vernünftig in seiner Logik, unübertroffen in seinem Wert und geschützt von allen Buddhas der drei Welten. Keine Art von Dämon oder Ketzer kann in dieses Sutra einbrechen, noch können irgendeine falsche Lebensanschauung oder Leben und Tod es zerstören.

„Deshalb sollten Bodhisattva-*Mahāsattvas,* die schnell die erhabene Buddhaschaft erreichen möchten, das Sutra von den unzähligen Bedeutungen, dieses tiefgründige und erhabene Große Fahrzeug, erlernen und meistern".

Am Schluß der Predigt des Buddha erbebten Himmel und Erde in verschiedener Weise und boten mannigfaltige Schauspiele von überirdischer Schönheit; himmlische Blumen, Wohlgerüche, Gewänder, Girlanden und Schätze von unermeßlichem Wert fielen vom Himmel herab, und himmlische Musik ertönte zum Lobpreis des Buddha, all der Bohisattvas, der *Śrāvakas* und der großen Versammlung.

Daraufhin erreichten viele Bodhisattva-*Mahāsattvas* die Versenkung in die unzähligen Bedeutungen, und viele andere Bodhisattva-*Mahāsattvas* drangen in die zahllosen und unendlichen Sphären der *Dhāraṇis*[2] ein. All die *Bhikshus, Bhikshunīs, Upāsakas, Upāsikas* und die anderen Anwesenden, die den Tathāgata dieses Sutra predigen hörten, gewannen die ihrem jeweiligen geistigen Zustand angemessene Erleuchtung. Darüber hinaus wurden alle von dem Verlangen erfüllt, durch Befolgung und eifrige Verbreitung seiner Lehren die gleiche Stufe wie der Buddha zu erreichen.

[1] Śrāvaka und Pratyekabuddha. Der erste Begriff bedeutet eine Person, die auf die Lehren des Buddha hört und sich selbst ernsthaft bemüht, durch Ausübung der Lehren des Buddha, die Stufe eines Arhat zu erreichen. Der zweite Begriff bezeichnet eine selbst-erleuchtete Person, die auf sich allein gestellt, d. h. ohne die Hilfe eines Lehrers, zur Befreiung gelangt, indem sie die zwölf Glieder der Ursachen (das Gesetz von den Zwölf Ursachen) erkennt.

[2] Formulierungen mit mystischen Silben, die das religiöse Leben des Rezitierenden stützen. Diese Formulierungen ergeben allein als Wörter betrachtet oft keinen Sinn.

Kapitel 3

Zehn Verdienste

Dieses Kapitel erläutert die Verdienste, die jemand gewinnen kann, die tugendhaften Handlungen, die er vollbringen kann sowie die Dienste, die jemand für die Gesellschaft leisten kann, wenn er die Lehren, welche in diesem Sutra gepredigt werden, versteht. Einige Leute vertreten die Auffassung, daß eine Religion ihren Anhängern keine Verdienste bringen solle; dies ist jedoch ein trügerisches Argument. Es wäre in der Tat höchst verwunderlich, wenn jemand, der eine echte Religion wirklich versteht, einen tiefen Glauben in sie setzt, und sie in seinem Leben ausübt, keine Verdienste erwerben könnte. Es versteht sich von selbst, daß es verschiedene Abstufungen von Verdiensten gibt, je nach dem Grad des jeweiligen Verstehens und der Schnelligkeit, mit der sich die Verdienste äußern. In jedem Fall ist es nur natürlich für einen Menschen, durch seine Religion Verdienste zu erwerben, wenn er von einem echten Glauben erfüllt ist.

Wie bereits zuvor erwähnt wurde, sind die Lehren des Buddha die Wahrheit des Universums, welches natürlich die Menschen einschließt. Es ist nicht erstaunlich und ganz gewiß kein Wunder, daß unser Leben einen guten Verlauf nimmt, wenn man nach der Wahrheit lebt. Dies läßt sich mit dem Empfang einer Fernsehsendung vergleichen. Wenn wir das Gerät einschalten und genau auf die Wellenlänge einstellen, die von einem Sender ausgestrahlt wird, dann erscheint ein scharfes Bild, und wir hören eine klare Stimme.

Wenn auf dem Fernsehschirm aber kein Bild erscheint, ganz gleich wie oft wir auch versuchen, den Kanal einzustellen, dann ist dieses Fernsehgerät nutzlos. Wir werfen es weg oder bringen es in einen Abstellraum, wo es bald von Staub bedeckt wird. Im Laufe der Geschichte sind zahlreiche Religionen entstanden; aber einige von ihnen haben allmählich ihre Kraft verloren und sind schließlich von den Menschen entrückt worden. Der Grund hierfür liegt darin, daß sie die Verdienste vergessen haben, welche ihre Anhänger gewinnen können, oder auch weil sie nur die Verdienste gepredigt haben, die erst nach dem Tode erlangt werden können — nämlich daß man in den Himmel kommt oder im Paradies wiedergeboren wird.

Die wahre Lehre des Buddha predigt jedoch keine abstrakten Verdienste, die man erst nach dem Tode erlangen kann. Die Verdienste, von denen der

Buddha predigt, treten deutlich in unserem Leben in dieser Welt hervor. Diese Verdienste richten sich zudem nicht nur auf uns selbst, sondern strahlen vielmehr ihren Einfluß auf die ganze Gesellschaft und auf alle Menschen aus. Wenn wir diese Verdienste nicht beachten und zu leicht nehmen, dann ist dieses Verhalten so, als ob wir das Licht der Lehren des Buddha mit einem schwarzen Vorhang fernhielten. Solch eine Haltung beruht auf dem oberflächlichen Verständnis, welches für die heutigen Menschen kennzeichnend ist.

Wir sollten uns von solch seichtem Denken befreien und uns dem Licht des Buddha eröffnen, indem wir den Vorhang beiseite ziehen. Dies ist die aufrichtige Hoffnung des Buddha und der einzige Zweck seines Auftretens in dieser Welt.

Der Bodhisattva-*Mahāsattva* Großer Schmuck war von dem Sutra von den unzähligen Bedeutungen zutiefst ergriffen und sagte zum Buddha, er könne verstehen, daß dieses Sutra wunderbar tiefgründig und groß in seiner Kraft sei. Dann fragte der Bodhisattva-*Mahāsattva* den Buddha: „Weltgeehrter! Dieses Sutra ist unfaßbar. Weltgeehrter! Sei bitte so gut, den tiefgründigen und unfaßbaren Gehalt dieses Sutras aus Deinem Mitgefühl für alle Menschen heraus zu erklären. Weltgeehrter! Von welchem Ort nimmt dieses Sutra seinen Ausgang? Auf welches Ziel bewegt es sich hin? Und an welchem Ort verharrt es?"

Der Buddha wandte sich an den Bohisattva-*Mahāsattva* Großer Schmuck und sprach wie folgt: „Gute Söhne! Dieses Sutra kommt ursprünglich vom Wohnsitz aller Buddhas; es richtet sich auf das Bestreben aller Lebewesen zur Buddhaschaft, und es bleibt an dem Ort, wo all die Bodhisattvas ihren Übungen nachgehen."

Diese Worte sind sehr wichtig. Der Ausdruck „Dieses Sutra kommt ursprünglich vom Wohnsitz aller Buddhas" bedeutet, daß es ganz natürlich aus dem Geist des Buddha strömt. Der Buddha betont hier, daß dieses Sutra, als ein Großes Fahrzeug, wahrhaft tiefgründige Lehren enthält, die unmittelbar aus dem gütigen Geist des Buddha kommen, so daß er nicht anders kann, als diese Lehren zu predigen.

Das Ziel, auf welches dieses Sutra sich richtet, d. h. sein Zweck, besteht darin, in allen Lebewesen ein Verlangen nach der Buddhaschaft zu erwecken. Der Ort, an dem es verharrt, ist die Übung der Bohisattvas, d. h. die vielen mannigfaltigen Übungen, welche zum Erlangen der Erleuchtung des Buddha führen. Auch wird gesagt, daß jeder den großen Verdienst, selbst erleuchtet zu werden, erlang, wenn er nach diesem Sutra praktiziert.

Dann erläuterte der Buddha im einzelnen die zehn verdienstreichen

Kräfte des Sutras. An dieser Stelle wollen wir uns auf die erste verdienstreiche Kraft konzentrieren, welche als grundsätzlichste betrachtet wird.

Der Buddha sprach: „Gute Söhne! Zuerst bringt dieses Sutra die folgenden Verdienste: Es bringt den noch nicht erwachten Bodhisattva dazu, nach der Buddhaschaft zu streben, und es bringt einen herzlosen Menschen, dem das Glück anderer Mitmenschen gleichgültig ist, dazu, ein Gefühl der Barmherzigkeit zu entwickeln. Bei jemandem, dem es gefällt, andere zu schikanieren oder Lebewesen zu töten, ruft es ein Gefühl großen Mitleids hervor. Es verwandelt Eifersucht und Neid in Freude. Wenn Menschen, die dazu neigen, andere zu beneiden oder sich überlegen zu fühlen, dieses Sutra lesen und mit Dankbarkeit zur Erkenntnis der Lehren des Buddha gelangen, dann können sie begreifen, daß ein Mensch, der ihnen in keiner Weise gleichgestellt zu sein schien, ihnen vor dem Buddha doch gleich ist. Dann wird ihr Geist mit Freude erfüllt, und sie wollen so ausgezeichnet sein wie der Buddha. Als Folge verschwinden Neid und Eifersucht gegenüber anderen.

„Es ist nur natürlich, daß der Mensch den Dingen um ihn herum zugetan ist — seinem Besitz, seiner gesellschaftlichen Stellung, seiner Ehre, seiner Familie und so weiter. Wenn er sich jedoch an diese Dinge klammert, dann macht er verschiedene geistige Leiden durch. Gelingt es ihm dagegen, eine geistige Verfassung zu erreichen, mit der er sich jederzeit von diesen Dingen lösen kann, dann ist sein Geist von ihnen frei. Weil er an nichts gebunden ist, kann er ein friedliches Leben mit seiner Familie führen; er kann seinen Besitz sinnvoll benutzen und das Beste aus seiner Stellung im Leben machen. Dieses Sutra besitzt den Verdienst, in einem Abhängigen den Sinn für Loslösung zu entwickeln.

„Dieses Sutra entwickelt in einem Geizigen die Bereitschaft zu spenden. Wenn diejenigen Menschen, die geizig mit ihrem eigenen Besitz sind und zudem noch Dinge begehren, die anderen gehören, begreifen können, wie der Buddha sich nur für das Wohl der Lebewesen bemüht, dann erlangen auch sie unverzüglich eine Bereitwilligkeit zu schenken und anderen gegenüber freundlich zu sein. In dieser Weise nützen sie anderen.

„Dieses Sutra veranlaßt einen Hochmütigen, die Gebote einzuhalten. Wenn Menschen, die stolz sind auf ihre Überlegenheit, ihre Intelligenz oder ihr Verhalten, dieses Sutra rezitieren und die Existenz des Buddha erkennen, dann werden sie sich ihrer falschen Denk- und Verhaltensweise bewußt, und sie erwecken den Willen, die verschiedenen, vom Buddha begründeten Verhaltensregeln getreu einzuhalten.

„Dieses Sutra bringt Ausgeglichenheit in den Geist eines Jähzornigen. Wenn Menschen, die sich leicht über Kleinigkeiten aufregen, ihren Geist nach dem des Buddha ausrichten, dann empfinden sie nicht länger Zorn oder

Haß über das, was andere sagen oder tun mögen. Ganz im Gegenteil haben sie anderen gegenüber ein Mitgefühl und möchten aufrichtig deren irregeführtes Denken berichtigen. Diese geistige Ausgeglichenheit kann das unter gewöhnlichen Umständen unerträgliche ertragen und das kaum zu Duldende doch erdulden.

„Dieses Sutra veranlaßt einen trägen und nachlässigen Menschen zu Fleiß und Eifer. Ein träger und nachlässiger Mensch ist jemand, der seinen Lebensweg nicht auf die Zukunft ausrichten kann, der seine Pflichten vernachlässigt und sich in Nebensächlichkeiten verliert. Ein solcher Mensch kann jedoch nicht umhin, sein Leben nach besten Kräften sinnvoll zu planen, wenn er die Lehre des Buddha begreift, daß nämlich ein jedes Leben richtig und in seiner eigenen Weise geführt werden kann, und daß dies der Weg ist, der die ganze Welt dazu veranlaßt, nach dem zu streben, was richtig ist. Begeht nichts Böses, tut alles, was gut ist und reinigt euren Geist!

„Dieses Sutra bringt einen Zerstreuten zur Meditation. Sogar diejenigen Menschen, die von jeder Veränderung in ihren Lebensumständen hin- und hergeworfen und abgelenkt werden, können fortwährend eine ruhige, friedliche Geistesverfassung beibehalten, wenn sie nur erkennen, daß allen veränderlichen Erscheinungen eine permanente Wahrheit zugrunde liegt.

„Dieses Sutra bringt einen Unwissenden zur Weisheit. Ein Unwissender ist ein Mensch, der nur an die Gegenwart denkt und die Folgen seiner Handlungen nicht erkennt. Deshalb wird er leicht durch plötzliche Geschehnisse verwirrt, und gerät oft wegen solcher Dinge in Ärger oder Sorge. Wenn er die Lehren des Großen Fahrzeugs studiert und eine weise Geisteshaltung besitzt, dann beginnt er allmählich, die Dinge im Zusammenhang zu sehen; er ist nicht mehr über alles unzufrieden, und sein Verstand wird klarer.

„Dieses Sutra erweckt in einem Menschen, dem die Errettung anderer gleichgültig ist, das Verlangen, anderen zu helfen. Wenn solch ein Mensch erkennt, daß andere ebenso wie er selbst errettet werden sollten, da er in dieser Welt nicht isoliert von anderen lebt, dann entwickelt er ganz spontan das Gefühl, anderen helfen zu wollen.

„Dieses Sutra bringt denjenigen, der die zehn Übel ausübt, dazu, nach den zehn Tugenden zu trachten. Die zehn Übel sind: Töten, Stehlen, Ehebruch, Lügen, unziemliche Sprache, Doppelzüngigkeit, üble Nachrede, Habsucht, Zorn und Ignoranz. Wenn ein Mensch die wahren Lehren des Großen Fahrzeugs erfaßt, dann legt er allmählich solche Übel ab.

„Dieses Sutra bringt den, der nach Existenz begehrt, dazu, nach Nicht-Existenz zu verlangen. Selbst denjenigen, die in jeder Hinsicht stark auf sich selbst bezogen sind, wird die Ich-Losigkeit bewußt, wenn sie durch dieses

Sutra dem Geist des Buddha begegnen, der alle Lebewesen als gleich betrachtet.

„Dieses Sutra bringt jemanden, der zur Abtrünnigkeit neigt, dazu, eine geistige Haltung der Beharrlichkeit zu entwickeln. Diejenigen, welche in ihrem geistigen Fortschritt leicht zurückfallen, gewinnen Mut, so daß sie nach dem Erlangen der Buddhaschaft streben können und die Disziplin ihrer Übungen verschärfen, so daß sie nicht einen Zoll zurückgleiten, wenn sie nur erst einmal die Lehren des Großen Fahrzeugs durch diese Sutra erkannt haben. Dies ist ansich ganz natürlich, weil sie nämlich ihren Pfad leuchtend und offen vor sich sehen und nicht umhin können, davon angespornt zu werden.

„Dieses Sutra bringt jemanden, der schändliche Taten vollübt, welche durch Täuschungen verursacht werden, zu einer geistigen Haltung frei von Täuschungen, und es bringt dem, der an Verblendungen leidet, innere Befreiung."

Nach dieser Erläuterung sagte der Buddha: „Gute Söhne! Dies wird als die erste unfaßbaren Verdienst bringende Kraft dieses Sutras bezeichnet."

Die obengenannten Verdienst bringenden Kräfte sind unermeßlich. Selbst wenn wir nur eine davon erreichen, so wäre dies eine wunderbare Errungenschaft für uns als Menschen, die in diesem modernen Zeitalter leben. Wenn wir von den vielen hier genannten Verdiensten lesen, dann dürfen wir nicht verzagen, indem wir denken, daß sie außerhalb unserer Kräfte liegen. Wenn wir nämlich nur ein Verdienst erlangen, dann können wir auch andere erreichen. Wollen wir uns also um die Erlangung nur eines Verdienstes bemühen! — diese Denkweise ist sehr wichtig, damit wir eifrig studieren und beharrlich mit solcher Übung fortfahren.

Zweitens sagt der Buddha: Wenn ein Lebewesen dieses Sutra auch nur einmal hören kann, oder auch nur einen Vers oder einen Satz daraus, dann wird dieser Mensch in zahllose Bedeutungen eindringen, eben weil dieses Sutra unzählige Bedeutungen enthält. Über die zweite unfaßbaren Verdienst bringende Kraft dieses Sutras wird folgendes gesagt: Von einem Samenkorn wachsen hunderttausend Milliarden Samenkörner, und von jedem der hunderttausend Milliarden Samenkörner wachsen weitere hunderttausend Milliarden Samenkörner, und durch einen solchen Prozeß vermehren sich die Samenkörner bis ins Unendliche. So verhält es sich auch mit diesem Sutra.

Von einem Gesetz erwachsen hunderttausend Bedeutungen, von jeder der hunderttausend Bedeutungen erwachsen hunderttausend Milliarden Bedeutungen, und durch einen solchen Prozeß vermehren sich die Bedeutungen unbegrenzet.

Die dritte unfaßbaren Verdienst bringende Kraft dieses Sutras ist folgende: Wenn ein Lebewesen dieses Sutra auch nur einmal hören kann, oder auch nur einen Vers oder einen Satz daraus, dann wird dieser Mensch in zahllose Bedeutungen eindringen. Danach werden seine Täuschungen, selbst wenn sie vorhanden sind, als nicht vorhanden erscheinen. Er wird nicht mehr von Furcht ergriffen, wenngleich er sich zwischen Geburt und Tod bewegt; und er wird eine Gesinnung des Mitempfindens für alle Lebewesen aufbringen und den Mut bekommen, allen Gesetzen zu gehorchen. Der Bewahrer dieses Sutras gleicht einem Fährmann, der wegen einer ernsten Krankheit am Ufer bleibt. Dieser Fährmann vermag aber mit einem guten, soliden Boot, daß jeden sicher tragen kann, das andere Ufer zu erreichen. Wenngleich ein Mensch also an seinem Ufer der Unwissenheit verharrt, von Alter und Tod sowie von den einhundertund acht Arten von Übeln, von denen sein Körper in den fünf Stadien erfaßt ist, bedrängt wird, so kann er doch von Geburt und Tod befreit werden durch eifrige Übung dieses Mahāyāna Sutras von den Unzähligen Bedeutungen, welches die Erlösung der Lebewesen verwirklicht.

Die vierte unfaßbare Verdienst bringende Kraft dieses Sutras ist folgende: Wenn ein Lebewesen dieses Sutra auch nur einmal hören kann, oder auch nur einen Vers oder einen Satz daraus, dann wird er mit Mut erfüllt, und er wird anderen beistehen, selbst wenn er sich selbst nicht erretten kann. Er wird zum Anhänger der Buddhas zusammen mit all den Bodhisattvas, und all die Buddha-*Tathāgatas* werden ihm stets das Gesetz predigen. Die Worte „all die Buddha-*Tathāgatas* werden ihm stets das Gesetz predigen" enthalten eine sehr tiefe Bedeutung. Sie verweisen darauf, daß er — obschon er bis jetzt den Buddha ignoriert oder absichtlich gemieden hatte — sich nun dem Buddha direkt zuwendet. Ob er will oder nicht, steht er direkt im Lichte des Buddha. Dies ist ein sehr bedeutsames Verdienst, welches er vom Buddha erlangen kann. Je häufiger er kommt, um die Lehren des Buddha zu empfangen, desto mehr Menschen kann er selbst mit den Lehren erreichen.

Die vierte unfaßbaren Verdienst bringende Kraft lehrt, daß, wenn ein Bodhisattva einen Satz oder Vers dieses Sutras hören kann — einmal, zweimal, zehnmal, hundertmal, tausendmal, vieltausendmal oder unzählige Male — dann vermag er tiefer in das geheime Gesetz der Buddhas einzudringen, und er wird es ohne Irrtum und Mangel interpretieren, auch wenn er selbst die letzte Wahrheit noch nicht erkannt hat. Er wird stets von allen Buddhas beschützt und mit besonderer Liebe behandelt, weil er ein Anfänger im Lernen ist.

Die fünften und sechsten unfaßbaren Verdienst bringenden Kräfte dieses Sutras sind die folgenden: Wenn es gute Söhne oder Töchter gibt, welche dieses Sutra entweder zu Lebzeiten des Buddha oder nach seinem Dahingehen beständig rezitieren und kopieren, und wenn sie auch Täuschungen erlegen sein mögen, so werden ihre Rede und ihr Verhalten doch der Gesellschaft nützen. Sie werden Lebewesen vom Leben und Tod der Täuschung befreien und ihnen durch Predigt des Gesetzes helfen, alle Leiden zu überwinden. Dies ist eine äußerst wichtige Übung der Bodhisattvas und verweist darauf, daß jemand die Lehre anderen predigen kann, auch wenn er sie noch nicht gründlich beherrscht. Man muß sein Wissen teilen, wie klein auch immer es sein mag, um selbst weiter voranzuschreiten. Die folgende Parabel veranschaulicht die sechste Verdienst bringende Kraft: Nehmen wir einmal an, daß ein König eine Reise unternehmen muß oder krank geworden ist und deshalb alle Regierungsgeschäfte dem Kronprinzen überläßt, obwohl dieser noch ein Kind ist. Der Prinz leitet auf Befehl des großen Königs alle Beamten nach dem Gesetz und propagiert eine richtige Politik, so daß alle Bürger im Land seinen Anordnungen genau so folgen, als wenn der König selbst regieren würde. Gute Söhne oder gute Töchter, welche das Sutra bewahren, sind wie dieser Prinz.

Die siebten, achten, neunten und zehnten Verdienst bringenden Kräfte des Sutras drücken einen sehr schwierigen geistigen Zustand aus, der sich mit jedem Schritt weiter entwickelt.

Zusammenfassend läßt sich von diesen Verdienst bringenden Kräften sagen: Je tiefer man dieses Sutra versteht, es ausübt und anderen mitteilt, desto besser kann man es selbst erfassen und gleichzeitig andere erretten, um schließlich den gleichen Geisteszustand wie der Buddha zu erlangen.

Als der Buddha mit seinen Darlegungen der zehn unfaßbaren Verdienst bringenden Kräfte dieses Sutras zum Ende gelangte, erbebte die Erde und himmlische Blumen, Wohlgerüche, Gewänder, Girlanden und kostbare Schätze fielen vom Himmel. Alle diese Dinge wurden dem Buddha, allen Bodhisattvas, *Śrāvakas* und der großen Versammlung dargeboten. Bei dieser Gelegenheit versprach der Bodhisattva-*Mahāsattva* Großer Schmuck zusammen mit vielen anderen Bodhisattva-*Mahāsattvas* dem Buddha, dieses Sutra nach dem Ableben des Tathāgata weit zu verbreiten und seiner Anweisung folgend zu bewahren, lesen, rezitieren, kopieren und verehren.

Der Buddha freute sich sehr, ihre Versprechen zu hören und sagte lobend: „Ausgezeichnet! Ausgezeichnet! All ihr guten Söhne, ihr seid wahre Söhne des Buddha. Ihr seid diejenigen, die alle Lebewesen von ihren Leiden erlösen. Laßt stets allen reichlich die Vorzüge des Gesetzes zuteil werden."

Das Sutra von den Unzähligen Bedeutungen endet mit den folgenden Worten: „Da frohlockten alle in der großen Versammlung, erwiesen dem Buddha ihre Ehrerbietung, nahme das Sutra in Besitz und zogen sich zurück."

Der wesentliche Punkt dieses Sutras besteht kurz gefaßt darin, daß alle Gesetze von einem Gesetz ihren Ursprung nehmen, d. h. von dem wirklichen Zustand aller Dinge. Alle Erscheinungsformen des Universums, darunter auch das menschliche Leben, manifestieren sich in unzähligen verschiedenen Weisen; sie erscheinen, verschwinden, bewegen und verändern sich. Der menschliche Geist wird leicht in die Irre geführt, indem er sich über Wechsel und Unterscheidung Sorgen macht und darunter leidet. Wenn wir solch sichtbarer Unterscheidung und Veränderung keine Beachtung schenken, und wenn wir fähig sind, tiefgehend den wahren Zustand der Dinge zu sehen, d. h. wenn wir über das Oberflächliche hinaus zum wahren Zustand gelangen, der auf ewig unveränderlich ist, dann können wir den Zustand geistiger Befreiung erreichen und trotzdem ein gewöhnliches alltägliches Leben führen.

Das Sutra von den Unzähligen Bedeutungen erklärt jedoch nicht im Detail, was der „wahre Zustand aller Dinge" ist und was wir tun sollten, um diesen zu erkennen. Dieser wichtige Aspekt wird im nachfolgenden Lotus-Sutra erläutert.

Zweiter Teil

Das Sutra der Lotusblume vom Wunderbaren Gesetz

Kapitel 1

Einleitung

BEDEUTUNG DES TITELS. Bevor ich über das Sutra der Lotusblume vom Wunderbaren Gesetz selbst spreche, möchte ich einige Anmerkungen zum Titel des Sutras machen, welcher kurzgefaßt Form und Inhalt des Sutras ausdrückt. Ich glaube, daß dieser Titel einzigartig ist in seiner prägnanten Ausdrucksform der tiefgründigen Bedeutung des gesamten Sutras.

Die Originalfassung des Sutras der Lotusblume vom Wunderbaren Gesetz wurde in Sanskrit geschrieben und trägt in dieser Sprache den Titel *Saddharma-puṇḍarīka-Sūtra*. Der Titel wurde in der chinesischen Übersetzung von Kumārajīva zu *Miao-fa-lien-hua-ching* (auf Japanisch *Myōhō Renge-kyō*). In dem Sutra der Lotusblume vom Wunderbaren Gesetz wird die von Shakyamuni Buddha erkannte absolute Wahrheit dargestellt. Diese Wahrheit wird aufgrund seiner tiefgründigen Bedeutung das „Wunderbare Gesetz" (*saddharma, miao-fa, myōhō*) genannt, wie in der Erörterung des Sutras von den Unzähligen Bedeutungen bereits gezeigt wurde. Zuerst, wie aus den Worten „wirklicher Zustand aller Dinge" hervorgeht, bedeutet „Gesetz" alle Dinge, die im Universum existieren und alle Ereignisse, die in der Welt stattfinden. Zweitens bedeutet es die eine Wahrheit, welche alle Dinge durchdringt. Drittens bedeutet es das Gesetz als eine fest begründete Regel, wenn die Wahrheit als ein Phänomen erscheint, das wir mit unseren Augen sehen und mit unseren Ohren hören können. Viertens bedeutet es die Lehre der Wahrheit.

Die Wahrheit, welche die ursprüngliche Idee dieser vier Bedeutungen des „Wunderbaren Gesetzes" ausdrückt, ist der Buddha. Demzufolge ist das Gesetz, welches die Beziehung aller Dinge, den Menschen eingeschlossen, regelt, auch der Buddha; und die Lehre, welche erläutert, wie man auf der Grundlage der Wahrheit leben sollte, ist ebenfalls der Buddha. Kurzum, das Gesetz und der Buddha sind ein und dasselbe. Mit anderen Worten: Der Buddha und alle Funktionen des Buddha können mit dem Wort „Gesetz" ausgedrückt werden. Weil das Gesetz eine solch erhabene, tiefgründige und unausdrückbare Bedeutung hat, wird ihm das Adjektiv „Wunderbar" vorangestellt.

„Lotus" (*puṇḍarīka, lien-hua, renge*) bedeutet die Lotusblume. In Indien wurde diese Blume als die schönste in der Welt angesehen; denn eine

Lotusblume wurzelt im Schlamm, öffnet sich aber als eine reine, wunderschöne Blüte, unbefleckt vom Schlamm. Dies ist ein allegorischer Ausdruck der fundamentalen Idee des Lotus-Sutras, nämlich daß der Mensch, wenngleich er in dieser korrupten Welt lebt, nicht von dieser Welt befleckt oder beherrscht wird, und daß er ein schöneres Leben mit vollkommener geistiger Freiheit leben kann.

„Sutra" bedeutet wörtlich ein Band oder die verdrehten Fäden beim Weben. Die Menschen im alten Indien hatten einen Brauch, ihr Haar mit schönen Blumen zu schmücken, die auf einen Faden gezogen waren. In der gleichen Weise wurden die heiligen Lehren des Buddha in Schriften zusammengefaßt und diese als Sutras bezeichnet. Zusammen genommen bedeutet der Titel „Sutra der Lotusblume vom Wunderbaren Gesetz": „Die erhabene Lehre, daß der Mensch ein richtiges Leben führen kann, ohne von Illusionen ins Schwanken gebracht zu werden, während er in dieser korrupten Welt lebt."

Dieses Kapitel wird als „Einleitung" bezeichnet, weil es die Einführung in das Lotus-Sutra bildet. Die Umstände seiner Predigt werden zuerst erläutert: Nachdem Shakyamuni Buddha seine Predigt über das Sutra von den Unzähligen Bedeutungen auf dem Berg Gṛdhrakūṭa (Geiergipfel) für all die Bodhisattvas beendet hatte, saß er mit überschlagenen Beinen und hielt innere Einkehr, wobei sein Körper und sein Geist bewegungslos verharrten.

Dies ist eine sehr wichtige Beschreibung. Vor und nach seinen Predigten hielt der Buddha stets auf diese Weise innere Einkehr. Während seiner Meditation überlegte er, wie er predigen solle, um seine Lehren tief in den Verstand seiner Zuhörer zu versenken, und er betete auch, daß die von ihm gepredigten Lehren von den Hörern richtig aufgenommen und verbreitet würden. Es wird überliefert, daß Shakyamuni Buddha fünf Stunden am Tag in solche Meditationen versenkt war. Dem Beispiel des Buddha folgend, ist es für uns ratsam, vor und nach dem Anhören der Lehren Buddhas unsere Augen ein paar Minuten lang zu schließen, um das Gehörte ständig in uns zu bewahren, um unseren Geist damit zu läutern und um zu beten, mit dem Buddha vereint zu werden.

In dem Augenblick, wo der Buddha seine Meditation aufnahm, wurden Himmel und Erde von seinem Lehren bewegt. Wunderschöne Blumen fielen vom Himmel herab, und die Erde erbebte auf sechsfache Weise. Dann erfuhren alle in der Versammlung das, was sie nie zuvor erlebt hatten, und sie blickten mit Freude, mit gefalteten Händen und eins im Geiste hinauf zum Buddha.

Dann sandte der Buddha von dem weißen Haarkranz zwischen seinen Augenbrauen ein Lichtbündel aus, welches achtzehntausend Welten im östlichen Viertel erleuchtete. In jedem Teil dieses Viertels waren alle Lebewesen in den sechs Sphären zu sehen; gleichfalls waren die Ursachen für ihre gegenwärtigen Situationen zu sehen. In jedem Teil dieses Viertels waren die Buddhas zu sehen und die Menschen, die den Lehren dieser Buddhas gelauscht und den Weg ausgeübt hatten, konnten auch gesehen werden. Außerdem waren die Bodhisattvas, die den Bodhisattva-Weg beschritten hatten, und die Stupas aus den sieben kostbaren Stoffen, welche die Reliquien der Buddhas nach deren Eingang in das letzte Nirvana aufnahmen, zu sehen.

Zu der Zeit staunte Maitreya Bodhisattva über die unbegreiflich und nie dagewesene Erscheinung des Buddha, und er wünschte den Buddha zu fragen, warum er solch ein Wunder vorgeführt habe. Er konnte aber nicht nach dem Grund fragen, weil der Buddha sich in Meditation versenkt hatte. Maitreya Bodhisattva erinnerte sich dann daran, daß Mañjuśrī Bodhisattva mit unzähligen früheren Buddhas in engem Kontakt gestanden und ihnen gehuldigt hatte. Er meinte also, daß dieser in der Lage sein solle, seine Frage über diese nie dagewesenen Zeichen zu beantworten. Er hatte die Verwirrtheit beobachtet, welche in der ganzen Versammlung aufkam, und wollte auch seine eigenen Zweifel zerstreuen; deshalb fragte Maitreya Bodhisattva den Mañjuśrī: „Was sind die Ursache und der Grund für dieses unfaßbare Ereignis, daß nämlich ein Lichtbündel von dem weißen Haarkranz zwischen den Augenbrauen des Buddha ausgesandt wurde? Warum erleuchtete dieser Lichtstrahl die achtzehntausend östlichen Buddha-Länder und zeigte im Detail die Pracht dieser Buddha-Sphären?" Im Anschluß daran wünschte der Maitreya Bodhisattva das Gesagte zu wiederholen, und er fragte nach der gleichen Sache in Versform.

Mañjuśrī sagte dann zu Maitreya Bodhisattva und all den anderen Führern: „Meiner Meinung nach trifft der Buddha, der Welt-Geehrte, Vorbereitungen, ein sehr wichtiges Gesetz zu predigen. Immer wenn nämlich einer der früheren Buddhas eine solch unbegreifliche Erscheinung zeigte und Lichtstrahlen aussandte, dann predigten sie anschließend dieses sehr wichtige Gesetz.

„Vor unendlich langer Zeit gab es einen Buddha namens Sonnen-Mond-Licht Tathāgata, der mit vollkommenen Tugenden ausgestattet war. Er verkündete das rechte Gesetz, welches gut an seinem Anfang, gut in seiner Mitte und gut an seinem Ende ist. Seine Lehren waren stets auf einer Wahrheit gegründet. Sie waren tiefgründig in ihrer Bedeutung, feinsinnig in ihren Begriffen, rein und unverfälscht, perfekt, makellos und edel in der Ausübung. Für jene, die danach strebten, *Śrāvakas* zu sein, predigte er das Gesetz der Vier Edlen Wahrheiten zur Überwindung von Geburt, Alter,

Krankheit und Tod und welches schließlich zum Nirvana führt. Für jene, die danach strebten, *Pratyekabuddhas* zu sein, predigte er das Gesetz der Zwölf Ursachen[1]. Für die Bodhisattvas predigte er die Sechs Vollkommenheiten[2], um sie zur Erlangung der Vollkommenen Erleuchtung und zu vollkommenem Wissen zu bringen".

Die Doktrinen von den Vier Edlen Wahrheiten und den Sechs Vollkommenheiten, oder *Pāramitās*, lehren uns, wie wir grundsätzlich das Problem von Leiden und Niedergeschlagenheit, dem Wir im täglichen Leben gegenübergestellt sind, lösen können, und wie wir einen geistigen Zustand von Frieden und Ruhe erlangen können. Da diese Doktrinen den Kern der Lehren des Buddha bilden, wollen wir sie hier erläutern.

DIE VIER EDLEN WAHRHEITEN (*shitai*) sind die Wahrheit des Leidens (*kutai*), die Wahrheit der Ursache (*jittai*), die Wahrheit der Auslöschung (*mettai*) und die Wahrheit des Pfades (*dōtai*).

Die erste der Vier Edlen Wahrheiten ist die Wahrheit des Leidens. Dies bedeutet, daß für diejenigen, die nicht auf die Lehren des Buddha hören, alle Dinge in dieser Welt Leiden enthalten. Das menschliche Leben ist erfüllt mit geistigen, physischen, wirtschaftlichen und anderen Formen von Leiden. Die wahre Beschaffenheit des Leidens anzuerkennen und es zu bewältigen, ohne es zu vermeiden oder ihm nur halbwegs zu begegnen, — das ist die Wahrheit des Leidens.

Die Wahrheit der Ursache bedeutet, daß wir darüber nachdenken müssen, welche Ursachen diese menschlichen Leiden hervorgerufen haben. Wir müssen sie erforschen und klar verstehen. Die Erforschung der Ursache des Leidens wird deutlich in den Doktrinen über die Realität aller Existenz (*shohō-jissō*) und im Gesetz von den Zwölf Ursachen (*jūni-innen*) gezeigt, welche im Kapitel 7 des Lotus-Sutras, „Die Parabel von der Zauberstadt" erläutert sind.

Die Wahrheit der Auslöschung ist der Zustand absoluter Ruhe, wo alle Leiden im menschlichen Leben ausgelöscht sind. Es ist der Zustand, in dem wir geistige, physische, wirtschaftliche und alle anderen Formen von Leiden abtrennen und in dieser Welt das Land des Ewig Ruhigen Lichtes verwirklichen (auf welches im Sutra von der Meditation über den Bodhisattva Universale Tugend als das Land des Buddha Vairocana hingewiesen wird). Dies ist ein Zustand, der nur durch Erwachen zu den drei großen Wahrheiten, die Shakyamuni uns gelehrt hat, erreicht werden kann: „Alle Dinge sind nicht von Dauer" (*shogyō mujō*), „Nichts hat ein Ego" (*shohō muga*) und „Nirvana ist Ruhe" (*nehan jakujō*). Diese drei großen Wahrheiten werden auch das Siegel der Drei Gesetze (*sambō-in*) genannt. Sie sind so wichtig, daß man sie als die drei fundamentalen Prinzipien des Buddhismus betrachtet.

Ein gewöhnlicher Mensch kann jedoch nicht leicht diese drei großen Wahrheiten verwirklichen. Um dies zu erreichen, ist es notwendig für ihn, sie in seinem täglichen Leben auszuüben und danach zu streben: Er muß den Bodhisattva-Weg mit seinem Geist, seinem Körper und mit seinen Handlungen befolgen. Dies bedeutet, daß er sich der Ausübung der Doktrinen des Achtfachen Pfades (*hasshō-dō*) und der Sechs Vollkommenheiten(*rokuharmatisu*) hingeben muß. Die Wahrheit des Pfades zeigt den Weg zu absolutem Frieden und zum Zustand der Ruhe, den wir durch die Ausübung dieser beiden Doktrinen erlangen können.

Das Gesetz der Vier Edlen Wahrheiten lehrt uns, der Wirklichkeit des menschlichen Leidens ins Auge zu sehen (die Wahrheit des Leidens), dessen wahre Ursache zu erfassen (die Wahrheit der Ursache), täglich den Bodhisattva-Weg auszuüben (die Wahrheit des Pfades), und auf diese Weise die verschiedenen Leiden auszulöschen (die Wahrheit der Auslöschung). Die Tabelle der Vier Edlen Wahrheiten zeigt diesen Fortschritt.

DIE WAHRHEIT DES LEIDENS geistige physische wirtschaftliche sonstige Leiden	DIE WAHRHEIT DER URSACHE Untersuchung der Ursache des Leidens basiert auf den Prinzipien der Realität aller Existenz und dem Gesetz von den Zwölf Ursachen.
DIE WAHRHEIT DER AUSLÖSCHUNG Der gelassene Zustand ohne geistige physische wirtschaftliche sonstige Leiden	DIE WAHRHEIT DES PFADES Methode der Übung zur Auslöschung der Leiden: Der Achtfache Pfad und die Sechs Vollkommenheiten des Bodhisattva-Weges

Die Vier Edlen Wahrheiten

Nachfolgend werden die drei großen Wahrheiten, welche als das Siegel der Drei Gesetze bekannt sind, kurz erläutert, um dem Leser zu helfen, ein volleres Verständnis vom wahren Buddhismus zu gewinnen und damit die Fähigkeit zu erlangen, ein besseres tägliches Leben zu führen.

ALLE DINGE SIND NICHT VON DAUER. Die wahre Bedeutung der

Worte „Alle Dinge sind nicht von Dauer“ wurde in Japan nach und nach mißverstanden und wird jetzt im allgemeinen als „Leben ist vergänglich“ interpretiert. Dies rührt wahrscheinlich daher, daß der Begriff häufig in diesem Sinne in der klassischen japanischen Literatur verwendet wurde. Diese Erscheinung war eine der großen Ursachen für das Mißverständnis des Buddhismus in Japan. In der breiten Öffentlichkeit faßte somit die Idee Fuß, daß der Buddhismus uns nur lehre, ernsthaft um eine Wiedergeburt in einer besseren Welt zu beten, eben weil das Leben vergänglich ist.

Um diese grundsätzliche Fehlinterpretation zu berichtigen, müssen wir klar die Bedeutung der Worte „Alle Dinge sind nicht von Dauer“ (*shogyō mujō*) verstehen. *Shogyō* bedeutet „alle Phänomene, die in dieser Welt erscheinen“ und *mujō* bedeutet „ohne Dauer“, das heißt also „nichts existiert in einer festen Form“ — kurzum, „Alle Dinge verändern sich.“ Folglich sagt die Lehre vom *shogyō mujō,* daß alle Phänomene dieser Welt sich ständig in Veränderung befinden.

Die moderne Wissenschaft hat bewiesen, daß die Sonne, welche scheinbar ohne Veränderung am Himmel scheint, sich tatsächlich in jedem Augenblick verändert. Wir meinen, daß wir uns von gestern auf heute gar nicht verändern. Tatsache ist jedoch, daß die Zellen des menschlichen Körpers fortwährend sterben und neu geboren werden, so daß die Zellen des Körpers alle sieben Jahre ausgewechselt werden. Jede Zelle in unserem Körper verändert sich andauernd, wenngleich wir uns dessen nicht bewußt sind. Und jeder weiß aus eigener Erfahrung, wie Leiden, Kummer, Freude oder Vergnügen, welche wir empfinden, sich in einem Augenblick ändern können.

Solch ein Zustand von ständigem Wechsel bezeugt zwar die Lehre, daß alle Dinge nicht von Dauer sind; dennoch wäre es ein fundamentaler Irrtum, die Lehre des Buddha so zu verstehen, daß wir in dieser vergänglichen und unzuverlässigen Existenz die Dinge einfach so nehmen wie sie sind. Das Gesetz, daß alle Dinge ohne Dauer sind, ist die Lehre, daß wir uns der veränderlichen Natur aller Dinge bewußt sein sollen, so daß unbedeutende Veränderungen in Phänomenen oder Umständen uns nicht überraschen oder erschüttern.

Wenn wir das Gesetz, daß alle Dinge ohne Dauer sind, auf diese positive Weise begreifen, dann erkennen wir, wie groß unsere Kraft als menschliche Wesen ist; und schließlich verstehen wir ganz deutlich, warum der Mensch auf diese Weise leben muß, um ständig zu wachsen und Fortschritte zu machen. Wir werden uns auch deutlich der Notwendigkeit bewußt, einander Dankbarkeit auszudrücken und miteinander in Harmonie zu leben, mit gleicher Liebe für andere und mit einem Gefühl von Einheit.

Vor Milliarden von Jahren beherbergte die Erde kein Leben; Vulkane stießen Lavaströme aus, giftige Dämpfe und Gase erfpllten die Luft. Nachdem die Erde sich jedoch hinreichend abgekühlt hatte, entwickelten sich vor etwa zwei Milliarden Jahren Lebewesen. Diese ersten Lebewesen waren einfache einzellige mikroskopische Organismen. Obwohl diese winzigen Lebensformen großen Fluten, gewaltigen Erdbeben, Vulkanausbrüchen und extremer Hitze und Kälte ausgesetzt waren, wurden sie doch nicht zerstört. Anstatt zu verschwinden, vermehrten sie sich und entwickelten sich allmählich zu komplexeren Lebensformen. Heute ist die Theorie fest begründet, daß das Leben sich von amöbenartigen Organismen über Insekten, Fische, Reptilien, Amphibien, Vögel und Säugetiere bis zum Menschen hin entwickelte.

Wir sollten erneut über die Kraft des Lebens reflektieren. Wenn wir dies tun, dann können wir neues Vertrauen für unser eigenes Leben gewinnen. Dies ermutigt uns, Vertrauen in die grundsätzliche Kraft des Lebens zu setzen und in seine Fähigkeit, vorübergehenden Leiden und Rückschlägen zu widerstehen. Im Prozeß seiner Entwicklung hat der Mensch viele Prüfungen und Schwierigkeiten überstanden. Diese Lebenskraft wohnt in unseren eigenen Körpern. Wenn wir den Evolutionsprozeß von der Amöbe bis hin zum Menschen betrachten und auf die menschliche Geschichte zurückblicken, dann erkennen wir, daß der Mensch sich Schritt für Schritt aufwärts bewegt hat. Und gleichzeitig werdend wir uns bewußt, daß Aufwärtsbewegung die angemessenste Form für das menschliche Leben ist. Verharren auf einer bestimmten Stufe, oder gar einen falschen Lebensweg einschlagen bedeutet eine Abweichung von dem richtigen Pfad des menschlichen Lebens. Wenn wir dies begreifen können, dann gelangen wir zu dem Verständnis, daß wir ständig in Richtung auf den idealen Zustand des Menschen fortschreiten müssen, — und daß dieses Bestreben in der Tat höchst natürlich ist.

Es erübrigt sich zu sagen, daß der ideale Zustand für den Menschen die Buddhaschaft ist. Wenn wir darum das Verlangen haben, Buddhas zu werden und die Lehren des Buddha ständig ausüben, dann folgen wir der natürlichen Richtung des menschlichen Lebens. Dies ist nichts Außergewöhnliches, sondern vielmehr eine natürliche Folgerung. Es ist auch natürlich, daß unsere Gesundheit und unser Familienleben ausgeglichener werden, wenn wir auf den natürlichen Weg zurückkommen, von dem wir abgewichen sind.

Wenn wir zurückblicken auf den Evolutionsprozeß, der das Leben auf der Erde geboren hat, welche ursprünglich nur mit geschmolzener Lava, Metallen, Gasen und Dämpfen gefüllt war, und wie die Lebensformen entstanden, unterteilt in Pflanzen und Tiere, wie sich die letzteren allmählich über Insekten, Fische, Amphibien, Vögel und Säugetiere bis hin zum Menschen entwickelten, dann erkennen wir auch, daß Holz, Stein, Metall und alle anderen Stoffe in der Welt letztlich den selben Ursprung haben wie wir selbst. Wir können alle Pflanzen, Vögel und anderen Tiere als unsere Artverwandten betrachten. Wir empfinden dann eine Dankbarkeit für Pflanzen, Insekten, Fische, Vögel und andere Tiere. Wenn wir diesen Wesen gegenüber ein Gefühl der Dankbarkeit hegen, wieviel mehr dankbar sollten wir dann unseren Eltern und Großeltern, unseren nächsten Verwandten und den Seelen anderer Ahnen sein! Wir begreifen dies deutlich und fühlen es zutiefst.

Alle Dinge im Universum sind in der Tat verwandt. Was können wir sagen, wenn die Menschen in dieser Welt einander nicht brüderlich verbunden sind? Sie befeinden einander, hassen einander, greifen sich an, töten sich sogar gegenseitig. So war das Leben des Menschen nicht gedacht. Der Grund, warum wir diese Wahrheit nicht erkennen, liegt darin, daß wir überwältigt sind von den Veränderungen, die direkt auf uns zukommen, und daß wir geblendet sind durch Überlegungen von unmittelbarem Gewinn und Verlust. Wenn alle Menschen klar die Lehre des Buddha sehen könnten, daß nämlich alle Dinge ohne Dauer sind, dann würden sie aus solchen Täuschungen erwachen und könnten eine friedliche und rechte Lebensweise in dieser Welt verwirklichen.

NICHTS HAT EIN EGO. Das Gesetz, daß nichts ein Ego hat, ist die Lehre, daß alle Dinge in dieser Welt, ohne Ausnahme, miteinander in Beziehung stehen. Es gibt nichts, das eine isolierte Existenz führt, das völlig von anderen Dingen getrennt ist. Wenn wir betrachten, daß selbst winzige Insekten, Vögel, die hoch in den Lüften fliegen, und Fichten, die auf einem fernen Hügel wachsen, zu Beginn der Zeit auf der Erde vor Milliarden von Jahren Teil derselben Materie waren, dann erkennen wir, daß diese Wesen von derselben Lebensenergie durchdrungen sind, die auch uns Leben verleiht. Das gleiche gilt für Erde, Stein, Wolken und Luft.

Wenn wir unsere Aufmerksamkeit auf die Gegenwart richten und unsere eigene Existenz betrachten, dann wissen wir, daß Erde und Stein uns Leben geben, und daß wir selbst Insekten und Vögeln verpflichtet sind. Wenn es beispielsweise keine Wolken am Himmel gäbe, dann hätten wir keinen Regen; keine Pflanzen würden wachsen, und wir hätten keine Nahrung. Wenn es keine Luft gäbe, dann könnten wir nicht einmal ein paar Minuten leben. Ohne Ausnahme haben wir irgendeine unsichtbare Beziehung selbst mit jenen Dingen, die äußerlich zu sein und keine Verbindung mit uns zu haben scheinen.

Ein vertrautes Beispiel mag dies noch weiter veranschaulichen: Selbst wenn unsere menschlichen Körper und Mineralien, wie beispielsweise Eisen, völlig verschieden zu sein scheinen, so besteht tatsächlich doch der größte Teil des Körpers aus Wasser, welches wiederum Mineralien enthält. Wir leben dank solcher Mineralien wie Salz, Kalzium, Eisen und Kupfer. Diese Tatsache zeigt deutlich, wie Dinge in Verbindung miteinander existieren und wie sie voneinander abhängen. Es versteht sich von selbst, daß wir eine weitaus engere und stärkere Beziehung mit anderen Menschen haben.

Der verstorbene Dr. Albert Schweitzer, Empfänger des Nobelpreises für die Erhaltung des Friedens, der über vierzig Jahre lang im Lambarene, Gabon, als Arzt und Missionar unter den Afrikanern wirkte, war einer der größten Männer des zwanzigsten Jahrhunderts. Es wird berichtet, daß Dr. Schweitzer den festen Entschluß faßte, den Menschen in Afrika zu helfen, als er eines Tages beim Anhören eines Orgelwerkes von Bach plötzlich eine starke Überzeugung verspürte. Wenn wir diese Geschichte über Dr. Schweitzer betrachten, dann können wir nicht umhin, tief von der verborgenen Verbindung von Ursache und Wirkung beeindruckt zu sein. Bach, der schon lange tot war, bevor Dr. Schweitzer seine Musik hörte, hätte nie von dieser Verbindung zwischen ihm selbst und den Menschen in Afrika träumen können. Jedoch lieferte ein wunderbares, von Bach komponiertes Musikwerk den Katalysator, der zu dem großen Entschluß des jungen Gelehrten im Elsaß, Dr. Schweitzer, führte.

Dies ist nur ein Beispiel dafür, wie unsichtbare menschliche Beziehungen sich breit und tief ausdehnen, gleich den Maschen eines Netzes. Wir können leicht erkennen, wieviel enger die Menschen desselben Landes miteinander verbunden sind. Die Wirtschaft liefert ein Beispiel dafür, wie die Beziehungen, welche oberflächlich erscheinen, tatsächlich weitaus tiefer verflochten sind. Für wen werden die Steuern, die wir zahlen, verwendet? Wer genießt die Vorteile von den Beiträgen für die Krankenversicherung, welche gesunde Leute bezahlen? Wer bezahlt die Arbeitslosenversicherung, welche Arbeitslose in Anspruch nehmen? Solche unsichtbaren und unbewußten Verbindungen sind weitaus zahlreicher als wir uns vorstellen können. Wir sind untrennbar miteinander verbunden, und unserer aller Existenz beruht auf der Durchdringung mit derselben Lebensenergie. Trotz dieser Tatsache veranlassen Gegensätze, Streitigkeiten, Kämpfe und Töten einen jeden von uns, von seinem eigenen Ego beherrscht zu werden und selbstsüchtig nur für seinen persönlichen Vorteil zu leben. Dies ist der wichtige Grund, warum wir die Wahrheit erkennen müssen, daß nichts ein Ego hat. Wenn wir einen tieferen Einblick in die Dinge gewinnen, dann erkennen wir, daß wie oben erwähnt, das Verharren auf einer bestimmten Stufe oder die Abwendung zu einem falschen Lebensweg sündhaft und böse ist, weil es der historischen Unumgänglichkeit und dem natürlichen Weg des menschlichen Lebens widerspricht, nämlich daß der Mensch Schritt für Schritt vorwärts schreitet.

Aus den Lehren des Buddha entnehmen wir, daß Sünde und Übel ursprünglich nicht in dieser Welt existierten. Sie sind eine Folge der Unterbrechung im rechten Fortschritt des menschlichen Lebens oder bedingt durch die Abweichung auf einen falschen Weg. In dem Augenblick also, in dem wir eine solche negative Benutzung der Energie aufgeben, das heißt, sobald wir uns von Selbsttäuschungen befreien, verschwindet das Übel, und die lichte Welt der leuchtenden Strahlen des Buddha wird vor uns eröffnet. Unser „Nicht-Fortschreiten", unsere „Nicht-Annäherung" zum Buddha ist Sünde und Übel, weil ein solches Verhalten dem rechten Kurs im menschlichen Leben widerspricht.

Vom selbstsüchtigen Standpunkt des Ego aus betrachtet, meinen wir, daß wir tun und lassen können, was uns beliebt, solange wir bereit sind, die Folgen unserer Handlungen zu akzeptieren. Wir wollen nur in Ruhe gelassen werden und lehnen die Einmischung anderer Mitmenschen ab. Eine solche Haltung ist jedoch ein grundsätzlicher Irrtum, weil unser Leben in irgendeiner Weise mit dem Leben aller anderen in Beziehung steht. Daraus folgt, daß das Übel, welches von einer Person begangen wird, zwangsläufig irgendwo einen Einfluß auf andere Menschen ausübt, und die Gleichgültigkeit einer Person hemmt mit Sicherheit den Fortschritt anderer Menschen. Wenn wir dies begreifen, dann können wir geistig zu der Tatsache erwachen, daß unsere eigene Trägheit oder Rückentwicklung andere behindert, und als Folge können wir den Entschluß fassen, Stück für Stück Fortschritte zu machen. Dies ist der wahre Gehalt des Gesetzes, daß nichts ein Ego hat, und dies ist der Grund, warum der wahre Geist des Buddhismus sich in beständigem Bemühen ausdrückt.

NIRVANA IST RUHE. Das Gesetz, Nirvana ist Ruhe (Stille), ist das dritte der drei hauptsächlichen, fundamentalen Prinzipien des Buddhismus. Dieses Gesetz wurde falsch verstanden aufgrund einer Mißdeutung des Wortes „Nirvana". Viele Leute denken, Nirvana sei gleichbedeutend mit Tod. Die Worte „Shakyamuni Buddha ging in das Nirvana ein" dienen gewöhnlich zur Bezugnahme auf den Tod des Buddha. Aus diesem Grund wurde das Gesetz „Nirvana ist Ruhe" als Bezugnahme auf ein Paradies verstanden, wie dem Reinen Land des Amitābha Buddha, welches der

Buddhismus vom Reinen Land als unser ideales Ziel nach dem Tode betrachtet.

Im Sanskrit hat das Wort *nirvāna* die negative Bedeutung von „Auslöschung“ oder „Vernichtung“. Deshalb bezeichnet dieses Wort auch den Zustand, in dem der Körper stirbt oder verschwindet. Gleichzeitig bedeutt Nirvana aber auch den Zustand, welcher durch Auslöschen aller Täuschungen erreicht wird, und in diesem Sinne wird der Begriff in den Lehren des Buddha benutzt. Im wahren Sinne des Wortes bedeutet Nirvana den Zustand, der erreicht ist, wenn man alle Selbsttäuschungen zerstört hat und in Zukunft auch nie wieder von ihnen in Versuchung geführt wird. Deshalb verweisen die Worte „Shakyamuni Buddha ging in das Nirvana ein“ nicht auf seinen Tod, sondern auf die Erleuchtung, die er erlangte.

Das Gesetz „Nirvana ist Ruhe“ lehrt uns, daß wir alle Leiden des menschlichen Lebens völlig auslöschen und Frieden und Ruhe erlangen können, wenn wir alle Täuschungen abstreifen. Wie können wir diesen Zustand erreichen? Der einzige Weg besteht darin, die beiden Gesetze „Alle Dinge sind ohne Dauer“ und „Nichts hat ein Ego“ zu erkennen.

Der Grund, warum wir uns über verschiedene Arten von Leiden sorgen, ist, daß wir vergessen, daß alle Erscheinungen in dieser Welt ohne Dauer sind, daß alle Dinge sich ständig nach dem Gesetz von Ursache und Wirkung verändern. Wir werden von Erscheinungen getäuscht und durch Überlegungen von unmittelbarem Gewinn oder Verlust beeinflußt. Wenn wir den Weg zur Buddhaschaft studieren und bei seiner Ausübung die Wahrheit von der Unbeständigkeit aller Dinge erkennen, dann können wir einen Zustand von Frieden und Ruhe erlangen, in dem wir niemals von wechselnden Umständen umgeworfen werden können. Dies ist der Zustand von „Nirvana ist Ruhe“.

Mitunter fühlen wir uns beunruhigt über einen Mangel an Gütern, Rückschläge im Geschäft oder persönliche Konflikte und Streitigkeiten. Der Grund hierfür liegt darin, daß es uns an Harmonie zwischen uns selbst und unbelebten Dingen sowie in der Beziehung zu anderen Menschen mangelt. Warum sind wir nicht in Harmonie miteinander? Dies liegt entweder daran, daß wir die Wahrheit erkennen, daß nichts ein Ego hat, oder daß wir diese Wahrheit vergessen haben. Wir können unmittelbar Harmonie mit anderen erlangen, wenn wir uns an die Wahrheit erinnern, daß alle Dinge und alle Menschen von einer einzigen großen Lebensenergie durchdrungen sind und daß alle Dinge unsichtbar miteinander verbunden sind, und wenn wir den besten Nutzen aus dieser Wechselbeziehung schöpfen, indem wir die Idee des Ego aufgeben, das heißt durch Betonung dieser Wechselbeziehung zu unserem eigenen Wohle und dem anderer Menschen. Wenn wir uns in

Harmonie mit anderen befinden, dann können wir Übermaß und Mängel, Streitigkeiten und Reibereien ablegen, und wir können eine friedliche, entspannte geistige Verfassung beibehalten. Dies ist der Zustand, welcher in dem Gesetz „Nirvana ist Ruhe" ausgedrückt ist. Es ist ein idealer Zustand, der nur durch Erkenntnis und Verwirklichung der beiden anderen Gesetze erreicht werden kann, nämlich „Alle Dinge sind ohne Dauer" und „Nichts hat ein Ego".

Die Doktrinen vom Achtfachen Pfad und den Sechs Vollkommenheiten lehren uns, wie wir leben müssen, um den Zustand von „Nirvana ist Ruhe" zu erreichen, und wie wir auf dem Wege zu diesem Ziel die Lehren des Buddha ausüben sollten. Da diese beiden Doktrinen eine enge Beziehung mit der Doktrin von den Vier Edlen Wahrheiten haben, sollen sie anschließend kurz erläutert werden.

DER ACHTFACHE PFAD. Der Achtfache Pfad besteht aus folgenden Richtlinien: Richtiger Blick (*shōken*), richtiges Denken (*shō-shi*), richtiges Sprechen (*shō-go*), richtiges Handeln (*shō-gyō*), richtiges Leben (*shō-myō*), richtiges Streben (*shō-shōjin*), richtiges Bewußtsein (*shō-nen*) und richtige Meditation (*shō-jō*).

Viele Gebote und Lehren, die Zahlen enthalten, — wie der Achtfache Pfad — erscheinen in buddhistischen Schriften. Der Grund hierfür liegt darin, daß die Menschen in der Zeit als Shakyamuni Buddha das Gesetz predigt die Lehren nicht schriftlich festhalten konnten; sie mußten vielmehr im Gedächtnis behalten, was sie gehört hatten. Deshalb benutzte Shakyamuni Buddha beim Predigen von verschiedenen Doktrinen Zahlen, damit die Menschen sich leichter daran erinnern konnten. Wir brauchen solche Zahlen jedoch nicht allzu wörtlich zu nehmen.

Manche Leute mögen es schwierig finden, die Doktrin vom Achtfachen Pfad zu behalten, aufgrund der acht Unterteilungen. Für sie ist es vielleicht einfacher, die Doktrin zu verstehen, wenn sie diese in vier Teile gruppieren. Der erste Teil ist ihr fundamentaler Zweck, nämlich den rechten Glauben an eine Religion zu begründen, basiert auf der Weisheit des Buddha, der das Prinzip der Realität aller Existenz erkennt und begreift. Der zweite Teil behandelt die richtige Einstellung in unserem täglichen Leben; der dritte das richtige Verhalten im Alltag; der vierte Teil schließlich beschreibt die Befolgung des richtigen Weges in der Ausübung der Lehren des Buddha.

„Richtiger Blick" bedeutet, eine egozentrische Weise bei der Betrachtung der Dinge abzulegen und den richtigen Blick des Buddha zu haben. Mit anderen Worten bedeutet dies, seine Zuflucht im Buddha zu suchen.

„Richtiges Denken" bedeutet, keine egozentrische Haltung gegenüber den

Dingen einzunehmen, sondern die Dinge richtig von einem höheren Standpunkt aus zu betrachten. Dies lehrt uns, die „drei Übel des Geistes" — Habsucht, Groll und schlechte Gesinnung — abzulegen und richtig über die Dinge zu denken, mit einer großzügigen Gesinnung wie der Buddha. Genauer ausgedrückt sind diese drei Übel der habsüchtige Sinn (Habsucht), der nur an seinen eigenen Gewinn denkt; der zornige Sinn (Groll), der es nicht mag, wenn Dinge nicht wunschgemäß verlaufen; und der böse Sinn (schlechte Gesinnung), der in allem seinen Kopf durchsetzen will.

„Richtiges Sprechen" lehrt uns, die rechten Worte in unserem täglichen Leben zu benutzen und die „vier Übel des Mundes" — Lügen (falsche Sprache), Doppelzüngigkeit, üble Rede (Beleidigung) und unziemliche Sprache (unbedachte Worte) — zu vermeiden.

„Richtiges Handeln" betrifft unser tägliches Verhalten in Entsprechung mit den Geboten des Buddha. In diesem Sinne ist es wichtig, die „drei Übel des Leibes" — unnötiges Töten, Stehlen, Ehebruch oder andere sexuelle Verfehlungen —, die einem richtigen Handeln im Wege stehen, zu vermeiden.

„Richtiges Leben" bedeutet, Lebensmittel, Kleidung und die sonstigen täglichen Notwendigkeiten in der rechten Weise zu erlangen. Dies lehrt uns, unseren Lebensunterhalt nicht auf eine Weise zu verdienen, die anderen Ärger bereitet oder in einem Beruf, der für die Gesellschaft ohne Nutzen ist, sondern vielmehr von einem gerechtfertigten Einkommen zu leben, das wir durch rechte Arbeit, durch einen Beruf, der anderen nützt, erwerben können.

„Richtiges Streben" bedeutet, daß wir uns ständig in der rechten Weise verhalten, ohne müßig zu sein oder von dem richtigen Weg abzuweichen und solches Unrecht wie die drei Übel des Geistes, die vier Übel des Mundes und die drei Übel des Körpers, welche oben erwähnt sind, zu vermeiden.

„Richtiges Bewußtsein" bedeutet, daß wir bei unseren Übungen die richtige geistige Haltung annehmen wie der Buddha. Wir können nicht wirklich von uns sagen, daß wir die gleiche Geisteshaltung haben wie der Buddha, wenn wir nicht eine richtige Einstellung zu uns selbst wie auch zu anderen und darüber hinaus zu allen Dingen haben. Wenn wir hoffen, daß nur wir selbst Recht haben, dann werden wir zu starrsinnigen und selbstzufriedenen Menschen, die von der Welt entfremdet sind. Wir können nicht von uns sagen, die gleiche Geisteshaltung wie der Buddha zu haben, wenn wir nicht alle Dinge im Universum mit einer fairen und gerechten Gesinnung betrachten.

„Richtige Meditation" bedeutet, daß wir stets entschlossen sind, an die Lehren des Buddha zu glauben, und daß wir uns nicht durch irgendeinen

Der Achtfache Pfad

RICHTIGER BLICK	Alle Dinge richtig sehen basiert auf der Weisheit des Buddha, welche das Prinzip der Realität aller Existenz durchblickt und begreift.
RICHTIGES DENKEN	Richtig denken und die drei Übel des Geistes vermeiden.
RICHTIGES SPRECHEN	Die richtigen Worte sprechen und die vier Übel des Mundes vermeiden.
RICHTIGES HANDELN	Richtig handeln und die drei Übel des Leibes vermeiden.
RICHTIGES LEBEN	Lebensmittel, Kleidung, Unterkunft und sonstige tägliche Notwendigkeiten in der rechten Weise erlangen.
RICHTIGES STREBEN	Nie das Böse, sondern stets das Gute tun.
RICHTIGES BEWUSSTSEIN	Ständig die richtige Haltung gegenüber sich selbst und anderen besitzen.
RICHTIGE MEDITATION	Unermüdlich nach dem wahren Gesetz streben und darin aufgehen.

Wechsel der Umstände beirren lassen. Dies lehrt uns, fortwährend die richtige Lehre des Buddha auszuüben.

Insgesamt genommen ist die Doktrin vom Achtfachen Pfad die Lehre, welche uns den richtigen Weg für unser alltägliches Leben zeigt.

DIE SECHS VOLLKOMMENHEITEN. Diese Doktrin lehrt uns die sechs Arten von Übungen, denen Bodhisattvas folgen sollten, um Erleuchtung zu erlangen. die Sechs Vollkommenheiten sind Hingabe (*fuse*), Einhalten der Gebote (*jikai*), Beharrlichkeit (*ninniku*), Eifer (*shōjin*), Meditation (*zenjō*) und Weisheit (*chie*).

Ein Bodhisattva ist eine Person, die im Unterschied zum *Śrāvaka* und *Pratyekabuddha* nicht nur seine eigenen Täuschungen auslöschen, sondern auch andere erretten möchte. Deshalb hat die Doktrin von den Sechs Vollkommenheiten die Erlösung aller Lebewesen zum Ziel.

Die Ausübung von Hingabe steht in dieser Doktrin an erster Stelle. Es gibt drei Arten von Hingabe: materielle Güter schenken, das Gesetz schenken und Furchtlosigkeit (den Körper) schenken. Das erste bedeutet, anderen Geld oder Güter zu geben. Das zweite bezieht sich darauf, andere richtig zu lehren. Und das dritte bedeutet, durch eigene Bemühung andere von Ängsten oder Leiden zu befreien. Es gibt niemanden, der nicht in der Lage wäre, irgendeine Form von Hingabe auszuüben. Ganz gleich wie arm jemand auch sein mag, es sollte ihm doch möglich sein, denen Almosen zu geben, denen es noch schlechter geht als ihm, oder mit einer noch so kleinen Spende eine Arbeit zum Wohle der Allgemeinheit zu unterstützen, wenn er nur den Willen dazu hat. Selbst wenn es jemanden gibt, der sich das absolut nicht leisten kann, so kann er doch anderen und der Gesellschaft nützen, indem er seine Dienste anbietet. Ein Mensch, der Wissen oder Weisheit auf einem Gebiet besitzt, sollte fähig sein, andere zu lehren oder anzuleiten, selbst wenn er kein Geld hat oder körperlich behindert ist. Selbst eine Person aus ärmlichen Verhältnissen kann Hingabe zum Gesetz ausüben. Seine Hingabe zum Gesetz kann darin bestehen, zu anderen über seine eigenen Erfahrungen zu sprechen. Selbst andere ein Rezept oder das Stricken zu lehren, um nur ein Beispiel zu nennen, kann ein Weg sein, das Gesetz zu schenken.

Es ist wesentlich, daß wir anderen von Nutzen sind, indem wir diese drei Arten von Hingabe innerhalb der Grenzen unserer Fähigkeit ausüben. Selbstverständlich kann nichts besser für uns sein, als alle drei auszuüben. Die Tatsache, daß Hingabe als erste der Übungen des Bodhisattva genannt wird, ist von ganz besonderer Bedeutung.

Die Übung, die Gebote einzuhalten, ist die zweite der Sechs Vollkommenheiten. Dies lehrt uns, daß wir andere nicht wirklich erretten können, wenn wir nicht durch die vom Buddha gegebenen Gebote unsere eigenen Täuschungen ablegen, und daß wir uns selbst durch eine rechtschaffene Lebensführung vervollkommenen sollten. Wir sollten jedoch nicht denken, daß wir andere nicht anleiten können, weil wir selbst nicht vollkommen sind. In unseren Bemühungen, richtig zu leben, können wir uns nicht selbst verbessern, wenn wir uns von anderen abschließen. Eine wesentliche Richtlinie für die Einhaltung der Gebote ist die Hilfeleistung für andere. Je mehr wir für andere tun, desto mehr können wir uns selbst erheben, und je mehr wir uns selbst erheben, desto mehr Hilfe können wir anderen leisten. Das eine verstärkt das andere.

Die dritte der Sechs Vollkommenheiten ist Beharrlichkeit, ein Wert, der für die heutigen Menschen besonders wichtig ist. Shakyamuni Buddha war mit allen Tugenden ausgestattet, und durch seine beständige Übung wurde er der Buddha. Wenngleich es eine Sünde gegen ihn ist, nur eine seiner Tugenden zu betonen, so scheint die größte Tugend des Buddha als Mensch betrachtet seine Großzügigkeit gewesen zu sein. Ganz gleich, welche Biographie von Shakyamuni Buddha wir lesen, oder welche der Sutren, wir finden an keiner Stelle aufgezeichnet, daß der Buddha jemals zornig geworden sei. Wie sehr auch immer er verfolgt wurde und wie kalt auch immer manche sich gegen ihn wandten und ihn verließen, er war stets verständnisvoll und mitfühlend.

Wenn ich mit einem einzigen Satz den Charakter von Shakyamuni Buddha als Mensch beschreiben sollte, so würde ich ohne Zögern erwidern: „Ein Mensch mit vollkommener Großzügigkeit". Deshalb meine ich, daß keine Handlung Shakyamuni Buddha mehr betrübt, als wenn wir zornig werden über etwas und andere tadeln, oder wenn wir anderen die Schuld für unsere eigenen Fehler zuschieben. Vor allen Dingen sollten wir ein solches Verhalten gegeneinander vermeiden. Beharrlichkeit ist kurzum Großzügigkeit. Während wir an der Übung der Bodhisattvas festhalten, hören wir auf, zornig oder vorwurfsvoll gegen andere oder gegen irgendetwas im Universum zu werden. Wir neigen dazu, uns über das Wetter zu beschweren, wenn es regnet und über den Staub zu brummen, wenn es längere Zeit schön ist. Wenn wir jedoch durch Beharrlichkeit eine gelassene und sorgenfreie Geistesverfassung erreichen, dann sind wir dankbar für den Regen wie auch für die Sonne. Dann wird unser Geist frei von Veränderungen in unseren Umständen.

Wenn wir noch weiter fortschreiten, dann erreichen wir eine Haltung, in der wir nicht nur kein Gefühl von Zorn und Haß gegenüber denen hegen, die uns verletzen, beleidigen oder verraten, sondern wir möchten ihnen sogar aktiv helfen. Andererseits sollten wir uns nicht durch Schmeichelei oder Lob über das Gute, das wir vielleicht tun, ins Schwanken bringen lassen; vielmehr sollten wir in Ruhe über unser Verhalten nachdenken. Wir sollten uns nicht anderen überlegen fühlen, sondern eine bescheidene Haltung bewahren, wenn alles glatt verläuft. Alle diese Haltungen kommen von Beharrlichkeit. Dieser geistige Zustand ist der Gipfel in der Ausübung der Beharrlichkeit. Selbst wenn wir nicht sofort eine solche geistige Verfassung erreichen können, so können wir doch eine Haltung des Mitgefühls gegenüber denen erreichen, die uns früher als erwartet Schwierigkeiten bereiten. Wir sollten wenigstens bis zu dieser Stufe voranschreiten. Wenn diese Art von Beharrlichkeit von Menschen in der ganzen Welt ausgeübt würde, dann würde dies allein die Grundlage für den Frieden schaffen und die Menschheit unermeßlich glücklicher machen.

Die vierte der Sechs Vollkommenheiten ist Eifer. Dies bedeutet, daß wir uns direkt auf ein wichtiges Ziel zu bewegen, ohne uns von unwesentlichen Dingen ablenken zu lassen. Wir können nicht von uns sagen, daß wir eifrig sind, wenn unsere Gedanken und unser Verhalten unrein sind, selbst wenn wir uns dem Studium und der Ausübung der Lehren des Buddha widmen. Sogar wenn wir uns dem Studium und der Übung widmen, erzielen wir dennoch mitunter keine guten Ergebnisse, oder wir stoßen vielleicht auf gegenteilige Einflüsse, oder wir werden in unserer religiösen Ausübung durch andere behindert. Aber solche Dinge sind gleich Wellen, welche die Oberfläche des Ozeans kräuseln; es sind nur Phantome, die verschwinden, wenn der Wind abklingt. Wenn wir uns deshalb einmal entschlossen haben, den Bodhisattva-Weg auszuüben, dann sollten wir zielbewußt auf unsere Bestimmung hin voranschreiten, ohne vom einmal gewählten Weg abzuweichen. Dies ist Eifer.

Die fünfte der Sechs Vollkommenheiten ist Meditation, *dhyāna* im Sanskrit und *zenjō* auf Japanisch. *Zen* bedeutet „ein ruhiger Sinn“ oder „ein unbeugsamer Geist“, und *jō* bezeichnet eine ruhige, unerschütterte Geisteshaltung. Es ist wichtig für uns, daß wir uns nicht nur der Ausübung der Lehren des Buddha widmen, sondern daß wir die Dinge auch mit einem gelassenen Sinn gründlich betrachten und sie gut durchdenken. Dann können wir den wahren Aspekt aller Dinge sehen und den richtigen Weg entdecken, ihnen zu begegnen.

Der richtige Weg, die Dinge zu sehen, und die Kraft, den wahren Aspekt aller Dinge zu erkennen, ist Weisheit — die letzte der Sechs Vollkommenheiten. Die Bedeutung dieses Wortes wird hier nicht weiter erläutert, weil darüber bereits weiter vorne gesprochen wurde. Ohne Weisheit zu besitzen, können wir andere nicht erretten. Angenommen, wir sehen einen verarmten jungen Mann am Wegesrand liegen. Und angenommen, daß er uns leid tut

Die Sechs Vollkommenheiten

HINGABE	„Bringt einen Geizigen dazu, die Gesinnung der Hingabe zu entwickeln“: Um aufrichtig der Gemeinschaft und anderen Menschen zu dienen.
EINHALTEN DER GEBOTE	„Bringt einen Arroganten dazu, die Gesinnung zum Einhalten der Gebote zu entwickeln“: Um Überheblichkeit abzustreifen, in sich zu gehen und Selbstdisziplin zu entwickeln.
BEHARRLICHKEIT	„Bringt einen Jähzornigen dazu, die Gesinnung der Beharrlichkeit zu entwickeln“: Um Ärger abzulegen und Ausdauer zu gewinnen.
EIFER	„Bringt einen Trägen dazu, die Gesinnung des Eifers zu entwickeln“: Um sich ständig zu bemühen.
MEDITATION	„Bringt einen Zerstreuten dazu, die Gesinnung der Meditation zu entwickeln“: Um seinen Geist zu beruhigen und sich nicht zu erregen.
WEISHEIT	„Bringt einen Unwissenden dazu, die Gesinnung der Weisheit zu entwickeln“: Um Vorurteile und schlechtes Denken zu beseitigen durch richtige Beurteilung.

und wir ihm etwas Geld geben, ohne über die Folgen nachzudenken. Was ist, wenn er leicht drogensüchtig ist? Er wird um das erhaltene Geld Drogen kaufen. Auf diese Weise wird er vielleicht ernsthaft, ja sogar hoffnungslos süchtig. Wenn wir ihn, anstatt ihm Geld zu geben, in ein Krankenhaus gebracht hätten, hätte er sein Leben neu beginnen können. Diese Art von Fehler können wir begehen, wenn wir Hingabe ohne Weisheit ausüben. Wenngleich das obige Beispiel ein extremer Fall ist, so ereignen sich doch ständig ähnliche Fälle in einem geringeren Ausmaß. Wenngleich wir also etwas Nützliches für andere tun mögen oder ein gutes Verhalten ausüben, um sie zu erretten, so haben unser Mitgefühl oder unsere Freundlichkeit doch keine Wirkung, wenn wir nicht wahre Weisheit besitzen. Anstatt wirksam zu sein, kann unser Mitgefühl sogar schädliche Wirkungen haben. Deshalb ist Weisheit eine absolut unerläßliche Voraussetzung für die Ausübung des Bodhisattva-Weges.

Nun wollen wir auf Kapitel 1 des Lotus-Sutras zurückkommen. Mañjuśri sprach weiter zu Maitreya Bodhisattva- *Mahāsattva* und all den anderen führenden Persönlichkeiten: „All ihr guten Söhne! So predigte Sonnen-Mond-Licht Tathāgata ein passendes Gesetz für diejenigen, die danach strebten, *Śrāvakas* und *Pratyekabuddhas* zu sein, und er predigte auch ein geeignetes Gesetz für die Bodhisattvas. Er brachte sie dazu, vollkommene Erleuchtung zu erlangen und vollkommenes Wissen zu erreichen. Und es gab wieder einen Tathāgata ebenfalls Sonnen-Mond-Licht genannt, der das gleiche Gesetz predigte, und wieder einen Tathāgata, auch Sonnen-Mond-Licht genannt, der das gleiche tat; und in entsprechender Weise gab es zwanzigtausend Tathāgatas, die alle den gleichen Namen Sonnen-Mond-Licht trugen.

„Bevor der letzte dieser Tathāgatas sein Heim verließ, war er ein König und hatte acht Söhne von königlichem Geblüt. Als diese Prinzen hörten, daß ihr Vater sein Heim verlassen und vollkommene Erleuchtung erlangt hatte, gaben sie ihre fürstliche Stellung auf und folgten ihm. Sie verließen ihr Heim und pflanzten Wurzeln der Tugend unter Millionen von Buddhas.

„Zu der Zeit predigte der Buddha Sonnen-Mond-Licht das Sutra vom Großen Fahrzeug, welches auch das Sutra von den Unzähligen Bedeutungen genannt wird. Dies ist das Gesetz, nach dem die Bodhisattvas angewiesen werden, und über welches die Buddhas wachen und das sie im Sinn behalten. Nachdem er dieses Sutra gepredigt hatte, ließ er sich inmitten der großen Versammlung mit überkreuzten Beinen nieder und versenkte sich in Meditation. In diesem Augenblick strömten vom Himmel wunderschöne Blumen über die Buddhas und alle in der großen Versammlung. Sobald die universale Buddha-Welt auf verschiedene Weise erbebte, schickte der Buddha Sonnen-Mond-Licht von dem weißen Haarkranz zwischen seinen Augenbrauen einen Lichtstrahl aus, der achtzehntausend Buddhas im östlichen Viertel beleuchtete, genau wie die Strahlen, die jetzt zu sehen sind.

„Folgendes diene Dir zum Verständnis, Maitreya! Zu jener Zeit waren in der Versammlung sehr viele Bodhisattvas, die mit Freude das Gesetz zu hören begehrten. Alle diese Bodhisattvas, die diesen Strahl des wunderbaren Lichtes empfingen, wollten gern die Ursachen und die Gründe für diesen Lichtstrahl wissen. Unter ihnen gab es einen Bodhisattva namens Mystisches Licht, der achthundert Jünger hatte. Als nun der Buddha Sonnen-Mond-Licht sich aus seiner Betrachtung erhob, predigte er über den Bodhisattva Mystisches Licht das Sutra vom Großen Fahrzeug, das heißt die Lotusblume vom Wunderbaren Gesetz, wonach die Bodhisattvas unterwiesen werden, über welches die Buddhas wachen, und das sie im Sinn behalten. Sechshunderttausend Jahre lang erhob er sich nicht von seinem Platz, und während dieser langen Jahre verharrten seine Zuhörrer in der Versammlung auf ihren Plätzen, bewegungslos in Körper und Geist, und lauschten auf die Predigt des Buddha, und dieser Zeitraum erschien ihnen nur wie die Länge einer Mahlzeit."

Aus dem obigen Abschnitt entnehmen wir, daß es aufeinander folgend zwanzigtausend Tathāgatas gab, die alle den gleichen Namen trugen und die gleiche Funktion ausübten. (*Tathāgata* bedeutet „Jemand, der von der Wahrheit gekommen ist", und es ist einer der Beinamen eines Buddha.) Der letzte dieser Buddhas predigte das Sutra vom Großen Fahrzeug, welches die Lotusblume vom Wunderbaren Gesetz genannt wird. Seine Predigt dauerte über sechshunderttausend Jahre an, aber seinen Zuhörern in der Versammlung erschien dise Zeitspanne nur wie die Dauer einer Mahlzeit. eine vollständige Erläuterung über die wahre Bedeutung dieser Geschichte wird in der Diskussion des Kapitels 16, „Offenbarung vom (ewigen) Leben des Tathāgata" gegeben. Selbst bei einer kurzen Betrachtung zeigt diese geheimnisvolle Geschichte jedoch deutlich, daß wahre Erleuchtung überall eine ewige Wahrheit ist, und daß sie nicht von Zeit und Raum beeinflußt wird.

Mañjuśrī fuhr fort: „Nach der Predigt dieses Sutras verkündete der Buddha Sonnen-Mond-Licht vor der ganzen Versammlung: ‚Heute, um Mitternacht, wird der Tathāgata in das Nirvana ohne Überreste eingehen.' Nach dem Erlöschen des Buddha erläuterte der Bodhisattva Mystisches Licht, der das Sutra von der Lotusblume vom Wunderbaren Gesetz im Gedächtnis behalten hatten, dieses fortwährend für die Menschen.

„Der Bodhisattva Mystisches Licht hatte einen Jünger namens Ruhm-Sucher. Dieser Jünger klammerte sich ehrgeizig an Gewinn, und obwohl er widerholt viele Sutren gelesen und rezitiert hatte, drang keine von ihnen ein und blieb haften; er vergaß und verlor nahezu alle. Deshalb wurde er Ruhm-Sucher genannt. Weil dieser Mann andererseits auch viele Wurzeln der Tugend gepflanzt hatte, konnte er unzähligen Buddhas begegnen, die er verehrte, achtete und pries. Dies diene Dir zum Verständnis, Maitreya! Der Bodhisattva Mystisches Licht jener Zeit bin ich selbst, während du selbst jener Bodhisattva Ruhm-Sucher bist.

„Nun sehe ich, daß dieses Vorzeichen sich nicht von dem früheren unterscheidet. Deshalb meine ich, daß der gegenwärtige Tathāgata das Sutra vom Großen Fahrzeug, genannt die Lotusblume vom Wunderbaren Gesetz, predigen wird. All ihr guten Söhne! Wartet mit gefalteten Händen auf seine Predigt und richtet euren ganzen Verstand darauf. Er wird uns mit Sicherheit gründlich die Wahrheit predigen und dem Suchenden Befriedigung geben."

Mañjuśrī beschloß seine Rede auf diese Weise und wiederholte dann die Essenz seiner Abhandlung in Versen. Damit endet Kapitel 1.

Das Eindrucksvollste in diesem Kapitel ist der unermeßliche Wert der geistigen Kräfte des Buddha. Legendig ausgedrückt in der Geschichte von dem letzten Buddha Sonnen-Mond-Licht ist die Tatsache, daß Shakyamuni Buddha, der wußte, daß die Zeit seines Eingangs ins Nirvana nahte, entschlossen war, die wichtigste Erfahrung seiner Erleuchtung der Nachwelt zu hinterlassen. Wir wissen aber auch, daß zu der Zeit sein Körper durch Krankheit und Alter sehr geschwächt war. Trotz dieser Tatsache begann er, das umfassende und tiefgründige Gesetz vom Lotus-Sutra zu predigen — die stärkste, positivste und bejahendste Lehre seines Lebens. Wir müssen uns vor der Größe seiner geistigen Kraft und der Tiefe seiner Erleuchtung verneigen. Und wir dürfen nicht vergessen, daß diese geistige Kraft aus seinem großen Mitgefühl für die noch ungeborenen Menschen späterer Zeiten rührte.

[1] Die Zwölf Ursachen sind: Unwissenheit, Handlungen, Bewußtsein, Name und Form (geistige Funktionen und Angelegenheiten), die sechs Eingänge (die sechs Sinne), Berührung, Wahrnehmung, Begierde, Anklammerung, Existenz, Geburt, Hohes Alter und Tod.

[2] Die Sechs Vollkommenheiten (oder Pāramitās) sind: Hingabe, Einhaltung der Gebote, Beharrlichkeit, Eifer, Meditation und Weisheit. Pāramitā bedeutet wörtlich „Ankommen am anderen Ufer".

Kapitel 2

Taktgefühl

DIESES WICHTIGE KAPITEL, welches auch als der Kern des Gesetzes der Erscheinung bezeichnet wird, ist der Kardinalpunkt der Predigt des Buddha in der ersten Hälfte des Lotus-Sutras. Der japanische Titel dieses Kapitels, „*Hōben*", ist ein Kompositum, welches aus zwei Schriftzeichen, *hō* und *ben*, besteht. *Hō* bedeutet ursprünglich „ein Quadrat", aber mitunter kann es auch „richtig" bedeuten. *Ben* bedeutet „Methode" oder „Mittel". Somit bedeutet *hōben* „eine richtige Methode" oder „ein richtiges Mittel". Wie an dem japanischen Sprichwort *Uso mo hōben* („Auch eine Lüge kann nützlich sein") zu sehen ist, hat sich das praktische Verständnis dieses Wortes leider weit von seiner eigentlichen Bedeutung entfernt. Das Wort *hōben* bezeichnete ursprünglich folgende Idee: „Eine aufschlußreiche Methode, welche passend auf die Person und die Gelegenheit angewendet wird." Nur wenn wir uns dieser ursprünglichen Bedeutung bewußt sind, können wir dieses Kapitel richtig verstehen.

Als Mañjuśrī voraussagte, „Bei seiner letzten Unterweisung wird der Buddha sicherlich die höchste Erleuchtung predigen, die er erlangte", warteten alle in der Versammlung erwartungsvoll auf den Beginn der Predigt des Buddha. In diesem Augenblick erhob sich der Weltgeehrte aus seiner Meditation und sprach zu Śāriputra: „Weil Buddhas den wahren Zustand aller Dinge durchdringen können, ist ihre Weisheit sehr tiefgründig und allumfassend. Es ist sehr schwer, die Schule ihrer Weisheit zu verstehen und in sie einzutreten; deshalb können die *Śravakas* und *Pratyekabuddhas* sie nicht begreifen. Warum ist das so? Weil die Buddhas mit einer unzähligen Anzahl anderer Buddhas in Verbindung waren, weil sie vollkommen das allumfassende Gesetz aller Buddhas ausgeübt, kühn und eifrig Fortschritte erzielt und ihren Ruhm weltweit bekannt gemacht haben.

„Weil die Buddhas das höchst tiefgründige, beispiellose Gesetz vervollkommnet haben, können diejenigen, welche es nicht gründlich ausüben, seine Bedeutung nicht verstehen. Die Buddhas haben dieses Gesetz auch auf verschiedene Weise gepredigt, je nachdem wie es gerade angemessen erschien. Für die Hörer ist es sehr schwer, die wahre Absicht der Buddhas zu erkennen und zu begreifen, für welchen Zweck sie gepredigt haben.

„Śāriputra! Seitdem ich Buddha wurde, habe ich unaufhörlich mit verschiedenen Argumenten und verschiedenen Parabeln gepredigt und gelehrt. Durch unzählige taktvolle Methoden habe ich Lebewesen geleitet und sie veranlaßt, ihre selbstsüchtigen Ideen (alles Anhaften) aufzugeben. Warum? Weil der Tathāgata in jeder Hinsicht vollkommen ist in seiner Methode, Lebewesen zu leiten, weil er vollkommen ist in seinem Taktgefühl und in seiner Fähigkeit, den wahren Zustand aller Dinge zu erkennen (*Pāramitā* oder Vollendung der Weisheit).

„Sāriputra! Die Weisheit des Tathāgata ist umfassend und groß, tiefgründig und weitreichend; der Tathāgata kann alles erkennen von der unendlichen Vergangenheit bis in die unendliche Zukunft. Er besitzt die folgenden großen Gesinnungen (die vier allumfassenden Tugenden), welche gewöhnliche Menschen sich nicht vorstellen können: die allumfassende Tugend der Güte (der Wunsch, daß das eigene Leben andere Menschen glücklich macht); die Tugend des Mitleids (der Wunsch, daß das eigene Verhalten die Leiden anderer Menschen beseitigt); die Tugend der Freude (die Freude beim Anblick derer, die Glück erlangt haben); und die Tugend der Unvoreingenommenheit (die Gesinnung, welche sich losgelöst hat von Gedanken der Vergeltung für Verletzungen durch andere und die keinen Lohn erwartet für gute Taten). Seine Ausführungen sind ungehindert; seine Kräfte, seine Furchtlosigkeit, seine Meditationen, seine Befreiungen und seine Betrachtungen haben ihn befähigt, in die grenzenlosen Sphären einzutreten und das beispiellose Gesetz in seinem ganzen Umfang zu verwirklichen.

„Sāriputra! Der Tathāgata ist fähig, jeden der Zuhörer zu unterscheiden, für jeden von ihnen die Gesetze geschickt zu lehren, freundliche Worte zu benutzen und die Herzen aller zu ermuntern. Sāriputra! Grundsätzlich gesprochen, hat der Buddha insgesamt gesehen das allumfassende, grenzenlose, beispiellose Gesetz erfüllt."

DREI BITTEN UND DREI VERWEIGERUNGEN. An dieser Stelle verfiel der Weltgeehrte plötzlich in Schweigen. Kurze Zeit später begann er wieder zu sprechen: „Genug, Sāriputra. Mehr braucht nicht gesagt zu werden. „Warum? Weil das Gesetz, welches der Buddha vervollkommnet hat, das wesentliche, beispiellose Gesetz ist, und weil dieses schwer zu verstehen ist. Nur ein Buddha zusammen mit einem Buddha kann die Wirklichkeit aller Existenz ergründen, das heißt, alle Existenz hat solch eine Form, solch eine Natur, solch eine Verkörperung, solch eine Macht, solch eine Funkion, solch eine primäre Ursache, solch eine sekundäre Ursache, solch eine Wirkung, solch eine Belohnung und solch ein vollständiges fundamentales Ganzes".

Diese zehn Kategorien werden als die Doktrin von den Zehn Solchheiten (*jū-nyoze*) bezeichnet, weil sie aus zehn Begriffen bestehen, denen „solch" vorangestellt ist. Die Doktrin von den Zehn Solchheiten ist die Wahrheit, welche für alle Dinge im Universum gilt; und das Konzept von „Dreitausend (Welten) in einem Gedanken" (*ichinen sanzen*), welches aus dieser Doktrin folgt, ist in sich selbst die Wahrheit, welche der Buddha predigte. Aber genauso wie Shakyamuni Buddha zögerte, diese Doktrin zu erläutern, so würde an dieser Stelle eine vollständige Erklärung dieser Lehre die Leser eher verwirren als erleuchten. Deshalb wird diese Doktrin an späterer Stelle umfassend erläutert.

Der Weltgeehrte wünschte dann, seine Lehre erneut zu verkünden, und er sprach in Versen im folgenden Sinne: „Die Weisheit des Buddha ist unermeßlich. Es ist nicht eine Weisheit, die ich leicht nach schnellem Studium erlangte; vielmehr ist es die Weisheit, die ich endlich erlangte, nachdem ich unzähligen Buddhas in früheren Zeiten gefolgt war und in vollkommener Weise die richtigen Wege beschritten hatten. Mit anderen Worten: Es ist die höchste Weisheit, welche ich durch ständige Fortbildung meines Geistes erlangen konnte.

„Die Weisheit des Buddha kann nicht ergründet werden, indem man irgendjemandem folgt — jenen, welche die größten weisen Männer unter vielen anderen Menschen genannt wurden, *Pratyekabuddhas,* die durch ihre eigene Erfahrung Erleuchtung erlangt haben, Bodhisattvas, die gelobt haben, zusammen mit der Masse der Menschen die gleiche Erleuchtung wie der Buddha zu erreichen, und Bodhisattvas, die in ihrer Übung so fortgeschritten sind, daß sie keine Rückschläge mehr erleiden.

„Ich habe jetzt, wie all die Buddhas des Universums, vollständig dieses tiefgündige und geheimnisvolle Gesetz erreicht. Wenngleich diese Buddhas verschiedene Lehren predigen, so ist die Grundlage all ihrer Lehren doch die gleiche. Die Lehren der Buddhas enthalten stets nur eine fundamentale Wahrheit, selbst wenn die Worte der Buddhas sich voneinander unterscheiden. Diese Tatsache müßt ihr erkennen. Die verschiedenen Wege, diese fundamentale Wahrheit kundzutun, d. h. die taktvollen Kräfte des Buddha, sind sehr wichtig und wertvoll. Um Anfänger, die Erleuchtung suchen, von Täuschungen und Leiden ihres täglichen Lebens zu befreien, habe ich die Lehre von den drei Fahrzeugen benutzt: das *Śrāvaka*-Fahrzeug, das *Pratyekabuddha*-Fahrzeug und das *Bodhisattva*-Fahrzeug. Der Zweck hierfür war es, die Größe der taktvollen Fähigkeiten des Buddha zu zeigen".

Alle Anwesenden in der großen Versammlung, die den Buddha auf diese Weise predigen hörten, wunderten sich, warum der Weltgeehrte jetzt wiederholt die taktvolle Weise betonte. Alle überlegten nun: „Bisher hat der Buddha uns gelehrt, frei zu sein durch die Tatsache, daß alle Erscheinungen in dieser Welt sich ständig im Wechsel befinden, und schließlich haben wir nach eifrigem Bemühen einen solchen geistigen Zustand erreicht. Aber jetzt sagt Buddha, daß diejenigen, die sich in einem solchen geistigen Zustand befinden, nicht die Weisheit des Buddha verstehen können. Wir können nicht begreifen, was seine Worte wirklich bedeuten". Deshalb fühlten sich alle verwirrt.

Bei der Gelegenheit spürte Sāriputra den Zweifel, den alle Anwesenden in der großen Versammlung hegten, und auch er selbst hatte die Bedeutung der Predigt des Buddha nicht voll begriffen. Deshalb sprach er zum Buddha: „Weltgeehrter! Was ist die Ursache und was ist der Grund, die überrragende taktvolle Methode und das sehr tiefgründige, geheimnisvolle Gesetz der Buddhas, welches schwer zu verstehen ist, so eifrig zu rühmen? Ich habe nie zuvor eine solche Predigt vom Buddha gehört. Gegenwärtig sind alle Anwesenden in dieser Versammlung völlig im Zweifel. Würde der Weltgeehrte diese Dinge bitte erklären?"

Um das Gesagte zu betonen, wiederholte Sāriputra dann das gleiche Anliegen in Versform. Aber der Buddha sagte zu Sāriputra: „Genug, genug! Mehr braucht nicht gesagt zu werden. Wenn ich diese Sache erkläre, würden die Götter und Menschen in all den Welten erschreckt und bestürzt, und sie würden in ihrer Übung entmutigt. Es wäre besser, dies nicht zu erklären".

Sāriputra glühte mit Eifer für die Wahrheit und ließ sich nicht entmutigen, den Buddha erneut um eine Erklärung zu bitten. Sāriputra sagte wieder zum Buddha: „Erkläre es doch bitte! Erkläre es doch bitte! Wozu? Weil in dieser Versammlung zahllose Lebewesen sind, die schon die Buddhas gesehen haben, deren Auffassungsvermögen scharf und deren Weisheit klar ist. Wenn sie die Lehre des Buddha hören, dann werden sie fähig sein, sie zu verstehen und ehrerbietig auszuüben."

Der Buddha sagte wieder: „Genug, Sāriputra! Wenn ich diese Sache erklären würde, dann hätten überhebliche Menschen Zweifel, könnten darüber höhnen und es für unmöglich halten".

Sāriputra stellte dem Buddha beharrlich erneut die gleiche Frage. Der Buddha blickte Sāriputra eine Weile lang aufmerksam an. Dann nickte er mit einem Ausdruck der Zufriedenheit und sprach zu Sāriputra: „Sāriputra! Da du bereits dreimal ernsthaft dein Anliegen wiederholt hast, wie könnte ich da eine Antwort verweigern? Ich will es euch erklären. Hört aufmerksam zu, denkt darüber nach und behaltet es!"

FÜNFTAUSEND VERLASSEN DIE VERSAMMLUNG. Als der Welgeehrte so gesprochen hatte, erhoben sich sofort etwa fünftausend *Bhikshus, Bhikshunīs, Upāsakas* und *Upāsikas* in der Versammlung von ihren Plätzen, grüßten den Buddha und zogen sich zurück. Dies geschah, weil die

Wurzel der Verblendung in diesen Menschen so tief lag und ihre Geisteshaltung derart überheblich war, daß sie von sich meinten, sie hätten erlangt, was sie noch nicht erlangt hatten, und sie hätten bewiesen, was sie noch nicht bewiesen hatten. Von einem solchen Irrtum befallen, wollten sie nicht bleiben.

Der Weltgeehrte blieb still und hielt sie nicht auf. Er dachte nämlich, daß, selbst wenn er sie zum Bleiben zwingen würde, sie doch nicht seine Lehre verstehen könnten, und daß dabei eher eine gegenteilige Wirkung hervorgerufen würde. Er zog auch in Betracht, daß sie irgendwann in der Zukunft danach trachten würden, eine wahre Lehre zu finden, und mit der Zeit würden sie die Fähigkeit entwickeln, diese zu verstehen. Dann ihnen zu predigen, wäre der schnellste Weg zu ihrer Errettung.

Auf den ersten Blick erscheint diese Haltung des Buddha gleichgültig den anderen gegenüber; aber sein Geist in seiner Tiefgründigkeit war erfüllt mit der großen Weisheit und Güte des Buddha. Dies wird an einem Vorfall deutlich, von dem in Kapitel 8, „Die fünfhundert Jünger empfangen die Prophezeiung ihres Schicksals", berichtet wird: Als er einer großen Anzahl von *Arhats* die Prophezeiung machte, daß sie in Entsprechung mit ihrer Übung Buddhas werden würden, sagte er zu Kāśyapa: „Die andere Gruppe *Śrāvakas* wird auch gleich ihnen sein. Verkündet meine Worte denen, die nicht in dieser Versammlung sind." Die Worte des Buddha „diejenigen, die nicht in dieser Versammlung sind" beziehen sich auf die fünftausend Mönche, die von ihren Plätzen aufgestanden waren und die Versammlung früher verlassen hatten. Die Tatsache, daß er sie absichtlich zu der Zeit nicht aufhielt, zeigt seine große Fähigkeit im Hinblick auf taktvolle Mittel.

Als die hochmütigen Mönche die Versammlung verlassen hatten und nur die wahren und ernsthaften Sucher in der Gemeinde verblieben, wandte der Buddha sich an Sāriputra: „Von der Udumbara-Blume sagt man, daß sie nur einmal in dreitausend Jahren zu sehen ist. Das wunderbare Gesetz, welches ich euch jetzt predige, ist so selten zu hören, wie die Blüte dieser Blume zu sehen ist. Alle Buddhas predigen nur dann, wenn sie glauben, daß die rechte Zeit dafür gekommen ist. Ihr alle seid einer sehr guten Gelegenheit begegnet. Sāriputra, ihr alle, glaubt mir: in der Lehre des Buddha ist kein falsches Wort. Hört nun aufmerksam auf meine Lehre.

„Der Buddha erläutert die Gesetze auf zahllose taktvolle Weisen und mit verschiedenen Argumentationen und Parabeln. Der Zweck der Predigt dieser Gesetze ist nicht klar zu verstehen. Tatsache ist, daß die Buddhas, die Weltgeehrten, in der Welt nur auftreten, um das eine große Anliegen zu predigen. Was ist das eine große Anliegen? Es ist der Wunsch der Buddhas, die Menschen dazu zu bringen, ihren Lebenszweck zu erkennen: das Buddha-Wissen. Wenn der Mensch dies versteht, wird er ein Buddha und wird wahres Glück erlangen.

„In diesem Sinne müssen die Lebewesen zuerst erkennen, daß sie alle in gleichem Maße die Buddha-Natur besitzen. Wenn sie begreifen können, daß sie alle die gleiche Natur haben wie der Buddha, dann werden sie sich von ihren kleinen, selbstsüchtigen Gedanken befreien. Die Buddhas treten in der Welt auf, weil sie alle Lebewesen dazu bringen möchten, ihre Augen für das Buddha-Wissen zu öffnen. Denen, welche das Buddha-Wissen erkennen können, möchten die Buddhas deutlich zeigen, was die Welt in den Augen eines Buddhas ist. Wenn sie den wahren Zustand der Welt erkannt haben, und wenn sie vom Buddha-Wissen erfüllt sind, dann gelangen sie zur Erkenntnis, daß das Sein in dieser Welt ein ruhiger und friedlicher Zustand ohne Leiden ist. Die Buddhas erscheinen in der Welt, weil sie alle Lebewesen zum Verständnis des Buddha-Wissens bringen möchten. Lebewesen können jedoch eine solche Geisteshaltung nicht automatisch erreichen. Sie können in diesen geistigen Zustand nicht eintreten, ehe sie sich mit Eifer ihrer Übung gewidmet haben. Die Buddhas erscheinen in der Welt, weil sie alle Lebewesen auf den Pfad des Buddha-Wissens bringen möchten.

„Durch die taktvolle Weise, allen Lebewesen die Augen für das Buddha-Wissen zu öffnen, es ihnen zu zeigen, sie zum Verständnis dieses Wissens zu führen, und sie am Pfad dieses Wissens zu leiten, möchten die Buddhas allen Lebewesen die Erlangung des Buddha-Wissens ermöglichen. Sie lehren, daß jeder Mensch wirklich den Zweck erkennen muß, für den er lebt, — allein für diesen großen Zweck erscheinen die Buddhas in der Welt."

EIN BUDDHA LEHRT NUR BODHISATTVAS. Nachdem Shakyamuni Buddha auf diese Weise gepredigt hatte, sagte er in einem ernsten und scharfen Ton zu Sāriputra: „Der Buddha-Tathāgata lehrt nur Bodhisattvas."

Wir können diese Worte leicht wie folgt verstehen: „Die Buddhas lehren nur Bodhisattvas; folglich sind *Śrāvakas* und *Pratyekabuddhas* nicht die wahren Jünger des Buddha." Wir neigen dann auch dazu, zu denken, daß dies nicht zu anderen Worten des Buddha paßt, nämlich: „Die Buddhas erscheinen in der Welt, um alle Lebewesen zum Verständnis der Wahrheit zu bringen." Wenn wir jedoch sorgfältig die Bedeutung seiner Worte überlegen, dann erkennen wir, daß sie stets im Einklang sind.

Unter den Lehren des Buddha gibt es viele, die einander scheinbar widersprechen. Viele scheinbare Widersprüche sind auch im Lotus-Sutra zu finden. Aber der Buddha hat in seinen Predigten niemals widersprüchliche Aussagen gemacht. Dagegen spricht er offen, ohne ein Blatt vor den Mund zu nehmen. Wenn wir seine Worte oberflächlich betrachten, dann können wir nicht ahnen, welch große versteckte Bedeutung sie enthalten, und meinen deshalb, daß Widersprüche darin zu finden sind. Wenn unser Verständnis seiner Worte seicht ist, dann werden wir verwirrt und denken: „Es ist mir nicht möglich, die Lehren des Buddha zu begreifen", oder „Seine Lehren sind unzuverlässig aufgrund ihrer Widersprüche."

Wir müssen die Sutren sehr aufmerksam lesen. Diejenigen, welche das schwierig finden, sollten sie immer wieder lesen, um etwas von der wahren Bedeutung der Sutren zu verstehen. Wenn sie die Sutren selbst nach mehrmaligem Lesen noch immer nicht verstehen können, dann sollten sie einen befähigten Menschen um Unterweisung bitten. Es wäre für sie ein großer Fehler zu denken: „Die Lehren des Buddha sind für mich uninteressant, weil sie Widersprüche enthalten." Wir müssen das Lotus-Sutra aufnehmen und fest bewahren. Selbst wenn das Sutra so schwierig erscheint, daß wir es nicht verstehen können, werden wir mit Beharrlichkeit schließlich doch zu einem Verständnis gelangen.

Die wahre Bedeutung der Worte des Buddha; „Die Buddhas lehren nur Bodhisattvas" sollte wie folgt gedeutet werden: „Solange man denkt, daß es genug sei, für sich selbst Erleuchtung erlangt zu haben, kann man nicht wahre Erleuchtung erreichen. Wenn man von dem Gefühl beherrscht ist, selbst Erleuchtung erreicht zu haben, wenngleich viele andere Menschen noch nicht so weit gekommen sind, dann ist ein solches Gefühl ein positiver Beweis dafür, daß man sich selbst von anderen fernhält. Solch ein Gefühl ist nicht ein Eingehen auf andere; es ist vielmehr eine Isolierung von ihnen. Mit einer solchen Haltung kann man nicht in den Zustand „Nichts hat ein Ego" eintreten, weil immer noch die eigenen egoistischen Gefühle vorherrschen. Deshalb besitzt man keine wahre Erleuchtung. Man kann Erleuchtung für sein eigenes Selbst erlangen, und alle anderen können das gleiche tun. Man kann von seinen eigenen Leiden erlöst werden, und gleichzeitig können alle anderen von ihren Leiden befreit werden. Die eigene Erlösung zusammen mit der von anderen ist die wahre Erlösung, — und in dem Augenblick, wo man dies begreift, kann man sagen, daß man wahre Erleuchtung erlangt hat und frei geworden ist von den Banden der Täuschung und des Leidens in der Welt."

In der Tat, der erste Schritt in Richtung auf die Erleuchtung verändert unser Leben. Im Vorwort wurde das Beispiel vin dem Mathematiker Yōichi Yoshida angeführt. Als Kind stellte er fest, daß Eins mittels dezimaler Arithmethik nicht exakt durch Drei geteilt werden kann. Obwohl es schon lange ein effektives Verfahren gab, den Bruch (ein Drittel) zu berechnen, konnte er dies vor dem Studium der Bruchzahlen nicht wissen. Er begriff es jedoch, sobald er lernte, daß Brüche lediglich eine andere Betrachtungsweise der Zahlen darstellen.

Das gleiche gilt für die Erlangung der Erleuchtung. Solange sogar ein Mann von großer Weisheit, wie Sāriputra, nur begehrte, Erleuchtung für sich selbst zu erlangen und im eigenen Interesse errettet zu werden, konnte er unmöglich die große Kluft zwischen seiner eigenen Erleuchtung und der des Buddha überbrücken, obwohl er nahezu die Erleuchtung des Buddha erreicht hatte. Er konnte diese Kluft jedoch in dem Augenblick überspringen, als er erkannte, daß wahre Erlösung aus dereigenen Erlösung zusammen mit der von allen anderen Menschen besteht.

Dies ist die wahre Bedeutung der Worte des Buddha, „Die Buddhas lehren nur Bodhisattvas." Er sagte dies, um zu erklären, daß nur Bodhisattvas, d. h. diejenigen, die sich bemühen, alle Lebewesen zu erretten, die wahren Lehren des Buddha begreifen können.

NUR EIN BUDDHA-FAHRZEUG. Wenn *Śrāvakas* und *Pratyekabuddhas* die Absicht bekunden sollten, den Bodhisattva-Weg auszuüben, dann würden sie in dem Augenblick wahre Jünger des Buddha werden. Der Buddha ignorierte sie nicht; er sagte aber, was er tat, um sie zu wahren Buddha-Wissen zu führen. Als Beweis dafür sprach der Buddha anschließend zu Sāriputra wie folgt: „Sāriputra! Der Tathāgata predigt durch das eine Buddha-Fahrzeug das Gesetz für alle Lebewesen; es gibt kein anderes Fahrzeug, weder ein zweites noch ein drittes."

Das Eine-Fahrzeug bedeutet: Alle Menschen können Buddhas werden. Die Erleuchtung, welche von *Śrāvakas, Pratyekabuddhas* wie auch von Bodhisattvas erreicht wird, ist eine solche, durch welche sie Buddhas werden, und sie ist die gleiche im Ursprung. Einige können die Erleuchtung eines *Śrāvaka* erreichen und andere die eines *Pratyekabuddha.* Beide Aspekte der Erleuchtung sind Tore zum Buddha-Wissen.

Dies wird allegorisch wie folgt erläutert: Ein Mensch, der durch dieses Tor gegangen ist, kann nicht den inneren Raum des Buddha-Wissens betreten, bevor er nicht zuerst durch die Vorhalle der Bodhisattva-Übung geschritten ist. Gleichzeitig kann man aber auch nicht sagen, daß das Tor und die Vorhalle nicht beide innerhalb der Wohnstätte des Buddha gelegen seien. Wenn ein Mensch aber am Tor steht, dann wird er beim Regen durchnäßt, und er friert, wenn es schneit: „Kommt alle in den inneren Raum der Wohnstätte des Buddha. Das östliche Tor, das westliche Tor und die Vorhalle, alle sind Eingänge, die in den inneren Raum des Buddha-Wissens führen." Dies ist die Bedeutung der Worte des Buddha, „Neben dem Einen Buddha-Fahrzeug gibt es weder ein zweites Fahrzeug noch ein drittes. Ich habe die Existenz dieser beiden Fahrzeuge durch meine taktvolle Fähigkeit gezeigt. Es gibt nur ein wahres Ziel für alle.“

Wenn wir die wahre Bedeutung der Worte des Buddha erfassen können, dann gelangen wir natürlich zum Verständnis der Bedeutung des letzten Teils von Kapitel 2. An dieser Stelle werden jedoch nur die hauptsächlichen Punkte, darunter einige schwierige Begriffe, die verwirrend sein können, erläutert.

Wie zuvor gesagt wurde, erscheinen die Buddhas in der Welt nur für den einen großen Zweck, alle Lebewesen zum Erlangen des Buddha-Wissens zu bringen. Mit anderen Worten, ihr Bestreben ist es, Lebewesen zu veranlassen, Erleuchtung zu erreichen und zu erkennen, daß sie Buddhas werden können. Die Wahrheit ist, daß die Lehre des Buddha nur eine ist. Weil aber in den bösen Zeiten der fünf Niedergänge alle Lebewesen habgierig und vom Buddha entfremdet sind, unterscheiden und erläutern die Buddhas mittels taktvoller Kräfte durch das Eine Buddha-Fahrzeug die drei Fahrzeuge — *Śrāvaka, Pratyekabuddha* und Bodhisattva.

Alle Lebewesen haben viele Arten von Begierden, die tief in ihren Sinnen verwurzelt sind. Selbst wenn die Täuschungen eines Menschen aus seinem Bewußtsein entfernt zu sein scheinen, so verbleiben sie doch in seinem Unterbewußtsein, und unter entsprechenden Umständen tauchen sie durch die Macht der festen Gewohnheit wieder auf. Der buddhistische Begriff für dieses Phänomen ist *jikke,* was die angeborenen Keime bezeichnet, die wir in uns tragen. Wenn uns beispielsweise jemand beleidigt, dann empfinden wir plötzlichen Ärger, obwohl wir uns eigentlich vorgenommen hatten, niemals die Geduld zu verlieren, und geglaubt hatten, daß wir sehr ausgeglichen geworden wären. Dies geschieht aufgrund der tief verwurzelten Begierden. Solange wir sie nicht aus unserem Unterbewußtsein entfernen, können wir nicht wirklich von uns sagen, daß wir frei sind von den Banden der Täuschung und des Leidens.

Das Unterbewußtsein übt einen großen Einfluß auf die physische Gesundheit aus, wie die medizinische Wissenschaft bewiesen hat. Diese Tatsache, welche Psychologen und Ärzte jetzt anerkennen, hatte Shakyamuni Buddha bereits vor zweitausendfünfhundert Jahren erkannt.

DIE BÖSEN ZEITEN DER FÜNF NIEDERGÄNGE. Der Buddha sagte zu Sāriputra: „Die Buddhas erscheinen in den bösen Zeiten der fünf Niedergänge — der Verfall des *Kalpa,* Verfall durch Widerwärtigkeiten, Verfall aller Lebewesen, Verfall der Ansichten und Verfall der Lebensspanne.“

Der Verfall des *Kalpa,* der erste der fünf Niedergänge, ist der Verfall, der aufgrund des Verstreichens einer langen Zeitspanne auftritt. Wenn der Status quo über einen langen Zeitraum hinweg beibehalten wird, dann treten verschiedene Übel auf, die ebenso wie z. B. die Verhärtung der Arterien einen schlechten Einfluß auf die physische Gesundheit ausüben. Aus diesem Grund muß die Welt manchmal in ein neues Zeitalter eintreten, um ihre Gesundheit wieder herzustellen.

Verfall durch Widerwärtigkeiten bedeutet, daß die Menschen aufgrund ihrer Täuschungen zu törichten Handlungen gebracht werden. Dies ist der Grund, warum im Laufe der Zeit kriminelle Handlungen zunehmen.

Verfall aller Lebewesen bezieht sich auf die Konflikte, die aufgrund der oberflächlichen Unterschiede im Charakter der Menschen entstehen. Streitigkeiten brechen unter den Menschen aus, und sie führen schließlich zu Problemen in ihren Familien sowie in der Gesellschaft im allgemeinen, weil nicht erkannt wird, daß alle Menschen von einer großen Lebenskraft durchdrungen sind. Vielmehr wird die Aufmerksamkeit auf oberflächliche Unterschiede gerichtet, weil jeder sein eigenes Selbst durchsetzen will.

Verfall der Ansichten bezeichnet die öffentlichen Konflikte, welche wegen verschiedener Ansichten aufkommen. Alles wendet sich gegen den Menschen, wenn er lediglich engstirnige Ansichten von den Zusammenhängen hat, und nur an seine eigenen selbstsüchtigen Ziele denkt. Wenn dagegen alles in rechter Weise betrachtet würde, wie es in den Lehren des Buddha erläutert ist, könnte sich eine friedliche Welt auf natürliche Weise und ohne Streitigkeiten entwickeln.

Verfall der Lebensspanne beschreibt den unbehaglichen Zustand, welcher durch die Erwartungen von sofortigen Ergebnissen und Gewinn aus Ideen und Verhalten verursacht wird, die die Menschen aufgrund ihres kurzen Lebens haben. Und weil sie sich zu sehr um Kleinigkeiten sorgen. Wenn sie nur zu der Wahrheit über das ewige Leben des Menschen erwachen könnten, dann würden sie mit Sicherheit von ihren Leiden erlöst werden.

In solch bösen Zeiten der fünf Niedergänge hängen die Lebewesen zu tief an ihren Täuschungen, als daß sie die höchste Lehre verstehen könnten, auch wenn sie ihnen direkt gepredigt wird. Deshalb führen die Buddhas alle Lebewesen allmählich zur Erleuchtung, indem sie durch ihre taktvolle Fähigkeit die Lehre in drei Fahrzeuge unterteilen: das *Śrāvaka*-Fahrzeug, in dem man auf die Lehren des Buddha hört und seinen Sinn von Täuschungen befreit; das *Pratyekabuddha*-Fahrzeug, in dem man sich mit dem Anhören der Lehren des Buddha nicht zufriedengibt, sondern durch seine eigene Erfahrung die Wahrheit für sich selbst erkennt; und schließlich das *Bodhisattva*-Fahrzeug, in dem man errettet und ein Bodhisattva wird als Ergebnis der religiösen Übung, andere zu erlösen. Wenn alle Lebewesen erkennen, daß diese drei Unterteilungen von den taktvollen Fähigkeiten der Buddhas herrühren, dann wird das von den Buddhas gezeigte Taktgefühl selbst zu einem großen Weg, welcher zur Wahrheit führt. Die Lebewesen können von jedem Punkt aus den Buddha-Weg betreten: von der Verehrung der Reliquien der Buddhas, vom Erbauen von Stupas und Gedenkstätten, vom Erbauen von Tempeln und Schreinen für die Buddhas in der Wildnis oder selbst vom spielerischen Anhäufen von Sand, um ein Stupa für einen Buddha zu formen. Alle Lebewesen können den Buddha-Weg betreten, indem sie irgendetwas Gutes tun. Indem sie sich immer mehr um die Erlangung von Tugend bemühen und die große Gesinnung der Güte entwickeln, werden sie schließlich Buddhas.

Die Worte des Buddha, um deren richtiges Verständnis wir uns hier ganz besonders bemühen müssen, sind: „Ich prophezeie, daß solche Menschen in der kommenden Welt den Buddha-Weg erreichen werden.“ Wir sollten besondere Aufmerksamkeit auf den Ausdruck „die kommende Welt“ richten. Dies bedeutet nicht „nach dem Tode“, sondern „irgendwann in der Zukunft, wenn man allmählich Schritt um Schritt vorangekommen ist.“

Das Lotus-Sutra lehrt uns, daß man, sobald man Erleuchtung erlangt, sofort ein Buddha wird, und daß diese Welt unmittelbar ein Land von ewig ruhigem Licht wird. Das Sutra lehrt uns auch, daß wir nicht erst nach dem Tode in ein Paradies eingehen können, sondern daß der Buddha in unserem Geist wohnt und daß das Paradies in unserem täglichen Leben existiert.

In den letzten Versen des Kapitels 2 finden wir die folgenden Zeilen: „Die Buddhas haben niemals durch ein kleineres Fahrzeug alle lebenden Wesen erlöst.“ Diese Zeilen werden oft falsch interprediert, nämlich in dem Sinne: „Am Ende erlösten die Buddhas alle Lebewesen nicht durch ein kleineres Fahrzeug.“ Manche Leute sehen hierin einen Widerspruch zu der Güte des Buddha. Die wahre Bedeutung dieser Worte ist jedoch: „Die Buddhas konnten letztlich nicht alle Lebewesen durch ein kleineres Fahrzeug allein erlösen.“ Dies bedeutet also: Die Buddhas erlösen alle Lebewesen in einem gewissen Maße auch durch ein kleineres Fahrzeug, aber durch dieses Fahrzeug allein können die Buddhas sie nicht zur letzten Erlösung, d. h. zur höchsten Erlösung führen.

Der Buddha beendete seine Predigt in Kapitel 2 mit eindringlichen Worten: „Wisse dies, Śāriputra! Das Gesetz der Buddhas besteht darin: Auf unzählige taktvolle Arten verkünden sie das Gesetz, wie es der jeweiligen Gelegenheit angemessen ist. Das Wesentliche daran ist, es wiederholt zu lernen und im täglichen Leben auszuüben. Diejenigen, welche das nicht befolgen, können nicht den einen großen Zweck vollkommen erkennen, daß nämlich die Buddhas ihre Lehren allen Lebewesen in Abstufungen predigen und sie schließlich zur Erlangung des gleichen Zustandes, wie ihn der Buddha besitzt, führen. Ihr kennt aber bereits die zweckmäßigen, taktvollen Wege des Buddha. Wenn dies der Fall ist, dann habt ihr keine weiteren Zweifel; eure Herzen sind mit großer Freude erfüllt, und ihr könnt auch für euch selbst erkennen, daß ihr Buddhas werdet."

Kapitel 3

Eine Parabel

IM VORIGEN KAPITEL hatte Sāriputra dreimal aufrichtig seine Bitte an Shakyamuni Buddha wiederholt, welcher ihm darauf entgegnete: „Genug, genug! Mehr braucht nicht gesagt zu werden." Schließlich wurde ihm aber einleuchtend die Beziehung zwischen dem Einen Buddha-Fahrzeug und den taktvollen Wegen der Buddhas erläutert. Sāriputra fühlte große Freude als er erkannte, daß es ein offenes Tor für ihn gebe, durch welches er eintreten und augenblicklich zur wahren Erleuchtung des Buddha gelangen könne. Das Tor waren die taktvollen Wege der Buddhas.

Dann erhob Sāriputra sich spontan, faltete seine Hände, schaute dem Buddha ins Gesicht und sagte: „Oh, ich bin dem Weltgeehrten dankbar! Jetzt, wo ich den Klang des Gesetzes von dir hörte, habe ich zum erstenmal meine Augen für das Gesetz geöffnet. Was für ein unvollkommener Mensch bin ich doch gewesen! Als ich von einem solchen Gesetz wie diesem vom Buddha hörte, und als ich die Bodhisattvas sah, deren Erlangung der Buddhaschaft prophezeit war, da war ich für diese Dinge nicht vorbereitet; ich war sehr besorgt und fragte mich: 'Oh, werde ich ohne Entdeckung des Buddha-Wissens enden?' Während ich mich allein in Bergwäldern oder unter Bäumen aufhielt, ob im Sitzen oder Gehen, ständig beschäftigte mich dieser Gedanke: ‚Ich habe wie diese Bodhisattvas auf die Lehren des Buddha gehört, und ich habe sie in einem gewissen Maße erkennen und verwirklichen können. Warum aber predigt der Buddha mir nur das Gesetz des Kleinen Fahrzeuges?'

„Ich habe mich in der Beurteilung dieser Sache geirrt. Warum? Wenn ich nämlich die Predigt des Buddha im Hinblick auf die Erlangung vollkommener Erleuchtung betrachtet hätte, dann wäre ich sicherlich durch das Große Fahrzeug erlöst worden. Es ist mein eigener Fehler, daß ich ungeduldig danach verlangte und mich ungerecht behandelt fühlte. Beim erstmaligen Anhören des Buddha-Gesetzes konnte ich die taktvolle Methode des Buddha, der jeweiligen Situation entsprechend zu predigen, nicht verstehen. Ich glaubte nur oberflächlich daran, grübelte darüber nach und legte davon Zeugnis ab. Seither habe ich ganze Tage und Nächte mit Selbstvorwürfen verbracht, weil ich die Bodhisattvas sah, denen die Buddhaschaft prophezeit war. Jetzt aber sind meine Augen zum erstenmal geöffnet. Heute weiß ich in der Tat, daß ich wirklich ein Sohn des Buddha bin, und ich bin jetzt ein ganz anderer Mensch. Aufgrund der erhabenen Lehre des Buddha habe ich meine Art, Dinge zu betrachten, geändert. Darüber hinaus habe ich einen Platz im Buddha-Gesetz erlangt. Ich bin Dir wirklich dankbar."

Sāriputra wollte diese Bedeutung erneut verkünden; er sprach in Versen, bereute seine frühere Unvollkommenheit und drückte gründlich seinen gegenwärtigen geistigen Zustand aus.

Sehr zufrieden mit Sāriputras Worten sprach er Weltgeehrte zu ihm: „Sāriputra! Du hast gut begriffen, was ich gepredigt habe. Wenn du deine gegenwärtige geistige Haltung über einen langen Zeitraum beibehältst, unzähligen Buddhas dienst und den Weg, den Bodhisattvas beschreiten, vollendest, dann wirst du mit Sicherheit ein Buddha werden."

Während der Buddha so sprach, verlieh er diesem zukünftigen Buddha den Titel „Blumen-Licht Thathāgata" und verkündete den Namen seines Buddha-Reiches als das Reine. Er benannte auch die Epoche, in der dieser Buddha auftreten würde, als eine mit großen Juwelen reich verzierte.

PROPHEZEIUNG DER BUDDHASCHAFT. Die Prophezeiung der Buddhaschaft, im Japanischen als *juki* bezeichnet, ist ein Begriff, der später in diesem Buch häufig erscheint. Die wichtigste Tatsache, welche an dieser Stelle zu beachten ist, besteht darin, daß es sich dabei nicht um eine beiläufige Versicherung des Buddha handelt, daß nämlich jemand ohne irgendeine Anstrengung ein Buddha werden könne.

Wenn eine Religion verfällt, dann wird sie sehr wahrscheinlich von denkenden Menschen abgelehnt, weil sie lehrt, daß man lediglich durch das Aussprechen einer magischen Formel im Paradies wiedergeboren werden kann. Wenn das alles wäre, dann wäre es noch nicht einmal so schlimm. Aber manchmal predigt die Religion sogar, daß man, ganz gleich wieviel Böses man auch tut, doch errettet und ins Paradies eingehen kann, wenn man nur einen bestimmten Talisman kauft. Die wahre Erlösung des Buddha ist jedoch nicht eine solch einfache Angelegenheit. Wir können nicht erlöst werden, bevor wir nicht nur die Lehren des Buddha lernen, sondern sie auch ausüben und uns selbst auf jene Stufe erheben, von der aus wir durch diese Lehren andere glücklich machen. Die Lehren des Buddha können von jedem klar verstanden werden; sie sind erfüllt mit Vernunft und gesundem Menschenverstand; sie gehören nicht in den Bereich von Zauber und Aberglauben.

Als alle in der großen Versammlung sahen, daß Sāriputra seine Prophezeiung für vollkommene Erleuchtung empfangen hatte, da frohlockten sie und verehrten den Buddha aus der Tiefe ihrer Herzen. Himmlische Wesen huldigten dem Buddha mit wunderbaren himmlischen Gewändern und himmlischen Blumen. Daraufhin erklärten alle von ihnen in Versen, daß sie fest davon überzeugt seien, selbst Buddhas werden zu können.

Die himmlischen Wesen huldigten dem Buddha, weil alle Wesen im Universum Schüler der Buddhas sind. Mit anderen Worten: Weil allen Dingen durch die universale Wahrheit Leben verliehen wird, können sie nicht umhin, die Wahrheit zu verehren und zu bewundern. Die „himmlichen Wesen“ sind Wesen, die im Paradies leben. Sie scheinen frei von Sorgen und Ängsten zu sein, und sie haben offenbar kein Bedürfnis, auf die Lehren des Buddha zu hören. Aber tatsächlich ist das nicht so. Wie bereits erwähnt, besteht der ideale Weg des menschlichen Lebens im ständigen Fortschritt. Selbst himmlische Wesen können keine wahre Freude empfinden, wenn sie nicht auf die noch höheren Lehren des Buddha hören. Sie können keine wahre Freude empfinden, wenn sie nicht ständig Gutes tun für das Wohl der Menschen, die in der *Sahā*-Welt leben. Dies ist ein charakteristisches und profundes Kennzeichen des Buddhismus. Anzunehmen, daß man auf immer sorgenfrei sein und ein müßiges Leben führen kann, wenn man erst einmal in das Paradies eingegangen ist, ist ein naiver und oberflächlicher Glaube.

Daraufhin sprach Sāriputra zum Buddha: „Weltgeehrter! Jetzt bin ich frei von Zweifel oder Bedauern. Unmittelbar vor dem Buddha habe ich meine Prophezeiung für vollkommene Erleuchtung empfangen. Viele Wesen mit Selbstkontrolle, die sich dereinst im Zustand des Lernens befanden, wurden immer vom Buddha unterwiesen, der sagte: ‚Mein Gesetz vermag Menschen dazu zu bringen, ihren Geist zu erheben, um frei zu sein von den verschiedenen Veränderungen der Welt, und es kann ihnen die Kraft verleihen, um Leiden und Sorgen auszulöschen.’ Diese Menschen meinen, daß sie Erleuchtung erlangt hätten, weil sie frei von Täuschungen sind. Aber jetzt sagt der Weltgeehrte: ‚Dies ist nicht die wahre Erleuchtung. Man kann keine wahre Erleuchtung erlangen, wenn man nicht die Gesinnung des Bodhisattva entwickelt, aufrichtig anderen zu dienen und diese Übung beizubehalten.’ Sie stellen fest, daß deine jetzigen Worte grundsätzlich verschieden sind von dem, was sie früher gehört haben, und sie sind alle von Zweifel und Ratlosigkeit befallen. Weltgeehrter! Bitte erkäre ihnen die Gründe hierfür genauer, damit sie frei von Zweifeln und Bedauern sein können.“

Dann sprach der Buddha zu Sāriputra: „Habe ich nicht zuvor gesagt, daß die Buddhas durch verschiedene Argumente, Parabeln und Begriffe das Gesetz taktvoll predigen, so daß ihre Lehren in einigen Teilen seicht und in anderen Teilen tiefgründig erscheinen, daß aber ihr Zweck stets nur einer ist, nämlich alle Menschen zur Erleuchtung eines Buddha zu führen? Wenngleich die Lehren der verschiedenen Buddhas in Form und Inhalt unterschiedlich erscheinen, so haben diese Lehren doch alle den Zweck, diejenigen zu erlösen, die Erleuchtung erlangen möchten und sich darum bemühen; und alle diese Lehren gelangen zum gleichen Schluß.

„Sāriputra! Laß mich nun wieder in einer Parabel diese Bedeutung noch klarer machen; denn intelligente Menschen gelangen durch Parabeln zum Verständnis."

Dann erzählte der Buddha die folgende Geschichte.

DIE PARABEL VOM BRENNENDEN HAUS. In einem Königreich lebte einst ein geachteter Ältester. Alt und matt wie er war, besaß er grenzenlosen Reichtum, viele Felder, Häuser, Sklaven und Diener. Sein Haus war geräumig, hatte nur ein Tor, und viele Leute wohnten darin. Die Hallen und Gemächer waren alt und verfallen, die Wände bröckelten, die Fundamente der Pfeiler waren verfault, die Balken und der Dachstuhl neigten sich gefährlich.

Auf allen Seiten begann plötzlich Feuer, und das Haus war in Flammen eingehüllt. Seine vielen Söhne, denen der Älteste sehr zugetan war, hielten sich alle in dieser Wohnstätte auf. Als der Älteste, der sich gerade außerhalb des Hauses aufhielt, bemerkte, daß ein Feuer ausgebrochen war und zum Haus zurückkehrte, war er höchst bestürzt, seine Kinder im Spiel versenkt zu sehen. Sie hatten keine Vorahnung, kein Wissen, keine Überraschung oder Furcht. Obwohl das Feuer sich ihnen näherte und Pein und Leiden unmittelbar bevorstanden, sorgten und fürchteten sie sich nicht, und sie fühlten keinen Drang, aus dem Haus zu entfliehen.

Der Älteste überlegte: „Mein Körper und meine Arme sind stark. Soll ich sie mit einem Blumenkübel, einer Bank oder einem Tisch aus dem Haus herausbringen?" Und er überlegte weiter: „Dieses Haus hat nur ein Tor, und es ist eng; meine Kinder sind noch zu jung um zu wissen, daß sie durch das Tor hinausgelangen müssen. Vielleicht werden sie im Feuer verbrannt, weil sie an ihrem Spielplatz hängen. Ich muß zu ihnen über diese schreckliche Sache sprechen, sie warnen, daß sie sofort herauskommen, denn sonst werden sie verbrannt."

Obwohl der Älteste versuchte, die Kinder zu locken und mit freundlichen Worten zu bewegen, waren die Kinder, vergnügt in ihrem Spiel versenkt, doch unwillig ihm zu glauben und fühlten weder Überraschung noch Furcht, noch irgendeine Notwendigkeit zu entfliehen. Darüber hinaus kannten sie weder Feuer noch das Haus, und sie verstanden auch nicht, was er mit Verlorensein meinte; sie rannten nur spielend hin und her. Manchmal blickten sie zu ihrem Vater und dachten dabei lediglich: „Unser Vater sagt irgendetwas", und sie hörten ihm nicht ernsthaft zu.

Dann dachte er Älteste: „Dieses Haus brennt in einer großen Feuersbrunst. Wenn ich sie nicht dazu bringen kann, unverzüglich herauszukommen, dann werden sie gewiß in den Flammen untergehen. Mir bleibt keine andere Wahl, als sie mit irgendeiner taktvoll geschickten Methode zu veranlassen, diesem Unglück zu entfliehen; denn trotz meiner Warnungen wollen sie das Haus nicht verlassen. Ich weiß etwas! Meine Kinder haben Spielzeug gern. Von solchen Dingen fühlen sie sich immer angezogen, wenn ihnen davon erzählt wird."

Der Vater rief den Kindern zu: „Eure liebsten Spielsachen — Ziegenkarren, Hirschkarren und Ochsenkarren — sind jetzt draußen vor dem Tor, und ihr könnt damit spielen. Ich will euch geben, was auch immer ihr euch wünscht; aber ihr müßt alle schnell aus dem brennenden Haus herauskommen. Diese Dinge, mit denen ihr so gern spielt, sind sehr selten und kostbar. Wenn ihr jetzt nicht kommt und sie nehmt, dann wird es euch später leid tun. Kommt schnell aus dem brennenden Haus und erfreut euch an diesen schönen Spielsachen." Jetzt, wo die Kinder ihren Vater von ihrem liebsten Spielzeug reden hörten, und weil dies ihren Wünschen entgegenkam, begannen sie eifrig zu drängen, rannten um die Wette und kamen, sich balgend, aus dem brennenden Haus.

Als der Älteste dann sah, daß seine Kinder sicher entkommen und alle auf dem Platz waren, ließ er sich im Freien nieder. Nun war er nicht mehr besorgt, sondern entspannt und mit Freude erfüllt. Dann sagten die Kinder zu ihrem Vater: „Vater! Bitte gib uns nun diese schönen Dinge, welche du uns zum Spielen versprochen hast — Ziegenkarren, Hirschkarren und Ochsenkarren." Der Älteste gab dann jedem seiner Kinder einen großen weißen Ochsenkarren, größer und wunderbarer als jede der drei anderen Arten von Karren, die er zuvor erwähnt hatte.

Es versteht sich von selbst, daß der Älteste als Vater dem Buddha entspricht. Das verfallene Haus verweist auf den gefährlichen und unseligen Zustand des menschlichen Geistes in der *Sahā*-Welt. Es ist klar, daß der Buddha über die unseligen Täuschungen des Menschen erhaben ist, aber er vergißt niemals seine Kinder — alle Lebewesen — die sich in einem solchen Zustand befinden. Der gefährliche Zustand der *Sahā*-Welt wird treffend mit dem verfallenen Haus beschrieben. Der unselige Zustand des menschlichen Geistes ist lebendig im ersten Teil der letzten Verse im Kapitel 3 des Lotus-Sutras dargestellt. Alle möglichen bösen Kreaturen eilen umher. Es gibt Plätze, die mit dem Gestank von Exkrementen und Urin erfüllt sind und vor Schmutz starren, wo Mistkäfer und Würmer sich sammeln. Füchse, Wölfe und Schakale beißen und trampeln einander, um an Menschenleichen zu nagen; sie zerstreuen Knochen und Fleisch. Ihnen im Gefolge kommen Horden von Hunden, um nach den Überresten zu schnappen, und hager vor Hunger schleichen sie überall umher, um nach Nahrung zu suchen. *Kumbhāṇḍa*-Dämonen wiederum greifen die Hunde bei ihren Beinen, schlagen sie so, daß sie ihre Stimme verlieren, verrenken ihre Beine um ihre Nacken und quälen die Hunde zu ihrem eigenen Vergnügen. Diese Beschreibung ist eine Allegorie der menschlichen Welt im Zeitalter der Dekadenz, in dem wir leben.

Das Feuer, welches in diesem verfallenden Haus ausbricht, symbolisiert alles menschliche Leiden, einschließlich Alter, Krankheit und Tod. Menschen, die in sinnliches Vergnügen und materielle Befriedigung vertieft sind, erkennen nicht, daß diese Leiden sie früher oder später befallen werden und noch viel weniger, daß sie unmittelbar bevorstehen.

Der Buddha möchte alle Lebewesen aus dem brennenden Haus herausbringen. Das Haus hat jedoch nur ein Tor, und es ist so eng, daß sie nicht leicht hindurchgelangen können. Dies bedeutet, daß es nur einen Weg der Erlösung für die Menschen gibt, und daß das Tor, welches zu ihrer Erlösung führt, so eng ist, daß man nicht leicht durchkommen kann. Dieser Punkt lehrt uns, daß es nur eine Wahrheit gibt, und daß wir sie unmöglich mit einer zweifelnden oder lauwarmen Haltung erlangen können.

Der Buddha überlegt, seine Kinder mit Hilfe eines Blumenkübels, einer Bank oder eines Tisches aus dem brennenden Haus herauszubekommen. Dies kann so interpretiert werden, daß er alle Lebewesen zuerst durch sein Mitempfinden und seine übernatürlichen Kräfte erretten möchte. Aber selbst wenn er dies tun möchte, so besteht dennoch die Möglichkeit, daß sie von der Erlösung des Buddha ausgeschlossen werden, weil sie sich zu sehr in sinnliches Vergnügen und materielle Dinge ergeben haben. Das Mitempfinden des Buddha ist nutzlos, wenn nicht alle Lebewesen es erkennen können. Aus diesem Grund benutzt er mit Absicht nicht seine übernatürliche Kraft.

Wenn wir weiter unter die Oberfläche dieser Bedeutung eindringen, dann können wir folgendes sehen: Wenn der Buddha alle Lebewesen direkt zur Erleuchtung führen würde, dann könnten sie seine Lehren nicht verstehen, weil sie so sehr in sinnliches Vergnügen und materielle Dinge versenkt sind. Deshalb möchte er sie vom ersten Schritt an leiten, welcher darin besteht, sie zum Erkennen des furchtbaren Zustandes dieser Welt zu bringen.

Trotz der mitfühlenden Überlegung des Buddha blicken die Lebewesen oft nur in das Gesicht ihres Vaters (die Lehren des Buddha); sie bedenken nicht, daß diese Lehren für ihr eigenes Leben von Belang sind, und sie hören nicht ernsthaft darauf.

Als letztes Mittel präsentiert der Buddha dann Ziegenkarren (das *Śrāvaka*-Fahrzeug), Hirschkarren (das *Pratyekabuddha*-Fahrzeug) und

Ochsenkarren (das *Bodhisattva*-Fahrzeug). Zum erstenmal fühlen sich nun alle Lebewesen von den Lehren des Buddha angezogen. Als sie seine Worte hören, „Nehmt diejenige der drei Lehren, die euch gefällt; ich gebe euch eine jede", rennen sie aus dem brennenden Haus und wähnen sich im Besitz dieser schönen Spielsachen.

Sich im Besitz schöner Spielsachen zu wähnen, bedeutet, daß man bereits in den geistigen Zustand des *Śrāvaka, Pratyekabuddha* oder Bodhisattva eingegangen ist. Aus dem brennenden Haus zu laufen, bedeutet, daß man bereits nach den Lehren des Buddha sucht. Wenn Lebewesen Täuschungen aus ihrem Sinn vertreiben, dann können sie sofort aus dem brennenden Haus der Leiden in dieser Welt entfliehen.

Sie denken jedoch noch nicht daran, aus dem brennenden Haus gerettet zu werden. Ihre Sinne sind erfüllt mit dem Begehren, einen der schönen Wagen zu bekommen — die Erleuchtung eines *Śrāvaka,* eines *Pratyekabuddha* oder eines Bodhisattva. Dann bitten sie den Buddha um diese Wagen. Dies bedeutet, daß jeder um seine eigene Erleuchtung bittet. Ganz unerwartet sehen sie dann über die Erleuchtung der drei Fahrzeuge hinaus die erhabene höchste Lehre, d. h. die Erleuchtung des Einen Buddha-Fahrzeuges (der große weiße Ochsenkarren).

Der Buddha möchte wirklich allen Lebewesen diesen großen Wagen geben. Deshalb gibt er dieselbe Sache rückhaltlos und gleich einem jeden, der den geistigen Zustand der Suche nach höchster Erleuchtung erreicht hat. Wie wunderbar ist doch die Überlegung des Buddha! Alle können in gleicher Weise die Erleuchtung des Buddha erlangen, — dies ist der große Sinn des Lotus-Sutras.

Nachdem der Weltgeehrte die Parabel vom brennenden Haus erzählt hatte, erläuterte er umfassend die in dieser Parabel enthaltenen Bedeutungen, und getragen vom Verlangen, die gleiche Lehre noch einmal mit anderen Worten zu predigen, sprach er dann in Versen. Nachfolgend ist die Essenz dessen, was er sagte.

„Vernimm dies, Sāriputra! Ich befinde mich in der gleichen Lage wie der Älteste in der Parabel. Ich bin der geehrteste aller Weisen und der Vater der Welt. Alle Lebewesen sind meine Söhne. Sie hängen sehr an irdischen Freuden, und sie besitzen nicht genug Weisheit, die wahren Aspekte aller Dinge zu erkennen. Deshalb bin ich bereit, sie zu erlösen.

„Die dreifache Welt ist kein sicherer Ort für gewöhnliche Menschen. Sie ist gleich dem brennenden Haus, voll von allen möglichen Leiden, und sie ist sehr zu fürchten. Stets gibt es verschiedene menschliche Leiden, darunter die Drangsale von Geburt, Alter, Krankheit und Tod. Solche Feuer wie diese brennen ununterbrochen. Seit uralten Zeiten bin ich frei von der dreifachen

Welt voll von Täuschungen, und ich habe in einem friedvollen Zustand verweilt, der nicht von irdischen Ärgernissen beeinflußt wird. Aber ich kann die dreifache Welt auch nicht einen Augenblick lang vergessen. Der Grund hierfür ist, daß diese ganze dreifache Welt mein Reich ist, und weil alle die Lebewesen darin meine Söhne sind. Dieser Platz ist aber mit Sorgen und Leiden erfüllt. Ich muß einfach in die Welt der Leiden eintreten und meine Söhne erlösen. Und nur ich allein kann sie erlösen und beschützen."

„Das gesamte Universum ist mein Reich, und alle Kreaturen darin sind meine Söhne. Und nur ich allein kann sie erlösen und beschützen." Welch ein festes Vertrauen kommt in diesen großen Worten zum Ausdruck! Wieviel großes Mitempfinden enthalten sie! Das Wort „ich" ist jedoch nicht beschränkt auf Shakyamuni, den historischen Buddha, der vor etwa 2500 Jahren in Indien lebte. Es bezieht sich vielmehr auf den Buddha in dem Sinne von „jemand, der die Wahrheit erkannt hat". Deshalb sind die Worte des Buddha eine große Verkündigung für diejenigen, welche die Wahrheit erkannt haben, daß das gesamte Universum ihr Reich ist. Selbst wenn wir, die wir dem Shakyamuni Buddha nicht gleichgestellt sind, ruhig unsere Augen schließen und mit reinem Sinn denken „Das gesamte Universum ist unser Reich", dann empfinden wir die Weite des Raumes und fühlen einen inneren Frieden.

Vor kurzem kam bei einigen Leuten die Mode auf, Land auf dem Mars zu erwerben. Wenngleich diese Laune mehr wie ein Spaß erscheint, so kann man sie in einem gewissen Sinne doch als ein wirksames Mittel betrachten, den geistigen Horizont des Menschen zu erweitern. Wenn wir wirklich an die Sterne denken, die viele hundert Millionen Lichtjahre von uns entfernt sind, dann fliegen diese Sterne sofort in unseren Verstand und gelangen auf diese Weise in unseren Besitz. Wenn wir an Dinge denken, die zehntausende von Jahren in der Vergangenheit oder zehntausende von Jahren in der Zukunft liegen, dann erkennen wir, daß die Welt auch diese Dinge einschließt; sie werden ein Teil unseres Bewußtseins. Unser Verstand befähigt uns, Zeit und Raum zu überschreiten und alles zu greifen.

Wenn wir die Wahrheit des Universums genauso wie Buddha erkennen könnten und sie mit dem universalen Leben vereinen würden, wieviel mehr würde diese Welt dann unsere eigene werden! Hierbei geht es nicht um eine Besitzergreifung, sondern vielmehr um das Gefühl, in das Ganze des Universums eingegangen zu sein. Kurzum, es bedeutet, daß wir einen geistigen Zustand von „Nicht-Selbst" erreicht haben. Es bedeutet, daß wir das kleine Selbst aufgegeben haben und das Selbst gefunden haben, welches als das Ganze lebt.

Zu einer solchen Zeit erweitert sich das Selbst, um das gesamte Universum zu erfüllen. Nicht-Selbst ist der einzige Weg für uns, die Idee zu erkennen, daß „das gesamte Universum unser Reich ist". Wenn wir diesen geistigen Zustand erreichen können, dann hat unser Verstand vollkommene Freiheit. Wir werden frei sein von allem, und selbst wenn wir so handeln wie wir möchten, so wird doch alles, was wir tun, das Leben anderer bereichern. Dies ist der geistige Zustand des Buddha.

Selbst wenn wir eine solche Geistesverfassung nicht in einem Sprung erreichen können, so müssen wir dennoch danach streben, indem wir beginnen, dem Beispiel des Buddha zu folgen. Wir können nicht die Gesinnung des Buddha erlangen, wenn wir nicht den Buddha-Weg beschreiten und seinem Beispiel folgen. Die Sutras rezitieren, die Predigten anhören, ruhig denken und anderen dienen — all das kann unsere Übung sein, um unser Selbst aufzugeben und in das Ganze einzugehen. Dies ist der Geist der Harmonie. Wenn wir jeden Tag auch nur eine Stunde lang solchen Übungen nachgehen, können wir uns Schritt für Schritt dem Buddha ein wenig nähern und durch Beharrlichkeit irgendwann in der Zukunft selbst Buddhas werden. Wir müssen uns von der rückgratlosen Haltung befreien, daß es für uns unmöglich sei, die Buddhaschaft zu erlangen. Wir verstehen sogleich, warum dies so wichtig ist, wenn wir das nächste Kapitel „Urteilskraft im Glauben" lesen.

VIERZEHN SÜNDEN DER VERLEUMDUNG DES GESETZES. Im letzten Versabschnitt des Kapitels 3 lehrt der Buddha uns, was wir wissen sollten, wenn wir das Lotus-Sutra zu anderen predigen und welche Vergeltung wir zwangsläufig empfangen, wenn wir uns gegen das Sutra wenden. Hier werden die Worte des Buddha, „Verkündet es nicht leichtsinnig", leicht mißverstanden. Diese Worte bedeuten nicht, daß man das Lotus-Sutra nicht unnötig predigen solle, sondern vielmehr, daß man es niemals falsch predigen und stets geeignete Wege für die Predigt finden soll.

Der Buddha lehrt uns: „Predigt dieses Sutra nicht jenen, die folgende Arten von böser Gesinnung haben", und er erläutert die vierzehn Sünden gegen den Geist des Lotus-Sutras. Hier meint er nicht, daß wir uns weigern sollten, uns mit solchen Menschen mit böser Gesinnung zu beschäftigen, sondern daß wir ihnen das Lotus-Sutra vorsichtig predigen sollen, nachdem wir zuerst ihre Sünden der Verleumdung des Gesetzes beseitigt haben. Wenn wir nämlich nicht in dieser Weise vorgehen, dann erzielt die Predigt des Sutras nicht nur keine Wirkung, sondern sie wird statt dessen sogar eine ungünstige Wirkung haben.

Die vierzehn Sünden der Verleumdung des Gesetzes sind folgende:

(1) Hochmut oder *kyōman* (eitel sein und denken, daß man etwas verstanden hat, was man in Wirklichkeit noch nicht verstanden hat);
(2) Nachlässigkeit oder *kedai* (faul sein und sich in nebensächliche Dinge versenken);
(3) Selbstsüchtigkeit oder *keiga* (nur aus selbstsüchtigen Motiven heraus handeln);
(4) Seichtheit oder *senshiki* (die Dinge nur oberflächlich betrachten und nicht versuchen, ihren tieferen Gehalt zu erfassen);
(5) Sinnlichkeit oder *jakuyoku* (sehr an den Begierden der Sinne und an materiellen Dingen hängen);
(6) Unvernunft oder *fuge* (alles nach seinen eigenen begrenzten Anschauungen deuten und wichtige Punkte nicht verstehen);
(7) Unglauben oder *fushin* (nicht dem Sutra vertrauen und es herabsetzen, weil das eigene Verstehen seicht ist);
(8) Verdrossenheit oder *hinshuku* (auf das Sutra herabblicken und ihm gegenüber ein unwohles Gefühl zeigen);
(9) Zweifel oder *giwaku* (Zweifel über die Wahrheit des Sutras hegen und zögern, daran zu glauben);
(10) Verleumdung oder *hibō* (schlecht über das Sutra reden);
(11) Güte verachten oder *kyōzen* (diejenigen verachten, welche das Sutra lesen und rezitieren, schreiben und bewahren);
(12) Güte hassen oder *zōzen* (diejenigen hassen, welche die oben erwähnte Güte ausüben);
(13) Beneiden der Güte oder *shitsuzen* (diejendigen beneiden, welche diese Güte ausüben);
(14) Mißgönnen der Güte oder *konzen (Mißgunst gegenüber denen, welche diese Güte ausüben);*

Anschließend wird die Vergeltung der verschiedenen Sünden der Verleumdung des Gesetzes erklärt. Hierbei müssen wir ganz besonders beachten, daß der Buddha eine solche Vergeltung nicht im Sinne einer Strafe versteht. Der Buddha hat keine solche Beziehung mit den Menschen. Weil er jene Wahrheit darstellt, die allen Dingen im Universum Leben gibt, ist es kaum möglich, daß er etwas tun würde, was dem Menschenleben entgegenwirkt. Wer bringt dem Menschen solche Vergeltung? Natürlich ist es wieder der Mensch selbst. Seine eigene Täuschung hat solche Folgen. Täuschung ist wie eine dunkle Wolke, die unsere eigentliche innere Buddha-Natur verdeckt. Wenn das Licht unserer Buddha-Natur durch Täuschungen verdeckt ist, dann kommt Dunkelheit in unserem Geist auf, und verschiedene unangenehme Dinge passieren uns. Dieser Zustand ist die Strafe, die wir uns selbst zuzuschreiben haben. Wenn wir die dunklen Woken unserer eigenen Täuschungen beseitigen, dann beginnt unsere Buddha-Natur sofort zu leuchten. Deshalb haben wir von einem Buddha nichts zu befürchten. Wir müssen fest im Sinn behalten, daß ein Buddha das erreicht hat, was alle Wesen zu allen Zeiten mit Leben erfüllt.

Kapitel 4

Urteilkraft im Glauben

DIE BEDEUTUNG VON GLAUBE UND URTEILSKRAFT. Im Glauben (*shin*) wirken die Gefühle eines Menschen und in der Urteilskraft (*ge*) seine Vernunft. Wenngleich die Menschen oft sagen, daß man einer Religion oder einem Glauben vertrauen sollte anstatt darüber zu disputieren, so ist es doch höchst gefährlich, blindes Vertrauen in eine Religion zu setzen, ohne irgendeine Kenntnis davon zu haben. Wenn diese Religion nämlich eine wertlose oder falsche Lehre ist, so führt blinder Glaube nicht nur dazu, daß wir uns selbst zugrunderichten, sondern er übt auch einen äußerst schädlichen Einfluß auf unsere Familien und die Gesellschaft im allgemeinen aus.

Selbst wenn eine Religion eine gute Lehre ist, so wird unser Glaube doch leicht von Umständen erschüttert, wenn wir blind an sie glauben. Nehmen wir einmal an, jemand glaubt, daß er von einer Krankheit genesen wird, oder daß seine Umstände sich verbessern werden, wenn er nur Vertrauen in eine bestimmte Religion setzt, auch ohne deren Lehren zu verstehen. Er erholt sich von seiner Krankheit und glaubt, daß er seine Heilung seiner Religion verdankt. Dann aber erleidet er einen Rückschlag, und er beginnt zu zweifeln. Nehmen wir weiter an, daß sein Sohn die Aufnahmeprüfung für eine Universtät nicht besteht. Der Vater gibt den Glauben auf, an den er sich unabhängig von der Meinung anderer so fest geklammert hat. Solche Dinge geschehen häufig.

Diese Art von Glaube ist kein fester Glaube im wahren Sinne des Wortes; es ist lediglich ein enger Glaube. Eine wahre Religion kann immer durch Vernunft verstanden werden; diese Art von Verständnis wird als Urteilskraft bezeichnet. Wenn wir eine eindeutige Erklärung einer Religion geben, so ist dies alleine auch noch ein unvollständiger Glaube. Mit einem solchen unvollständigen Glauben können wir zwar bis zu einem gewissen Grad geistig fortschreiten, aber wir können nicht über diesen Grad hinausgelangen. Eine wahre Religion ist äußerst tiefgründig. Wenn wir beispielsweise durch Vernunft begreifen können, daß der Buddha die Wahrheit des Universums ist, und wenn wir versuchen ,vollständig in diese Wahrheit einzudringen, so erkennen wir sie als grenzenlos tiefgründig und können sie mit Vernunft allein nicht erfassen.

Ein berühmter Wissenschaftler sagte einmal: „Das wissenschaftliche

Universum in unserer Zeit ist so geheimnisvoll, wie wir es noch nie in irgendeiner Geistesgeschichte gefunden haben." Seine Worte bedeuten, daß das Universum wissenschaftlich betrachtet weitaus geheimnisvoller ist als das Geheimnis, welches der primitive Mensch angesichts der Gegenwart von Sonne, Mond, Vulkanen, Stürmen und anderen Naturerscheinungen empfindet, und daß es auch das Mysterium überschreitet, welches Menschen zu allen Zeiten im Anblick der Religion empfunden haben. Je größer die wissenschaftlichen Kenntnisse werden, desto geheimnisvoller scheint das Universum zu werden. Diesem Geheimnis durch Theorie und Experimente nachzugehen, zu welchem Ziel auch immer es führen mag, ist die Aufgabe der Wissenschaft, und so sollte es auch sein. Andererseits können wir durch den Glauben in eine Religion direkt, nicht nur theoretisch, in die Welt der Geheimnisse eintreten. Der geistige Zustand, der durch unmittelbare Begegnung mit dem Geheimnisvollen erzeugt wird, heißt Glaube. Die Lehren einer Religion nur mit Vernunft zu erklären, hat nicht die Kraft, Menschen zu bewegen, weil diese dann nur ein theoretisches Verhältnis besitzen und die Theorie nicht in die Praxis umsetzen können. Solch eine Religion erzeugt nicht die Energie, andere zur Nachfolge zu veranlassen. Wahrer Glaube besitzt Kraft und Energie. Wie ungebildet auch immer ein Mensch sein mag, und wie bescheiden auch seine Umstände sein mögen, er kann anderen Menschen helfen, wenn er nur Glauben hat. Wenn er aber an etwas grundsätzlich Falsches glaubt, dann übt seine Energie einen schädlichen Einfluß auf die Gesellschaft und seine Mitmenschen aus. Deshalb müssen Glaube und Urteilskraft Hand in Hand gehen. Eine Religion kann nicht als wahr betrachtet werden, wenn sie nicht Glauben und Urteilskraft vereint. Die Lehren des Buddha können durch Vernunft verstanden werden. Sie fordern keinen blinden, vernunftlosen Glauben. Wir müssen die Lehren des Buddha durch Anhören von Predigten und durch Lesen der Sutren verstehen. Während wir unsere Urteilskraft über diese Lehren steigern, wird von innen heraus Glaube entwickelt.

Wenn ein geistig beweglicher Mensch nicht in der Urteilskraft fortgeschritten ist, dann entwickelt er einen Glauben, sobald ihm gesagt wird: „Dies ist eine wahre Lehre". Solange es um die Lehre des Lotus-Sutras geht, ist diese Haltung gut und recht, weil durch Anhören und Lesen desselben sich allmählich die Urteilskraft entwickelt.

Kurzum, wir können sowohl über den Glauben als auch über die Urteilskraft Zugang zu einer Religion finden. Wenn eine Religion aber nicht beide Aspekte miteinander verbindet, dann besitzt sie keine wahre Kraft. Mit diesem grundsätzlichen Wissen um die Bestandteile einer wahren Religion wollen wir den Text des Kapitels 4 betrachten.

Der Weltgeehrte hatte einem *Śrāvaka Bhikshu,* nämlich Sāriputra, prophezeit, daß er ein Buddha werden würde, und er hatte den Grund in der Parabel vom brennenden Haus deutlich erläutert. Dabei erkannten solch *Śrāvaka Bhikshus* in der Versammlung, wie der für Weisheit bestimmte Subhūti, Mahā-Kātyāyana, Mahā-Kāśyapa und Mahā-Maudgalyāyana immer mehr den Wert des Gesetzes, und sie gerieten außer sich vor Freude. Daraufhin verbeugten sie sich in Verehrung. Eins im Geiste und mit gefalteten Händen sprachen sie zum Buddha: „Wir sind höhergestellte Mönche unter Deinen Jüngern und im Alter fortgeschritten. Wir glaubten uns frei von irdischen Sorgen und Leiden und meinten, daß es für uns nichts mehr zu erstreben gäbe. Deshalb drängten wir nicht danach, die vollkommene Erleuchtung zu suchen.

„Der Weltgeehrte hat lange Zeit das Gesetz gepredigt, und während der ganzen Zeit haben wir auf unseren Plätzen gesessen, unsere Körper sind müde geworden, und wir sind nachlässig geworden und haben gefühlt, daß es nicht mehr notwendig sei, Deine Predigt anzuhören. Wir dachten nur an Leere, Formlosigkeit und Nicht-Funktion. Aber im Hinblick auf das Gesetz, welches die Bodhisattvas anderen mit großem Eifer erklären, es frei je nach Auffassungsvermögen der anderen predigen, sie dazu bringen, ihren wahren Charakter zu zeigen, sie in gleicher Weise erlösen und die Welt reinigen, haben unsere Herzen keine Freude empfunden. Wir haben keine Worte, uns für unser unvollkommenes Verständnis zu entschuldigen. Jetzt, wo wir die Prophezeiung hören, die der Buddha Sāriputra und den anderen *Śrāvakas* gegeben hat, nämlich die Worte ‚Ihr könnt vollkommene Erleuchtung erlangen', sind wir äußerst froh. Ganz unerwartet hören wir jetzt plötzlich dieses seltene Gesetz. Wir beglückwünschen uns zutiefst, daß wir solch einen großen und guten Gewinn erlangt haben, solch ein unschätzbares Juwel, ohne danach zu suchen. Weltgeehrter! Wir haben also die Lehre verstanden, die Du uns jetzt gepredigt hast. Gewähre uns nun noch das Vergnügen, diese Bedeutung in einer Parabel darzulegen." Dann erzählten die vier großen *Śrāvakas* die folgende Geschichte.

DIE PARABEL VOM ARMEN SOHN. Ein junger Mann verließ seinen Vater und ging in die Fremde. Lange Zeit lebte er in einem fernen Land, bis er schließlich fünfzig Jahre alt war. Mit zunehmendem Alter wurde er immer ärmer. Er streifte umher und suchte nach Arbeit. Schließlich kam er auf seiner Wanderschaft wieder in die Nähe seiner Heimat. Der Vater war sehr bekümmert, daß sein Sohn davongegangen war und hatte im ganzen Land vergeblich nach ihm gesucht. Schließlich hatte der Vater sich in einer Stadt niedergelassen. Er war sehr reich geworden; seine Güter und Schätze waren unermeßlich. Er hatte viele Sklaven, Gefolgsleute und Dienstboten.

Zu der Zeit kam der Sohn auf seiner Wanderschaft durch ein Dorf nach dem anderen, durch viele Städte und Länder, und schließlich erreichte er die Stadt, in der sein Vater sich niedergelassen hatte. Er gelangte vor das Tor des Hauses seines Vaters und wußte dabei nicht, wessen Anwesen es war.

Der Vater dachte ständig an seinen Sohn, sprach aber mit niemandem darüber. Während er über seinen Verlust nachgrübelte und im Herzen Trauer empfand, dachte er: „Jetzt bin ich alt und verbraucht und besitze großen Reichtum, aber ich habe keinen Sohn. Eines Tages kommt mein Ende, und mein Reichtum wird zerstreut und verloren. Wenn ich doch nur meinen Sohn zurückbekommen könnte, um ihm meinen Reichtum zu vermachen. Wie zufrieden und glücklich wäre ich dann!" Zu der Zeit hielt der arme Sohn, der hier und dort für Lohn gearbeitet hatte, unerwartet vor dem Haus seines Vaters an in der Hoffnung, eine Stelle zu bekommen. Am Tor stehend sah er von fern einen würdigen älteren Mann auf einer Bank sitzen, umgeben und verehrt von anständig aussehenden Leuten. Der arme Sohn wurde beim Anblick dieses mächtigen Mannes von Furcht erfüllt und dachte: „Er ist sicher ein König oder jemand von fürstlichem Rang. Dies ist nicht der rechte Platz für mich, Arbeit zu finden. Ich gehe besser in ein armes Dorf, wo ich mich als Arbeiter verdingen kann, und wo Nahrung und Kleidung leichter zu bekommen sind. Wenn ich länger hier bleibe werde ich vielleicht ergriffen und zur Arbeit gezwungen." Und er lief schnell davon.

Inzwischen hatte der reiche Mann seinen Sohn auf den ersten Blick erkannt, und voll Freude hatte er gedacht: „Oh! Plötzlich ist mein Sohn zurückgekommen. Meine Sehnsucht ist erfüllt. Ich habe meinen Sohn gefunden, dem ich meinen ganzen Reichtum hinterlassen kann." Überrascht zu sehen, daß sein Sohn plötzlich fortlief, schickte der Vater sogleich Dienstboten hinter ihm her, um ihn zurück zu bringe. Der arme Sohn war überrascht und ängstlich und rief laut: „Ich habe euch nicht beleidigt; warum ergreift ihr mich?" Aber die Boten ergriffen ihn und zwangen ihn, mit ihnen zurückzukehren. Der Sohn dachte, daß er trotz seiner Unschuld ins Gefängnis käme und daß dies mit Sicherheit seinen Tod bedeuten würde. Bei diesem Gedanken war er so entsetzt, daß er sein Bewußtsein verlor und zu Boden fiel. Der Vater sah dies von fern und befahl den Boten: „Ich brauche diesen Mann nicht. Bringt ihn nicht mit Gewalt herbei! Sprenkelt kaltes Wasser auf sein Gesicht, um ihn wieder zum Bewußtsein zu bringen und sprecht nicht weiter mit ihm!" Der Vater verstand, daß sein Sohn aufgrund seines langen Lebens voller Entbehrungen eine unterwürfige Einstellung hatte und daß seine eigene fürstliche Position den Sohn erschreckt hatte. Obwohl er sicher war, daß dies sein Sohn war, sagte er nichts zu den anderen, sondern beschloß, allmählich die Aufmerksamkeit seines Sohnes zu gewinnen.

Nachdem ein Bote kaltes Wasser auf das Gesicht des Sohnes gesprenkelt hatte, um ihn zu Bewußtsein zu bringen, sagte er: „Ich gebe dich jetzt wieder frei, und du kannst gehen, wohin du willst." Der arme Sohn war froh, verbeugte sich mehrmals ehrerbietig und ging davon. Er ging zu einem einfachen Dorf auf der Suche nach Nahrung und Kleidung, wie es seine Gewohnheit war. Dann ersann der Vater einen Plan, um die Aufmerksamkeit seines Sohnes zu erwecken. Er schickte insgeheim zwei Männer, ärmlich gekleidet und mit demütiger Erscheinung, mit der folgenden Anweisung aus: „Geht und besucht jenen Ort und sagt freundlich zu dem armen Mann: ,Wir haben eine Arbeit für dich, und du wirst doppelten Lohn bekommen.' Wenn der Mann einverstanden ist, dann bringt ihn zurück und gebt ihm Arbeit. Wenn er fragt, welche Arbeit er verrichten soll, dann könnt ihr ihm sagen: ,Wir stellen dich an, einen Misthaufen wegzuschaffen, und wir werden beide mit dir zusammen arbeiten.'"

Der arme Sohn dachte, daß diese Arbeit für ihn geeignet sei; er vertraute sich den beiden Boten an, erhielt seinen Lohn im voraus und ging mit ihnen daran, den Misthaufen wegzuschaffen. Sein Vater beobachtete ihn und wurde von Mitleid erfüllt. Eines Tages sah er durch ein Fenster die entfernte Gestalt seines Sohnes, hager und schmutzig, bei den Haufen von Mist und Abfall. Der Vater konnte sein Mitgefühl für seinen Sohn nicht länger ertragen; er zog ein grobes, verschlissenes und schmutziges Kleidungsstück an, beschmierte seinen Körper mit Dreck, nahm eine Schaufel in die Hand und gesellte sich zu den Arbeitern. Er sagte zu ihnen: „Macht weiter mit eurer Arbeit und seid nicht faul." Dann sprach der Vater zu seinem Sohn: „Ich höre, du bist ein armer Kerl. Du hast nichts, wofür du lebst, nicht wahr? Du kannst dich später auf mich verlassen. Bleibe und arbeite hier. Gehe nicht zu einem anderen Ort. Ich will deinen Lohn erhöhen. Du kannst ohne Zögern benutzen, was auch immer du brauchst — Schüsseln, Gerätschaften, Reis, Mehl, Salz, Essig und so weiter. Außerdem ist hier ein alter und abgearbeiteter Dienstbote, der dir zur Verfügung steht, wenn du ihn brauchst. Fühle dich wie zu Hause. Ich bin wie dein Vater; sorge dich nicht mehr. Ich bin alt, aber du bist jung und tatkräftig. Während der ganzen Zeit, die du hier gearbeitet hast, warst du nie betrügerisch, faul, ärgerlich oder mürrisch. Ich habe an dir nie irgendeines der Laster gesehen wie bei anderen Arbeitern. Von nun an sollst du wie mein eigener Sohn sein."

Daraufhin gab der Alte ihm einen neuen Namen und nannte ihn seinen Sohn. Der arme Sohn war über diese Entwicklung zwar sehr beglückt, betrachtete sich aber immer noch als einen unterwürfigen Mietling. Aus diesem Grund blieb er weitere zwanzig Jahre lang angestellt, um Abfall zu beseitigen. Nach diesem Zeitraum herrschte ein gegenseitiges Vertrauen zwischen Vater und Sohn, und der letztere kam und ging, wie es ihm gefiel, wenngleich seine unterwürfige Haltung sich noch nicht geändert hatte.

Dann wurde der Alte krank, und im Bewußtsein, daß er bald sterben würde, vertraute er dem Sohn die Verwaltung seines ganzen Besitzes an. Obwohl der Sohn das Vertrauen seines Vaters gewonnen hatte, konnte er immer noch nicht sein Minderwertigkeitsgefühl abstreifen. Nach kurzer Zeit war der Sohn mit dem Haushalt seines Vater und all den Schätzen vertraut und sein geistiger Horizont erweiterte sich allmählich, so daß er sich vorstellen konnte, alle Angelegenheiten seines Vaters selbst zu verwalten. Jetzt verachtete er seine frühere geistige Haltung.

Der Vater war darüber sehr erleichtert. Er sah, daß sein Ende nahe war und ließ seinen Sohn zu sich kommen. Zur gleichen Zeit versammelte er seine Verwandten sowie die Fürsten, Minister, *Kshatriyas* und Bürger des Landes. Als sie alle versammelt waren, verkündete er ihnen: „Dies ist wirklich mein Sohn, und ich bin wirklich sein Vater." Er erklärte ihnen die Gründe dafür und sagte ihnen: „All der Reichtum, den ich besitze, gehört voll und ganz meinem Sohn."

Als der arme Sohn diese Worte hörte, war seine Freude über eine solch unerwartete Mitteilung sehr groß und er dachte: „Ohne irgendeine Absicht oder Bemühung auf meiner Seite sind diese Schätze nun von selbst in meinen Besitz gelangt."

Dies ist die Parabel vom armen Sohn, die zweite von den sieben Parabeln im Lotus-Sutra. Sobald die vier *Śrāvakas* die Erzählung der Parabel beendet hatten, sagten sie zum Weltgeehrten: „Der sehr reiche Alte ist der Buddha, und wir alle sind seine Söhne." Dann priesen sie das Mitgefühl des Buddha und seine taktvolle Kraft, die sie zur Lehre des Großen Fahrzeuges geführt hatte, obwohl sie sich mit einer geringeren Erleuchtung zufriedengegeben hatten.

Das Kapitel 4 des Lotus-Sutras endet mit den von Mahā-Kāśyapa gesprochenen Versen, welche die Geschichte wiederholen.

Von unserem Standpunkt aus symbolisiert der arme Sohn alle Lebewesen. Hier wollen wir den Sohn aber einmal als diese vier *Śrāvakas* betrachten und versuchen, die Parabel auf ihren Fall zu beziehen.

Der arme Sohn, der ursprünglich wußte, daß der reiche Alte (der Buddha) sein wirklicher Vater war, aber dennoch von ihm fortlief und menschliches Leiden durchmachte, kennzeichnet den gewöhnlichen Zustand der Lebewesen in der Welt. Auf dieser Stufe waren die vier *Śrāvakas* gewöhnliche Menschen wie wir. Die Bande zwischen Vater und Sohn lassen sich jedoch nicht leugnen. Obwohl der Sohn nicht wußte, daß er die Buddha-Natur besaß und durch die Welt der menschlichen Leiden schritt, näherte er sich doch unerwartet dem Buddha. Wenn die Menschen vor dem Tor des Buddha-Hauses stehen, erkennen sie oft nicht, daß er ihr Vater ist. Aber der Buddha erkannte seinen Sohn sofort. Der Buddha ist immer nahe bei uns; die Wahrheit ist überall und der Buddha wartet auf uns, daß wir ihn finden. Wir brauchen nur unsere Sinne auf ihn zu richten. Der Buddha versucht, alle Lebewesen zur Wahrheit zu führen; aber sie wenden ihm ihre Rücken zu, weil sie von dem unterwürfigen Gefühl getragen sind, daß seine Lehren zu hoch für sie seien, und daß es für Menschen wie sie unmmöglich sei, sich ihm zu nähern.

Dann entwickelt der Buddha in seinem Wunsch, die Aufmerksamkeit der Lebewesen zu erregen, einen Plan. Er schickt Boten aus (die Diener, welche im Haus des Buddha arbeiten und dort geistigen Frieden erreichen, besonders die *Śrāvakas* und *Pratyekabuddhas*), welche die gleiche Erscheinung wie gewöhnliche Menschen haben, aber eine höhere geistige Stufe als gewöhnliche Menschen erreicht haben, und er veranlaßt sie, den geistigen Stand der Menschen zu erhöhen, damit sie mit solchen Leuten wie den Boten verkehren können. Der Vater läßt den Sohn einen Misthaufen beseitigen. Dies bedeutet, daß der Buddha die Lebewesen anleitet, sich von ihren Täuschungen zu befreien, indem sie das kleine Fahrzeug ausüben. Dieser Teil der Parabel vom armen Sohn bezieht sich mehr auf den Prozeß der Übung der vier großen *Śrāvakas* als auf den Zustand der Lebewesen im allgemeinen.

Nachdem der Buddha die vier *Śrāvakas* auf diese Weise allmählich mit seinen Lehren vertraut gemacht hatte, wollte er sie gern seine Söhne nennen, und er versuchte sie durch seine wahren Lehren zu verbessern. Inzwischen standen die vier *Śrāvakas* immer noch unter dem Eindruck, daß die Lehren des Buddha keine Beziehung mit ihnen hätten sondern auf eine höhere Ebene gehörten, und sie zogen eine Trennungslinie zwischen dem Buddha und sich selbst. Deshalb übten sie mit Eifer weitere zwanzig Jahre lang die Lehre des kleinen Fahrzeuges aus.

Dies ist der Punkt, dem gewöhnliche Menschen nur schwer nacheifern können. Über zwanzig lange Jahre fuhren Subhūti, Kātyāyana, Kāśyapa und Maudgalyāyana beharrlich fort, Misthaufen zu beseitigen, ohne Müdigkeit, Nachlässigkeit, Ärger oder Streitereien mit ihren Kollegen. In diesem Punkt rechtfertigten sie voll und ganz ihren Ruf als große Jünger von Shakyamuni Buddha. Auf diese Weise erreichten sie schließlich eine geistige Freiheit und wurden mit den Lehren des Buddha gut vertraut.

Dann öffnete der Buddha die Tür zum Schatz seiner Lehren und sagte zu ihnen: „Ihr könnt alles im Schatz meiner Lehren haben." Damit wollte der Buddha sagen, daß sie als seine wahren Söhne alles nehmen könnten, was sie wünschten. Sie betrachteten sich aber immer noch als Diener und konnten ihre untertänige Haltung nicht abstreifen. Deshalb erfüllten sie zwar ihre Pflichten, wie Predigen anstelle des Buddha, vollkommen und getreu als Verwalter (die Jünger des Buddha); aber sie erkannten nicht, daß all der Reichtum tatsächlich ihnen gehörte. Sie konnten immer noch nicht die Geisteshaltung der zwei Fahrzeuge aufgeben und waren mit ihrem gegenwärtigen Zustand ganz zufrieden.

Der Buddha predigte das Lotus-Sutra kurz vor seinem Tode und verkündete dabei: „Die Beziehung zwischen dem Buddha und allen Lebewesen ist wie die von Vater und Sohn. Alle können Buddhas werden." Die Jünger waren über diese große Verkündigung des Buddha zuerst überrascht, und sie waren gleichzeitig außer sich vor Freude zu erkennen, daß unerwartet der Reichtum des Buddha (die Erleuchtung des Buddha) ihnen mit Sicherheit gehörte.

Diese Parabel veranschaulicht den Prozeß langer Übung dieser vier *Śrāvakas* und auch das Wirken des Mitgefühls des Buddha sowie seine taktvolle Kraft, mit welcher er beständig über seine Jünger wachte und sie allmählich auf eine höhere Stufe brachte. Glücklicherweise können wir jedoch direkten Zugang zum Lotus-Sutra finden, ohne zuerst diesen langen Entwicklungsprozeß durchzumachen. Wir können also praktisch direkt in die Arme des Buddha fliegen. Jedoch sind bestimmte Geisteshaltungen nötig, wenn wir dies tun wollen. Diese Geisteshaltungen werden ebenfalls in diesem Kapitel besprochen.

ÜBERHEBLICHKEIT UND BESCHEIDENHEIT. Die erste Geisteshaltung, welche wir in diesem Kapitel lernen, ist das Aufgeben einer unterwürfigen Gesinnung. Wenn wir uns selbst als unnütz betrachten, dann verleugnen wir damit unsere eigene Buddha-Natur und damit den Buddha selbst. Es ist also eine Beleidigung dem Buddha gegenüber.

Wir müssen unseren Geist befreien. Wir sollten uns stets sagen: „Ich kann auch ein Buddha werden; ich bin vereint mit dem Universum." Wir sollten uns dies immer wieder vorsagen. Wenn wir dies mit ganzem Herzen über einen gewissen Zeitraum rezitieren und dabei an nichts anderes denken, dann können wir eine vollkommene geistige Konzentration erreichen. In diesem Zustand gewinnen wir zunehmend an Selbstvertrauen. Diese Art von Selbstvertrauen ist ganz verschieden von Überheblichkeit. Überheblich sein bedeutet, daß man glaubt, etwas erreicht zu haben, was aber tatsächlich noch nicht der Fall ist; d. h. also, man beurteilt Dinge nach seiner eigenen begrenzten Urteilskraft.

Wenn wir andererseits wirklich etwas erkannt haben, dann sind wir uns gewöhnlich nicht sofort der Tatsache unserer eigenen Erkenntnis bewußt. Jemand, der einen sehr fortgeschrittenen geistigen Zustand erreicht hat, kann diese Erkenntnis selbst fühlen, aber die meisten von uns sind sich einer solchen Erkenntnis nicht unmittelbar bewußt. Wir erkennen sie erst allmählich durch ihre Resultate. Beispielsweise fühlen wir uns irgendwie froh im Herzen; wir fühlen uns erleichtert; wir sind aufgeschlossen und vorurteilslos; wir sind nicht mehr ärgerlich oder besorgt über veränderte Umstände; wir fühlen, daß alles wunschgemäß ausgeht. Wenn wir solch unbestimmte Gefühle haben, wenngleich wir uns ihrer noch nicht voll bewußt sind, dann haben wir die erste Stufe der Erleuchtung erreicht. Deshalb ist es nicht überheblich zu denken: „Ich kann ein Buddha werden", oder „Ich bin vereint mit dem Universum"; denn wir haben dies zu einem gewissen Maße wirklich erfahren.

Andererseits müssen wir eine bescheidene Haltung annehmen, wenn wir den Lehren des Buddha zuhören, oder wenn wir sie an andere weitergeben. Sowohl unsere innere als auch unsere äußere Haltung muß stets bescheiden sein. Wenn wir über die Wahrheit nachdenken, dann dürfen wir aber ganz stolz sein. Wir dürfen solch scheinbar übertriebene Gedanken hegen wie: „Ich bin ein Erbe des Universums, weil ich der Sohn des Buddha bin. Das Universum selbst ist unser Eigentum; deshalb kann auch ich es besitzen." So zu denken, ist eine Abkürzung, die uns hilft, direkt in die Arme des Buddha zu fliegen. Uns dazu zu veranlassen, ist ja der einzige Zweck für das Auftreten des Buddha in dieser Welt.

Die zweite Geisteshaltung, welche wir im Kapitel 4 lernen, ist die Bewahrung von Glauben und Urteilskraft gegenüber dem Lotus-Sutra. Wenn wir nicht beides haben, können wir nicht sicher in die Arme des Buddha fliegen. Wir laufen Gefahr, vom richtigen Kurs abzuweichen und geraten entweder auf einen falschen Weg oder enden in einer Sackgasse des menschlichen Lebens. Wenn uns das passieren sollte, dann müssen wir das Lotus-Sutra erneut lesen. Auf diese Weise können wir mit Sicherheit den Weg finden, unser Leben auf den richtigen Kurs zurückzubringen. Das Lotus-Sutra enthält nämlich Lehren, die auf Menschen in allen Situationen anwendbar sind. Wir können zur Vernunft gelangen, indem wir einfach mit irgendeinem Teil des Sutras beginnen. Auf diese Weise können wir Sackgassen im menschlichen Leben entkommen.

Der dritte wichtige Punkt, den wir vom Kapitel 4 lernen, ist, daß diejenigen, welche das Glück hatten, dem Lotus-Sutra zu begegnen und fähig waren, es zu verstehen und daran zu glauben, direkt in die Arme des Buddha fliegen können. Aber die heutige Welt in den bösen Zeiten der fünf Niedergänge ist voll von „armen Söhnen“. Wir können nicht wirklich von uns sagen, den Geist des Lotus-Sutras ausgeübt zu haben, wenn wir nicht möglichst viele dieser armen Söhne erretten. Das einzige, was wir tun können, um sie zu erretten und zu führen, besteht darin, den Geist der taktvollen Mittel des Buddha zu begreifen, wie in diesem Kapitel veranschaulicht ist. Gleichzeitig müssen wir dem Beispiel des Buddha folgen und taktvolle Mittel einsetzen; wir dürfen nicht vergessen, daß die Nachfolge des guten Beispiels eines anderen eine Abkürzung zur Erreichung des Zieles ist.

Als vierte Lehre erfahren wir im Kapitel 4 einen ausgezeichneten Weg, vom Glauben zur Urteilskraft fortzuschreiten. Die vier *Śrāvakas* hörten sich die Parabel vom brennenden Haus an und verstanden sie. Sie glaubten nicht nur, dieses Gleichnis verstanden zu haben, sondern sie veranschaulichten dem Buddha ihr Verständnis mit einer anderen Parabel. Die Lehre nicht allein passiv zu empfangen, sondern auch aktiv verkünden, was wir erkennen konnten, ist ein sehr guter Weg, sowohl unsere Urteilskraft zu vertiefen als auch unseren Glauben zu erhöhen. Darüber hinaus hilft es auch, bei anderen die Urteilskraft zu vertiefen und ihren Glauben zu erhöhen. Wir dürfen nicht die Bedeutung übersehen, welche darin liegt, daß wir anderen von unseren eigenen religiösen Erfahrungen berichten, wie es in diesem Kapitel dargestellt ist.

Kapitel 5

Die Parabel von den Kräutern

IM VORIGEN KAPITEL zeigten die vier großen *Śrāvakas* ihre Bewunderung für das große Mitgefühl des Buddha und für seine taktvolle Kraft, welche in der Parabel vom armen Sohn zum Ausdruck kommen. Dann sagten sie dem Buddha, daß sie begriffen hätten, daß seine Predigten stets auf dem Einen Buddha-Fahrzeug begründet seien, wenngleich er seine Lehre in verschiedener Weise, je nach Auffassungsvermögen der Lebewesen und der Stufe ihrer Erleuchtung, vortrage, und daß sie selbst auch nach demselben Fahrzeug gestrebt hätten. Als sie ihren eigenen Glauben und ihre Urteilskraft kundtaten, sprach der Weltgeehrte zu ihnen wie folgt: „Gut! Gut! Kāśyapa, du hast die wahren Verdienste des Buddha gut verkündet. Sie sind wirklich so, wie du gesagt hast. Außerdem hat der Buddha unendliche, grenzenlose, unzählige Verdienste, welche du, selbst wenn du für immer sprechen würdest, nicht voll ausdrücken könntest.

„Wisse, Kāśyapa! Der Buddha ist der König des Gesetzes. Er kennt vollständig den wahren Zustand aller Dinge. Was auch immer er erklärt, führt ganz zum Weg der Wahrheit. Bei der Auslegung aller Gesetze beurteilt er scharfsichtig und unterscheidet mit weisem Taktgefühl, und er predigt die Gesetze in Anpassung an die Hörer und die jeweilige Gelegenheit. Das von ihm gepredigte Gesetz führt alle zur Stufe des vollkommenen Wissens.

„Der Buddha sieht und kennt die Vorzüge aller Gesetze, und er weiß auch, was alle Lebewesen tief in ihrem Herzen denken und fühlen. Er durchschaut sie ohne Hindernis. Darüber hinaus besitzt er ein vollkommenes Verständnis von allen Dingen in der Welt. Er offenbart allen Lebewesen die Weisheit, welche er erkennen kann, sowohl die unterscheidenden wie die gleichen Aspekte aller Dinge."

DIE PARABEL VON DEN KRÄUTERN. Nach dieser Einleitung predigte der Buddha dann die Parabel von den Kräutern.

„Kāśyapa! Stellen wir uns einmal folgendes vor: Auf den Bergen, an den Flüssen und Strömen, in den Tälern und auf den Ebenen wachsen Pflanzen, Bäume, Dickichte, Wälder und Heilkräuter von verschiedenen und zahlreichen Arten, alle mit verschiedenen Namen und Farben. Eine dichte Wolke breitet sich aus, bedeckt die ganze Welt und gießt gleichmäßig zur selben Zeit ihren Regen aus.

Ihre Feuchtigkeit bringt Fruchtbarkeit für alle Pflanzen, Bäume, Dickichte, Wälder und Heilkräuter; sie belebt ihre winzigen Wurzeln, winzigen Stengel, winzigen Zweige und winzigen Blätter; ihre mittleren Wurzeln, mittleren Stengel, mittleren Zweige und mittleren Blätter; ihre großen Wurzeln, großen Stengel, großen Zweige und großen Blätter; jede Pflanze, groß oder klein, erhält je nach ihrem großen, mittleren oder geringen Aufnahmevermögen ihren entsprechenden Anteil. Von dem Regen der einen Wolke entwickelt sich jede nach ihrer eigenen Natur, öffnet wunderschöne Blüten und trägt Früchte. Ihr müßt verstehen, daß diese Pflanzen und Bäume, wenngleich sie in einem Boden entstanden und von dem selben Regen befeuchtet werden, doch alle verschieden sind."

Wurzel, Stengel, Zweige und Blätter bezeichnen Vertrauen, Verhaltensregeln, Meditation und Weisheit. Die Wurzeln sind die wichtigsten Teile einer Pflanze. Ohne Wurzeln können keine Stengel, Zweige oder Blätter wachsen. Deshalb bedeuten „Wurzeln" Vertrauen. Ohne Vertrauen kann man die Regeln nicht einhalten. Aber nur wenn man die Verhaltensregeln einhält, kann man in den geistigen Zustand der Meditation eintreten und auch Weisheit erlangen.

Demgegenüber werden selbst die stärksten Wurzeln allmählich absterben, wenn die Zweige und Blätter verdorren, oder wenn die Stengel abgeschnitten werden. Wenn ein Mensch keine Weisheit besitzt, dann wird in der gleichen Weise sein Vertrauen verderben. Kurzum, beim Glauben an eine Religion beginnt der Mensch mit dem Vertrauen und erlangt Weisheit durch die Verhaltensregeln und durch Meditation. Diese vier Schritte seiner religiösen Übung stehen jedoch immer in Wechselbeziehung und existieren zusammen. Wenn einer der vier Schritte fehlt, kann seine religiöse Übung nicht vollkommen sein, und er wird nicht zur nächsten Stufe fortschreiten. Ebenso wie ein Baum groß oder klein, höherstehend, mittelmäßig oder niedrig sein kann, so sind verschiedene Menschen großzügig oder kleinlich, weise oder unwissend.

Wir müssen aber klar hervorheben, daß ein großer Baum nicht unbedingt einem kleinen überlegen ist, und daß eine kleine Pflanze nicht niedriger als eine größere ist. Eine Zeder hat ihren angemessenen Platz, und ein Buchsbaum hat auch seine eigene Funktion. Das kleine Veilchen ist schön, und das größere Steppengras besitzt auch seine eigene Schönheit. Wenngleich also die Menschen in ihrer äußeren Erscheinung, in Intelligenz, Fähigkeit, Charakter und Körperkraft recht verschieden erscheinen, so werden doch die Eigenschaften eines jeden Menschen schön und ehrbar, wenn er nach besten Kräften seine Stärke zeigt entsprechend seiner besonderen Natur und Fähigkeit. Dies ist die Bedeutung der Gleichheit, welche der Buddha lehrt.

Mit dem Empfangen des Gesetzes ist es jedoch anders bestellt. Im vorigen Kapitel haben wir gelernt, daß wir nicht die unterwürfige Vorstellung haben dürfen, die Lehren des Buddha nur in einem gewissen begrenzten Ausmaße verstehen zu können. Wir sollten derart oberflächliche Unterscheidungen aufgeben und uns dem Anhören und der Aufnahme des Gesetzes widmen. Die Parabel von den Kräutern sagt, daß alle unsere Bemühungen mit Sicherheit belohnt werden. Obwohl nämlich verschiedene Arten von Pflanzen und Bäumen in demselben Boden erzeugt und von demselben Regen benetzt werden, so entwickeln sich doch alle entsprechend ihrer eigenen Natur. In der gleichen Weise werden die Lehren des Buddha, obwohl sie eine Einheit sind, verschieden verstanden, je nach Natur, Intellekt, Umgebung usw. des Hörers.

Selbst wenn wir nur ein seichtes Verständnis von den Lehren des Buddha haben, oder wenn wir nur einen Teil davon ausüben können, so ist dies doch niemals nutzlos. Jede Bemühung wird gewiß mit den Verdiensten des Gesetzes belohnt. Aber wir sollten uns mit dieser Belohnung nicht zufriedengeben. Wir müssen stets danach streben, unser Verständnis zu vertiefen und uns weiter zu entwickeln. Deshalb können wir seichten Glauben und geringe Urteilskraft als den ersten Schritt in der Fortentwicklung zu einer höheren Stufe von Glauben und Urteilskraft benutzen. Indem wir Schritt für Schritt voranschreiten, können wir mit Sicherheit eine überlegene geistige Haltung erreichen. Diesen Aspekt sollten wir gut verstehen, wenn wir den letzten Teil dieses Kapitels lesen. Hier wird gesagt, daß, wenngleich die Lehren des Buddha eins sind, es Unterschiede im Glauben und in der Urteilskraft gibt, je nach der Fähigkeit des Menschen, diese Lehren zu verstehen. Wir dürfen dies jedoch nicht als eine absolute Bedingung auslegen.

Ein Baum erhält zuviel Regen, während ein anderer nicht genug bekommt. Ein Baum kann in einem Jahr wachsen, aber ein anderer braucht viele Jahre, um zur Reife zu gelangen. Ein Baum kann schon im ersten Jahr Früchte tragen, aber ein anderer trägt erst nach sieben oder acht Jahren Früchte. Stellen wir uns einmal vor, daß ein Baum, welcher einen anderen schon im ersten Jahr Früchte tragen sieht, denkt: „Ich bin nutzlos, weil ich meine Früchte unmöglich in so kurzer Zeit hervorbringen kann." Es wäre doch unsinnig für einen Baum, so zu denken. Und stellen wir uns einen anderen Baum vor, der sich zufriedengibt und sagt: „Jener Baum hat seine Früchte in einem Jahr hervorgebracht, während es mir kaum gelungen ist, meine Zweige und Blätter in einem Jahr auszubilden. Aber mir geht es auch so ganz gut, weil alles von demselben Regen befeuchtet wird. Ich tue alles, was ich kann." Es wäre ebenso unsinnig für den Baum, allein auf der

Grundlage seiner begrenzten Urteilsfähigkeit, eine solche Zufriedenheit auszudrücken.

Ein Baum, der sieben oder acht Jahre braucht, um seine Früchte zu tragen, muß hart arbeiten und sich ohne Ungeduld, Enttäuschung oder verbitterten Gefühlen anderen gegenüber bemühen. Die Zeit wird kommen, wenn auch er mit Sicherheit seine Blüten und Früchte trägt. Wenn die in einem Jahr hervorgebrachte Frucht süß ist, so ist auch die nach acht Jahren erzeugte Frucht gut. Beide erreichen letztlich das gleiche: die Erleuchtung des Buddha.

Dann sagte der Weltgeehrte: „Begreife, Kāśyapa, die Beziehung zwischen den Lehren des Buddha und der Erleuchtung der Lebewesen." Der wesentliche Punkt in der Lehre des Buddha von der Parabel der Kräuter besteht darin, daß der Buddha wie die große Wolke ist, welche ihren Regen gleichmäßig auf alle ergießt. Er führt alle Lebewesen, einschließlich der Menschen, zu seiner universalen Lehre, genauso wie die große Wolke die gesamte Welt bedeckt.

DIE ZEHN BEINAMEN DES BUDDHA. Der Buddha erläuterte dann seine Identität mit den folgenden zehn Titeln: „Ich bin der Tathāgata, der Ehrwürdige, der Allweise, der vollkommen Erleuchtete im Verhalten, der gut Losgelöste, der Weltbegreifende, der unübertroffene Führer, der Regler, der Lehrer von Göttern und Menschen, der Buddha, der Weltgeehrte." Dies sind die sogenannten zehn Beinamen des Buddha, ein jeder von ihnen entspricht einem Aspekt der Tugend und Kraft des Buddha.

Tathāgata (*nyorai*) bedeutet „jemand, der aus der Welt der Wahrheit gekommen ist"; der Ehrwürdige (*ōgu*), „jemand, der in den menschlichen und himmlischen Welten Opfer verdient"; der Allweise (*shōhenchi*), „jemand, der die richtige und vollkommene Weisheit besitzt"; der vollkommen Erleuchtete im Verhalten (*myōgyō-soku*), „jemand, der vollständig Wissen mit Übung verbindet"; der gut Losgelöste (*zenzei*), „jemand, der von allem frei ist"; der Weltbegreifende (*sekenge*), „jemand, der Menschen in allen Umständen verstehen kann"; der unübertroffene Führer (*mujōji*), „jemand, der unübertroffen ist"; der Regler (*jōgo-jōbu*), „jemand, der unfehlbar die Gesinnung der Menschen überwacht"; der Lehrer von Göttern und Menschen (*tennin-shi*), „jemand, der alle Leben von Wesen in den menschlichen und himmlischen Welten leitet"; und der Buddha, der Weltgeehrte (*butsu-seson*), „der Erleuchtete, der von den Menschen in der Welt am meisten verehrt wird." Jemand, der diese zehn Tugenden und Kräfte besitzt, wird Buddha genannt.

Aufgrund solch vollkommener Tugenden und Kräfte veranlaßt der

Buddha diejenigen, welche noch nicht den geistigen Zustand erreicht haben, wo sie von Veränderungen in ihren Umständen nicht mehr beeinflußt werden, diese geistige Haltung zu erreichen. Diejenigen, die noch nicht verstanden haben, warum ihre Täuschungen aufkommen und wie diese beseitigt werden können, bringt er zum Verständnis. Diejenigen, die sich noch nicht wohl fühlen, nachdem ihre Täuschungen ausgelöscht sind, bringt er zum Wohlbefinden. Diejenigen, die noch keine wahre Erleuchtung erlangt haben, führt er zu diesem Ziel.

Der Buddha kennt auch die gegenwärtige, die vergangene und die zukünftige Welt in ihrer tatsächlichen Form. Er ist derjenige, der alles vollständig weiß (*issai-chisha,* der Allwissende), derjenige, der den wahren Weg kennt (*chidō-sha,* der Wegwissende), derjenige, der alle Lebewesen den Weg verstehen lehrt und sie dorthin geleitet (*kaidō-sha,* der Eröffner des Weges) und derjenige, der ihnen den Weg predigt (*setsudō-sha,* der Prediger des Weges).

DIE DREI TÄTIGKEITEN VON KÖRPER, MUND UND GEIST. Den Weg zu kennen, ihn zu öffnen und ihn zu predigen, sind unerläßliche Übungen für die Anhänger des Lotus-Sutras. Man begreift den Weg mit seinem Verstand; man öffnet ihn mit seinem Körper; man predigt ihn mit seinem Mund. Dies wird als die drei Tätigkeiten von Körper, Mund und Geist bezeichnet, und dies sind die Richtlinien für das tägliche Verhalten derer, die das Lotus-Sutra ausüben, indem sie dem Beispiel des Buddha folgen.

Der Buddha, der solche vollkommenen Tugenden und Kräfte besaß, wandte sich an alle Wesen und hielt sie an, zu ihm zu kommen, um das Gesetz zu hören. Bei dieser Gelegenheit versammelten sich unzählige Arten von Lebewesen und folgten seinem Aufruf. Daraufhin betrachtete der Buddha die natürlichen Kräfte all dieser Wesen, scharf- oder stumpfsinnig, eifrig oder gleichgültig, je nach ihren verschiedenen Fähigkeiten, und er predigte ihnen das Gesetz auf verschiedene Weise und brachte sie alle dazu, sich zu freuen und froh viele Verdienste zu erlangen. Er verkündete, daß alle Lebewesen, die dieses Gesetz gut verstanden haben, ihr Vertrauen darin gesetzt haben und es ausgeübt haben, in ihrem gegenwärtigen Leben Wohlergehen finden und in späteren Wiedergeburten in glücklichen Verhältnissen durch Wahrheit erfreut werden und auch das Gesetz hören.

WOHLERGEHEN IM GEGENWÄRTIGEN LEBEN. Wohlergehen im gegenwärtigen Leben zu finden, bedeutet, daß man ein friedliches Leben in dieser Welt führt. Menschen in früheren Zeiten interpretierten diese

Bedeutung einfach so, daß sie leicht von Krankheiten genesen würden und keine Sorgen um ihren Lebensunterhalt hätten. Die neuere Anschauung zu diesem Punkt war allgemein die, daß „Wohlergehen" sich nur auf geistige Probleme bezieht, und daß es bedeutet, daß der Geist nie durch irgendein erfahrenes Leiden beeinflußt wird. Diese Deutung ist vielleicht entstanden, weil die Menschen zu der Anschauung gelangt sind, daß die Suche nach materiellem Glück im gegenwärtigen Leben ein unwürdiges Ziel für religiöse Menschen sei, oder auch weil sie befürchteten, geringschätzig betrachtet zu werden, wenn sie Körper und Geist nicht als getrennte Einheiten betrachteten, eine Tendenz, welche durch ein oberflächliches Verständnis der modernen Wissenschaft begünstigt wird.

Solche Vorstellungen sind jedoch falsch. Die Forschung in der psychosomatischen Medizin hat deutlich gezeigt, daß viele physische Störungen verschwinden, wenn der geistige und emotionelle Zustand sich verbessert. Wenn der Geist frei und unbeschwert ist, dann ändert sich die Lebensweise natürlich auch zum Besseren hin. Deshalb ist es nicht verwunderlich, daß solche Menschen tatsächlich ein relativ angenehmes Leben führen können. Der Glaube an eine Religion in der Hoffnung, im gegenwärtigen Leben göttliche Gunst zu empfangen, ist mit verschiedenen Übeln behaftet. Mit einer solchen Einstellung zur Religion kann man keine geistige Freiheit erlangen. Deshalb erscheint es einleuchtend, „Wohlergehen" als eine rein geistige und emotionelle Angelegenheit zu betrachten. Die Anschauung, daß geistige Freiheit auch zu materieller Freiheit führt, jedoch nichts mit den Lehren des Buddha zu tun habe, ist auch eine verkehrte Betrachtungsweise und eine Veneinung der Kraft des Buddha.

Die Worte „Alle Lebewesen werden später in glücklichen Verhältnissen geboren werden, wo sie durch die Wahrheit erfreut werden und auch das Gesetz hören" sind von großer Bedeutung. Unsere Leben haben angedauert seit der Zeit, als die Erde ein Feuerball war — nein, sogar noch viel länger — und sie werden bis in die unendliche Zukunft fortdauern. Unsere Körper werden zwar sterben; aber wenn wir eine geistige Einstellung erreichen, wo die Umstände uns nicht mehr beeinflussen, dann wird unser Geist in „glücklichen Verhältnissen" wiedergeboren, und wir können in der kommenden Welt ein friedliches Leben führen. Durch die Wahrheit wird unser Leben mit Freude erfüllt sein; denn durch Ausübung der Wahrheit können wir unser Leben in die rechte Richtung lenken.

Diese Lehre wurde in früheren Zeiten falsch interpretiert, indem man sich nur auf die Wiedergeburt im Reinen Land nach dem Tod bezog. In Reaktion darauf zeigen die Menschen jetzt eine starke Tendenz, die Interpretation auf geistige Probleme im gegenwärtigen Leben zu begrenzen. Die

Lehren des Buddha sind jedoch nicht so eng und begrenzt. Wir dürfen nicht vergessen, daß sie uns den idealen Weg lehren, unser Leben zu führen, welches von der unendlichen Vergangenheit bis in die unendliche Zukunft reicht.

Wenn dieses Gesetz einmal gründlich begriffen ist, dann können alle Lebewesen sich allmählich von geistigen Hindernissen und Störungen befreien; und aus den verschiedenen Lehren des Buddha können sie für sich selbst eine Lehre wählen, welche sie verstehen können, entsprechend ihrer eigenen Fähigkeit und durch Mittel, die sie auf den Buddha-Weg führen. Dies entspricht der großen Wolke, die ihren Regen gleichmäßig auf alle Pflanzen ergießt und sie nährt, so daß eine jede wächst und sich perfekt entsprechend ihrer eigenen Natur entwickelt.

Dann verkündete der Buddha: „Das vom Tathāgata gepredigte Gesetz ist eins in Form und Essenz, d. h. Befreiung, Aufgabe, Auslöschung und schließlich die Erlangung von vollkommenem Wissen.“ Dies bedeutet, daß seine Lehren zwar grundsätzlich alle gleich sind, aber dennoch in drei Teile aufgegliedert werden können: Befreiung (*gedatsu-sō*), Aufgabe (*ri-sō*) und Auslöschung (*metsu-sō*).

„Befreiung“ ist der geistige Zustand, in dem man nicht länger von Veränderungen in Umständen oder Dingen beeinflußt wird. Wenn man diesen Zustand erreicht, dann kann man alle Dinge gleich betrachten, und man wird nicht mehr umgeworfen, was auch immer geschehen mag. Andererseits möchten diejenigen, welche die Dinge nicht einheitlich betrachten können, sich über die Welt der Phänomene erheben und deshalb verlieren sie das Gefühl der Verbundenheit mit Menschen, die leiden und bekümmert sind. Wir müssen solche Selbstgerechtigkeit ablegen und uns statt dessen bemühen, Menschen von ihren Leiden zu befeien. Diese Haltung wird als „Aufgabe“ bezeichnet.

EINHEIT MIT SICH SELBST UND ANDEREN. „Auslöschung“ bedeutet, die falsche Unterscheidung zwischen sich selbst und anderen zu beseitigen, d. h. die Einheit mit sich selbst und allen Wesen im Universum zu fühlen. Wir können diese geistige Haltung nicht erreichen,solange wir nur denken, daß wir leidende und bekümmerte Menschen erretten müssen. Wir müssen wünschen, unsere Hände spontan zu anderen auszustrecken, um sie zu umarmen. Dieses Gefühl ist die geistige Haltung der Vereinigung von sich selbst und anderen.

Wir betrachten Speichel durchaus nicht als schmutzig, wenn er in unserem Mund ist, weil Speichel ja ein Teil unseres Körpers ist. Wenn wir ihn andererseits ausspucken, dann empfinden wir ihn als unrein, weil wir ihn nicht mehr als einen Teil von uns ansehen. Ein Mensch mit wahrer Liebe besitzt ein starkes Gefühl der Einheit mit anderen. Es gibt historische Beispiele für die ideale Liebe, welche die Einheit zwischen sich selbst und anderen verdeutlicht. Ein Mann legte beispielsweise seine Lippen auf den Mund seiner Frau, die so sehr an Tuberkulose erkrankt war, daß sie zu schwach war auszuspucken, und er saugte eine harte Masse, welche ihre Kehle verstopfte, heraus. Die japanische Kaiserin Kōmyō saugte einmal den Eiter aus den Geschwüren auf dem Rücken eines Leprakranken. Eine solche geistige Haltung können wir nicht in einem Anlauf erreichen. Wenn wir jedoch zu dem spontanen Gefühl gelangen könnten, daß das Leiden eines anderen unser eigenes Leiden ist, und daß wir versuchen müssen, dem Leidenden zu helfen, oder daß wir die Freude eines anderen als unsere eigene Freude empfinden, wie angenehm, licht und friedlich wäre dann das Leben in dieser Welt!

Die Lehren des Buddha führen uns in einer bestimmten Reihenfolge fortschreitend zu einem höheren geistigen Zustand: Befreiung, Aufgabe, Auslöschung und schließlich die Erlangung von vollkommenem Wissen. Die Weisheit, welche die Fähigkeit vereint, sowohl die Gleichheit der Dinge zu sehen (Leere) als auch die Unterschiede zwischen den Dingen zu erkennen (Existenz) ist die Erlangung von vollkommenem Wissen.

Dann setzte der Buddha seine Predigt fort: „Wenn es Lebewesen gibt, die das Gesetz des Tathāgata hören, und es bewahren, lesen, rezitieren und ausüben wie es von ihm gepredigt wurde, so werden ihre Errungenschaften sie doch noch nicht befähigen, ihre eigene Natur zu verstehen. Nur der Tathāgata sieht tatsächlich klar und ohne Hindernis die Stufen, in denen sich alle Lebewesen befinden. Dies entspricht den Pflanzen, Bäumen, Dickichten, Wäldern, Heilkräutern und anderen Gewächsen, die nicht wissen, ob ihre eigenen Naturen erhaben, mittelmäßig oder minderwertig sind." Mit diesen Worten bestätigt der Buddha die unerläßliche Notwendigkeit, daß der Mensch im gegenwärtigen Leben geistige Gunstbeweise empfängt. Er verkündet auch, daß die Menschen selbst solche Gunstbeweise nicht verstehen; nur der Buddha kennt sie. Wenn der Mensch das Gesetz ausübt, dann vollziehen sich verschiedene Änderungen in ihm. Für jemanden, der in der *Sahā*-Welt lebt, können solche Veränderungen unangenehm sein. Aus höherer Sicht betrachtet zeigen sie jedoch an, daß sein Leben in die rechte Richtung gelenkt wird. Wenn er sich sofort auf diese inneren Veränderungen einstellt, wenngleich sie ihm zu der Zeit auch nicht passen mögen, dann führen die Veränderungen selbst ihn mit Sicherheit zum Glück.

In einer Fabel von Äsop hören wir, daß eine Krähe ertrank, weil ihr ihre schwarze Farbe mißfiel und sie deshalb versuchte, diese abzuwaschen.

Wenn einem Igel die Stacheln nicht gefallen, mit denen sein ganzer Körper bewachsen ist, und wenn er diese herauszieht, dann wird er bald von einer Wildkatze oder einem anderen Tier gefressen werden. Ein Sprichwort sagt: „Alles ist wie man es sieht." Wahre Befreiung liegt in unserer geistigen Haltung, zu akzeptieren, was wir sind.

Der Buddha sagt, daß das von ihm gepredigte Gesetz eins in Form und Essenz ist, d. h. es ist gundsätzlich das gleiche, obwohl es auf verschiedene Weise gepredigt wird. Hans ist verschieden von Maria, aber beide sind ursprünglich gleich als Menschen. Wissenschaftlich gesprochen besteht eine rote Blume aus winzigen Partikeln wie Elektronen, Protonen und Neutronen; das grüne Blatt einer Weide ist ebenfalls aus den gleichen Teilchen zusammengesetzt: die beiden sind grundsätzlich gleich. Der Buddha sagt auch, daß sein einheitliches wesentliches Gesetz in einer Rückkehr zur Leere endet. In diesem Fall bedeutet Leere Gleichheit; er verweist also darauf, daß alles grundsätzlich gleich ist.

Obwohl alle Dinge gleich sind, manifestieren sie sich als verschiedene Phänomene, wie rote Blumen oder grüne Blätter, oder als Hans, der geschickt mit seinen Händen ist, oder als Maria, die scharfsinnig ist. Das untergründige Wirken der universalen Lebenskraft kommt in der Unterscheidung von der Gleichheit zum Ausdruck. Wenn wir in Entsprechung mit den Lehren des Buddha das natürliche Potential unseres eigenen Lebens gründlich entwickeln können, dann regen wir damit das Leben anderer an, und wir können einen geistigen Zustand erreichen, in dem wir die Einheit zwischen uns selbst und anderen sowie die grundsätzliche Einheit unter verschiedenen Lebewesen erkennen.

Im letzten Teil dieses Kapitels erklärte der Weltgeehrte, daß alle seine Lehren darin gipfeln, alle Lebewesen dazu zu bringen, die gleiche geistige Haltung wie der Buddha zu erlangen. Dies verkündet er ihnen jedoch nicht sofort, weil er die Unterschiede in ihrer Veranlagung beachtet. Zum Abschluß seiner Predigt sagte er, daß Kāśyapas Fähigkeit, diese Wahrheit zu erkennen, das seltenste und größte Talent sei.

Diese Lehre erneut verkündend, wiederholte der Weltgeehrte sie dann in Versen. In den letzten Stanzen gab er den *Śrāvaka* Jüngern eine starke Ermutigung indem er sagte:

„Was ich jetzt zu allen sagte,
ist die tiefste Wahrheit.
Alle *Śrāvakas*
Haben noch nicht das Nirvana erlangt.

Der Weg, auf dem ihr schreitet,
Ist der Bodhisattva-Weg;
Durch allmähliches Üben und Lernen
Werdet ihr alle Buddhas."

Kapitel 6

Prophezeiung

WIE BEREITS ERLÄUTERT WURDE, bedeutet „Prophezeiung", daß der Buddha uns die Gewißheit gibt: „Ihr werdet sicher Buddhas." Der Begriff „Prophezeiung" (*juki*) umfaßt drei Bedeutungen von großer Wichtigkeit und Feinheit, welche wir unbedingt verstehen müssen. Der erste wichtige Punkt ist, das Shakyamuni Buddha nicht sagt „Ihr seid Buddhas", sondern „Ihr werdet Buddhas". In den Augen des Buddha besitzen alle Lebewesen die Buddha-Natur, und ein jedes von ihnen kann zweifellos ein Buddha werden. Aber wenn der Buddha nur sagt „Ihr seid Buddhas", dann wird diese Aussage von gewöhnlichen Menschen völlig falsch verstanden. Sie neigen dazu, diese Worte so zu verstehen, daß sie in einem Zustand der Täuschung schon als Buddhas vervollkommnet sind, und sie haben die Vorstellung, daß sie ohne jegliches Bemühen Buddhas werden können.

Die Prophezeiung des Buddha wird oft mit einer Zulassung für eine Schule verglichen, und dieser Vergleich ist recht treffend. Sie ist kein Diplom, sondern lediglich ein Zulassungsbescheid. Diese Vergewisserung drückt aus: „Ihr habt die Aufnahmeprüfung der höchsten Universität bestanden, welche zum Titel der Buddhaschaft führt. Wenn ihr hier einige Jahre studiert, dann werdet ihr mit Sicherheit graduieren und Buddhas werden." Mit dieser Vergewisserung müssen gewöhnliche Menschen sich danach um so mehr anstrengen, um dieses Ziel zu verwirklichen.

Welch eine frohe Kunde ist es für gewöhnliche Menschen, die Zulassung zur Universität des Buddha erlangt zu haben, die Prophezeiung des Buddha empfangen zu haben: „Ihr werdet Buddhas." Im Kapitel 3 des Lotus-Sutras war Sāriputra der erste *Śrāvaka,* der diese Prophezeiung vom Buddha empfing, und natürlich frohlockten alle in der großen Versammlung, die miterlebten wie Sāriputra diese Prophezeiung empfing, in grenzenloser Begeisterung.

Die Begeisterung der großen Versammlung ist die gleiche wie unsere Begeisterung. Wir haben bereits Aufnahme zur Universität des Buddha erlangt. Diese Tatsache werden wir noch besser verstehen, wenn wir Kapitel 8 besprechen, d. h. „Die fünfhundert Jünger empfangen die Prophezeiung ihres Schicksals" und Kapitel 9 „Prophezeiung des Schicksals der Arhats, Übung und geübt." Diejenigen, die aufrichtig an das Lotus-Sutra glauben und seinen Geist getreu ausüben, haben bereits Zulassung zur höchsten, universalen Universität der Buddhaschaft erlangt. Wie stolz macht uns dieses Wissen, und wie lohnend wird unser Leben!

Unsere natürliche Feude und unser Stolz über diese Tatsache darf jedoch niemals zu Selbstzufriedenheit führen. Wenn wir dieses Gefühl nur als persönliche Freude genießen, dann ist es bedeutungslos. Dies ist der zweite wichtige Punkt in der Prophezeiung des Buddha. Am Ende der zweiten Versgruppe im Kapitel 6 sprachen Maudgalyāyana, Subhūti, Kātyāyana und andere vereint wie folgt: „Großer Held, Weltgeehrter! / Du bist stets bestrebt, die Welt zu befrieden; / Sei so gut, uns zu prophezeien..." Was sie sagen möchten ist dies: „Der Buddha ist stets bestrebt, daß alle Menschen in der Welt sich wohlfühlen. Wir möchten auch Buddhas werden und zu einem friedlichen Leben beitragen. Gib uns bitte deine Vergewisserung, daß wir Buddhas werden." Sie meinen nicht, daß sie allein errettet und Buddhas werden, oder daß sie allein Buddhas werden und eine friedliche Geisteshaltung erlangen. Ihr letzter Zweck ist es, alle Menschen in der Welt glücklich zu machen. Dies ist ein äußerst wichtiger Punkt. Wir müssen die wahre Absicht dieser Schüler verstehen, wenn sie den Buddha aufrichtig bitten, ihnen seine Vergewisserung zu geben, daß sie Buddhas werden. Diese besteht nämlich darin, daß sie eine solche Freiheit und Kraft erlangen wollten, daß sie fähig wären, andere glücklich zu machen. Wenn wir dies nicht erkennen, dann können wir leicht den falschen Eindruck bekommen, daß sie den Buddha nur um ihre eigene persönliche Erleuchtung und um geistigen Frieden gebeten hätten.

Der dritte wesentliche Punkt in der Prophezeiung des Buddha ist der, daß die Jünger des Buddha schon gut verstanden haben müssen, daß sie durch die Lehren, welche der Buddha bereits gepredigt hatte, Buddhas werden würden. Deshalb wundern sich einige Leute, warum die Jünger den Buddha so nachdrücklich um seine Prophezeiung baten. Hier unterscheidet sich Religion vom Wissen. Der Buddhismus ist eine Lehre, welche wir durch Vernunft verstehen können. Für das Wissen ist es genug, etwas durch Vernunft zu verstehen, aber in der Religion reicht es nicht, durch Vernunft allein zu verstehen. Nach dem Begreifen muß das Wissen den Menschen anregen. Es muß Vertrauen hervorbringen, welches spontan den Wunsch erzeugt, für das Wohl anderer Menschen und der Gesellschaft im allgemeinen zu handeln.

Wenn Begreifen sich zum Dienst für die Gesellschaft und andere Menschen entwickelt, dann können wir es Religion nennen. Eine wahre Religion besitzt diese Art von Kraft. Woher rührt die Eingebung, die Grundlage dieser Kraft? Eingebung kommt nicht von Theorien, sondern von der Begegnung seines Geistes mit dem Geist anderer. Wenn wir einem Menschen von großem Charakter begegnen und auf seine Worte hören, dann werden unsere Herzen mit Freude erfüllt. Wir fassen den festen Entschluß, ihm nachzueifern, selbst wenn wir unser Leben dafür einsetzen müssen. Die Fähigkeit, welche uns eine derartige Entscheidungskraft verleiht, ist die Größe von Shakyamuni als der erscheinende Buddha. Wenn wir die Worte von Shakyamuni Buddha, den wir als den idealen Menschen verehren, als die universale Wahrheit annehmen, dann empfangen wir eine große Kraft, welche das einfache Begreifen überschreitet, und die uns Stärke gibt und uns erhebt.

Aus diesem Grund waren die Jünger des Buddha begierig, die Worte des Buddha, „Ihr werdet Buddhas", direkt von seinen Lippen zu vernehmen. Solche Worte waren eine stärkere Ermutigung für sie als die Unterstützung von zehn Millionen Menschen. „Sei so gütig, ein Wort zu uns zu sagen! Wenn du etwas zu uns sagst, dann würden wir uns für deine Lehren aufopfern und ihnen bis zum Ende folgen. Wir würden uns niemals abwenden oder in unserer Übung nachlässig sein. Sei deshalb bitte so gütig, und sage ein Wort zu uns!" In dieser Weise baten die Jünger Shakyamuni.

Diese unschuldige Haltung zeigt wahres Vertrauen. Die Art und Weise, in der die Jünger baten, ist ein gutes Beispiel für unser religiöses Leben, deshalb sollten wir sie gut im Sinn behalten. Das Verständnis der Lehren des Buddha, welches durch Bücherlesen und anhören von Predigten erworben wurde, ist noch seicht. Wenn wir keinen Sinn für die Eingebung besitzen oder das Gefühl, direkt in die mitempfindenden Arme von Shakyamuni zu fliegen, dann bringt unser Verständnis nicht die Kraft hervor, andere und uns selbst zu erretten. Die Verehrung des Buddha-Bildes und die Wiederholung des Lotus-Sutras sind nicht bloße Idol-Verehrung und magische Beschwörungen. Der Zweck dieser Handlungen ist kein anderer als die Vereinigung von uns selbst mit dem Geist von Shakyamuni, den wir als unseren Lehrer und Vater verehren, und durch ihn mit der großen Erlösung des ewigen ursprünglichen Buddha.

Wenn wir beim Lesen von Kapitel 6 diese drei wesentlichen Punkte in der Prophezeiung des Buddha im Sinn behalten, dann können wir klar die Lehren des Buddha in diesem Kapitel verstehen.

Nach Verkündigung des letzten Verses im Kapitel 5 wandte sich der Weltgeehrte auf folgende Weise an die große Versammlung: „Mein Jünger Mahā-Kāśyapa, der die Lehren des Buddha gut verstanden hat und fest entschlossen ist, für das Wohl der Menschen in der Welt den Übungen der Bodhisattvas zu folgen, wird in der kommenden Welt unzähligen Buddhas Huldigung erweisen, und er wird das unendliche, große Gesetz der Buddhas weithin verkünden. In seinem letzten körperlichen Zustand wird er ein

Buddha werden, und sein Name wird sein Strahlender Tathāgata, Verehrungsvoller, Allweiser, Vollkommen Erleuchteter im Verhalten, Gut Verabschiedeter, Begreifer der Welt, Unübertroffener Führer, Regler, Lehrer von Göttern und Menschen, Buddha, Weltgeehrter; sein Reich heißt Strahlende Tugend, und die Ära wird Große Pracht genannt. Die Lebenszeit dieses Buddha wird einhundertundzwanzigtausend Jahre andauern, sein rechtes Gesetz wird in der Welt für zweihunderttausend Jahre gelten, und das falsche Gesetz wird auch für zweihunderttausend Jahre herrschen."

Als Kāśyapa an früherer Stelle sein tiefes Empfinden und seine große Dankbarkeit für die Lehren des Buddha, ausgedrückt in der Parabel vom armen Sohn, kundtat, verstand der Weltgeehrte, daß Kāśyapa bereits fast alle seine Lehren erkannt hatte, seinen Glauben vertieft und einen entschlossenen Willen erlangt hatte. Dies kommt auch zu Beginn des Kapitels 5 in den Worten des Buddha an Kāśyapa zum Ausdruck: „Gut! Gut! Kāśyapa, du hast die wahren Verdienste des Tathāgata gut ausgedrückt. Sie sind in der Tat so wie du gesagt hast."

Als der Buddha allen in der großen Versammlung die Erlangung der Buddhaschaft prophezeite, legte er die Namen der zukünftigen Buddhas, ihre Domänen und ihre Epochen fest. Dann gab er Kāśyapa die zehn Attribute eines Buddha, beginnend mit „Strahlender Tathāgata". Die zehn Attribute des Buddha zeigen, daß er vollkommen Tugenden mit Kräften vereint. Deshalb verkündete der Buddha hier, daß Kāśyapa durch seine Übung der gleiche Buddha wie Shakyamuni werden könne. Kurzum, er machte klar, daß jemand, der wirklich die Wahrheit des Buddha erkennen kann, der gleiche Buddha wird wie er selbst. Hieraus kann man entnehmen, welch großen Wert Shakyamuni Buddha auf die Wahrheit legte.

Der Buddha setzte seine Ausführungen fort: „Seine Domäne, genannt Strahlende Tugend, wird wunderschön sein, frei von Schmutz, Scherben, Dornen und unsauberem Geruch; sein Land wird eben und gerade sein, ohne unebene Plätze, ohne Fallgruben oder Wälle. Die Böden sind aus Lapislazuli, umsäumt mit Juwelenbäumen und goldenen Leinen, um die Wege abzugrenzen, bestreut mit kostbaren Blumen, und überall herrscht Reinheit. In dieser Domäne werden die Bodhisattvas, welche die Lehren des Buddha ausüben, unendlich sein, mit zahllosen Menschen, die nach den Lehren suchen. Dort wird es keine Māra-Taten geben, und wenngleich es Māra und Māra-Menschen gibt, so werden doch alle das Buddha-Gesetz schützen."

Diese Beschreibung schildert den idealen Zustand der Welt. Die erste Hälfte gleicht der Beschreibung einer schönen Stadt in einem hochentwickelten Land der heutigen Welt, aber die letzte Hälfte vermittelt den Eindruck einer Sphäre, die genau das Gegenteil der heutigen Welt repräsentiert. Die Welt hat in der Tat in materieller Hinsicht beachtliche Fortschritte erzielt, während sie in geistiger Hinsicht nur langsam fortgeschritten ist. Die Beschreibung des Buddha zeigt uns deutlich, daß dies der größte Defekt der modernen Gesellschaft ist. Wenn wir dies erkennen, wie können wir dann umhin, miteinander zusammenzuarbeiten, um den Geist des Lotus-Sutras unter möglichst vielen Menschen auszubreiten, verbunden mit der festen Entschlossenheit, so bald wie möglich — in dieser Welt — die ideale, vom Buddha gezeigte Sphäre zu verwirklichen?

TEUFEL UND TEUFLISCHE TATEN. Wir dürfen die folgenden Worte des Buddha nicht übersehen: „Dort wird es keine Māra-Taten geben, und wenngleich es Māra und Māra-Menschen gibt, so werden doch alle das Buddha-Gesetz schützen.“ Māra oder „Teufel“ umfaßt alle Wesen, die den rechten Weg blockieren. „Māra-Menschen“ bezeichnet die Anhänger des Teufels. Sie besitzen derart große Kräfte, daß sie vor denjenigen erscheinen können, die danach streben, den rechten Weg zu verwirklichen; sie können diese in Versuchung führen und verwirren. Diese teuflischen Menschen verschwören sich, um diejenigen, welche sich um die Ausübung des rechten Weges bemühen, zu behindern und einzuschüchtern. Man kann sie mit einer Bande von Rowdies oder Gangstern vergleichen. Die Macht übler Rede und Schrift ist ein noch größerer Teufel.

Ein Teufel und seine Anhänger erschienen vor Shakyamuni Buddha, als er kurz vor seiner Erleuchtung tief in Meditation versenkt war, und sie versuchten, verschiedene Hindernisse in seinen Weg zu werfen. Wäre er ein gewöhnlicher Mensch gewesen, dann hätte er sicherlich sofort nachgegeben. Er war jedoch fähig, den Versuchungen, Hindernissen und Drohungen, mit denen die Teufel ihn bedrängten, zu widerstehen, und dann wurde seine Erleuchtung unerschütterlich. Nach den Ergebnissen urteilend, die Shakyamuni Buddha erzielte, kann man von den Hindernissen dieser Teufel sogar sagen, daß sie seine Erleuchtung beschleunigt haben.

„Teufel“ hat zwei Bedeutungen. Die erste ist der „Teufel im Körper“, d. h. instinktive Impulse oder böse Gedanken, die unseren rechtschaffenen Sinn beunruhigen. Die zweite ist der „Teufel außerhalb des Körpers“, d. h. Versuchung oder Druck von außen.

In einer idealen Domäne wie der Strahlenden Tugend gibt es Menschen, welche die Lehren des Buddha ausüben oder aufrichtig danach suchen. Selbst wenn solche Menschen manchmal von dem „Teufel im Körper“ versucht werden, d. h. von einem bösen Gedanken oder einem instinktiven Impuls, dann verstärkt eine solche Versuchung ihren Willen, den Weg zu suchen. Als Folge schützt der „Teufel im Körper“ das Buddha-Gesetz. Wenngleich es also den Teufel und teuflische Menschen gibt, so werden in der idealen Domäne dennoch keine teuflischen Taten bestehen.

„Der Teufel außerhalb des Körpers“ bezeichnet die Rede und das Verhalten derer, die mit Versuchung, Kritik, Störung und Drohungen an diejenigen herantreten, welche sich um die Ausübung und Verbreitung der Lehren des Buddha bemühen. Eine Redensart sagt: „Extreme im Bösen führen zu Extremen im Guten.“ In einer idealen Domäne wie der Glänzenden Tugend verändern selbst böse Menschen sich vollständig und benutzen ihre Kräfte, um die Lehren des Buddha zu schützen. Da alle empfindenden Wesen eine innewohnende Buddha-Natur besitzen, kann ein teuflischer Mensch, wenn er erst einmal zu seiner eigenen Buddha-Natur erwacht, sich vorzüglicher auszeichnen als ein guter aber schwacher Mensch.

Der Buddha lehrt uns, daß der „Teufel“, ob im Körper oder außerhalb des Körpers, seine schädliche Fähigkeit zeigt, wenn er in Täuschung lebt. Wenn er aber den rechten Weg erkennen sollte, dann wird er seine Fähigkeiten unverzüglich für gute Zwecke einsetzen. Deshalb sollten wir die Strahlende Tugend nicht als eine Domäne betrachten, die weit von der Welt entfernt ist, in der wir leben. Vielmehr sollten wir diese unter geistigen Gesichtspunkten deuten, bezogen auf unser eigenes religiöses Leben und als praktische Probleme in unserer eigenen Gesellschaft. Wenn wir dies einmal begriffen haben, dann müssen wir uns der Erleuchtung der „Teufel“ und der Beseitigung „teuflischer Taten“ widmen, und uns darüber hinaus bemühen, diese „Teufel“ zu wandeln, so daß sie ihre guten Fähigkeiten zeigen.

Wie können wir dies erreichen? Ein Weg liegt offen für uns: Die gerechten Lehren des Buddha zu suchen, diesen zu vertrauen und sie auszuüben. Wenn wir das tun, dann existieren keine teuflischen Taten in der Gesellschaft. die teuflischen Taten, die an unserem Sinn und Körper haften, werden verschwinden wie der Nebel vor der Morgensonne, und unser Leben wird in Reinheit leuchten.

Dann wollte der Weltgeehrte seine Lehre erneut verkünden; er wiederholte sie in Versen und schloß mit seiner Prophezeiung an Kāśyapa. Daraufhin falteten Mahā-Maudgalyāyana, Subhūti, Mahā-Kātyāyana und andere zitternd ihre Hände, und einig im Geiste blickten sie dem Weltgeehrten ins Gesicht. Sie senkten keinen Augenblick ihre Augen und sprachen mit vereinter Stimme: „Großer Held, Weltgeehrter, der alle Übel vertreiben kann! Buddha, dem die Kraft verliehen ist, alle Menschen zu führen! Sei so gütig und gewähre uns aus deinem Mitempfinden für uns heraus die Verkündigung des Buddha. Sei so gütig und ermutige uns, damit wir in Zukunft eifriger in unserer Übung sind. Wenn du die Tiefen unserer Sinne kennst und unser Schicksal voraussagst mit den Worten, ‚Ihr werdet Buddhas', dann fühlen wir uns als ob du süßen Tau über uns ausgießen würdest, um die Hitze zu lindern.

„Wir sind gleich Menschen aus einem Land des Hungers, die plötzlich eine fürstliche Mahlzeit vorgesetzt bekommen, dabei aber Zweifel und Furcht hegen und nicht sogleich zu essen wagen. In der gleichen Weise sind wir uns unserer Irrtümer hinreichend bewußt geworden, so daß wir fähig sind, uns von unseren eigenen Täuschungen und Leiden zu befreien, und gleichzeitig haben wir die erhabene Weisheit des Buddha verstanden. Wir wissen aber nicht, wie wir sie erlangen können. Obwohl wir die Stimme des Buddha hören, der uns sagt, daß wir Buddhas werden, sind unsere Herzen noch besorgt und ängstlich, die Buddhaschaft zu erlangen, ebenso wie die hungernden Menschen nicht die fürstliche Mahlzeit vor ihren Augen zu essen wagen. Wenn wir aber die Prophezeiung des Buddha empfangen, daß wir Buddhas werden, dann sind wir glücklich und fühlen uns wohl. Großer Held, Weltgeehrter! Dein beständiger Wunsch ist es, die Menschen in der Welt zu befrieden. Sei so gütig, uns zu prophezeien. Wenn du das tust, dann können wir uns ganz dem Bodhisattva-Weg widmen und den Menschen wie der Gesellschaft Dienste erweisen."

Der Weltgeehrte kannte die Gedanken dieser Jünger; er gewährte sofort Subhūtis Bitte und gab ihm seine Prophezeiung. Er verkündete seinen Namen als Buddha als Namensform Tathāgata, seine Epoche als Juwelenbesitz und seine Domäne als Juwelen-Hervorbringend. Anschließend verlieh der Weltgeehrte Mahā-Kātyāyana seine Prophezeiung und verkündete seinen Namen als zukünftiger Buddha als Jambunada Tathāgata Goldenes Licht. Er gab auch Mahā-Maudgalyāyana seine Prophezeiung, nannte ihn Tamālapattra Sandelduft Tathāgata, seine Epoche Freude und seine Domäne Frohsinn.

Die meisten Leser, die bis zu dieser Stelle gekommen sind, mögen die obige Geschichte als weit entfernt von ihrem eigenen Leben betrachten, weil sie von einem Ereignis berichtet, welches Shakyamuni Buddha und seine langjährigen Jünger im alten Indien betrifft. Tatsächlich aber ist diese Geschichte gar nicht von unserem heutigen Leben entfernt. Dies werden wir verstehen, wenn wir den letzten Teil der Verse in diesem Kapitel lesen. Der Weltgeehrte sprach in Versen im folgenden Sinn: „Unter meinen vielen Jüngern gibt es fünfhundert, die hohe Tugenden besitzen und einen großen Einfluß auf diejenigen um sie herum ausüben. Alle von ihnen werden ihre Prophezeiung, Buddhas zu werden, empfangen, nachdem sie eine Fülle von Übung in einem zukünftigen Leben angesammelt haben. Jetzt will ich meine und eure Entwicklung in früheren Welten kundtun. Hört alle gut zu!"

„Meine und eure Entwicklung in früheren Welten“ umfaßt nicht nur Shakyamuni Buddha und seine fünfhundert Jünger, sondern alle Buddhas und ihre Jünger, die auftraten oder auftreten werden, von der unendlichen Vergangenheit bis in die ewige Zukunft. Jemand, der die Lehren des Buddha wirklich verstanden hat, versäumt es nämlich niemals, sie an andere weiterzugeben, und er ist bestrebt, andere zu erretten. Indem er dies fortsetzt, kann er selbst ein Buddha werden. Darüber hinaus können diejenigen, die von ihm errettet wurden, selbst Buddhas werden, indem sie die Lehren des Buddha an viele andere Menschen übermitteln und unaufhörlich fortfahren, andere zu erretten. Auf diese Weise sind von der unendlichen Vergangenheit bis zur Gegenwart zahllose Buddhas erschienen, und diese zahllosen Buddhas haben unzählige weitere Buddhas hervorgebracht. Somit hat ununterbrochen eine Fortpflanzung der Erleuchtung der Menschen durch die Buddhas stattgefunden. Dies ist die wahre Bedeutung der Worte „meine und eure Entwicklung in früheren Welten.“

Heute können wir uns glücklich schätzen, daß wir das Lotus-Sutra besitzen. Mit der Prophezeiung des Buddha sind uns die Mittel gegeben, Buddhas zu werden, wenn wir uns üben. Obwohl Shakyamuni, der historische Buddha, vor rund zweitausendfünfhundert Jahren gestorben ist, ist Shakyamuni als der ewige, ursprüngliche Buddha, für immer bei uns. Er gibt uns seine Prophezeiung für die Erlangung der Buddhaschaft durch das Lotus-Sutra.

DIE BEDEUTUNG DER WIEDERHOLUNG. Als der Buddha Kāśyapa seine Prophezeiung gab, wurde seine Domäne als ein wunderschönes und ideales Land beschrieben, und die Beschreibung dieses Reiches wiederholte der Buddha anschließend in Versen. Mit geringen Unterschieden in der Wortwahl wurde die grundsätzlich gleiche Beschreibung in den Prophezeiungen an Subhūti, Maudgalyāyana und Kātyāyana wiederholt.

Beim Rezitieren des Lotus-Sutras sollten wir nicht denken: „Dies sind die gleichen Worte wie vorher“, und wir dürfen das Sutra auch nicht herleiern. Wiederholung hat eine sehr wichtige Funktion im religiösen Leben.

Wenn wir etwas wiederholt tun, so hinterläßt dies einen tiefen Eindruck in unserem Geist. Jeder, der versucht, das Kapitel 6 mit seinem ganzen Herzen zu rezitieren, stellt fest, daß er die Beschreibung des idealen Zustandes für den Menschen wiederholt, symbolisiert in den zehn Attributen des Buddha, und die ideale menschliche Gesellschaft, wie sie in der Beschreibung von den wunderschönen Ländern der Buddhas symolisch zum Ausdruck kommt. Durch häufige Wiederholung dringen diese Ideale in die Tiefen des Verstandes ein.

Solche Ausdrücke wie „wie oben erwähnt" oder „das zuvor Gesagte" sind zulässig für geschäftliche Dokumente und offizielle Berichte. Solche kurzgefaßten Ausdrücke werden in der heutigen geschäftigen Welt akzeptiert. Wenn es jedoch um buddhistische Übung geht, dann dürfen wir nicht davor zurückscheuen, alles genau zu wiederholen. Nur wenn man die gleiche Sache mit ganzem Herzen so oft wie möglich wiederholt, wird man in der Musik oder beim Fußballspiel Fortschritte machen. Mit der Religion verhält es sich genauso.

Wenn wir den Titel des Lotus-Sutras rezitieren, dann mag es theoretisch gut genug erscheinen, wenn wir es nur einmal rezitieren, solange dies mit voller Aufrichtigkeit geschieht. Tatsächlich ist es aber so, daß der Gedanke, Zuflucht beim Buddha zu nehmen, nicht vollständig eindringt, wenn wir den Titel nicht drei- bis zehnmal wiederholen. Wenngleich Wiederholung sehr wichtig ist, so müssen wir uns dennoch vor Übertreibung hüten. Wenn wir das Sutra eintausend- oder zehntausendmal rezitieren, dann werden wir — es sei denn, wir besitzen übermenschliche Kräfte — gelangweilt, oder unsere Gedanken streifen, und schließlich bringen wir den Titel nur hervor, ohne ihn zu verstehen. Dies führt zu einem reinem Formalismus, dem trägen Glauben, daß wir allein durch Rezitieren errettet werden können.

Wir müssen erkennen, daß wahre buddhistische Übung drei Bedingungen stellt: (1) eine gute Übung, (2) aufrichtiges Verhalten und (3) beständige Wiederholung.

Kapitel 7

Die Parabel von der Zauberstadt

DER BUDDHA BENUTZTE in seinen Predigten drei Methoden. Die erste war die theoretische Methode oder „Predigen durch Theorie" (*hos-setsu*). Wenn es seinen Zuhörern schwerfiel, seine in dieser Form vorgetragenen Lehren zu verstehen, dann benutzte er eine bildliche Methode, d. h. „Predigen durch Parabeln" (*hi-setsu*). Wenn die Zuhörer immer noch nicht den wahren Sinn der Lehren des Buddha erfassen konnten, benutzte er eine dritte Methode, d. h. „Predigen durch Kausalzusammenhänge" (*innen-setsu*). Dabei trug er in seiner Predigt eine Geschichte aus dem Leben eines früheren Buddha vor. Das Lotus-Sutra verwendet alle drei Methoden, so daß Menschen aller Veranlagungen die Lehre verstehen können.

Kapitel 7, „Die Parabel von der Zauberstadt", fällt in die Kategorie der Predigt durch Kausalzusammenhänge. Zu Beginn erläutert der Buddha die Beziehung zwischen dem Buddha und seinen Jüngern, angefangen von der fernsten Vergangenheit bis zur Gegenwart.

Im letzten Teil des Kapitels 6 sagte der Weltgeehrte: „Jetzt will ich meine und eure Entwicklung in früheren Welten kundtun. Hört alle gut zu!" Mit dieser einführenden Bemerkung wandte der Weltgeehrte sich wieder an die *Bhikshus:* „In der fernsten Vergangenheit gab es einen Buddha namens Universale Überragende Weisheit Tathāgata; seine Domäne hieß Gut Vollendet, und seine Epoche wurde Große Form genannt. Seit dem Verschwinden dieses Buddha ist eine unbeschreiblich lange Zeit vergangen. Stellen wir uns einmal vor, daß jemand die Erde dieser ganzen Welt in Tinte umformen würde, und daß er in östlicher Richtung tausend Länder durchschreiten würde, und daß er dann einen Tropfen klein wie ein Staubkörnchen fallen lassen würde; und auf seinem Weg durch weitere tausend Länder würde er einen weiteren Tropfen fallen lassen. Stellen wir uns vor, daß er in dieser Weise fortschreitet, bis er alle aus dieser Erde gemachte Tinte verbraucht hat. — Könnt ihr die Länder zählen, die er durchschritten hat? All diese Länder — ist es möglich für Mathematiker oder ihre Schüler, das Ende und die Grenzen sowie die Zahl zu kennen?"

„Tausend Länder" bedeutet in heutigen Begriffen all die himmlischen Körper des Universums. Stellt euch vor, daß ein Tintentropfen, klein wie ein Staubkörnchen, auf einen Stern fiel, und daß nach weiteren tausend Sternen wieder ein Tropfen fallengelassen wurde.

Auf die Frage, was sie dazu meinten, antworteten die *Bhikshus* einstimmig: „Oh nein, Weltgeehrter! Es ist uns ganz unmöglich, die Zahl zu kennen."

Der Weltgeehrte nickte und fuhr fort: „Bhikshus! Stellt euch vor, daß alle diese Länder (Sterne), welche dieser Mann durchschritten hat, wo er hier und dort einen Tropfen hat fallenlassen, zu Staub zermahlt werden, und ein Staubkörnchen soll ein *Kalpa*[1] sein. Könnt ihr euch vorstellen, wie lange es dauert, das gesamte Universum zu Staub zu zermahlen? Die Zeit seit dem Verschwinden des Buddha Universale Überragende Weisheit Tathāgata bis heute übersteigt diese Zahl noch um unzählige und unbegrenzte Jahre. Durch die Kraft meiner Tathāgata-Weisheit betrachte ich diese Zeitlänge als ob es nur heute wäre."

Der Buddha benutzte diesen Vergleich von Erde, die zu Tinte zermahlen wird, um seinen Jüngern die Vorstellung von der unbegrenzten Dauer der Ewigkeit zum Bewußtsein zu bringen. Wir können den Gedanken von Ewigkeit oder Unendlichkeit nur erfassen, wenn wir einen Standard der Begrenzung festlegen. Selbst wenn wir zum wolkenlosen blauen Himmel aufblicken und den Himmel als unbegrenzt betrachten, so haben wir doch keine klare Vorstellung von seiner Grenzenlosigkeit. Aber wenn wir ein Wolkenflöckchen hoch am Himmel sehen, dann spüren wir etwas von der Grenzenlosigkeit des Himmels. Wir fühlen Unendlichkeit, wenn wir in der Nacht zum sternenbesäten Himmel aufblicken und erkennen, daß die Sterne, die wir dort sehen, Millionen von Lichtjahren von der Erde entfernt sind.

DIE BEDEUTUNG VON „HEUTE". Die Worte des Buddha „Ich betrachte diese Zeitlänge als ob es nur heute wäre" geben uns zu verstehen, daß das menschliche Leben unbegrenzt ist. Der Buddha gibt uns Hinweise zu erkennen, daß unser Leben von der grenzenlosen Vergangenheit bis in die endlose Zukunft andauert; „heute" existiert nicht in Isolierung, sondern es ist gleich einem tiefen Teich oder einer Sandbank im endlosen Strom des Lebens. Wenn wir unseren Körper und Geist von heute verunreinigen, dann üben wir einen schlechten Einfluß auf den unteren Lauf des Stromes des unbegrenzten Lebens aus. Wenn wir unseren Körper und Geist von heute reinigen, dann bewirken wir eine positive Veränderung weiter im Lauf des Stromes.

Bevor wir mit der Besprechung dieses Kapitels fortfahren, sollten wir verstehen, daß der Weltgeehrte aus seiner gedankenvollen Überlegung heraus sagte „Ich betrachte diese Zeitlänge als ob es nur heute wäre" und dann eine Geschichte aus dem Leben eines vergangenen Buddha erzählte.

Nach Wiederholung dieser Lehre in Versform fuhr der Weltgeehrte fort: „Die Lebenszeit des Buddha Universale Überragende Weisheit Tathāgata beträgt fünfhundertundvierzig *Kotis*[2] von *Nayutas*[3] von *Kalpas.* Zu Beginn als der Buddha auf dem Thron der Weisheit saß, die Armee des Teufels zerstört hatte und an der Schwelle zur Erlangung der Weisheit stand, waren ihm die Buddha-Gesetze noch nicht enthüllt. Deshalb saß er mit überkreuzten Beinen, Körper und Geist bewegungslos, etwa einhunderttausend Jahre lang; aber die Buddha-Gesetze wurden ihm immer noch nicht enthüllt.

„Dann errichteten die Götter des Indra-Himmels[4] für den Buddha Universale Überragende Weisheit einen Löwenthron, ein *Yojana*[5] hoch, unter einem Bodhi-Baum. Als die Götter diesen Buddha anwiesen, sich auf diesen Thron zu setzen, um vollkommene Erleuchtung zu erlangen, folgte er willig ihrer Anweisung. Kaum hatte er sich auf diesem Thron niedergelassen, da schütteten die himmlischen Brahma-Könige himmlische Blumen auf den Thron. Von Zeit zu Zeit erhob sich ein wohlriechender Wind, fegte die verwelkten Blumen hinweg und brachte frische herab. Auf diese Weise erwiesen sie ununterbrochen volle einhunderttausend Jahre lang dem Buddha Ehre; dabei schlugen die Götter, die zu den vier himmlischen Königen[6] gehörten, zur Ehre des Buddha fortwährend himmlische Trommeln, und andere Götter spielten volle einhunderttausend Jahre lang himmlische Musik; und dies dauerte an bis zum Dahingehen dieses Buddha."

Diese Beschreibung zeigt, daß die Götter der Himmel inbrünstig wünschten, daß der Buddha Universale Überragende Weisheit die vollkommene Erleuchtung erlange, und daß sie diesen Buddha hoch schätzten und verehrten. Das Bild von einem wohlriechenden Wind, der die verwelkten Blumen hinwegfegte und neue ausschüttete, zeigt an, daß die Hoffnung, Verehrung und Bewunderung der Götter für diesen Buddha ununterbrochen andauerte.

„*Bhikshus*! Nach dem Verstreichen vieler langer Jahre erreichte der Buddha Universale Überragende Weisheit die Buddha-Gesetze, und die vollkommende Erleuchtung wurde ihm offenbart. Bevor dieser Buddha seine Heimat verließ, hatte er sechzehn Söhne; der älteste von ihnen hieß Weisheitshort. Alle seine Söhne erfreuten sich an verschiedenen Vergnügen und führten glückliche Leben. Als sie aber hörten, daß ihr Vater vollkommene Erleuchtung erlangt hatte, gaben sie die Dinge auf, die sie schätzten, und verließen ihr Haus, um dem Buddha ihre Achtung zu erweisen. Ihre weinenden Mütter begleiteten sie, ohne zu erwarten, daß die Söhne wieder nach Hause zurückkehren würden.

„Ihr Großvater, König, der das heilige Rad rollt, begleitete seine Enkel und auch viele seiner Minister und viele seiner Untertanen schlossen sich dem Zug zum Buddha Universale Überragende Weisheit an. Nachdem sie diesem Buddha in verschiedener Weise gedient hatten, erwiesen sie ihm Verehrung, indem sie sich zu Boden warfen und seine Füße mit ihren Köpfen berührten. Sie veranstalteten eine Prozession um ihn herum, falteten ihre Hände, blickten einmütig zum Buddha auf und priesen ihn in Versen. Sie sprachen zu ihm im folgenden Sinn: ,Wenngleich du jetzt der Buddha bist, so warst du doch zuvor ein gewöhnlicher Mensch wie wir, und nach der Übung über zahllose Jahre bist du jetzt ein Buddha geworden, um alle Lebewesen zu erretten. Du hast eine sehr heilige Erscheinung. Jetzt, wo wir dies sehen, scheint selbst für uns gewöhnliche Menschen Hoffnung zu bestehen, in Entsprechung mit unserer Übung Buddhas zu werden. Wir haben ein großes Glück erlangt und beglückwünschen uns mit großer Freude. Alle Lebewesen leiden, und ohne einen Führer erkennen sie nicht den Weg, dem Leiden ein Ende zu bereiten; sie wissen nicht, wie sie Befreiung suchen sollen. Ihre bösen Mittel und Wege sind größer und größer geworden.

„,Aber jetzt ist der Buddha frei von allen Täuschungen und hat die erhabene und friedliche Geistesverfassung erlangt. Du hast uns ein gutes Beispiel gegeben, so daß wir, zusammen mit den Göttern und Menschen, die Lehren des Buddha empfangen und Erleuchtung erlangen werden. Dies ist das größte Glück, welches wir empfangen haben. Deshalb bieten wir alle dir, dem einzigartigen Geehrten, unser Leben an. Sei so gütig, uns zu leiten!' Daraufhin priesen diese sechzehn fürstlichen Söhne den Buddha in Versen und ersuchten ihn, das Rad des Gesetzes weiterzurollen, mit den Worten: ,Bitte, predige das Gesetz für alle Lebewesen.'" Hier erscheint der Ausdruck „das Rad des Gesetzes weiterrollen". In diesem Fall bedeutet Gesetz die Lehre der Wahrheit. Wenn diese Lehre einmal gepredigt worden ist, dann wird sie von einem zum anderen überliefert, genau so unaufhörlich wie ein Rad rollt. Deshalb wird im Buddhismus das Predigen der Lehre als „das Rad des Gesetzes weiterrollen" bezeichnet.

Dann sprach der Buddha in einem feierlichen Ton zu den *Bhikshus*: „Als der Buddha Universale Überragende Weisheit die vollkommene Erleuchtung erlangte, erbebte jede der fünfhundert Myriaden *Koṭis* von Buddhawelten in allen Richtungen in verschiedener Weise; selbst die dunklen Orte zwischen jenen Reichen, wo das Augustlicht von Sonne und Mond nicht scheinen konnte, alle erstrahlten. Alle die Lebewesen inmitten dieser Reiche konnten einander sehen, und sie riefen gemeinsam aus: ,Woher sind alle diese Lebewesen so plötzlich gekommen?'"

BEFREIUNG AUS DER HÖLLE DER ISOLIERUNG. Die obigen Worte bedürfen einiger Erklärung. An jenen Orten, zu denen die Lehren des Buddha noch nicht gelangt sind, stellen die Menschen sich gegeneinander und können ihren Geist nicht öffnen. Wenngleich Vater und Söhne oder Brüder und Schwestern zusammenleben, so ist doch jeder tief in seinem Sinn isoliert. Sie führen einsame Leben, weil sie sich auf niemanden als nur sich selbst verlassen können. Wenn aber erst einmal die Lehre des Buddha unter ihnen ausgebreitet ist, dann können sie alle Freunde werden. Ein Mensch, der einsam war, wird sofort glücklich, umgeben von vielen guten Freunden.

„Außerdem erbebten die Paläste der Götter in all diesen Gebieten in verschiedener Weise, und überall schien ein großes Licht, welches alle Welten erfüllte und das Licht des Himmels übertraf. Dann waren nach Osten hin alle die Paläste der Brahma-Himmel in vielen Domänen mit doppelter normaler Helligkeit erleuchtet. Und jeder der himmlischen Brahma-Könige dachte bei sich: ‚Aus welchem Grund erscheint dieses Zeichen, daß unsere Paläste jetzt erleuchtet sind wie nie zuvor? Wir wollen zusammen der Ursache nachforschen. Ist vielleicht ein großer tugendhafter Gott geboren? Ist vielleicht ein Buddha in der Welt erschienen? Warum erleuchtet dieses große Licht überall das Universum?'

„Daraufhin kamen die himmlischen Brahma-Könige aus vielen Domänen zusammen, ein jeder mit seinem ganzen Palastzug, ein jeder mit einem Sack voll von himmlischen Blumen, und zusammen besuchten sie das westliche Viertel, um dieses Zeichen zu untersuchen. Dort sahen sie den Buddha Universale Überragende Weisheit auf der Weisheitsterrasse unter dem Bodhi-Baum auf dem Löwenthron sitzend, umgeben und verehrt von Göttern, Menschen und nicht menschlichen Wesen. Und sie sahen seine sechzehn fürstlichen Söhne, die den Buddha anhielten, das Rad des Gesetzes weiterzurollen. Dann verbeugten sich all die himmlischen Brahma-Könige bis zum Boden vor dem Buddha, veranstalten hundert- und tausendmal Prozessionen um ihn herum und streuten himmlische Blumen über ihn aus. Die Blumen, welche sie streuten, stiegen an wie der Berg Sumeru und wurden auch dem Bodhi-Baum des Buddha dargeboten. Nachdem sie die Blumen geopfert hatten, bot jeder seinen Palast dem Buddha an und sprach: ‚Aus Mitempfinden für uns und für unser Wohl sei so gut und nimm die Paläste an, die wir anbieten!'"

Den Buddha mit einem Opfer zu ehren, symbolisiert Verehrung und Dank für den Buddha. Der Ausdruck „die Blumen wurden auch dem Bodhi-Baum des Buddha dargeboten" hat eine sehr tiefe Bedeutung. Dieser Baum schützte den Buddha vor der glühenden Sonne, während er meditierte. Der Boden unter dem Bodhi-Baum ist ein natürlicher Ort für die Erlangung der höheren Erleuchtung. Aus diesem Grund verehren diejenigen, welche eine tiefe Hingabe zum Buddha besitzen, auch den Bodhi-Baum, der ihn schützte, und den Platz unter diesem Baum, wo er saß und Erleuchtung erlangte.

„Daraufhin priesen all die Brahma-Könige, die vor dem Buddha versammelt waren, diesen einmütig und einstimmig in folgender Weise: ‚Ein Weltgeehrter erscheint nur selten in dieser Welt, und es ist schwer für uns, ihm zu begegnen. Er ist vollkommen mit unendlichen Verdiensten und kann uns alle erretten. Als ein großer Lehrer von Göttern und Menschen besitzt er Mitempfinden und leitet alle Wesen in der Welt. Alle Lebewesen im Universum hören seine Lehre und empfangen seine Hilfe. Wir sind aus vielen Himmeln gekommen und haben tiefe meditative Freunde zurückgelassen, um dem Buddha dienen zu können. Unsere Paläste sind prächtig geschmückt als Lohn für unsere früheren Leben. Jetzt bieten wir sie dem Weltgeehrten dar und bitten ihn, sie in Güte anzunehmen!'"

SCHÖPFUNG IST FREUDE IM MENSCHLICHEN LEBEN. Der wesentliche Punkt ist hier, daß die himmlischen Könige ihre tiefen meditativen Freuden aufgegeben haben und vom Himmel in die menschliche Welt herabgestiegen sind, um die Lehren des Buddha zu hören. Dieser wichtige Punkt steht im Kern der Lehren des Lotus-Sutras.

Ein lohnendes Leben besteht nicht allein darin, daß man sein Leben in Ruhe und Frieden verbringt, sondern daß man etwas Gutes schafft. Wenn man durch seine Übung versucht, ein besserer Mensch zu werden, dann ist dieses Bestreben die Schöpfung des Guten. Wenn man etwas für das Wohl anderer Menschen tut, dann ist dies die Schöpfung einer noch höheren Norm des Guten. Die verschiedenen Künste sind die Schöpfung von Schönheit, und alle ehrbaren Berufe sind die Schöpfung verschiedener Arten von Energie, welche der Gesellschaft nützen.

Schöpfung bringt zwangsläufig Qual und Mühe mit sich. Jedoch findet man sein Leben lebenswert, wenn man sich angestrengt um etwas Gutes bemüht. Man strebt danach, ein etwas besserer Mensch zu werden und ein wenig mehr für das Wohl anderer Menschen zu tun — durch ein solches positives Bestreben sind wir fähig, tiefe Freude in unserem menschlichen Leben zu empfinden.

Wenn wir eine Woche lang in einer Welt leben würden, in der es keine Mühen und keine Schaffensfreude gibt, dann würden wir uns recht bald langweilen. Wäre eine solche Welt nicht langweilig für uns, dann wäre es ein Anzeichen dafür, daß wir von Natur aus faul sind. Solche Menschen sind in Täuschung versunken, und selbst wenn sie zu einer himmlischen Welt aufsteigen, so können sie doch jederzeit in die Welt der Dämonen (*shura*) oder in die Hölle (*jigoku*) abstürzen.

Wenngleich himmlische Wesen einen friedlichen Zustand in Körper und Geist erreicht haben, so erheben sie sich doch in die Welt der Buddhas (*bukkai*) der höchsten Sphäre der Lebewesen, solange es noch einen Menschen gibt, der leidet, wenn sie bestrebt sind, ihn von seinem Leiden zu erlösen und wenn sie sich positiv bemühen, den Buddhas bei der Errettung aller Lebewesen zu helfen. Denn sogar himmlische Wesen bemühen sich angestrengt für das Wohl anderer, um sie glücklich zu machen und um sie von ihren Leiden zu erlösen. Solch mitfühlende Handlungen und schöpferische Leben erfüllen sie mit tiefer Freude, und dies ist der Weg, der sie zur Erleuchtung der Buddhas führt.

Wie in der Tabelle von den zehn Welten der Lebewesen (*jikkai*) auf Seite 132 dargestellt ist, beginnt der Weg zum Eintritt in die Welt der Buddhas in der Welt der Menschen (*ningen-kai*). Im Hinblick auf diese Punkte sagt Nichiren: „Hundert Jahre Übung im Reinen Land entsprechen nicht dem Verdienst von einem Tag Übung im unreinen Land.“ Nur wenn himmlische Wesen ständig in die Welt der menschlichen Wesen herabsteigen und sich durch praktische Übung bemühen, alle Lebewesen von ihren Leiden zu befreien, können sie Buddhas werden. Aus diesem Grund stiegen all die himmlischen Brahma-Könige aus ihren friedlichen Himmeln herab, und sie begehrten so sehr, die Lehren des Buddha zu empfangen, daß sie ihre Paläste, das heißt ihr friedliches Leben aufgaben.

Dann versammelten sich die himmlischen Brahma-Könige aus allen Richtungen, und alle richteten die gleiche Bitte an den Buddha. Wie an dieser Stelle werden oft ähnliche Beschreibungen in den Sutras wiederholt. Aber wie bereits zuvor erwähnt wurde, ist beim Rezitieren der Sutren eine aufmerksame Wiederholung höchst wichtig.

DER SCHLUSSVERS DER GELÜBDE. Am Ende des vierzehnten Versabschnittes in diesem Kapitel erscheinen die folgenden Zeilen:

> „Möge diese verdienstvolle Tat
> sich auf alle Wesen erstrecken
> auf daß wir mit allen Lebewesen
> Gemeinsam den Buddha-Weg verwirklichen!“

Dies wird als „der Schlußvers der Gelübde“ bezeichnet, weil nicht nur die Ausübenden des Lotus-Sutras, sondern alle Anhänger des Buddhismus diesen Vers am Ende einer Sutra-Rezitation sprechen. Man sagt, daß der Geist des großen Gelübdes und die Ausübung des Buddhismus in diesen wenigen kurzen Zeilen zusammengefaßt werden können. Die Worte „diese verdienstvolle Tat“ bedeuten „diese verdienstvolle Tat, den Buddhas zu dienen“. Dies bedeutet nicht, daß die himmlischen Brahma-Könige einige

Verdienste als Ausgleich dafür begehren, daß sie ihre Paläste den Buddhas dargeboten haben. Es versteht sich von selbst, daß die Buddhas nicht nach dem Besitz materieller Dinge streben. Dem Buddha durch die Darbietung von Blumen und Geschenken zu dienen, ist ein Ausdruck unserer Verehrung und Dankbarkeit ihm gegenüber. Der wichtigste Punkt ist jedoch, dem Buddha durch unsere praktische Übung zu dienen, besonders durch Ausübung des Buddha-Weges nach Aufgabe unseres Ego oder „kleinen Selbstseins". Die Sutra-Rezitation, welche wir vor buddhistischen Altären ausüben, ist eine unserer Übungen, in der wir das kleine Selbst vergessen, es aufgeben und uns allein der Nachfolge des Buddha-Weges hingeben. Deshalb ist unsere Sutra-Rezitation auch ein guter Weg, dem Buddha zu dienen.

Wir sollten dem Buddha nicht nur dienen, um geistigen Frieden und ein angenehmes Leben zu erreichen. Vielmehr sollten wir aus tiefestem Herzen begehren, daß unsere Übungen im Dienste des Buddha sich auf alle Lebewesen erstrecken. Wir sollten auch danach streben, den Buddha-Weg mit allen Lebewesen zu verwirklichen. Weil der Schlußvers der Gelübde diese tiefe Bedeutung enthält, sollten wir uns nicht damit zufriedengeben, ihn einfach auswendig zu lernen, sondern ihn aufrichtig als unser großes Gelübde als Buddhisten rezitieren.

Als der Tathāgata Universale Erhabene Weisheit das dringende Begehren der himmlischen Brahma-Könige aus den zehn Regionen und das seiner sechzehn fürstlichen Söhne vernahm, lehrte er sie die Doktrin von den Vier Edlen Wahrheiten durch die drei Wege der Predigt.

Die drei Wege der Predigt sind „Darstellung" oder *ji-ten* (die Vier Edlen Wahrheiten zeigen); „Ermunterung" oder *kan-ten* (zur Ausübung der Vier Edlen Wahrheiten ermuntern) und „Beweisführung" oder *shō-ten* (bezeugen oder beweisen, daß der Buddha die Vier Edlen Wahrheiten verwirklicht hat). Weil der Tathāgata die Vier Edlen Wahrheiten auf diese dreifache Weise predigte, sagt das Sutra, „der Tathāgata Universale Erhabene Weisheit rollte dreimal das Gesetzesrad der zwölf Abteilungen". Dann erläuterte er genau das Gesetz der Zwölf Ursachen (*jūni-innen*), eine der fundamentalen Lehren des Buddha.

DAS GESETZ DER ZWÖLF URSACHEN: ÄUSSERE URSACHE. Dieses Gesetz, auch die Doktrin von der zwölfgliedrigen Kette der bedingten Entstehung genannt, lehrt, daß alle Phänomene in dieser Welt sich in ständigem Wechsel befinden, sie erscheinen und verschwinden, und daß alle Veränderungen auf einer festgelegten Regel begründet sind. Wenngleich alle Dinge sich verändern, so ist diese Regel doch unveränderlich. Sie wird als das Gesetz der Zwölf Ursachen bezeichnet, weil sie in zwölf Stufen unterteilt ist. Für uns ist es jedoch leichter, dieses Gesetz zu verstehen, wenn wir es auf den Menschen begrenzen, anstatt es gleichzeitig auf alle Phänomene anzuwenden.

Der Buddha predigte das Gesetz der Zwölf Ursachen in allen Einzelheiten zu Ānanda im *Dīrghagāma-Sūtra (Jō-agon-gyō).* Dieses Gesetz beschreibt die Entwicklung des menschlichen Körpers sowie die Veränderungen im Geist des Menschen. Der erste Aspekt wird als die „äußere Ursache" (*gai-engi*) bezeichnet und der letztere als die „innere Ursache" (*nai-engi*). Darin wird der Prozeß erläutert, durch welchen ein Mensch geboren wird, heranwächst, altert und stirbt, alles im Licht der drei zeitlichen Stufen der Existenz, nämlich der Gegenwart, der Vergangenheit und der Zukunft.

Im Zusammenhang damit wird gezeigt, wie der Geist des Menschen sich verändert sowie die grundsätzliche Methode der Reinigung und der Beseitigung von Täuschungen.

Die zwölf Glieder oder Stufen sind: (1) Unwissenheit (*mumyō*), (2) Handlungen (*gyō*), (3) Bewußtsein (*shiki*), (4) Name und Form (geistige Funktionen und Angelegenheiten; *myō-shiki*), (5) die sechs Eingänge (die fünf Sinnesorgane und der Verstand; *rokunyū*), (6) Berührung (*soku*), (7) Wahrnehmung (*ju*), (8) Begierde (*ai*), (9) Anklammern (*shu*), (10) Existenz (*u*), (11) Geburt (*shō*), (12) hohes Alter und Tod (*rō-shi*). Zuerst wollen wir die Entwicklung und die Veränderungen des menschlichen Körpers, d. h. die äußere Ursache, erläutern.

Das erste Glied der Zwölf Ursachen ist *Unwissenheit.* Vor unserer Empfängnis durch unsere Eltern ist uns nichts bewußt und nichts wird empfunden. Wenn der unwissende Geist im Schoß der Mutter durch die *Handlung* des Geschlechtsverkehrs empfangen ist, wird *Bewußtsein* erzeugt. Bewußtsein bedeutet „etwas Lebendes". Hier wird etwas wie ein menschliches Wesen — ein Fötus — geschaffen, wenngleich auch noch unvollständig. Während das unvollständige Bewußtsein allmählich Form annimmt, wächst es zu *Name und Form* (geistige Funktionen und Inhalte). „Name" bedeutet ein immaterielles Wesen, Geist oder Bewußtsein, und „Form" bezeichnet ein materielles Wesen, d. h. den menschlichen Körper. „Name und Form" stehen für den Körper und den Geist des Menschen.

Während Name und Form (Geist und Körper) heranwachsen, entwickeln sie die fünf Sinnesorgane (Augen, Ohren, Nase, Zunge, Körper) und den Verstand, durch welchen wir die Existenz von Dingen wahrnehmen. Zu diesem Zeitpunkt sind wir noch im Schoß der Mutter und unvollständig. Diese Stufe wird als die *sechs Eingänge* bezeichnet, weil die Funktionen unseres Geistes und Körpers im Begriff sind, sich in sechs verschiedene Sinne aufzuteilen.

In der Stufe der sechs Eingänge werden wir in diese Welt geboren. Wenn wir das Alter von zwei oder drei Jahren erreichen, sind die sechs Eingänge vollendet, und das Empfindungsvermögen ist entwickelt. Dies bedeutet, daß wir fähig sind, Formen, Farben, Töne, Gerüche, Geschmack, physische Empfindungen und so weiter zu unterscheiden. Diese Stufe wird als *Berührung* bezeichnet.

Wenn dieses Empfindungsvermögen noch weiter entwickelt ist, entwickeln sich ganz natürliche Gefühle für Neigungen und Abneigungen. Diese Stufe wird als *Wahrnehmung* bezeichnet. Diese Gefühle kommen im Alter von sechs oder sieben Jahren deutlich zum Ausdruck. Während diese Stufe sich entwickelt, entsteht *Begierde*. „Begierde" bezeichnet viele Dinge, aber hier beschränken wir ihre Bedeutung auf den menschlichen Körper und betrachten sie nur als die Neigung zum anderen Geschlecht. Während die Neigung zum anderen Geschlecht stärker wird, entsteht in uns die Begierde, den anderen zu besitzen. Dies ist *Anklammern*. Später treten wir in eine Partnerschaft ein; diese Stufe ist *Existenz*. Als natürliche Folge davon werden in den meisten Fällen nach einiger Zeit Kinder geboren. Dies ist *Geburt*. Wenn wir diese Stufe erreichen, werden wir in verschiedener Weise von Leiden in ihrem wahren Sinn befallen. Diese Stufe dauert unser Leben hindurch an, und schließlich erreichen wir *Alter und Tod*.

Klinische Studien von modernen Ärzten beweisen, daß der menschliche Körper während der neun Monate vom Augenblick der Empfängnis bis zur Geburt eines Babies, angefangen von einem amöbenartigen Zustand alle wesentlichen Entwicklungsstufen durchschreitet, welche stattfanden, bevor der Mensch sich zu seiner heutigen Form entwickelte. Mit anderen Worten bedeutet dies, daß auch der heutige hochentwickelte Mensch sich bei der Empfängnis im Schoß der Mutter in einem Zustand befindet wie die Amöbe vor zwei Milliarden Jahren. Wenn man diese Tatsache mit dem Gesetz der Zwölf Ursachen vergleicht, welches der Buddha lehrte, dann müssen wir zwangsläufig Bewunderung dafür empfinden, daß der Buddha genau das predigte, was die Studien von Wissenschaftlern des zwanzigsten Jahrhunderts uns sagen.

WIEDERGEBURT. Was geschieht mit uns nach dem Tode? Der Buddhismus lehrt, daß unsere karmische Energie nach dem Tode eine Zeitlang in dieser Welt im Zustand der Zwischenexistenz (*chū-u*) bleibt. Wenn diese Zeit vorüber ist, werden wir in Entsprechung mit dem Karma, welches wir in unserem früheren Leben angesammelt haben, in einer anderen angemessenen Welt wiedergeboren. Der Buddhismus unterteilt diese andere Welt in die folgenden zehn Sphären: Hölle (*jigoku*), hungrige Geister (*gaki*), Tiere (*chikushō*), Dämonen (*shura*), Menschen (*ningen*), Himmel (*tenjō*), *Śrāvakas (shōmon), Pratyekabuddhas (engaku),* Bodhisattvas (*bosatsu*) und Buddhas (*butsu*).

Wenn wir in einem unerleuchteten Zustand sterben, dann kehren wir zu dem früheren Zustand der Unwissenheit zurück. Wir werden in den sechs Welten (*rokudō*) der Täuschung und Leiden wiedergeboren und erreichen schließlich durch die oben erörterten zwölf Stufen hohes Alter und Tod. Und diesen Kurs wiederholen wir bis zum Ende der Zeit. Diese andauernde Wiederholung von Geburt und Tod wird als ewiger Kreislauf (*rinne, samsara*) bezeichnet. Wenn wir uns jedoch zum Höheren entwickeln durch Anhören der Lehren des Buddha und durch Ausübung des Bodhisattva-Weges, dann wird der Zustand der Unwissenheit beseitigt, und wir können in einer besseren Welt wiedergeboren werden. Der Ausdruck „die Ursachen abschneiden" bezieht sich auf diesen Zustand.

KARMA. An dieser Stelle wollen wir das Karma (*gō*) besprechen, um ein besseres Verständnis für das Gesetz der Zwölf Ursachen zu erlangen. Kurz ausgedrückt bedeutet Karma „Handlung". Es wird durch alle Handlungen, die wir tun, erzeugt. Jede Handlung ist zwangsläufig von einem Ergebnis begleitet. Alles, was wir im gegenwärtigen Augenblick sind, ist das Ergebnis des Karma, welches wir in der Vergangenheit geschaffen haben. Die Tatsache beispielsweise, daß Sie jetzt dieses Buch lesen, ist das Ergebnis der Ursachen und Umstände, die aufgrund der Ansammlung verschiedener vergangener Handlungen aufgetreten sind. Das Phänomen, daß die Ergebnisse von Handlungen einen Überrest hinterlassen, wird als „Vergeltung" (*hō*) bezeichnet.

Das Karma ist komplex und ernst. Unsere Handlungen, wie unbedeutend sie auch erscheinen mögen, hinterlassen physisch, geistig und auf die Umwelt bezogen Spuren. Die Spuren, welche in unserem Geist verbleiben, umfassen Gedächtnis, Wissen, Gewohnheit, Intelligenz und Charakter. Sie werden erzeugt durch die Ansammlung unserer Erfahrung und Handlungen über eine lange Zeitspanne hinweg. Die Spuren, welche unsere Handlungen in unserem Körper hinterlassen, sind beispielsweise zu erkennen, wenn übermäßiges Essen oder Trinken zu Krankheit führt. Sie zeigen sich auch, wenn ein richtiges Maß an Übung unseren Körper trainiert und unsere Konstitution kräftigt. Diese physischen Spuren sind so deutlich sichtbar, daß jeder sie erkennen kann.

Einige Spuren unserer Taten verbleiben auf der Oberfläche unseres Bewußtseins; dazu gehören Gedächtnis, Wissen, Gewohnheit, Intelligenz und Charakter. Ein anderer Teil dieser Spuren verbleibt tief verborgen in

Die zehn Welten

WELT DER BUDDHAS (Vervollkommnung des Charakters: die Welt derer, die Buddhas werden)

Die Sphäre des Nirvana als das andere Ufer.

Abschneiden der Ursachen

WELT DER BODHISATTVAS (Ausübung der Sechs Vollkommenheiten = Ochsenkarren)
WELT DER PRATYEKABUDDHAS (Erkennung des Gesetzes der Zwölf Ursachen = Hirschkarren)
WELT DER ŚRĀVAKAS (Studium der Vier Edlen Wahrheiten = Ziegenkarren)

Die Sphäre, wo sich diejenigen, die nach dem Lotus-Sutra leben, befinden.

WELT DES HIMMELS
(Freude)

WELT DER MENSCHEN
(normaler Zustand)

WELT DER DÄMONEN
(Disput)

Wiedergeburt in den sechs Welten

WELT DER
HUNGRIGEN GEISTER
(Habsucht)

WELT DER TIERE
(Unwissenheit)

WELT DER HÖLLE
(Ärger)

Die Sphäre, wo die unreligiösen Menschen fortwährend Geburt und Tod wiederholen.

unserem Unterbewußtsein. Darüber hinaus werden alle Einflüsse der Außenwelt, durch welche wir unbewußt beeinflußt worden sind, einschließlich der Erfahrungen von unserer Geburt (eigentlich: seit Beginn der Menschheit), in das Unterbewußtsein versenkt. Karma umfaßt all dies. Wenngleich es einfach als Taten definiert wurde, so bezeichnet Karma tatsächlich die Ansammlung all unserer Erfahrungen und Taten seit dem Entstehen der Menschheit, und es reicht sogar noch bis in die Zeit davor zurück. Dies wird als das „Karma einer früheren Existenz" (*shuku-gō*) bezeichnet. Die Wirkung dieses Karma wird als die „Kraft des Karma" (*gō-riki*) bezeichnet.

Diese Kraft läßt sich richtig erläutern, wenn man die Funktion des Unterbewußtseins versteht. Selbst Dinge, welche das Menschengeschlecht vor vielen hunderttausend Jahren erfahren hat, verbleiben tief in unserem Bewußtsein; dies gilt auch für die viel stärkeren Einflüsse der Taten und geistigen Haltungen unserer Vorfahren.

Das „Karma einer früheren Existenz", welches der Buddhismus lehrt, ist noch tiefgründiger, weil es das Karma einschließt, welches unser eigenes Leben hervorgebracht hat durch die Wiederholung von Geburt und Tod von der unendlichen Vergangenheit bis zur Gegenwart.

Was lehrt uns die Idee vom Karma? Es gibt Menschen, die denken: „Ich habe meine Eltern niemals darum gebeten, mich in diese Welt zu bringen", oder „Ich bin nicht verantwortlich für das, was ich bin, weil alles, einschließlich Gehirn, Natur und physische Konstitution, ist mir von der Natur meiner Eltern überliefert."

Solche Gedanken erscheinen halbwegs vernünftig; sie sind jedoch unvollkommen. In der Tat müssen sich die Eltern oder Vorfahren zur Hälfte für die Natur ihrer Nachkommen verantwortlich fühlen; die andere Hälfte dagegen ist der Verantwortung der Nachkommen selbst überlassen. Wenngleich nämlich eine Hälfte des gegenwärtigen Seins durch das Karma, erzeugt von den Eltern und Vorfahren, bedingt ist, so ist doch die andere Hälfte die Auswirkung des Karma, welches man selbst in seinen früheren Leben hervorgebracht hat. Darüberhinaus ist das Selbst, welches nach der Kindheit existiert, die Wirkung des Karma, welches man selbst in dieser Welt geschaffen hat. Somit ist die Verantwortlichkeit der Eltern sehr begrenzt.

Die Idee des Karma lehrt uns deutlich, daß man die Früchte erntet, die man gesät hat. Angenommen, wir sind gegenwärtig unglücklich. Wenn wir unser Unglück anderen zuschreiben, dann neigen wir dazu, unsere Geduld zu verlieren und Unzufriedenheit auszudrücken. Wenn wir aber unser gegenwärtiges Unglück als die Auswirkung unserer eigenen Taten in der

Vergangenheit betrachten, dann können wir es akzeptieren und die Verantwortung dafür übernehmen.

Eine solche Fügung läßt in unseren Herzen auch eine starke Hoffnung für die Zukunft aufkommen. „Je mehr gutes Karma ich ansammle, desto glücklicher werde ich, und einen desto besseren Lohn werde ich empfangen. Also will ich in Zukunft mehr gutes Karma ansammeln.“ Wir sollten diese Idee nicht nur auf die Probleme des menschlichen Lebens in dieser Welt begrenzen. Auch im Hinblick auf die Spuren unseres Lebens nach dem Tode können wir Hoffnung empfinden. Für diejenigen, die nicht die Lehren des Buddha kennen, ist nichts so schrecklich wie der Tod. Jeder fürchtet ihn. Wenn wir aber wirklich die Bedeutung des Karma-Ergebnisses erkennen, dann können wir auch im Angesicht des Todes unsere Fassung bewahren, weil wir Hoffnung für unser nächstes Leben haben können.

Wir denken nicht nur an uns selbst; vielmehr erkennen wir, daß das durch unsere Taten erzeugte Karma einen Einfluß auf unsere Nachkommen ausübt, und damit fühlen wir uns natürlich verantwortlich für unsere Taten. Wir erkennen auch, daß wir als Eltern eine gute Haltung in unserem täglichen Leben bewahren müssen, damit wir einen günstigen Einfluß auf unsere Kinder ausüben. Wir fühlen, daß wir unsere Kinder in der rechten Weise und mit Liebe aufziehen müssen.

Der Begriff „Karma-Ergebnis“ wurde oft als etwas Negatives interpretiert; dies beruht jedoch auf einer falschen Weise, diese Idee zu lehren. Wir sollten die Idee des Karma-Erlebnisses in einer positiven und vorausschauenden Weise betrachten.

DAS GESETZ DER ZWÖLF URSACHEN: INNERE URSÄCHLICHKEIT. Als nächstes wollen wir das Gesetz der Zwölf Ursachen im Hinblick auf Wachstum und Veränderungen im Geist des Menschen betrachten.

Unwissenheit, das erste Glied der inneren Ursächlichkeit dieses Gesetzes, beschreibt den Mangel an einer richtigen Anschauung über das Leben oder die Welt. Oder die Nichtbeachtung der richtigen Anschauung, selbst wenn man sie kennt. Weil man unwissend ist, tut man wiederholt Dinge, welche von der Wahrheit, (dem universalen Gesetz) abweichen. Dies sind Handlungen. In diesem Fall müssen „Handlungen“ nicht nur als die eigenen Handlungen interpretiert werden, sondern als die Gesamtheit all der Handlungen, die man seit der fernen Vergangenheit erfahren hat, wie in der Erörterung des Karma erläutert wurde.

Bewußtsein ist die grundsätzliche Kraft oder Funktion, mit welcher der Mensch Dinge unterscheidet. Alle Stufen dieser Kraft oder Funktion werden durch die Ansammlung der eigenen Erfahrungen und Taten in der Vergangenheit bestimmt, das heißt durch das Karma, welches man erzeugt hat.

Wie zuvor erwähnt wurde, bedeuten *Name und Form* geistige Funktionen bzw. Substanz. Das erste bezieht sich auf ein nicht materielles Sein, den Geist, das letztere auf ein materielles Sein, den menschlichen Körper.

Zusammen betrachtet bezeichnen wir „Name und Form" unsere Existenz. Durch das Bewußtsein erlangen wir eine gewisse Vorstellung von unserer Existenz. Ohne Bewußtsein können wir unsere Existenz nicht begreifen. Im Lotus-Sutra kommt dies durch die Worte „Bewußtsein veranlaßt Name und Form" zum Ausdruck.

Die *sechs Eingänge* stehen für die Funktion der sechs Sinnesorgane: Augen (Sehvermögen), Ohren (Gehör), Nase (Geruch), Zunge (Geschmack), Körper (Tastgefühl) und Verstand, durch welchen wir die Existenz der Dinge, empfunden durch diese fünf Organe, wahrnehmen.

Obwohl wir unsere Existenz (Name und Form) durch das Bewußtsein zur Kenntnis nehmen, ist diese Kenntnisnahme noch zu unklar, als daß sie wahres Wissen darstellen könnte. Aber dann entwickeln sich die fünf Funktionen von Sehvermögen, Gehör, Geruch, Geschmack und Tastgefühl, und gleichzeitig reift der Verstand, mit dem wir die Existenz der durch diese Funktionen empfundenen Dinge wahrnehmen. Zu diesem Zeitpunkt erlangen wir erstmals die Fähigkeit, Dinge deutlich zu unterscheiden. Diese Entwicklungsstufe wird als *Berührung* bezeichnet.

Für diese Stufe gibt es zwei hauptsächliche Auslegungen. Einige sind der Meinung, daß dies die Vorstufe für Gefühle von Neigung und Abneigung ist, und daß sie als Berührung kommt. Andere sagen, daß Berührung die Stufe bezeichnet, in der Bewußtsein, Name und Form sowie die sechs Eingänge eine Beziehung erreicht haben, welche die klar ausgebildete Entwicklung der Funktion unseres Verstandes vermittelt. Ohne solche wissenschaftliche Meinungen zu berücksichtigen, reicht es für uns, zu verstehen, daß Berührung die Stufe bezeichnet, in der unser Verstand deutlich Dinge unterscheiden kann. Mit einer solchen geistigen Entwicklung entstehen Gefühle von Schmerz, Vergnügen, Neigung und Abneigung. Dies ist *Wahrnehmung.*

Wenn solche Gefühle erscheinen, tritt spontan die *Begierde* nach Dingen auf. Die Begierde, von der hier die Rede ist, bedeutet Neigung oder Bindung, deren Bedeutung sich ein wenig von Liebe im allgemeinen Sinne des Wortes unterscheidet. Anders ausgedrückt ist dies ein geistiger Zustand mit besonderen Vorlieben, der sich an das klammert, was er gern hat. Wenn wir etwas begehren, dann versuchen wir es zu erhalten. Umgekehrt versuchen wir zu vermeiden, was wir als unangenehm oder unerwünscht betrachten. Dieser Zustand wird als *Anklammern* bezeichnet.

Das Gesetz der Zwölf Ursachen

1. UNWISSENHEIT ODER LEIDENSCHAFT (*mumyō*; Täuschung)	Vergangenheit	Geschlechtsverkehr der Eltern
2. HANDLUNGEN (*gyō*)		
3. BEWUSSTSEIN (*shiki*)		Augenblick der Empfängnis
4. NAME UND FORM (*myō-shiki*; geistige Funktionen und Substanz)		Wachstum nach der Empfängnis
5. SECHS EINGÄNGE (*rokunyū*; die fünf Sinnesorgane und der Verstand)		Wachstum dieser Sinne im Mutterleib
6. BERÜHRUNG (*soku*)		Entwicklungsstufe von zwei- oder dreijährigen Kindern
7. WAHRNEHMUNG (*ju*)	Gegenwart	Entwicklungsstufe von sechs- oder siebenjährigen Kindern
8. BEGIERDE (*ai*; Neigung für das andere Geschlecht)		Entwicklungsstufe von siebzehn- oder achtzehnjährigen Jugendlichen
9. ANKLAMMERN (*shu*; Begierde für das andere Geschlecht)		Geistige Stufe von Erwachsenen
10. EXISTENZ (*u*; Besitz des anderen Geschlechts)		Partnerschaft
11. GEBURT (*shō*)		Geburt eines Kindes
12. HOHES ALTER UND TOD (*rō-shi;* Auftreten von Leiden)	Zukunft	Kummer, Klagen, Leiden und Beschwerden

Anklammern führt zu verschiedenen Gefühlen, Ideen und Behauptungen. Dies ist *Existenz,* welche den urteilsfähigen Verstand bezeichnet. Aufgrund dieses urteilsfähigen Verstandes entstehen Gegensätze und Kämpfe unter den Menschen, und das menschliche Leben erscheint als ein Leidensweg. Ein solches menschliches Leben wird als *Geburt* bezeichnet. Wenn man ein solches Leben angefüllt mit Leiden führt, erreicht man ein *hohes Alter,* bevor man sich dessen recht bewußt ist, und schließlich steht man dem *Tod* gegenüber.

Das Leben des Menschen entwickelt sich in dieser Weise; die Grundursache für ein Leben voll von Leiden ist letztlich grundsätzlich Unwissenheit. Leiden entsteht, weil der Mensch nicht das Gesetz kennt, welches für alle Dinge gilt, und weil er keine richtige Anschauung von der Welt und vom Leben besitzt; und selbst wenn er eine rechte Einsicht besitzt, so beachtet er diese nicht. Nur wenn der Mensch sich von dieser Unwissenheit befreien kann und seinen Verstand auf das Gesetz richtet, werden seine Taten (Übung) richtig geleitet. Wenn sein Sinn auf die richtige Spur gebracht ist, verschwinden seine Leiden in dieser Welt, und schließlich erlangt er eine friedliche geistige Haltung. Diese Schlußfolgerung wird durch das Gesetz der Zwölf Ursachen erreicht.

Kurzum, das Gesetz der Zwölf Ursachen lehrt, daß der Mensch aufgrund seiner Unwissenheit in seinem früheren Leben als ein ganz gewöhnlicher Mensch geboren wird.

Das Gesetz lehrt auch, daß die wesentliche Form seines Lebens, wie sie beabsichtigt war, in seinem zukünftigen Leben zum Vorschein kommt, wenn er seine Unwissenheit in der gegenwärtigen Welt auslöscht. Hier sollten wir die Bedeutung von „zukünftigem Leben" nicht auf das Leben der Wiedergeburt nach dem Tode beschränken; vielmehr sollten wir es als das zukünftige Leben betrachten, welches noch vor uns liegt. Wenn wir die grundsätzliche Unwissenheit abstreifen und unseren Verstand auf das Gesetz richten, dann eröffnet sich vor uns ein helles und gelassenes zukünftiges Leben. Wenn wir dies unterlassen, wird unser Leben in entsprechendem Maße von Leiden begleitet sein, ganz gleich, wie reich wir auch sein mögen und wieviel Ehre wir auch gewinnen mögen; und unser Verstand wird sich weiter innerhalb der sechs Welten der Täuschung bewegen. Die sechs Welten bezeichnen in diesem Fall die geistigen Zustände, welche in Kapitel 2 des Sutra von den Unzähligen Bedeutungen beschrieben wurden.

Durch das Gesetz der Zwölf Ursachen haben wir die vertikale Entwicklung des Lebens betrachtet (unsere Ahnen, wir selbst, und unsere Nachkommen; oder wir selbst in einem früheren Leben, in der gegenwärtigen Welt und in der zukünftigen Welt). Tatsächlich bestehen der Geist und das menschliche Leben jedoch nicht nur aus derartigen vertikalen Beziehungen. Beide werden auch zu einem großen Teil durch horizontale Beziehungen beeinflußt, das heißt durch komplexe Verbindungen mit der gesamten Gesellschaft.

Die Idee von den zehn Welten, den sechs Welten der gewöhnlichen Menschen und den vier Welten der Heiligen (*Śrāvakas, Pratyekabuddhas,* Bodhisattvas und Buddhas), entwickelt sich somit zu der Lehre von den dreitausend Welten in einem augenblicklichen Existenzzustand (*ichinensanzen*).

DIE DREITAUSEND WELTEN IN EINEM AUGENBLICKLICHEN EXISTENZZUSTAND. Diese Doktrin bildet den Kern des *Makashikan (Mo-ho-chih-kuan),* einem Werk in zwanzig Abschnitten, in dem der große chinesische Lehrer T'ien-t'ai Chih-i die verschiedenen Lehren im Lotus-Sutra systematisch darstellte. Dies repräsentierte seine neue Interpretation des Lotus-Sutras. Nichiren betrachtete Chih-i's Doktrin von den Dreitausend Welten in einem augenblicklichen Existenzzustand als die Essenz der Lehren des Buddha.

Im zweiten Abschnitt seines Werkes *Kaimoku-shō* (Essay über den Augen-Öffner) pries Nichiren diese Doktrin mit folgenden Worten: „Wenn der Mensch nicht durch die Lehre von den Dreitausend Welten in einem augenblicklichen Existenzzustand die Buddhaschaft erlangt, dann bedeutet es wenig mehr als ein bloßer Name, wenn er das Nirvana erlangt und ein Buddha wird." Im ersten Abschnitt des gleichen Werkes pries er auch diese Doktrin wie folgt: „Eben diese Doktrin der Tendai-Schule von den Dreitausend Welten in einem augenblicklichen Existenzzustand scheint der Weg zu sein, den Menschen zur Buddhaschaft zu führen." Nichiren pries diese Doktrin insgesamt achtzehnmal in seinen Werken.

Was ist nun die Lehre von den Dreitausend Welten in einem augenblicklichen Existenzzustand? Wie bereits erwähnt wurde, bewegt sich unser Geist ununterbrochen in den sechs Welten der Hölle (Ärger), hungrigen Geister (Begehrlichkeit), Tiere (Unwissenheit), Dämonen (Streit), Menschen (Normalität) und Himmel (Freude). Deshalb gehen unsere Leiden ohne Ende weiter.

Jedoch kann auch ein gewöhnlicher Mensch mitunter zur Ebene der vier Welten der Heiligen aufsteigen. Er entwickelt den Wunsch, die richtige Lebensweise zu studieren (*Śrāvaka*), erkennt sie intuitiv aus seiner Erfahrung (*Pratyekabuddha*) und wünscht, zum Wohl der Menschen und Gesellschaft zu leben (Bodhisattva). Er wird jedoch nur selten, wenn überhaupt, solch eine geistige Haltung von absolutem Mitempfinden erreichen, daß er sich selbst völlig vergißt. Es wäre eine große Errungenschaft, wenn er eine solche geistige Haltung ständig beibehalten könnte. Aber schon bald kehrt sein Geist auf das Niveau gewöhnlicher Menschen zurück, und es verbleibt keine andauernde Verbesserung.

DIE ZEHN LEBENSWELTEN INNERHALB DER ZEHN LEBENSWELTEN. In einem jeden Verstand liegen die zehn Lebenswelten, die sechs der gewöhnlichen Menschen und die vier der Heiligen. Diese zehn Welten existieren auch im Geist der himmlischen Wesen. Die zehn Welten existieren im Geist einer jeden Person in jeder der zehn Lebenswelten. Dies ist *jikkai-gogu* oder „die zehn Lebenswelten innerhalb der zehn Lebenswelten."

Auch diejenigen in den Welten der Hölle und Dämonen besitzen die Buddhanatur, wenngleich sie nur sehr wenig entwickelt ist. Die Doktrin von den Dreitausend Welten in einem augenblicklichen Existenzzustand lehrt, daß sogar diejenigen, die sich in einem solchen geistigen Zustand befinden, die Möglichkeit besitzen, die Buddhaschaft zu erlangen, und daß die Chance der Erlösung überall zu finden ist. Mit anderen Worten lehrt diese Doktrin eindeutig, daß die Liebe des Buddha sich auf alle Lebewesen erstreckt. Wenn andererseits jemand denkt, er habe die rechte Erkenntnis erlangt und sei frei geworden von den Banden der Täuschung und Leiden, so wird ihn das Studium dieser Doktrin befähigen, über seine verbleibenden Reste der Täuschung nachzudenken, und in ihm wird der Wunsch erwachen, sich noch mehr seiner Übung zu widmen.

Jede der zehn Lebenswelten existiert im Geist eines jeden in jeder der zehn Welten. Zehn multipliziert mit zehn ergibt einhundert. Nach der Doktrin von den Zehn Lebensaspekten (jū-nyoze) erscheinen einhundert Sinne in den zehn Faktoren.

DIE ZEHN LEBENSASPEKTE. Diese Doktrin besteht aus zehn Wörtern, denen ein „solch" vorangestellt ist: „solch eine äußere Erscheinung" (*nyoze sō*), „solch eine Natur (*nyoze shō*), „solch eine Verkörperung" (*nyoze tai*), „solch eine Kraft" (*nyoze riki*), „solch eine Funktion" (*nyoze sa*), „solch eine primäre Ursache" (*nyoze in*), „solch eine sekundäre Ursache" (*nyoze en*), „solch eine Wirkung" (*nyoze ka*), „solch ein Entgelt" (*nyoze hō*) und „solch ein vollständiges fundamentales Ganzes" (*nyoze hommatsu kukyō-tō*). Diese Doktrin offenbart die tiefste Wirklichkeit der Existenz aller Dinge im Universum, was als das Prinzip der Wirklichkeit aller Existenz (*shohō jissō*) bezeichnet wird. Die moderne Wissenschaft hat physikalische Substanzen bis auf subatomare Teilchen analysiert. Aber das Prinzip von der Wirklichkeit aller Existenz ist weitaus tiefgründiger als eine solche Analyse, indem es sogar die geistige Welt erfaßt. Das als *nyo* gelesene chinesische Schriftzeichen steht für *shinnyo* und bedeutet „das, was konstant und unveränderlich ist". *Nyoze* bedeutet „solch" oder „folglich" und auch „ausnahmslos", „unbedingt" oder „ohne Irrtum".

Die Existenz aller Dinge hat ausnahmslos eine Erscheinungsform. Dies wird als „solch eine äußere Erscheinung" bezeichnet. Das, was eine Erscheinungsform hat, besitzt ausnahmslos eine Natur. Dies wird als „solch eine Natur" bezeichnet. Das, was eine Natur hat, besitzt ausnahmslos eine Verkörperung. Dies wird als „solch eine Verkörperung" bezeichnet. Das was eine Verkörperung hat, besitzt ausnahmslos Kraft (Energie). Dies wird als „solch eine Kraft" bezeichnet. Wenn es Kraft besitzt, dann erzeugt es ausnahmslos verschiedene nach außen gerichtete Funktionen. Dies wird als „solch eine Funktion" bezeichnet.

Unzählige verkörperte Substanzen existieren im Universum. Aus diesem Grund stehen ihre nach außen gerichteten Funktionen mit allen Dingen in Beziehung. Nichts im Universum führt eine isolierte Existenz ohne Beziehung zu anderen Dingen. Alle Dinge haben komplizierte Verbindungen miteinander. Sie sind voneinander abhängig, und durch ihre Wechselwirkung verursachen sie verschiedene Phänomene. Eine Ursache, welche solche Phänomene hervorbringt, wird als „solch eine primäre Ursache" bezeichnet.

Selbst wenn eine Ursache besteht, so führt sie ihre Wirkung nicht herbei, bis sie mit einer bestimmten Gelegenheit oder Gegebenheit in Berührung kommt. Beispielsweise gibt es immer Dampf in der Luft als die primäre Voraussetzung für Reif oder Tau. Wenn er jedoch keine sekundäre Ursache hat, die ihn mit dem Boden oder den Blättern einer Pflanze in Berührung bringt, dann wird der Dampf nicht zu Reif oder Tau. Solch eine Gelegenheit oder Gegebenheit wird als „solch eine sekundäre Ursache" bezeichnet. Wenn eine primäre Ursache mit einer sekundären Ursache zusammentrifft, wird ein Phänomen (Wirkung) erzeugt. Dies wird als „solch eine Wirkung" bezeichnet.

Eine Wirkung erzeugt nicht nur ein Phänomen, sondern hinterläßt auch ausnahmslos irgendeine Spur oder einen Überrest. Beispielsweise vermittelt die Wirkung von Reif- und Frostbildung ein angenehmes Gefühl für einen Menschen, der sich an den Mustern erfreut, welche auf den Fensterscheiben gebildet werden. Andererseits vermittelt die gleiche Wirkung ein unangenehmes Gefühl für einen Menschen, dessen Ernte durch den Frost verdorben wurde. Die Funktion einer Wirkung, die eine Spur oder einen Überrest hinterläßt, wird als „solch ein Entgelt" bezeichnet.

Es dürfte von Nutzen sein, primäre Ursache, sekundäre Ursache, Wirkung und Entgelt noch etwas genauer zu erläutern. Angenommen, ein Mann hat im Zug seinen Platz einer alten Frau angeboten. In seinem Geist besitzt er als primäre Ursache den Wunsch, gut zu anderen zu sein. Wenn solch eine primäre Ursache mit einer sekundären Ursache in Berührung kommt, d. h. in diesem Fall mit einer alten Frau, die nur mit Mühe im Zug stehen kann, dann wird die Wirkung erzeugt, daß er ihr seinen Platz anbietet. Nachher fühlt er sich erfrischt und denkt: „Ich habe etwas Gutes getan." Dies ist Entgelt. Dieser Entgelt kommt sowohl von innen heraus als auch von außen. Der erstere erreicht ihn zuerst, und dies ist der wichtigste Entgelt.

Die oben genannten neun Solchheiten erfolgen ständig in der Gesellschaft und im Universum als Ganzem. Sie stehen in einer komplexen Weise miteinander in Verbindung, so daß der Mensch in den meisten Fällen nicht unterscheiden kann, was eine Ursache und was eine Wirkung ist. Diese Solchheiten folgen jedoch stets unfehlbar dem Gesetz der universalen Wahrheit, und niemand, kein Ding und keine Funktion kann von diesem Gesetz abweichen. Alles verläuft nach dem Gesetz der Zehn Lebensaspekte (der Zehn Solchheiten), angefangen von der äußeren Erscheinung bis zum Entgelt, mit anderen Worten, vom Anfang bis zum Ende. Dies ist die Bedeutung von „solch ein vollständiges fundamentales Ganzes". Die Tatsache, daß alle Dinge, der Mensch eingeschlossen, und ihre Beziehungen miteinander durch dieses Gesetz geregelt werden, wird als die Wirklichkeit aller Existenz bezeichnet.

Die hundert Welten, welche zuvor erwähnt wurden, wirken in den zehn Weisen, welche im Gesetz der Zehn Lebensaspekte gezeigt sind. Zehn multipliziert mit einhundert ergibt eintausend; deshalb haben einhundert Sinne eintausend Funktionen.

DIE DREI BESTANDTEILE DER WELT. Wir haben bislang den Geist eines Einzelmenschen besprochen. Jedoch müssen wir einen Einzelnen immer in Beziehung mit der Gesellschaft betrachten, weil niemand isoliert davon existiert. Der Buddhismus lehrt, daß man die Gesellschaft in drei Weisen betrachten kann.

Die erste ist *go'on seken,* oder die Welt, wo ein einzelner Geist einen Einfluß auf andere ausübt, d. h. mit anderen Worten, die Umgebung im engeren Sinne. Die zweite ist *shujō seken,* oder die Welt, in der die Lebewesen als ein Bestandteil betrachtet werden. Allgemein gesprochen, ist dies eine Gesellschaft oder eine Nation. Die dritte ist *kokudo seken,* oder die Welt bestehend aus vielen Gesellschaften und Ländern. Dies bezeichnet gemeinhin die ganze Welt.

Wir bilden alle einen Teil dieser drei Arten von Welten, welche nebeneinander bestehen, ob wir nun wollen oder nicht. Die eintausend Funktio-

Die Zehn Lebensaspekte

VOLLSTÄNDIGES FUNDAMENTALES GANZES

ERSCHEINUNGSFORM (Phänomen)

NATUR (Charakter)

KRAFT (Fähigkeit)

FUNKTION (Tätigkeit)

PRIMÄRE URSACHE (direkte Ursache)

ENTGELT (Lohn oder Strafe)

VERKÖRPERUNG (Dasein)

SEKUNDÄRE URSACHE (Gelegenheit oder Gegebenheit)

WIRKUNG (Ergebnis)

nen unseres Geistes sind über diese drei Arten von Welten verstreut. Eintausend mulitpliziert mit drei ergibt dreitausend; somit sind alle Beziehungen in den drei Bestandteilen der Welt (*sanzen*) in einem einzigen augenblicklichen Gedanken (*ichinen*) eines Menschen in seinem täglichen Leben eingeschlossen. Daraus folgt der Begriff „Dreitausend Welten in einem augenblicklichen Existenzzustand" (*ichinen sanzen*).

Angenommen, der folgende Gedanke kommt in uns auf: „Ein Mann kommt auf mich zu. Was für ein unangenehmes Gesicht hat er!" Oder ein anderer Gedanke kommt plötzlich auf: „Wie schön sind doch die Blumen dort an der Hecke!" Wenn wir diese Gedanken analysieren, daß darin die vertikalen Einflüsse auf unseren Verstand von der fernen Vergangenheit bis zur Gegenwart sowie die horizontalen Einflüsse von Menschen, Gesellschaft und allen anderen Dingen in dieser Welt eingeschlossen sind.

Dieser Gedanke umfaßt auch die eigene Natur, welche einen zum Abfall in die Hölle oder zur Erlangung der Buddhaschaft führt. Die Abneigung gegen das Gesicht eines Menschen ist auch ein Teil der eigenen Natur, die zur Buddhaschaft neigt, ebenso wie die Würdigung der Schönheit zur Blume auch Teil der eigenen Natur ist, die zum Abfall in die Hölle neigt. Dies mag seltsam erscheinen, aber tatsächlich ist es ganz natürlich. Wenn nämlich die Abneigung gegen das Gesicht eines Menschen zu dem Verlangen führt, ihn ins Gesicht zu schlagen, dann wird man bald in den geistigen Zustand der Hölle verfallen. Wenn man jedoch denkt: „Ich empfinde in dieser Weise, weil meine Übung nicht ausreicht. Ich empfinde Abneigung, weil ich die Saat der Abneigung in meinem Geiste habe. Ich muß mehr üben, um diese Saat (Täuschung) zu entfernen", dann hat man den geistigen Zustand der Selbsterleuchtung (Pratyekabuddha) erreicht.

Wenn man außerdem die feste Entschlossenheit besitzt, „Da ein Mensch mit einem solchen Gesicht mit Sicherheit einige ernste persönliche Probleme haben muß, welche sein tägliches Leben beeinflussen, ist es meine Pflicht, die Lehren des Buddha so weit zu verbreiten, daß niemand mehr einen solchen Gesichtsausdruck trägt", dann hat man die geistige Stufe eines Bodhisattva erreicht und damit die Möglichkeit, ein Buddha zu werden.

Wenn jemand denkt, „Wie schön sind doch die Blumen an der Hecke," dann reflektiert die uneingeschränkte Bewunderung für ihre Schönheit die geistige Stufe eines Heiligen, der mit Himmel und Erde vereint ist. Wenn man jedoch denkt, „Ich will einen Strauß pflücken, um ihn zu Hause auf meinen Tisch zu stellen," dann beginnt man in die Welt der hungrigen Geister (Begierlichkeit) abzufallen. Wenn man ärgerlich wird und denkt, „Ich frage mich, wie reich jener Mensch ist, daß er eine solch schöne Hecke um sein Haus herum haben kann. Er muß ein sorgenfreies Leben führen, während ich mich hart abmühen muß. Ich wünsche ihm Unglück!", dann ist man völlig in den Bereich der Hölle abgefallen.

DIE THEORETISCHE DOKTRIN VON DEN DREITAUSEND WELTEN IN EINEM AUGENBLICKLICHEN EXISTENZZUSTAND. Es entsteht die Frage, wie wir die Doktrin von den Dreitausend Welten in einem augenblicklichen Existenzzustand betrachten sollten. Wenn wir diese Doktrin nur theoretisch begreifen, dann kann sie nicht die Kraft hervorbringen, welche andere sowie uns selbst zu erlösen vermag. Dies wird als die theoretische Doktrin von den Dreitausend Welten in einem augenblicklichen Existenzzustand (*ri no ichinen-sanzen*) bezeichnet. Anstatt andere zu erretten, sind wir unbewußt der philosophischen Theorie der Doktrin versklavt, und schließlich sind wir vielleicht derart besessen von dem Gedanken an die Myriaden Auswirkungen einer jeden unserer Handlungen, daß wir geistig gelähmt werden. Wir müssen diese Doktrin mit einer offenmütigen, optimistischen und positiven Einstellung annehmen.

Die Doktrin von den Dreitausend Welten in einem augenblicklichen Existenzzustand lehrt uns, daß wir die unbegrenzte Möglichkeit haben, uns sowohl aufwärts als auch abwärts zu bewegen. Wenn wir den festen Vorsatz fassen, die Lehren des Buddha auszuüben, dann können wir mit Sicherheit aufwärts schreiten. Zweitens erkennen wir durch diese Doktrin deutlich, daß im gesamten Universum kein Einzelwesen getrennt vom Ganzen existiert, und daß alle Dinge wie die Maschen eines Netzes miteinander verbunden sind. Individuelle Erlösung allein ist nicht wahre Erlösung.

DIE PRAKTISCHE DOKTRIN VON DEN DREITAUSEND WELTEN IN EINEM AUGENBLICKLICHEN EXISTENZZUSTAND. Wenn wir diese beiden Lehren nicht nur theoretisch, sondern auch tief in unseren Herzen verstehen, dann drängen wir danach, uns zu erheben und zu üben, um anderen zu helfen. Dies wird als die praktische Doktrin von den Dreitausend Welten in einem augenblicklichen Existenzzustand (*ji no ichinen-sanzen*) bezeichnet. Nur wenn wir die Doktrin von den Dreitausend Welten in einem augenblicklichen Existenzzustand auf diese Weise gründlich verstehen, wird sie zu einer lebenden Doktrin.

Nichiren rühmte die Doktrin von den Dreitausend Welten in einem augenblicklichen Existenzzustand in höchstem Maße. Er leitete seine Lehren von dieser Doktrin ab, aber schließlich gelangte er über ein theoretisches Verständnis hinaus und erkannte, daß für Buddhisten diese Doktrin zur Übung führen sollte. In der Tat, wenn wir die theoretische Doktrin gründlich verstehen, dann sollten wir uns der Tatsache erschließen, daß wir besorgt sein müssen, solange es auch nur einen einzigen leidenden Menschen in der Welt gibt. Anders als die Sorgen eines gewöhnlichen Menschen ist dies eine große Sorge, die Sorge des Buddha. Dies ist die Bedeutung des Satzes: „Wenn Lebewesen erkranken, leidet der Buddha Schmerzen." Dies ist auch der tiefere Sinn von Nichirens Worten: „Wenngleich Nichiren tatsächlich nicht weint, so strömen doch stets Tränen der Sorge um andere aus seinen Augen."

Wenn wir über etwas besorgt sein müssen, dann sollten wir die gleiche Sorge haben wie der Buddha und Nichiren. Solch eine Sorge verleiht uns Mut und hilft uns, ein lebenswertes Leben zu finden. Letztlich gibt es in dieser Welt keine wertvollere Arbeit als Menschen zu erlösen, die von Leiden befallen sind. Menschen zu erheben, ist die edelste Arbeit. Unser eigenes Bewußtsein, daß wir an dieser Arbeit Anteil genommen haben, klein wie wir auch sind, — dieses Bewußtsein allein sollte unser Leben erhellen.

Nun wollen wir zum Text des Kapitels 7 zurückkehren. Der Buddha setzte seine Predigt folgendermaßen fort: „Der Buddha Universale Erhabene Weisheit predigte das Gesetz von den Vier Edlen Wahrheiten und das Gesetz von den Zwölf Ursachen inmitten von Göttern, Menschen und allen in der großen Menge. Die zahllosen Menschen wurden nicht von den wechselnden Erscheinungen in ihrer Umgebung (zeitweise Gesetze) betroffen; ihre Sinne wurden befreit von Mängeln, und sie erregten sich über nichts, was zu irgendeiner Zeit oder an irgendeinem Ort um sie herum vor sich ging. In der gleichen Weise wiederholte Buddha Universale Erhabene Weisheit bei einer zweiten, einer dritten und einer vierten Predigt das Gesetz von den Vier Edlen Wahrheiten und das Gesetz von den Zwölf Ursachen, und unzählige Lebewesen erreichten den gleichen geistigen Zustand (*Hīnayāna*-Erleuchtung).

„Die sechzehn fürstlichen Söhne sahen, daß zahllose Menschen frei von Täuschungen geworden waren; sie verließen ihre Heimat und wurden *Śrāmaṇeras*[7] mit hochentwickelten natürlichen Kräften, weise und intelligent. Während sie nach und nach die Lehren empfingen, gelangten sie zu einem gründlichen Verständnis. Sie gelangten zu dem Schluß, daß jede Unterweisung in den Vier Edlen Wahrheiten und den Zwölf Ursachen ein Weg zur *Mahāyāna*-Lehre sei, und daß ihre Aufgabe darin bestehe, diese Lehren zu studieren und den Bodhisattva-Weg auszuüben, um die wahre Erleuchtung des Buddha zu erlangen. Sie baten den Buddha Universale Erhabene Weisheit, ihnen die Lehre von der vollkommenen Erleuchtung (der erhabenen Erleuchtung des Buddha) zu predigen. Dann begehrten die Untertanen des Königs, der das heilige Rad bewegt, auch ihre Heimat zu verlassen, und der König gab seine Einwilligung.

„Nachdem zwei Myriaden *Kalpas* vergangen waren, predigte der Buddha

Universale Erhabene Weisheit dann auf die dringende Bitte der *Śrāmaṇeras* in der Anwesenheit von vielen seiner Jünger, darunter Mönche, Nonnen und Laienanhänger, sein Großes-Fahrzeug-Sutra, genannt das Lotus-Sutra vom Wunderbaren Gesetz, das Gesetz, nach dem die Bodhisattvas unterwiesen werden, und über welches die Buddhas wachen und es im Sinn behalten."

Die Worte „das Gesetz, nach dem die Bodhisattvas unterwiesen werden" bedeutet „das Gesetz, welches den Bodhisattva-Weg lehrt", und die Worte „das Gesetz, über welches die Buddhas wachen und es im Sinn behalten", verweisen darauf, daß man dieses Gesetz nicht unbesonnen predigen kann, eben weil die Buddhas darüber wachen und es im Sinn behalten. Beide Ausdrücke gelten für die Lotusblume vom Wunderbaren Gesetz.

Buddha fuhr fort: „Nachdem er dieses Sutra gepredigt hatte, empfingen, bewahrten, übten und durchdrangen die sechzehn *Śrāmaṇeras* es, um vollkommene Erleuchtung zu erlangen, und sie predigten es zu anderen. Während dieses Sutra gepredigt wurde, gab es neben den sechzehn Bodhisattva-*Śrāmeraṇeras* auch unter der Schar von *Śrāvakas* solche, die es glaubten und erkannten, aber die meisten anderen Lebewesen hegten Zweifel und Bestürzung, indem sie überzeugt waren, daß es für sie nicht möglich sei, Buddhas zu werden.

„Der Buddha predigte dieses Sutra unablässig über einen Zeitraum von achttausend *Kalpas*. Nachdem er seine Predigt beendet hatte, betrat er einen stillen Raum und verharrte vierundachtzigtausend *Kalpas* lang in Meditation. Die sechzehn Bodhisattva-*Śrāmaṇeras,* die den Buddha in Meditation versenkt wußten, waren nun besorgt, was geschehen würde, wenn sie das Gesetz nicht stellvertretend für den Buddha predigen würden. Jeder von ihnen bestieg einen Gesetzesthron, und je nach Fähigkeit der Zuhörer predigte und erläuterte er umfassend das Sutra von der Lotusblume des Wunderbaren Gesetzes. Ein jeder von ihnen half den Menschen durch Beispiel und Lehre, beglückte sie und brachte sie zur Entwicklung der rechten geistigen Haltung, welche zur vollkommenen Erleuchtung führt."

An dieser Stelle erscheint eine kurze Erklärung der Worte „Ein jeder von ihnen half den Menschen durch Beispiel und Lehre, und beglückte sie" angebracht. Diese Worte kennzeichnen die Reihenfolge beim Predigen des Gesetzes. Zuerst muß man den Menschen die allgemeine Bedeutung der Lehre zeigen. Wenn man weiß, daß ein Verlangen entstanden ist, in die Lehre einzudringen, dann muß man ihre tiefründige Bedeutung lehren. Wenn man sieht, daß die Menschen die Lehre zu begreifen scheinen, muß man sie zur Übung anleiten, so daß sie in den Nutzen der Lehre gelangen.

Schließlich muß man den Menschen gegenüber so handeln, daß sie beglückt sind, sie Lehre zu bewahren.

Der Buddha fuhr fort: „Der Buddha Universale Erhabene Weisheit erhob sich aus seiner Meditation, nachdem vierundachtzigtausend *Kalpas* vergangen waren, schritt hinauf zum Gesetzesthron und ließ sich ruhig nieder.

„Er wandte sich an die ganze große Versammlung und sprach: ‚Nur selten gibt es solche Bodhisattva-*Śrāmaṇeras* wie diese sechzehn, hochentwickelt in ihren natürlichen Kräften und klar in ihrer Weisheit. Sie haben unzähligen Buddhas Huldigung erwiesen, unter diesen Buddhas ständig ein religiöses Verhalten geübt, die Buddha-Weisheit empfangen und bewahrt, sie den Lebewesen verkündet und diese zu ihr geleitet. Nähert euch ihnen unermüdlich und verehrt sie! Warum? Wenn ihr dies nämlich befolgt, dann werden alle Menschen, die sich in der geistigen Stufe von *Śrāvakas, Pratyekabuddhas* und Bodhisattvas befinden vollkommene Erleuchtung erlangen.'"

Der Buddha wandte sich dann an all die *Bhikshus* und sprach: „Diese sechzehn Bodhisattvas finden große Freude beim Predigen dieses Sutras von der Lotusblume vom Wunderbaren Gesetz. Zahllose Lebewesen, welche jeder dieser Bodhisattvas bekehrte, wiedergeboren Generation um Generation, folgten diesen Bodhisattvas, hörten das Gesetz von ihnen, und alle glaubten und begriffen es. Aus diesem Grund gelang es ihnen, vier Myriaden *Koṭis* von Buddhas, Weltgeehrten, zu begegnen, und bis zur gegenwärtigen Zeit fahren sie damit fort."

Weil dieses Kapitel nur die siebte Predigt des Buddha im Lotus-Sutra ist, und weil Shakyamuni Buddha das Sutra noch nicht zu Ende gepredigt hatte, betrachten einige Leute es als seltsam, daß er gesagt haben soll, der Buddha Universale Erhabene Weisheit und die sechzehn Bodhisattvas hätten das Lotus-Sutra in der Vergangenheit gepredigt. Diese irrtümliche Vorstellung rührt aus ihrem Denken, daß das Sutra von der Lotusblume vom Wunderbaren Gesetz lediglich der Titel dieses sptzifischen Sutras sei, ähnlich wie der Titel eines Buches.

Das Sutra von der Lotusblume vom Wunderbaren Gesetz drückt tatsächlich folgenden Gedanken aus: die höchste heilige Wahrheit, die im Geist gewöhnlicher Menschen, welche in dieser korrupten Welt leben, wohnt, jedoch von ihren Lastern nicht getrübt wird, ebenso wie die Lotusblume nicht von dem Schlamm, in dem sie wächst, verschmutzt wird. Diese heilige Wahrheit ist stets eine einzige; sie kann nicht in zwei oder drei geteilt werden. Deshalb ist es ganz natürlich, wenn Shakyamuni Buddha gesagt haben soll, daß der Buddha Universale Erhabene Weisheit und die sechzehn Bodhisattvas einst das Lotus-Sutra gepredigt hätten. Die Wahrheit hat offensichtlich seit der unendlichen Vergangenheit existiert, bevor Shakyamuni Buddha in dieser Welt erschien, und die Erleuchtung, welche von einer wahrhaft erleuchteten Person erkannt wird, kann nur als die eine Wahrheit bestehen. Aus diesem Grund ist es nicht verwunderlich, daß der Buddha sagte, daß einige hunderttausend Menschen in ihren früheren Leben die Wahrheit predigten. Aus solchen Worten des Buddha können wir deutlich seine Absicht entnehmen, die Menschen gründlich zum Verständnis der Tatsache zu bringen, daß die Wahrheit eine einzige ist.

Dann sagte der Buddha: „*Bhikshus!* Hört gut auf meine Worte. Ich sage euch jetzt etwas sehr Wichtiges: die sechzehn *Śrāmaṇeras* haben alle die vollkommene Erleuchtung erlangt, und in allen Ländern, in allen Richtungen predigen sie gegenwärtig das Gesetz." Dann nannte er den Namen eines jeden Buddha und sein Reich. Beim neunten erscheint der Name eines bekannten Buddha mit den Worten: „Einer der beiden Buddhas im westlichen Viertel heißt Amida..." Aber der Tathāgata Amida ist der Buddha im Reinen Land der westlichen Region, und seine Aufgabe ist es nicht, uns in dieser Welt zu unterweisen.

Der Buddha verkündete: „Der sechzehnte bin ich selbst, Shakyamuni Buddha, der die vollkommene Erleuchtung in der *Sahā*-Domäne erreicht hat." Hier enthüllt er erstmals seine eigene Geschichte und die Ursache seiner schließlichen Erleuchtung.

Die Verkündigung, daß Shakyamuni der Buddha ist, der in der *Sahā*-Domäne vollkommene Erleuchtung erreicht hat, verdient unsere besondere Aufmerksamkeit. Der Buddha allein ist der große Lehrer für die Menschen in dieser *Sahā*-Welt. Wir müssen uns immer wieder vor Augen halten, wie unersetzlich und wichtig der Mann Shakyamuni für uns ist als der historische Buddha.

Der Tathāgata Shakyamuni, der Ewige Ursprüngliche Buddha, als die erste Ursache dieses erscheinenden Buddha, ist der Buddha ohne Anfang und ohne Ende, der zu allen Zeiten überall im Universum auftritt. Diese beiden Buddhas sind ursprünglich der gleiche, aber ihre Bedeutung ist verschieden. Nur wenn wir dies begreifen, können wir die weiteren Worte Shakyamuni erfassen.

Der Buddha setzte seine Predigt fort: „*Bhikshus!* Als wir *Śrāmaṇeras* waren, lehrte und bekehrte ein jeder von uns unzählige Lebewesen, und diejenigen, welche das Gesetz von mir hörten, erlangten vollkommene Erleuchtung. Unter diesen Lebewesen gibt es einige, die noch auf der Stufe von *Śrāvakas* verharren. Ich unterweise sie unablässig in der vollkommenen Erleuchtung, so daß alle diese Menschen durch dieses Gesetz allmählich auf den Weg zur Buddhaschaft gelangen. Die Buddha-Weisheit mit ihrer tiefgründigen Bedeutung ist nämlich schwer zu begreifen, wenn sie plötzlich gelehrt wird. Deshalb schreiten die Menschen allmählich von den Lehren mit einer seichten Bedeutung zu denen mit tiefgründiger Bedeutung fort. Alle jene Lebewesen, unzählbar wie der Sand im Ganges, welche ich zu der Zeit bekehrt habe, seid ihr selbst, *Bhikshus,* und so werden es meine *Śrāvaka*-Jünger in zukünftigen Welten nach meinem Dahinscheiden sein."

Unsere Vorstellung vom Buddha wird verwirrt, wenn wir nicht den Unterschied begreifen zwischen Tathāgata Shakyamuni als dem historischen Buddha und dem Tathāgata Shakyamuni als dem Ursprünglichen Buddha. Eine genaue Erklärung über diesen Unterschied wird in Kapitel 16 „Offenbarung vom (ewigen) Leben des Tathāgata" geben.

Der Buddha fuhr fort: „Nach meinem Dahinscheiden wird es unter meinen Jüngern auch noch solche geben, welche dieses Sutra nicht hören oder den Weg, dem Bodhisattvas folgen, nicht kennen. Durch ihre eigenen Verdienste werden sie den Gedanken der Auslöschung empfangen und in das eingehen, was sie für Nirvana halten. Aber in anderen Domänen, zu denen ich vielleicht gehe, werde ich immer noch der Buddha sein, wenngleich unter verschiedenen Namen. Diese Menschen, wenngleich sie auch den Gedanken der Auslöschung empfangen und in das eingehen, was sie Nirvana nennen, werden in jenen Ländern nach der Buddha-Weisheit suchen und schließlich dieses Sutra hören. Nur mit dem Buddha-Fahrzeug werden sie das wahre Nirvana erreichen. Es gibt kein anderes Fahrzeug als die taktvollen Lehren des Tathāgata."

Dies ist eine sehr wichtige Lehre. Buddhaschaft, das heißt die Erlangung des idealen geistigen Zustandes als ein Mensch, kann nicht allein durch unsere Übung während unseres ganzen Lebens oder in unserem nächsten Leben erreicht werden. Einige werden fähig sein, Buddhas in dieser Welt zu werden, aber solche Menschen haben den Buddha-Weg während vieler früherer Leben geübt. Wie bereits wiederholt gesagt wurde, ist das Menschenleben ewig, und selbst wenn der Mensch die geistige Stufe eines Buddha nicht in dieser Welt erreichen kann, so wird er schließlich doch ein Buddha werden, wenn er in zukünftigen Welten fortwährend die Lehren des Buddha hört und sich dem Bodhisattva-Weg, andere zu erlösen, hingibt. Für einen Menschen, der in dieser Welt mit dem Buddha-Weg in Berührung gekommen ist, wird eine sekundäre Ursache für die Erlangung der Buddhaschaft erzeugt. Ein Mensch, der in dieser Welt in vollkommener Weise dem Bodhisattva-Weg folgen kann, hat früher bereits den geistigen Zustand eines *Srāvaka* oder *Pratyekabuddha* durchschritten. Für jemanden, der dem Lotus-Sutra begegnen konnte, wurde eine sekundäre Ursache für die zukünftige Erlangung der Buddhaschaft erzeugt. Aus diesem Grund sollte er dieses

Sutra bis zu seinem Tode und darüber hinaus unablässig empfangen und bewahren.

„*Bhikshus!* Der Tathāgata existiert in dieser Welt nicht auf unbestimmte Zeit. Wenn er alle seine Lehren gepredigt hat, wird er diese Welt verlassen und ins Nirvana eingehen. Wenn er selbst weiß, daß die Zeit des Nirvana gekommen ist, und wenn die Versammlung geläutert ist, fest im Glauben und Verständnis, durchdrungen von dem Gesetz der Leere und tiefgründig in der Meditation, dann wird er alle Bodhisattvas und *Srāvakas* versammeln, um ihnen dieses Sutra zu predigen.

„In der Welt gibt es kein zweites Fahrzeug, durch welches man Auslöschung erreichen könnte; es gibt nur das eine Buddha-Fahrzeug zur Erlangung von Auslöschung. Das Taktgefühl des Tathāgata reicht tief in die Natur aller Lebewesen, und er weiß, daß sie an trivialen Vergnügen hängen und von den fünf Begierden tief beeinflußt werden. Für ihr Wohl predigt er taktvoll das Nirvana, so daß sie ihre Täuschungen abstreifen und geistigen Frieden erlangen können. Diese Lehrweise ist für Menschen auf einer solchen Stufe am besten geeignet; und wenn sie diese Lehre hören, werden sie sie mit Vertrauen empfangen. Für euer besseres Verständnis, *Bhikshus;* will ich euch die folgende Parabel erzählen."

DIE PARABEL VON DER VISIONÄREN STADT. Dann erzählte der Buddha die Parabel von der visionären Stadt, die vierte der sieben Parabeln im Lotus-Sutra. Der Kerngehalt dieser Parabel ist wie folgt: Angenommen es gibt ein furchtbares Gebiet, fünfhundert *Yojanas* in der Ausdehnung, durch welches eine gefährliche und schwierige Straße führt, weit entfernt von den Behausungen der Menschen. Und angenommen eine große Reisegruppe möchte über diese Straße zum Ort von Juwelen gelangen. Sie haben einen weisen und scharfsinnigen Führer bei sich; er kennt die Gefahren der Straße gut und weiß, wo sie passierbar und wo sie versperrt ist.

Der Führer leitet die Gruppe, welche diese Wildnis durchkreuzen möchte. In der Gruppe gibt es langsame Wanderer und auch ungeduldige Leute. Unterwegs werden einige müde und sagen zum Führer: „Wir sind völlig erschöpft und fürchten uns. Wir können nicht weitergehen; die Straße vor uns ist zu lang; laßt uns umkehren".

Der Führer, bekannt für sein taktvolles Geschick, Menschen je nach den Umständen zu leiten, denkt: „Diese Leute sind zu bemitleiden. Wie können sie einen solch großen Schatz aufgeben, wenn er schon in Reichweite liegt, und wünschen umzukehren? Sie sollten ein wenig mehr Geduld haben." Solche Gedanken hegend, schafft er mitten auf der gefährlichen Straße eine geheimnisvolle Stadt, über dreihundert *Yojanas* im Ausmaß, und spricht zu der Reisegesellschaft: „Fürchtet euch nicht und kehrt nicht um. Hier in dieser großen Stadt könnt ihr euch ganz nach Belieben ausruhen. Wenn ihr diese Stadt betretet, werdet ihr bald ausgeruht sein; und wenn ihr wieder bei Kräften seid, könnt ihr den Weg zum Ort von Juwelen fortsetzen."

Daraufhin frohlockte die erschöpfte Gesellschaft, und sie betraten die Zauberstadt. Als der Führer fühlte, daß die Gesellschaft vollständig ausgeruht war, ließ er die Zauberstadt verschwinden und sprach zu den Leuten: „Kommt alle mit, der Ort von Juwelen ist in Reichweite. Ich habe diese Stadt nur geschaffen, daß ihr euch darin ausruhen könnt."

Auf diese Weise ermutigt der Führer die Gesellschaft, und schließlich erreichen sie den Ort von Juwelen.

Nachdem der Buddha den *Bhikshus* diese Parabel erzählt hatte und hinzufügte „So ist es mit dem Tathāgata", erläuterte er die Bedeutung der Parabel. Als ein großer Führer ist der Tathāgata vertraut mit all den Leiden, den Übeln, den Gefahren und dem langwierigen Prozeß der Sterblichkeit, wovon die Lebewesen befreit werden müssen. Wenn sie nur von dem einen Buddha-Fahrzeug hören, begehren sie nicht, den Buddha zu sehen oder sich ihm zu nähern. Sie werden entmutigt und denken: „Der Buddha-Weg ist lang und weit; nur nach langen Leiden und mühevoller Arbeit kann das Ziel erreicht werden." Der Buddha weiß, daß sie furchtsam und unwissend sind, und durch sein taktvolles Einfühlungsvermögen gewährt er ihnen auf dem Wege etwas Ruhe, indem er die zwei Stufen des Nirvana, nämlich die Erleuchtung des *Srāvakas* und die des *Pratyekabuddha,* predigt. Wenn die Menschen auf diese Weise geistigen Frieden erlangt haben, bringt der Buddha sie dazu, zur höchsten Erleuchtung, dem einen Buddha-Fahrzeug fortzuschreiten. Wenngleich es kein anderes Fahrzeug als das eine Buddha-Fahrzeug gibt, spricht er von den zwei Fahrzeugen, *Srāvaka* und *Pratyekabuddha,* um ihnen auf dem Weg etwas Ruhe zu verschaffen. Dies entspricht dem Führer, der, um seine Reisegesellschaft auszuruhen, mit Zauberkraft eine große Stadt schafft und der, nachdem die Leute ausgeruht sind, sagt: „Der Ort von Juwelen ist in Reichweite; diese Stadt ist nicht wirklich, sondern nur meine magische Schöpfung." Obwohl die zwei Fahrzeuge geheiligt sind als die Stufen (taktvolle Mittel), welche die Lebewesen zu dem einen Buddha-Fahrzeug führen, erkennen wir aus dieser Parabel, daß wir nicht auf der Stufe dieser beiden Fahrzeuge verbleiben dürfen.

Kapitel 7 endet mit Versen, in denen der Buddha diese Lehre wiederholt.

[1] Ein Äon; eine Zeitspanne von extrem langer Dauer.

[2] Ein *Koṭi* ist eine sehr große Zahl, unterschiedlich interpretiert als zehn Millionen, hundert Milionen usw.

[3] Ein *Nayuta* ist einhundert *Ayutas;* ein *Ayuta* ist einhundert *Koṭis.*

[4] Der Himmel der dreiunddreißig Götter. Dies ist der Himmel von Indra, der zweithöchste der sechs Himmel im Reich der Begierde, gelegen zwischen den vier Gipfeln des Berges Sumeru.

[5] Eine Streckeneinheit, die 64, 120 oder 160 Kilometern entspricht.

[6] Diese Könige schützen die Welten vor Dämonen; jeder bewacht ein Viertel des Kreises um den Berg Sumeru. Sie sind die Vertreter von Śakra (Indra). Zu ihnen gehören Dhṛtarāshtra Mahārāja, Verwalter des Ostens; Virūdhaka Mahārāja, Verwalter des Südens; Virūpāksha Mahārāja, Verwalter des Westens; und Vaiśravaṇa Mahārāja, Verwalter des Nordens.

[7] Ein männlicher Novize, der die zehn Gebote empfangen hat. Danach kann er ein *Śramaṇna,* ein Mönch oder Asket, werden.

Kapitel 8

Die fünfhundert Jünger empfangen die Prophezeiung ihres Schicksals

IN DIESEM KAPITEL WIRD GESAGT, daß Shakyamuni Buddha vielen seiner Jünger, darunter Pūrṇa, einer seiner zehn großen Jünger, die Prophezeiung machte, Erleuchtung zu erlangen. Der Buddha hatte klar erkannt, daß sie durch seine Predigten in den ersten sieben Kapiteln des Lotus-Sutras eine hohe geistige Entwicklungsstufe erreicht hatten. (Die Zahl „fünfhundert" ist nicht unbedingt wörtlich zu verstehen; vielmehr verweist sie auf eine sehr große Zahl von Jüngern.)

Pūrṇa war so redegewandt, daß er als „die Personifizierung der Beredsamkeit" bezeichnet wurde, und in späteren Zeiten entstand die Redewendung „redegewandt sprechen wie Pūrṇa". Jedoch brüstete er sich nie mit seiner Überlegenheit, sondern führte die gleiche Art von Leben wie gewöhnliche Menschen. Pūrṇa war eine große Persönlichkeit, und obwohl seine Natur sanft erschien, besaß er doch echten geistigen Mut. Seit alten Zeiten wird von Pūrṇa die folgende Geschichte überliefert:

Als Shakyamuni Buddha verschiedene Jünger gestattete, seine Lehren zu predigen, wünschte Pūrṇa in Śroṇāparanta, einem Gebiet, das er gut kannte, zu predigen, und er bat den Buddha um Erlaubnis. Der Buddha sagte: „Es wird sehr schwierig für dich sein, in Śroṇāparanta zu lehren, denn die Menschen dort sind sehr starrsinnig. Was würdest du tun, wenn sie nicht auf deine Predigt hören, ganz gleich wie sehr du dich bemühst?" Pūrṇa antwortete: „Selbst wenn sie nicht auf meine Predigt hören würden, wäre ich nicht enttäuscht. Ich würde mich glücklich schätzen, daß sie sich nicht lustig über mich machten." Dann fragte der Buddha: „Und wenn sie dich verspotten würden?" Pūrṇa erwiderte: „Selbst dann würde ich mich glücklich schätzen, nicht verleumdet zu werden." Auf die Frage, „Und wenn du verleumdet würdest", antwortete er: „Selbst dann würde ich mich glücklich schätzen, nicht geschlagen oder gesteinigt zu werden." Der Buddha fragte weiter: „Und wenn du geschlagen oder gesteinigt würdest?" Darauf entgegnete er: „Ich würde mich immer noch glücklich schätzen, nicht durch ein Schwert verwundet zu werden." Der Buddha sprach weiter: „Und was würdest du tun, wenn du mit einem Schwert verwundet würdest?" Darauf entgegnete Pūrṇa: „Selbst dann würde ich mich glücklich schätzen, am Leben zu bleiben." Schließlich fragte der Buddha: „Und was würdest du tun, wenn sie dich tödlich verwunden würden?" Darauf erwiderte er: „Ich würde mich glücklich schätzen, mein Leben für die Verbreitung deiner Lehre aufzuopfern." Daraufhin gestattete der Buddha Pūrṇa nach Śroṇāparanta zu gehen und sagte: „Wenn du eine solch feste Entschlossenheit besitzt, dann kannst du dorthin gehen." Aus dieser Geschichte können wir gut verstehen, daß Pūrṇa kein gewöhnlicher Prediger war.

Pūrṇa hatte die vielen Predigten des Buddha gehört und miterlebt, wie den großen Jüngern die Erlangung der vollkommenen Erleuchtung prophezeit wurde; er hatte die Geschichte von ihren früheren Leben vernommen und die unübertrefflichen, transzendenten Kräfte der Buddhas erkannt. Nun empfing Pūrṇa eine solch beispiellose Lehre, daß sein Herz geläutert und verzückt war.

Er erhob sich sofort von seinem Platz, trat vor den Buddha, warf sich dem Buddha zu Füßen und setzte sich ihm zur Seite. Er blickte Shakyamuni ins Gesicht, ohne seine Augen auch nur einen Moment abzuwenden und sprach: „Wunderbar ist der Weltgeehrte. Ungewöhnlich sind seine Taten je nach den vielen Arten der irdischen Veranlagungen. Mit taktvoller Weisheit predigt er das Gesetz und erhebt alle Wesen aus jeglichen Umständen, damit sie sich von selbstsüchtiger Anklammerung befreien. Unsere Worte reichen nicht aus, die Verdienste des Buddha zu beschreiben. Nur der Buddha, der Weltgeehrte, vermag die Neigungen tief in unseren Herzen zu verstehen."

Daraufhin wandte sich der Buddha an die *Bhikshus* und sagte: „Seht ihr diesen Pūrṇa, Sohn von Maitrāyaṇī? Ich habe ihn stets als den allerersten unter allen Predigern des Gesetzes hervorgehoben und fortwährend seine mannigfachen Verdienste gepriesen. Er hat mit großem Eifer mein Gesetz bewahrt und verkündet. Unter den vielen Menschen konnte er das Gesetz durch die richtige Art zu predigen darstellen. Er hat das gerechte Gesetz des Buddha in vollkommener Weise ausgelegt; er hat denen, die mit ihm dem Brahma-Verhalten folgen, großen Nutzen gebracht. Außer dem Tathāgata vermag niemand der Klarheit seiner Darstellungsweise gleichzukommen.

„Denkt nicht, daß Pūrṇa nur mein Gesetz bewahren und verkünden kann. Er bewahrte und verkündete auch das gerechte Gesetz der Buddhas unter neunzig *Koṭis* von Buddhas in der Vergangenheit. Unter jenen Predigern des Gesetzes war er auch der erste. Und im Hinblick auf das Gesetz der Leere[1], welches die Buddhas predigen, war er scharfsinnig und tiefgründig. Er kannte die Fähigkeit der Menschen, die Lehren des Buddha zu verstehen; er war stets fähig, das Gesetz freizügig und gründlich je nach dem Auffassungsvermögen seiner Zuhörer zu predigen. Beim Predigen des Gesetzes bewies er eine selbstlose Gesinnung; er verlangte keinen Lohn, noch stellte er seine Größe zur Schau, und er hat ernsthaft eine reine Geisteshaltung ohne Zweifel und Verworrenheit bewahrt. Vollkommen in transzendenten

Bodhisattva-Kräften hat er alle seine Leben hindurch stets seine Brahma-Verhaltensweisen beibehalten.

„Alle Menschen um Pūrṇa herum sprachen von ihm als ‚dem wahren *Śrāvaka*-Jünger', denn obwohl er das Gesetz in einem solchen Maße erkannte, zeigte er nie das geringste Anzeichen davon. Sie sprachen vertraulich mit ihm und hörten ihm bereitwillig zu. Somit hat Pūrṇa durch solches Taktgefühl unzähligen Lebewesen geholfen und unzählige Menschen auf den Weg zur vollkommenen Erleuchtung gebracht. Um sein Buddha-Land zu läutern, hat er fortwährend die Aufgaben eines Buddha erfüllt und die Lebenden unterwiesen."

DAS PRINZIP VON EINEM HALBEN SCHRITT. Wenn wir die Lehre verbreiten oder andere leiten, können wir etwas sehr Wichtiges von Pūrṇas Haltung lernen, welche er innerlich und äußerlich beibehielt. Wäre jemand eine Persönlichkeit, ausgestattet mit großer Tugend und viel Einfluß, so wie Shakyamuni Buddha, und würde er sich selbst auch nie wichtig machen, so würde sich doch jeder auf die Knie werfen und seinen Verstand voll auf die Predigt dieser Person konzentrieren. Wenn jemand aber nicht soviel Tugend und Einflußkraft besitzt, dann hören die Menschen nicht immer aufrichtig zu, wenn er das Gesetz predigt. Wenn er sich als ein großer Mann herausstellt, dann empfinden einige vielleicht Abneigung, während andere meinen, daß er zu weit entrückt ist. Pūrṇas Haltung ist ein gutes Beispiel für uns.

Es versteht sich von selbst, daß wir nicht auf andere Menschen herabblicken dürfen und auch nicht denken sollen: „Sie sind nicht erleuchtet." Es ist aber auch gefährlich für uns, wenn wir uns in dem Gefühl sonnen, anderen um einen Schritt voraus zu sein. Wir müssen uns stets bemühen, mit anderen Menschen Schritt zu halten.

Jedoch können wir andere nicht leiten, wenn wir vollständig mit ihnen Schritt halten, das heißt, wenn wir uns in genau der gleichen Weise verhalten wie diejenigen, welche nichts von dem Buddha-Weg wissen. Wir sollten deshalb nicht einen ganzen Schritt, sondern nur einen halben Schritt weiter gehen als andere. Wenn wir dies tun, dann werden diejenigen um uns herum immer noch fühlen, daß wir einer von ihnen sind, und sie werden bestrebt sein, mit uns Schritt zu halten. Während sie uns begleiten, werden sie von uns beeinflußt und in der rechten Weise geleitet, ohne dies selbst zu erkennen.

Wenn wir andererseits die Lehre mit einer überlegenen Haltung predigen, wenn wir sie selbst noch nicht erkannt haben, oder wenn wir den Zuhörern mit bösen Folgen drohen, wenn sie die Lehre nicht annehmen, dann können wir sie nicht mit echtem Erfolg unterweisen.

Dieses Prinzip von einem halben Schritt ist sehr wichtig, wenn wir das Gesetz predigen. Das gleiche gilt für den Inhalt des gepredigten Gesetzes. Selbst Shakyamuni Buddha führte die Lebewesen allmählich von einer einfachen Lehre zu einer fortgeschritteneren, weil er wußte, daß eine plötzliche Predigt der höchsten Lehre die Zuhörer nur in Verwirrung bringen würde. Wir besitzen nicht die große Überzeugungskraft des Buddha, und wie gering würde deshalb unsere Wirkung sein, wenn wir versuchen würden, die tiefgründigste Lehre gleich von Anfang an zu predigen.

In einigen Fällen kann eine taktvolle Weise, jemanden auf den Buddha-Weg zu bringen und ihm von Anfang an geistigen Frieden zu verschaffen, darin bestehen wenn wir predigen, daß die Lehre unmittelbare Vorteile bringt, daß beispielsweise die meisten Krankheiten geheilt werden, oder daß sich das alltägliche Leben verbessert. Im Fall von Intellektuellen ist es oft wirksam, mit der Predigt des Gesetzes des Buddha zu beginnen und Beispiele dafür anzuführen, daß dies die Lehre des Humanismus ist. Und einen Marxisten bringt man vielleicht am besten zum Buddhismus ausgehend von der Theorie der dreitausend Welten in einem augenblicklichen Existenzzustand.

In jedem Fall dürfen wir niemals auf andere Menschen als unerleuchtet herabblicken, während wir uns für erleuchtet halten. Basierend auf die fundamentale Wahrheit, daß ein jeder in gleicher Weise die Buddha-Natur besitzt, müssen wir viele Menschen zu den Lehren des Buddha führen. Dabei müssen wir eine mitempfindende Haltung zeigen und aufrichtig bestrebt sein, die Buddha-Natur von anderen so weit wie möglich zu enthüllen. In dieser Hinsicht ist Pūrṇa in der Tat ein Modell für Laienanhänger des Lotus-Sutras.

Schließlich gab der Weltgeehrte Pūrṇa die Prophezeiung für die Erlangung der Buddhaschaft: „*Bhikshus!* Pūrṇa war der erste unter den Predigern des Gesetzes unter den früheren Buddhas[2], und jetzt ist er wieder der erste unter den Predigern des Gesetzes. Unter den Predigern des Gesetzes unter zukünftigen Buddhas[3] wird er auch der erste sein, und er wird das Buddha-Gesetz bewahren und verkünden. In der Zukunft wird er wieder so handeln wie in seinen vergangenen Leben. Allmählich wird er den Bodhisattva-Kurs erfüllen, und nach unzähligen *Asaṃkhyeya Kalpas* wird er die vollkommene Erleuchtung erlangen, und sein Titel wird sein Strahlender Glanz des Gesetzes Tathāgata. Dieser Buddha wird ein Buddha-Land von Welten haben so zahlreich wie der Sand am Ganges; es wird ein ideales Land sein, voll von Schönheit und Frieden. Die Paläste der Götter werden ganz in der

Nähe im Himmel gelegen sein; dort werden Menschen und Götter einander begegnen."

Daß Menschen und Götter einander begegnen und sich anschauen, verweist auf einen Zustand, in dem ein hohes Maß an Kommunikation zwischen den Sphären des Himmels und denen der Menschen besteht. Es zeit auch, daß die Welt der Menschen sich dem reinen Land genähert hat.

Der Buddha fuhr fort: „Dort wird es kein Übel geben; denn alle Lebewesen werden verwandelt geboren werden und keine fleischlichen Gelüste haben. Sie werden geistige Freiheit besitzen; ihr Wille und ihr Gedächtnis werden stark sein; sie werden eifrig und weise sein, alle prächtig geschmückt mit den zweiunddreißig Zeichen. Alle Wesen in diesem Reich werden stets zwei Arten von Nahrung haben — eine ist die Nahrung der Freude am Gesetz und die andere die Nahrung der Beglückung in der Meditation."

Daraus können wir entnehmen, daß eine Person, wenngleich sie einen menschlichen Körper besitzt, doch so empfindet, als wenn sie keinen Körper besäße. Das reine Land ist mit Sicherheit solch ein Ort. Wie aber in dem Satz „eine ist die Nahrung der Freude am Gesetz und die andere die Nahrung der Beglückung in der Meditation" zum Ausdruck kommt, kann sogar im reinen Land niemand ein sinnvolles Leben führen, wenn er nicht das Gesetz hört und ausübt.

Der Buddha setzte seine Beschreibung fort: „In jenem Reich gibt es eine unzählige Schar von Bodhisattvas, die eine ausgezeichnete Fähigkeit besitzen, alle Arten von Wesen zu unterweisen. Das Reich jenes Buddha wird mit unermeßlichen Vorzügen ausgestattet sein. Der Titel jenes Buddha wird Strahlender Glanz des Gesetzes Tathāgata lauten; seine Epoche wird Strahlendes Juwel genannt und seine Domäne Ausgezeichnete Reinheit. Die Lebenszeit jenes Buddha wird unendlich lang sein, und das Gesetz wird lange bestehen bleiben. Nach dem Dahingehen jenes Buddha werden zur Verehrung seiner Tugend überall in jener Domäne Stupas errichtet werden." Dann verkündete der Weltgeehrte seine Lehre erneut in Versen. Damit endete seine Prophezeiung an Pūrṇa.

Die zwölfhundert *Arhats,* welche sich von allen Verunreinigungen befreit hatten und mit Selbstvertrauen erfüllt waren, hörten die Prophezeiung des Buddha über Pūrṇa vollkommene Erleuchtung. Dies bereitete ihnen große Freude, und sie dachten bei sich: „Wenn der Weltgeehrte auch einem jeden von uns sein zukünftiges Schicksal prophezeien würde, wie er es für die anderen großen Jünger getan hat, dann wären wir sehr glücklich." Der Buddha wußte, welche Gedanken sie hegten, und er wandte sich an Mahā-Kāśyapa mit den Worten: „Was diese zwölfhundert *Arhats* betrifft, so will ich jetzt in ihrer Gegenwart für sie die vollkommene Erleuchtung prophezeien." Dann machte der Buddha die Prophezeiung des Schicksals der großen Jünger, indem er sagte, daß sie alle nach Verehrung vieler Buddhas selbst Buddhas mit dem gleichen Beinamen Universales Licht Tathāgata werden würden. Im Anschluß daran wollte der Weltgeehrte seine Lehre erneut verkünden und wiederholte sie in Versen.

Der letzte Teil der Verse enthält eine sehr wichtige Bedeutung:

„Kāśyapa! Jetzt weißt du
über diese fünfhundert mit Selbstvertrauen.
Die andere Gruppe von *Śrāvakas*
wird auch wie sie sein.
Für jene, die nicht in dieser Versammlung sind,
verkünde du meine Worte."

Dies bedeutet mit anderen Worten: „Diese fünfhundert *Arhats* mit Selbstvertrauen werden in Zukunft Buddhas werden, und das gilt auch für viele andere Śrāvakas. Kāśyapa! Verkünde du, was ich jetzt gesagt habe, für jene, die nicht in dieser Versammlung sind, und leite sie auf den Weg zur Erlangung der Buddhaschaft." "Jene, die nicht in dieser Versammlung sind", bezeichnet die fünftausend arroganten Mönche, welche die Versammlung verließen und sagten, daß es für sie nicht notwendig sein, das Lotus-Sutra anzuhören, da sie bereits Erleuchtung erlangt hätten. Wie bereits erwähnt wurde, schwieg der Weltgeehrte aufgrund seiner großen Weisheit und seines Mitempfindens, und er hielt sie absichtlich nicht zurück. Hier macht er die Prophezeiung, daß auch sie in Entsprechung mit ihrer Übung Buddhas werden.

Wir sollten dies nicht lediglich als eine Geschichte aus der fernen Vergangenheit betrachten. Das große Mitempfinden des Buddha verweist darauf, daß jene Gruppe von *Śrāvakas,* wenngleich sie auch die Versammlung verließen, dennoch Buddhas mit dem Namen Universales Licht Tathāgata werden würden, genau wie diejenigen, welche die Verkündung des Buddha durch Kāśyapa hörten und sich weiter bemühten, dem Weg zur Buddhaschaft durch Übung zu folgen. Dies ist die Versicherung des Buddha, daß auch wir sicherlich die Stufe des Universalen Licht Tathāgata erreichen, wenn wir den Pfad seiner Lehren durch das Lotus-Sutra betreten und die Übungen des Bodhisatva-Weges befolgen. Dies ist die Bedeutung, daß so vielen Menschen die Erlangung der Buddhaschaft mit dem gleichen Beinamen Universales Licht Tathāgata verheißen wurde. Der Beiname „Universales Licht Tathāgata" bezeichnet eine Person, die Licht von ihrem Körper ausstrahlt und damit die ganze Gesellschaft erhellt. Wir sehen um uns herum oft Menschen wie Universales Licht Tathāgata oder seine Anhänger. Wir fühlen uns irgendwie froher, wenn wir sie nur sehen oder mit ihnen sprechen. Solche Tathāgatas sind notwendig in unserem Leben in der *Sahā*-Welt. Wir sollten wenigstens Anhänger des Tathāgata Universales Licht werden, der unsere Umgebung erhellen kann.

Als die fünfhundert vor dem Buddha anwesenden *Arhats* diese Prophezeiung empfangen hatten, erhoben sie sich voller Freude von ihren Plätzen, traten vor den Buddha, huldigten ihm, bereuten ihre Fehler und tadelten sich selbst mit den Worten: „Weltgeehrter! Wir haben fortwährend gedacht, daß wir bereits das endgültige Nirvana erreicht hätten, indem wir nur die Täuschungen von unserem Geist abstreiften. Jetzt erkennen wir zum ersten Male, daß dies ein großer Fehler war; jetzt wissen wir, daß wir uns wie törichte unerleuchtete Menschen verhalten haben. Warum ist das so? Wir hätten nämlich unsere eigene Buddha-Natur erkennen und die Tathāgata-Weisheit entsprechend unserer Übung erlangen sollen, aber statt dessen gaben wir uns mit dem untergeordneten Status zufrieden, lediglich unsere Täuschungen abzulegen."

Um diese Aussage zu bekräftigen, erzählten sie dann die folgende Parabel. Dies ist die Parabel von dem Edelstein im Gewand, die fünfte der sieben Parabeln im Lotus-Sutra.

DIE PARABEL VON DEM EDELSTEIN IM GEWAND. Ein Mann ging zum Haus eines engen Freundes, wurde betrunken und schlief ein. Inzwischen mußte sein Freund plötzlich geschäftlich fortgehen. Er wollte den Mann nicht wecken und steckte als Geschenk ein wertvolles Juwel in seine Kleidung, dann ging er fort. Der andere Mann, der betrunken schlief, wußte nichts davon. Am nächsten Morgen reiste er weiter und erreichte schließlich ein anderes Land. Dort arbeitete er hart für seinen Lebensunterhalt; er nahm große Mühen auf sich und gab sich mit nur wenig zufrieden.

Später traf sein Freund ihn wieder und sagte: „Warum mühst du dich so ab für Nahrung und Kleidung? Ich wollte, daß es dir gut geht und daß du alle deine fünf Sinne befriedigen kannst; deshalb steckte ich in jenem Jahr und Monat an jenem Tag ein wertvolles Juwel in deine Kleidung. Es ist immer noch da, und du in deiner Unwissenheit plagst dich ab und sorgst dich, um am Leben zu bleiben. Wie dumm bist du doch! Geh nun und tausche dieses Juwel gegen das ein, was du brauchst und tue, was du begehrst, frei von aller Armut und Not!"

Nachdem sie diese Parabel erzählt hatten, sprachen Ājñāta-Kauṇḍinya und die anderen dem Buddha von Herzen ihre Dankbarkeit aus: „Der Buddha ist wie dieser Freund. Als er ein Bodhisattva war, lehrte er uns zu denken, daß jeder durch Übung Erleuchtung erlangen kann, weil er die

Buddha-Natur (das Juwel) besitzt. Jedoch vergaßen wir bald, weder kannten wir die Erleuchtung, noch begriffen wir sie. Indem wir nur unsere Täuschungen ablegten, glaubten wir das Nirvana erreicht zu haben. Aber tief in unserem Sinn blieb das Verlangen nach der wahren Erleuchtung des Buddha bestehen. Irgendwie fühlten wir, daß etwas fehlte. Jetzt regt der Weltgeehrte unsere Sinne an. Jetzt wissen wir, daß wir wirklich Bodhisattvas sind, die den Menschen in der Gesellschaft dienen und die Möglichkeit haben, schließlich Buddhas zu werden. Deshalb sind wir über unseren beispiellosen Gewinn zutiefst beglückt." Dann wiederholten sie dies in Versen.

[1] Die gleicht dem westlichen Konzept von einer rein geistigen Sphäre.

[2] Die sogenannten sieben Buddhas: Vipaśyin, Śikhin, Viśvabhū, Krakucchanda, Kanakamuni, Kāśyapa und Shakyamuni. Die ersten drei sind die letzten drei von tausend Buddhas, die während des früheren Kalpa, das Glorreiche genannt, erschienen; die letzten vier sind die ersten vier von tausend Buddhas, die während des gegenwärtigen Kalpa der Weisen erscheinen.

[3] Die 996 zugünftigen Buddhas des gegenwärtigen Kalpa.

Kapitel 9

Prophezeiung des Schicksals der Arhats, Übung und Vollendung

DIESES KAPITEL BERICHTET, wie der Buddha seinen beiden großen Jüngern Ānanda und Rāhula sowie anderen Jüngern die Erlangung der vollkommenen Erleuchtung prophezeit. Ānanda, ein Vetter des Buddha, war ein jüngerer Bruder von Devadatta. Dieser war zuerst ein Anhänger des Buddha, aber später verließ er ihn und versuchte sogar, ihn zu töten. Im Gegensatz zu Devadatta war Ānanda ein warmherziger Mann, der schon in der Kindheit ein Jünger des Buddha geworden war. Er wurde „Ānanda, Diener, der stets dem Buddha folgte," genannt, weil er den Buddha begleitete, sich um ihn kümmerte und Shakyamuni bis zu dessen Tod als Lieblingsjünger diente.

Rāhula war der Sohn des Buddha; er wurde geboren, bevor der Buddha der Welt entsagte. Der Buddha glaubte, daß Rāhula die Tugend der Güte besitze, bestellte ihn vom Palast zu sich, als er fünfzehn Jahre alt war, und reihte ihn in die Grupper seiner Jünger ein. Um in Rāhula nicht den Gedanken aufkommen zu lassen, er habe als Sohn des Buddha eine besondere Stellung, gab der Buddha Rāhula in die Obhut von Sāriputra, einem seiner zehn großen Jünger.

Das Wort „Übung" (*gaku*) im Titel dieses Kapitels bezeichnet die Stufe, in der man sich religiösen Übungen unterziehen muß. „Vollendung" der Übung (*mugaku*) bezeichnet dagegen die Stufe, in der man sich nicht länger religiösen Übungen unterziehen braucht und über das Lernen hinaus ist.

Ānanda und Rāhula hatten miterlebt, wie vielen *Arhats* die vollkommene Erleuchtung prophezeit worden war. Sie waren die einzigen beiden direkten Jünger des Buddha, die noch keine Prophezeiung erhalten hatten; deshalb fühlten sie sich ausgelassen und waren traurig. Sie dachten bei sich: „Wie glücklich wären wir, wenn nur unsere Zukunft vorausgesagt würde!" Deshalb erhoben sie sich von ihren Plätzen, traten vor den Buddha, erwiesen ihm die Ehrerbietung und sagten: „Weltgeehrter! Gib uns bitte deine Prophezeiung über unsere vollkommene Erleuchtung. Wir haben nur den Tathāgata, in den wir unser Vertrauen setzen. Wir sind in allen Welten bekannt und anerkannt, bei Göttern, Menschen uns Teufeln. Ānanda ist stets dein Diener; er schützt und bewahrt den Schatz des Gesetzes, und Rāhula ist der Sohn des Buddha. Wenn der Buddha es für richtig hält, für uns vollkommene Erleuchtung zu prophezeien, dann ist unser Begehren erfüllt, und die Hoffnungen von vielen werden zufriedengestellt.“

Daraufhin erhoben sich die zweitausend Jünger, die in der Ausbildung standen oder diese schon beendet hatten, von ihren Plätzen entblößten ihre rechte Schulter, traten vor den Buddha, fallteten einmütig ihre Hände und blickten mit dem gleichen Wunsch im Herzen wie Ānanda und Rāhula zum Weltgeehrten auf.

Der Weltgeehrte, der bereits beschlossen hatte, jedem dieser beiden großen Jünger eine Prophezeiung zu geben, sagte zu Ānanda, daß er zweiundsechzig *Koṭis* von Buddhas Verehrung erweisen werde, den Schatz des Gesetzes schützen und bewahren und schließlich die vollkommene Erleuchtung erlangen werde. Der Buddha verlieh ihm den Titel ‚unübertrefflicher universaler König der Weisheit über Berge und Ozeane Tathāgata' und nannte seine Domäne ‚siegreiches Banner, welches nie sinkt'.

Vor der Ankunft des Buddhismus blühte in Indien der Brahmanismus. Er hatte mehr als sechzig Schulen, und alle standen miteinander im Disput und kritisierten einander. Damals war es Sitte, ein Siegesbanner am Tor eines brahmanischen Tempels zu hissen, wenn ein Mönch dieses Tempels, in einem religiösen Disput einen Sieg errungen hatte. In diesen Sinne bedeutet das siegreiche Banner, welches nie sinkt, der Name der Domäne des unübertrefflichen universalen Königs der Weisheit über Berge und Ozeane Tathāgata, einen Beweis dafür, daß die von diesem Tathāgata gepredigte Lehre die hervorragendste aller Lehren ist.

Dann sagte Buddha folgendes voraus: „Die Lebenszeit jenes Buddha wird sich über unermeßliche tausend Myriaden *Koṭis* von *Asaṃkhyeya Kalpas* erstrecken. Seine Lehre wird über die doppelte Länge seiner Lebenszeit fortdauern. Unzählige Buddhas werden diesen Buddha rühmen und seine Verdienste preisen.“ Damit hatte der Buddha zu Ānanda, einem *Śrāvaka,* wohlwollendere Worte gesprochen als zu den ranghöheren Bodhisattvas, welche die Prophezeiung der Buddhaschaft empfangen hatten, und die achttausend Bodhisattvas in der Versammlung hegten alle Zweifel. Der Weltgeehrte wußte, was die Bodhisattvas dachten, und sprach zu ihnen: „Gute Söhne! Unter dem Buddha Firmamentkönig haben Ānanda und ich zusammen und zur gleichen Zeit den Gedanken der vollkommenen Erleuchtung begriffen. Wir haben die Lehre jedoch auf verschiedene Weise ausgeübt. Ānanda hatte ständige Freude am Lernen, während ich mich dem aktiven Fortschritt widmete. Aus diesem Grund habe ich bereits vollkommene Erleuchtung erlangt, während Ānanda, der aufgrund früherer Leben in dieser Welt mein Jünger ist, sich um mein Gesetz kümmert, wie er sich auch um die Gesetzesschätze zukünftiger Buddhas kümmern und eine

Schar von Bodhisattvas unterweisen und zur Vollkommenheit bringen wird. So war nämlich sein ursprüngliches Gelübde, wenngleich ihr alle auch vielleicht gedacht habt, er sei ein *Śrāvaka,* weil er ständig Freude am Lernen hat. Deshalb hat er diese Prophezeiung empfangen."

Der Unterschied in seiner Art der Übung und der von Ānanda, worauf der Buddha verwies, ist ein sehr wichtiger Punkt. Der Buddha lehrte, daß man zur Erlangung vollkommener Erleuchtung seine Übung am Beispiel des Buddha ausrichten solle. Die Übung, anderen zu nützen, ist die höchste Ebene der Religion, wie der Buddha es hier deutlich zeigt.

Da hier der Begriff „ursprüngliches Gelübde" (*hongan*) erscheint, ist eine Erklärung des Wortes „Gelübde" (*gan*) im buddhistischen Sinne erforderlich.

URSPRÜNGLICHES GELÜBDE. Das Wort „Gelübde" oder seine mehr alltägliche Form „Versprechen" wird heutzutage mitunter gleichültig gebraucht; jedoch sollte dieses Wort in seinem wahren Sinn nicht leichtfertig benutzt werden. „Gelübde" bedeutet, sein eigenes Ideal aufstellen und sich dessen Verwirklichung widmen. Vom Standpunkt des Buddhismus besteht unser Ideal selbstverständlich darin, anderen Nutzen zu bringen. Das Verlangen, die Buddhaschaft zu erlangen, wird nur dann zu einem Gelübde, wenn wir sie zu dem Zweck erstreben, andere von ihren Leiden zu erlösen. Ein Gelübde, welches speziell darauf abzielt, anderen zu nützen, wird als das „ursprüngliche Gelübde" der Buddhisten bezeichnet.

ALLGEMEINES GELÜBDE. Im Buddhismus gibt es zwei Arten von Gelübden: „allgemeine Gelübde" (*sōgan*) und „besondere Gelübde" (*betsugan*). Das „allgemeine Gelübde" bezeichnet das Gelübde, welches allen Menschen gemeinsam ist. Der gemeinsame Wunsch aller Buddhisten ist das Studium der Lehren des Buddha und die Beseitigung von Täuschungen. Sie haben auch das Verlangen, vielen anderen durch Erlangung von Erleuchtung zu nützen. Dieses Verlangen wird als das allgemeine Gelübde bezeichnet. Es ist wieder in vier Teile unterteilt, welche als die vier großen Gelübde des Bodhisattvas (*shi gu-seigan*) bekannt sind.

BESONDERES GELÜBDE. Ein besonders Gelübde ist gegenüber dem allgemeinen Gelübde eines, welches in Entsprechung mit dem individuellen Charakter, der Fähigkeit und der Begabung eines Menschen abgelegt wird. Zum Beispiel: Weil ich ein talentierter Maler bin, will ich diese Welt möglichst schön machen, indem ich schöne Bilder male. Weil ich musikalisch veranlagt bin, will ich Musik benutzen, um den Menschen geistigen Frieden zu verschaffen. Weil ich ein Landwirt bin, will ich der Gesellschaft dadurch dienen, daß ich die bestmöglichen Feldfrüchte anbaue. Weil ich ein Kaufmann bin, will ich meinen Kunden nützen, indem ich sie mit möglichst preiswerten und guten Waren beliefere. Dies sind gute Beispiele für besondere Gelübde.

Neben dem allgemeinen Gelübde, alle Lebewesen zu erlösen, hat jeder der Buddhas sein eigenes besonderes Gelübde, wie die achtundvierzig Gelübde des Tathāgata Amitābha (*Amida*) und die fünfhundert großen Gelübde des Tathāgata Shakyamuni. Außer dem allgemeinen Gelübde, welches uns allen als Menschen in dieser Welt gemeinsam ist, sollten wir unser ganzes Leben hindurch unsere besonderen Gelübde ablegen. Wenn wir uns bemühen, ein solches Gelübde zu erfüllen, dann entdecken wir den Wert des menschlichen Lebens und bereichern unser Alltagsleben. Der Buddhismus lehrt nicht nur das ewige und große Ideal, sondern auch das Ideal im täglichen Leben. Deshalb ist er sowohl eine sehr tiefgründige Lehre als auch eine sehr persönliche.

Natürlich ist es nicht damit getan, lediglich Gelübde abzulegen; vielmehr müssen wir uns bemühen, sie zu erfüllen. Wir dürfen unsere Gelübde niemals mit einer lauwarmen Haltung ablegen. Wenn wir einmal ein Gelübde gefaßt haben, dann müssen wir uns mit allen Kräften eifrig um die Erfüllung bemühen. Wenn wir eine solche geistige Haltung bewahren, dann können wir mit Sicherheit unsere Gelübde verwirklichen.

Manche Leute denken, daß die Dinge tatsächlich nie so ausgehen, wie wir es uns wünschen. Dies ist jedoch ein Irrtum. Wenn wir uns lange Zeit hindurch voll auf unsere Gelübde konzentrieren, dann werden unsere Gelübde schließlich auch in die Tat umsetzen können. Wenn sie nicht in dieser Welt verwirklicht werden, dann werden sie doch in der kommenden Welt erreicht. Ein aufrichtiger Wunsch erzeugt große Energie. Wenn wir ständig bemüht sind, uns auf etwas nahezu Unmögliches zu konzentrieren, dann bringt ein solches Bemühen ein Ergebnis hervor, und das scheinbar Unmögliche wird möglich. Ein Gelübde wird ganz gewiß erreicht, wenn man einen unerschütterlichen Glauben besitzt und sich beständig um die Verwirklichung bemüht.

Nachdem der Weltgeehrte Ānanda vollkommene Erleuchtung prophezeit hatte, gab er Rāhula die gleiche Prophezeiung. Der Buddha verlieh ihm den Titel Tathāgata, der auf mit sieben Juwelen geschmückten Lotusblüten schreitet. Die Dauer seiner Lebenszeit und andere Aspekte seien gleich wie die des Tathāgata unübertrefflicher universaler König der Weisheit über Berge und Ozeane.

Im Anschluß daran wollte der Weltgeehrte seine Lehre erneut verkünden und sprach in Versen:

„Als ich ein königlicher Prinz war,
war Rāhula mein ältester Sohn.
Jetzt, wo ich den Buddha-Weg erreicht habe,
empfängt er als Erbe das Gesetz.
In zukünftigen Welten,
in denen er unzählige *Koṭis* von Buddhas sieht,
wird er für alle der älteste Sohn sein
und mit seinem ganzen Trachten den Buddha-Weg suchen.
Den verbrogenen Kurs von Rāhula
vermag nur ich zu kennen.
Gegenwärtig, als mein ältester Sohn,
wird er allen offenbart.
Unendliche tausend Myriaden *Koṭis*
sind seine Verdienste, jenseits aller Rechnung.
Friedlich gehorcht er dem Buddha-Gesetz
und sucht den erhabenen Weg."

DER VERBORGENE KURS. Dieser ergreifende Vers zeigt das Gefühl des Buddha als ein Lehrer des Gesetzes und als Vater. Wie froh muß Rāhula gewesen sein, als er den Buddha sagen hörte: „Den verborgenen Kurs von Rāhula / vermag nur ich zu kennen." Der verborgene Kurs ist folgendermaßen zu verstehen: Wenn jemand etwas erreicht hat, dann gibt er es anderen nicht durch sein Aussehen oder Verhalten kund, sondern schließt sich ihnen als ein gewöhnlicher Mensch an und leitet sie natürlich in eine bessere Richtung. Dies entspricht dem Prinzip von einem halben Schritt, welches von Pūrna veranschaulicht wurde. Obwohl Rāhula eine sehr hohe geistige Stufe erreicht hatte, zeigte er nicht das geringste Zeichen davon, sondern leitete die Menschen ruhig aus dem Hintergrund. Nur Shakyamuni Buddha, sein Lehrer und Vater, kannte die Wahrheit über Rāhula. Die Anerkennung des Buddha muß ihm doppelte Freude bereitet haben.

Warum gab Shakyamuni Buddha solch großen Jüngern wie Ānanda und Rāhula die Prophezeiung der vollkommenen Erleuchtung später als den anderen Jüngern? Wir können uns vorstellen, daß der Buddha auf folgende Weise überlegte: Ānanda war immer der Diener des Buddha, während Rāhula der Sohn des Buddha war. Beide waren somit die Jünger, welche dem Buddha, der sich zum Wohl der nicht erleuchteten Lebewesen manifestiert hatte, am nächsten standen. Der Buddha berücksichtigte die besonderen Umstände dieser beiden Jünger, welche ihrer Übung eher abträglich sein konnten anstatt zu helfen. Um dies allen Lebewesen zu zeigen, verschob der Buddha mit Absicht die Prophezeiung der vollkommenen Erleuchtung für diese beiden großen Jünger.

Wir dürfen nicht denken, daß der Buddha mit Rücksicht auf die Gefühle der vielen anderen Jünger zögerte, diesen beiden Jüngern seine Prophezeiung zu geben, eben weil sie ihm besonders nahe standen. Shakyamuni Buddha war nicht ein solch kleinlicher Mann. Wenn jemand, wie Ānanda, stets den Buddha begleitet und ihn persönlich bedient, dann geschieht es oft, daß er nicht mehr unterscheiden kann zwischen der Größe seines Meisters als Buddha und der Heiligkeit seiner Lehren auf der einen Seite und dem Buddha als Mensch auf der anderen Seite. Aus diesem Grund hat er Schwierigkeiten, den Buddha mit der gleichen reinen Gesinnung zu verehren wie andere Jünger. Das gleiche gilt für die Beziehung zwischen Vater und Sohn. Wie groß auch immer ein Vater sein mag, sein eigener Sohn wird es schwer finden, seinen Vater mit der gleichen Achtung zu behandeln wie Außenseiter. Der Buddha lehrte, daß für einen Menschen, der einen großen Mann nachfolgt und ihm persönlich dient, diese enge Verbundenheit zu einem Hindernis für seine Übung werden kann, wenn er nicht streng zwischen öffentlichen und privaten Angelegenheiten unterscheidet. Obwohl Ānanda und Rāhula sich in einer sehr empfindlichen Situation befanden, benahmen sie sich stets ehrerbietig, und ihr Verhalten bezeugte ihre hohe Tugend.

Es ist äußerst schwierig für uns, diejenigen, welche uns am nächsten stehen — unsere Gatten, Söhne, Töchter und Eltern — zum Gesetz des Buddha zu führen. Wenn wir versuchen, sie nur mit Worten zu leiten, können wir nie völlig erfolgreich sein. Wir haben keine andere Wahl, als sie durch unser praktisches Beispiel im täglichen Leben zu beeinflussen. Wenn unser Verhalten meistens unwürdig und selbstsüchtig und nur selten gut ist, dann wird es keinen positiven Einfluß auf andere ausüben. Nur wenn wir unseren Familienmitgliedern ständig ein gutes Beispiel geben, können sie uns folgen. Shakyamuni Buddha wies darauf in seiner Lehre hin.

Zu diesem Zeitpunkt blickte der Weltgeehrte auf die zweitausend Männer, die sich noch in der Ausbildung befanden oder diese schon abgeschlossen hatten. Alle besaßen eine sanftmütige Gesinnung, waren innerlich gelassen und ruhig und beobachteten einmütig den Buddha. Der Buddha wandte sich an Ānanda mit den Worten: „Siehst du diese zweitausend Männer, die sich in der Ausbildung befinden oder diese schon abgeschlossen haben?“ Ānanda antwortete: „Ja, ich sehe sie.“ Ānandas kurze Antwort bedeutet hier: „Ja, sie sehen hervorragend aus.“ Der Buddha wollte nämlich fragen: „Wie erscheinen sie dir?" Dies ist das sogenannte stillschweigende Verständnis in Frage und Antwort zwischen dem Buddha und Ānanda.

Dann machte der Buddha diesen zweitausen Männern folgende Prophezeiung: Wenn sie unzähligen Buddhas huldigen, sie achten und verehren und sich um ihre Gesetzesschätze bemühen, dann wird schließlich ein jeder von ihnen zur gleichen Stunde in allen Domänen ein Buddha mit dem gleichen Titel Juwelzeichen Tathāgata. Als die zweitausend Männer, die sich in der Ausbildung befinden oder diese schon abgeschlossen hatten, diese Prophezeiung des Buddha vernahmen, wurden sie mit Freude erfüllt; sie erwiesen dem Buddha ihre tiefe Dankbarkeit und sprachen wie folgt in Versen:

„Weltgeehrter!
Helle Leuchte der Weisheit!
Wir, die wir deine Stimme der Prophezeiung hören,
sind mit Freude erfüllt,
gleichsam benetzt mit süßem Tau."

Dies ist ein kurzer, aber berühmter Vers. Er ist mit einem solch tiefen Gefühl der Dankbarkeit und Verehrung für den Buddha erfüllt, daß wir ihn täglich lesen und rezitieren sollten.

Kapitel 10

Ein Lehrer des Gesetzes

DIESES KAPITEL ERKLÄRT was der Lehrer des Gesetzes wissen und ausüben sollte. „Lehrer“ ist nicht auf Mönche beschränkt, sondern betrifft jede Person, die sich der Ausbreitung des Lotus-Sutras widmet, sei es ein Mönch oder eine Nonne oder ein Laienanhänger, ein Mann oder eine Frau.

Zu der Zeit wandte der Weltgeehrte sich durch den Bodhisattva Medizinkönig an die achtzigtausend großen Führer und sagte: „Medizinkönig! Siehst du in dieser Versammlung unzählige Götter, Drachenkönige, Dämonen, menschliche und nicht menschliche Wesen sowie *Bhikshus, Bhikshuṇīs,* männliche und weibliche Laienanhänger, Suchende nach Erleuchtung in verschiedenen geistigen Stufen? Ich prophezeie, daß alle Wesen wie diese, wenn sie in der Gegenwart des Buddha auch nur einen einzigen Vers oder auch nur ein einzelnes Wort des Sutras von der wunderbaren Gesetzesblume hören, und wenn sie auch nur mit einem einzigen Gedanken Freude darin finden, dann werden sie alle vollkommene Erleuchtung erlangen.“

Wenn wir mit einem einzigen Gedanken in einem einzelnen Vers oder einem einzigen Wort des Lotus-Sutras Freude finden, aber nicht besser werden als zuvor, dann nützt es nichts. Die Versicherung, daß wir Buddhas werden, hängt vom Ergebnis der Übung über einen langen Zeitraum ab. Warum sagte der Buddha dann, er werde vollkommene Erleuchtung prophezeien für jeden, der mit einem einzigen Gedanken in einem einzigen Vers oder einem einzigen Wort des Lotus-Sutras Freude findet? Der Grund liegt darin, daß die geistige Haltung, welche man durch einen einzigen Gedanken der Freude am Lotus-Sutra entwickelt, die Saat zur Erlangung der Buddhaschaft wird. Man muß diese Saat unablässig pflegen, sie durch fleißiges Bewässern zum Sprossen bringen, sie wachsen, blühen und Früchte tragen lassen. Wenn wir jedoch begreifen, daß uns die Erlangung der Buddhaschaft vergewissert ist, wenn wir einen einzigen Vers oder ein einziges Wort des Lotus-Sutra hören und mit einem einzigen Gedanken Freude darin finden, dann sollte uns dies mit verdoppeltem Mut erfüllen. Der Buddha verwies darauf wie folgt: „Wenn es nach dem Dahingehen des Tathāgata irgendwelche Menschen gibt, die auch nur einen einzigen Vers oder ein einziges Wort des Lotus-Sutras hören und mit einem einzigen Gedanken Freude dain finden, dann verheiße ich auch ihnen vollkommene Erleuchtung.“

Die folgenden Wort des Buddha betreffen hauptsächlich das korrupte

Zeitalter, in dem wir jetzt leben: „Und wenn es irgendwelche Leute gibt, die auch nur einen einzigen Vers im Sutra von der wunderbaren Gesetzesblume empfangen und bewahren, lesen und rezitieren, auslegen und kopieren, und die mit Verehrung auf dieses Sutra blicken als sei es der Buddha selbst, und die dieses Sutra mit gefalteten Händen und in verschiedener Weise verehren, so wisse Medizinkönig, diese Menschen haben bereits zehn Myriaden *Koṭis* von Buddhas Huldigung erwiesen, und unter den Buddhas haben sie ihre großen Gelübde ausgeübt; deshalb sind sie aus Mitempfinden für alle Lebenwesen hier unter den Menschen geboren."

DIE FÜNF ÜBUNGEN VON LEHRERN DES GESETZES. Das Sutra empfangen und bewahren (*juji*), es lesen und rezitieren (*doku-ju*), es auslegen (*gesetsu*) und kopieren (*shosha*) — dies sind die sogenannten fünf Übungen von Lehrern des Gesetzes (*goshu hosshi*). Dies sind die wichtigsten Übungen für diejenigen, welche das Lotus-Sutra ausbreiten. Die Beschreibung dieser fünf Übungen des Lehrers des Gesetzes ist die erste von sieben Grundvoraussetzungen, welche in dem Kapitel „Ein Lehrer des Gesetzes" genannt werden.

Von diesen fünf Übungen des Lehrer wird „empfangen und bewahren" (*juji*) als die „intensive Übung" (*shōgyō*) bezeichnet, während die anderen vier Übungen „unterstützende Übung" (*jogyō*)genannt werden. Der Grund, warum wir „empfangen und bewahren" als die intensive Übung gesondert betrachten müssen, besteht darin, daß dies die wichtigste und grundsätzliche Übung der fünf ist; ohne sie bedeuten die anderen vier Übungen nur wenig. „Empfangen" (*ju*) bezeichnet das tiefe Vertrauen in die Lehren des Buddha, und „bewahren" (*ji*) bedeutet, diesem Vertrauen fest treu zu bleiben.

„Lesen" (*doku*), die erste der unterstützenden Übungen, bedeutet, das Sutra tatsächlich zu lesen; diese Übung umfaßt lautes Lesen, leises Lesen und der Vorlesung anderer aufmerksam zuhören.

„Rezitieren" (*ju*) bedeutet, das Sutra aus dem Gedächtnis zu rezitieren. Diese Übung umfaßt die Wiederholung der Worte des Sutras, die wir auswendig gelernt haben und die geistige Wiederholung ihrer Bedeutung. Durch wiederholte Rezitierung aus dem Gedächtnis wird die Lehre tief in unserem Sinn verankert.

„Auslegen" (*gesetsu*) beinhaltet, die Bedeutung des Sutras anderen zu erläutern. Dies ist sowohl eine unerläßliche Übung zur Verbreitung der Lehre als auch eine Übung zu unserem eigenen Nutzen. Es ist schwierig für uns, die Lehre anderen zu predigen, und aus diesem Grund müssen wir das Sutra immer wieder aufs neue studieren. Während wir es anderen predigen, werden wir uns oft der Unzulänglichkeit unseres eigenen Glaubens und unserer Urteilskraft bewußt.

„Kopieren“ (*shosha*) bedeutet, das Sutra mit der Hand abzuschreiben. Diese Übung hat eine zweifache Bedeutung. Eine ist die Übung zur Verbreitung der Lehre, und die andere ist die Übung zur Vertiefung unseres eigenen Vertrauens und unserer Urteilskraft. Vor der Erfindung der Druckkunst war das Abschreiben des Lotus-Sutras mit der Hand unerläßlich, um es zu verbreiten. In modernen Zeiten müssen wir die Lehre ausbreiten, indem wir Druck, Filme, Schallplatten, Tonbandgeräte und andere audio-visuelle Hilfsmittel optimal einsetzen. Die erste Bedeutung von „kopieren“ hat auf diese Weise einen größeren Umfang erhalten. Jedoch darf die Übung des Kopierens nicht auf die erste Bedeutung allein begrenzt werden. Wenn wir sorgfältig jedes Wort des Sutras mit einer ruhigen und konzentrierten geistigen Haltung kopieren, dann wird der geistige Gehalt des Sutras fest in unserem Körper und Sinn verwurzelt. Das Kopieren des Sutras ist in diesem Sinn immer noch eine wichtige Übung.

Der Buddha fuhr fort: „Medizinkönig! Wenn es irgendwelche Leute gibt, die dich fragen sollten, welche Art von Lebewesen in zukünftigen Welten Buddhas werden, dann solltest du ihnen zeigen, daß es jene Menschen sind, die in zukünftigen Welten mit Sicherheit Buddhas werden. Warum ist das so? Wenn meine guten Söhne und guten Töchter auch nur ein einziges Wort im Sutra der Gesetzesblume empfangen und bewahren, lesen und rezitieren, auslegen und kopieren, und wenn sie es mit gefalteten Händen und auf verschiedene Weise verehren, dann werden alle Welten zu diesen Menschen aufblicken; und wie du den Tathāgatas Huldigung erweist, so solltest du auch ihnen huldigen.“

Der Buddha predigte dies wiederholt. Diese häufige Wiederholung ist ein Beweis dafür, welche große Bedeutung der Buddha dieser Lehre beimaß. Wir sollten besonders den folgenden Abschnitt auswendig lernen, so daß wir ihn aus dem Gedächtnis rezitieren können: „Wenn diese guten Söhne und guten Töchter nach meinem Dahingehen selbst verstohlen fähig sein sollten, einem Menschen auch nur ein Wort des Sutras von der Gesetzesblume zu predigen, dann sind diese Menschen als Tathāgata-Apostel zu betrachten, welche der Tathāgata ausgesandt hat, Tathāgata-Taten auszuüben. Dies gilt in weitaus größerem Maße für diejenigen, welche in großen Versammlungen umfassend zu anderen predigen.“

Dieser Abschnitt enthält den zweiten wesentlichen Punkt, welcher im Kapitel 10 genannt wird. Diejenigen, welche das Lotus-Sutra ausüben, müssen seine Worte am Tage und in der Nacht im Sinn bewahren.

Anschließend sprach der Buddha wie folgt: „Medizinkönig! Selbst wenn es einen bösen Menschen geben sollte, der aus schlechter Gesinnung heraus ein ganzes *Kalpa* hindurch vor dem Buddha erscheint und den Buddha unablässig lästert, so ist seine Sünde noch leicht. Wenn aber jemand auch nur mit einem einzigen bösen Wort die Laienanhänger oder Mönche schmäht, welche das Sutra der Gesetzesblume lesen und rezitieren, so ist seine Sünde äußerst schwer."

Dies und das folgende bilden den dritten wesentlichen Punkt in diesem Kapitel: „Medizinkönig! An jedem Ort, wo dieses Sutra gepredigt oder gelesen, rezitiert oder kopiert wird, oder wo seine Bände aufbewahrt werden, sollte man eine *Caitya*[1] aus den kostbaren sieben errichten und diese sehr hoch, geräumig und prächtig gestalten. Man braucht dort aber keine Reliquien aufzubewahren. Warum nicht? Weil darin der ganze Körper des Tathāgata ist."

DIE WAHRE BEDEUTUNG DER VEREHRUNG. Durch diese Worte lehrt der Buddha uns, daß es weitaus wichtiger ist, daß Gesetz selbst zu achten, als Idole zu verehren. Was er sagen will, ist folgendes: Wie ein Mensch auch den Buddha lästern mag, sein Vergehen ist immer noch leicht. Es ist nicht nötig, Reliquien des Buddha in Pagoden aufzubewahren. Die größte Verehrung des Buddha ist die Ausübung des Lotus-Sutras, und das schwerste Vergehen ist die Schmähung von Laienanhängern oder Mönchen, welche das Sutra ausüben.

Wir müssen diese Lehre jedoch mit Vorsicht verstehen. Es wäre ein großer Fehler zu denken, daß es ohne Bedeutung sei, wenn wir den Buddha lästern, oder daß wir die Reliquien des Buddha nicht zu beachten brauchen. Shakyamuni Buddha war ein großer Mann, der uns seine kostbaren Lehren hinterlassen hat, und aus diesem Grund können wir ihn gar nicht genug verehren. Wir verehren das Bild des Buddha, um dem Buddha, der uns seine kostbaren Lehren hinterlassen hat, unsere grenzenlose Dankbarkeit zu zeigen. Wie in diesem Buch wiederholt erwähnt wurde, geschieht dies auch zur Vertiefung unserer Ehrfurcht für den Buddha als unserem Ideal, dem wir uns nach und nach nähern möchten.

Darüber hinaus verehren wir durch das Bild von Shakyamuni, dem historischen Buddha, den Tathāgata Shakyamuni und den ewigen ursprünglichen Buddha, das heißt besonders das von ihm gepredigte Gesetz. Das Bild des Buddha zu verehren ist nicht gleichbedeutend mit der Verehrung eines Idols. Hinter einer Idolverehrung steht der Gedanke, die Sache selbst als den Gegenstand der Verehrung zu betrachten und beispielsweise zu glauben, daß jemand, der einen Gegenstand verehrt, von seiner Krankheit geheilt wird, oder daß ihm Leiden erspart oder Wünsche erfüllt werden. Es besteht ein himmelweiter Unterschied zwischen wahrer Verehrung und der Verehrung eines Idols.

Der Buddha fuhr fort: „Jemand, der das Sutra der Gesetzesblume liest und rezitert, sollte wissen, daß er sich selbst mit der Zierde des Buddha geschmückt hat, und daß der Tathāgata ihn auf seiner Schulter trägt."

In der Tat ist das Erscheinungsbild einer Person, die das Lotus-Sutra vertieft liest und rezitert, würdevoll und schön, gleich dem eines Buddha. Wenn man seine Erscheinung mit göttlichen Augen betrachtet, so erscheint sie mit einer goldenen Farbe getönt.

Die Tatsache, daß eine solche Person stets von den Buddhas geschützt wird, ist folgendermaßen ausgedrückt: „Nachdem der Tathāgata dahingegangen ist, werden diejenigen, welche fähig sind, es (das Lotus-Sutra) zu kopieren, bewahren, lesen, rezitieren, verehren und anderen zu predigen, vom Tathāgata mit seinem Gewand bekleidet. Jene Menschen werden mit dem Tathāgata leben, und der Tathāgata wird seine Hand auf ihre Häupter legen."

Die Tatsache, daß der Buddha häufig solche Worte wiederholt, zeigt, daß wir uns klar bewußt sein müssen, wie heilig die Lehre des Lotus-Sutras ist und wie perfekt unsere Ausübung dieses Sutras mit der Absicht des Tathāgata übereinstimmen. Welche Schwierigkeiten und welche Verfolgungen auch immer auf uns zu kommen mögen, der Tathāgata verspricht uns seinen Schutz.

Der Buddha macht für uns in dieser verunsicherten Welt das folgende erfreuliche und beruhigende Versprechen: „Weil ein Mensch, der das Lotus-Sutra ausübt, so ehrbar wie der Buddha ist, wird der Buddha ihn gewiß schützen." Der Buddha verkündet auch: „Warum ist ein Mensch, der das Lotus-Sutra ausübt, ehrbar? Weil dieses Sutra das erste unter allen Sutras ist, die ich gepredigt habe." Diese beiden wichtigen Aussagen sind der vierte wesentliche Punkt in diesem Kapitel.

Bisher wurden die Verdienste erläutert, welche jemand erlangt, der das Lotus-Sutra ausübt. Anschließend wird die geistige Haltung betont, mit der man seine Übungen durchführen muß. Diese geistige Haltung ist in drei hauptsächliche Teile gegliedert in Entsprechung mit den folgenden Worten des Buddha.

Der Buddha wandte sich an den Medizinkönig und sagte: „Ich predige unzählige tausend Myriaden *Koṭis* Sutras, diese Sutras wurden entweder schon gepredigt, sie werden jetzt gepredigt, oder sie werden in der Zukunft gepredigt werden; unter allen ist dieses Sutra der Gesetzesblume am schwersten zu glauben und am schwersten zu begreifen. Medizinkönig! Dieses Sutra ist der mystische, wesentliche Schatz aller Buddhas, und er darf nicht leichtsinnig unter den Menschen ausgebreitet werden. Buddhas, Weltgeehrte, wachen über dieses Sutra, und es wurde noch nie offenbart und gepredigt. Und dieses Sutra hat bereits zu Lebzeiten des Tathāgata viel Feindseligkeit und Neid erregt, wieviel mehr noch nach seinem Dahingehen!"

Zuerst sagt der Buddha, daß er unzählige tausend Myriaden *Koṭis* Sutras predigt; diese Sutras wurden entweder schon gepredigt, sie werden jetzt gepredigt, oder sie werden in Zukunft gepredigt werden, und daß unter ihnen allen dieses Lotus-Sutra am schwersten zu glauben und am schwersten zu begreifen ist. Der Grund, warum dieses Sutra am schwersten zu glauben und zu begreifen ist, liegt darin, daß die grundsätzliche Lehre des Lotus-Sutras, daß nämlich jeder in Entsprechung mit der Anhäufung seiner Übung ein Buddha wird, so schwer zu glauben und zu begreifen ist.

Wir können das Lotus-Sutra theoretisch verstehen, aber diese Art von Verständnis wird leicht durch irgendeine nachteilige Veränderung in unseren Umständen erschüttert. Der Mensch, der dieses Sutra tief aus seinem Herzen heraus wirklich begreifen und daran glauben kann, ist geistig empfindsam für die Lehre, und er ist reif, die Frucht des angesammelten Karma seiner früheren Leben zu tragen. Aus diesem Grund müssen wir uns ständig bemühen, die Lehre des Lotus-Sutras tiefer zu erfassen; wir müssen es geduldig empfangen und bewahren, welche Zweifel auch immer wir hegen mögen und welche Verfolgungen und Verleumdungen wir auch von Außenseitern erleiden mögen.

Zweitens lehrt der Buddha uns, daß dieses Sutra von allen Buddhas tief geschätzt wird, und daß es nicht leichtsinnig unter den Menschen verbreitet werden darf. Wie in Kapitel 3 erwähnt wurde, ist es auch hier äußerst wichtig, daß wir diese Lehre des Buddha nicht dahingehend auslegen, daß wir das Sutra nicht anderen predigen sollten.

Drittens verkündet der Buddha: „Über dieses Sutra wachen die Buddhas, und ich habe es noch nie vor den Menschen in der Welt offenbart und gepredigt. Und während ich noch hier bin, hat dieses Sutra bereits viel Feindseligkeit und Neid hervorgerufen, wieviel mehr erst nach meinem Dahingehen!"

Einige Leute mögen es vielleicht als seltsam betrachten, daß diese heilige Lehre Feindseligkeit und Neid verursachen könnte. Tatsächlich ist dies jedoch nicht seltsam. Immer wenn nämlich eine bessere Lehre gepredigt oder an eine solche geglaubt wird, dann neigen diejenigen, welche an eine niedriger stehende Lehre glauben, dazu, diese neue Lehre zu beneiden, und sie sind verärgert und verwirrt. Andere verachten diese Lehre, auch wenn sie ihren Inhalt gar nicht kennen. Wieder andere brandmarken eine gute Lehre als Häresie und verfolgen sie. Als Shakyamuni Buddha, Jesus Christus und Nichiren ihre Lehren zu predigen begannen, wurden sie alle von Feinden angegriffen und litten unter religiöser Verfolgung.

Wie zuvor erwähnt, verspricht der Buddha uns: „Selbst wenn das Lotus-Sutra viel Feindseligkeit und Neid erregt, soll man dies erdulden und das Sutra empfangen, bewahren und ausüben. Ein Mensch, der so handelt, wird vom Tathāgata geschützt und mit seinem Gewand bekeidet." Dies ist der fünfte wesentliche Punkt in diesem Kapitel.

DIE PARABEL VOM GRABEN IN EINEM TAFELLAND. Anschließend lehrt der Buddha uns durch die Parabel vom Graben in einem Tafelland, daß jemand, der das Lotus-Sutra ausübt, ernsthaft mit Hoffnung und unermüdlichem Eifer nach dem Gesetz suchen muß. Ein Mann, der äußerst durstig ist, sucht nach Wasser, indem er in einem Tafelland gräbt. Solange er nur trockene Erde sieht, weiß er, daß das Wasser noch weit entfernt ist. Jedoch setzt er seine Arbeit unermüdlich fort; nach einiger Zeit sieht er feuchte Erde, und allmählich stößt er auf Schlamm. Nun weiß er, daß das Wasser bald erreicht ist. Er gräbt noch eifriger weiter, ohne Entmutigung oder Zweifel. Bodhisattvas sind genau so. Wenn sie noch nicht von diesem Sutra der Gesetzesblume gehört haben, es nicht verstanden haben oder es noch nicht betrachten konnten, dann sind sie noch weit von der vollkommenen Erleuchtung entfernt. Wenn sie es aber hören, verstehen, überdenken und beobachten, dann sind sie nahe bei der vollkommenen Erleuchtung.

Wenn wir erst einmal das Lotus-Sutra kennen, dann geraten wir nie in Verlegenheit, was wir tun sollen. Wenn wir das Sutra aufgeben, nachdem wir es nur ein wenig ausgeübt haben, dann können wir das Sutra nicht erkennen. Es ist als ob wir an einer anderen Stelle graben, weil nicht sofort Wasser erscheint. Wir können unseren Durst nicht löschen, wenn wir nur ein wenig graben. Der Buddha lehrt hier: Wenn wir uns geduldig bemühen, die vollkommene Erleuchtung zu erlangen, dann erreichen wir mit Sicherheit die Erleuchtung, ebenso wie wir nach unaufhörlichem Graben schließlich auf Schlamm stoßen. Dies ist der sechste wesentliche Punkt in diesem Kapitel.

DAS GEWAND, DER THRON UND DER WOHNSITZ DES TATHĀGATA. Der siebte und letzte wesentliche Punkt in diesem Kapitel kommt in den folgenden Worten des Buddha zum Ausdruck, welche die drei Regeln des Gewandes, den Thron und den Wohnsitz des Tathāgata beschreiben: „Medizinkönig! Wenn es nach dem Dahingehen des Tathāgata gute Söhne oder gute Töchter gibt, welche dieses Sutra der Gesetzesblume zu den vier Gruppen predigen möchten, wie sollten sie es predigen? Jene guten Söhne oder guten Töchter, die in den Wohnsitz des Tathāgata eintreten, das Gewand des Tathāgata tragen und auf dem Thron des Tathāgata sitzen, sollten dann dieses Sutra weit unter den vier Gruppen der Zuhörer verkünden.

„Der Wohnsitz des Tathāgata ist das große mitempfindende Herz in allen Lebewesen; das Gewand des Tathāgata ist das sanfte und nachsichtige Herz; der Thron des Tathāgata ist die Nichtigkeit aller Gesetze (die Geistigkeit aller Existenz)[2]. Auf diesen Grundlagen werden sie dann mit unentwegtem Sinn dieses Sutra der Gesetzesblume zu den Bodhisattvas und den vier Gruppen der Zuhörer predigen."

Der Wohnsitz des Tathāgata bezeichnet ein Herz, das so groß und mitempfindend ist, das man alle Menschen erlösen möchte, sowohl die guten als auch die bösen und sogar diejenigen, die einem zu schaden versuchen. Dieses mitempfindende Herz wird mit dem großen Wohnsitz des Tathāgata verglichen, den jeder Mensch betreten kann.

Das Gewand des Tathāgata bezeichnet ein solch sanftes und nachsichtiges Herz, daß man niemals ärgerlich wird, ganz gleich, was für bittere Erfahrungen man auch durchmacht, und daß man sich auch niemals durch Komplimente beirren läßt. Diese Art von Herz wird mit dem Gewand des Tathāgata verglichen, welches niemals irgendwelchen schlechten äußeren Einflüssen ausgesetzt wird. Dies bedeutet, daß jemand, der das Lotus-Sutra ausübt, eine feste Entschlossenheit bewahren muß, es auszubreiten.

Der Thron des Tathāgata bedeutet schließlich, alle Dinge in gleicher Weise zu betrachten. Wie bereits in Kapitel 5 erläutert wurde, verweist dies darauf, daß man zwar Unterschiede zwischen den Dingen erkennt, aber dennoch die Dinge in gleicher Weise betrachten muß, indem man sich über diese Unterschiede erhebt. Hans denkt beispielsweise langsam, aber er ist geschickt mit seinen Händen. Maria dagegen weiß mit ihren Händen nicht viel anzufangen, jedoch hat sie einen klaren Verstand. Wenngleich man den Unterschied zwischen den beiden richtig erkennt, so sind sie in den Augen des Buddha doch als gleichwertige Menschen zu betrachten. Dinge in dieser Weise zu betrachten, ist die Bedeutung von „Nichtigkeit aller Gesetze" (die Geistigkeit aller Existenz).

Der Buddha lehrt uns, daß wir diese drei Regeln über die Tugend des Tathāgata getreu bewahren und basiert darauf unermüdlich das Lotus-Sutra predigen sollen.

Dieses Kapitel wird nicht in Form einer Geschichte oder eines Dramas dargestellt wie die anderen Kapitel des Sutras, vielmehr wird vom Anfang bis zum Ende die Form einer Predigt verwendet.

[1] Eine Caitya ist eine Pagode, in der Sutras aufbewahrt werden. Von diesem Kapitel an betont das Lotus-Sutra die Errichtung von Caityas anstelle von Stupas oder Pagoden für Reliquien.

[2] Wörtlich die Nichtigkeit aller Phänomene (Gesetze); dies wird im Sinne der Wahrheit des mittleren Pfades gedeutet — daß Dinge weder existieren noch nicht existieren, daß es eine Sphäre zwischen diesen beiden gibt, welche nur eine geistige Sphäre sein kann.

Kapitel 11

Betrachtung der kostbaren Stupa

WIE KAPITEL 2 erzählt auch dieses Kapitel Geschichten, welche zuerst seltsam erscheinen mögen. Wie bereits in der Einführung erklärt wurde, stellt das Lotus-Sutra abstrakte Ideen oft in Form von konkreten Bildern dar, um den Menschen zu helfen, sie zu erfassen. Dieses ganze Kapitel ist ein Beispiel dafür.

Zuerst müssen wir die Beschreibung der Stupa von den kostbaren Sieben, welche aus der Erde entspringt, erläutern. Diese Stupa symbolisiert die Buddha-Natur, welche alle Menschen besitzen. Die Buddha-Natur (die Stupa), welche aus der Erde entspringt, bezieht sich auf die unerwartete Entdeckung der Buddha-Natur in sich selbst (d. h. in der Erde). Zuvor war man geneigt, diese Buddha-Natur als unrein zu betrachten. Hieraus folgt der Titel dieses Kapitels: „Betrachtung der kostbaren Stupa".

In dieser Stupa ist der Tathāgata reichliche Schätze, der die absolute Wahrheit symbolisiert, welche vom Tathāgata Shakyamuni verwirklicht wurde. Diese Wahrheit ändert sich nie, und sie hat seit jeher im ganzen Universum bestanden. Die Wahrheit wird in der Form der verschiedenen Lehren des Buddha offenbart, und sie leitet Menschen überall. Dies wird symbolisiert durch die Buddhas, welche von dem Buddha ausgegangen sind, und die das Gesetz in Welten in allen Richtungen predigen.

Wenn der Tathāgata reichliche Schätze innerhalb der kostbaren Stupa seinen Thron mit Shakyamuni Buddha teilt und dabei sagt, „Shakyamuni Buddha! Nimm diesen Platz!", so bezeugt er damit, daß all die Lehren des Tathāgata Shakyamuni wahr sind. Dieses Zeugnis wird von der Wahrheit selbst abgegeben. Es mag schwierig sein, die Idee zu begreifen, daß die Wahrheit selbst die Wahrheit bezeugt, aber kurz ausgedrückt bedeutet dies, daß alles, was Shakyamuni Buddha gesagt hat, mit Sicherheit schließlich eintritt. Die Tatsache, daß etwas schließlich eintritt, ist Zeugnis dafür, daß die Worte des Buddha wahr sind. Kein Zeugnis kann eindeutiger sein als dieses.

In der Metapher, daß der Tathāgata reichliche Schätze als die Verkörperund der Wahrheit und der Tathāgata Shakyamuni als deren Prediger mit überkreuzten Beinen nebeneinander auf dem Löwenthron in der Stupa der kostbaren Sieben sitzen, liegt eine tiefe Bedeutung. Dies symbolisiert nämlich folgende Tatsache: Gäbe es nicht eine Person, welche die Wahrheit predigt, dann könnten gewöhnliche Menschen sie nicht erkennen, und aus diesem Grund ist der Prediger der Wahrheit in gleichem Maße zu ehren wie die Wahrheit selbst.

Am Ende reflektierte die große Versammlung wie foigt: „Die Buddhas sitzen hoch oben und weit entfernt. Es wäre gut, wenn der Tathāgata durch seine transzendenten Kräfte unseren Wohnsitz in den Himmel verlegen würde.“ Daraufhin versetzte Shakyamuni Buddha sofort mit seinen transzendenten Kräften die große Versammlung in den Himmel. Dies verweist darauf, daß Menschen, wenn sie ihre Buddha-Natur in sich selbst entdecken, sofort ihren Wohnsitz in der Welt der Buddhas aufschlagen können.

In diesem Kapitel ist es wichtiger, die Bedeutung des Textes als Ganzes zu erfassen als die Bedeutung von bestimmten Versen oder Worten zu verstehen. Deshalb bleibt unsere Erörterung auf einen Überblick des Kapitels beschränkt, zusammen mit einer Erläuterung der wesentlichen Punkte.

Nachdem die Anwesenden in der großen Versammlung die Predigt des Buddha in Kapitel 10 gehört hatten, faßten sie einen festen Entschluß: „Wie der Buddha sagt, werden wir uns eifrig bemühen, was auch immer geschehen mag, die heiligen Lehren des Buddha auszubreiten und den Menschen und der Gesellschaft Dienste zu erweisen.“ In dem Augenblick entsprang vor ihnen plötzlich eine riesige Stupa aus den kostbaren Sieben aus der Erde und dem Wohnsitz im Himmel. Sie war mit allen möglichen kostbaren Stoffen geschmückt und von unvergleichbarer Schönheit. Alle Wesen in der Welt, menschliche und nicht menschliche, versammelten sich um die Stupa, huldigten, verehrten und priesen sie.

Die Beschreibung der Stupa, welche aus der Erde entspringt, hat eine sehr tiefe Bedeutung. Die Erde symbolisiert unseren Körper und Geist als gewöhnliche Menschen. Sie bedeutet auch dieses *Sahā*-Welt, welche aus gewöhnlichen Menschen besteht. Die Erleuchtung und Erlösung der Buddhas fallen nicht aus den Wolken herab, sondern entspringen aus uns selbst heraus. Erleuchtung und Erlösung, die aus uns selbst entspringen, sind wahrhaft wertvoll und stark, wie der Buddha uns hier deutlich lehrt. Seine Lehre ist realistisch und positiv.

Dann ertönte aus der kostbaren Stupa eine laute Stimme: „Ausgezeichnet! Ausgezeichnet! Weltgeehrter! Shakyamuni! Du bist fähig, der großen Versammlung das Sutra der wunderbaren Gesetzesblume, voll von universaler und großer Weisheit, zu predigen. Dies ist das Sutra, nach dem die Bodhisattvas unterwiesen werden, und welches die Buddhas schützen und im Geist bewahren. So ist es, so ist es, Weltgeehrter Shakyamuni! Alles, was du sagst, ist wahr!“

Diese große Stimme kam von dem Tathāgata reichliche Schätze, wenngleich er unsichtbar war. Alle in der großen Versammlung wunderten sich, wer in der Stupa sei. Der Bodhisatta große Beredsamkeit erkannte die Ungewißheit im Verstand der Menschen, und so fragte er stellvertretend für sie den Buddha nach den Gründen für diese Stupa, die aus der Erde entsprang, und der Stimme, welche aus ihrem Inneren ertönte.

Daraufhin sprach der Buddha zum Bodhisattva große Beredsamkeit: „In dieser Stupa ist der ganze Körper des Tathāgata." „Der ganze Körper des Tathāgata" bedeutet die gesamte Tugend und Kraft, welche der Tathāgata besitzt. Der Buddha verkündete hier, daß jemand, wenn er erst einmal zu seiner eigenen Buddha-Natur erwacht, ein unendliches Wesen wie der Tathāgata wird; er gelangt in den Besitz erhabener Weisheit und übt unbegrenztes Mitempfinden aus.

Der Budddha fuhr fort wie folgt: „Vor langer, langer Zeit gab es einen Buddha mit dem Titel ‚reichliche Schätze'. Als jener Buddha den Bodhisattva-Weg beschritt, legte er ein großes Gelübde ab und sagte: ‚Wenn dereinst, nachdem ich ein Buddha geworden und dahingegangen bin, irgendwo in einem Land des Universums das Sutra der Gesetzesblume gepredigt wird, dann soll meine Stupa sich erheben, auf daß ich dem Sutra beachten schenken, es bezeugen und preisen kann, indem ich sage „Ausgezeichnet!" Als jener Buddha sich dem Ende seines Lebensweges näherte, unterwies er inmitten von Göttern, Menschen und einer großen Menge seine *Bhikshus*. In der Stupa, welche jetzt aus der Erde entsprungen ist, befindet sich kein anderer als der Tathāgata reichliche Schätze."

Daraufhin sprach der Bodhisattva große Beredsamkeit zum Buddha: „Weltgeehrter! Wir möchten sehr gern den Körper dieses Buddha sehen." Der Buddha ging auf dieses Verlangen ein und wandte sich wie folgt an den Bodhisattva große Beredsamtkeit: „Dieser Buddha reichliche Schätze hat ein tiefgründiges und feierliches Gelübde abgelegt: ‚Wenn meine Stupa in der Gegenwart eines Buddha erscheint, um Zeugnis von der Verkündigung des Sutras der wunderbaren Gesetzesblume abzulegen, und wenn dieser Buddha begehrt, meinen Körper den vier Gruppen zu zeigen, dann sollen die Buddhas, welche von jenem Buddha ausgegangen sind und die das Gesetz überall in den Welten predigen, alle zusammen zurückkehren und sich an einem Ort versammeln, und dann wird mein Körper erscheinen.'"

Stellvertretend für alle in der großen Versammlung erwiderte der Bodhisattva große Beredsamkeit dem Buddha: „Weltgeehrter! Wir möchten auch die von dem Weltgeehrten ausgegangenen Buddhas sehen, sie verehren und ihnen huldigen."

Dann sandte der Buddha von dem weißen Haarkranz zwischen seinen

Augenbrauen einen Strahl aus, woraufhin all die Buddhas der Domänen in allen Richtungen sichtbar wurden. Wo immer der Strahl von dem weißen Haarkranz leuchtete, offenbarte er die wunderschön geschmückten Domänen der Buddhas. Dann wandte ich jeder der Buddhas an die Schar seiner Bodhisattvas und sprach: „Gute Söhne! Wir müssen jetzt zu Shakyamuni Buddha in der *Sahā*-Welt gehen und der kostbaren Stupa des Tathāgata reichliche Schätze Huldigung erweisen." Daraufhin wurde die *Sahā*-Welt augenblicklich zu einer wunderschönen Welt der Reinheit und Zierde.

Diese Geschichte zeigt deutlich, daß das reine Land sich nicht an irgendeinem weit entfernten Ort befindet, sondern hier in der *Sahā*-Welt ist, in der wir leben. Für einen erleuchteten Menschen ist die *Sahā*-Welt grundsätzlich identisch mit dem reinen Land des friedlichen Lichtes.

Die Buddhas aus den zehn Richtungen kamen alle und versammelten sich in der *Sahā*-Welt. Ein jeder schickte seine Diener aus, Shakyamuni Buddha Verehrung zu erweisen, und die Buddhas drückten gemeinsam ihren Wunsch aus, daß die kostbare Stupa geöffnet werde. Daraufhin öffnete Shakyamuni Buddha mit seiner rechten Hand die Tür der Stupa der kostbaren Sieben, und dabei war ein lautes Geräusch zu hören, als ob der Riegel eines großen Stadttors zurückgeschoben würde. Dann sahen alle in der Versammlung den Tathāgata reichliche Schätze auf dem Löwenthron in der kostbaren Stupa sitzen. Und sie hörten ihn sagen: „Ausgezeichnet! Ausgezeichnet! Shakyamuni Buddha! Predige rasch dieses Sutra der Gesetzesblume. Ich bin hierher gekommen, um dieses Sutra zu hören."

Die ganze Versammlung pries dieses beispiellose Wunder und streute auf den Buddha reichliche Schätze und auf Shakyamuni Buddha Haufen von himmlischen Blumen. Daraufhin teilte der Buddha reichliche Schätze seinen Thron mit Shakyamuni Buddha und sagte dabei: „Shakyamuni Buddha! Nimm diesen Platz!" Dann betrat Shakyamuni Buddha die Stupa, setzte sich auf den Thron und kreuzte seine Beine.

Zuerst war die große Versammlung von dieser wunderbaren Szene tief bewegt; aber als sie die beiden Buddhas mit überkreuzten Beinen in der Stupa im Himmel sitzen sahen, fühlten sie sich verlassen, als ob die beiden Tathāgatas plötzlich hoch oben und weit entfernt seien. Ein jeder wünschte sich, daß die Tathāgatas auch ihn mit ihren transzendenten Kräften in ihren Wohnsitz im Himmel erheben würden. Shakyamuni Buddha erkannte sofort ihre Gefühle, und mit seinen transzendenten Kräften versetzte er die ganze große Versammlung in den Himmel.

DIE ZWEI ORTE UND DREI VERSAMMLUNGEN DES LOTUS-SUTRAS .Von diesem Teil dieses Kapitels wechselt die Szene des Lotus-

Sutras vom Geiergipfel zur Versammlung im Himmel. Shakyamuni Buddha soll dieses Sutra an zwei Orten und vor drei Versammlungen erläutert haben. Zuerst wurde es vor der Versammlung auf dem Geiergipfel gepredigt, dann vor der Versammlung im Himmel und schließlich wieder vor der Versammlung auf dem Geiergipfel. Die spirituelle Bedeutung der beiden Plätze und der drei Versammlungen ist wie folgt.

Wenn wir die Lehren des Buddha empfangen, können wir sie zuerst nicht verstehen, es sei denn, daß sie mit unseren tatsächlichen gegenwärtigen Umständen eng verknüpft sind. Die erste Predigt des Lotus-Sutras auf der Erde bedeutet, daß der Buddha zuerst seine Lehre basiert auf Tatsächlichkeit offenbarte. Dies ist die Lehre der Weisheit. Die Predigt des Sutras im Himmel, weit entrückt von der Erde, verweist auf den Buddha als das Ideal, welches einen Schritt über die Tatsächlichkeit hinausgeht. Dies wird möglich durch das vom Buddha gezeigte absolute Mitempfinden. Diese mitempfindende Lehre ist jedoch bedeutungslos, wenn wir sie nicht in unserem tatsächlichen Leben demonstrieren. Deshalb kehrt die letzte Predigt des Lotus-Sutras zur Tatsächlichkeit (d. h. zur Erde) zurück. Wie in diesem Buch häufig erwähnt wird, sind die seltsamen Geschichten im Lotus-Sutra keine Beschreibungen von einer traumhaften Welt, sondern enthalten eine wohlüberlegte geistige Bedeutung.

DIE DOKTRIN VON SECHS SCHWIERIGKEITEN UND NEUN LEICHTEN ÜBUNGEN. Daraufhin sprach der Tathāgata Shakyamuni aus der kostbaren Stupa heraus mit einer mächtigen Stimme zu den vier Gruppen: „Wer ist fähig, das Sutra der wunderbaren Gesetzesblume draußen in der *Sahā*-Welt zu verkünden? Jetzt ist in der Tat die Zeit gekommen. Der Tathāgata muß schon bald in das Nirvana eingehen. Der Buddha möchte dieses Sutra der wunderbaren Gesetzesblume hinterlassen, so daß es auf immer fortbesteht.“ Unter Benutzung verschiedener Gleichnisse erläuterte der Buddha dann die Schwierigkeit, das Lotus-Sutra im Zeitalter der Degeneration zu predigen. Dies wird allgemein als die Doktrin von sechs Schwierigkeiten und neun leichten Übungen bezeichnet.

Wenn jemand den Berg Sumeru aufgreifen und ihn in ein anderes Gebiet der zahllosen Buddha-Länder werfen würde, so wäre das nicht schwer. Wenn jemand eine große tausendfache Welt mit seinen Zehen bewegen und sie in ein weit entferntes Land schleudern würde, so wäre auch das nicht schwer. Wenn jemand vom Gipfel aller Wesen aus[1] die unzähligen Sutren außer dem Lotus-Sutra allen Wesen erläutern würde, so wäre auch dies nicht schwer. Wenn aber jemand nach dem Dahingehen des Buddha fähig ist, dieses Sutra inmitten einer bösen Welt zu predigen, so ist das in der Tat schwer. Wenn es auch einen Mann gäbe, der den Himmel in seiner Hand ergriffe und damit herumschritte, so wäre das nicht schwer. Wenn jemand die große Erde auf seinen Zehennagel legen würde und damit zum Brahma-Himmel aufstiege, so wäre das immer noch nicht schwer. Wenn auch jemand in der letzten Feuersbrunst am Ende der Welt mit einem trockenen Heubündel unversehrt durch das Feuer schreiten würde, so wäre das immer noch nicht schwer. Wenn hingegen jemand nach dem Dahingehen des Buddha inmitten einer bösen Welt das Lotus-Sutra bewahrt, es laut liest und es auch nur einem einzigen anderen Menschen verkündet, so ist das in der Tat schwer.

Nur weil der Buddha auf diese Weise predigte, dürfen wir jedoch nicht den Mut verlieren und fürchten, daß wir unmöglich eine solch schwierige Aufgabe erfüllen können. Der Buddha verweist hier auf die Schwierigkeiten, die wir haben werden, das Lotus-Sutra vollkommen aufzunehmen und zu bewahren, es zu lesen und zu rezitieren und es zu erläutern. Wenngleich wir unablässig nach vollkommener Übung streben müssen, so haben wir doch schon einige der oben erwähnten Schwierigkeiten begriffen. Deshalb brauchen wir uns nicht entmutigt zu fühlen. Die Tatsache selbst, daß wir dieses Sutra studieren, uns daran erinnern und bereit sind, es innerhalb unserer begrenzten Fähigkeit auszuüben, bezeugt die Möglichkeit, daß wir eine solch schwierige Aufgabe meistern können. In diesen schwierigen Zeiten sollten wir einander bei unserer Übung ermutigen, so daß all die Buddhas Freude an uns haben.

[1] Der höchste Himmel, auch der Gipfel aller Existenz genannt.

Kapitel 12

Devadatta

BISHER HABEN WIR GELESEN, daß der Buddha vielen Jüngern direkt die Erlangung der Buddhaschaft prophezeite. Alle diese Menschen waren jedoch Männer und unmittelbare Jünger des Buddha; sie besaßen einen eisernen Willen und widmeten sich vollständig ihren religiösen Disziplinen. Wenn aber nur solche Menschen vollkommene Erleuchtung erlangen können, dann wird das Prinzip, daß alle Lebewesen in gleicher Weise die Buddha-Natur besitzen, nicht voll unter Beweis gestellt.

Dieses Kapitel zeigt jedoch deutlich die Unermeßlichkeit und Vollkommenheit der Lehren des Buddha; denn hier erscheint die Lehre, daß auch böse Männer und Frauen die Buddhaschaft erreichen können.

Devadatta war ein Vetter des Buddha, aber wie in den Geschichten über das Leben des Buddha häufig berichtet wird, war er ein äußerst schlechter und grausamer Mann. Er beneidete Shakyamuni, den viele Menschen als den Buddha verehrten. Gleichzeitig war er ehrgeizig und wollte den Platz des Buddha einnehmen; deshalb stellte er dem Buddha oft Fallen, schmähte und verleumdete ihn. Er versuchte sogar mehrmals, den Buddha zu töten. Einmal rollte er einen Felsblock hinunter auf eine Straße, als der Buddha vorbeiging; einmal versuchte er einen Elefanten betrunken zu machen, so daß dieser Amok laufen und den Buddha angreifen würde; einmal verabreichte er Shakyamuni Gift; einmal schoß er mit seinem Bogen auf den Buddha.

Der Buddha prophezeite sogar die Buddhaschaft für Devadatta, dessen Name die Liste seiner Feinde anführte. Die Toleranz und Großzügigkeit des Buddha gegenüber Devadatta muß als ungewöhnlich anerkannt werden.

Eine andere Besonderheit in diesem Kapitel ist, daß der nur achtjährigen Tochter eines Drachen prophezeit wurde, daß sie die Buddhaschaft erlangen werde. Menschen in diesem moderen Zeitalter mögen es als ungerecht betrachten, daß in diesem Kapitel Frauen zusammen mit bösen Männern besprochen werden. Zur Zeit des Buddha hielt die allgemeine Öffentlichkeit in Indien jedoch Frauen für verkörperte Sünde. Frauen wurden als ein Hindernisfür die religiösen Übungen der Männer betrachtet, und man dachte, daß sie nie vom Leiden erlöst werden könnten.

Die Gesellschaft im alten Indien war streng geschichtet und in vier große erbliche Kasten unterteilt: Die oberste, die Brāhmaṇa oder Priesterkaste, beschäftigte sich mit Studium, Religion und Moral; die zweite war die Kshatriya oder Kriegerkaste, zu der Könige und Krieger gehörten; die dritte, die Vaiśya, war die Kaste von Bauern, Handwerkern und Kaufleuten; zur vierten Kaste, der Śūdra, gehörten die Arbeiter. Basierend auf der Geburt wurde eine strenge Trennung in diesem Kastensystem beibehalten. Ganz gleich, wie brillant ein Mann auch sein mochte, er konnte niemals über seine Kaste hinaus aufsteigen. Wenn er als ein Śūdra geboren war, so war es sein Schicksal, sein ganzes Leben lang ein Śūdra zu bleiben.

Andererseits konnte ein Mann, der aus einer Brahmanen-Familie kam, eine hohe Position erreichen und über viele Menschen herrschen, selbst wenn er ein Dummkopf war. Ein Mensch, der von den Kshatriyas abstammte, konnte große Macht erlangen, selbst wenn er ein Feigling war. Aufgrund ihres Reichtums taten die Angehörigen der Vaiśya sich mit den Brahmanen zusammen und machten sich bei den Kshatriyas beliebt. Die Vaiśyas übten auch einige Macht über die Śūdras aus und nutzten sie wie niedrige Lasttiere aus.

Die überwältigende Mehrheit der Bevölkerung setzte sich aus Mitgliedern der Śūdra-Kaste zusammen; aber sie wurden kaum als Menschen behandelt. Die oberen drei Kasten verwalteten und beherrschten die Gesellschaft im alten Indien. Zwangsläufig wurden die niedrigeren Kasten von den mächtigeren Kasten sehr stark unterdrückt. In einer solchen Gesellschaft war die Verkündigung des Buddha, daß alle Menschen gleich seien, weitaus revolutionärer als wir es uns heute vorstellen können.

Shakyamuni Buddha ertrug geduldig alle Verfolgungen und predigte mit großem Mut und unbeugsamer Geisteshaltung das Lotus-Sutra als die Lehre der menschlichen Gleichheit. Er predigte wiederholt über die Schwierigkeiten, das Lotus-Sutra zu empfangen, zu bewahren und zu verkünden, eben weil die sozialen Verhältnisse jener Zeit in Indien ganz besonders struktuiert waren.

Wenn der Buddha Frauen die Erlangung der Buddhaschaft prophezeit, so müssen wir dies im Hinblick auf den Zustand der Gesellschaft und die allgemeine Haltung zur Zeit des Buddha betrachten. Der Buddha erklärte: „Frauen können auch Buddhas werden; es gibt grundsätzlich keine Unterscheidung im Geschlecht; alle Menschen sind gleich.“ Dies geschah zu einer Zeit, in der Frauen als eigentlich sündhaft betrachtet wurden, und somit war es in der Tat eine epochale Erklärung.

Seit der Französischen Revolution hat der Gedanke der menschlichen Gleichheit in der Geisteshaltung der Menschen Fuß gefaßt, und als eine Folge wurde das Ideal der Demokratie im Westen wieder zum Leben erweckt. Jedoch hatte Shakyamuni Buddha bereits mehr als zweitausend

Jahre vor jener Zeit menschliche Gleichheit gepredigt, wenngleich die Bedeutung der von ihm gepredigten Gleichheit weitaus tiefgründiger war als die Gleichheit in modernen Zeiten. Die Menschen in den Jahrhunderten nach Buddhas Tod waren jedoch unfähig, diese Lehre des Buddha anzunehmen und sie auszubreiten. Wir schulden jenen Menschen in vergangenen Zeiten tatsächlich viele Entschuldigungen für die lange Verzögerung, das Ideal des Buddha für die menschliche Gleichheit zu verwirklichen.

Nun wollen wir uns mit dem Text dieses Kapitels beschäftigen.

Zuerst wandte der Buddha sich an die Bodhisattvas,die himmlischen Wesen und die vier Gruppen und sprach über die Beziehung zwischen ihm selbst in einem früheren Leben und einem bestimmten Einsiedler: „In einer früheren Existenz war ich viele *Kalpas* lang König eines Landes und legte das Gelübde ab, die höchste Weisheit zu suchen. Ich begehrte, die sechs Vollkommenheiten zu erfüllen und gab großzügig Almosen — die kostbaren Sieben, Länder, Städte, Frauen, Kinder, und ich scheute keine Mühen für Leib und Leben. Um des Gesetzes willen gab ich den Thron meines Reiches auf, übertrug die Regierung dem Kronprinzen, suchte überall nach der Wahrheit und verkündete: ‚Wer auch immer mir von einem Großen Fahrzeug erzählen kann, für den will ich mein Leben lang sorgen und sein Diener sein.'

„Zu der Zeit kam ein Einsiedler namens Asita zu mir und sagte: ‚Ich habe ein Großes Fahrzeug, das Sutra der wunderbaren Gesetzesblume. Wenn du mir immer gehorchst, dann will ich es dir erklären.' Als ich hörte, was der Einsiedler sagte, wurde ich mit Freude erfüllt; ich folgte ihm sofort und kümmerte mich um seine Bedürfnisse, sammelte Früchte, schöpfte Wasser, brachte Brennholz, bereitete sein Essen, bot ihm sogar meinen Körper als Stuhl und Bett an, und doch empfand ich dabei niemals Müdigkeit im Körper oder im Geist. Während ich so diente, verging ein Jahrtausend, und um des Gesetzes willen diente ich ihm mit Eifer, auf daß er nichts entbehrte."

Nachdem der Buddha all den *Bhikshus* diese Geschichte erzählt hatte, verkündete er, daß er selbst damals der König, der Einsiedler Asita dagegen der gegewärtige Devadatta gewesen sei. Der Buddha erklärte vor allen vier Gruppen, daß Devadatta nach dem Verstreichen von unzähligen *Kalpas* ein Buddha werden würde.

AUCH BÖSE MENSCHEN WERDEN DEREINST BUDDHAS. Es wäre ein großer Fehler, wenn man leichtfertig über die Erklärung des Buddha hinweggehen würde, daß sogar Devadatta, der versucht hatte, ihn zu töten, ein Buddha werden würde. Wir dürfen nicht vergessen, daß für Devadatta die Erlangung der Buddhaschaft davon abhängig war, daß er sich von Täuschungen befreie und religiösen Übungen nachginge. Jeder böse Mensch besitzt sicherlich die Buddha-Natur. Wenn solch ein Mensch mit dem Gesetz des Buddha in Berührung kommt und die dunkle Wolke der Täuschung von seinem Geist abstreift, dann beginnt seine wahre Natur, seine Buddha-Natur, zu leuchten. Die Lehre des Buddha, welche deutlich hierauf verweist, ist eine große Hilfe für die Menschen im Zeitalter der Degeneration.

Dieser Teil der Predigt des Buddha enthält neben seiner Lehre, daß auch böse Menschen Buddhas werden können, zwei weitere Lehren. In einer Lehre wird folgendes gesagt: Wenn ein Mensch alle Verfolgungen und Widerwärtigkeiten erduldet und weiter religiösen Übungen nachgeht, dann werden seine Mühen zu einer indirekten Ursache für ihn, ein Buddha zu werden. Der Buddha sagte: „Meine Erlangung der vollkommenen Erleuchtung und die weitreichende Erlösung aller Lebewesen, all dies beruht auf der guten Freundschaft von Devadatta."

Dies ist eine höchst wichtige Erklärung. Wenn wir von anderen Verachtung, Beschimpfung und Widerstand erfahren, dann neigen wir dazu, uns über diese Menschen zu ärgern, oder wir fühlen uns traurig und beginnen, am Dharma (Gesetz) zu zweifeln. Statt dessen müssen wir solche Mühsale annehmen und zu einer positiven Kraft machen.

Viele Lehrer in alten Zeiten, darunter Shakyamuni Buddha und Nichiren, haben durch ihr Beispiel bewiesen, daß der Mensch auf diese Weise seine Unzulänglichkeiten in Vorteile verwandeln kann.

NICHT HASS MIT HASS VERGELTEN. Eine weitere Lehre ist, daß wir Haß nicht mit Haß vergelten dürfen. Shakyamuni Buddha empfand keinen Groll gegenüber Devadatta, der ihm so viele Verletzungen zufügte; er dankte ihm sogar für seine „gute Freundschaft". Einige Leute mögen denken, daß eine solche Haltung in der heutigen Welt, wo wir so hart um unsere Existenz ringen müssen, nicht angebracht sei. Jedoch wird der Gedanke des Buddha durch folgendes Ereignis aus jüngerer Zeit bekräftigt.

Auf der Vollversammlung der japanischen Friedenskonferenz, welche im Jahre 1951 in San Francisco stattfand, hielt J. R. Jayewardene, der damalige ceylonesische Finanzminister und Delegierte zu dieser Konferenz, eine Rede, in der er erklärte, daß Ceylon auf Reparationen von Japan verzichte. Dabei zitierte er die folgenden Worte des Buddha aus dem *Dhammapada*: „Haß wird in dieser Welt nie durch Haß besänftigt; durch Liebe allein wird er besänftigt. Dies ist ein altes Gesetz." Es wird berichtet, daß seine Rede stürmischen Beifall hervorgerufen habe.

Zum diplomatischen Geschick gehört es, ein entgegengestelltes Land zu bedrohen, es zu hintergehen, mit ihm zu verhandeln, insgeheim einige seiner Bürger auf seine eigene Seite zu bringen, und im letzten Moment seine Freunde zu verraten. Vom Standpunkt persönlicher Beziehungen muß ein solches diplomatisches Geschick beschämend wie das eines Kriminellen erscheinen. Wie eindrucksvoll ist die Tatsache, daß auf dieser Friedenskonferenz, die von erfahrenen Diplomaten besucht wurde, der Vertreter Ceylons die Lehre des Buddha als die Außenpolitik seines Landes herausstellte! Dies gilt auch für die Tatsache, daß die anderen Delegierten der Rede des ceylonesischen Vertreters begeistert Beifall spendeten; denn dies zeigt deutlich, daß es nur einen Weg für die Rettung der Menschheit gibt. Dieses Ereignis verleiht uns große Hoffnung für die Zukunft der Menschheit.

Wenn wir den Haß unserer Gegner mit Haß erwidern, dann hegen sie uns gegenüber noch bitterere Gefühle. Somit wird Haß noch mehr Haß schüren, und dies setzt sich in einem Teufelskreis ohne Ende fort. Im *Dhammapada* lehrt der Buddha, daß der Haß des Menschen für immer erlischt, wenn er ihn aufgibt; und im Lotus-Sutra lehrt er die positive Haltung des Menschen, d. h. einen weiteren Schritt, Haß in Dankbarkeit umzuwandeln.

Einige mögen denken, daß es für einen gewöhnlichen Menschen sehr schwer sei, dies zu tun. Deshalb sprach Shakyamuni Buddha wie folgt: „Wenn es in einer zukünftigen Welt gute Söhne oder gute Töchter gibt, die dieses Devadatta-Kapitel im Sutra von der wunderbaren Gesetzesblume mit reinem Herzen hören, es verehren und frei von Zweifeln sind, dann werden sie nicht in die Hölle abfallen oder ein hungriger Geist oder ein Tier werden; in höllischen oder tierischen Welten oder Welten der hungrigen Geister sondern unter den Buddhas des Universums geboren. Wo immer ein solcher Mensch geboren wird, wird er stets dieses Sutra hören; und wenn er unter Menschen oder Göttern geboren wird, so wird er wunderbare Freude genießen. Wenn er in die Gegenwart eines Buddha geboren wird, so gleicht seine Geburt dem Entstehen aus einer Lotusblüte."

Dann sprach ein Bodhisattva-Anhänger des Tathāgata reichliche Schätze mit dem Beinamen ‚Anhäufung der Weisheit' zu diesem: „Laßt uns in unser Land zurückkehren!" Aber Shakyamuni Buddha sagte zu Anhäufung der Weisheit: „Guter Sohn! Warte noch eine Weile! Hier ist der Bodhisattva Mañjuśrī. Diskutiere zuerst mit ihm das wunderbare Gesetz, und kehre dann in dein Land zurück." Daraufhin tauchte Mañjuśrī zusammen mit den Bodhisattvas, die ihn begleiteten, aus dem Ozean auf. Auf eine Frage des Bodhisattva Anhäufung der Weisheit erwiderte Mañjuśrī, daß er viele Wesen im Palast des Drachenkönigs unter dem Meer unterwiesen habe. Dann pries der Bodhisattva Anhäufung der Weisheit Mañjuśrī für die Ergebnisse seiner Unterweisung im Ozean.

Mañjuśrī erwiderte: „Dies beruht nicht alles auf meiner Größe. Was ich in der Mitte des Ozeans immer verkündete, war nichts anderes als das Sutra der wunderbaren Gesetzesblume. Meine Unterweisung an die Bodhisattvas bedeutet nicht besonders viel. Ich habe aber eine sehr erfreuliche Sache zu berichten." Dann erzählte Mañjuśrī Anhäufung der Weisheit, daß er der achtjährigen Tochter des Drachenkönigs das Lotus-Sutra gepredigt und sie zur Erlangung der Erleuchtung gebracht habe. Er pries die Größe der Tochter des Drachenkönigs.

Der Bodhisattva Anhäufung der Weisheit sagte: „Ich habe gesehen, wie Shakyamuni Tathāgata im Laufe unzähliger *Kalpas* unter Ausführung mühsamer und schmerzhafter Taten Verdienste ansammelte, Tugenden anhäufte und unablässig und ohne Ruhe den Bodhi-Weg suchte. Ich habe beobachtet, daß es in der vieltausendfachen Welt auch nicht einen Fleck so klein wie ein Senfkorn gibt, den sein Körper und Leben als ein Bodhisattva nicht zum Wohl der Lebenden erfaßt hat; und erst nachdem er dies vollbrachte, erlangte er Bodhi. Es erscheint mir unglaublich, daß dieses Mädchen in nur einem Augenblick vollkommen erleuchtet werden könnte."

Bevor er zu Ende gesprochen hatte, erschien die Tochter des Drachenkönigs plötzlich vor ihnen. Sie erwies dem Buddha Verehrung, setzte sich an seine Seite, pries den Buddha in Versen und sagte: „Ich glaube, daß ich sicher Bodhi erlangen kann. Nur der Buddha kann das bezeugen. Ich will die Lehre vom Großen Fahrzeug kundtun, welche die Wesen vom Leiden erlöst."

Die Versammlung konnte ihre Erklärung nicht verstehen. Sāriputra sagte zur Tochter des Drachenkönigs: „Du behauptest, daß du in ganz kurzer Zeit den erhabenen Weg ereicht hast. Das ist nur schwer zu glauben." Er führte verschiedene Gründe an, warum eine Frau nicht ein Buddha werden könne.

Die Drachentochter besaß eine kostbare Perle, welche sie dann hochhielt und dem Buddha darbot, der sie sofort annahm. Die Tatsache, daß der Buddha sofort ihre Perle annahm, ist ein Beweis dafür, daß er ihre Erlangung der Buddhaschaft erkannt hatte. Sie sagte dann zum Bodhisattva Anhäufung der Weisheit und zu Sāriputra: „Ich habe meine Perle dargeboten, und der Weltgeehrte hat sie angenommen, — hat er schnell gehandelt?" Sie antworteten: „Sehr schnell."

Daraufhin sagte sie: „Schaut mich mit euren übernatürlichen Kräften an und seht, wie ich noch schneller ein Buddha werde!" In diesem Augenblick sah die ganze Versammlung, wie die Tochter des Drachen plötzlich in einen Mann verwandelt wurde, vollkommen an Bodhisattva-Taten, und sich unverzüglich in die Welt ohne Flecken im südlichen Viertel begab. Dort verkündete sie überall allen Lebewesen im Universum das wunderbare Gesetz.

FRAUEN WERDEN BUDDHAS. Dann sah die ganze *Sahā*-Welt der Bodhisattvas, *Srāvakas,* Götter, Drachen, menschlichen und nicht menschlichen Wesen von weitem, wie die Tochter des Drachen ein Buddha wurde und überall das Gesetz zu Göttern, Menschen und anderen Wesen predigte, und sie alle frohlockten und erwiesen ihr Ehrerbietung. Die zahllose Menge, die miterlebte, wie sie das Gesetz predigte und als Frau ein Buddha wurde, gelangte zur Erkenntnis und erreichte eine Stufe, von der sie nie mehr in die Sterblichkeit zurückglitten. Sie empfingen auch ihre Prophezeiung, den vollkommenen Weg zu erlangen. Dreitausend Lebewesen richteten ihren Sinn auf Bodhi und bekamen ihre Prophezeiung dafür. Der Bodhisattva Anhäufung der Weisheit, Sāriputra und alle in der Versammlung glaubten still und tief an die Größe der Kraft in den Lehren des Buddha. Hiermit endet das Kapitel über Devadatta.

Frauen in der heutigen Zeit empfinden vielleicht Unzufriedenheit darüber, daß die Tochter des Drachen plötzlich in einen Mann verwandelt und dann ein Buddha wurde. Solch eine Ausdrucksweise wurde lediglich mit Rücksicht auf die Vorstellung von Frauen im alten Indien benutzt. Die plötzliche Verwandlung einer Frau in einen Mann bedeutet nur die Verwandlung der Unterschiede zwischen Mann und Frau. Shakyamuni Buddha verkündete, daß Tiere, Vögel, Würmer, Pflanzen und Bäume sowie Menschen die Buddha-Natur besitzen. Wie hätte er dann Unterschiede zwischen Männern und Frauen machen können? Das ist unmöglich. Mit den Augen des Buddha betrachtet, sind alle Lebewesen gleich. Dies dürfen wir niemals vergessen.

Kapitel 13

Der Vorsatz, standhaft zu bleiben

DIESES KAPITEL HEISST auf Japanisch *Kanji-hon. Kan* bedeutet, andere zur Lehre zu ermuntern oder zu drängen, während *ji* halten oder empfangen und bewahren bedeutet. Dieses Kapitel berichtet, wie die tugendhaften Bodhisattvas, welche durch die Predigten des Buddha gut verstanden hatten, wie kostbar die Lehre des Sutras von der wunderbaren Gesetzesblume ist, den festen Vorsatz faßten, dieses Sutra nach dem Dahingehen des Buddha im Ausland zu verbreiten, ganz gleich, welchen Schwierigkeiten sie auch begegnen würden, und wie sie in der Gegenwart des Buddha gelobten, dieses Sutra auszuüben. Man muß fest entschlossen sein, die Lehre selbst zu predigen, bevor man andere dazu anhält. Hierbei ist besonders zu beachten, daß der Titel „Der Vorsatz, standhaft zu bleiben" sich nicht darauf bezieht, andere zur Lehre anzuhalten, sondern vielmehr auf die Entschlossenheit und das Gelübde der Bodhisattvas selbst. Dies ist ein wesentlicher Punkt, den wir nicht übersehen dürfen.

In diesem Kapitel wurde die vollkommene Erleuchtung von zwei Frauen, der Gautami und der *Bhikshunī* Yasodhara, prophezeit. Die Gautami war die Schwester der Mutter des Buddha, Mahamaya, die kurz nach der Geburt des Buddha starb, und die Gautami zog Shakyamuni auf. Sie umsorgte ihn liebevoll wie eine wahre Mutter und wurde deshalb die *Bhikshunī* Mahaprajapati (der Weg großer Liebe) genannt. Die *Bhikshunī* Yasodhara war die Frau von Shakyamuni, bevor er der Welt entsagte, und die Mutter von Rahula. Diese beiden Frauen begehrten aufrichtig, unmittelbare Jünger des Buddha zu werden, nachdem sein Vater, König Suddhodana, gestorben war. Als untadelige *Bhikshunīs* sammelten sie zahlreiche religiöse Verdienste an.

Es mag seltsam erscheinen, daß der Buddha sie in seiner Prophezeiung bis zuletzt zurückstellte, und daß er, bevor er diese beiden Frauen auch nur erwähnte, bereits der Tochter des Drachen seine Prophezeiung gegeben hatte, wenngleich diese gewissermaßen nur ein indirekter, von Mañjuśrī unterwiesener Jünger und nur ein achtjähriges Mädchen war. Diese Priorität hat die folgende Bedeutung: Wie bereits in der Erklärung der Prophezeiung des Buddha an Ānanda und Rāhula erwähnt wurde, kann die enge Verbundenheit mit dem Buddha, wie im Fall der *Bhikshunī* Mahaprajapati, die den Buddha vom Säuglingsalter an aufgezogen hatte, und die *Bhikshunī*

Yasodhara, die seine Frau gewesen war und ihm seinen Sohn geboren hatte, eher ein Hindernis als eine Hilfe für ihre Übung bedeuten. Der Buddha lehrt uns, daß jemand wie die Tochter des Drachen, also ein vollkommener Fremder für den Buddha, mit Leichtigkeit das Gesetz empfangen kann, während wir großen Schwierigkeiten begegnen können, wenn wir diejenigen unterweisen, welche uns am nächsten stehen, wie beispielsweise unsere Eltern und Gatten. Die verzögerte Prophezeiung des Buddha an die *Bhikshunī* Mahaprajapati und die *Bhikshunī* Yasodhara bedeutet nicht, daß der Buddha sie als geringer als die Tochter des Drachenkönigs betrachtete.

ALLE WESEN WERDEN BUDDHAS. Eine weitere Bedeutung ist folgende: Sofern die Lehre richtig vermittelt wird, und sofern sie mit einer willigen Gesinnung aufgenommen wird, kann jeder die Erleuchtung eines Buddha erlangen. Wer auch immer man sein mag, ein direkter Jünger des Buddha, jemand, der nach den Lebzeiten des Buddha geboren ist, oder jemand in einem fremden Land, keiner dieser Umstände ist von besonderer Bedeutung für die Möglichkeit, die Buddhaschaft zu erlangen. Wenn ein Mensch die richtige Lehre empfängt, kann er gerettet werden. Die achtjährige Tochter des Drachenkönigs symbolisiert die willige Gesinnung eines Kindes. Sie symbolisiert die Unermeßlichkeit und Grenzenlosigkeit der Lehre des Buddha und zeigt, daß alle in gleicher Weise gerettet werden können, ganz unabhängig von ihrer Nationalität, oder ob es sich um menschliche oder andere Wesen handelt. Wir müssen erkennen, daß die Predigt des Buddha in diesem Kapitel eine weitaus tiefere Bedeutung enthält als nur den Hinweis auf die Erlangung der Buddhaschaft für Frauen.

In der heutigen Zeit scheinen Frauen weitaus mehr als Männer religiös geneigt zu sein. Hierfür gibt es verschiedene Gründe; die tiefste und größte Ursache leigt jedoch wohl darin, daß Frauen die Möglichkeit haben, der nächsten Generation Leben zu schenken.

Frauen gehen religiösen Disziplinen mit Eifer nach und können bei ihren Übungen praktische Erfolge erzielen. Eine starke Seite der Frauen ist ihre Geduld, durch die sie sich bei Wiederholungen leichter tun. Wie zuvor erwähnt, besteht eine Disziplin darin, nach seiner Erhöhung zu streben, indem man geduldig etwas wiederholt, was seinem Geist oder Körper nützt.

Dabei sollte man aber nicht denken, daß Männer diese bei Frauen zu findenden Eigenschaften gänzlich fehlen. Als ich in die japanische Marine eintrat und auf einem Schiff lebte, pflegte ich zusammen mit anderen Seeleuten zu stricken. Ich konnte Handschuhe und Bauchbinden so geschickt wie eine Frau stricken. Wenn Männer in eine solche Lebensumgebung eintreten, dann können sie in sich Eigenschaften entdecken, welche sie befähigen, etwas so geduldig wie Frauen zu wiederholen. Männer brauchen sich nicht entmutigt zu fühlen, daß ihnen die Geduld fehlt, Dinge zu tun, welche Frauen tun können. Wie in Kapitel 5 erklärt wurde, haben alle die Möglichkeit, in gleicher Weise gerettet zu ewrden, was auch immer ihre individuellen Unterschiede sein mögen.

Nun wollen wir zum Hauptgegenstand des Kapitels 13 weitergehen.

Alle in der großen Versammlung waren tief ergriffen von der lebendigen Szene, in der die Tochter des Drachen zu einem Buddha wurde. Zu der Zeit legten der Bodhasattva Medizinkönig und der Bodhisattva Große Beredsamkeit mit ihrer Anhängerschaft von vielen Bodhisattvas in der Gegenwart des Buddha dieses Gelübde ab: „Möge es dir gefallen, Weltgeehrter, ohne Sorge zu sein! Nach dem Dahingehen des Buddha wollen wir uns der Verbreitung dieser ehrwürdigen Lehre im Ausland widmen. In den künftigen bösen Zeiten werden die Lebewesen ihre guten Eigenschaften verringern, andererseits werden Hochmut und Gier nach Gewinn und Ruhm zunehmen; die Menschen werden ihre schlechten Eigenschaften entwickeln, und sie werden von der Befreiung weit entfernt sein. Wenngleich es schwer sein mag, sie zu belehren, werden wir doch mit größter Geduld diese Lehre beachten und weder Körper noch Leben schonen, um sie zu predigen." Das Motto der Anhänger des Lotus-Sutras „Weder Körper noch Leben im Interesse des Gesetzes schonen" kommt von diesem Vers.

Daraufhin legten die fünfhundert *Arhats* in der Versammlung und die achttausend *Arhats,* in der Ausbildung oder bereits ausgebildet, dieses Gelübde ab: „Weltgeehrter! Auch wir wollen diese Lehre in anderen Ländern verbreiten, weil die tugendhaften Bodhisattvas die Aufgabe übernommen haben, die Menschen in der *Sahā*-Welt zu lehren und zu bekehren, wo es viele Schwierigkeiten geben wird."

Dann erhoben sich die Tante des Buddha, die *Bhikshunī* Mahaprajapati und viele *Bhikshunīs,* in der Ausbildung oder bereits ausgebildete, einmütig von ihren Plätzen, falteten ihre Hände und blickten in das ehrwürdige Gesicht, ohne ihre Augen auch nur einen Moment abzuwenden. Dann wandte der Weltgeehrte sich an die Gautami: „Warum blickst du mit trauriger Miene zum Tathāgata? Denkst du, daß ich deinen Namen nicht erwähnt und dir keine vollkommene Erleuchtung prophezeit habe? Gautami! Ich habe bereits umfassend verkündet, daß die Zukunft aller *Śravakas* prophezeit ist. Jeder, der die Erleuchtung eines Buddha zu erlangen begehrt und sich diesem Ziel widmet, wird mit Sicherheit ein Buddha werden, ganz gleich, ob es sich um einen Mann oder um eine Frau handelt."

Der Buddha sprach auf diese Weise und gab seine Prophezeiung für die vollkommene Erleuchtung an die *Bhikshunī* Mahaprajapati und die sechstausend *Bhikshunīs,* welche sich noch in der Ausbildung befanden oder bereits ausgebildet waren.

Daraufhin dachte die Mutter von Rahula, die *Bhikshunī* Yasodhara, bei sich: „Der Weltgeehrte hat in seiner Prophezeiung nur meinen Namen unerwähnt gelassen. Ich bin jedoch fest entschlossen, den Bodhisattva-Weg so eifrig wie nur möglich auszuüben. Ich wünschte, der Buddha würde auch meine vollkommene Erleuchtung prophezeien." Der Weltgeehrte durchschaute ihre Gedanken und gab ihr sofort seine Prophezeiung der Buddhaschaft. Daraufhin frohlockten die *Bhikshunī* Mahaprajapati und die *Bhikshunī* Yasodhara gemeinsam mit ihren Anhängern und sprachen dem Buddha aus tiefstem Herzen ihren Dank aus. Die *Bhikshunīs* erklärten dem Buddha, daß sie sich bemühen würden, das Lotus-Sutra in anderen Ländern zu verbreiten.

Dann blickte der Weltgeehrte auf die unzähligen Bodhisattvas. Alle diese Bodhisattvas hatten die Stufe des *Avaivarika*[1] erreicht; sie drehten das nie zurückkehrende Gesetzesrad, versäumten nie, die Lehre zu predigen und hatten *Dhāraṇis* erreicht, d. h. die Kraft, alle Übel durch alle Tugenden zu kontrollieren. Nachdem sie gesehen hatten, daß der Buddha auf sie blickte, erhoben sie sich sofort von ihren Plätzen, traten einmütig vor ihn hin, falteten die Hände und sprachen: „Wenn der Weltgeehrte uns befiehlt, dieses Sutra zu bewahren und zu erläutern, dann werden wir im Ausland dieses Gesetz so verkünden wie der Buddha es gelehrt hat. Der Buddha schweigt jetzt. Warum wird uns nicht befohlen, was wir tun sollen?"

Diese Bodhisattvas gehorchten respektvoll dem Willen des Buddha, begehrten gleichzeitig, ihr ursprüngliches Gelübde zu erfüllen, und sie erhoben ein Löwengebrüll vor dem Buddha und legten dieses Gelübde ab: „Weltgeehrter! Nach dem Dahingehen des Tathāgata werden wir die Welt in allen Richtungen durchziehen, um allen Lebewesen dieses Gesetz zu bringen, und wir werden andere dazu ermutigen, es als ihr Gesetz auszuüben und es richtig zu bewahren. All dies werden wir durch die Kraft des Buddha vollbringen. Sei so gütig, Weltgeehrter, und beschütze uns nach deinem Dahingehen!"

Dann erhoben die Bodhisattvas alle zusammen ihre Stimmen und sprachen in Versen sinngemäß: „Sei bitte ohne Sorge! Nach dem Dahingehen des Buddha werden wir im Ausland im letzten furchtbaren Zeitalter dieses Gesetz verkünden. Wenngleich uns viele in ihrer Unwissenheit beschimpfen, mißhandeln und verfolgen werden, so werden wir das alles ertragen. In jenem bösen Zeitalter werden *Bhikshus* häretisch, mißtrauisch und verleitet sein; sie werden fälschlich behaupten, etwas erlangt zu haben, und ihre Gesinnung wird voll von Hochmut sein. Andere in *Aranyas*[2] werden geflickte Kleider tragen[3] und abgeschieden leben, wobei sie vorgeben, den wahren Pfad zu beschreiten und andere Menschen verachten."

DREI ARTEN VON MÄCHTIGEN FEINDEN. In diesen Worten der Bodhisattvas werden drei Arten von Überheblichkeit genannt. Zuerst beschimpfen und verfolgen einige Leute verantwortungslos die Anhänger des Lotus-Sutras, obwohl sie die Lehre gar nicht kennen. Dies sind die „Menschen mit weltlichen Hochmut" (*zokushu-zojoman*).

Zweitens betrachten einige Vertreter von Religionen es als selbstverständlich, daß selbst eine wertlose Lehre gut ist; sie schmähen das Lotus-Sutra und behindern jene, die es predigen. Dies sind die „Menschen mit religiösem Hochmut" (*domon-zojoman*).

Drittens hegen einige Vertreter von Religionen eine Begierde nach Ruhm und Reichtum, wenngleich sie sich äußerlich wie Heilige geben. Da sie vortäuschen, die Welt durchdrungen zu haben, folgen viele einflußreiche Leute ihnen. Sie führen negative religiöse Leben und predigen negative Lehren. Aus diesem Grund fühlen sie sich durch das Lotus-Sutra als einer positiven Lehre, welche gewöhnliche Menschen erlösen kann, in Verlegenheit gebracht, und sie versuche, die Anhänger des Sutras zu unterdrücken und sie bei ihrer Predigt zu behindern. Dies sind die „Menschen mit übertriebenem Hochmut" (*sensho-zojoman*) gegenüber den Anhängern des Lotus-Sutras. Diese dritte Gruppe, die „Leute mit übertriebenem Hochmut", fügen anderen die meisten Verletzungen zu.

Die Bodhisattvas erklärten: „Die Menschen mit übertriebenem Hochmut versuchen zwar, erleuchtet zu erscheinen, tatsächlich sind sie aber weltlichen Begierden und dem Streben nach Macht und Ruhm eng verhaftet. Sie predigen das Gesetz zu reichen Laien und werden von der Welt wie *Arhats* mit transzendenten Kräften verehrt. Diese Menschen sind von übler Gesinnung; sie denken stets an irdische Dinge und verleumden gern diejenigen, welche den Menschen das Lotus-Sutra predigen.

„Diese hochmütigen Menschen sagen von uns Dinge wie: ‚Alle diese *Bhikshus* predigen eine häretische Doktrin, um sich zu bereichern; sie haben selbst dieses Sutra verfaßt, um die Menschen in der Welt zu täuschen.' Um uns zu ruinieren, sind sie stets bei den Versammlungen anwesend; sie verleumden uns bei Königen, Ministern, Brahmanen, Bürgern und anderen Gruppen von *Bhikshus*. Sie sagen: ‚Dies sind Menschen mit falschen Ansichten, die häretische Doktrinen verkünden.'"

Wie heftig auch immer die drei Arten von mächtigen Feinden die Anhänger des Lotus-Sutras verfolgen mögen, sollten diese unablässig das Sutra predigen, ohne von der einmal erlangten Stufe der Vollkommenheit zurückzuschreiten. Solch eine Entschlossenheit kommt in den folgenden starken Worten der Bodhisattvas zum Ausdruck: „Wir aber wollen aus Verehrung für den Buddha alle diese Übel erdulden. Wir wollen dieses Sutra der höchsten Lehre wie den Buddha selbst verehren. Um es zu bewahren und um es weit auszubreiten, wollen wir alle Verfolgungen auf uns nehmen. Andere reden verächtlich von uns als ‚All ihr Buddhas!' Wir wollen aber geduldig auch diesen Spott und Hochmut ertragen.

„In dem bösen Zeitalter der Korruptheit gibt es mannigfache Ängste und Schrecken. Teufel werden von Menschen Besitz ergreifen, um uns zu beschimpfen, zu schmähen und zu beleidigen. Für uns aber wird die Verehrung des Buddha der Panzer der Beharrlichkeit sein, und wir werden das Gesetz mit einer gewaltlosen aber unerschrockenen Haltung schützen. Wir werden all diese Mühsale ertragen, um dieses Sutra zu predigen. Wir werden weder Leib noch Leben lieben, sondern uns nur um den erhabenen Weg kümmern.

„Alle kommenden Zeiten hindurch werden wir das Vermächtnis des Buddha schützen. Lasterhafte *Bhikshus* in den korrupten Zeiten, welche die Gesetze nicht kennen, die der Buddha je nach Gelegenheit so taktvoll predigte, werden uns schmähen und auf uns herabblicken; wiederholt werden wir aus den Klöstern vertrieben und an weit entfernte Orte verbannt werden. Solche Übel werden auf uns zukommen, weil wir das Gebot des Buddha beachten; jedoch werden wir all diese Dinge erdulden.

„Deshalb fürchten wir nicht die Schwierigkeiten und Verfolgungen, die uns befallen mögen. Wenn es Menschen gibt, die nach dem Gesetz suchen, sei es in Dörfern oder Städten, oder wo immer ein mächtiger Feind wacht, so werden wir alle dorthin gehen, um das vom Buddha vermachte Gesetz zu predigen. Wir sind die Apostel des Weltgeehrten, und wir haben inmitten der Menge nichts zu fürchten. Wir werden in rechter Weise das Gesetz predigen. Verharre bitte in Frieden, o Buddha! In der Gegenwart des Weltgeehrten und der Buddhas aus allen Richtungen legen wir somit unser Gelübde ab, und der Buddha kennt unsere Herzen. Gestatte uns, dieses Gesetz im korrupten Zeitalter zu predigen."

Diese Worte waren in der Tat ein heldenmütiger Ausruf von Selbstvertrauen und Mut.

„Wir, die wir dem Buddha Verehrung und Vertrauen engegenbringen,
Wollen den Panzer der Beharrlichkeit anlegen;
Um dieses Sutra zu predigen,
Wollen wir alle diese Schwierigkeiten auf uns nehmen."

Immer wenn Gläubige diesen Teil der Schlußverse im Kapitel 13 lesen und rezitieren, werden sie tief aus ihrem Herzen neuen Mut verspüren. Für alle Anhänger des Lotus-Sutras gehört dieser Teil zu den wohl wichtigsten in diesem Sutra.

[1] Die Stufe ohne Rückentwicklung von einem bereits erlangten Grad von Vollkommenheit.

[2] *Aranya* ist ein allgemeiner Begriff für buddhistische Klöster.

[3] Kutten, welche aus zusammengenähten Flicken bestehen.

Kapitel 14

Ein glückliches Leben

IM KAPITEL 13 legten all die Bodhisattvas große Gelübde ab, die Lehre des Lotus-Sutras auszubreiten, ganz gleich welchen Verfolgungen sie auch ausgesetzt sein würden. Der Bodhisattva Mañjuśrī, der ihrem feierlichen Versprechen zustimmte und tief bewegt davon war, fragte den Buddha stellvertretend für die Bodhisattvas: „Weltgeehrter! Wie können wir Bodhisattvas in der zukünftigen bösen Zeit dieses Gesetz schützen, bewahren und predigen?" Das Kapitel „Ein glückliches Leben" zeigt, wie der Buddha als Antwort auf die Frage des Bodhisattva Mañjuśrī die Anhänger des Lotus-Sutras mit größter Sorgfalt unterwies.

„Ein glückliches Leben" bedeutet, stets eine friedliche und glückliche Geisteshaltung beizubehalten und willig die religiösen Disziplinen auszuüben. Solange ein Mensch religiösen Verfolgungen unmutig begegnet, verkörpert seine geistige Haltung nicht den idealen Weg eines wahren Anhängers des Lotus-Sutras. Welches Unglück auch immer ihn befallen mag, er muß dem Gesetz zuliebe eine friedliche und ruhige Geisteshaltung bewahren, freiwillig religiöse Disziplin ausüben und das Gesetz predigen.

Die geistige Stärke des Menschen ist nahezu wunderbar. In einem Film sehen wir beispielsweise einen Mann, der mit dreißig oder vierzig Kilogramm Gewicht auf dem Rücken in Schweiß gebadet einen Berg besteigt. Die Zuschauer fühlen, wie mühsam es ist, einen Berg zu besteigen. Manchmal sind drei oder vier Stunden erforderlich, um nur zwanzig oder dreißig Meter voranzukommen. Darüber hinaus riskiert der Bergsteiger mit jedem Schritt sein Leben. Wenn es dunkel wird, während er an einer Felsklippe klettert, muß er am Felsen hängend bei Temperaturen unter Null schlafen. Wenn ein Mann sich auf Anweisung seines Arbeitgebers einer solchen Nervenprobe unterziehen müßte, dann könnte er in der Tat gegen seinen Arbeitgeber eine Beschwerde wegen Verletzung seiner Menschenrechte einreichen. Ein Bergsteiger nimmt solche Mühen jedoch ganz freiwillig auf sich. Wenngleich er auch Schmerzen empfindet, so ist sein Geist doch friedlich, und seine Schmerzen tragen sogar zu seiner Freude bei.

Wenn ein Mensch sich bei der Ausübung der Lehre des Lotus-Sutras zwingt, die Verfolgung und Verachtung der Außenseiter zu ertragen, innerlich aber voll von Ärger und Groll ist, dann ist er ein Anfänger in buddhistischen Disziplinen. Ein Mensch, der den richtigen Weg erreicht hat, kann eine friedliche und gelassene Geisteshaltung bewahren, auch wenn er leidet, und er kann in der Übung selbst Freude finden. Bis ein Mensch eine solche Geisteshaltung erreicht hat, muß er sich gewissenhaft bemühen, von den verschiedenen Rückschlägen in seinem täglichen Leben nicht verleitet oder beunruhigt zu werden. Das Kapitel „Ein glückliches Leben“ lehrt uns dies. Die Bodhisattvas erklären mit großem Eifer ihre Entschlossenheit, Verfolgungen von außen standzuhalten, im Kapitel „Der Vorsatz, standhaft zu bleiben“, und im Kapitel „Ein glückliches Leben“ ermahnt der Buddha, gütig wie ein Vater, die Bodhisattvas, nicht der inneren Versuchung nachzugeben. In einem gewissen Sinn schildern diese beiden Kapitel den Kontrast zwischen einem gütigen Vater, der die Welt kennt, und einem Sohn, der jung und temperamentvoll ist.

Bevor wir zum zentralen Thema dieses Kapitels kommen, müssen wir die Leser warnen, die Worte „verkehrt nicht mit“ diesem oder jenem, welche oft in diesem Kapitel erscheinen, nicht falsch zu verstehen. Diese Worte bedeuten nicht, daß wir den Kontakt oder Umgang mit anderen vermeiden sollen. Der Buddha, der ein großes Gelübde abgelegt hatte, alle Lebewesen in gleicher Weise zu retten, hätte so etwas nicht sagen können. Die wahre Bedeutung von „verkehrt nicht mit“ diesem oder jenem ist, daß wir uns bei anderen nicht einschmeicheln und uns bei unseren Geschäften mit ihnen nicht kompromittieren sollen, sei es durch übertriebene Vertraulichkeit oder aus anderen versteckten Beweggründen. Wenn wir es mit einem König oder einem Minister zu tun haben, dann dürfen wir uns nicht vor ihrer Stellung im Leben beugen, um uns bei ihnen beliebt zu machen; denn es gibt nur eine Wahrheit, und diese gilt für Könige in der gleichen Weise wie für gewöhnliche Bürger. Wenn wir andererseits mit anderen Menschen auf zu vertrautem Fuß stehen, so vergessen wir leicht, eine Trennungslinie zwischen öffentlichem und privatem Leben zu ziehen. Der Buddha warnt uns vor dieser Gefahr.

Der Buddha warnt uns auch, nicht mit Menschen zu verkehren, deren Beruf es ist, Lebewesen zu töten, wie beispielsweise Jäger und Fischer, und auch den Umgang mit Prostituierten zu vermeiden. Diese Warnung rührt jedoch aus seiner väterlichen Liebe und bedeutet, daß wir solche Menschen zwar unterweisen müssen, uns jedoch nicht von ihrer Umgebung beeinflussen lassen dürfen. Wenn wir dieses Kapitel nicht mit solchen Vorkenntnissen lesen, dann laufen wir Gefahr, Zweifel zu hegen, weil es viele Ausdrücke enthält, welche leicht mißverstanden werden können.

DIE VIER ANGENEHMEN ÜBUNGEN. Der Buddha ging auf Mañjuśrīs Frage ein und sagte, daß jeder Bodhisattva, der dieses Sutra in zu-

künftigen bösen Zeiten predigen wolle, unerschütterlich in den „vier angenehmen Übungen" (*shi anraku-gyo*) sein solle: erstens die angenehme Übung des Körpers (*shin anraku-gyo*); zweitens die angenehme Übung des Mundes (*ku anraku-gyo*); drittens die angenehme Übung des Geistes (*i anraku-gyo*); und viertens die angenehme Übung des Gelübdes (*seigan anraku-gyo*). Somit lehrt der Buddha uns, wie wir uns verhalten, wie wir sprechen, welche geistige Haltung wir bewahrten, und wie wir uns um die Erreichung unseres Ideals bemühen sollen.

Der Buddha lehrte die angenehme Übung des Körpers, indem er sie in zwei Bereiche unterteilte: die Sphären eines Bodhisattva im Hinblick auf Tätigkeit und Vertraulichkeit. Die Tätigkeitssphäre eines Bodhisattva bezeichnet seine grundsätzliche Einstellung als die Grundlage für sein persönliches Verhalten. Ein Bodhisattva ist geduldig, gütig und liebenswürdig; er ist weder voreilig noch anmaßend; seine Geisteshaltung ist gelassen, und im Unterschied zu gewöhnlichen Menschen ist er nicht eitel oder prahlerisch aufgrund seiner eigenen guten Werke („er hat keine Gesetze, nach denen er handeln muß"), sondern sieht alle Dinge in ihrer Realität. Er betrachtet die Dinge auch nicht einseitig, sondern handelt allen Menschen gegenüber mit dem gleichen Mitempfinden und stellt dies niemals besonders hervor („noch schreitet er auf dem ungeteilten Weg"). Der Buddha predigt hier, daß dies die grundsätzliche Einstellung des Bodhisattva ist.

Anschließend lehrt der Buddha die Sphäre der Vertraulichkeit eines Bodhisattva, indem er diese in die folgenden zehn Bereiche unterteilt: Erstens ist ein Bodhisattva nicht eng vertraut mit Männern, die eine hohe Stellung und großen Einfluß besitzen, um gewisse Vorteile zu gewinnen, und er achtet auch darauf, daß seine Predigt des Gesetzes für sie nicht durch übermäßige Vertrautheit mit ihnen beeinflußt wird.

Zweitens hat er kein enges Verhältnis zu Ketzern, Verfassern von weltlicher Literatur oder Dichtung, desgleichen nicht mit Lokayatas[1] und Anti-Lokayatas[2]. Somit wird er durch deren unreine Umgebung nicht nachteilig beeinflußt, und er kompromittiert nicht das Gesetz. Drittens hält er sich von brutalen Sportarten, wie Boxen und Ringen, sowie den verschiedenen Vorführungen von *Nartakas*[3] und dergleichen fern. Viertens verkehrt er nicht persönlich mit denen, die für ihren Lebensunterhalt Kreaturen töten, wie beispielsweise Metzger, Fischer und Jäger, und er entwickelt keine gleichgültige Haltung gegenüber grausamer Verhaltensweise.

Fünftens verkehrt er nicht mit *Bhikshus* und *Bikshunīs,* welche die Lehre des kleinen Fahrzeugs suchen und mit ihrer eigenen persönlichen Isolierung von der irdischen Existenz zufrieden sind. Außerdem läßt er sich nicht von ihren selbstsüchtigen Ideen beeinflussen und entwickelt keine

Neigung, mit ihnen Kompromisse einzugehen, indem er nicht auf die von ihnen gepredigten Gesetze hört. Wenn sie zu ihm kommen, um das Gesetz zu hören, dann nimmt er die Gelegenheit wahr, es zu predigen, erwartet jedoch keine Ergebnisse.

Sechstens, wenn er das Gesetz vor Frauen predigt, so vermeidet er ein Auftreten, welches leidenschaftliche Gedanken erregen könnte, und er bewahrt mit großer Strenge eine richtige geistige Haltung.

Siebtens geht er kein freundschaftliches Verhältnis mit Zwittern ein. Dies bedeutet, daß er eine sehr besonnene Haltung einnehmen muß, wenn er solch eine mißgebildete Person lehrt.

Achtens betritt er die Wohnung von anderen nicht allein. Wenn er dies aus irgendeinem Grund doch tun muß, dann denkt er einzig und allein an den Buddha. Dies ist die Ermahnung des Buddha an den Bodhisattva, überallhin zusammen mit dem Buddha zu gehen.

Neuntens, wenn er das Gesetz zu Frauen predigt, dann zeigt er nicht lächelnd seine Zähne, und er läßt auch seine Brust nicht sehen.

Zehntens gewinnt er kein Vergnügen daran, junge Schüler und Kinder an seiner Seite zu haben.

Neben diesen zehn hauptsächlichen Punkten ermahnt der Buddha den Bodhisattva, stets Meditation und Abgeschiedenheit zu suchen und seinen Verstand zu pflegen und zu kontrollieren.

Die oben erwähnten Aspekte umfassen die Sphäre der Vertraulichkeit eines Bodhisattva. Wenn der Bodhisattva die Sphären der Tätigkeit und der Vertraulichkeit bewahren kann, dann ist sein Verhalten als ein Bodhisattva vollkommen, und er kann das Gesetz mit einer friedlichen Geisteshaltung predigen. Die obige Darstellung enthält die angenehme Übung des Körpers.

DIE ANGENEHME ÜBUNG DES MUNDES. Anschließend folgen die Ermahnungen des Buddha im Hinblick auf die Redeweise. Erstens findet der Bodhisattva keine Freude daran, von den Fehlern anderer Menschen oder der Sutras zu sprechen; zweitens verachtet er andere Prediger nicht; drittens spricht er nicht von den guten und bösen Eigenschaften, den Verdiensten und Mängeln anderer Menschen, und er stellt auch keine *Śravakas* namentlich heraus, um ihre Fehler und Sünden anzuprangern; viertens rühmt er in entsprechender Weise nicht die Tugenden, und er bringt keine eifersüchtige Gesinnung hervor.

Wenn er auf diese Weise eine frohe und offene Gesinnung bewahrt, dann werden diejenigen, welche die Lehre hören, ihm keinen Widerstand entgegenstellen. Denen, die schwierige Fragen stellen, antwortet er nicht mit dem Gesetz des kleinen Fahrzeugs, sondern nur mit dem großen Fahrzeug, und er erläutert ihnen das Gesetz, so daß sie vollkommenes Wissen erlangen können. Dies ist die angenehme Übung des Mundes.

DIE ANGENEHME ÜBUNG DES GEISTES. Anschließend folgen die acht Ermahnungen des Buddha im Hinblick auf die geistige Haltung des Bodhisattva.

Erstens hat er keine neidische oder hinterlistige Gesinnung. Zweitens behandelt er andere Übende des Buddha-Weges nicht geringschätzig oder grausam, selbst wenn diese Anfänger sind, und er sucht nicht nach ihren Ausschreitungen und Mängeln. Drittens beunruhigt er nicht Menschen, welche den Bodhisattva-Weg suchen, sät keine Zweifel und Bedauern in ihnen, und sagt keine entmutigenden Dinge zu ihnen. Viertens sollte er keine Diskussionen oder Dispute über die Gesetze eingehen, sondern sich ganz der Diskussion über die Übung widmen, um alle Lebewesen zu retten. Fünftens sollte er daran denken, alle Lebewesen durch sein großes Mitempfinden von ihren Leiden zu erlösen. Sechstens sollte er an die Buddhas als gütige Väter denken. Siebtens sollte er an die Bodhisattvas als seine großen Lehrer denken. Achtens sollte er das Gesetz allen Lebewesen in gleicher Weise predigen. Dies ist die angenehme Übung des Geistes.

DIE ANGENEHME ÜBUNG DES GELÜBDES. In den zukünftigen letzten Zeiten, wenn das Gesetz im Begriff ist unterzugehen, sollte der Bodhisattva, der dieses Sutra der Gesetzesblume bewahrt, eine hilfsbereite Geisteshaltung gegenüber Laien und Mönchen annehmen, und er sollte großes Mitempfinden für diejenigen haben, die noch nicht Bodhisattvas sind und sich zufriedengeben mit dem selbstsüchtigen Gedanken, nur sich selbst zu retten. Diese Menschen haben zwar weder nach diesem Sutra gefragt, noch daran geglaubt und es auch nicht verstanden; dennoch sollte er beschließen, sie mit seinen transzendenten und weisen Kräften dazu zu bringen, diesem Gesetz zu folgen, wenn er die vollkommene Erleuchtung erlangt hat. Die angenehme Übung des Gelübdes bedeutet, eine Gesinnung großen Mitempfindens zu haben und im Geist das Gelübde abzulegen, alle Menschen zum Lotus-Sutra und zu seiner Ausübung zu bringen.

Der Bodhisattva, der vollkommen diese angenehme Übung des Gelübdes verwirklichen kann, wird bei der Predigt des Gesetzes frei von Irrtümern sein. Er wird stets von allen Menschen verehrt werden. Die Götter werden ihn fortwährend Tag und Nacht seinem Gesetz zuliebe beschützen, so daß er all denen, die ihm zuhören, Freude bringen kann.

DIE PARABEL VON DEM JUWEL IM HAARKNOTEN. Nachdem

der Buddha diese vier angenehmen Übungen gepredigt hatte, betonte er die hervorragende Lehre des Lotus-Sutras durch die folgende Parabel von dem Juwel im Haarknoten. Dies ist die sechste von den sieben Parabeln im Lotus-Sutra.

„Es ist gleich einem mächtigen heiligen König, der das Rad in Bewegung setzt und wünscht, andere Domänen mit Gewalt zu erobern. Wenn kleinere Könige seinem Befehl nicht gehorchen, ruft der König seine verschiedenen Armeen zu den Waffen, um sie zu bestrafen. Der König sieht, wie seine Soldaten sich in der Schlacht auszeichnen und ist höchst erfreut. Entsprechend ihren Verdiensten verleiht er Belohnungen; er gibt den Kriegern Felder, Häuser, Dörfer oder Städte sowie Gewänder, Schmuckstücke oder alle Arten von Schätzen. Nur das Kronjuwel in seinem Haarknoten gibt er niemandem, weil dieses Juwel nur auf dem Haupt eines Königs getragen werden sollte, und wenn er es weggäbe, dann wäre die Gefolgschaft des Königs höchst erstaunt. Mañjuśrī! Mit der Tatsache, daß der Tathāgata das Lotus-Sutra nicht vorzeitig gepredigt hat, verhält es sich genauso.

„Durch seine Kräfte der Meditation und Weisheit hat er von der Domäne des Gesetzes Besitz ergriffen und herrscht als König über die dreifache Welt. Aber die Māra-Könige sind nicht gewillt, sich ihm zu unterwerfen. Die weisen und heiligen Generäle des Tathāgata kämpfen gegen sie. An denen, die sich auszeichnen, hat er seine Freude; er predigt ihnen inmitten seiner Heerscharen die Sutras, verschafft ihnen Frohlocken, verleiht ihnen die Meditationen, die Befreiung, die tadellosen Wurzeln und Kräfte und all den Reichtum des Gesetzes. Außerdem gibt er ihnen die Stadt des Nirvana und sagt, daß sie Befreiung erlangt haben. Auf diese Weise verschafft er allen Frohlocken; jedoch predigt er ihnen noch nicht das Sutra der Gesetzesblume.

Mañjuśrī! Genau wie der König, der das Rad in Bewegung setzt, sieht, wie seine Soldaten sich auszeichnen und sich so darüber feut, daß er ihnen schließlich das wunderbare Juwel gibt, welches er so lange in seinem Haarknoten getragen hat, ein Juwel, das man nicht leichtfertig jemandem gibt, genauso verhält es sich mit dem Tathāgata. Wenn er als der große Gesetzeskönig der dreifachen Welt, der alle Lebewesen durch das Gesetz lehrt und bekehrt, seine weise und heilige Armee die verschiedenen Arten von Māras bekämpfen sieht, wobei sie mit großen Heldentaten und Verdiensten die drei Gifte auslöschen, welche aus der dreifachen Welt strömen, und durch die Netze der Marās brechen, dann ist der Tathāgata auch höchst erfreut, und nun predigt er endlich dieses Sutra der Gesetzesblume, welches nie zuvor gepredigt wurde, und welches alle Lebewesen zur Erlangung vollkommenen Wissens bringen kann, wenngleich die ganze Welt es heftig ablehnt und nur schwer daran glauben kann. Mañjuśrī! Dieses Sutra der Gesetzesblume ist die erhabenste Lehre der Tathāgatas und die tiefgründigste aller Abhandlungen. Ich gebe es euch als letztes, genau wie der mächtige König schließlich das brilliantene Juwel gibt, welches er so lange bewahrt hat."

Dann verkündete der Weltgeehrte seine Lehre erneut in Versen. Viele Verdienste, welche diejenigen erwerben, welche dieses Sutra lesen, sind im mittleren Teil der Verse aufgeführt:

„Wer dieses Sutra liest,
Wird stets frei von Sorgen sein
Und frei von Leiden und Krankheit;
Sein Gesichtsausdruck wird frisch und weiß sein;
Er wird nicht arm geboren,
Niedrig oder häßlich.
Alle Wesen freuen sich, ihn zu sehen
Wie einen langersehnten Heiligen;
Himmlische Engel
Werden seine Diener sein.
Er bleibt von Schwertern und Stöcken unberührt;
Gift kann ihm nichts anhaben.
Wenn ihn jemand beschimpft,
Wird der Mund dieses Menschen verschlossen.
Furchtlos wird er umherstreifen
Wie ein Löwenkönig.
Das Licht seiner Weisheit
Wird scheinen wie die Sonne."

Der Buddha kommt direkt zum Kern der Sache, indem er die Weisheit des Menschen mit dem Sonnenschein vergleicht. In der Dunkelheit ist keine Substanz; es gibt nur einen Mangel an Sonnenschein. Wenn die Sonne in der Dunkelheit scheint, dann wird die Dunkelheit verschwinden. Wenn ein Mensch die Weisheit des Buddha erkennt, dann wird seine geistige Finsternis sofort verschwinden. Wir müssen erkennen, daß die Weisheit des Buddha absolut ist, und daß sie ein Gesetz ist, welches der Dunkelheit entgegenwirkt und sie zerstreut.

Schließlich verkündet dieses Kapitel, daß eine Person, die vollkommen die vier angenehmen Übungen verrichtet und das Lotus-Sutra predigt, verschiedene Träume haben wird. Wir sollten diese Feststellung nicht geringschätzen, weil sie sich auf Träume bezieht. Die moderne Psychologie erkennt deutlich die große Bedeutung von Träumen. Kurz ausgedrückt, kann man einen Traum als einen „Speicher der Tageszeit" betrachten. Man sagt, daß unsere Erfahrungen in unseren wachen Stunden in unserem Unterbewußtsein gespeichert werden und im Schlaf wieder als Träume erscheinen. Wenn jemand im Traum ein Bild des Buddha sieht, so ist dies ein Beweis dafür, daß er tief in seiner Gesinnung geläutert ist, daß er mitempfindend ist und stets den Namen des Buddha anruft.

Auch ein hoch geachteter Mensch kann bedingt durch Fieber oder einen Alptraum in ein Delirium geraten. Dies ist ein Merkmal dafür, daß ein Unterbewußtsein noch nicht geläutert ist. Es ist zu hoffen, daß wir eine solche geistige Haltung erreichen, daß wir sogar in unseren Träumen Buddhas mit goldenen Körpern sehen und in ihrer Mitte den Buddha mit gefalteten Händen preisen.

[1] Eine nicht buddhistische Sekte, deren Mitglieder ihr Verhalten ganz auf das Diesseits ausrichten.

[2] Im Gegensatz zu den Lokayatas nehmen die Anhänger dieser Gruppe eine völlig negative Haltung zu allen weltlichen Dingen ein.

[3] Tänzer, Sänger und Schauspieler.

Kapitel 15

Entspringen aus der Erde

DIESES KAPITEL ENHÄLT zwei besonders wichtige Punkte. Erstens erteilt der Weltgeehrte eine glatte Absage an die vielen Bodhisattvas, die aus anderen Ländern in die *Sahā*-Welt gekommen waren und sich anboten, alle Lebewesen dort zu unterweisen. Zweitens sagte er den vielen Bodhisattvas, die aus der Erde entsprangen, daß es ihre Pflicht sei, dies zu tun.

Die Bodhisattvas, die aus der Erde entsprangen, repräsentieren Menschen, die während ihres Lebens viel Leiden und Sorgen erfahren haben, in einer solch ungünstigen Umgebung Tugenden angesammelt und die Erleuchtung erlangt haben, während sie gewöhnliche Leben führten. Solche Menschen, die selbst vielen Leiden und Sorge erfahren und ertragen haben, besitzen wirkliche Kraft. Sie haben in der Tat die Kraft, andere Menschen zu unterweisen.

Die Tatsache, daß der Buddha den Bodhisattvas, die aus der Ede hervorgingen, die *Sahā*-Welt anvertraute, lehrt uns, daß die Welt, in der wir leben, durch unsere eigenen Bemühungen als Erdbewohner geläutert und friedlich gemacht werden sollte, und daß wir durch unsere eigenen Bemühungen Glück in unserem Leben verwirklichen sollten. Wir sind verantwortlich, das reine Land zu schaffen, in dem wir leben. Welch eine beruhigende und positive Lehre ist es, daß wir durch unsere eigenen Bemühungen unser Glück schaffen sollen!

Shakyamuni Buddha ging selbst durch einen solchen Leidensprozeß und erreichte schließlich höchste Erleuchtung. Der Buddhismus unterscheidet sich in diesem Punkt deutlich von anderen Religionen. Wenngleich alle vorzügliche Lehren haben, so gibt es doch keinen klaren Beleg für einen anderen Fall, in dem der Gründer einer Religion seine eigene erhabene Erleuchtung erlangte und seine eigene Religion gründete. Einige Religionen verkünden, daß ihre Gründer von Gott gesandt wurden. Andere erklären, daß Gott dem Gründer eine Offenbarung gab, oder daß Gott selbst vom Himmel in diese Welt herabstieg.

Im Unterschied zu diesen Religionen basiert die Lehre des Buddhismus auf der Wahrheit, daß Shakyamuni, der wie wir alle als Mensch geboren wurde und menschliches Leiden und Sorgen erfuhr, nach der Erleuchtung strebte, asketischen Übungen nachging und nach sechs Jahren geistiger Bemühungen die Erleuchtung erlangte. Der Prozeß, durch welchen er seine

Erleuchtung erreichte, ist klar zu sehen. Deshalb können wir zuversichtlich sein, daß wir schließlich mit Sicherheit die höchste Erleuchtung erreichen, wenn wir nur den Lehren des Buddha folgen und den gleichen Pfad beschreiten. Weil diese Lehre aus der Erde (d. h. aus dem tatsächlichen Leben) entsprungen ist, können wir, die wir in dieser Welt leben, dieser Lehre auch gewiß folgen. Kapitel 15 hebt diesen Punkt hervor.

Ein weiterer wichtiger Punkt ist die Vorstellung der Lehre vom Ursprung — der Lehre des ursprünglichen Buddha — in der letzten Hälfte des Kapitels. Der Unterschied zwischen dem historischen Buddha (*shakubutsu*) und dem ursprünglichen Buddha (*hombutsu*) wurde bereits erläutert. Die erste Hälfte des Kapitels 15 ist als der einführende Teil für das Gesetz des Ursprungs definiert, und die letzte Hälfte von Kapitel 15, das ganze Kapitel 16 und die erste Hälfte von Kapitel 17 sind der Hauptteil. Somit nimmt Kapitel 15 einen zentralen Wendepunkt in der Aufteilung des Lotus-Sutras ein, und wir sollten es aufmerksam und ernsthaft lesen.

Nachdem der Weltgeehrte das Kapitel „Ein glückliches Leben" gepredigt hatte, erhoben sich in der großen Versammlung zahlreiche Bodhisattvas, die aus anderen Ländern gekommen waren. Mit gefalteten Händen grüßten sie den Buddha und sprachen: „Weltgeehrter! Mit der Erlaubnis des Buddha möchten wir, wenn er nicht mehr unter uns weilt, dieses Sutra mit Eifer beschützen und bewahren, lesen und rezitieren, kopieren und verehren und es in dieser *Sahā*-Welt und in anderen Länderen predigen."

Daraufhin antwortete der Buddha der Schar von Bodhisattvas mit Entschiedenheit: „Genug! Meine guten Söhne! Es besteht kein Bedürfnis, daß ihr dieses Sutra beschützt und bewahrt. Warum nicht? Weil es in meiner *Sahā*-Welt tatsächlich sehr viele Bodhisattvas gibt, und ein jeder dieser Bodhisattvas hat eine große Anhängerschaft. Sie besitzen die Fähigkeit, nach meinem Dahingehen dieses Sutra zu schützen und zu bewahren, zu lesen und zu rezitieren und es in anderen Ländern zu predigen."

Nachdem der Buddha auf diese Weise gesprochen hatte, erbebte die *Sahā*-Welt, und aus ihrer Mitte gingen unzählige Bodhisattvas hervor. Alle diese Bodhisattvas, deren goldfarbige Körper die gleichen heiligen Zeichen wie der Buddha trugen, hatten in dem unendlichen Raum unter der *Sahā*-Welt gewohnt. Als sie die Stimme von Shakyamuni Buddha hörten, kamen sie hervor.

Die Tatsache, daß diese Bodhisattvas ursprünglich nicht auf der Erde wohnten, sondern aus dem unendlichen Raum unter der *Sahā*-Welt hervorkamen und sich in den Himmel erhoben, hat eine tiefe Bedeutung. Diese Bodhisattvas waren Menschen, die in ihren früheren Leben durch die Lehren des Buddha von ihren Täuschungen befreit worden waren. Deshalb hatten sie sich im unendlichen Raum aufgehalten. Nachdem sie jedoch den Buddha erkären hörten, daß er ihnen die Unterweisung der *Sahā*-Welt anvertrauen werde, kamen sie auf die Erde, d. h. in diese *Sahā*-Welt, erfuhren dort Leiden und gingen mit großem Eifer religiösen Übungen nach, um die geistige Stufe der Bodhisattvas zu erreichen. Deshalb erhoben sie sich wieder in den Himmel, nachdem sie aus der Erde hervorgekommen waren. Obwohl die Bodhisattvas in ihren früheren Leben frei von Täuschungen gewesen waren, gingen sie freiwillig durch verschiedene Leiden und Sorgen in dieser *Sahā*-Welt, um die Menschen hier zu erlösen; sie strebten aufrichtig nach der Erleuchtung und predigten anderen die Lehre. Wie zuvor erwähnt, ist dies ein sehr wichtiger Prozeß; denn ohne ein solches Streben könnten sie nicht wirklich die göttliche Kraft erlangen, die Menschen in der *Sahā*-Welt zu erlösen.

Einige dieser Bodhisattvas führten große Scharen an, jeder leitete eine Anhängerschaft, welche er unterwies; einige hatten ein unzählbares Gefolge, und andere hatten weniger Anhänger; wieder andere waren allein und gingen in Abgeschiedenheit ihren Übungen nach.

Als diese unzähligen Bodhisattvas aus der Erde hervorgegangen waren, ging jeder hinauf zur Stupa der kostbaren Sieben im Himmel, wo der Tathāgata Reichliche Schätze und Shakyamuni Buddha saßen. Nach ihrer Ankunft erwiesen sie den beiden Weltgeehrten ihre Ehrerbietung und priesen sie mit allen Arten von Bodhisattva-Hymnen. Dann stellten sie sich auf eine Seite und blickten mit Freude auf die beiden Weltgeehrten. Auf diese Weise priesen sie die Buddhas über einen Zeitraum von fünfzig kleineren *Kalpas.* Während dieser Zeit saß Shakyamuni Buddha in Schweigen gehüllt, und auch die vier Gruppen schwiegen; jedoch erschienen die fünfzig *Kalpas* durch die göttliche Kraft des Buddha der großen Menge wie ein halber Tag.

DIE VIER GROSSEN GELÜBDE DES BODHISATTVA. Zu der Zeit erblickten die vier Gruppen durch die göttliche Kraft des Buddha die Bodhisattvas, welche den Raum von unzähligen Domänen erfüllten. Unter dieser Schar von Bodhisattvas befanden sich vier große Lehrer: Hervorragendes Verhalten (*Jogyo*), Grenzenloses Verhalten (*Muhengyo*), Reines Verhalten (*Jogyo*) und Beständiges Verhalten (*Anryugyo*).

Wie in der Erörterung des Gelübdes (*gan*) in Kapitel 9 erläutert wurde, besteht das allgemeine Gelübde (*sogan*), welches von allen, die den Buddha-Weg ausüben, abgelegt werden sollte, aus den folgenden vier großen Gelübden des Bodhisatttva (*shi gu-seigan*) welche jeweils mit einem der vier großen Bodhisattvas, welche oben erwähnt sind, identifiziert sind:

1. *Shujo muhen seigan-do.* Wie groß auch immer die Zahl der Lebewesen sein mag, ich gelobe, sie zu retten. (Beständiges Verhalten)

2. *Bonno mushu seigan-dan.* Wie unerschöpflich auch immer die Leidenschaften sein mögen, ich gelobe, sie auszulöschen. (Reines Verhalten)

3. *Homon mujin seigan-gaku.* Wie grenzenlos auch immer die Lehren des Buddha sein mögen, ich gelobe sie zu studieren. (Grenzenloses Verhalten)

4. *Budsudo mujo seigan-jo.* Wie unbegrenzt auch immer die Buddha-Wahrheit sein mag, ich gelobe, sie zu erlangen. (Hervorragendes Verhalten)

Diese vier großen fundamentalen Gelübde werden somit durch die obigen vier Bodhisattvas repräsentiert. Umgekehrt kann man auch sagen, daß die vier Bodhisattvas die Symbole der fundamentalen Gelübde aller Buddhisten sind.

Ein jeder dieser vier Bodhisattvas blickte an der Spitze seiner großen Schar mit gefalteten Händen zu Shakyamuni Buddha auf und fragte ihn: „Weltgeehrter! Hast du kaum Beschwerden und Sorgen und bist du entspannt? Empfangen diejenigen, welche du erlösen mußt, willig deine Lehre? Ermüden sie den Weltgeehrten nicht?“

Daraufhin sprach der Weltgeehrte in der großen Versammlung der Bodhisattvas wie folgt: „Meine guten Söhne! Der Tathāgata ist entspannt und hat wenig Beschwerden und Sorgen. Diese Wesen sind leicht zu bekehren, und ich bin frei von Ermüdung. Warum ist das so? Weil alle diese Wesen seit Generationane fortwährend meine Unterweisung empfangen und die früheren Buddhas verehrt und auf diese Weise Wurzeln der Tugend entwickelt haben. Als alle diese Wesen mich erstmals sahen und meine Predigt hörten, nahmen sie diese an und gelangten zur Tathāgata-Weisheit. Eine Ausnahme waren dabei diejenigen, welche zuvor das kleine Fahrzeug gelernt und ausgeübt hatten; jedoch habe ich jetzt auch diese dazu gebracht, dieses Sutra anzuhören und in die Buddha-Weisheit einzugehen.“

Obwohl der Buddha bereits ein hohes Alter erreicht hatte und bei der Ausbreitung des Gesetzes für die Unterweisung aller Lebewesen vielen Schwierigkeiten begegnete, empfand er dies nicht als eine Last, und er hielt es auch nicht für schwierig. Aus dieser Haltung können wir uns eine lebendige Vorstellung von seiner grenzenlosen Güte machen.

Daraufhin sprachen diese großen Bodhisattvas auf folgende Weise in Versen:

„Gut, gut!
Großer Held, Weltgeehrter!
Alle diese Lebewesen

Werden leicht von dir verwandelt,
Können in die tiefgründige
Weisheit der Buddhas eindringen,
Hören, glauben und unterscheiden.
Wir beglückwünschen dich."

Dann pries der Weltgeehrte diese höchsten Häupter die großen Bodhisattvas und sagte dabei: „Gut, gut! Meine guten Söhne! Ihr beglückwünscht mit Recht den Tathāgata."

Dann dachten der Bodhisattva Maitreya und die Schar der anderen Bodhisattvas bei sich: „Seit alten Zeiten haben wir niemals eine solche Schar großer Bodhisattvas, die aus der Erde hervorgehen, gesehen oder davon gehört. Jetzt erleben wir, wie sie mit gefalteten Händen bei dem Weltgeehrten stehen, ihn verehren und Fragen an den Tathāgata richten." Der Bodhisattva Maitreya wollte seine eigenen Zweifel zerstreuen; deshalb faltete er seine Hände und fragte den Buddha in Versen:

„All diese unzähligen tausend Myriaden *Koṭis* hindurch
Haben wir niemals so etwas erlebt
Wie diese große Schar von Bodhisattvas.
Sei bitte so gut, Geehrter der Menschen,
Und erkläre, von welchen Plätzen sie gekommen sind,
Aus welchem Grund sie sich versammelt haben.
Gewaltig im Körper, mit transzendenten Kräften versehen,
Ausgestattet mit unergründlicher Weisheit,
Stark im Willen und Gedächtnis,
Begabt mit Kräften, langes Leiden zu ertragen,
Eine Freude für alle Lebenden:
Woher sind sie gekommen?"

Inzwischen erwarteten die Buddhas, welche aus Shakyamuni hervorgegangen und aus unzähligen Domänen in anderen Gebieten gekommen waren, begierig die Antwort des Buddha auf die von dem Bodhisattva Maitreya gestellte Frage. Daraufhin wandte Shakyamuni Buddha sich an Maitreya: „Gut, gut! Ajita![1] Du hast den Buddha gut über eine so große Sache gefragt. Legt alle einmütig die Rüstung des Eifers an und zeigt eine standhafte Gesinnung, denn der Tathāgata beabsichtigt nun die Offenbarung und Verkündigung der Weisheit der Buddhas, der souveränen und übernatürlichen Kraft der Buddhas, des löwenhaften Eifers der Buddhas und der ehrfurchtgebietenden mächtigen Kraft der Buddhas."

In dem Verlangen, seine Lehre erneut zu verkünden, sagte der Weltgeehrte dann in Versen, daß er im Begriff sei, etwas zu erläutern, was er noch nie zuvor offenbart habe, und er rief die Bodhisattvas auf, seinen Worten mit größter Aufmerksamkeit zu lauschen. Nach diesen Versen wandte er sich wieder an den Bodhisattva Maitreya und sagte:

„Ajita! All diese zahllosen großen Bodhisattvas, die aus der Erde hervorgegangen sind, und welche du niemals zuvor gesehen hast, habe ich nach Erlangung oder vollkommenen Erleuchtung in dieser *Sahā*-Welt unterwiesen; ich habe ihre Gesinnung gelenkt und ihre Gedanken auf den richtigen Weg gebracht." Der Buddha pries die Tatsache, daß diese Bodhisattvas viele religiöse Disziplinen ausgeübt hatten und daß sie hohe Tugenden besaßen.

Dann wurden der Bodhisattva Maitreya, die zahllosen Bodhisattvas und andere Wesen von Zweifel und Verwirrung ergriffen! Sie wunderten sich über dieses seltene Ereignis und dachten bei sich: „Wie hat der Weltgeehrte in so kurzer Zeit eine solch unzählige Schar großer Bodhisattvas unterwiesen und zur vollkommenen Erleuchtung gebracht?" Dann wandten sie sich an den Buddha und sagten: „Weltgeehrter! Als der Tathāgata ein Prinz war, verließ er den Palast Sakya, und nicht weit von der Stadt Gaya nahm er Platz auf der Weisheitsterrasse und erlangte vollkommene Erleuchtung. Seit der Zeit sind nur vierzig Jahre vergangen. Weltgeehrter! Wie hast du in einer solch kurzen Zeitspanne so große Buddha-Taten vollbracht, und wie hast du durch Buddha-Kraft und Buddha-Verdienste eine solch unzählige Schar von großen Bodhisattvas zu Erlangung der vollkommenen Erleuchtung gebracht?

„Weltgeehrter! Selbst wenn jemand diese Schar von großen Bodhisattvas unzählige Jahre lang zählen würde, könnte er zu keinem Ende gelangen oder ihre Grenze erreichen. Sie alle haben seit der fernen Vergangenheit unter unzähligen Buddhas ihre Wurzeln der Tugend gepflanzt, den Bodhisattva-Weg erreicht und fortwährend ein edles Leben geführt. Weltgeehrter! Die Welt wird eine solche Sache nur schwer glauben können. Es ist, als ob ein fünfundzwanzig Jahre alter Mann mit glatter Haut und schwarzem Haar auf Greise zeigen und sagen würde: ‚Dies sind meine Söhne', und wenn diese Greise auch auf den jungen Mann zeigen und sagen würden: ‚Dies ist unser Vater, der uns gezeugt und aufgezogen hat.' Solch eine Sache ist schwer zu glauben. Ebenso verhält es sich mit dem Buddha, der vor gar nicht so langer Zeit den richtigen Weg erreicht hat. Diese große Schar von Bodhisattvas hat sich über einen Zeitraum von unzähligen tausend Myriaden von *Koṭis* von *Kalpas* mit großem Eifer dem Buddha-Weg gewidmet; sie sind tief in alle Aspekte eingedrungen; sie sind Schätze unter den Menschen und von äußerster Seltenheit in allen Welten.

„Heute hat der Weltgeehrte gerade gesagt, daß er nach der Erlangung des Buddha-Weges diese Bodhisattvas von Anfang an dazu anregte, nach der Erleuchtung zu streben, daß er sie unterwies und führte und dazu brachte, zu vollkommenen Erleuchung fortzuschreiten. Es ist noch nicht lange her, daß der Weltgeehrte ein Buddha wurde, und doch hat er diese große verdienstvolle Tat vollbringen können. Wenngleich wir weiter glauben, daß alles, was der Buddha in angemessener Weise gepredigt hat, und daß alle Worte, die der Buddha gesprochen hat, niemals falsch waren, und wenngleich wir auch das Wissen des Buddha durchdrungen haben, so sehen wir doch für neu bekehrte Bodhisattvas große Schwierigkeiten voraus. Wenn sie nämlich nach dem Dahingehen des Buddha diese Darlegung hören, dann nehmen sie diese vielleicht nicht mit gutem Glauben auf, und dies führt dann zu falschen Handlungen und zur Zerstörung des Gesetzes. Sei deshalb so gütig, Weltgeehrter, und erkläre dies, um unsere Zweifel zu beseitigen, so daß alle deine guten Söhne in zukünftigen Generationen nicht von Zweifeln befallen werden, wenn sie von dieser Sache hören."

Dann wiederholte Maitreya sein Anliegen in Versen. Im nächsten Kapitel, „Offenbarung des (ewigen) Lebens des Tathāgata", antwortet der Weltgeehrte den Bodhisattvas in allen Einzelheiten und offenbart ihnen das Wesen des Buddha.

In den von Bodhisattva Maitreya gesprochenen Versen erscheinen die folgenden Worte: „Sie haben fähig den Bodhisattva-Weg gelernt, / Und sind von weltlichen Dingen nicht befleckt / Wie die Lotusblume im Wasser." Diese Worte repräsentieren die ideale Lebensweise, welche der Buddha uns im Lotus-Sutra lehrt. Wir sollten uns nicht von der Gesellschaft zurückziehen, sondern ein schönes und reines Leben innerhalb der Gesellschaft führen. Das Ideal des Lotus-Sutras besteht darin, die ganze Gesellschaft rein und schön zu machen. Der Titel *Sutra von der Lotusblume des wunderbaren Gesetzes* bringt dieses Ideal zum Ausdruck.

[1] Ajita, „Unbezwungen", ist ein Titel des Bodhisattva Maitreya.

Kapitel 16

Offenbarung des (ewigen) Lebens des Tathāgata

IST BUDDHISMUS PHILOSOPHIE ODER RELIGION? Das Buch *Buddhismus* von Christmas Humphreys wurde im Westen in weiten Kreisen gelesen. Der Verfasser, ein hervorragender englischer Rechtsanwalt und auch ein überzeugter Buddhist, schrieb in seinem Vorwort: „Basierend auf den üblichen Kriterien ist der Buddhismus in der Tat nicht so sehr eine Religion als vielmehr eine Philosophie, deren Einstellung zum Leben so kühl und objektiv ist wie die eines modernen Wissenschaftlers. Jedoch lebt der Buddhismus, er lebt gewaltig…"

Wir müssen die Tatsache bewundern, daß Herr Humphreys, ein westlicher Mensch, die Essenz des Buddhismus mit einer solchen Genauigkeit erfaßt hat. Es ist in der Tat denkbar, daß er den Buddhismus in seiner wahren und reinen Form begreifen konnte, weil er in England geboren wurde und aufwuchs, wo der Buddhismus keine Tradition hat.

Wenn wir die Lehre vom Gesetz der Erscheinung im Lotus-Sutra von neuem erwägen, dann gelangen wir zu der Erkenntnis, daß der Buddhismus tatsächlich in einer Hinsicht, welche später in diesem Kapitel verdeutlicht wird, eine Religion ist. Gleichzeitig können wir zusammen mit Christmas Humphreys sagen, daß der Buddhismus ein großartiges System von Philosophie und Ethik ist. Philosophie ist die Wissenschaft vom Studium dieser Welt, vom menschlichen Leben und den fundamentalen Prinzipien der Dinge. Ethik ist der Pfad der Pflicht. Die Lehre des Lotus-Sutras, welche wir bis jetzt studiert haben, könnte man vorläufig als Philosophie und Ethik zusammenfassen.

Wenn wir die Lehre des Lotus-Sutras, die tiefgründigste Lehre des Buddha, jedoch gründlich untersuchen, dann erkennen wir, daß es auch die Lehre einer Religion ist, welche uns befähigt, von unseren geistigen Leiden befreit zu werden, also etwas, was durch Lernen allein nicht erreicht werden kann. Somit erhellt diese Lehre das menschliche Leben und führt die Welt zum Frieden. Die Tiefgründigkeit des Lotus-Sutras als eine religiöse Lehre wird erstmals im Kapitel 16, „Offenbarung des (ewigen) Lebens des Tathāgata", dargestellt. Während Kapitel 2, „Taktgefühl" als der Kern des Gesetzes der Erscheinung angesehen wird, wird Kapitel 16 als die Essenz des

Gesetzes vom Ursprung und auch als das Schlüsselkapitel des Lotus-Sutras betrachtet.

DREI WICHTIGE LEHREN. Seit alten Zeiten hat man die Ansicht vertreten, daß das Kapitel „Offenbarung des (ewigen) Lebens des Tathāgata" drei wichtige Lehren enthält: „Eröffnung des Kurzen und Offenbarung des Langen" (*kaigon kennon*), „Anerkennung des historischen Buddha als eine zeitweise Offenbarung des ewigen Shakyamuni Buddha und Enthüllung der Ewigkeit des Shakyamuni Buddha" (*kaishaku kempon*) und „Eröffnung der vorteilhaften Lehre und Enthüllung der wahren Lehre" (*kaigon kenjitsu*).

Die erste Lehre „Eröffnung des Kurzen und Offenbarung des Langen" bedeutet, daß wir von einer leicht erkennbaren Tatsache beginnen, allmählich deren Ursprung verfolgen und ihre letztliche Bedeutung entdecken. „Eine leicht erkennbare Tatsache" ist, das Shakyamuni Buddha in dieser Welt erschien, Erleuchtung erlangte und zu vielen Menschen predigte, um sie dazu zu bringen, die Erleuchtung zu erkennen. Wo liegt der Ursprung dieser Tatsache? Wurde Shakyamuni Buddha sich plötzlich eines heiligen Gesetzes bewußt, ohne eine Beziehung zur vergangenen menschlichen Geschichte zu haben? Dies ist kaum möglich. Das Gesetz muß vor der Geburt des Buddha bestanden haben, seit dem Ursprung der Menschheit, ja seit der Schöpfung des Universums. Weil dieses Gesetz existierte, erkannte der Buddha es.

Wenngleich die Menschen sich seit dem Ursprung des menschlichen Lebens allmählich entwickelt hatten, so kannten sie doch das wahre Gesetz nicht, sondern lebten nach ihren Instinkten oder nach einem falschen Gesetz. So lange sie sich in dieser Weise verhielten, war ihre wahre Entwicklung unmöglich. Deshalb war es nur logisch, daß jemand sich des richtigen und wahren Gesetzes bewußt werden und in dieser Welt erscheinen würde, um dieses Gesetz anderen Menschen zu predigen. Die Zeit war reif für das Auftreten einer solchen Person, und der Höhepunkt war das Erscheinen des Buddha auf dieser Welt.

Das Auftreten des Buddha und sein Erlangen der Buddhaschaft eröffnete den Menschen erstmals das Gesetz, welches niemand erkannt hatte, obwohl es seit unendlichen Zeiten bestanden hatte. Dies wird im Kapitel „Offenbarung des (ewigen) Lebens des Tathāgata" deutlich. Die Lehre von der „Eröffnung des Kurzen und der Offenbarung des Langen" hat eine sehr wichtige Bedeutung, weil wir durch die leicht faßbare Tatsache vom Erscheinen des Buddha in dieser Welt und seiner Erlangung der Buddhaschaft das Gesetz verstehen können, welches seit der ewigen Vergangenheit bestanden hat.

Die zweite Lehre ist die „Anerkennung des historischen Buddha als eine zeitweise Offenbarung des ewigen Shakyamuni Buddha und Enthüllung der Ewigkeit des Shakyamuni Buddha". Im allgemeinen Sinne bezieht sich der Begriff „erscheinender Buddha" (*shakubutsu*) auf solche Buddhas wie ‚reichliche Schätze' und Amitābha und natürlich auf Shakyamuni Buddha, welche als Menschen in dieser Welt auftraten. Wenn wir das Prinzip hinter der Offenbarung von solchen erscheinenden Buddhas zurückverfolgen, dann erkennen wir, daß hinter dieser Offenbarung offensichtlich der eine ewige ursprüngliche Buddha steht. Dies ist die Lehre von der „Anerkennung des historischen Buddha als eine zeitweise Offenbarung des ewigen Shakyamuni Buddha und Enthüllung der Ewigkeit des Shakyamuni Buddha", welche in diesem Kapitel deutlich dargestellt wird.

Die dritte Lehre ist die „Eröffnung der vorteilhaften Lehre und Enthüllung der wahren Lehre." Das Wort *gon* „vorteilhaft" bedeutet „vorläufig" oder „zeitweise" wie in dem Begriff „vorläufiges Erscheinen" (*gongen*), welcher das vorläufige Erscheinen eines Buddha in der Gestalt eines Gottes bezeichnet. Dieses Wort bedeutet auch „Vize" oder „Stellvertreter" im Gegensatz zu „Vorsteher" oder „Original" wie in dem Begriff „stellvertretender Oberpriester" (*gon-no-sojo*), ein buddhistischer Oberprieser in der zweithöchsten Rangstufe. Die vorteilhafte Lehre bedeutet hier die zeitweise oder vorläufige Lehre als Mittel oder Weg, alle Lebewesen zur Wahrheit zu führen. Die vorläufige Lehre ist sehr tiefgründig, dennoch ist sie eine „zeitweise" Lehre als ein Mittel, die Wahrheit zu predigen, und sie ist auch eine „sekundäre" Lehre.

Das Verständnis aller Lebewesen ist mit Hilfe einer solchen zeitweisen Lehre auf eine sehr hohe Stufe erhoben worden; jedoch haben sie noch nicht die höchste geistige Stufe erreicht. Das Kapitel „Offenbarung des (ewigen) Lebens des Tathāgata" offenbart die wahre und höchste Lehre, eröffnet somit die vorteilhafte Lehre und zeigt die wahre Lehre.

Da das Kapitel 16 diese drei wichtigen Lehren enthält, sollten wir erneut die Lehre vom Gesetz der Erscheinung überdenken, um klar die Unumgänglichkeit zu erkennen, mit der die Lehre vom Gesetz der Erscheinung zu der Lehre vom Gesetz des Ursprungs führt. Es ist auch höchst wichtig, daß wir das Wesen der Religion verstehen, bevor wir zum Hauptgegenstand dieses Kapitels fortschreiten.

Der Hauptgrund, warum die Lehre des Buddhismus oft nicht wie eine Religion im gewöhnlichen Sinne des Wortes erscheint, ist, daß Shakyamuni Buddha nicht die Existenz eines transzendenten Gottes, der das Schicksal der Menschen bestimmt, anerkannte. Der Buddha predigte niemals den Glauben an einen Gott, der diese Welt schuf und Herr über das Naturgeschehen ist — ein absolutes Wesen, durch welches die Menschen erlöst werden, wenn sie es anbeten oder verehren.

Das Sanskrit-Wort *Buddha* ist abgeleitet von dem Wort *Bodhi,* welches die Idee der „Ausübung der Vernunft" bezeichnet. Der geistige Zustand der Erleuchtung, den der Buddha predigte, kann von jedem begriffen werden, der ein hinreichend hohes Maß an Vernunft besitzt. Diese Erleuchtung ist nicht etwas Visionäres, das nur eine erleuchtete Person wahrnehmen kann, und sie wird auch nicht von einem absoluten Wesen verliehen, an das man einfach glauben muß.

Shakyamuni Buddha betrachtete dieses Universum nicht als die Schöpfung oder Errungenschaft Gottes, sondern als das Ergebnis von Ursache und Wirkung, wodurch alle Phänomene hervorgebracht werden. Kausalität umfaßt eine primäre Ursache (*in*) und eine sekundäre Ursache (*en*), welche zusammen eine Wirkung (*ka*) und eine Vergeltung (*ho*) hervorrufen. In dieser Welt ist nichts unveränderlich oder formbeständig. Alle Dinge haben eine direkte Ursache (primäre Ursache, *in*). Wenn diese mit einer Gelegenheit oder Gegebenheit (sekundäre Ursachen, *en*) in Berührung kommt, dann erscheint das Ergebnis dieser Verbindung als ein Phänomen (Wirkung, *ka*). Diese Wirkung hinterläßt Spuren (Vergeltung, *ho*): Auf diese Weise deutete Shakyamuni Buddha alle Dinge in der Welt.

DAS SIEGEL DER DREI GESETZE. Die Kombination von einer primären Ursache und einer sekundären Ursache führt dazu, daß jede Handlung eine Wirkung und eine Vergeltung hat. Wenn eine primäre Ursache ausgelöscht wird, oder selbst wenn sie besteht, aber nicht mit einer sekundären Ursache in Berührung kommt, dann bringt sie keine Wirkung und Vergeltung hervor. Deshalb existiert in dieser Welt nichts in einer ewigen, fixierten und unveränderlichen Form. Dies ist das Gesetz „Alle Dinge sind ohne Dauer". Gibt es in dieser Welt gar nichts Unveränderliches? Doch, es gibt eine unveränderliche Sache — die Wahrheit, welche über der Existenz, der Bewegung und Veränderung aller Dinge steht. Nur diese Wahrheit allein ist unveränderlich.

Shakyamuni Buddha lehrte auch die Wahrheit, daß nichts in dieser Welt eine isolierte Existenz hat, ohne irgendeine Beziehung zu anderen Dingen, sondern daß alle Dinge in Beziehung miteinander existieren und voneinander abhängen. Dies ist das Gesetz „Nichts hat ein Ego". Auf den ersten Blick scheint keine Beziehung zu bestehen zwischen der Erde, auf der wir stehen, dem Meer, das sich bis zum Horizont erstreckt, und den Wolken hoch oben im Himmel. Wenn wir jedoch bedenken, wie Wolken erzeugt werden, warum Seewasser salzig ist, und wie die Erde Feuchtigkeit empfängt, dann verstehen wir bald die enge Beziehung von Erde, Meer und Himmel. Wir wissen, daß Wolken durch Wasserdampf erzeugt werden, der von der Erde, dem Meer und den Flüssen verdampft; Wolken bringen als Niederschlag Regen oder Schnee, die auf die Erde fallen und diese befeuchten; und Seewasser ist salzig, weil Flußwasser in der Erde enthaltene Salze auflöst und diese zum Meer führt, wo die Salzkonzentration durch die Verdampfung von Wasser stärker wird. Dies ist ein Beispiel dafür, wie nichts im Universum eine vollständig isolierte Existenz besitzt.

Natürlich predigte Shakyamuni Buddha die Bildung des Universums nicht als eine Wissenschaft oder Philosophie. Vielmehr führte er diesen Aspekt in seine Predigt ein, um alle Menschen zu einem gründlichen Verständnis zu bringen, wie Menschen leben sollten, und wie das menschliche Leben beschaffen sein sollte. Seine Lehre beschäftigte sich stets mit dem Menschen und mit Humanismus.

Wie sollten wir die universalen Wahrheiten, daß alle Dinge ohne Dauer sind und daß nichts ein Ego hat, praktisch für unser tägliches Leben einsetzen? Als Antwort auf diese Frage predigte der Buddha das Gesetz „Nirvana ist Ruhe".

Wir erfahren im Leben verschiedene Leiden, weil wir durch wechselnde Erscheinungen ins Schwanken gebracht und durch unmittelbaren Gewinn oder Verlust beeinflußt werden. Wenn wir eine vollkommene geistige Freiheit erreichen und von diesen vorübergehenden und oberflächlichen Überlegungen gelöst sind, dann besitzen wir eine friedliche und ruhige Geistesverfassung, selbst wenn wir uns in einer Siturations befinden, welche andere als sehr schmerzhaft betrachten. Dies ist der Zustand von „Nirvana ist Ruhe" in Bezug auf das Gesetz „Alle Dinge sind ohne Dauer".

Der Grund für unsere Unfähigkeit, in einer Sache Erfolg zu haben, mit anderen einen Konflikt oder Streit zu haben, oder Mißfallen zu verspüren, kommt oft von der Tatsache, daß es uns an Harmonie mangelt in unserer Beziehung zu anderen Menschen und Dingen. Die Erde dreht sich um die Sonne. Der Mond kreist um die Erde. Die unzähligen Sterne, welche am nächtlichen Himmel leuchten, haben die gleiche Art von Beziehung. Die Sonne, die Erde, der Mond und die Sterne bewegen sich alle nach dem Gesetz der Gravitation. Sie bewegen sich, ohne zusammenzustoßen, weil die Schwerkraft balanciert ist und eine Harmonie unter ihnen schafft. Wenn diese Harmonie gestört würde, dann würden die Sonne, die Erde und der Mond zusammenstoßen. Wenn in allen Planeten und Sternen das Gleichgewicht gestört würde, dann würde als Folge das Universum vernichtet.

Mit dem menschlichen Leben verhält es sich genauso. Jede Person ist ein Bestandteil des Universums. Wenn der Mensch in seinen verschiedenen

Beziehungen mit anderen Menschen und Dingen Harmonie bewahren würde, so daß unter ihnen eine Balance eingehalten würde, dann würden Streitigkeiten und Probleme in dieser Welt verschwinden. Solch ein Zustand ist jedoch in dieser Welt nicht zu erreichen. Warum nicht? Weil jede Person ihr eigenes kleine „Ego“ hat. Menschen unterscheiden sich in ihren Interessen und Gefühlen, und es besteht keine Harmonie untereinander, weil zu viele Menschen auf sich selbst ausgerichtet sind und nur nach persönlichen Gewinn, Wohlergehen und Bequemlichkeit streben. Wenn alle Menschen ihre eigenen kleinen „Egos“ aufgäben und sich der Aufgabe widmen würden, einander zu achten und zu helfen, dann würde eine große Harmonie unter ihnen hervorgebracht, und wahrer Friede würde in ihr tägliches Leben einkehren. Dies ist der Zustand von „Nirvana ist Ruhe“ in Bezug auf das Gesetz „Nichts hat ein Ego“.

Diese drei Gesetze — „Alle Dinge sind ohne Dauer“, „Nichts hat ein Ego“ und „Nirvana ist Ruhe“ — sind die fundamentalen Prinzipien des Buddhismus und werden als das Siegel der drei Gesetze (*sambo-in*) bezeichnet. Es ist keine Übertreibung zu sagen, daß alle Lehren des Buddhismus von diesen drei Gesetzen abgeleitet sind.

Wie sollten wir das Siegel der drei Gesetze in unserem täglichen Leben ausüben? Die Antwort auf diese Frage ist in den Doktrinen von den vier edlen Wahrheiten, dem achtfachen Pfad, dem Gesetz der zwölf Ursachen und den sechs Vollkommenheiten zu finden.

In der Doktrin von den vier edlen Wahrheiten lehrte der Buddha zuerst, daß der Mensch erkennen muß, daß seine Existenz Leiden ist, und er muß seinen tatsächlichen Zustand im Hinblick auf das Leiden anerkennen (die Wahrheit des Leidens), d. h. dieser Tatsache nicht ausweichen oder sie leugnen. Der Mensch kann jedoch sein Leiden nicht lindern, indem er es nur erkennt. Deshalb lehrte der Buddha, daß er einen Schritt weiter gehen und die Ursache des Leidens untersuchen muß, indem er darüber nachdenkt und es klar erkennt (die Wahrheit der Ursache). Die ursprüngliche Ursache des Leidens ist Unwissenheit, wie in der Doktrin vom Gesetz der zwölf Ursachen gezeigt wird.

Der Buddha lehrte, daß sobald jemand fähig ist, die Ursache seines Leidens zu erkennen und seine Unwissenheit als die ursprüngliche Ursache des Leidens zu beseitigen, seine Leiden verschwinden werden (die Wahrheit der Auslöschung). Schließlich zeigte der Buddha, daß der Weg, der den Menschen zur Wahrheit der Auslöschung führt, die Ausübung des achtfachen Pfades und der sechs Vollkommenheiten (die Wahrheit des Pfades) ist.

An dieser Stelle wollen wir noch einmal die Doktrin von dem achtfachen Pfad betrachten, d. h. die acht Wege des täglichen Lebens, bestehend aus dem richtigen Blick, dem richtigen Denken, dem richtigen Sprechen, dem richtigen Handeln, dem richtigen Leben, dem richtigen Streben, dem richtigen Bewußtsein und der richtigen Meditation.

Zuerst müssen wir das Wort „richtig“ gründlich analysieren, weil dieses Wort mißverstanden werden kann, wenn man es nach dem heutigen moralischen Verhalten betrachtet. Kurz ausgedrückt bedeutete das Wort „richtig“ „im Einklang mit der Wahrheit“. Wenn beispielsweise ein Mensch die Dinge von einem engen egoistischen Standpunkt aus betrachtet, dann kann er unmöglich den wahren Zustand der Dinge erkennen, und seine Beurteilung wird nicht ausgewogen sein. Wenn er sich von seinem egoistischen Standpunkt und den Vorurteilen befreit und die Dinge mit einem klaren Verstand betrachtet, dann kann er den wirklichen Zustand der Dinge sehen. Dieser Weg, die Dinge richtig zu betrachten, ist auf der Weisheit des Buddha begründet.

Wenn wir Dinge mit einer egozentrischen Geisteshaltung oder mit einer selbstsüchtigen Zielsetzung betrachten, dann kommen wir leicht auf falsche Gedanken, die nicht im Einklang mit der Wahrheit stehen oder sogar in direktem Widerspruch zur Wahrheit stehen. Stellen wir uns zum Beispiel vor, daß jemand wie folgt denkt: „Um den Wohlstand unseres eigenen Landes zu vergrößern, ist es gerechtfertigt, die Menschen anderer Länder zu opfern,“ oder „Man muß Zugeständnisse machen, wenn wir andere Menschen im Interesse unseres eigenen Wohlergehens betrügen oder verletzen“. Diese Gedanken sind offensichtlich falsch, wenn sie andere Menschen in Mitleidenschaft ziehen. Wenn jemand jedoch bei der Betrachtung der Dinge sein eigenes Land oder sich selbst und seine Familie zugrundelegt, dann hegt er ohne Bedenken solche selbstsüchtigen Gedanken. In der Geschichte finden wir viele Fälle für eine solche Denkweise, und auch heute gibt es zahlreiche Beispiele dafür.

Wenn der Mensch die Dinge nicht von einem selbstsüchtigen Standpunkt aus betrachtet, sondern von einem weitaus höheren Standpunkt — von dem gleichen Standpunkt wie der Buddha — dann kann er alle Dinge nach ihren jeweiligen Vorzügen betrachten und bewerten. Das Wort „richtig“ bezieht sich auf diese Weise, die Dinge anzusehen. Wenn ein Mensch die Dinge voreingenommen betrachtet, dann kann er die Wahrheit nicht erkennen. Wenn er eine Brille mit roten Gläsern aufsetzt, dann erscheint die ganze Welt rot. Wenn seine Brille grün getönte Gläser hat, dann sieht alles grün aus. Nur wenn er die Dinge mit ungefärbten Gläsern anschaut, kann er sie richtig sehen.

Wenn ein Mensch die Dinge in dieser Welt durch seine fünf Sinnesorgane wahrnimmt oder mit seinem Verstand darüber nachdenkt, dann erscheinen sie unterschiedlich. Nur den unterschiedlichen Zustand der Dinge (die Zeitlichkeit, *ke*), welcher äußerlich erscheint, zu betrachten und nicht den gleichen Zustand (die Leere, *ku*), welcher ursprünglich besteht, ist die oberflächliche Weise, in der gewöhnliche Menschen die Dinge betrachten. Der wichtige Kern der Lehren des Buddha ist, daß alle Dinge in dieser Welt ursprünglich gleich sind (die Leere, *ku*). Wenn man jedoch nur den ursprünglichen gleichen Zustand der Dinge sieht und den unterschiedlichen Zustand, der in den äußeren Formen erscheint, nicht beachtet, so ist dies auch eine einseitige Weise, die Dinge zu betrachten. Ein Philosoph, der das fundamentale Prinzip der Dinge studiert, kann in seinem persönlichen Leben durchaus unglücklich und ein gesellschaftlicher Versager sein. Dies kann ein Resultat seiner verdrehten Anschauung von den Dingen sein.

Um eine richtige Anschauung von den Dingen im wahren Sinn zu gewinnen, ist es notwendig zu vermeiden, die Dinge entweder ausschließlich als zeitweise (*ke*) oder als leer (*ku*) zu betrachten; vielmehr muß man diese beiden Betrachtungsweisen miteinander verbinden. Diese dritte Weise, die Dinge zu betrachten, wird *chutai* genannt oder „die Wahrheit der Mitte" — eine Wahrheit die fast die gleiche ist wie die des mittleren Pfades (*chudo*). Der mittlere Pfad bedeutet, nicht einseitig zu sein; dies heißt jedoch nicht, daß man bei allen Fragen die mittlere Stellung einnehmen und sich weder nach rechts noch nach links neigen soll. Der mittlere Pfad, den Shakyamuni Buddha predigte, ist kein starrer Pfad, der genau in der Mitte zwischen zwei Extremen existiert. Die Wahrheit des mittleren Pfades ist eine der wichtigsten Lehren des Buddha, und deshalb wird sie an dieser Stelle genauer besprochen.

Zu der Zeit als Shakyamuni Buddha lebte, gab es in Indien zahlreiche religiöse Lehren. Eine Religion bestand darauf, daß der Mensch von Natur aus verschiedene Begierden habe, und daß der Weg, sich von den Banden der Täuschung und des Leidens zu befreien, darin bestehe, die Erfüllung dieser Begierden zu suchen. Eine andere Religion predigte, daß nur ein asketisches Leben, welches alle Begierden streng unterdrückt, den Menschen zu Freiheit von den Banden der Täuschung und des Leidens führe.

Zu jener Zeit war in Indien die Askese äußers streng. Ein Asket versuchte, seine fleischlichen Gelüste und sein Verlangen nach Bequemlichkeit vollständig zu unterdrücken. Es gab sogar eine Schule von nackten Asketen, die das Tragen von Kleidung als verboten betrachtete. Andere Asketen kasteiten ihre Körper mit allen Arten von schmerzhaften Übungen. Sie lebten mitunter tagelang auf einem Baum; verbrannten ihre Haut mit Feuer; schnitten sich selbst mit Messern oder saßen auf zugespitzten Pfählen, die in den Boden getrieben waren. Die extremste Gruppe bestand darauf, daß ein Mensch, der frei ist von den Banden der Täuschung und des Leidens, nichts essen darf, und sie betrachteten den Hungertod als die höchste Freude.

Shakyamuni Buddha, der sich von den hedonistischen Extremen nicht angezogen fühlte, versuchte zuerst mit Hilfe von Askese zur Erleuchtung zu gelangen. Er besuchte nacheinander zwei berühmte Asketen, und nachdem er unter ihrer Leitung ihre Lehren ausgeübt hatte, beherrschte er sie vollkommen. Obwohl beide Asketen ihn ernstlich anhielten, bei ihnen zu bleiben, fand er ihre Lehre unzureichend, ihn zu befähigen, wahre Erleuchtung zu erreichen, und er wandte sich von ihnen ab. Anschließend versuchte Shakyamuni selbst asketische Übungen. Er unterzog sich äußerster Genügsamkeit und aß nur ein Korn Reis und Sesam am Tag.

Solch eine asketische Erfahrung mag durchaus nützlich gewesen sein; aber als Shakyamuni schließlich erkannte, daß Askese nicht der richtige Weg zur Erleuchtung war, gab er plötzlich solche Übungen auf. Dann ging er zum Fluß Neiranjnana und reinigte seinen Körper. Dann trank er eine Schale Milchschleim, die ihm ein Dorfmädchen gab und erlangte allmählich seine Kraft zurück. Er ging zu einem Platz in der Nähe des Dorfes Bodhgaya am Berg Pragdodhi und setzte sich unter dem Bodhi-Baum. Dort saß er ruhig allein, ging in eine tiefe Meditation ein und erreichte schließlich Erleuchtung.

Danach ging er zum Hirschpark in der Nähe von Varanasi (Benares), wo er die fünf Asketen versammelte, die mit ihm zusammen eine genügsame Lebensweise geführt hatten. Die Lehre, welche er diesen fünf Asketen in seiner ersten Predigt vermittelte, enthielt die Doktrinen von den vier edlen Wahrheiten, dem mittleren Pfad und dem achtfachen Pfad.

Shakyamuni Buddha sagte zu den fünf Männern: „Mönche! In dieser Welt gibt es zwei Extreme, die ihr vermeiden müßt.“ Diese beiden Extreme sind Hedonismus und Askese. Der Buddha, der diese beiden Extreme als unvernünftig ablehnte, verkündete folgendes: „Indem der Tathāgata diese beiden Extreme vermieden hat, konnte er die volle Erleuchtung — den mittleren Pfad — erlangen.“ Es ist in der Tat vielsagend, daß der Buddha den mittleren Pfad in der ersten von vierundachtzigtausend Predigten verkündete.

Dann predigte Shakyamuni folgendes: „Was ist die Grundlage des mittleren Pfades? Es ist der achtfache Pfad: richtiger Blick, richtiges Denken, richtiges Sprechen, richtiges Handeln, richtiges Leben, richtiges Streben, richtiges Bewußtsein und richtige Meditation. Dies ist der mittlere Pfad, den der Tathāgata erkannt hat. Er öffnet die Augen des Menschen, läßt die richtige Weisheit aufkommen und führt ihn zu geistigem Frieden und Ruhe und schließlich zum Nirvana.“

Wie hier klar gezeigt wird, hat der mittlere Pfad, den der Buddha erkannte, folgende Bedeutung: Ein Leben mit extremem Hedonismus zu führen oder extreme Askese auszuüben, ist wie die Betrachtung der Welt durch eine rot oder grün getönte Brille; es ist nicht der Weg, alle Dinge in der Welt richtig zu betrachten. Es ist gewissermaßen eine Anschauungsweise, welche mit Wolken der Täuschung verdeckt ist. Auf diesem Weg erreicht man nicht das Nirvana. Der Mensch darf nicht ein solch voreingenommene und starre Stellung einnehmen, sondern muß die Dinge der Wahrheit gemäß betrachten und entsprechend handeln.

Das Wort „richtig“, welches jedem Wort in der Doktrin vom achtfachen Pfad vorangestellt ist, hat die gleiche Bedeutung wie „Mitte“ in der Doktrin vom mittleren Pfad. „Richtig“ bedeutet, in Einklang mit der Wahrheit zu sein, wie oben erläutert wurde, und es bezeichnet auch den Gedanken, in Harmonie mit der Wahrheit zu sein. Der Buddha erzählte die folgende Parabel, um diese Idee zu erklären.

DIE LEHRE VON DER HARFE. Dies ist eine Geschichte aus der Zeit als Shakyamuni Buddha sich auf dem Geiergipfel in der Nähe von Rajagrha (Rajgir) aufhielt. In einem nahegelegenen Wald lebte ein Asket namens Srona, der sich strengen geistigen Übungen unterwarf. Seine Enthaltsamkeit war so strikt, daß seine Askese unter den vielen Jüngern des Buddha herausragte. Es gelang ihm jedoch nicht, sich von den Banden der Täuschung und des Leidens zu befreien, weil seine Enthaltsamkeit zu übertrieben war.

Schließlich erlag Srona der folgenden Täuschung: Ich bin so hervorragend, daß ich im Hinblick auf beharrliche Selbstzucht als der erste Jünger bekannt bin. Dennoch kann ich keine Erleuchtung erlangen. Ich kann nicht weiter gehen in meiner beharrlichen Selbstzucht. Wäre es nicht besser, wenn ich sie aufgäbe und nach Hause ginge? Ich habe genug Besitz, um den Rest meines Lebens angenehm zu verbringen. Sollte ich nicht lieber diesen Weg wählen, anstatt ein Leben religiöser Übung zu führen? Dieses geistige Dilemma quälte Srona. Shakyamuni Buddha erkannte, daß sein Jünger eine große geistige Krise durchmachte; deshalb besuchte er Srona im Wald und fragte ihn in einem alltäglichen Tonfall voll von Güte über sein geistiges Befinden. Srona erzählte dem Buddha, was er dachte, ohne etwas zu verbergen.

Dann sagte der Buddha: „Srona! Ich habe gehört, daß du ein sehr guter Harfenspieler warst, bevor du ein Mönch wurdest. Stimmt das?“ Srona erwiderte, daß es so sei, wie der Buddha gesagt hatte. Dann fuhr der Buddha fort: „Du kennst die Harfe gut. Bringt sie gute Musik hervor, wenn die Saiten zu straff gespannt sind?“ Srona antwortete: „Nein“. Dann fragte der Buddha: „Macht die Harfe Musik, wenn die Saiten zu locker sind?“ Srona antwortete wieder: „Nein“. Der Buddha fragte erneut: „Wie ist es, wenn die Saiten genau richtig gespannt sind? Kann sie dann gute Musik hervorbringen?“ Srona antwortete: „Ja, das kann sie.“

Dann unterwies der Buddha Srona wie folgt: „Srona! Die Schulung für die Erleuchtung ist wie das Einstellen der Saiten einer Harfe. Wenn du zu extremen Eifer neigst, dann werden die Saiten deines Geistes zu straff gespannt, und der Geist befindet sich nicht in einem friedlichen Zustand. Wenn du dagegen nicht eifrig genug bist, dann sind die Saiten deines Geistes locker, und dies führt zu Trägheit. Srona! Übe einen gemäßigten Eifer und bewahre ein Gleichgewicht zwischen deinen Sinnen. Versuche in Dir selbst Mäßigung zu erhalten, ohne zu extremem Eifer zu neigen.“

Auf diese Weise lehrte der Buddha Srona sorgfältig und liebevoll. Diese kurze Geschichte vermittelt uns ein deutliches Gefühl, welch eine unergründlich große Persönlichkeit Shakyamuni Buddha besaß.

In dem Sutra von den zweiundvierzig Kapitel lehrte der Buddha:

„Eine Harfe gibt keinen Ton von sich,
Wenn die Saiten zu sehr gespannt sind.
Sie klingt auch nicht,
Wenn sie zu wenig gespannt sind.
Nur wenn die Saiten genau richtig gespannt sind,
Klingt die ganze Musik harmonisch.“

Wenn wir diese Worte des Buddha nur oberflächlich begreifen, dann können wir ihre Bedeutung wie folgt verstehen: „Bewahre nur eine mittlere Position, sei weder zu strikt noch zu lax.“ Wenn wir diese Auslegung auf die religiöse Übung anwenden, dann stellen wir fest, daß wir auf den Mittelweg zwischen extremen Hedonismus und extremer Askese geraten, und als Resultat erkennen wir diese beiden Extreme an. Dies läuft darauf hinaus, daß das Extrem des Hedonismus sowie das Extrem der Askese zu einem gewissen Maße anerkannt werden sollten. Der gemäßigste Weg besteht zwischen diesen beiden Extremen. Ganz einfach läßt sich das auch so ausdrücken: Wenn extremer Hedonismus null und extreme Askese zehn ist, dann würde die gemäßigte Haltung bei etwa fünf liegen.

Dies ist jedoch eine irrtümliche Auslegung. Wenn wir eine Harfe spielen, können die Saiten keine schönen Töne hervorbringen, wenn sie entweder zu schlaff oder zu straff sind; beides bezeichnet gewissermaßen einen Nullzustand. Die Harfe erzeugt ihren besten Klang, wenn ihre Saiten mäßig gespannt sind. Die optimale Straffung der Saiten erfordert aber ein großes Feingefühl. Wenn die Saiten sich nicht in genau diesem Spannungszustand befinden, dann erzeugt die Harfe einen mißtönenden Klang. Wenn dagegen die Straffung der Saiten genau richtig ist, ist die Harfe in Harmonie und bringt einen schönen Klang hervor. Dies beinhaltet einen Wechsel von null bis zehn. Solch ein Zustand ist Harmonie. Die exakte Spannung der Saiten, welche zu guter Harmonie führt, bedeutet, daß dieser bestimmte Grad von Straffung perfekt für die Melodie geeignet ist, welche die Harfe hervorbringen soll. Kurzum, ein solcher Zustand paßt perfekt zu seinem Zweck. Die Idee, im Einklang mit der Wahrheit zu sein, bedeutet also, geeignet für den Zweck zu sein.

Genauso ist es mit dem menschlichen Leben. Ein Mensch, der wirklich Erleuchtung erlangt hat, ist jemand, der eine Lebensweise erreicht, die im Einklang mit der Wahrheit ist. Sein Denken und Verhalten sind natürlich geeignet für den Zweck. Er kann auch eine Lebensweise wählen, die stets mit allem in der Welt in Harmonie steht. Somit ist es unmöglich für uns, den „richtigen“ oder „mittleren“ Pfad zu finden, indem wir einfach den Punkt in der Mitte zwischen zwei Extremen wählen. Jedes Extrem repräsentiert einen fundamentalen Unterschied. Wenn wir unser Verhalten basiert auf der Wahrheit der Ursächlichkeit, ausrichten, ohne uns an starre Ideen zu klammern, dann können wir immer ein Leben führen, das perfekt für seinen Zweck geeignet ist und in Harmonie mit der Wahrheit steht. Dies ist die Lehre vom mittleren Pfad.

Wie können wir eine solche Geisteshaltung erreichen? Die Lehre, in welcher der Buddha uns konkret zeigt, wie wir dies in unserem täglichen Leben erreichen, ist keine andere als die Doktrin vom achtfachen Pfad. Nachfolgend ist eine kurze Erläuterung dieser Doktrin: Schaue die Dinge richtig an (richtiger Blick), denke in der richtigen Weise über die Dinge (richtiges Denken), sprich die richtigen Worte (richtiges Sprechen), pflege ein richtiges Verhalten (richtiges Handeln), führe ein richtiges menschliches Leben (richtiges Leben), strebe nach einer richtigen Lebensweise (richtiges Streben), bemühe dich stets um eine richtige Geisteshaltung (richtiges Bewußtsein) und bewahre stets die richtige Geisteshaltung und laß dich nie durch irgendetwas beunruhigen (richtige Meditation). Wie oben erwähnt, hat das Wort „richtig“ die gleiche Bedeutung wie „Mitte“ in der Doktrin vom mittleren Pfad.

Anschließend wollen wir kurz die Doktrin von den sechs Vollkommenheiten besprechen. Diese Lehre zeigt uns die sechs Arten von Bodhisattva-Übungen zum Wohl der Gesellschaft und anderer Menschen, während die Doktrin vom achtfachen Pfad in erster Linie der Weg der individuellen Übung ist, durch welche wir uns von Täuschung befreien können. Die sechs Vollkommenheiten umfassen: Hingabe, Einhalten der Gebote, Beharrlichkeit, Eifer, Meditation und Weisheit.

Hingabe bedeutet, anderen in allen Bereichen — geistig, materiell und physisch — Dienste zu erweisen. Einhalten der Gebote bedeutet, sich in Entsprechung mit den Geboten, welche der Buddha lehrte, von Täuschungen zu befreien, ein richtiges Leben zu führen und die Kraft erlangen, andere zu retten, indem man sich um die eigene Vervollkommnung bemüht. Beharrlichkeit bedeutet, immer eine großzügige Haltung anderen gegenüber einzunehmen, alle Schwierigkeiten zu ertragen und eine gelassene Geisteshaltung ohne Überheblichkeit zu bewahren, selbst wenn es uns besonders gut geht. Eifer bedeutet, direkt auf ein wichtiges Ziel fortzuschreiten, ohne uns von nebensächlichen Dingen ablenken zu lassen. Meditation bedeutet, unter allen Gegebenheiten eine kühle, unerschütterliche Geisteshaltung zu bewahren. Und Weisheit bedeutet, die Kraft zu besitzen, die wahren Aspekte aller Dinge zu erkennen. Die Doktrin von den sechs Vollkommenheiten lehrt uns die richtige Weise der Übung, um andere Menschen und die Gesellschaft durch diese sechs Übungen zu retten.

WAHRE MEDITATION. Bisher wurde noch keine vollständige Erläuterung zur Meditation als einer der sechs Vollkommenheiten gegeben. Dieses Wort hat in der Tat eine solch tiefe Bedeutung, daß wir es nur ganz allgemein betrachten können.

Im Hinblick auf das Ergebnis betrachtet, bedeutet „Meditation“, unter allen Gegebenheiten eine kühle und unerschütterliche Geisteshaltung zu bewahren. Es bedeutet aber auch die Übung, welche notwendig ist, um dieses Ergebnis zu erreichen. Mit anderen Worten bezeichnet es die Idee von Betrachtung oder Konzentration des Geistes auf einen einzigen Gegenstand, wobei man ruhig allein sitzt.

Worauf sollten wir uns konzentrieren? Das ist die wichtige Frage. Und dies ist in der Tat der Punkt, in dem Religion sich von Philosophie und Moral unterscheidet.

Wie stark auch immer wir uns auf etwas konzentrieren, wir können uns nicht absolut von unseren Leiden befreien, solange wir mit einer egozentrischen Haltung von den unmittelgaren Phänomenen ganz in Anspruch genommen sind. Wenn wir uns beispielsweise ganz den Gedanken an selbstsüchtige Angelegenheiten hingeben, wie dem Wunsch, uns von Unruhe und Ärger in der Verwaltung unseres Geschäftes zu befreien, oder dem Verlangen, uns von einer Krankheit zu erholen, dann ist es klar, daß wir von solchen Sorgen nicht befreit werden können, weil unser Geist von unserem Geschäft oder von unserer Krankheit beherrscht wird. Diese Art von geistiger Versenkung ist keine Meditation, sondern lediglich ein Ringen mit Illusionen.

Über unser Verhalten in der Vergangenheit nachzudenken, an uns selbst Kritik zu üben für das, was wir als falsch betrachten und zu beschließen, es zu berichtigen, ist eine Art von Meditation. Dies kann man als eine Meditation vom moralischen Standpunkt aus betrachten. Es ist eine sehr gute Übung, die uns hilft, unseren Charakter zu verbessern.

Noch tiefer über einen Gegenstand nachzudenken, ist Meditation ohne egozentrische Gedanken. Wenn wir tief in Aspekte eindringen wie die Entstehung der Welt, die Art des menschlichen Lebens und die ideale Gesellschaft, so ist dies Meditation vom philosophischen Standpunkt aus. Diese Art von Meditation ist auch eine gute Übung, die unseren Charakter fördert, unseren Gedanken Tiefe verleiht und damit auch der Gesellschaft Nutzen bringt.

Durch die oben erwähnten Formen der Meditation können wir jedoch leider keinen wahren geistigen Frieden (Nirvana) erreichen. Wir können nämlich nur so weit gehen, wie der Bereich des menschlichen Wissens es gestattet, ganz gleich wie streng wir auch über uns selbst nachdenken und wie tief wir philosophisch in den idealen Weg für die Welt und das menschliche Leben eindringen. Wenn wir sagen, daß der Mensch nicht zum Nirvana gelangen kann, selbst wenn er über sein Verhalten nachdenkt, falsches Verhalten bereut und beschließt, gutes Verhalten zu üben, dann kommt zwangsläufig die folgende Frage auf: „Das muß so sein, wenn man über die Moral und die Gesellschaft nachdenkt, und wenn man basiert auf dieser Überlegung Vorsätze faßt. Eröffnet sich aber nicht der Weg zum Nirvana, wenn man im Licht der Lehren des Buddha über sich selbst nachdenkt, und wenn man sich vornimmt, seine Handlungen danach auszurichten?“ Dies ist in der Tat ein Prozeß, durch den wir in Richtung auf das Nirvana fortschreiten können; aber der Weg, das Nirvana zu erreichen, ist nicht so leicht. Wenn es nur darum ginge, sein eigenes oberflächliches Bewußtsein zu verstehen und unter Kontrolle zu bringen, dann wäre das Problem relativ einfach. Die meisten Menschen können ihr Bewußtsein mit Hilfe der Lehren des Buddha durch religiöse Übungen kontrollieren. Der Mensch hat aber auch einen Geist, dessen er sich nicht bewußt ist. Er kann ihn nicht erfassen, weil er im Unterbewußtsein liegt. Er kann ihn nicht unter Kontrolle bringen, weil er ihn nicht erfassen kann. Dieser Geist wird im Sanskrit als *alaya* oder *manas* bezeichnet und entspricht dem Unterbewußtsein in wissenschaftlicher Terminologie.

Alles, was man in der Vergangenheit erfahren, gedacht und gefühlt hat, verbleibt in den Tiefen des Unterbewußtseins. Psychologen sind der Auffassung, daß das Unterbewußtsein nicht nur einen großen Einfluß auf den Charakter des Menschen und auf seine geistigen Funktionen ausübt, sondern auch verschiedene Störungen verursacht. Weil das Unterbewußtsein normalerweise außerhalb unserer Reichweite liegt, können wir es durch Nachdenken und Meditation allein nicht unter Kontrolle bringen.

An dieser Stelle wollen wir das Problem des Karma (*go*) welches in Kapitel 7 erwähnt wurde, ins Gedächtnis zurückrufen. Das Karma, welches wir jetzt haben, ist sehr tief verwurzelt und komplex, und es enthält das „frühere Karma" (*shuku-go*), welches die Menschen seit ihrem Anfang angesammelt haben. Wir besitzen auch das „frühere Karma", das wir selbst in früheren Existenzen hervorgebracht haben und zu einem gewissen Maße das „frühere Karma", welches unsere Vorfahren hervorgebracht haben. Und natürlich besitzen wir das „gegenwärtige Karma" (*gen-go*), welches wir selbst in diesem Leben geschaffen haben. Ist es für einen gewöhnlichen Menschen möglich, sich von diesen Karmas zu befreien und in den geistigen Zustand der vollkommenen Freiheit einzugehen (Flucht aus der Welt der Täuschungen) mit Hilfe seiner eigenen Weisheit? Dies ist offensichtlich unmöglich. Was, wenn überhaupt etwas, können wir dann tun?

An dieser Stelle wollen wir die Doktrin von den Dreitausend Welten in einem augeblicklichen Existenzzustand, welche auch in Kapitel 7 besprochen wurde, ins Gedächtnis zurückrufen. Diese Doktrin lehrt uns, daß die dreitausend Welten mit all ihren Wechselbeziehungen in einem einzigen Gedanken enthalten sind und daß die geistigen Stufen, die uns sowohl zu der Sphäre der Hölle als auch der des Buddha führen, in diesem einen Gedanken eingeschlossen sind. Wie aber können wir praktisch solche Gedanken unter Kontrolle bringen? Auf diese Frage kann das menschliche Wissen keine Antwort geben. Ein beliebiger Gedanke, der aus unzähligen Gedanken hervorgeht, — kein Gelehrter, wie gebildet auch immer, kann uns lehren, wie wir jeden Gedanken behandeln, der plötzlich aufkommt. Wie sollten wir jedem dieser Gedanken begegnen, die spontan aufkommen?

Diese Art von Problem geht über den Bereich der Philosophie hinaus und kann auch mit Begriffen der Moral nicht gelöst werden. Wie ist dieses Problem dann zu lösen? Nur Religion vermag das und nichts anderes. Wenn wir einem Problem mit einem derartigen Umfang und einer solchen

Tiefgründigkeit begegnen, dann können wir deutlich den wahren Wert der Religion erfassen. Wir erkennen, daß unsere wahre Erlösung letzten Endes durch die Religion herbeigeführt werden muß.

Eine Religion, besonders eine fortschrittliche Religion wie der Buddhismus, enthält Philosophie, Moral und Ethik. Vom Buddhismus kann man in der Tat sagen, daß er nahezu vollständig aus Lehren der Philosophie und Moral besteht. Wenn wir die Lehren jedoch gründlich untersuchen, dann stellen wir fest, daß es darüber hinaus noch etwas gibt, was unsere Herzen direkt anspricht. Es ist gleich einem Licht, das uns warm umgibt, hell scheint und unseren Weg beleuchtet. Es ist etwas, das uns belebt und die volle Entwicklung unserer wahren Möglichkeiten gestattet. Dieses „etwas" ist nichts anderes als Vertrauen. Christmas Humphreys verweist darauf in seinem Buch *Buddhismus*: „Aber es lebt, es lebt enorm..."

WAS RELIGION SEIN SOLLTE. Was ist Religion eigentlich? Wir müssen die Religion von ihrem Ursprung her betrachten. Zu allen Zeiten verspürten die Menschen Furcht vor Dingen, die mächtiger waren als sie. Im Laufe der Zeit verwandelten sich ihre Ängste in Gefühle von Verehrung und Ehrfurcht.

Der primitive Mensch fürchtete den Mond und die Sterne, ganz zu schweigen von der Sonne. Anfangs hatten die Menschen das gleiche Gefühl gegenüber den schneebedeckten Bergen, die sich hoch über ihnen erheben, den großen Stömen, die manchmal ruhig dahinfließen, zu anderen Zeiten über ihre Ufer treten und Überschwemmungen verursachen, die das Land verwüsten und gegenüber dem grenzenlosen Ozean, der sich bis zum Horizont erstreckt. Sie verehrten Vögel aufgrund ihrer wunderbaren Fähigkeit zu fliegen, und sie fürchteten sich vor mächtigen Tieren wie Elefanten und Löwen. Die Furcht des Menschen vor Dingen und Erscheinungen in der Natur ging allmählich in ein Gefühl der Ehrfurcht über und führte schließlich zu der Verehrung solcher Kräfte als Götter. Diese Art von Glaube wird als Naturverehrung oder Animismus bezeichnet.

Später glaubten die Menschen, daß es im Himmel und in der Luft Geister mit übernatürlichen Kräften gebe, denen gegenüber die Menschen machtlos seien. Diese Geister waren nicht durch Liebe und Mitempfinden gekennzeichnet, sondern nur durch den Besitz von Macht. Die Menschen hatten Angst, von diesen Kräften verwünscht zu werden, wen sie sie nicht verehrten und besänftigten. Sie glaubten, daß diese Geister Übel und Krankheiten, schlechte Ernte, Stürme und grobe See verursachen und verhüten konnten. Sie zitterten in Furcht vor diesen Geistern, verehrten sie und beteten, daß ihnen Unglück erspart bliebe und Segen gewährt würde. Diese Art von Glauben wird als Geisterverehrung bezeichnet.

Der primitive Mensch glaubte, daß solche Geister entweder zeitweise oder dauernd in physischen Dingen wohnten. Dieser Wohnort konnte ein lebloser Gegenstand, wie ein Stein, eine Feder oder ein Gerät sein, oder auch ein großer Baum, ein Vogel oder ein anderes Tier oder sogar ein Mensch. Sie glaubten, daß diese Dinge sie selbst, ihre Familien und ihre Dörfer vor Schaden schützen, und sie verehrten sie aufrichtig. Diese Art von Glaube wird als Fetischismus bezeichnet. Einige primitive Menschen betrachteten ein bestimmtes Tier, eine Pflanze oder einen toten Gegenstand als ihre Ahnen. Sie verehrten dieses Objekt, um von Unglück verschont zu bleiben und um Glück zu erlangen. Solch ein Glaube wird als Totemismus bezeichnet.

Eine fortschrittlichere Religion als die oben beschriebenen ist primitiver Pantheismus, dessen Anhänger alles im Universum als Gott betrachten. Es gibt auch einen Monotheismus, der verkündet, daß in dieser Welt nur ein einziger Gott existiert und über alle Dinge in dieser Welt, einschließlich Gut und Böse, herrscht.

Diese Religionen bleiben auf einer solch niedrigen Stufe der geistigen Entwicklung, daß moderne Menschen sie als reinen Aberglauben betrachten. Sie legen nämlich etwas als ein Absolutes fest, das zu verehren und anzubeten ist, während die Religion ursprünglich auf den Menschen bezogen sein sollte. Es ist seltsam, ein Tier, eine Pflanze oder einen toten Gegenstand zu verehren und anzubeten. Solche Objekte sollten nicht verehrt und angebetet werden, sondern achtsam für den praktischen Nutzen der Menschen eingesetzt werden, um ihr Glück zu fördern.

Die Sonne ist beispielsweise unbedingt notwendig für die Existenz des Menschen; sie ist jedoch nur eine Sache, kein Gott. Der Mond ist auch nur eine Sache, wenngleich er in alten Zeiten als ein Gott verehrt wurde. Jetzt sind aber schon mehrmals bemannte Raumschiffe auf dem Mond gelandet. Die Erforschung des Mondes wird schließlich zur praktischen Anwendung der gefundenen Ergebnisse für das menschliche Leben führen. Flüsse, Meere und Berge sind nur Dinge, deren Kräfte mit Hilfe des menschlichen Wissens für praktische Zwecke eingesetzt werden sollten, um das menschliche Leben zu bereichern. Das gleiche läßt sich von den verschiedenen Tieren und Pflanzen sagen. Wenn die Worte „für praktische Zwecke einsetzen“ zu sehr auf den Menschen ausgerichtet erscheinen, dann können sie ersetzt werden durch den Ausdruck „nebeneinander bestehen und gemeinsame Vorteile bringen“, indem das Leben der natürlichen Dinge in optimaler Weise genutzt wird.

Diese Aspekte gehören in den Bereich der Wissenschaft (menschliches Wissen) in einem allgemeinen Sinn und sollten niemals zum Gegenstand der Religion werden, wenngleich eine solch primitive Religion auch heute noch beliebt ist. Aus der vorangegangenen kurzen Betrachtung über den Ursprung und die Entwicklung der Religion können wir verstehen, warum diese Art von Religion irrtümlich und abergläubisch ist.

Probleme, die mit menschlichem Wissen gelöst werden können, sollten vollständig auf diese Weise gelöst werden. Dies ist keine neue Idee, sondern eine unveränderliche Wahrheit. Von diesem Standpunkt aus betrachtet, ist es nicht verwunderlich, daß eine religiöse Organisation ein Krankenhaus haben sollte, welches für die Behandlung seiner Patienten die letzten Fortschritte in der Medizin und die modernste Ausrüstung benutzt.

Shakyamuni Buddha hat diese Wahrheit in verschiedenen Sutras gelehrt. In den *Sigalovada- Sutras (Shikara-otsu-ropporai-kyo)* unterwies der Buddha einen jungen Mann in Rajagrha über die Erfüllung seiner Pflichten gegenüber seinen Eltern und sagte: „Wenn deine Eltern an Krankheiten leiden, dann mußt du sie möglichst bald der Obhut eines Arztes anvertrauen und sie pflegen."

In Kapitel 17 des Lotus-Sutras „Unterscheidung der Verdienste" predigt der Buddha wie folgt: „Ajita! Wenn jemand nach meinem Dahingehen dieses Sutra hört und fähig ist, es zu empfangen und zu bewahren, es selbst zu kopieren oder andere zu veranlassen, es zu koperen, dann hat er bereits Klöster errichtet und rote Sandelholz-Tempel mit zweiunddreißig Schreinen gebaut, hoch wie acht *Tala*-Bäume, hochragend, geräumig und prächtig, worin Hunderte, Tausende von *Bhikshus* bleiben; auch geschmückt mit Gärten, Nischen, Schwimmbädern, Promenaden und Meditationszellen; reichlich ausgestattet mit Kleidung, Lebensmitteln, Bettzeug, Medikamenten und allen Hilfsmitteln zum Wohlbefinden." Da in dem Sutra das Wort „Medikamente" erscheint, können wir annehmen, daß es auch für die Mönche natürlich war, Medizin einzunehmen, wenn sie krank waren, und sich nicht auf Gebete allein zu verlassen.

Diese Einstellung ist nicht auf Krankheit und Medizin begrenzt. Im Hinblick auf wirtschaftliche Aspekte lehrt der Buddha uns beispielsweise niemals, etwas zu verehren, um der Armut zu entkommen. Im *Samyuktagama-Sutra (Zo-agon-hyo)* äußerte er sich hierzu wie folgt: „Lernt zuerst eifrig eine technische Fertigkeit, und benutzt diese dann als ein richtiges Mittel, um ein Einkommen zu verdienen. Nachdem ihr ein Einkommen erreicht habt, teilt es ohne Verschwendung in vier Teile. Davon dient ein Viertel für den Lebensunterhalt, zwei Viertel sind für geschäftliche Unkosten, und das verbleibende Viertel ist für Ersparnisse als Sicherheit gegen ein vermindertes Einkommen... Wenn ihr richtig arbeitet und mit der rechten Weisheit Geld sucht, dann vermehrt sich das Geld Tag für Tag. Von solchem Geld müßt ihr jedoch einen Teil für das allgemeine Wohl geben, und ihr müßt euren Freunden und Verwandten in der Not helfen."

Welch eine pragmatische und moralische Lehre ist dies! Auf diese Weise lehrt Shakyamuni uns, unsere Probleme soweit wie möglich durch menschliches Wissen zu lösen.

Pflanzen, Tiere und Steine sind keine Gegenstände der Verehrung, zu denen man betet, um von einer Krankheit geheilt zu werden. Es sind natürliche Dinge, und durch menschliches Wissen und Bemühung sind ihre medizinischen Eigenschaften in der rechten Weise zu nutzen. Viele physische Leiden können nicht durch die Kraft des Geistes in einem Tier, wie beispielsweise einem Fuchs oder einer Schlange, aber durch menschliches Wissen, Technologie und Bemühung beseitigt werden.

DAS LEIDEN VON TOD UND LEBEN. Es gibt im menschlichen Leben ein Problem, welches nicht durch menschliches Wissen und Bemühung gelöst werden kann. Dies ist das Problem des Todes. Mit der Entwicklung der medizinischen Wissenschaft ist die Lebenserwartung des Menschen beträchtlich gestiegen, und in Zukunft wird sie zweifelsohne weiter verlängert werden. Dennoch erreicht der Tod uns schließlich alle. Instinktiv empfinden wir den Tod als unerwünscht und beängstigend. Junge Menschen finden den Tod nicht so schrecklich, weil sie mit soviel Lebenskraft und starken Empfindungen erfüllt sind, daß sie den Tod nicht in seiner vollen Realität betrachten. Sie fürchten sich nicht vor dem Tod, weil sie einfach nicht daran denken. Wenn sie wirklich ernsthaft darüber nachdenken würden, dann würden sie wahrscheinlich vor Angst zittern.

Einer meiner Freunde sagte einmal zu seiner zwölfjährigen Tochter: „Es besteht die Möglichkeit, daß Wasserstoffbomben über Japan abgeworfen werden." Seine Tochter fragte ihn darauf mit kindlicher Unwissenheit: „Was würde mit uns passieren, wenn das wirklich geschähe?" Er antwortete ihr halb im Ernst: „Nun, wir würden alle sterben. Wir würden alle in einem Augenblick sterben. Wahrscheinlich wäre es ein leichter, sanfter Tod." Das Mädchen erbleichte plötzlich und schrie: „Ich hasse den Tod! Ich hasse ihn!" Mein Freund erzählte mir, daß er niemals solchen Schrecken in ihrem Gesicht gesehen habe.

Selbst ein zwölfjähriges Mädchen reagiert in dieser Weise, wenn sie ernsthaft an den Tod denkt. Wie ernsthaft müssen Menschen, die über ihre mittleren Lebensjahre hinaus sind, daran denken! Wie gesund auch immer ein Mensch sein mag, wenn er seine mittleren Lebensjahre erreicht, dann denkt er zwangsläufig manchmal an den Tod. Der dunkle Schatten des Todes huscht gelegentlich durch seinen Geist.

In solchen Augenblicken verspürt er einen unbeschreiblichen Schrecken, als ob ein eisiger Wind in seinen Nacken bliese.

Wieviel mehr Angst muß ein Mensch verspüren, der ernsthaft krank ist! Sein Herz muß nahezu vor Schrecken und Einsamkeit zerspringen, wenn er an den Tod denkt, der jeden Augenblick auf ihn zukommen kann. Darüberhinaus quälen ihn die Schmerzen seiner Krankheit. Der Gedanke an den Tod verdoppelt seine Qual während der ihm verbleibenden Tage.

Jemand mag vielleicht sagen, daß er sich nicht besonders vor dem Tod fürchtet. Dies sagt er aber, wenn er nicht dem Tod gegenüber steht. Er wird gewiß nicht fähig sein, seine Haltung zu bewahren, wenn der Augenblick des Todes tatsächlich näherrückt. Mitunter vergessen wir jedoch über unseren Schmerz die Todesqualen. Wenn wir extreme Schmerzen verspüren, dann sind wir so erfüllt von dem Verlangen, von den Schmerzen befreit zu sein, daß wir oft unseren Schrecken vor dem Tod vergessen können.

Wenn wir an einen zum Tode verurteilten Verbrecher denken, der ganz gesund ist, dann können wir uns leicht vorstellen, wie deutlich er die Todesqualen empfindet. Ein verurteilter Verbrecher, der gesund ist, hat weder hinreichende Schmerzen noch genügend Vergnügen, welche ihn den Tod vergessen lassen könnten. Er sitzt fortwährend in seiner engen Zelle und wartet auf das Herankommen des Todes. Er steht dem Tod wirklich gegenüber; sein Leiden muß unvergleichlich groß sein.

In gewissem Sinne befinden sich aber alle Menschen in einer Lage wie Verbrecher, die zum Tode verurteilt sind. Für alle kommt mit Sicherheit die Zeit, wo sie sterben müssen. Wenn die medizinische Wissenschaft weitere Fortschritte macht, dann kann ihr physisches Leiden zur Zeit des Todes gelindert werden. Aber auch dann sind sie nicht frei von dem Schrecken, der Angst und den Qualen des Todes selbst.

Es gibt nur einen Weg, sich von der Bedrohung des Todes zu befreien. Dies ist eine Religion, durch welche wir an ein ewiges Leben glauben können, — daß wir nicht sterben, sondern daß unser Leben sich nur in der Form verändert. Wenn wir unser Bewußtsein durch Religion vervollkommnen können, dann sind wir wirklich frei von dem Schrecken und den Leiden des Todes.

Wir sind nicht nur von den Todesqualen überschattet, sondern auch von den Leiden des Lebens. Tag und Nacht kommen materielle, physische, geistige und andere Leiden auf uns zu. Unter diesen vielen Leiden sollten zwei — materielle und physische Leiden — durch menschliches Wissen und

Bemühungen vermindert werden. Wenngleich diese beiden Formen des Leidens mit unserem derzeitigen Wissen nicht völlig beseitigt werden können, so werden sie doch nach und nach durch die Entwicklung und Steigerung des menschlichen Wissens verringert. Diese Arten von Leiden werden schließlich vielleicht ganz verschwinden.

Geistiges Leiden, dessen Ursache wir mit unserem Bewußtsein erkennen können, kann durch die Auslöschung der Ursache oder durch moralische Entwicklung beseitigt werden. Was jedoch verbleibt, ist das geistige Leiden, welches wir mit unserer eigenen Kraft nicht unter Kontrolle bringen können, wie sehr auch immer wir uns um moralischen Fortschritt bemühen. Wie zuvor erwähnt wurde, lassen sich Ausbrüche des Unterbewußtseins bei allen Anstrengungen nicht mit dem Bewußtsein kontrollieren.

Wenngleich wir ernsthaft denken, daß wir einen Menschen nicht hassen, so wächst unser Haß ihm gegenüber doch in unserem Bewußtsein. Wir nehmen uns aufrichtig vor, nicht zornig zu werden, und doch entbrennen wir plötzlich im Zorn. Wir erkennen, daß wir uns vor etwas nicht zu fürchten brauchen, und doch können wir uns nicht von einem Gefühl des Schreckens oder der Besorgnis befreien. Als gewöhnliche Menschen erfahren wir oft solche Konflikte. Wir können nicht einmal solche Leiden des Lebens unter Kontrolle bringen, noch viel weniger den Schrecken und die Angst vor dem Tod.

Wenn Menschen einem schweren Leiden begegnen, dem sie mit allen Anstrengungen nicht beikommen können, dann glauben sie, sich auf etwas Mächtigeres als sie selbst verlassen zu müssen, etwas Absolutes, und sie bitten um Hilfe. Sie vertrauen sich mit Leib und Seele dieser absoluten Macht an und sagen gleichsam: „Tue wie es dir gefällt. Ich überlasse alles dir.“

Worauf sollten wir uns verlassen? Wem sollten wir uns mit Leib und Seele anvertrauen? Wie zuvor erwähnt, warfen primitive Menschen sich vor der Sonne, vor Bergen, Tieren, Pflanzen oder Menschen und den innewohnenden Geistern zu Boden. Solch ein Verhalten ist in der heutigen Zeit jedoch nicht mehr angebracht. Anhänger einer fortschrittlicheren Form der Religion verlassen sich auf deren „absolute Macht“, auf einen Gott, der als das allmächtige Wesen betrachtet wird, der alles im Himmel und auf der Erde erschaffte und regiert. Sie erreichen ein gewisses Maß an geistigen Frieden, indem sie zu diesem Gott beten und um seine Hilfe bitten.

Aber selbst dieser geistige Friede ist begrenzt. Wir können von einem solchen Gott nicht absolute Gewißheit und Frieden erlangen, weil dieser Gott außerhalb, in einer transzendenten Sphäre wie dem Himmel existiert. Ein Gott, der majestätisch vom Himmel auf die Erde herabblickt, ein Gott, der erbarmungslos das Böse bestraft und das Gute belohnt. — Je absoluter die Macht dieses Gottes ist, desto abhängiger werden wir, und gleichzeitig verspüren wir umsomehr Angst, weil wir nicht wissen, wann wir von diesem Gott verlassen oder bestraft werden. Aus diesem Grund leben wir in großer Furcht vor dem Gott, wenngleich wir uns mit unserem ganzen Herzen auf ihn verlassen.

Mit einer solchen geistigen Abhängigkeit von einer äußeren Macht können wir keinen wahren geistigen Frieden (Nirvana) erlangen. Können wir uns auf irgendetwas in unserem Inneren verlassen? Nein, dies ist auch unzuverlässig, weil unser Verstand stets Täuschungen ausgesetzt ist. Unser Körper ist auch unzuverlässig, weil er schließlich vergeht. Wenn wir uns vollständig auf etwas in uns selbst verlassen könnten, dann bestände keine Notwendikeit für eine Religion, und wir wären fähig, uns durch unsere eigenen Bemühungen zu erlösen.

Worauf sollten wir uns dann für unsere Erlösung verlassen? An dieser Stelle müssen wir uns die folgende Lehre des Buddha in Erinnerung rufen: „Mache das Selbst zu deinem Licht, mache das Gesetz (Dharma) zu deinem Licht“ (*Ji-tomyo, ho-tomyo*). Diese Worte richtete Shakyamuni vor dem Tode an Ānanda, einen seiner zehn großen Jünger. Ānanda war besorgt und dachte: „Wenn der Weltgeehrte, ein unvergleichlicher Führer und Lehrer, stirbt, auf wen auf dieser Erde sollten wir uns dann in unserer Übung und unserem Leben verlassen?“ In Erwiderung auf die Besorgnis Ānandas lehrte der Buddha ihn wie folgt: „Ānanda! In Zukunft sollst du dir selbst dein Licht machen und dich auf dich selbst verlassen. Du mußt dich nicht auf andere Menschen verlassen. Du sollst auch das Gesetz zu deinem Licht machen und dich auf das Gesetz verlassen. Du mußt dich nicht auf andere verlassen.“

Es gibt keine bessere Lehre als diese, um das Wesen einer richtigen Religion in wenigen Worten zusammenzufassen. Der Buddha lehrte zuerst: „Du kannst dich auf dich selbst verlassen.“ Wenn wir uns auf andere Menschen verlassen, wissen wir nicht, was wir tun sollen, wenn wir von ihnen in Stich gelassen werden oder wenn sie verschwinden. Deshalb ermahnte der Buddha uns, daß wir uns auf uns selbst verlassen und den Weg mit unseren eigenen Bemühungen beschreiten. Aber worauf sollten wir uns bei unserer Lebensführung verlassen? Der Buddha lehrte, daß hierfür allein das Gesetz gilt, das heißt die Wahrheit, und daß wir uns nicht absolut auf andere verlassen müssen. Hier bedeutet das Wort „andere“ „Götter“, also Wesen, die außerhalb existieren und die als unsere Herren betrachtet werden. Der Buddha lehrte ausdrücklich, daß wir uns nicht auf solche Götter verlassen sollen, sondern nur auf das Gesetz, die Wahrheit.

Diese Worte sind in der Tat sehr gewichtig. Ein einziges Wort in der

Lehre „Mache das Selbst zu deinem Licht, mache das Gesetz zu deinem Licht“ ist wertvoller als all die unzähligen Lehren über menschliches Leben und Religion, die von den großen Männern in vergangenen Zeiten verkündet wurden.

Durch diese Lehre verstehen wir, daß das, worauf wir uns verlassen, nämlich das Gesetz, sowohl in uns selbst als auch außerhalb existiert. Es ist die Wahrheit, welche das gesamte Universum durchdringt, ohne einen Unterschied zwischen innen und außen festzulegen. Unser Körper ist durch diese Wahrheit geschaffen und wird durch sie zum Leben veranlaßt. Unser Geist ist ebenfalls durch sie geschaffen und wird durch sie in Bewegung gesetzt. Alle Dinge, einschließlich Gesellschaft, Himmel, Erde, Pflanzen, Vögel und andere Tiere werden durch diese Wahrheit erzeugt und zum Leben veranlaßt.

Ein Mensch, der das Wort „Wahrheit“ als irgendwie kalt und abstrakt empfindet, kann es durch den Begriff „das große Leben“ ersetzen, welches alles in dieser Welt zu Existenz und Leben bringt. Wenn wir uns tief in unseren Verstand bewußt sind, daß uns Leben verliehen wird von diesem großen Leben, welches das Universum durchdringt, dann können wir den wahren geistigen Frieden erlangen, der durch nichts gestört wird.

Auf welche Weise können wir ein solches Bewußtsein erreichen? Selbstverständlich besteht dieser Weg darin, die Lehren des Buddha wiederholt zu studieren und sie tief in unserem Verstand zu verwurzeln, indem wir darüber meditieren. Wir müssen uns fest die Erkenntnis vor Augen halten, daß unser Leben mit dem universalen Leben (dem Buddha) vereint werden muß. Dies ist in der Tat Meditation vom religiösen Standpunkt aus. Durch diese Art von Meditation können wir sogar den Geist läutern, den wir nicht bewußt erfassen können, nämlich das Unterbewußtsein, und wir können unser Denken und Verhalten in unmittelbare Harmonie mit unserer Umgebung bringen. Wenn unser Denken und Verhalten sich in Harmonie mit der Umgebung befinden, dann können Leiden und Sorgen uns nicht beunruhigen. Dieser geistige Zustand ist wahrer geistiger Friede; es ist die Stufe von „Nirvana ist Ruhe“, die abslout ruhige Stufe, in der wir uns an nichts klammern. Diese Geistesverfassung ist nicht auf einen passiven geistigen Frieden begrenzt. Unser Bewußtsein, von diesem großen universalen Leben getragen zu sein, erfüllt uns mit großer Hoffnung und Mut. Aus diesem Bewußtsein entspringt Energie, so daß wir in unserem täglichen Leben, unserer Arbeit und unserem Bodhisattva-Weg fortschreiten für das Wohl anderer in dieser Welt.

Unser Bewußtsein, daß wir zum Leben veranlaßt sind, ist unsere wahre Erlösung. Unsere absolute Hingabe an die Wahrheit, welche uns Leben verleiht, so daß wir in unseren Herzen „Namu“ sagen, muß als die höchste Errungenschaft des Glaubens betrachtet werden. *Namu* kommt von der chinesischen Umschreibung des Sanskrit-Wortes *namas* und bedeutet, rückhaltlos mit höchstem Glauben und Vertrauen im Gesetz Zuflucht zu nehmen. Der Zustand der religiösen Begeisterung, in dem wir unaussprechliche Dankbarkeit und Freude im Gesetz empfinden, ist auch in dem Wort *Namu* enthalten. Wir verehren nicht ein Ding, eine Person, einen Geist oder einen außerhalb von uns existierenden Gott, sondern wir geben uns dem Gesetz hin, welches uns zum Leben bringt und mit sich vereint — dies ist der reinste und höchste Glaube. Das Aussprechen des geheiligten Titels *Namu Myoho Renge-kyo* ist der Ausdruck unserer Übung, mit unserem ganzen Herzen und Verstand im Gesetz Zuflucht zu nehmen. Keine Form der Religion ist reiner; dies ist die höchste Form der Religion.

Es ist nur natürlich, daß das Gesetz in jeder Epoche und je nach der Fähigkeit der einzelnen Person verschieden verstanden wird. Da die meisten Menschen heutzutage eine wissenschaftliche Erziehung erhalten, neigen sie dazu, nur das zu glauben, was klar sichtbar oder wissenschaftlich bewiesen ist. Sie zweifeln leicht an solchen Konzepten wie dem Gesetz und „dem, das alles zum Leben veranlaßt“ und betrachten dies als bloße Idee, welche von religiösen Führern hervorgebracht wurden. Sie sollten aber die Zusammensetzung aller physischen Substanzen so betrachten wie sie von Atomphysikern erläutert wird: Alle Substanzen in diesem Universum bestehen aus Elektronen, Protonen, Neutronen und anderen subatomaren Teilchen, und die Unterschiede zwischen verschiedenen Substanzen werden durch verschiedene Kombinationen dieser grundsätzlichen Teilchen verursacht.

Subatomare Teilchen werden als die kleinsten Einheiten der Materie betrachtet. Solange soche Teilchen aber als Materie, als Dinge, existieren, sollten sie eigentlich noch weiter teilbar sein. Die moderne Wissenschaft vermag dies jedoch nicht, und so sagen die Wissenschaftler, daß diese elementaren Teilchen durch „Energie“ erzeugt werden.

Energie wird im allgemeinen betrachtet als „die Kraft, durch welche Materie funktioniert“. Aber bevor Materie funktionieren kann, muß bereits die Energie existieren, welche Materie erzeugt. Diese Theorie wird von dem Ingenieur Dr. Yoichi Yamamoto vertreten.

Wir können Energie nicht mit unserem bloßen Auge sehen, und sie auch anderweitig nicht als ein physisches Dasein wahrnehmen. Energie scheint zuerst ein „Nichts“ zu sein; jedoch existiert sie, und es ist eine Art von Materie. Die Anhäufung dieser Art von Materie erzeugt Teilchen wie Elektronen, Protonen und Neutronen. Die Anhäufung dieser Teilchen erzeugt wiederum verschiedene Arten von Atomen. Die Anhäufung dieser

Atome erzeugt Elemente wie Wasserstoff, Sauerstoff und Kohlenstoff. Die Anhäufung dieser Elemente erzeugt Luft, Wasser, Mineralien, Pflanzen und den menschlichen Körper. Somit wird Materie ursprünglich durch eine Art von Energie oder Kraft hervorgebracht.

Wissenschaftler in der Sowjetunion haben die Theorie aufgestellt, daß Zeit auch Energie ist. Sie behaupten, daß die Sonne und andere Sterne niemals aufhören werden zu brennen, weil sie Zeit als Energie benutzen. Dies ist die letzte Grenze, bis zu der die moderne Wissenschaft vorstoßen konnte. Man hält es für unmöglich, den Ursprung der Materie darüber hinaus zurückzuverfolgen.

Shakyamuni Buddha lehrte jedoch vor mehr als zweitausend Jahren richtig über die Materie. Er verkündete es als *shiki soku zeku* und *ku soku zeshiki.*[1] *Ku* oder *sunyata,* wörtlich „Leere" oder „Nichtheit" bedeutet nicht „Nichts", sondern „Gleichheit", und *Shiki* bezeichnet „Phänomene". *Shiki soku zeku* drückt den Gedanken aus, daß alle Dinge, einschließlich Materie, der menschliche Verstand und Ereignisse, von der gleichen Grundlage ausgehen. Obwohl diese Dinge in den Augen des Menschen als verschieden voneinander erscheinen, ist ihr tatsächlicher Zustand gleich. Wenn alle Dinge bis zur letzmöglichen Grenze analysiert werden, dann sind sie gleich, weil sie eine Art von Energie (Kraft) sind. In ähnlicher Weise bedeutet *ku soku zeshiki,* daß alle Dinge, einschießlich Materie, Verstand und Ereignisse, durch *ku* erzeugt werden, und deshalb ist *ku* identisch mit *shiki.* Kurzum, alle Phänomene werden durch eine gleich Art von Energie oder Kraft hervorgerufen.

Ku (Energie) sammelt sich durch Gegebenheiten (sekundäre Ursachen, *en*) und erzeugt eine Substanz. Unterschiede in den Gegebenheiten führen zu der Erzeugung von Wasser, Luft, Stein oder dem menschlichen Körper. Wenn die Gegebenheiten sich ändern, bringen die Substanzen Veränderungen hervor und nehmen eine andere Form an. Wenn Wasser einer hohen Temperatur ausgesetzt wird, dann verdampft es. Wenn Dampf mit kalter Luft in Berührung kommt, dann kondensiert er und bildet eine Wolke. Mit Ereignissen und der Funktion des Verstandes ist es ähnlich; es gibt nichts, was nicht dieser grundsätzlichen Regel folgt.

Shakyamuni Buddha erläuterte diese Regel durch die Doktrin des *pratiya-samutpada (engi),* dem abhängigen Ursprung, was bedeutet, daß alle Phänomene durch Ursächlichkeit erzeugt und vernichtet werden. Dieser Begriff bezeichnet folgendes: Ein Ding entsteht oder wird erzeugt durch die Mittlerschaft einer Gegebenheit (einer sekundären Ursache, *en*). Ein Ding nimmt keine Gestalt an, solange keine entsprechende Gegebenheit vorhanden ist. Diese Wahrheit gilt für alle Existenz und Phänomene im Universum.

Intuitiv erkannte der Buddha dies so tiefgründig, daß selbst die moderne Wissenschaft nicht tiefer vorstoßen kann.

Wenn wir so denken, dann mag unser Leben launenhaft erscheinen. Die These, daß *ku* durch eine sekundäre Ursache (*en*) erzeugt wird, scheint anzuzeigen, daß alle Dinge lediglich die Produkte von reinem Zufall sind. Dies ist jedoch nicht so. Wenn wir die Dinge um uns herum sorgfältig betrachten, dann stellen wir fest, daß Wasser, Stein und Menschen jeweils nach einem bestimmten Muster mit seinem eigenen individuellen Charakter hervorgebracht werden. Durch welche Kraft oder Anweisung werden die Gegebenheiten geschaffen, die aus einer solch formlosen Energie wie *ku* verschiedene Dinge in perfekter Ordnung hervorbringen? Wenn wir uns diese Regelmäßigkeit und Ordnung vor Augen halten, dann müssen wir zwangsläufig zugeben, daß eine Regel existiert. Es ist die Regel, welche alle Dinge zur Existenz bringt. Es ist nämlich das Gesetz, welches der Buddha lehrte.

Wir existieren nicht zufällig, vielmehr existieren und leben wir mit Hilfe dieses Gesetzes. Sobald wir diese Tatsache erkennen, werden wir uns unserer festen Grundlage bewußt und gewinnen eine gelassene Geisteshaltung. Diese Grundlage ist keineswegs launenhaft, sondern ruht auf dem Gesetz, dem nichts an Festigkeit gleichkommt. Diese Gewißheit ist die Quelle für den großen geistigen Frieden, der durch nichts erschüttert wird. Es ist das Gesetz, welches uns allen Leben verleiht. Dieses Gesetz ist nicht etwas Kaltes, sondern es ist kraftvoll und erfüllt mit Leben.

Bedenken wir nur einmal, daß die Erde vor Milliarden von Jahren kein Leben hatte; aus Vulkanen flossen Lavaströme, und Dämpfe und Gase füllten den Himmel. Als aber vor etwa zwei Milliarden Jahren die Erde abkühlte, wurden mikroskopische einzellige Lebewesen erzeugt. Selbstverständlich wurden sie durch das Wirken des Gesetzes hervorgebracht. Sie wurden geboren, als die Energie (*ku*), welche die Grundlage für Lava, Gas und Dampf bildete, mit geeigneten Gegebenheiten (einer sekundären Ursache, *en*) in Berührung gelangte. Es ist das Gesetz, welches die Gegebenheiten für die Erzeugung von Leben schuf. Deshalb erkennen wir, daß das Gesetz nicht kalt, keine bloße abstrakte Regel ist, sondern daß es voll von lebendiger Kraft steckt, die alles zu Existenz und Leben bringt.

Umgekehrt besitzt alles die Kraft, das Verlangen zu haben, zu existieren und zu leben. Vor zwei Milliarden Jahren besaßen sogar Lava, Gas und Dampf den Drang zu leben. Deshalb gingen einzellige Lebewesen aus ihnen hervor, als die richtigen Gegebenheiten erreicht waren. Diese winzigen Wesen ertrugen alle Arten von Widerwärtigkeiten, darunter extreme Hitze und Kälte, enorme Fluten und Wolkenbrüche, über einen Zeitraum von etwa zwei Milliarden Jahren und lebten weiter. Darüber hinaus entwickelten sie sich allmählich zu höheren Formen mit dem Höhepunkt im Menschen. Diese Evolution wurde veranlaßt durch den Drang zum Leben in diesen ersten mikroskopischen Wesen. Das Leben hatte einen Verstand, durch den es begehrte zu leben, und zwar schon seit der Zeit, bevor es auf der Erde zur Existenz gelangte. Solch ein Wille existiert in allen Phänomenen im Universum. Dieser Wille existiert im heutigen Menschen. Vom wissenschaftlichen Standpunkt betrachtet, besteht der Mensch aus einer Kombination von elementaren Teilchen; und wenn wir dies noch tiefer untersuchen, dann erkennen wir, daß der Mensch eine Anhäufung von Energie ist. Deshalb existiert im Menschen mit Sicherheit das Verlangen zu leben.

Dieser Sinn ist jedoch so tief, daß wir ihn nicht erfassen, isolieren oder kontrollieren können. Es ist der Sinn, der im Ursprung des Lebens existiert; er ist noch tiefer als das Unterbewußsein. Was ist dieser Sinn, der begehrt zu leben, und was ist der Ursprung, der uns befähigt zu leben? Wir können ihn nicht mit wissenschaftlichen Mitteln isolieren oder durch eine Theorie erklären. Selbst die hervorragendsten Wissenschaftler betrachten dies als ein Problem, welches über das menschliche Wissen hinausgeht. Philosophen haben versucht, ihn als „den blinden Willen zum Leben" zu erklären. Wir nennen ihn „den universalen Willen" oder „universales Leben." Wir können ihn auch beschreiben als „die Kraft, welche alles zum Leben bringt" odeı „die Regel, welche alles zur Existenz bringt". Shakyamuni Buddha lehrte diesen Aspekt auf folgende Weise: Alle Dinge im Universum sind *ku,* und sie werden durch *en* hervorgebracht und vernichtet. Nichts existiert in einer fixierten ewigen Form; nur das Gesetz, welches alles durchdringt, ist eine Existenz, die sich nie verändert.

Für einen gewöhnlichen Menschen ist es jedoch schwierig, das Gesetz, welches unsichtbar und ungreifbar ist, klar zu erkennen. Für diejenigen, die zur Zeit des Buddha lebten, muß es äußerst schwierig gewesen sein, dieses Gesetz theoretisch zu erfassen; es sei denn für eine Person mit besonders hervorragendem Verstand. Deshalb manifestierte Shakyamuni Buddha das Gesetz, oder die Wahrheit, in der Form des Buddha, den der Mensch direkt sehen kann. Er predigte, daß der Buddha absolute Macht besitzt und eine unsterbliche Existenz ist, die in allen Dingen gegenwärtig ist und sie zu leben veranlaßt. Dieser Buddha ist natürlich der ewige ursprüngliche Buddha.

Der ursprüngliche Buddha ist die Macht, die alles zum Leben bringt und überall im Universum gegenwärtig ist. Es gibt keinen Ort, wo der Buddha nicht existiert. Es ist natürlich, daß der ursprüngliche Buddha in einer Form erscheint, welche dem Objekt angemessen ist, welches er zum Leben bringt;

denn er ist die Kraft, die alles zum Leben erweckt. Wenn er in der Welt des Menschen erscheint, dann nimmt er eine passende Gestalt an.

Wenn wir die Worte „der ursprüngliche Buddha erscheint" oberflächlich auslegen, dann fragen wir uns vielleicht, warum ihn nicht jeder sehen kann, wenn er erscheint. Dieser Zweifel ist jedoch unbegründet. Es bedeutet lediglich, die Erkenntnis seiner Existenz durch die Worte „er erscheint" zu ersetzen. Solange der ursprüngliche Buddha die Wahrheit ist und die Macht, die allen Menschen Leben verleiht, existiert er immer in jedem von uns. In irgendeiner Weise können wir alle seine Existenz erkennen. Wenn wir dies tun, sehen wir den Buddha.

Shakyamuni war der erste Mensch, der deutlich die Wahrheit erkannte, welche alle Dinge zum Leben bringt. Ein gewöhnlicher Mensch kann dies nicht begreifen, auch wenn es ihm als „das Gesetz" oder „die Wahrheit" erläutert wird. Wenn wir uns aber die Wahrheit in der Form des Buddha vorstellen, der unseren Verstand durchdringt und uns allen Leben verleiht, dann können wir die liebevolle Macht des Buddha erkennen, die uns befähigt, unseren Geist mit seinem Geist zu vereinigen, und die uns zum Leben bringt. Die Kraft des Buddha, welche uns Leben verleiht, ist seine Güte.

Das Lotus-Sutra erwähnt oft, daß der Buddha überall existiert und in verschiedenen Formen erscheint, um Menschen zu erlösen — das heißt, sie zum Leben zu bringen. Das Sutra lehrt auch indirekt, daß der Buddha seit der ewigen Vergangenheit existiert hat. Jedoch hat der Buddha im Lotus-Sutra bislang noch nicht ausdrücklich diese Wahrheit in ihrer vollen Tiefe gepredigt. Um seine Jünger zum Verständnis der Wahrheit in ihrer vollen Tiefgründigkeit zu bringen, versuchte er nach und nach, ihren Verstand zu formen und eine Veränderung in ihrer Richtung zu bewirken. Wenn er nicht so vorgegangen wäre, sondern ganz plötzlich den tiefgründigen und tatsächlichen Zustand aller Dinge gepredigt hätte, dann hätten seine Jünger seine Worte nicht verstehen oder glauben können, sondern sie wären statt dessen in Verwirrung geraten.

Als er die Zeit für reif hielt, begann der Buddha schließlich, diese äußerst wichtige Lehre zu predigen. Dies ist der Kern des Kapitels 16, „Offenbarung des (ewigen) Lebens des Tathāgata", worin das Wesen und Leben des Buddha offenbart werden. Er verkündete, daß das Wesen des Buddha nicht der Shakyamuni ist, den die Jünger sehen, sondern der ewige ursprüngliche Buddha. Er offenbarte auch, daß der ursprüngliche Buddha stets existiert, von der unendlichen Vergangenheit bis in die unendliche Zukunft, und daß er allgegenwärtig im Universum ist. Mit anderen Worten lehrte er, daß die Macht, welche alle Dinge zum Leben bringt, fortwährend an allen Orten und zu allen Zeiten existiert.

Aus der Tatsache, daß das Leben des Buddha unendlich ist, geht hervor, daß auch unser Leben unendlich ist. Indem wir die Unendlichkeit des Lebens des Buddha erkennen, können wir grenzenlose Hoffnung und Mut gewinnen. Deshalb ist Kapitel 16 nicht nur der Kern des Gesetzes des Ursprungs, sondern es wird auch als der lebende Geist des gesamten Lotus-Sutras angesehen.

Dieses Kapitel enthält eine solch tiefgründige Lehre, daß wir bei einer wörtlichen Auslegung das Wesen unmöglich erfassen können. Deshalb habe ich versucht, durch eine erneute Betrachtung der Lehre vom Gesetz der Erscheinung und durch eine anschließende Definition über das Wesen der Religion eine Einführung in dieses Kapitel zu geben. Ich habe auch versucht, die Bedeutung des ursprünglichen Buddha in Begriffen zu erklären, welche moderne Menschen verstehen können. Nun wollen wir zum Inhalt des Kapitels 16 selbst übergehen.

In Kapitel 15, „Entspringen aus der Erde", hegte die Schar von Bodhisattvas Zweifel, als sie hörten, daß die unzähligen großen Bodhisattvas, die aus der Erde hervorgingen, alle von Shakyamuni Buddha seit seiner Erleuchtung unterwiesen worden waren. Stellvertretend für diese Bodhisattvas bat der Bodhisattva Maitreya dann den Buddha, ihre Zweifel zu zerstreuen. Das Kapitel 16 des Lotus-Sutras beginnt an dieser Stelle.

Zu der Zeit sagte der Buddha zu den Bodhisattvas und allen in der großen Versammlung: „Glaubt und erkennt, all ihr guten Söhne, das wahrhaftige Wort des Tathāgata." Und erneut sprach er zu der großen Versammlung: „Glaubt und erkennt das wahrhaftige Wort des Tathāgata." Und ein drittes Mal sagte er zu allen in der großen Versammlung: „Glaubt und erkennt das wahrhaftige Wort des Tathāgata."

Der Buddha wiederholte die Worte „Glaubt und erkennt das wahrhaftige Wort des Tathāgata" dreimal, um die Wichtigkeit der Lehre zu betonen, welche er jetzt erläutern wollte.

„Das wahrhaftige Wort des Tathāgata" ist die Wahrheit ganz tief in seinem Geist; dies ist das Gegenteil von der „taktvollen Lehre". Wie in der Lehre vom Gesetz der Erscheinung in der ersten Hälfte des Lotus-Sutras wiederholt gezeigt wurde, erläutert die taktvolle Lehre die Wahrheit auf verschiedene Weise in einfacher Sprache, je nach der Fähigkeit derer, die den Lehren des Buddha zuhören. Ein gewöhnlicher Mensch kann die Wahrheit nicht erkennen, ohne durch diesen Prozeß der taktvollen Lehre zu gehen. Im Gegensatz dazu ist das wahrhaftige Wort des Tathāgata die Wahrheit in ihrer Wirklichkeit, die ungeschmückte Wahrheit.

Warum offenbart der Buddha hier erstmals „die Wahrheit wie sie wirklich ist". Der Grund hierfür liegt teilweise darin, daß er jetzt Zuversicht besaß, daß seine Jünger das Gesetz verstehen würden, und teilweise darin, daß seine Lehre nicht vollendet sein würde, wenn er nicht vor seinem Dahingehen die tiefgründigste Wahrheit predigen würde.

Die Worte des Buddha „Glaubt und erkennt es“, anstatt nur zu sagen „Glaubt es“, haben eine wichtige Bedeutung. Shakyamuni Buddha drängte seinen Schülern oder anderen Menschen niemals seine Gedanken auf. Er predigte die Wahrheit wie sie ist und ermunterte seine Zuhörer mit den Worten: „Bewahrt auch ihr sie.“ Er führte sie auf den Weg der Wahrheit und lockte sie mit den Worten: „Kommt auch ihr zu mir.“ Seine Ermunterung „Bewahrt die Wahrheit“ anstatt nur zu sagen „Glaubt es“, sind ein sehr wichtiger Punkt. Dieser kurze Satz des Buddha spricht für den Charakter seiner Lehre. Seine Worte „Bewahrt es“ entsprechen der „wissenschaftlichen Geisteshaltung“ in der heutigen Ausdrucksweise. Der Buddha zeigt mit diesen wenigen Worten, daß jemand, der die Wahrheit gründlich betrachtet, studiert und erkennt, diese mit Sicherheit zu seiner Zufriedenheit akzeptieren kann.

Seine Worte „Kommt auch ihr zu mir“ enthalten den gleichen wichtigen Gedanken. Sie bedeuten: „Kommt zu mir und übt das Gesetz in dem Maße aus wie ich. Dann könnt ihr mit Sicherheit den Wert des Gesetzes erkennen.“ Der Buddha hätte diese Worte niemals sagen können, wenn er nicht absolutes Vertrauen in das Gesetz und den Weg gehabt hätte.

Weil Shakyamuni Buddha ein vernünftiger Mensch war, sagte er selbst zu seinen führenden Jüngern nicht, „Glaubt die Wahrheit“, vielmehr sagte er, „Glaubt und erkennt sie“, das heißt, „Glaubt sie, nachdem ihr sie verstanden habt“. In dieser Betonung von Glauben basiert auf Verstehen unterscheidet sich der Buddhismus grundsätzlich von vielen anderen Religionen.

DIE DREI KATEGORIEN VON WEISHEIT, MITEMPFINDEN UND LIEBE. Dann faltete die große Schar von Bodhisattvas, Maitreya an ihrer Spitze, die Hände und sprachen zum Buddha: „Weltgeehrter! Sei so gütig, diese Sache zu erläutern, und wir wollen gläubig die Worte des Buddha aufnehmen.“ Sie wiederholten dreimal die Worte: „Sei so gütig, diese Sache zu erläutern, und wir wollen gläubig die Worte des Buddha aufnehmen.“

Die Wiederholung dieser Worte durch die große Schar von Bodhisattvas veranschaulicht ihr glühendes Verlangen, das Gesetz zu hören und ihre feste Entschlossenheit, es nach dem Anhören auszuüben. Ihre Entschlossenheit kommt in der folgenden Erklärung zum Ausdruck: „Wir wollen gläubig die Worte des Buddha aufnehmen.“ Auf diese Weise drücken sie ihre Absicht aus, die Worte des Buddha nicht nur zu glauben, sondern sie auch im Gedächtnis zu bewahren.

Ein weiterer Punkt, den wir nicht vergessen dürfen, ist, daß der Bodhisattva Maitreya stellvertretend für die Schar von Bodhisattvas den Buddha bat, die Lehre zu erläutern. In Kapitel 1 des Lotus-Sutras schickte der Buddha von dem weißen Haarkranz zwischen seinen Augenbrauen einen Lichtstrahl aus, welcher alle Länder im Universum erleuchtete. Zu der Zeit staunte der Bodhisattva Maitreya über dieses Wunder und bat den Bodhisattva Mañjuśrī, es zu erklären. Auf der Grundlage seiner früheren Erfahrung prophezeite der Bodhisattva Mañjuśrī dann: „Der Weltgeehrte beabsichtigt jetzt, ein sehr wichtiges Gesetz zu predigen, die Wahrheit in der letzten Tiefe seines Geistes."

Aus dieser Episode können wir entnehmen, daß Mañjuśrī der rangälteste Bodhisattva war. In den Kapiteln 12 und 14 bat der Bodhisattva Mañjuśrī den Buddha wieder, die Schar von Bodhisattvas zu unterweisen. Von der zweiten Hälfte des Kapitels 15 an vertritt jedoch der Bodhisattva Maitreya die Schar von Bodhisattvas, und der Bodhisattva Mañjuśrī erscheint nicht mehr in den späteren Kapiteln des Lotus-Sutras. Dieser Wechsel ist nicht zufällig, sondern hat eine tiefe Bedeutung.

Wie in der Wendung „die Weisheit von Mañjuśrī" zum Ausdruck kommt, wird der Bodhisattva Mañjuśrī als die Idealform oder Personifizierung der Weisheit des Buddha betrachtet. Im Gesetz der Erscheinung, der Lehre der Weisheit, vertritt deshalb dieser Bodhisattva gewöhnlich die Schar von Bodhisattvas. Andererseits wird der Bodhisattva Maitreya als der Vertreter für das Mitempfinden des Buddha angesehen. Im Gesetz vom Ursprung, der Lehre des Mitempfindens, welche im letzten Teil von Kapitel 15 beginnt, ist deshalb der Bodhisattva Maitreya der Vertreter für alle Bodhisattvas. Im Kapitel 28, „Ermutigung des Bodhisattva universale Tugend", dem letzten Kapitel des Lotus-Sutras, handelt jedoch der Bodhisattva Universale Tugend als der Vertreter der Bodhisattvas. Dieser Bodhisattva repräsentiert nämlich die Übung des Buddha. Insgesamt betrachtet, vertritt dieser Bodhisattva die Lehre, die Übung und die Errungenschaften des Buddha; im Lotus-Sutra repräsentiert er jedoch besonders die Übung des Buddha.

Das Auftreten dieser drei Bodhisattvas — Mañjuśrī, der die Weisheit des Buddha repräsentiert; Maitreya, der stellvertretend für das Mitempfinden des Buddha ist; und Universale Tugend, der die Übung des Buddha personifiziert — spiegelt den Aufbau des Lotus-Sutras selbst wider.

Der Mensch braucht zunächst einmal Weisheit, um eine gute Persönlichkeit zu entfalten. Man sagt gewöhnlich: „Unwissenheit ist eine Sünde." Böses geschieht, weil dem Menschen wahre Weisheit fehlt. Weisheit bedeutet hier nicht menschliches Wissen. Die Menschen halten vielleicht einen Mann für weise, der über die innere Struktur von Regierung und Industrie gut

Bescheid weiß und der einen großen Gewinn erzielt, oder auch einen Mann, dem es aufgrund seiner Schlauheit gelingt, einer Strafe für schlechte Handlungen zu entgehen. Dies ist aber keine wahre Weisheit. Wahre Weisheit befähigt den Menschen, die grundsätzlichen Werte aller Dinge in dieser Welt zu sehen; ein wahrhaft weiser Mensch kennt das Gesetz der Ursächlichkeit und die Veränderungen, welche alle Phänomene erfassen. Wenn ein Mensch solche Weisheit besitzt, dann handelt er zwangsläufig richtig in allem, was er tut. Er kann nichts Falsches tun, selbst wenn man es von ihm verlangt. Er tut auch dann nichts Falsches, wenn er von anderen getäuscht oder in Versuchung geführt wird. Je mehr Menschen eine solche Weisheit erlangen können, desto heller, friedlicher und reicher wird die Gesellschaft werden. Deshalb lehrte Shakyamuni Buddha uns, daß wir zuerst wahre Weisheit erlangen müssen.

Wenn wir wahre Weisheit haben, dann verstehen wir, daß alle Dinge in der Welt miteinander in Beziehung stehen und voneinander abhängen (das Gesetz, daß nichts ein Ego hat). Wir begreifen auch, daß die Welt als ein Ganzes nicht besser wird, wenn wir allein Weisheit besitzen, oder wenn nur wir auf dem richtigen Weg sind. Wenn wir deshalb die vielen Menschen sehen, denen es an Weisheit mangelt, und die deshalb vom rechten Weg abweichen, dann fühlen wir den Drang, sie aus einer solchen Situation zu befreien. In unseren Herzen entsteht der Geist des Mitempfindens.

Wenn wir den Geist des Mitempfindens besitzen, können wir ihn in unseren Handlungen nicht verbergen. Wir predigen das Gesetz zu denen, die es nicht kennen; wir bringen diejenigen, welche vom rechten Pfad abgewichen sind, darauf zurück; wir haben das Verlangen, diejenigen zu schützen und zu unterweisen, die mit Eifer das Gesetz ausüben. Wenn wir die drei Übungen — Weisheit, Mitempfinden und Übung — vollkommen ausüben, dann wird die Lehre des Buddha in uns vervollkommnet, und diese unsere Welt wird das reine Land. Die Lehre des Lotus-Sutras hat solch einen vollkommenen Aufbau. Aus diesem Grund können wir die wahre Bedeutung des Sutras nicht erfassen, wenn wir nur einzelne Stücke lesen und hier und dort Stellen überspringen.

DER DREIFACHE KÖRPER DES BUDDHA. Nachdem der Weltgeehrte die dreimal wiederholte Bitte der Bodhisattvas vernommen hatte, wandte er sich ihnen zu und sprach: „Hört alle aufmerksam auf die geheime, rätselhafte und übernatürliche Druchdringungskraft des Tathāgata."

Das Wort „geheim" bedeutet hier nicht etwas Verstecktes, sondern etwas so Tiefgründiges, daß es schwer zu begreifen ist. Die grenzenlose Macht der Weisheit des Tathāgata, welche alles zum Leben bringt, beeinflußt alle

Lebewesen. Nichts kann sich diesem Einfluß ganz entziehen. Diese Macht, welche alles beeinflußt, wird als die übernatürliche Durchdringungskraft des Tathāgata bezeichnet. „Geheim“ bezieht sich auf das Wesen des Tathāgata, und „übernatürliche Durchdringungskraft“ kennzeichnet das mitempfindende Wirken des Tathāgata.

Hier ist der Tathāgata in zwei Aspekte unterteilt: sein Wesen und sein Wirken. Das Wesen des Tathāgata ist seine ursprüngliche Kraft, und das Wirken des Tathāgata ist der Ausdruck seiner Kraft. Nichts wird zufriedenstellend erreicht, wenn nicht sowohl die ursprüngliche Kraft als auch der Ausdruck vollständig sind. Einige Leute stellen gern ihren „Ausdruck“, d. h. ihre Weise zu arbeiten, zur Schau. Einige Firmen und Gruppen ermuntern ihre Mitglieder sogar dazu. Solch eine prahlerische Zurschaustellung des Ausdrucks trägt jedoch niemals wertvolle Fürchte im wahren Sinne, weil ihre „Arbeit“ nicht aus ihren wirklichen Fähigkeiten kommt, sondern aus ihren „falschen“, oberflächlichen Tätigkeiten. Deshalb versanden ihre Tätigkeiten bald, so wie ein seichter Brunnen austrocknet. Wie beträchtlich aber auch die eigene ursprüngliche Kraft sein mag, sie bringt dennoch keine Ergebnisse hervor, wenn sie nicht von Ausdruck begleitet ist. Eine unermeßliche Menge Wasser unter der Erde ist für unser tägliches Leben ohne Nutzen, solange das Wasser nicht als Quelle hervorquillt, oder wenn wir es nicht aus der Erde pumpen.

Das Wesen des Tathāgata, seine Kraft, die alles zum Leben bringt, ist unendlich, und das Wirken des Tathāgata, der Ausdruck seiner Kraft, hat vollkommende Freiheit. Es ist klar, daß die Erlösung des Tathāgata absolut vollkommen und fehlerfrei ist. Hier bezeichnet „Tathāgata“ (*nyorai*) nicht den historischen Buddha, sondern den ewigen ursprünglichen Buddha. *Nyo* bedeutet *shinnyo (tathata)* das heißt absolute Wahrheit, die warme Form der Dinge, Wirklichkeit. Ein gewöhnlicher Mensch kann jedoch durch seine eigene Geisteskraft nicht verstehen, was *shinnyo* tatsächlich ist. Es ihm als das zu erklären, was allen Menschen Leben verleiht, vermittelt keinen lebendigen Eindruck, sondern erscheint unermeßlich und abstrakt.

Shinnyo kann jedoch jede beliebige Form annehmen, weil es das einzige wirklich existierende Ding in dieser Welt ist. In welcher Form können wir es uns mit unserem menschlichen Verstand am besten vorstellen? Wir stellen uns zwangsläufig eine Person mit absoluter Macht vor. Wenn wir denken, daß eine solche Person seit jeher in dieser Welt existiert hat, von der unendlichen Vergangenheit bis in die unendliche Zukunft, und daß diese Person uns allen Leben verleiht, dann empfinden wir in einer konkreten Weise das warme, mitempfindende Wesen des Buddha. Wir können nicht wissen, in welcher Form *shinnyo* anderen Wesen als den Menschen erscheint; aber für uns repräsentiert es seine wahre Erlösungskraft, wenn es in menschlicher Form erscheint.

Shinnyo nimmt zwangsläufig eine menschliche Gestalt an, wenn es in der Welt der Menschen erscheint. Diese Personifizierung des *shinnyo* wird als Tathāgata (*nyorai*) bezeichnet, das heißt jemand, der aus dem *tathata (shinnyo)* gekommen ist. Deshalb ist ein Beiname des Buddha „Tathāgata". Das Wesen des Buddha ist *tathata,* und wenn wir dies als die Personifizierung von jemand betrachten, der *tathata* verwirklicht hat, dann sehen wir das lebendige Bild des Buddha als das Wesen seines Mitempfindens, welches uns Leben verleiht und welches uns in die richtige Richtung führt.

Seit alten Zeiten wird von dem Buddha gesagt, daß er einen dreifachen Körper habe (*trayah kayah, sanjin*): der Körper des Gesetzes (*dharmakaya, hosshin*), der Körper der Belohnung (*sambhogakaya, hojin*) und der Körper der Verwandlung (*nirmanakaya, ojin*).

Der Buddha als *tathata* selbst wird als der Körper des Gesetzes bezeichnet, welches das Wesen des Buddha ist. Wenn sein Wesen in einer Form erscheint, die erfaßbar ist, dann wird dies als sein Körper der Belohnung bezeichnet. „Körper der Belohnung" ist die Bezeichnung für einen Buddha, der als Belohnung für seine religiöse Übung über einen langen Zeitraum hinweg mit vollkommener Weisheit ausgestattet ist. Der Buddha, der als Mensch in dieser Welt auftrat, um alle Lebewesen zu unterweisen und anzuleiten, wird als Körper der Verwandlung bezeichnet. Der Buddha erscheint in diesem Körper, um alle Lebewesen zu erlösen. Shakyamuni Buddha, der das Gesetz zu der Schar von Bodhisattvas predigt, ist der Körper der Verwandlung. Der Tathāgata, den Shakyamuni erwähnte, bezeichnet seinen Körper des Gesetzes, und sein Körper der Belohnung ist dessen Darstellung.

Dann predigte der Weltgeehrte folgendes: „All die Welten von Göttern, Menschen und *Asuras* denken: ‚Jetzt hat Shakyamuni Buddha, der aus dem Palast des Shakya-Klans gekommen ist und an dem Übungsplatz der Erleuchtung nicht weit von der Stadt Gaya gesessen hat, vollkommene Erleuchtung erlangt'. Aber, meine guten Söhne, seitdem ich wahrhaftig Buddha wurde, sind unendliche, grenzenlose hunderttausende Myriaden *Koṭis* von *Nayutas* von *Kalpas* vergangen."

Hier wird endlich das Wesen des Buddha offenbart. Ein gewöhnlicher Mensch glaubt an die Existenz dessen, was er mit seinen Augen sehen kann. Er betrachtet den Shakyamuni vor seinen Augen als den Buddha, und er verläßt sich auf ihn in seinem Geist und in seiner religiösen Übung. Indem er so denkt, begeht er jedoch einen großen Fehler; denn der Buddha ist die

Existenz ohne Anfang und ohne Ende, wie hier deutlich zum Ausdruck kommt.

Der Buddha wandte sich nicht nur an seine Jünger und andere Menschen, sondern auch an himmlische Wesen und nichtmenschliche Wesen wie *Asuras.* Selbst himmlische Wesen konnten nämlich noch nicht wahres Nirvana erreichen ; sie bleiben in einer zeitweisen Welt der Freude und in einer vorübergehenden Welt des Friedens. Deshalb müssen auch sie die Lehre des Buddha hören, um wahre Erlösung zu erlangen. Selbst für den bösesten Menschen besteht die Gewißheit auf Erlösung, wenn er nur die Gelegenheit hat, die Lehren des Buddha aufzunehmen. In den Augen des Buddha sind auch nichtmenschliche Lebewesen gleich.

Es ist von tiefer Bedeutung, daß der Buddha die himmlischen Wesen und die *Asuras* in seine Botschaft einschloß. „Der Übungsplatz der Erleuchtung" bezieht sich nicht auf ein besonderes Gebäude für religiöse Übung. Der Buddha saß unter dem Bodhi-Baum im Wald und versenkte sich in Meditation. Dieser Ausdruck bezeichnet den Ort, an dem der Buddha saß, als er die höchste Erleuchtung erlangte. Überall gibt es heilige Plätze, wo man lernen und den Weg üben kann. Alle Orte, Wohnungen, Büros, Züge und Spielplätze, werden entsprechend der eigenen geistigen Haltung zu heiligen Plätzen, wo man Erleuchtung erlangen kann. Dies bedeutet nicht, daß wir keine besonderen Übungsplätze haben sollten, um den Weg zu suchen. Wir brauchen eine für religiöse Disziplin geeignete Umgebung als Hilfe für unsere Übung. Sogar Shakyamuni Buddha saß zuerst in einem stillen Wald und versenkte sich in Meditation. Er wählte also eine geeignete Umgebung als die Übungsstätte für seine Erleuchtung. In unserer alltäglichen Umgebung wird unser Geist leicht abgelenkt. Deshalb brauchen wir möglichst viele Gelegenheiten, einen besonderen Übungsplatz aufzusuchen, wo Menschen des selben Glaubens sich versammeln, um ihren Geist zu läutern. Indem wir durch religiöse Übungen allmählich Tugenden ansammeln, können wir eine Geisteshaltung erreichen, welche uns die Erkenntnis ermöglicht, daß unsere tägliche Umgebung identisch ist mit dem heiligen Platz zum Lernen und Üben des Weges.

Shakyamuni Buddha sagte, daß eine unendliche Zeit vergangen sei, seitdem er tatsächlich der Buddha wurde. Um den Menschen zu helfen, eine solch lange Zeitspanne zu erkennen, sagte er: „Angenommen es gäbe fünfhunderttausend Myriaden *Koṭis* von *Nayutas* von *Asaṃkhyeya* dreitausend-vieltausendfache Welten; jemand würde sie zu Atomen zermahlen, ostwärts durch fünfhunderttausend Myriaden *Koṭis* von *Nayuta von Asaṃkhyeya* Ländern schreiten und dabei eines dieser Atome fallenlassen; nehmen wir weiter an, er würde auf diese Weise weiter nach Osten schreiten, bis er alle diese Atome verstreut hätte — was meint ihr, meine guten Söhne, ist es möglich, sich alle diese Welten vorzustellen und ihre Zahl zu berechnen?"

Die hier erwähnten dreitausend-vieltausendfachen Welten schließen die Welt ein, in der wir jetzt leben. Fünfhunderttausend Myriaden *Koṭis* von *Nayutas* von *Asaṃkhyeya* Ländern bezeichnet die unzähligen Sterne im Universum. Ein Mensch zermahlt die dreitausend-vieltausendfachen Welten zu Atomen und läßt ein Atom fallen, wenn er in östlicher Richtung durch fünfhunderttausend Myriaden *Koṭis* von *Nayutas* von *Asaṃkhyeya* Sternen gekommen ist. Auf diese Weise schreitet er weiter nach Osten, bis er alle diese Atome verstreut hat. *Nayuta* ist eine indische Zähleinheit, welche einhundert *Ayutas* entspricht. Ein *Ayuta* entspricht einhundert *Koṭis,* und ein *Koṭi* ist eine astronomische Zahl, welche verschiedentlich als zehn Millionen, einhundert Millionen usw. interpretiert wird. *Asaṃkhyeya* bedeutet zahllos oder unzählbar. Es ist unmöglich, uns fünfhunderttausend Myriaden *Koṭis* von *Nayutas* von *Asaṃkhyeyas* vorzustellen.

Maitreya Bodhisattva und die anderen sprachen alle zum Buddha: „Weltgeehrter! Jene Welten sind unendlich, grenzenlos, jenseits der Berechnung und außerhalb der Reichweite des Denkens. Nicht einmal all die *Śrāvakas* und *Pratyekabuddhas* mit ihrer fehlerlosen Weisheit könnten sich solche Zahlen vorstellen. Und auch für uns, die wir uns in der Stufe von *Avaivartika* befinden, gehen diese Dinge über die Fassungskraft hinaus. Weltgeehrter! Alle solche Welten sind unermeßlich und grenzenlos." Für jeden außer dem Buddha ist die Existenz von solch unermeßlichen und grenzenlosen Welten völlig ungbegreiflich. Wir entnehmen dies aus der Wendung, „Alle solche Welten sind unermeßlich und grenzenlos."

Ein *Śrāvaka* ist jemand, der auf die Lehren des Buddha hört und Erleuchung erlangt, während ein *Pratiyekabuddha* jemand ist, der aus sich selbst heraus Befreiung erreicht. Jedoch leben auch diejenigen, welche die geistige Stufe dieser beiden Fahrzeuge erreicht haben, in dieser endlichen Welt. Sie sind zufrieden mit persönlicher Läuterung und Befreiung von Täuschung. Ihrer Weisheit ist eine Grenze gesetzt, solange sie in einer solch begrenzten geistigen Welt bleiben. Deshalb sagte der Bodhisattva Maitreya: „Nicht einmal all die *Śrāvakas* und *Pratyekabuddhas* mit ihrer fehlerlosen Weisheit könnten sich solche Zahlen vorstellen."

Ein Bodhisattva ist jemand, dessen Geist eine höhere Stufe erreicht als die eines *Śrāvakas* oder eines *Pratyekabuddha*; und er strebt nach Erleuchtung mit dem Verlangen, alle Menschen zu erlösen. Diese Art von Person besitzt eine großzügige Gesinnung und tiefe Gefühle und erreicht die Stufe von *Avaivartika.* In der Terminologie der buddhistischen religiösen Übung bedeutet *Avaivarika*: von der einmal erreichten Stufe nicht zurückschreiten. Die Wendung „die wir uns auf der Stufe von *Avaivartika* befinden" verweist darauf, daß man eine geistige Stufe erreicht hat, von der man niemals zurückschreitet, und in der man von keinerlei Umständen erschüttert wird. Aber auch jemand, der bereits eine solche Geistesverfassung erreicht hat, beschäftigt sich weiter mit religiöser Übung, um zur Erleuchtung zu gelangen. Er kann sich noch nicht von seinem „Selbst" befreien. In seinem Geist verbleibt immer noch irgendwo der Gedanke, der er selbst andere erlösen und die Gesellschaft gut machen kann. Wenn er in diesem Zustand bleibt, kann er nicht die geistige Stufe der vollkommenen Freiheit erreichen. Für die Reichweite seines Geistes ist eine Grenze gesetzt. Der Bodhisattva Maitreya wies selbst darauf hin.

Der Buddha ist aber vollständig selbstlos. Wenn jemand die gleiche Geistesverfassung wie der Buddha erreicht hat, dann ist er wahrhaftig frei von der Idee des „Selbst", weil er erkennt, daß alles im Universum mit ihm vereint ist. Beim Erlangen dieser Geistesverfassung fühlt er, daß alles im Universum in seinem Geist ist, und er durchschaut alles klar. Es ist unmöglich für uns, eine solche Geistesverfassung in unserem ganzen Leben oder selbst in unserem nächsten Leben zu erreichen. Je öfter wir aber das „Selbst" oder „Ego" überwinden, und je stärker unser Verlangen ist, anderen und der Gesellschaft zu nützen, desto größer wird unsere Weisheit, und desto weiter reicht sie. Dies lernen wir von der Antwort des Bodhisattva Maitreya an den Buddha.

Nachdem der Bodhisattva dem Buddha auf diese Weise geantwortet hatte, nickte der Buddha leicht und wandte sich an all die Bodhisattva-*Mahasattvas*: „Gute Söhne! Jetzt muß ich euch etwas klar und deutlich verkünden: Angenommen ihr betrachtet all jene Welten, wo ein Atom fallengelassen wurde oder nicht, in Atome zerlegt, und ihr zählt ein Atom als ein *Kalpa* — dann übersteigt die Zeit, seitdem ich der Buddha wurde, immer noch diese um hunderttausende von Myriaden von *Koṭis* von *Nayutas* von *Asamkhyeya Kalpas.*"

DER BUDDHA ALS ABSOLUTE EXISTENZ. Die unermeßlichen und grenzenlosen Welten, von denen der Buddha sprach, drücken den Gedanken von unendlichem Raum aus. Dies war die Voraussetzung für die anschließende Erwähnung der unendlichen Zeit. Wir sind nicht fähig, uns solch unendliche und grenzenlose Welten vorzustellen. Noch viel weniger können wir die Zeitdauer erfasssen, in der jedes fallengelassene Atom ein *Kalpa* darstellt. Hier müssen wir über das Konzept der Zahl hinausgehen und einfach „absolut" sagen.

Shakyamuni Buddha benutzte diese Art zu predigen nicht, um den Menschen die Vorstellung von einer ungewöhnlich großen Zahl zu vermitteln. Er benutzte diese Vorstellung einfach, um die Idee von etwas Absolutem und Unendlichem zu vermitteln. Diese Konzepte haben für einen gewöhnlichen Menschen keine Bedeutung, wenn er sie abstrakt betrachtet. Deshalb legte der Buddha etwas Relatives oder Endliches zugrunde, wie diese Welt und die Sterne, also Konzepte, die auch ein gewöhnlicher Mensch begreifen kann, und damit versuchte er, die Menschen zur Erkenntnis der Idee von etwas Absolutem und Unendlichen zu bringen.

Der Buddha ersetzte dann das Konzept einer unendlichen Zahl durch das einer unendlichen Zeit. Wenn ein Mensch all die Welten, wo ein Atom fallengelassen wurde oder nicht als atomisiert betrachtet, und wenn er ein Atom als ein *Kalpa* zählt, so übertrifft die Zeit, seitdem Shakyamuni der Buddha wurde, diese immer noch um hunderttausende von Myriaden von *Koṭis* von *Nayutas* von *Asamkhyeya Kalpas.* Dieser Vergleich soll die Idee von der unendlichen Vergangenheit zum Ausdruck bringen.

Es läßt sich nicht leugnen, daß der Buddha eine absolute Existenz ist; denn er predigt, daß er seit der unendlichen Vergangenheit in dieser Welt existiert hat. Diese absolute Existenz ist wichtiger als alles andere. Wie zuvor in diesem Kapitel erwähnt wurde, muß das, worauf wir uns verlassen, eine absolute Existenz sein. Selbst der größte Mensch ist relativ mit uns verbunden, solange er ein Mensch ist. Er ist auch eine begrenzte Existenz, weil er irgendwann sterben wird. Deshalb können wir uns nicht wirklich auf ihn verlassen. Wie hervorragend eine Maschine auch sein mag, schließlich wird sie doch an Wert verlieren und verrosten. Maschinen sind auch relativ und begrenzt.

Auch wenn wir eine noch so große Geldsumme haben, irgendwann geben wir doch den letzten Pfennig aus. Auch wenn wir eine sehr hohe Stellung haben, eines Tages müssen wir doch in Ruhestand treten. Deshalb sind auch diese Dinge relativ und begrenzt. Selbst ein himmlischer Gott, der außerhalb von uns selbst existiert, ist relativ mit dem Menschen verbunden. Er ist auch eine begrenzte Existenz, weil wir nicht wissen, wann wir von ihm verlassen werden.

Wir können uns nicht wirklich auf irgendeines dieser Dinge verlassen. Aber der Buddha ist eine absolute Existenz. Er existiert überall, innerhalb und außerhalb von uns selbst, und er ist beständig, von der unendlichen Vergangenheit bis in die unendliche Zukunft. Seine Existenz ist untrennbar von uns, selbst wenn wir uns von ihm trennen wollen. Deshalb ist er eine absolute Existenz.

Der Buddha kann mit der Luft verglichen werden. Luft existiert immer um uns herum und sogar in unserem Körper. Wir können keinen Augenblick ohne Luft leben, wenngleich wir gewöhnlich nicht über ihre Existenz nachdenken. Wenn wir in einem kleinen Raum eingeschlossen sind, fühlen wir aufgrund der schlechten Luft Klaustrophobie; wir öffnen die Fenster, um frische Luft hereinzulassen. Zu solchen Zeiten sind wir uns der Bedeutung der Luft bewußt.

In der gleichen Weise ist der Buddha die Existenz, von der wir uns nicht trennen können, selbst wenn wir wollen, und die uns immer zum Leben veranlaßt. Er ist eine absolute und unendliche Existenz. Aus diesem Grund können wir uns dem Glauben an den Buddha hingeben, uns auf ihn verlassen und ihm alles überlassen.

Der Buddha fuhr fort wie folgt: „Von der Zeit an habe ich fortwährend in dieser *Sahā*-Welt gepredigt und gelehrt, und auch alle Lebewesen an anderen Orten in hunderttausenden von Myriaden von *Koṭis* von *Nayutas* von *Asamkhyeya* Domänen angeleitet und gefördert."

Diese Worte haben eine sehr wichtige Bedeutung. Hier offenbart der Buddha, daß der ursprüngliche Buddha als ein Wesen seit der unendlichen Vergangenheit fortwährend in dieser *Sahā*-Welt gepredigt und gelehrt hat obwohl erst vierzig Jahre verstrichen sind, seit er als der erscheinende Buddha Erleuchtung erlangte. Er zeigt auch deutlich, daß der Tathāgata Shakyamuni, der ewige ursprüngliche Buddha, überall in allen Welten Lebewesen geleitet hat.

Jedem Buddha, als dem Körper der Belohnung des ewigen Buddha, untersteht eine Welt zur Unterweisung. Diese Welt heißt auf Japanisch *kedo,* ein „zeitweises Land", wo der Buddha zur Unterweisung gegenwärtig ist. Der Tathāgata heilende Kraft hat sein *kedo* in der Welt aus reinem Smaragd im Osten; der Tathāgata Amitābha im reinen Land im Westen; und der Tathāgata Shakyamuni in der *Sahā*-Welt. Der Tathāgata Shakyamuni, der ewige, ursprüngliche Buddha, ist in seiner Unterweisung jedoch nicht auf ein solches zeitweises Land begrenzt, sondern ist allgegenwärtig und veranlaßt alles zum Leben.

All die Buddhas sind der Körper der Belohnung des ursprünglichen Buddha, der in verschiedenen Situationen in unterschiedlichen Gestalten erscheint. Wenngleich jeder Buddha ehrwürdig in sich selbst ist, so geht er doch von dem Tathāgata Shakyamuni, dem ewigen, ursprünglichen Buddha, aus und ist mit ihm vereint. Daraus können wir den Gegenstand der Verehrung in unserem Glauben festlegen. Rissho Kosei-kai folgt dieser Lehre und verwahrt als Gegenstand der Verehrung das Bild des großen gütigen Lehrers Shakyamuni, des ewigen Buddha. Die Richtigkeit dieser Verehrung wird durch die Sutras selbst deutlich bezeugt.

Dieser Abschnitt enthält einen weiteren wichtigen Punkt: Der Buddha verkündete nicht von Anfang an, daß er überall im Universum gepredigt habe, sondern zuerst sagte er, das er in der *Sahā*-Welt gelehrt habe, und dann fügte er hinzu, daß er alle Lebewesen an anderen Orten unterwiesen und gefördert habe. Dies mag als ein weniger wichtiger Punkt erscheinen, aber er enthält die große Lehre der „Erweiterung der Lehren des Buddha vom Kurzen zum Langen."

Da der Buddha allen gegenüber in gleicher Weise sein Mitempfinden zeigt, kann er nicht meinen, daß er zuerst die Lebewesen in der *Sahā*-Welt unterweist und dann seine Erlösung auf andere Orte ausdehnt. Wenn wir jedoch von unserem eigenen Standpunkt aus an die Unterweisung anderer denken, dann gibt es eine richtige Reihenfolge der Lehre für unsere Durchführung der Bodhisattva-Übung. Wir können die Welt nicht auf einmal retten. Aus diesem Grund beginnen wir damit, diejenigen zu retten, die um uns herum leben; dann dehnen wir diese Rettung auf andere aus, die eine Beziehung miteinander und mit denen, die uns nahestehen, haben. Das Beispiel des Buddha zeigt uns diese Reihenfolge. Wir gehen zuerst daran, unsere eigenen Dörfer und Städte zu verbessern, dann dehnen wir diese Verbesserung auf Länder und Provinzen oder auf Staaten aus. Wenn wir genug Kraft gesammelt haben, müssen wir unsere Unterweisung und Rettung auf das ganze Land erstrecken, in dem wir leben, und darüber hinaus auf fremde Länder.

Einige Leute prahlen, „Ich will die Welt selbst erretten", wenn sie von dem Wunder der Lehren des Buddha tief bewegt wurden. Ehrgeiz ist sicherlich eine gute Sache, und die Errettung der ganzen Welt ist ein lohnendes Ziel. Aber wie groß auch immer unser Ehrgeiz oder unser Verlangen sein möge, wir können sie nicht durch Wünschen allein verwirklichen, sondern nur durch konkrete Maßnahmen. Ein Mensch, der nicht einen seiner Freunde retten kann, vermag sicher nicht die Welt zu retten. Selbst wenn er anfangs dieses große Verlangen hat, so wird er doch bald aufgeben, wenn die Dinge sich nicht glatt entwickeln. Es fehlt ihm nämlich die entsprechende Kraft zur Realisierung seines Ehrgeizes.

Für dieses Ziel sollte Kraft nach und nach gesammelt werden. Niemand besitzt genug Kraft, alle Menschen in der Welt sofort zu unterweisen. Wir können die Kraft gewinnen, andere zu erleuchten, während wir nur ein, zwei oder drei Menschen um uns herum retten, leiten und unterweisen, genauso wie ein winziger Schneeball allmählich größer wird, wenn wir ihn durch den Schnee rollen, und schließlich groß genug ist für einen schönen Schneemann. Die Worte „Erweiterung der Lehren des Buddha vom Kurzen zum Langen" sollten nicht nur räumlich oder im Hinblick auf die Zahl von Menschen verstanden werden, sondern auch von einem geistigen Standpunkt, so daß sie unserer Unterweisung Rückhalt verleihen. Wir müssen diesen Punkt klar erkennen. Deshalb ist die Unterweisung des Buddha in zwei Teile unterteilt: Erstens, „Ich habe fortwährend in dieser *Sahā*-Welt gepredigt und gelehrt," und zweitens, „und auch alle Lebewesen an anderen Orten geleitet und gefördert." So sollten wir diese Worte des Buddha verstehen.

Der Buddha predigte weiter wie folgt: „Gute Söhne! Während dieser Zeit habe ich von mir selbst als dem Buddha Brennendes Licht und von anderen Buddhas gesprochen, und ich habe auch von ihrem Eingang ins Nirvana erzählt. Auf diese Weise habe ich sie alle taktvoll beschrieben. Gute Söhne! Immer wenn Lebewesen zu mir kommen, erkenne ich mit den Augen eines Buddha alle Fähigkeiten, hoch oder wenig entwickelt, ihres Glaubens und so weiter. Und ich erkläre ihnen Stufe um Stufe, je nach ihren Fähigkeiten und ihrem Grad der Erlösung, meine verschiedenen Namen und die Länge meiner Leben, und darüber hinaus erkläre ich deutlich, daß ich in das Nirvana eingehen muß. Auf verschiedene taktvolle Weisen predige ich auch das wunderbare Gesetz, welches allen Lebewesen ein frohes Herz geben kann.

DIE FÜNF ORGANE DES GUTEN VERHALTENS. Hier erkennen wir erneut die Wichtigkeit und den Wert der taktvollen Lehre des Buddha. Wir erkennen auch, daß nicht nur die verschiedenen taktvollen Lehren des Buddha, die alle in sich Verehrung verdienen, sondern auch sein Erscheinen in dieser Welt selbst ein taktvolles Mittel war, welches der ewige, ursprüngliche Buddha benutzte, um alle Lebewesen zu erlösen. Die Erscheinung anderer Buddhas ist auch ein taktvolles Mittel des ewigen, ursprünglichen Buddha.

Man kann den ursprünglichen Buddha mit Fernsehwellen vergleichen. In Entsprechung der taktvollen Methode des Buddha können wir Bilder sehen und Töne hören. In gleicher Weise gelangen wir durch die taktvollen Mittel in Kontakt mit den wahren Lehren des Buddha.

Diese „Fernsehgeräte" der Menschen sind abgestuft von hochempfindlichen Geräten bis zu unempfindlichen. Der Buddha kann die Empfindlichkeit der verschiedenen Fernsehgeräte erkennen und dementsprechend die Spannung erhöhen oder verringern. Er predigt seine Lehren in Entsprechung mit der geistigen Fähigkeit seiner Zuhörer. Dies ist der taktvolle Weg des mitempfindenden Buddha, der in den folgenden Worten zum Ausdruck kommt: „Immer wenn Lebewesen zu mir kommen, erkenne ich mit den Augen eines Buddha alle Fähigkeiten ihres Glaubens, hoch oder wenig entwickelt."

Die Worte „Fähigkeiten ihres Glaubens" bezeichnen die fünf Organe (*pancen-driyani, go-kon*), welche den Menschen zu einem guten Verhalten führen: — der Sinn des Glaubens (*srad-dhendriya, shin-ko*), der Sinn des Strebens (*viryendriya, shojin-kon*), der Sinn des Gedächtnisses (*smrtindriya, nen-kon*), der Sinn der Meditation (*samadhindriya, jo-kon*) und der Sinn der Weisheit (*prajnendriya, e-kon*). Alle diese fünf Sinne sind grundsätzliche Bestandteile unseres religiösen Lebens.

„Sinn des Glaubens" bezeichnet eine gläubige Geisteshaltung. In der Erklärung zum Glauben in Kapitel 4 wurde darauf hingewiesen, daß eine Religion im Unterschied zu intellektuellem Lernen einem Anhänger nicht die Kraft verleiht, andere und sich selbst zu retten, wenn er sie nur theoretisch versteht. Wenn er tief aus seinem Herzen heraus glaubt, dann erzeugt sein Glaube Kraft. Nur wenn er eine solche geistige Stufe erreicht, besitzt er wahren Glauben.

„Sinn des Strebens" ist die geistige Haltung, welche sich rein und unablässig bemüht. Glaube allein ist nicht genug. Wir führen erst dann ein wahres religiöses Leben, wenn wir unseren Glauben rein erhalten und uns ständig bemühen, so daß unser religiöser Geist nicht erschlafft oder seine Kraft verliert.

„Sinn des Gedächtnisses" bezeichnet die geistige Haltung, welche stets auf den Buddha gerichtet ist. Praktisch ausgedrückt, ist es natürlich unmöglich für uns, auch nur einen Augenblick den Buddha zu vergessen. Wenn ein Student sich seinem Studium widmet, oder wenn ein Erwachsener ganz in seine Arbeit vertieft ist, dann muß er sich auf einen Gegenstand konzentrieren. Ein solches Verhalten entspricht dem Weg zur Buddhaschaft. Während wir uns einer bestimmten Sache widmen, denken wir: „Der Buddha verleiht mir Leben". Wenn wir eine schwierige Aufgabe vollenden und uns erleichtert fühlen, danken wir dem Buddha und sagen: „Wie glücklich bin ich! Ich werde vom Buddha beschützt." Wenn ein schlechter Gedanke durch unseren Sinn geht, oder wenn wir plötzlich ärgerlich sind, überprüfen wir uns sofort selbst und denken: „Ist dies der Weg zur Buddhaschaft?" Der Geist, der auf diese Weise zu allen Zeiten an den Buddha denkt, ist der „Sinn des Gedächtnisses".

„Sinn der Meditation" kennzeichnet einen entschlossenen Geist. Sobald wir festen Glauben an eine Religion besitzen, werden wir nie durch irgendetwas beunruhigt, was auch immer geschehen mag. Wir ertragen geduldig alle Verfolgung und Versuchung, und wir glauben weiter an nur eine Religion. Wir müssen ständig eine solch feste Entschlossenheit beibehalten, niemals entmutigt werden. Nur wenn wir eine solche Geisteshaltung besitzen, sind wir wirklich religiöse Menschen.

„Sinn der Weisheit" bedeutet die Weisheit, welche religiöse Menschen bewahren müssen. Wie in diesem Buch häufig erwähnt wurde, ist dies keine egozentrische Weisheit, sondern die wahre Weisheit, welche wir erlangen, wenn wir uns vollkommen von Ego und Täuschung befreien. Wenn wir diese Weisheit besitzen, geraten wir nicht auf den falschen Weg. Das gleiche gilt für unseren Glauben an die Religion selbst und für unser tägliches Leben. Wenn wir selbstsüchtigen, kleinen Begierden verhaftet sind, dann neigen wir uns leicht einer falschen Religion zu. Wie aufrichtig wir auch daran glauben mögen, und wie sehr wir uns auch bemühen, ihre Lehre auszuüben, sie im Sinn zu bewahren und uns dieser Religion zu widmen, wir können dennoch nicht erlöst werden, weil es grundsätzlich eine falsche Lehre ist, und wir sinken immer tiefer ab in die Welt der Täuschung. Um uns herum gibt es viele Beispiele für Menschen, die einem solchen Kurs folgen. Obwohl „Sinn der Weisheit" zuletzt erwähnt wird unter den fünf Organen, die den Menschen zu gutem Verhalten führen, sollte er für unseren Eintritt in ein religiöses Leben an erster Stelle stehen.

DIE FÜNF ARTEN VON AUGEN. Der Buddha kann mit seinen Augen erkennen, in welchem Maße jedes Lebewesen die fünf Sinne von Glauben, Streben, Gedächtnis, Meditation und Weisheit besitz, und entsprechend seiner Erkenntnis benutzt der Buddha verschiedene Wege, jedes Lebewesen zu leiten.

Die Augen des Buddha sind die Augen des Mitempfindens. Wenn der Buddha einen Menschen mit seinen mitempfindenen Augen betrachtet und ihn erlösen möchte, dann durchschaut der Buddha alle Dinge, Charakter, Verstand und geistige Haltung diese Menschen. Die fünf Arten von Augen (*panca caksumsi, go-gen*) oder die Betrachtungsweisen der Dinge sind folgende: das Auge eines materiellen Körpers (*mamasa-caksus, niku-gen*), das göttliche Auge von himmlischen Wesen (*dirya-caksus, ten-gen*), das Auge der Weisheit (*prajna-caksus, e-gen*), das Auge des Gesetzes (*dharma-caksus, ho-gen*) und das Auge des Buddha (*Buddha-caksus, butsu-gen*).

Das Auge eines materiellen Körpers bezeichnet die Art und Weise, in der ein gewöhnlicher Mensch, der nur materielle Gestalten und Formen erkennen kann, Dinge betrachtet. Solch ein Mensch hat oft eine voreingenommene Anschauung von Dingen. Er hält Öl irrtümlicherweise für Wasser und einen Wal für einen Fisch.

Das Auge von himmlischen Wesen bezeichnet den Standpunkt, von dem aus wir Dinge theoretisch untersuchen und ihre wesentlichen Eigenschaften erkennen. Dies ist die wissenschaftliche Weise, Dinge zu betrachten. Wenn wir diesen Standpunkt einnehmen, erkennen wir, daß Wasser durch die

Vereinigung von Sauerstoff und Wasserstoff gebildet wird. Mit einer solchen Betrachtungsweise können wir voraussagen, wann eine Konjunktion zwischen zwei Sternen erfolgen wird, ganz genau bis auf das Jahr, den Monat, den Tag, die Stunde, die Minute und die Sekunde. Gleichzeitig können wir genau abschätzen, wie viele Millionen Tonnen Erdöl unter der Erde liegen. Solch ein Mensch, der die Fähigkeit besaß, Dinge zu sehen, welche gewöhnliche Menschen nicht sehen können, wurde in alten Zeiten als Hellseher bezeichnet.

Das Auge der Weisheit bezeichnet die Fähigkeit, das Wesen der Dinge und ihren tatsächlichen Zustand zu erkennen. Dies ist in gewissem Sinne eine philosophische Art, Dinge zu betrachten. Ein Mensch mit dem Auge der Weisheit kann Dinge wahrnehmen, die für den durchschnittlichen Menschen unsichtbar sind, und er kann Aspekte in einer Weise durchdringen, welche über die gewöhnliche Vorstellungskraft hinausgeht. Er erkennt, daß alle Dinge in dieser Welt sich ständig verändern, und daß nichts in einer fixierten Form existiert (alle Dinge sind ohne Dauer); nichts im Universum ist isoliert in seiner Existenz, ohne eine Beziehung zu anderen Dingen zu haben; alles existiert in Beziehung zu allen anderen Dingen wie die Maschen eines Netzes (nichts hat ein Ego).

Das Auge des Gesetzes ist der künstlerische Weg, Dinge zu betrachten. Für den durchschnittlichen Menschen ist ein Berg nur ein Berg und eine Wolke ist bloß eine Wolke. Aber ein Dichter fühlt, daß der Berg zu ihm spricht, und daß die Wolke ihn lehrt. Er fühlt, daß eine schöne Blume, ein würdevoller Baum und ein kleiner Bach zu ihm sprechen, ein jedes in seiner besonderen Sprache. Im Unterschied zu durchschnittlichen Menschen kann ein Künstler direkt das Leben von solchen natürlichen Erscheinungen berühren. Im Hinblick auf den Menschen selbst und sein menschliches Leben kann ein solcher Künstler auch Wahrheiten erkennen, die einem gewöhnlichen Menschen entgehen. Deshalb wurde in Japan der Titel Hogen, der wörtlich „Auge des Gesetzes“ bedeutet, mitunter hervorragenden Künstlern verliehen, wie beispielsweise den berühmten Künstlern Kano Masanobu (1434—1530) und seinem Sohn Motonobu (1476—1559).

Das Auge des Buddha ist die höchste aller Betrachtungsweisen. Ein Mensch mit dieser Art von Einblick kann nicht nur den wahren Zustand der Dinge erkennen (Weisheit), sondern kann diesen auch mitempfindend betrachten. Er durchdringt den wahren Zustand aller Dinge mit dem Verlangen, sie alle zur vollen Entwicklung ihrer Möglichkeiten zu bringen, ein jedes in Entsprechung mit seiner eigenen ursprünglichen Natur. Mit anderen Worten, er ist begabt mit dem göttlichen Auge der himmlischen Wesen, dem Auge der Weisheit und dem Auge des Gesetzes, während er zugleich großes

Mitempfinden besitzt; es ist derjenige, der eine religiöse Anschauung der Dinge im wahren Sinne besitzt.

Wenn wir alle Lebewesen mit dem Auge des Buddha anschauen, dann können wir natürlich die Mittel erkennen, welche am besten geeignet sind, ein jedes zu leiten. Der Buddha vermag dies vollkommen. Selbst wenn wir als gewöhnliche Menschen unmöglich eine solche geistige Stufe erreichen können, so können wir uns ihr doch Schritt für Schritt nähern durch unsere Anhäufung von Übung auf dem Weg zur Buddhaschaft. Als religiöse Menschen müssen wir stets versuchen, alles mit einer geistigen Haltung zu betrachten, welche auf der mitempfindenden Gesinnung des Buddha begründet ist.

Dann setzte der Buddha seine Predigt fort wie folgt: „Gute Söhne! Für die Menschen, deren Neigungen auf niedrige Dinge gerichtet sind, so daß sie wenige Tugenden und viele Laster haben, verkündet der Tathāgata: ‚In meiner Jugend verließ ich meine Heimat und erlangte vollkommene Erleuchtung.' Aber seitdem ich wahrhaftig der Buddha wurde, habe ich in meinen Verkündigungen nur taktvolle Methoden benutzt, um alle Lebewesen zu lehren und umzuformen, auf daß sie auf den Weg des Buddha gelangen."

Der Ausdruck „die Neigungen aller Lebenden zu niedrigen Dingen" bezieht sich auf diejenigen, welche zufrieden sind mit der Erleuchtung von *Śrāvaka* und *Pratyekabuddha*. Zu solchen Menschen sprach der Buddha über sein Leben als der erscheinende Buddha und ermutigte sie, eifriger in ihrer Übung zu sein, indem sie seine eigene Erfahrung als ein Beispiel nehmen.

Von unserem Standpunkt ist keine Ermutigung besser als die des Buddha. Eine Lehre, die wir nach den Anordnungen eines unsichtbaren Gottes, der im Himmel existiert, befolgen müssen, ist für uns zu unklar, und wir können sie nicht erfassen. Im Buddhismus dagegen gibt Shakyamuni selbst ein lebendes Beispiel für alle Lebewesen. Alle Buddhisten sollten anerkennen, wieviel sie dem Buddha verdanken. Sie brauchen nur den großen Richtlinien zu folgen, welche der Buddha ihnen hinterlassen hat, und ernsthaft seinem Beispiel folgen. Es gibt keine andere Lehre, die so gründlich glaubhaft ist, oder welche solch ein Gefühl von Sicherheit vermittelt.

Aufgrund der Neigungen aller Lebewesen zu niedrigen Dingen verkündete Shakyamuni Buddha: „Folgt mir!" Diese seine Erklärung ist in sich selbst eine große Erlösung und Ermutigung für uns im Zeitalter des Verfalls. Selbstverständlich müssen wir in Richtung auf höhere Dinge fortschreiten, aber während wir das tun, dürfen wir nicht vergessen, beständig Schritt für Schritt den Spuren des Buddha zu folgen.

Der Buddha offenbarte dann in Einzelheiten seine taktvollen Methoden: „Gute Söhne! Alle Sutras, welche der Tathāgata predigt, sind für die Erlösung der Lebenden. Ob er von sich selbst spricht, oder ob er von anderen spricht, ob er auf sich selbst verweist, oder ob er auf andere verweist, ob er sich auf seine eigenen Angelegenheiten oder auf die Angelegenheiten anderer bezieht, was auch immer er sagt, ist alles wirklich und nicht leere Luft." Es fällt uns schwer, diesen Abschnitt richtig zu verstehen, jedoch ist er sehr wichtig. In dem Ausdruck „von sich selbst sprechen" bezeichnet „selbst" (*ko-shin*) das Wesen des Buddha, daß heißt des ursprünglichen Buddha. In dem Ausdruck „von anderen sprechen" bezeichnet „Andere" (*ta-shin*) andere Buddhas, welche als der Körper der Belohnung des ursprünglichen Buddha erscheinen, wie beispielsweise der Buddha Brennendes Licht und der Tathāgata Amitābha. In den Worten „auf sich selbst verweisen" bedeutet „selbst" Shakyamuni selbst, der in der Welt als der historische Buddha erschien. In den Worten „sich auf andere beziehen" verweist „andere" auf die Erscheinungsform des Buddha in dieser Welt als Heiliger oder Weiser.

In dem Ausdruck „sich auf seine eigenen Angelegenheiten oder auf die Angelegenheiten anderer beziehen" ist die richtige Bedeutung von „seinen eigenen Angelegenheiten" (*ko-ji*) und „die Angelegenheiten von anderen" (*ta-ji*) besonders schwer richtig zu erfassen. In der Tat sind diese Worte oft falsch ausgelegt worden. Ihre wahre Auslegung ist wie folgt: Die Erlösung des Buddha besteht kurz ausgedrückt darin, daß er uns befähigt, unseren Geist in die Richtung der Wahrheit zu lenken, und daß er uns Harmonie für unsere Lebenskraft verleiht. Seine Erlösung erscheint jedoch auf zwei verschiedene Weisen: die „direkte Erscheinung" und die „umgekehrte Erscheinung".

Angenommen, ein Mann leidet an Liebeskummer, Mißerfolgen im Geschäft und Ärger in der Familie, und er hat einen Zustand erreicht, in dem er immer besorgt und nervös ist, entfernt von der Wahrheit und ohne Harmonie in seiner Lebenskraft. Wenn er durch die Lehren des Buddha eine richtige Geisteshaltung erlangen könnte, dann käme sein Geist in Harmonie mit seiner Lebenskraft und würde beginnen, richtig und klar zu arbeiten. Dies ist die „direkte Erscheinung" der Erlösung des Buddha, wobei seine Erlösung in einer direkten und unmittelbaren Weise erscheint. Dies ist die Bedeutung von „seine eigenen Angelegenheiten" (*ko-ji*). Aber die Erlösung des Buddha erscheint nicht immer in dieser Weise. Mitunter erscheint sie als ein „entgegengesetztes Phänomen". Angenommen, man hat Magenschmerzen. Diese Schmerzen warnen uns vor einer Störung in unserer Lebenskraft. Die Ursache kann sein, daß wir zuviel gegessen oder getrunken haben, oder es kann auch das Symptom einer Krankheit sein. Wenn wir Magenschmerzen haben, nehmen wir Medikamente oder suchen einen Arzt auf, um sie loszuwerden, und wir essen und trinken mäßig, bis wir uns besser fühlen. Nehmen wir aber einmal an, wir würden keine Schmerzen spüren. Wenn mit unserem Magen oder anderen inneren Organen etwas nicht in Ordnung ist, weil wir unsere Gesundheit vernachlässigt haben, wären wir uns dessen nicht bewußt, und unser Zustand würde sich allmählich verschlechtern, so daß wir schließlich ernsthaft krank wären. Wenngleich also Schmerzen und Leiden einerseits unangenehm und unerwünscht sind, so können wir andererseits ohne sie nicht erkennen, daß es in uns eine ernsthafte Störung unserer Lebenskraft gibt.

Dies ist nicht auf den Körper begrenzt. Wie in der Parabel von dem brennenden Haus gezeigt ist, erkennen die Menschen nicht das höllische Feuer, das ihren Körper und Geist verbrennt, wenn sie in der Welt der fünf Begierden verharren. Sie erforschen sich nur dann, wenn sie Kummer, Leiden, Sorge und Leere verspüren. Dann denken sie über ihr Leben nach und fragen sich: „Ist dies ein guter Zustand für mich?“ oder „Was wird aus mir, wenn ich stets in einem solchen geistigen Zustand verharre?“ Ihr Bewußtsein von Kummer und Leiden bereitet den Weg für ihre zukünftige Erlösung.

Das Gefühl des Leidens in unserem menschlichen Leben ist die Warnung der Natur; es zeigt uns die Disharmonie in unserem Geist und in unserer Lebenskraft. Wenn wir uns dieser Situation bewußt werden und erkennen, „Dies ist nicht gut für mich“, und wenn wir dann einer richtigen Lehre folgen, dann bringen wir unseren Geist spontan in die Richtung der Wahrheit. Auch wenn wir uns nicht sofort von einer Krankheit erholen oder sogleich der Armut entkommen können, so empfinden wir dies doch nicht mehr als Leiden. Dies ist die große Erlösung des Buddha. Somit erscheint seine Erlösung mitunter in einer Form, welche zuerst nicht als Erlösung erscheint. Dies ist die Bedeutung des Ausdrucks „sich auf die Angelegenheiten anderer beziehen“.

Wenn in der Rissho Kosei-kai ein Mitglied von einem Leiter ermahnt wird, so nennt er dies „Verdienst“ (*kudoku*). Es ist in der Tat für jeden eine unangenehme und unerwünschte Erfahrung, wenn er von anderen getadelt oder ermahnt wird. Aber da die Erlösung des Buddha uns oft durch solchen Tadel oder Mahnungen erreicht, gelangen wir zur Erlösung, wenn wir diese Warnungen mit Dankbarkeit annehmen. Die Worte „sich auf die Angelegenheiten anderer beziehen“ sind sehr wichtig, und wir sollten sie in unserem täglichen Leben stets im Gedächtnis behalten.

DIE NATUR DES BUDDHISMUS. Shakyamuni Buddha offenbarte,

daß er Lebewesen unterwies, indem er manchmal von sich selbst sprach oder indem er von anderen sprach, sich manchmal auf sich selbst bezog oder sich auf andere bezog, und indem er manchmal auf seine eigenen Angelegenheiten oder auf die Angelegenheiten anderer verwies. Was auch immer er sagte, ist alles wirklich und nicht leere Luft — das heißt, in dem, was er sagt, ist nichts nutzlos; alles dient dem Zweck, Menschen zu erheben und sie zur wahren Erleuchtung zu führen.

Hier liegt die Unermeßlichkeit und Tiefgründigkeit der Lehre des Buddha. Der Buddhismus wendet sich nicht gegen Christentum, Islam und andere Lehren von großen Weisen wie beispielsweise Konfuzius, Mencius und Laotse. Wir verstehen solche Heiligen und Weisen als die Erscheinung des Buddha in anderen Formen und ihre Lehren als die Manifestation der Lehren des Buddha in anderen Formen. Ich sage dies nicht, weil ich ein Buddhist bin. Solange der Buddha die große Wahrheit und das große Leben des Universums ist, kann es nämlich keine Wahrheit geben, die nicht im Buddha enthalten ist, und kein anderes Gesetz als das des Buddha. Demzufolge kann ein engstirniger Buddhist, der wahllos andere Religionen kritisiert und beispielsweise denkt, daß der Buddhismus, nicht aber das Christentum, eine wahre Religion ist, nicht von sich behaupten, ein wahrer Buddhist zu sein.

Eine richtige Lehre ist stets richtig, ganz unabhängig von dem, der sie predigt. Die Wahrheit ist stets wahr, ganz gleich, wer sie verkündet. Buddhisten verehren einen Menschen, der alle Lebewesen mit einer solchen richtigen und wahren Lehre leitet als „den Buddha". Daraus ergibt sich natürlich, daß sie sich nicht in Gegensatz zu anderen Religionen stellen sollten.

Nehmen wir ein ganz praktisches Beispiel: Ernährung existiert nicht getrennt von Lebensmitteln wie Reis, Brot, Bohnen, Gemüse, Milch, Fisch und Salz. Alle sind nahrhaft und notwendig für eine gute Gesundheit. Alle zusammen bilden „Ernährung". Jemand, der sagt, „Ich brauche keine ‚Ernährung', weil ich Brot, Milch und Gemüse habe", hat vollständig den Kern verfehlt, was Ernährung ist. Die Lehren des Buddha sind wie „Ernährung" in diesem Beispiel. Die Lehren aller Heiligen und Weisen entsprechen den verschiedenen Nahrungsmitteln — Reis, Gemüse, Milch und so weiter. Die Wurzel all dieser verschiedenen Lehren ist die Lehre des Buddha. Folglich sind sie gewissermaßen eine ausgeglichene Mahlzeit voll von nahrhaften Bestandteilen, um den menschlichen Geist zu nähren. Wir brauchen solch ein Mahl nur zu verzehren, ohne uns unnötige Sorgen zu machen. Wir brauchen nicht über die jeweiligen Vorzüge von Reis, Milch und anderen Bestandteilen zu argumentieren. Wir gelangen automatisch zum Verständnis dieser Überlegung, wenn wir deutlich den Unterschied zwischen dem

Ursprünglichen Buddha und dem erscheinenden Buddha begreifen können.

Da die Lehren des Buddha riesig und grenzenlos sind, schloß Shakyamuni Buddha als der erscheinende Buddha nicht die Lehren anderer Religionen aus. Der Brahmanismus, die einflußreichste Religion zu jener Zeit in Indien, umfaßte viele Gottheiten und andere Wesen, denen man den Besitz übernatürlicher Kräfte zuschrieb. Aber der Buddha gab diese himmlischen Wesen zu den Lebewesen, die durch Anhören seiner Lehren erlöst wurden, und er betrachtete sie als gütige Gottheiten, die das Buddha-Gesetz mit ihren übernatürlichen Kräften schützen.

Ein mächtiger General in Vaisali, der ein Anhänger des Jainismus, einer anderen indischen Religion, gewesen war, war tief beeindruckt von den Lehren des Buddha und wurde bald ein Jünger. Obwohl der General seinen Übertritt vom Jainismus zum Buddhismus im ganzen Land verkünden wollte, hielt Shakyamuni ihn davon ab und sagte, daß dies nicht nötig sei. Er sagte sogar zu dem General: „Du solltest weiter den Jainismus achten, weil du ihn so lange ausgeübt hast." Im Leben des Buddha gibt es viele solche Episoden.

Solche Gedanken des Buddha wurden den Menschen während der Epoche, in der das Richtige Gesetz noch lebte, vermittelt. Ein anderes Beispiel ist Ashoka, ein großer König, der den größten Teil von Indien unter seine Macht brachte. Er war auch ein gläubiger Anhänger des Buddhismus; jedoch verfolgte er andere Religionen nicht, sondern gewährte Religionsfreiheit.

Man könnte sich durchaus fragen, ob Nichiren sich nicht gegen diese Absicht des Buddha wandte, als er während der Kamakura-Ära (1185—1333) die anderen Sekten des Buddhismus kritisierte und sagte: „Die Jodo-Sekte wird in die Hölle kommen; die Zen-Sekte ist von Teufeln geschaffen; die Shingon-Sekte wird den Staat zugrunde richten; die Ritsu-Sekte ist verräterisch." Zu der Zeit gab es jedoch einen guten Grund für eine solche Kritik an den anderen Sekten. Japan befand sich damals bereits in der Epoche des *mappo* (das letzte Gesetz)[2], und die verschiedenen Sekten des Buddhismus waren untereinander verfeindet. Sie neigten dazu, die Sicht für die wahre Absicht des Buddha zu verlieren. Deshalb drängte Nichiren alle Buddhisten, das Bewußtsein ihrer jeweiligen Sekten aufzugeben und ihre Übung nach der wahren Absicht des Buddha auszurichten. In seiner Kritik an den anderen Sekten gebrauchte er harte Worte, weil die Menschen in jener Zeit auf keine andere Weise zur Vernunft gebracht werden konnten. Dies war ein taktvolles Mittel im wahren Sinne. Es war nichts anderes als ein Verweis auf die „Angelegenheiten von anderen" in der Erlösung des Buddha.

Da buddhistische Priester und die allgemeine Öffentlichkeit heute in ihrem Denken höher entwickelt sind, brauchen wir nicht mehr die gleiche Art von taktvollen Mitteln wie Nichiren zu benutzen. Wie bereits erläutert wurde, bezeichnet „taktvolle Mittel" eine geeignete Methode der Erleuchtung, die Entsprechung mit der Fähigkeit der jeweiligen Menschen, die Lehren des Buddha zu verstehen. Es ist töricht, die gleichen taktvollen Mittel zu wiederholen, wenn die Fähigkeit der Menschen sich verbessert hat. Dies wäre nämlich eine falsche Ausübung der Lehren des Buddha. Dies ist ein wichtiger Punkt, den wir in Erinnerung behalten müssen.

DIE BEDEUTUNG DER DREIFACHEN WELT. Im Anschluß daran predigte der Buddha wie folgt: „Warum ist das so? Weil der Tathāgata den Charakter der dreifachen Welt kennt und sieht, wie er tatsächlich ist; für ihn gibt es weder Geburt noch Tod, weder Kommen noch Gehen, weder Leben noch Tod, weder Wirklichkeit noch Unwirklichkeit; weder so noch anderweitig. Anders als die dreifache Welt die dreifache Welt betrachtet, sieht der Tathāgata klar solche Dinge wie diese ohne Fehler."

Dieser Abschnitt ist sehr schwer zu verstehen. Zuerst müssen wir die Bedeutung der Wörter erklären. Der Ausdruck „Warum ist das so" bedeutet hier: „Ich habe gepredigt, daß die Lehre des Tathāgata in ihrer Erscheinung zwar verschieden sein kann, daß jedoch alles, was er sagt, wirklich und nicht leere Luft ist; der Grund hierfür ist, daß..."

Die Worte „dreifache Welt" wurden seit alten Zeiten auf verschiedene Weise ausgelegt; nach der üblichen Auslegung bezeichnet die dreifache Welt jedoch die Welt der unerleuchteten Menschen (sowohl sichtbare als auch unsichbare Bereiche), unterteilt in drei Aspekte: die Welt der Begierde (*yoku-kai*), die Welt der Form (*shiki-kai*) und die formlose Welt (*mushiki-kai*). Die Welt der Begierde bezeichnet die Welt, deren Bewohner die fünf Begierden nach Besitz, Geschlechtsleben, Essen und Trinken, Ruhm und Schlaf haben. Die Welt der Form bezeichnet die Idee einer Welt, die in unserer Vorstellung mit bestimmten Gestalten und Formen existiert, das heißt all die Dinge, an welche wir gewöhnlich denken. Die Bewohner der formlosen Welt haben keine physische Gestalt. Dies ist die Welt des reinen Geistes, welche wir erreichen können, wenn wir uns in Meditation oder durch andere religiöse Übungen auf ein bestimmtes Objekt konzentrieren. Nur der Tathāgata kann den Zustand der dreifachen Welt sehen, so wie er tatsächlich ist.

In dem Ausdruck „Es gibt weder Geburt noch Tod, weder Kommen noch Gehen" bedeutet es gibt keine Veränderung; „gehen" drückt die Idee des Verschwindens aus, während „kommen" auf erscheinende Dinge verweist.

Insgesamt betrachtet bedeutet dieser Ausdruck: „Alle Dinge scheinen sich zu verändern, dies erscheint aber nur von einem phänomenalen und relativen Standpunkt aus betrachtet so. Wenn der Tathāgata den tatsächlichen Zustand aller Dinge sieht, dann verschwinden sie weder, noch erscheinen sie, und sie sind unsterblich und ewig."

Wenn dieser Gedanke auf den menschlichen Körper bezogen wird, dann bedeutet „kommen" Geburt und „gehen" bezeichnet den Tod. Obwohl es scheint, daß der Mensch geboren wird, älter wird, an Krankheiten leidet und schließlich stirbt, werden diese Phänomene nur durch oberflächliche Veränderungen in den Substanzen hervorgerufen, welche den menschlichen Körper bilden; das wahre menschliche Leben geht ewig weiter. Der Buddha verweist darauf in seinen nächsten Worten, „weder Leben noch Tod". Diese Worte scheinen etwas Wunderbares zu kennzeichnen, aber tatsächlich ist das nicht so. Die gleiche Idee läßt sich von einem wissenschaftlichen Standpunkt aus betrachtet ausdrücken. Nehmen wir als ein einfaches Beispiel das Gesetz von der Unzerstörbarkeit der Materie, wodurch die Wissenschaft bestätigt, daß Materie sich weder vermindert noch verschwindet. Der Schnee auf der Erde scheint zu schmelzen, wenn die Tage wärmer werden; tatsächlich verändert er sich aber nur in Wasser und sickert in den Boden oder verdampft in die Luft. Der Schnee verändert nur seine Form; die Quantität von Grundelementen, aus denen er besteht, wird nicht vermindert und verschwindet nicht. Wenn Wasserdampf mit kalter Luft in Berührung kommt als einer Gegebenheit (sekundäre Ursache, *en*), dann werden winzige Wassertröpfchen gebildet. Diese Tropfen sammeln sich und bilden eine Wolke. Wenn diese winzigen Tröpfchen sich zu großen Wassertropfen vereinigen, dann werden sie zu Regen und fallen auf die Erde. Wenn die Temperatur unter einen bestimmten Punkt sinkt fällt dieser Niederschlag nicht als Regen, sondern als Schnee auf die Erde. Wenngleich also Materie zu verschweinden scheint, so verschwindet sie tatsächlich nicht, sondern verändert nur ihre Form.

Das gleiche läßt sich von Menschen sagen. In den Augen des Tathāgata sind die Geburt und der Tod des Menschen lediglich Veränderungen in der Form; das Leben des Menschen selbst bleibt ewig. Aus der Sicht des Buddha ist die Existenz des Menschen „weder Leben noch Tod".

In dem nächsten Ausdruck, „weder Wirklichkeit noch Unwirklichkeit, weder so noch anderweitig", bedeutet „Wirklichkeit", daß wir Dinge so wahrnehmen, als ob sie wirklich vorhanden wären. „Unwirklichkeit" bedeutet, daß wir sie als nicht vorhanden empfinden. Ein konkretes Ding als sicherlich vorhanden anzusehen, ist eine einseitige Betrachtungsweise der

Materie. Wenn man andererseits etwas Abstraktes als nicht vorhanden betrachtet, so ist dies auch ein voreingenommener Standpunkt.

Während wir beispielsweise selbstsicher die Existenz von Wasser bestätigen, weil es sichtbar und greifbar ist, so verdampft es, ohne daß wir uns dessen bewußt sind. Während wir die Existenz von Dampf nicht erkennen, weil er unsichtbar ist, wird er zu Regen und fällt auf die Erde. Zwischen „Wirklichkeit" oder „Unwirklichkeit" zu schwanken, ist eine oberflächliche Betrachtungsweise der Dinge. Die richtige Weise, sie zu betrachten, ist mit den Augen des Tathāgata: „weder Wirklichkeit noch Unwirklichkeit."

In dem nächsten Ausdruck, „weder so noch anderweitig" bezeichnet „so" die Ideen der ständigen Existenz ohne Veränderung, und „anderweitig" bedeutet das Gegenteil, d. h. die Idee der Veränderung. Insgesamt betrachtet bedeutet dieser Ausdruck: Materie entweder als unveränderlich oder als veränderlich zu betrachten, ist eine einseitige Weise, die Materie zu betrachten. Ein gewöhnlicher Mensch neigt zu einer solchen Betrachtungsweise, aber der Tathāgata kann in gleicher Weise den unveränderlichen wie auch den veränderlichen Zustand der Dinge erkennen. Mit anderen Worten, er kann die Dinge sehen, wie sie wirklich sind.

Die philosophischen Feinheiten im Hinblick auf Veränderungen in der Materie überlassen wir jedoch besser Gelehrten. Hier wollen wir versuchen, die Worte des Buddha auf unser tägliches Leben anzuwenden. Von einem bestimmten Standpunkt aus betrachtet, erscheinen alle Dinge veränderlich, und wenn wir sie aus einem anderen Blickwinkel ansehen, erscheinen sie unveränderlich. Heute ist beispielsweise das Denken über die menschlichen Beziehungen ganz verschieden von dem in der Feudalzeit. Die Beziehung zwischen Eltern und Kindern hat sich sehr verändert; es ist jedoch kaum eine Änderung festzustellen im Hinblick auf das wechselseitige Gefühl der Liebe zwischen Eltern und Kindern.

Alle Menschen unterscheiden sich in Aussehen, Gestalt und geistigen Haltungen; aber sie haben bestimmte Kennzeichen gemeinsam, wie zwei Augen, einen Mund, zwei Hände und zwei Füße.

Deshalb sollten wir die Dinge weder als veränderlich noch als unveränderlich betrachten. Nur die Unterschiede zwischen Dingen zu sehen, ist kein vollkommener Weg, sie zu betrachten, und sie als gleich anzusehen, ist auch eine unvollkommene Betrachtungsweise. Wir müssen alle Zustände der Materie von einem höheren Standpunkt aus sehen, und gleichzeitig müssen wir sie mitempfindend betrachten — „Wir bringen alle Dinge zum Leben."

Wenn wir beispielsweise den Gedanken vertreten, „Unser Körper ist veränderlich, und wahres Leben existiert in seiner Tiefe", dann gelangen wir zu der falschen Auffassung, unseren Körper zu vernachlässigen. Statt dessen sollten wir unseren gegenwärtigen Körper als die Manifestierung unseres ewigen Lebens betrachten, und deshalb gut auf unsere Gesundheit achten, weil wir unser ewiges Leben schätzen. Bei einer solchen geistigen Haltung werden wir durch nichts behindert; dies ist die richtige Weise, Materie zu betrachten mit der Absicht, „Wir bringen alles Leben zum Leben“.

Der Buddha lehrte, daß der Tathāgata den tatsächlichen Zustand aller Dinge von einem universalen Standpunkt aus sieht, und daß seine Betrachtung der Dinge frei und ungehindert ist. Im Unterschied zu gewöhnlichen Menschen, die in der dreifachen Welt leben, ist seine Betrachtungsweise der Dinge niemals einseitig oder engstirnig.

EINE PRAKTISCHE THEORIE FÜR DAS TÄGLICHE LEBEN. In dem oben besprochenen Abschnitt predigte der Buddha die Weisheit des Tathāgata, welche eine höchst tiefgründige Lehre enthält. Diese Lehre zeigt uns zunächst einmal, daß wir Dinge nicht mißverstehen dürfen, indem wir das Veränderliche als das Unveränderliche annehmen. Angenommen, wir beschäftigen uns mit Golf, Parties und anderen Vergnügungen, weil wir denken, daß wir uns entspannen können, da wir eine hinreichend solide Grundlage für unser Geschäft geschaffen haben, und daß wir deshalb der Zukunft in Ruhe begegnen können. Dennoch können völlig ungeahnte Umstände aufkommen. Da die Wirtschaft der ganzen Welt in enger Wechselbeziehung steht, kann niemand wissen, welchen Enfluß eine plötzliche Veränderung in einem anderen Land auf sein eigenes Land ausüben kann. Wie erfolgreich auch immer man eine solide Grundlage für sein Geschäft geschaffen hat, so wird es jedoch nie einen unveränderlichen Zustand erreichen. Man muß jederzeit die Möglichkeit für Veränderungen berücksichtigen, und man darf deshalb seine Arbeit nicht vernachlässigen.

Obwohl jeder Geschäftsmann solche Dinge wissen sollte, haben tatsächlich zahllose Menschen aufgrund von Selbstzufriedenheit und Nachlässigkeit im Geschäft versagt. Auch der reichste Mann, der größte Geschäftsmann und der fähigste Staatsmann sollten selbstlos den Lehren des Buddha folgen.

Es wäre ein großer Fehler zu denken, daß die Lehren des Buddha nichts mit unserem praktischen Leben zu tun haben; sie sind nämlich das Grundprinzip des Universums und des menschlichen Lebens. Aufgrund dieses fundamentalen Prinzips gelten sie für jeden Fall in unserem praktischen Leben. Etwas, das für unser praktisches Leben keine Gültigkeit besitzt, ist gleichzeitig etwas, das diesem Grundprinzip nicht entspricht.

Das gleiche gilt für unseren Körper. Wenn wir uns guter Gesundheit erfreuen, sind wir uns der physischen Veränderungen nicht bewußt. Der

Körper verändert sich nämlich langsam und ruhig. Wir neigen zu einer Überbewertung unserer Gesundheit, und wir setzen zuviel Vertrauen in unsere Kraft. Angenommen, ein Mann trinkt weiter so stark wie in seinen jungen Jahren ohne Rücksicht auf seinen alternden Körper; dies hat natürlich schädliche Folgen. Sein Fehler liegt darin, daß er das Veränderliche als unveränderlich betrachtet. Normalerweise werden wir uns im Lauf der Zeit der Veränderungen in unserem Körper bewußt; ein starker Trinker mißachtet jedoch die Veränderungen in seinem Körper. Er ignoriert die Warnungen des Körpers oder trotzt ihnen. Ein Mensch, der die Lehren des Buddha richtig versteht, akzeptiert dies natürlichen Warnungen mit einer beweglichen Geisteshaltung und kann deshalb seine natürliche Lebensspanne ausleben.

Wenn wir einen beweglichen Geist haben, können wir natürliche Warnungen klar erkennen. In unserer Jugend scheuten wir beispielsweise nie vor einem Risiko zurück, mit zunehmendem Alter fürchten wir uns jedoch allmählich, im Dunkeln zu tappen. Dies ist ganz normal; es ist eine natürliche Warnung, unseren Lebensrhythmus zu verlangsamen.

Ein junger Mann kann einen steilen Bergpfad hinunterlaufen, während ein alter Mann besonnen mit vorsichtigen Schritten hinabsteigt. Dies ist so, weil der menschliche Körper selbst weiß, daß Wunden schnell heilen, wenn man jung ist, daß die Heilung jedoch langwierig ist, wenn man alt ist, und aus diesem Grund warnt der Körper uns, „Sei vorsichtig“. Ein Mensch mit einem beweglichen Geist nimmt diese Warnung an, und geht langsam den Bergpfad hinunter. Aber jemand, der mit jungen Leuten Schritt halten möchte und bergab läuft, kann unglücklich fallen und sein Bein brechen.

Die Lehren des Buddha unterweisen uns, das Veränderliche nicht als unveränderlich zu betrachten. Wenn wir die Dinge gründlich und klar betrachten, dann können wir alle Veränderungen sehen. Die richtige Lebensweise besteht darin, mit einem beweglichen Geist auf die Veränderungen zu reagieren. Gleichzeitig sollten wir uns von der Veränderung nicht zu sehr gebunden fühlen. Wenn wir meinen, daß wir nichts so gut wie junge Leute tun können, weil wir älter geworden sind, zu alt sind, um noch effektiv zu arbeiten, und wenn wir den Rest unserer Tage nur angenehm verbringen wollen, so ist dieses Denken zu sehr von der Veränderung beeinflußt. Auch wenn wir älter werden, sollte etwas Unveränderliches in uns erhalten bleiben. Die richtige Lebensweise besteht darin, den besten Nutzen aus unserer Erfahrung, aus unserem Wissen, technischen Fertigkeiten, Führerschaft, Würde und anderen Eigenschaften zu ziehen zum Wohl der Menschen und der Gesellschaft.

Sir Winston Churchill schrieb sein großes sechsbändiges Werk *Der*

Zweite Weltkrieg, nachdem er von der aktiven Politik zurückgetreten war, und im Jahre 1953 erhielt er im Alter von 79 den Nobelpreis für Literatur. Nakmura Utaemon IV, ein berühmter Kabuki-Schauspieler, erschien mit der Hilfe von anderen auf der Bühne, als er so alt war, daß er nur mit Schwierigkeiten gehen konnte, und im Sitzen gab er bewegende Vorführungen. Dies sind Beispiele von Menschen, die durch die Veränderungen des hohen Alters nicht nachteilig beeinflußt wurden.

Bisher haben wir älteren Leute betrachtet; nun wollen wir auch einige Beispiele für junge Leute geben. Seit der Verkündigung der Nachkriegsverfassung in Japan haben Frauen gesetzlich die gleichen Rechte wie Männer erlangt. Dies war eine dramatische Veränderung in Vergleich zur Vorkriegszeit. In der neuen Verfassung besitzen Frauen die gleichen Menschenrechte; sie haben jedoch nicht ihre physische Beschaffenheit verändert, welche sie befähigt, Kinder zu gebären und zu ernähren. In dieser Hinsicht sind sie unveränderlich. Wenn Frauen versuchen, sich in jeder Hinsicht wie Männer zu benehmen, einfach weil die Verfassung die Gleichheit der Geschlechter garantiert, dann repräsentiert dies eine Denkweise, welche durch Veränderungen begrenzt ist und nicht im Einklang mit der Vernunft steht.

Vielen Frauen, die auf die Lehren des Buddha gehört haben, und ihr Leben auf eine höchst vernünftige und frauliche Weise verbracht haben, erwiesen sich in der Tat als würdige Buddhistinnen.

Die Worte „weder Wirklichkeit noch Unwirklichkeit" enthalten eine sehr wichtige Lehre im Hinblick auf unsere Lebensweise. Wir dürfen nicht zu selbstsicher sein, wenn wir die Existenz von Dingen erkennen, und auch nicht zu pessimistisch, wenn wir ihr Nichtvorhandensein erkennen. Während wir die Existenz eines Dinges erkennen, müssen wir Vorsorgen treffen für den Zeitpunkt, wenn wir dessen Nichtvorhandensein erkennen. Wenn wir andererseits auch von einem Ding denken mögen, daß es nicht existiert, so ist es tatsächlich doch vorhanden, und wir sollten es suchen. Dies gilt für alles, ganz unabhängig von seiner Substanz und von der Fähigkeit des Menschen. Wir müssen immer gut unseren Teil tun, ohne zu starr von dem Gedanken an das Vorhandensein oder das Nichtvorhandensein von Dingen gebunden zu sein. Auf diese Weise können wir eine gelassene Geisteshaltung bewahren und ein kraftvolles Leben führen.

Nehmen wir einen Fluß als Beispiel. Im Fluß fließt unaufhörlich Wasser. Wenngleich wir eine große Wasserfläche vor uns sehen, existiert das Wasser, welches vor einer Sekunde noch zu sehen war, nicht mehr. Das in diesem Augenblick gesehene Wasser ist im nächsten Moment nicht mehr vorhanden. Bei alledem verschwindet der Fluß nicht, sondern existiert wirklich.

Das gleiche gilt für das menschliche Leben. Genau betrachtet, ist unser Selbst von gestern nicht das gleiche wie unser Selbst von heute. Die Zellen in unserem Körper werden von Augenblick zu Augenblick neu geboren. Der Zustand unserer geistigen Kräfte und Fähigkeiten ist heute anders als gestern. Gleichzeitig können wir nicht sagen, daß unser Selbst von gestern und unser Selbst von heute ganz anders sind, denn unser Leben geht unablässig vom Gestern zum Heute weiter.

Wir können nicht sagen, „Dies ist der Fluß", wenn wir nur einen Teil davon vor uns sehen, und genauso können wir unser Leben nicht nur in seinen Teilaspekten betrachten. Aus diesem Grund können wir nicht eine Geisteshaltung vertreten, mit der wir den gegenwärtigen Augenblick genießen, ohne an die Folgen zu denken. Gestern war gestern und heute ist heute. Das Morgen wird sich von selbst erledigen. Das Karma, welches wir gestern erzeugten, besteht und existiert heute weiter, genau wie der Fluß immer weiter fließt. Das Karma, das wir heute hervorbringen, wird mit Sicherheit das Morgen beeinflussen. Wenn jemand Gift in den Fluß schüttet, werden die Fische im Unterlauf sterben. Wenn man das Wasser umwälzt, wird der Fluß im Unterlauf trübe.

Gleichzeitig müssen wir uns nicht ständig Sorgen machen über das, was gestern geschehen ist. Wir können nicht fortschreiten, wenn wir an die Vergangenheit gebunden sind. Obwohl die Vergangenheit tatsächlich existiert, sollten wir nicht zu sehr in ihrem Bann stehen. Wie sollten wir uns dann verhalten? Wir brauchen nur heute gut, voll und ohne Bedauern zu leben. Diese Lebensweise führt uns zur Auslöschung des bösen Karmas, das wir gestern erzeugten, und zur Ansammlung von gutem Karma für morgen.

Die „Gegenwart" verschwindet zeitweise, jedoch existiert sie wirklich, deshalb sollten wir dieser Zeit, die so flüchtig erscheint, große Bedeutung beimessen. Diese Haltung umfaßt die Idee der Worte des Buddha „weder Wirklichkeit noch Unwirklichkeit".

Wenn wir auf diese Weise dem Beispiel des Buddha-Wissens folgen und versuchen, den tatsächlichen Zustand aller Dinge zu sehen, ohne durch ihre oberflächliche Erscheinung gebunden zu sein — d. h. ihre Veränderungen, Vorhandensein, Nichtvorhandensein und Unterschiede — dann können wir ein richtiges und positives Leben führen und den Auftrag erfüllen, für den wir in diese Welt geboren wurden.

Dann predigte der Buddha wie folgt: „Weil alle Lebewesen verschiedene Naturen, verschiedene Begierden, verschiedene Tätigkeiten, verschiedene Ideen und Überlegungen haben, predigte der Tathāgata durch so viele

Argumentationen, Parabeln und Abhandlungen seine verschiedenen Wahrheiten, um sie dazu zu bringen, die Wurzeln der Tugend hervorzubringen. Seine Buddha-Taten haben niemals auch nur einen Augenblick lang versagt."

In diesem Abschnitt bezeichnet „Naturen" den Charakter; „Begierden" das Verlangen; „Tätigkeiten" das Schaffen und „Ideen" die Gedanken eines Menschen. „Argumentationen" bedeutet, daß man seine eigenen Deutungen in alles hineingibt. Weil alle Lebewesen sich in verschiedener Weise unterscheiden, hat der Buddha die Wahrheit auf viele Weisen gepredigt, um alle dazu zu bringen, Wurzeln der Tugend hervorzubringen. Die Wurzeln der Tugend bezeichnen die grundsätzliche Gesinnung eines Menschen, welche einen guten Charakter, gute Begierden, gute Handlungen, gute Gedanken und gute Überlegung hervorbringt. Diese Eigenschaften sind wie die Wurzeln einer Pflanze, aus denen ihr guter Stamm, Zweige und Blätter hervorgehen.

Auf welche verschiedenen Weisen predigt der Buddha die Wahrheit? Mitunter predigt er sie durch Argumentationen, das heißt, er spricht von der Vergangenheit in Beziehung mit sich selbst. Bei anderen Gelegenheiten predigt er die Wahrheit durch Parabeln. Zu anderen Zeiten predigt er sie durch Abhandlungen, das heißt, er erläutert sie mit Worten, welche der Gelegenheit und den Zuhörern angemessen sind.

Danach sagt der Buddha: „Seine Buddha-Taten haben niemals auch nur einen Augenblick lang versagt." „Buddha-Taten" bezeichnen das Wirken des Buddha, welches alle Menschen unterweist, sie von ihren Leiden erlöst und sie zum Nirvana führt. Seine Taten umfassen folgendes: Er unterweise auf verschiedene Art alle Lebewesen überall — ob er von sich selbst oder von anderen spricht, ob er auf sich selbst oder auf andere verweist, und ob er sich auf seine eigenen Angelegenheiten oder auf die Angelegenheiten anderer bezieht. Es wäre ein großer Fehler, wenn wir nur das eigene Wirken des Buddha als Buddha-Taten betrachten würden. Die Vermittlung der Lehren des Buddha an andere oder sie zu hören oder zu lesen, sind auch Buddha-Taten. Unsere Buddha-Taten müssen unablässig fortdauern, genau wie der Buddha sie auch nicht einen Augenblick lang vernachlässigte. Dies ist unsere große Verantwortung.

Danach predigte der Buddha wie folgt: „Seitdem ich in der sehr fernen Vergangenheit Buddha wurde, ist es so, daß meine Lebenszeit sich über unendliche *Asaṃkhyeya Kalpas* erstreckt, ewig und unsterblich ist. Gute Söhne! Die Lebenszeit, welche ich durch Nachfolge des Bodhisattva-Weges erreichte, ist noch nicht vollendet, sondern wird sich noch über die doppelte zuvor genannte Zahl von *Kalpas* erstrecken. Aber jetzt, in diesem nichtwirklichen Nirana, verkünde ich, daß ich in das wirkliche Nirvana eingehen muß. Auf diese taktvolle Weise lehrt der Tathāgata alle Lebewesen."

Im ersten Teil dieses Abschnittes bezieht der Buddha sich auf den Ewigen Ursprünglichen Buddha: „Seitdem ich in der sehr fernen Vergangenheit Buddha wurde, ist es so, daß meine Lebenszeit sich über unendliche *Asamkhyeya Kalpas* erstreckt, ewig und unsterblich ist." Im Anschluß daran bezieht er sich auf sich selbst als den erscheinenden Buddha: „Die Lebenszeit, welche ich durch Nachfolge des Bodhisattva-Weges erreichte, ist noch nicht vollendet, sondern wird sich noch über die doppelte zuvor genannte Zahl von *Kalpas* erstrecken."

Shakyamuni Buddha hatte nicht nur in seinem gegenwärtigen Leben, sondern auch in seinen früheren Existenzen den Bodhisattva-Weg verfolgt. Er erklärte, daß die Lebenszeit, welche er als Lohn für seine Ausübung des Bodhisattva-Weges erlangt hatte, unendlich lang sei. Der Ewige Ursprüngliche Buddha ist die Existenz ohne Anfang und ohne Ende. Sogar die Lebenszeit, welche Shakyamuni Buddha in seiner gegenwärtigen Existenz erreicht hatte, war noch nicht vollendet, aber jetzt, in diesem unwirklichen Nirvana, verkündete er, daß er in das wirkliche Nirvana eingehen müsse.

Warum muß der Buddha in das Nirvana eingehen und die Lebewesen zurücklassen, wenngleich seine verbleibende Lebenszeit unendlich lang ist? Dies ist lediglich ein taktvolles Mittel, welches zur Unterweisung der Lebewesen dient; es ist nur ein Ausdruck seines Mitempfindens. Er verdeutlichte dies in der nächsten Aussage: „Warum ist das so? Wenn der Buddha sich lange in dieser Welt aufhält, dann geraten Menschen mit wenig Tugend, die nicht die Wurzeln des Guten pflegen, die geistig arm und den fünf Begierden stark verhaftet sind, in ein Netz falscher Überlegungen und irrtümlicher Anschauungen. Wenn sie sehen, daß der Tathāgata ständig anwesend und nicht dahingegangen ist, dann werden sie aufgeblasen und faul; sie können nicht begreifen, daß es schwer ist, dem Buddha zu begegnen, und sie haben keine Verehrung für ihn."

Dies ist eine sehr wichtige Feststellung. Der Hinweis auf arme Menschen bezieht sich nicht auf materielle, sondern auf geistige Armut. In den Augen des Buddha sind alle Menschen und alle Dinge gleich, und es kann keine Unterscheidung zwischen ihnen geben aufgrund ihrer Stellung im Leben, ob reich oder arm. Die Worte „den fünf Begierden stark verhaftet" beziehen sich auf den Zustand, in dem der Mensch von dem Vergnügen beherrscht wird, welches er durch seine fünf Sinnesorgane — Augen, Ohren, Nase, Zunge und Körper — empfindet. Dies sind menschliche Begierden wie der Wunsch, schöne Dinge zu sehen, angenehme Töne zu hören, angenehme Düfte zu riechen, gutes Essen zu schmecken und angenehme Dinge zu berühren oder zu spüren (zum Beispiel das Verlangen, es im Sommer kühl und im Winter warm zu haben, vor Regen und Wind geschützt zu sein und Kleidung zu tragen, die sich gut anfühlt).

Die Begierden der fünf Sinnesorgane sind angeboren und in sich nicht falsch; dennoch sind sie schädlich, weil durch den Einfluß der sinnlichen Vergnügen Täuschungen entstehen. Sie sind auch gefährlich, weil das Verlangen, den Weg zu suchen, durch sie gestört wird.

Dies ist solch ein wichtiger Punkt, daß Shakyamuni Buddha ihn bei verschiedenen Gelegenheiten lehrte. Aus diesem Grund gab er die Übung der Askese auf, trank den Milchbrei, den ihm ein Dorfmädchen reichte und predigte die Lehre vom Mittleren Pfad. Der Buddha erklärt deutlich, daß die Instinkte des Menschen moralisch neutral sind (*muki,* dies bedeutet wörtlich etwas, das vor der Entscheidung zwischen richtig oder falsch existiert, das heißt, etwas, das wir weder gut noch schlecht nennen können). Wenn unser natürlicher Appetit und unsere Instinkte falsch währen, dann sollten wir ganz auf das Essen verzichten und zu Tode hungern. Wir sollten taub werden, um die Begierden aufzugeben, welche durch unsere Ohren kommen, und wir sollten erblinden, um den Begierden zu versagen, die uns durch unsere Augen erreichen. Der Buddha predigt nirgendwo solche Extreme, sondern lehrt uns, daß die Instinkte in sich zwar nicht falsch sind, daß aber das Feuer der Täuschung, welches durch eine brennende Verhaftung an die Sinne hervorgerufen wird, nicht gut ist. Unsere Instinkte sind moralisch neutral; es ist aber nicht gut für uns, wenn wir ihnen gierig verhaftet sind. Wenn wir diesen Punkt mißverstehen, verfallen wir in die Extreme von Askese oder Hedonismus und verletzen somit die Lehre des Mittleren Pfades.

In den Worten, „das Netz falscher Überlegungen und irrtümlicher Anschauungen", bedeutet „Überlegung", daß wir uns an das erinnern, was wir bereits erfahren haben, und daß wir uns vorstellen, was wir noch nicht erfahren haben. Der Buddha verweist hier darauf, daß es eine Gefahr gibt, die geistige Entwicklung der Lebewesen zu behindern, wenn er ewig in dieser Welt bleibt. „Irrtümliche Anschauungen" bezeichnene die Unfähigkeit, Dinge zu betrachten, wie sie wirklich sind. Der Mensch kann aufgrund seiner egozentrischen Geisteshaltung die Dinge nicht so sehen, wie sie sind.

Nehmen wir einmal folgendes an: Ein junger Angestellter hat, ohne es zu wissen, einen Flecken Eigelb am Kinn. Nun begegnet er dem Präsidenten, und dieser lächelt dem jungen Mann zu. Wenn der Mann auf eine Beförderung oder eine Gehaltserhöhung hofft, dann kommt er sogleich zu dem Schluß, daß er bald das Gewünschte bekommt, weil der Präsident ihm zugelächelt hat. Wenn er andererseits faul ist oder die Buchführung fälscht, dann bringt ihn das Lächeln des Präsidenten in Verlegenheit, und er gelangt zu dem Schluß, daß dies ein sarkastisches Lächeln ist, und daß sein Fehler oder seine Unehrlichkeit schließlich ans Licht geraten sind. In beiden Fällen kann der junge Mann, bedingt durch seinen Egoismus, unmöglich den wahren Grund erfassen, warum der Präsident ihn angelächelt hat. Dieser Mann hat nämlich eine egozentrische Anschauung von den Dingen; er bewertet alles nur von seinem Standpunkt aus. Wenn er andererseits keinen solchen Egoismus besitzt, dann wird er sich fragen: „Ich frage mich, warum der Präsident mir zugelächelt hat. Hat dies eine besondere Bedeutung?" Und dann wird er sich selbst in einem Spiegel anschauen.

Diese Art von Situation ist uns allen vertraut. In unserem täglichen Leben gibt es viele Fälle, in denen Menschen aufgrund ihrer selbstsüchtigen Betrachtungsweise nicht den wahren Zustand der Dinge erkennen, sich unnötig Sorgen machen und unglücklich werden. Alle solchen Unruhen stammen aus falschen Anschauungen.

Der Ausdruck „gefangen in einem Netz falscher Überlegungen und irrtümlicher Anschauungen" bedeutet, daß sinnlose Unruhe über die Vergangenheit oder Zukunft uns in das Netz verstrickt, ein falsche Anschauung von den Dingen zu gewinnen, so daß wir behindert sind, effektiv und frei zu handeln. Wenn wir gierig den fünf Sinnen verhaftet sind, sind wir zwangsläufig egozentrisch und bringen derartige Ergebnisse hervor.

Die Worte „aufgeblasen werden" beziehen sich auf die eigenwillige Gesinnung des Menschen. Wenn der Buddha für immer in dieser Welt bliebe, dann würde er denken, daß er zu jeder beliebigen Zeit leicht die Lehren des Buddha hören könnte. Er würde deshalb dazu neigen, faul zu werden. — „Heute vernüge ich mich, und morgen höre ich mir die Lehren an." Diesen geistigen Zustand bezeichnen die Worte „aufgeblasen werden."

Leute vom Lande, welche die Hauptstadt besuchen, sehen oft mehr von der Stadt als die Menschen, die dort geboren und aufgewachsen sind. Dies liegt wahrscheinlich daran, daß die Stadtbewohner nicht sonderlich bestrebt sind, sich die Sehenswürdigkeiten anzuschauen. Sie denken, daß sie sich diese ja jederzeit anschauen können. Genau so ist es, wenn wir zu versichtlich sind, daß wir den Buddha jederzeit sehen können; dann neigen wir nämlich dazu, diese Gelegenheit aufzuschieben. Einige von uns werden bis zur Langeweile hin faul werden. Andere meinen: „Weil die Lehren des Buddha immer die gleichen sind, wenn ich sie höre, brauche ich sie mir nicht länger anzuhören." Wenn die Menschen den Buddha ständig gegenwärtig sehen würden, dann wären sie unfähig, die Idee zu erfassen, daß es schwer ist, dem Buddha zu begegnen, und sie würden ihn auch nicht verehren. Deshalb lehrte der Buddha, als eine taktvolle Methode, daß er bald in das Nirvana eingehen müsse.

Wie Buddha erkannte, haben alle Menschen die Neigung, alles ihrem Wunsch gemäß zu haben. In Japan besuchen die Leute manchmal besondere Theater, um von professionellen Erzählern historische oder humorvolle Anekdoten zu hören. Dabei sollten sie sich eigentlich auf die gebotene Unterhaltung konzentrieren, weil sie ja Eintrittsgeld bezahlt haben, um die Vorstellung zu sehen und zu hören. Einige Leute flüstern aber mit ihren Nachbarn, knabbern Leckereien, und erscheinen unruhig und nicht entspannt. Solch eine allgemeine Unruhe ist besonders auffällig, wenn ein Darsteller die Bühne verläßt, und wenn der nächste kommt, um mit seinem Akt zu beginnen. Dabei folgen professionelle japanische Erzähler von historischen Ereignissen einer besonderen Gewohnheit: Sobald der Erzähler auf die Bühne tritt, setzt er sich auf ein Kissen und verbeugt sich vor dem Publikum. Dann stößt er mit seinem Fächer auf den Boden, um die Aufmerksamkeit des Publikums zu erregen, und er beginnt seine Geschichte mit einer solch leisen Stimme, daß die Zuhörer ihn kaum vernehmen können. Schließlich herrscht Schweigen, weil jeder die Geschichte hören möchte und natürlich seine Ohren spitzt. Dies zeigt die taktvolle Methode des Geschichtenerzählers, der die geistige Verfassung des Publikums erkannt hat und bei den Leuten den Wusch erweckt, zu hören, was er sagt. Der Gedanke, daß es schwer ist, dem Buddha zu begegnen, und daß man ihm gegenüber Verehrung hegen sollte, ist unvergleichlich wichtiger.

Dann predigte der Buddha wie folgt: „Deshalb lehrt der Tathāgata taktvoll: ‚Wisset, *Bhikshus,* die Erscheinung des Buddha in der Welt ist ein seltenes Ereignis.' Warum ist das so? Im Verlauf von unzähligen hunderttausend von Myriaden von *Koṭis* von *Kalpas* vermögen vielleicht einige Menschen von geringer Tugend einen Buddha zu sehen, oder vielleicht sieht auch niemand ihn. Aus diesem Grund sage ich: ‚*Bhikshus!* Ein Tathāgata ist nur selten zu sehen!' Alle diese Lebewesen, die eine solche Verkündigung hören, müssen sicherlich erkennen, wie schwer es ist, einem Buddha zu begegnen, und sie müssen ein großes Verlangen nach ihm haben; dann entwickeln sie die Wurzeln der Tugend."

Die Lehre im Kapitel „Offenbarung des (ewigen) Lebens des Tathāgata" kann in zwei Hauptaspekte unterteilt werden. Der erste ist die Offenbarung des Buddha über sein Wesen und seine Unsterblichkeit. Der zweite ist seine Ausführung über den Grund, daß der Tathāgata Shakyamuni, als einer der erscheinenden Buddhas des Ursprünglichen Buddha, in das Nirvana eingehen muß. Der Kern des zweiten Aspektes ist deutlich im oberen Teil ausgedrückt.

EIN BUDDHA IST NUR SELTEN ZU SEHEN. Beim Lesen des obigen

Abschnitts mögen viele Leute denken, daß er sich nicht vereinbart mit dem Gedanken, daß der Ursprüngliche Buddha allgegenwärtig ist, alle Lebewesen von ihren Leiden erlöst und sie zum Nirvana führt. Da der Buddha durch sein unendliches Mitempfinden alle Lebewesen von ihren Leiden erlösen kann, mögen manche Leute auch denken, daß er auch Menschen mit geringer Tugend befähigen sollte, einen Buddha zu sehen.

Weil der Ursprüngliche Buddha allgegenwärtig ist, kann ein tugendhafter Mensch natürlich seine Lehren erkennen; während diese für gewöhnliche Menschen unbegreiflich sind. Es ist wie mit einem Fernsehgerät, das bei gutem Empfang ein scharfes Bild gibt. Gewöhnliche Menschen können jedoch nicht mit den Lehren des Buddha in Berührung gelangen, bis große religiöse Persönlichkeiten, wie Shakyamuni, Chih-i, Prinz Shōtoku, Saichō, Dōgen und Nichiren, in dieser Welt auftreten und das Gesetz direkt predigen.

Selbst wenn Menschen von geringer Tugend zur gleichen Zeit leben wie solche religiöse Lehrer, können sie die von ihnen gepredigten Lehren trotzdem nicht aufnehmen. Die Erscheinung von Buddhas bedeutet nämlich, wie bereits erklärt wurde, daß wir sie bewußt erkennen. Das gleiche kann von den Worten „einen Buddha sehen" gesagt werden. Wie oft auch immer wir die Lehren des Buddha hören, wir können einen Buddha nur dann sehen, wenn wir unseren Geist auf ihn ausrichten. Auf diese Weise sollten wir die Worte „einen Buddha sehen" auslegen. Obwohl der Ursprüngliche Buddha zu allen Zeiten und an allen Orten existiert, erscheint seine Erlösung nur dann, wenn wir einen Buddha im wahren Sinn sehen. Nur weil der Ursprüngliche Buddha immer in unserer Nähe existiert, können wir nicht seine Hilfe erwarten, wenn wir müßig sind und ein gieriges und egozentrisches Leben führen.

Wie wiederholt erwähnt wurde, existiert der Ursprüngliche Buddha nicht getrennt von uns. Deshalb behandelt er uns nicht mit einer solchen Nachsicht, daß er uns sogar Glück verschafft, wenn wir ihn vergessen und seine Lehren mißachten. Sicherlich existiert er zu allen Zeiten und an allen Orten zusammen mit uns. Er ist allgegenwärtig, sowohl in uns als auch außerhalb. Jedoch zeigt er uns seine Erlösung nicht, wenn wir ihn nicht selbst sehen können. In dem Augenblick, wo wir an den Buddha denken, kennt auch er uns ganz intuitiv, wie in den Worten eines Sutras zum Ausdruck kommt: „Ich erkenne den Gedanken des Buddha, während er meinen Gedanken erkennt."

Wir müssen freiwillig die Lehren des Buddha suchen. Selbst wenn sie uns direkt gepredigt werden, können wir sie doch nicht hören, wenn wir nicht das Verlangen besitzen, sie zu suchen. Sonst werden sie, auch wenn wir sie höhen, nicht tief in unseren Geist eindringen. Das Bestreben, die Lehre zu suchen, muß aus uns selbst heraus kommen — dies ist einer der wesentlichen Punkte, die Shakyamuni Buddha uns lehrte. Dieser Aspekt wird später in diesem Kapitel in der Parabel von den Söhnen des Arztes noch weiter erörtert.

In den Worten „ein Verlangen und einen Durst nach ihm haben", bedeutet einen Durst danach haben, daß man die Tugend eines Buddha bewundert und respektiert, genau wie ein durstiger Mann sich nach Wasser sehnt. Dieser Satz wurde manchmal auch als einen tiefen Glauben haben ausgelegt. Aber hier interpretieren wir diese Worte nach ihrer ursprünglichen Bedeutung. Zuerst sollten wir die Lehre dieses Abschnittes auf uns selbst anwenden und tief über uns selbst nachdenken, bevor wir uns über die Bedeutung dieser Lehre weitere Gedanken machen.

Wir sprechen zwar leicht von dem Buddha; wenn wir aber in Ruhe über ihn nachdenken, so ist sein Erscheinen ein seltenes Ereignis für uns in diesem Zeitalter des Verfalls, der *mappo* Epoche. Wir müssen erkennen, daß es sehr schwer ist, den Buddha in dieser schrecklichen Welt zu sehen, wo die Menschen einander betrügen, sich bekämpfen und sich gegenseitig töten. Indem wir dies erkennen, haben wir zwangsläufig das Verlangen, den Buddha zu sehen und ihm nahe zu sein. Unser Geist fühlt sich stark von seinem Mitempfinden angezogen; genauso wie wir Wasser trinken möchten, wenn wir durstig sind, oder wie wir uns nach langem Regen oder Schnee nach Sonnenschein sehnen. Diese Art von Situation wird ausgedrückt durch die Worte „nach ihm verlangen und dürsten."

Wenn wir ein solches Verlangen haben, können wir sicher unseren Geist läutern. In einem Herzen, das nahe beim Buddha sein möchte, ist kein Platz für Verunreinigung oder Unlauterkeit. Je mehr wir unseren Geist läutern, desto mehr vertiefen wir unser Verlangen, die Lehren des Buddha zu suchen und sie auszuüben. Deshalb vollbringen wir natürlich gute Werke zum Wohl von anderen und auch für uns selbst. Dies verleiht einer Religion ihren Wert, und hier liegt der höchste Horizont des Buddhismus. Der Zustand, in dem wir ein Verlangen und einen Durst nach dem Buddha haben, ist ein geistiger Zustand jenseits der Vernunft. Wir können nicht getrennt vom Buddha sein; wir können ihn nicht vergessen; wir begehren, von ihm gehalten zu werden, wie ein Baby unschuldig an der Brust seiner Mutter saugt. Wenn wir einen solchen geistigen Zustand erreichen können, dann haben wir wahren Glauben erlangt.

Dann predigte der Buddha wie folgt: „Deshalb verkündet der Tathāgata sein Dahingehen, obwohl er tatsächlich nicht untergeht. Vernehmt erneut, gute Söhne! Die Methode aller Buddha-Tathāgatas ist immer wie diese, um alle Lebewesen zu erlösen, und sie ist ganz wirklich und nicht falsch."

Der echte Wert der angemessenen Mittel des Buddha wird voll gezeigt in den Worten „sie ist ganz wirklich und nicht falsch." Das Wort „wirklich" bedeutet nicht „Tatsache", sondern „Wahrheit". Es ist eine Tatsache, daß der Buddha die Existenz ohne Anfang und ohne Ende ist. Aber er offenbart dies nicht für Menschen mit geringer Tugend, statt dessen verkündet er sein Dahingehen. Wenngleich diese Verkündigung als eine Lüge erscheint, weil sie in der Welt der Form nicht faktisch ist, so ist sie doch tatsächlich in der Welt des Geistes. Es ist eine Wirklichkeit im Geist des Buddha, um alle Lebewesen zu erlösen, und es ist keine Lüge. Das Wort „falsch" enthält hier neben „Lüge" auch die Bedeutung von „leer" und „fruchtlos". Ein Sprichwort sagt, „Lügen sind manchmal angebracht", jedoch führt dies oft zu Mißverständnissen. Wir dürfen „Lüge" nicht mit „angemessenen Mitteln" verwechseln.

Das folgende Beispiel soll die wahre Bedeutung von „angemessenen Mitteln" veranschaulichen. Nehmen wir einmal folgendes an: Herr A geht in Yokohama mit einem Jungen an Bord eines Schiffes und sagt dabei: „Ich will dich nach Amerika bringen, um dich dort in eine Schule zu geben." Der Junge erwartet, daß das Schiff nach Osten fährt, aber statt dessen richtet es sich nach Westen. Dann läuft das Schiff mehrere Häfen an, darunter Manila, Singapur und Kalkutta. Der Junge ist unzufrieden und unruhig. Er wundert sich, warum Herr A ihn nicht direkt mit dem Flugzeug nach Amerika bringt. Er beginnt anden Absichten von Herrn A zu zweifeln, weil er ihn mit einem langsamen Schiff in die umgekehrte Richtung von seinem Ziel bringt.

Inzwischen ist das Schiff im Mittelmeer und geht schließlich in Marseilles vor Anker. Hier verläßt Herr A mit dem Jungen das Schiff und reist mit ihm nach Paris weiter. Während der Junge sich immer mehr über Herrn A wundert, geht die Reise weiter nach England. Dort bleiben sie ein paar Tage, und dann fliegt Herr A endlich mit dem Jungen nach Amerika, dem ursprünglichen Ziel.

Warum behandelte Herr A den Jungen in dieser Weise? Der Junge spricht nicht gut Englisch, und er ist mit den Sitten und Bräuchen fremder Länder nicht vertraut. Wenn er direkt nach Amerika geflogen und dort in eine Schule eingetreten wäre, dann hätte er den Unterricht oder seine Klassenkameraden nicht verstehen können. Deshalb machte Herr A mit dem Jungen eine lange Seereise damit der Junge sich allmälich an neue Dinge, Menschen und Orte gewöhnen konnte. Während der langen Seereise gewöhnte der Junge sich daran, westliche Speisen zu essen, durch die Begegnung mit Ausländern lernte er fremde Sitten und Bräuche kennen, und er hatte Gelegenheit, Englisch in praktischen Situationen zu benutzen. Auf diese Weise verschaffte Herr A dem Jungen Selbstvertrauen für sein Studium im Ausland, und dann brachte er ihn zu seinem Ziel.

In diesem Fall ist es keine Lüge, daß Herr A mit dem Jungen die Reise in entgegengesetzer Richtung antritt, obwohl er ihm gesagt hatte, ihn nach Amerika zu bringen. Und es ist nicht fruchtlos für den Jungen, einen solchen Umweg gemacht zu haben. Die wohlüberlegte Vorsorge von Herrn A für den Jungen ist eine Tatsache und ein wirksames Mittel, den Jungen zu leiten. Angemessene Mittel sollten so sein: sowohl eine „Tatsache" als auch ein „wirksames Mittel", um Menschen zu leiten, angeregt von Mitempfinden.

Um den Menschen zu helfen, die wahre Bedeutung seiner angemessenen und taktvollen Mittel in seiner Leitung zu verstehen, predigte Shakyamuni dies ausführlich durch die Parabel von den Söhnen des Arztes, der letzten von den sieben Parabeln im Lotus-Sutra.

DIE PARABEL VON DEN SÖHNEN DES ARZTES. „Nehmen wir einmal an, es gibt einen guten Arzt, der weise und scharfsinnig und in der medizinischen Kunst wohlbewandert ist. Er ist geschickt in der Heilung aller Arten von Krankheiten. Er hat viele Söhne, sagen wir zehn oder zwanzig oder sogar bis zu hundert. Aus irgendeinem Grund unternimmt er eine Reise in ein fernes Land. Nach seiner Abreise trinken seine Söhne von seinen giftigen Medizinen, wodurch sie in ein Delirium versetzt werden. Sie rollen sich auf dem Boden. In diesem Augenblick kehrt der Vater nach Hause zurück. Einige der Söhne, die von dem Gift getrunken haben, sind ihrer Sinne nicht mehr mächtig, aber andere sind noch bei klarem Verstand. Als sie ihren Vater sehen, sind jedoch alle sehr erfreut, knieend grüßen sie ihn und bitten: ‚Wie gut, daß du gesund zurückgekommen bist! Wir haben uns in unserer Dummheit aus Versehen vergiftet. Wir bitten dich, uns zu heilen und uns unser Leben zurückzugeben.'

Als der Vater seine Söhne in solchen Schwierigkeiten sieht, sucht er in Übereinstimmung mit seinen Rezepten nach guten Kräutern, die in Farbe, Duft und feinem Geschmack vollkommen sind. Dann stampft, siebt und mischt er sie und gibt sie seinen Söhnen zum Einnehmen und spricht: ‚Ihr könnt jetzt diese ausgezeichnete Medizin einnehmen, deren Farbe, Duft und feiner Geschmack vollkommen sind, und die euch sofort von euren Schwierigkeiten befreien wird, so daß ihr nicht länger leiden müßt.'

Jene der Söhne, die noch bei klarem Verstand sind, nehmen die Medizin, als sie ihre gute Farbe sehen und ihren ausgezeichneten Duft riechen, sofort ein und sind von ihren Beschwerden völlig befreit. Die anderen, die nicht mehr recht bei Sinnen sind, sind unwillig die Medizin zu nehmen, als der

Vater sie ihnen anbietet, obwohl sie auch erfreut waren, als er zurückkam, und sie ihn ebenfalls grüßten und baten, ihre Krankheit zu heilen. Warum nehmen sie sie nicht? Weil das Gift tief eingedrungen ist, haben sie den Verstand verloren, und selbst im Hinblick auf diese Medizin von guter Farbe und angenehmem Duft sagen sie, daß sie nichts tauge.

Der Vater überlegt: „Schade um diese Söhne! Weil sie das Gift genommen haben, ist ihr Verstand verdreht. Obwohl sie sich freuen, mich zu sehen und mich bitten, sie zu heilen, wollen sie selbst diese ausgezeichnete Medizin nicht einnehmen. Ich muß mir einen Plan ausdenken, wie ich sie dazu bringen kann, die Medizin einzunehmen." Dann sagt er zu ihnen: „Ihr solltet wissen, daß das Alter mir zu schaffen macht, und daß die Zeit meines Todes nun gekommen ist. Ich lasse diese ausgezeichnete Medizin hier zurück. Ihr könnt sie nehmen und braucht nicht zu befürchten, daß sie euch nicht helfen würde." Nachdem er ihnen das erklärt hatte, reiste er wieder ins Ausland und schickte einen Boten mit einer Nachricht zurück, die ihnen mitteilte: ‚Euer Vater ist tot.'"

Die Worte „ist ihr Verstand verdreht" bedeuten, Dinge durch Täuschungen hindurch zu betrachten, und sie deshalb falsch zu verstehen. Es wird gesagt, daß gewöhnliche Menschen den folgenden vier Täuschungen (*shi-tendo*) unterworfen sind: *nitya-viparyasa (jo-tendo),* die Täuschung das Vergängliche als unvergänglich anzusehen, das heißt sich Veränderndes für unveränderlich zu halten; *sukha-viparyasa (raku-tendo),* die Täuschung Leiden wie Vergnügen zu betrachten; *suci-viparyasa (jo-tendo),* die Täuschung eine oberflächliche Erscheinung des Unreinen für das Reine anzusehen; und *atma-viparyasa (ga-tendo),* die Täuschung der Annahme, daß ein wirkliches Selbst existiert, obwohl nichts ein Selbst hat und alle Dinge nur in Abhängigkeit voneinander existieren.

Es gibt noch verschiedene andere Täuschungen, einschließlich der Umkehrungen der oben erwähnten vier. In dieser Parabel waren die Söhne so getäuscht, daß sie das höchst Wertvolle für wertlos hielten. Die Fortsetzung der Parabel:

„Und jetzt, als die Söhne hören, daß ihr Vater tot ist, sind sie trostlos und überlegen: ‚Wenn unser Vater leben würde, hätte er Erbarmen mit uns, und er würde uns helfen und uns retten. Aber jetzt hat er uns verlassen und ist in einem fernen Land gestorben. Wir fühlen uns als Waisen, die niemanden haben, auf den sie sich verlassen könne.' Der andauernde Schmerz bringt sie zur Vernunft. Sie erkennen die Farbe, den Duft und den ausgezeichneten Geschmack der Medizin und nehmen sie daraufhin und werden völlig von ihrer Vergiftung befreit. Als der Vater hört, daß alle Söhne genesen sind, benutzt er die nächste Gelegenheit, um nach Hause zurückzukehren, so daß alle ihn sehen können."

In der Parabel von den Söhnen des Arztes, ist der Buddha der Arzt und die Söhne repräsentieren alle Lebewesen. Der Hauptpunkt der Parabel ist, daß die Lebewesen nicht verstehen können, wieviel sie dem Buddha schulden, solange er in dieser Welt lebt. Aber wenn er erloschen ist, empfinden die den Wunsch, seine Lehren zu suchen, sehr stark. Aus diesem Grunde tritt er durch seine taktvollen Mittel zeitweise ins Nirvana ein.

In dieser Parabel gibt uns der Buddha einige wichtige Belehrungen. Der erste wichtige Punkt ist, daß die Söhne das Gift trinken, während ihr Vater in einem fernen Land ist. Die giftigen Medizinen sind die von den fünf Begehrlichkeiten hervorgerufenen Täuschungen. Wenn die Menschen täglich mit den Lehren des Buddha in Berührung kommen, leiden sie nicht daran, daß diese fünf Gelüste ihren Sinn verstören. Wenn sie jedoch die Lehren des Buddha meiden, werden sie leicht von diesen fünf Begierden besessen.

Der nächste wichtige Punkt ist, daß alle Söhne, die das Gift tranken — sogar die, die den Verstand verloren haben, um gar nicht zu reden von denen, deren Sinn klar ist — sehr froh sind, als sie ihren Vater heimkehren sehen. Die Parabel zeigt also, daß sogar Geistesgestörte ihren Vater von anderen Menschen unterscheiden können. Gleicherweise fühlen die, die in ihren Täuschungen ihren Verstand verloren haben, wie zum Beispiel ein hartgesottener Materialist, der angibt: „Ich glaube weder an Gott noch an den Buddha", in der Tiefe seines Herzen eine Unruhe und Einsamkeit fühlt, die er mit materiellen Dingen nicht befriedigen kann. Er sucht geistige Ruhe und Zufriedenheit, wenn er sich dessen auch nicht bewußt ist. Deshalb ist er bestimmt erfreut, wenn er eine Lehre findet, die ihm geistlichen Frieden und Erleuchtung vermittelt. Es geht ihm wie den Söhnen, als sie ihren Vater in der Entfernung sahen.

Der Buddha, der alle Lebewesen als seine Söhne in Not ansieht, sucht nach guten Kräutern, die vollkommen in Farbe, Duft und Geschmack sind, um sie zu zerstampfen, zu sieben und zu mischen. Die guten Kräuter, die in Farbe, Duft und Geschmack vollkommen sein müssen, verweisen darauf, daß verschiedene Medizinen notwendig sind, um die geistigen Schwierigkeiten der Menschen zu heilen. Verschiedene Verschreibungen des Buddha werden gebraucht einschließlich einer Medizin, um ihren Geist von Täuschungen zu befreien, eine Medizin, damit sie wahre Weisheit erlangen und eine Medizin, die sie veranlaßt, ihren Geist so zu erheben, daß sie anderen dienen. Das Zerstampfen solcher guten Kräuter heißt, es gewöhnlichen Menschen zu ermöglichen, sie leicht einzunehmen, das heißt, es ihnen zu ermöglichen, die Lehren des Buddha zu verstehen. Das Sieben der guten Kräuter, steht für die Entfernung von Unreinheiten, das heißt vom religiösen Standpunkt aus, rein und unbefleckt zu werden.

Die Lehren des Buddha sind überragend, und alle die an sie glauben und sie erhalten, können sofort von ihren Leiden erlöst werden. Aber es gibt einige, die die überragenden Lehren des Buddha nicht erhalten möchten. Diese Menschen sollten die Lehren erhalten, geradeso wie die Söhne in der Parabel sich freuten, ihren Vater zu sehen. Aber Menschen, deren Geist vom Gift der Täuschungen krank gemacht wurde, wollen die Lehren nicht freiwillig annehmen, obwohl sie ein nebelhaftes Gefühl für ihre Qualität haben.

Selbst ein Geistesgestörter, der durch die Straßen irrt, erkennte seine Mutter, wenn sie kommt, um ihn nach Hause zu holen und lächelt ihr unbestimmt zu. Aber er folgt nicht unbedingt und kommt mit nach Hause. Vielleicht wehrt er sich oder läuft davon. Genauso ist es mit den Lebewesen. Sie verstehen nicht alle das Mitleid des Buddha, obwohl sie ihn als ihren Vater anerkennen.

Wie der weise Arzt nicht ärgerlich über seine kranken Söhne wurde und sie ablehnte, so lehnt auch der Buddha als Vater aller Lebewesen niemanden ab. Er sagt im Gegenteil: „Schade um die Söhne." Wir sollten für das große Mitleid des Buddha dankbar sein. Er hat selbst Mitleid mit solchen Menschen, die seiner Lehre den Rücken zukehren und sagt: „Oh, die armen Söhne!" Er läßt sie nie unbeachtet, sondern ist freundlich zu ihnen, und versucht mit allen Mitteln, sie dazu zu bringen, an seine Lehren zu glauben und sie zu empfangen. Eines der taktvollen Mittel des Buddha ist es, seinen Eintritt ins wahre Nirvana zu verkünden, während er im unwirklichen Nirvana ist. Das sollte als ein taktvolles Mittel, gefüllt mit Mitleid, verstanden werden.

Es ist sehr wichtig, daß wir Dinge für uns selbst tun. Das gilt besonders im Glauben. Es ist gut, einen Glauben auf die Anregung anderer hin anzunehmen, aber wir können keine wahren Gläubigen werden, wenn wir es vernachlässigen, den Weg ernsthaft mit unserem eigenem Geist zu suche. „Wenn mich ein Freund mehrmals drängt, zu gehen und jemanden predigen zu hören, gehe ich, weil ich mich verpflichtet fühle, obwohl ich eigentlich nicht gehen möchte" — solch eine Haltung kann sich nicht in wahren Glauben verwandeln.

Auch wenn die Hausfrau das Essen am Abendbrottisch serviert, muß man doch allein, ohne die Hilfe anderer essen. Jemand, der nicht allein essen kann, ist ein Kranker. Aber selbst eine kranke Person muß noch selbst kauen und schlucken, selbst wenn ein anderer das Essen zum Munde führt. Man kann eine Mahlzeit, die man mit Hilfe anderer ißt, nicht wirklich genießen.

Der Buddha versucht nie, mit Gewalt unseren Mund zu öffnen und uns zu zwingen, seine ausgezeichnete Medizin zu schlucken. Es ist unsere heilige Aufgabe, sie selbst in die Hände zu nehmen und zum Munde zu führen. Der Buddha verwendet verschiedene taktvolle Mittel, die uns schnell dazu bringen, es tun zu wollen. Er verweist auf sich selbst oder auf andere, er verweist auf seine Angelegenheiten oder die Angelegenheiten anderer. Der stärkste und dringlichste dieser Hinweise ist der, daß er selbst erloschen ist. Wenn sie das merken, dann werden die Menschen, die selbstzufrieden glaubten, daß sie die Lehren jederzeit hören könnten, wenn sie wollten oder Menschen, die faul und der Lehren ein bißchen müde geworden sind, nicht anders können, als plötzlich sehr ernst zu werden. Das ist der wichtigste Grund, warum das Erlöschen des Buddha ein taktvolles Mittel voll seines großen Mitleids ist.

Der letzte wichtige Punkt der Parabel ist, daß der Vater eine Möglichkeit sucht, wieder nach Hause zurückzukehren, als er hört, daß alle Söhne genesen sind. Das beinhaltet, daß alle Lebewesen, sobald sie an die Lehren des Buddha glauben und die Täuschungen von ihrem Geist entfernen, den Buddha sehen können. Das heißt, sie erinnern sich des Buddha, den sie vermißt haben, und sie können für immer nahe bei ihm leben. In den Worten „den Buddha sehen" hat „sehen" nicht die Bedeutung von „etwas beobachten", was die Beobachtung von etwas beinhaltet sowohl als auch den Wunsch, es zu tun. „Etwas zu sehen" meint, etwas spontan zu sehen, ohne Absicht. Wenn wir einen starken Glauben an den Buddha haben, können wir spontan einen Buddha sehen. Wir können keine Form eines Buddha sehen, aber wir können spüren, daß der Buddha mit uns in der Welt lebt.

Die Beziehung zwischen den Menschen und dem Buddha ist nicht kalt wie die zwischen einem Herrscher und den Beherrschten, sondern ist so wie zwischen Vater und Söhnen. Sie sind in warmer Zuneigung miteinander verbunden. Wenn wir die Lehre des Buddha richtig verstehen, annehmen und erhalten, erninnern wir uns immer sofort wieder an ihn, selbst wenn wir ihn einmal vergessen. Wie ein richtiger Vater lebt er mit uns und beschützt uns in dieser Welt. Wir erkennen die unbeschreibliche Güte des Buddha klar in der Parabel von den Söhnen des Arztes.

Nachdem er diese Parabel beendet hatte, fragte der Weltgeehrte die Bodhisattvas und die gesamte große Versammlung: „Alle meine guten Söhne! Was glaubt ihr? Gibt es jemanden, der sagen könnte, daß der Arzt die Sünde der Falschheit begangen hat?" Sie antworteten einstimmig: „Nein,

Weltgeehrter!“ Dann sagte der Buddha: „Ich bin auch so. Seit ich vor unendlichen, grenzenlosen hunderttausend Myriaden *Koṭis* von *Nayutas* von *Asaṃkhyeya Kalpas* Buddha wurde, habe ich um aller Lebewesen willen, in meiner taktvollen Kraft erklärt, daß ich ins Nirvana eintreten muß, und doch gibt es niemanden, der mich des Fehlers der Falschheit anklagen könnte nach dem Gesetz.“

DER WICHTIGSTE VERS DES LOTUS-SUTRAS. Dann sprach der Weltgeehrte in Versen über die unendliche Lebenszeit des Ursprünglichen Buddha und das Erlöschen des erscheinenden Buddha. Der folgende Abschnitt, beginnend mit den Worten „Seit ich die Buddhaschaft erreichte“, wird als der wichtigste Vers der vielen Verse des Lotus-Sutras betrachtet.

„Seit ich die Buddhaschaft erreichte,
Sind die *Kalpas,* die vergingen
Unendliche Tausende von Myriaden
Von *Koṭis* von *Asamkyeyas* von Jahren.
Pausenlos habe ich das Gesetz gepredigt
Und zahllose *Koṭis* von Kreaturen veranlaßt,
Den Weg des Buddha zu betreten;
Unermeßliche *Kalpas* sind seither vergangen.
Um alle Kreaturen zu erretten,
Enthülle ich durch taktvolle Mittel Nirvana,
Aber ich bin nicht in Wirklichkeit erloschen,
Sondern predige das Gesetz hier für immer.
Ich verbleibe für immer in dieser Welt,
All meine geistliche Kraft benutzend,
So, daß alle verblendeten Kreaturen,
Obwohl ich nah bin, mich nicht sehen.“

In diesem Abschnitt bedeutet „Nirvana“ nicht den Zustand der Erleuchtung, den Shakyamuni Buddha erreicht hat, sondern den Zustand seines Erlöschens oder Vergehens. Die Worte „alle verblendeten Kreaturen“ umfassen alle Lebewesen, deren Sinn durch Täuschungen verstört ist.

„Alle, die mich als erloschen betrachten,
Beten überall meine Reliquien an,
Pflegen alle verlangendes Sehnen
Und ihre Herzen dürsten mit Hoffnung.“

Die Worte „pflegen sehnendes Verlangen“ und „Herzen dürsten mit Hoffnung“ sind schon vorher erklärt worden. Den Worten „meine Reliquien“ können wir entnehmen, daß Shakyamuni auf sich als den erscheinenden Buddha verweist.

„Wenn alle Kreaturen glauben und nachfolgen,
Mit aufrechtem Charakter und sanftem Geist
Von ganzem Herzen den Buddha zu sehen wünschen,
Und nicht um ihr eigenes Leben besorgt sind...“

Wenn alle Lebewesen ihr Sehnen und ihren Durst nach dem Buddha pflegen, beginnen sie freiwillig die Lehren, die er während seines Lebens predigte, gründlich zu studieren und ihnen zu vertrauen. Ihr Charakter wird dadurch aufrecht. Dieser Charakter bringt sie dazu, von ganzem Herzen den Buddha sehen zu wollen. Ihr Sinn ist klar, und es gibt keine versteckten Geheimnisse. Ihre geistige Haltung wird sanft.

Die Worte „mit sanftem Geist“ drücken eine der Haupteigenschaften des Buddhismus und der Buddhisten aus. Sanftsein bedeutet nicht kraftlos oder schwach zu sein, sondern beweglich und mild. Wenn der Körper eines Sportlers nicht beweglich ist, kann er seine Technik nicht verbessern und keine echte Ausdauer entwickeln oder stärker werden. Gleichermaßen bedeutet eine sanfte geistige Haltung zu haben, kein starres Ego zu haben, sondern einen Geist der bereit ist, Wahres und Rechtes jederzeit aufzunehmen.

Buddhismus ist in sich eine sanfte Lehre. Diese Lehre ist natürlich „richtig“, aber sie ist nicht „selbstherrlich“ in dem Sinne, daß sie starre Meinungen vertritt. Wie in der Erklärung des Mittelpfades schon gesagt wurde, ist die Lehre des Buddhismus immer mit der Wahrheit in völliger Übereinstimmung, und sie hat völlige Freiheit und Beweglichkeit im Ausdruck. Deshalb sollte ein wahrer Buddhist nicht dickköpfig oder engstirnig sein, sondern beweglich im Einklang mit der Wahrheit. Solcher Art ist die sanfte geistige Haltung.

Die an die Lehren des Buddha glauben und sie befolgen, wünschen deshalb von ganzem Herzen in ihrer aufrechten, selbstlosen und sanften Geisteshaltung, den Buddha zu sehen. Die Worte „wünschen den Buddha zu sehen“ bedeuten, daß wir uns bewußt werden, daß wir mit dem Buddha leben. Die klare Erkenntnis, daß wir fest in den Armen des Buddha ruhen, und daß wir von ihm zum Leben veranlaßt wurden, ist der Geisteszustand, in dem wir den Buddha sehen. Diese Erkenntnis ist unser großer Geistesfrieden. Wenn man solch einen Geisteszustand erreicht hat, ist es natürlich, daß man kein Begehren nach Geld, Stand oder Ruhm verspürt und sich sogar nicht an das eigene Leben anklammert.

„Dann werde ich mit dem ganzen Sangha
Auf dem göttlichen Geiergipfel erscheinen.

Und dort erzähle ich allen Kreaturen,
Daß ich für immer in dieser Welt bin,
Mich mittels der Kraft meiner taktvollen Mittel
Als erloschen oder nicht erloschen enthüllend.
Wenn es in anderen Regionen Wesen gibt,
Die voller Glauben und Verehrung sind,
Bin ich wieder in ihrer Mitte,
Um das überragende Gesetz zu predigen.
Ihr, die ihr nichts davon hört,
Sagt nur, daß ich erloschen sei."

Die Worte „ich mit dem ganzen Sangha" bedeuten, daß der Buddha mit den Menschen erscheint, die ihm helfen, seine Lehren zu predigen. Früher war mit dem Sangha die buddhistische Gemeinschaft der Mönche und Nonnen gemeint, aber sie umfaßt im weiteren Sinne auch Männer und Frauen, die als Laienanhänger die Lehren des Buddha üben. Es hat eine sehr tiefe Bedeutung, daß der Buddha nicht alleine in dieser Welt erscheint, sondern zusammen mit vielen Jüngern. Es zeigt uns, daß eine richtige und wichtige Lehre von ihren Ausübenden und Beschützern begleitet wird.

Der Buddha sagte „werden auf dem göttlichen Geiergipfel erscheinen" nur, weil er zu jenem Zeitpunkt auf dem göttlichen Geiergipfel predigte. Er meinte in anderen Worten, diese Welt. Jeder Ort, an dem wir das Gesetz hören, ist der göttliche Geiergipfel, gleich ob es in Japan oder in Europa, auf der Straße oder in einem Gebäude, wie zum Beispiel einem buddhistischen Tempel, ist.

„Ich sehe alle lebenden Kreaturen
Versunken im Meer des Leidens,
Deshalb enthülle ich mich nicht,
Sondern erwecke ihr Streben,
Bis ich, wenn ihre Herzen voller Sehnen,
Erscheine, das Gesetz zu predigen.
Mit solcher übernatürlichen, durchdringenden Kraft
Bin ich durch *Asamkyaya Kalpas* hindurch
Immer auf dem göttlichen Geiergipfel
Und in allen anderen Wohnplätzen."

Die Worte „versunken im Meer des Leidens" meinen wörtlich, daß alle Lebewesen, die die Lehren des Buddha nicht kennen, im Meer des Leidens versunken sind. Einige von ihnen erkennen es nicht, aber selbst solche Menschen fühlen eine unaussprechliche Unruhe und Einsamkeit und wünschen sich manchmal etwas, auf das sie sich verlassen können. Sie empfinden manchmal, daß sie nicht weiterkönnen, ohne eine absolute Macht von außen, der sie ganz vertrauen können. Ihr Geist, der sich danach sehnt, in etwas Zuverlässigem geborgen zu sein, und der ernsthaft nach einer absoluten Macht sucht, entspricht dem Gefühl der Sehnsucht nach dem Buddha.

„Wenn alle Lebewesen am Ende der *Kalpa*
Die Feuersbrunst sehen, in der die Welt verbrennt,
Ist dieses Reich von mir ruhig,
Immer mit himmlischen Wesen belebt
Reich an Parks und vielen Palästen,
Die mit allen Juwelen geschmückt sind,
Und kostbaren Bäumen, voller Blüten und Früchten,
Unter denen sich alle Kreaturen vergnügen;
Alle die Götter schlagen die himmlischen Trommeln
Und machen Musik immerdar
Und lassen *Mandarava*-Blumen regnen
Auf den Buddha und seine große Versammlung."

In diesem Fall, verweist *Kalpa* nicht auf eine Zeiteinheit sondern auf eine Periode. Im alten Indien glaubte man, daß am Ende jedes *Kalpas* alle Kreaturen völlig zerstört würden. Die Worte „am Ende der *Kalpas*" beziehen sich auf diese Situation.

Selbst wenn die Zeit für das Ende der *Kalpa* zu allen Kreaturen kommt, wird des Buddhas Welt nicht zerstört. Sie ist immer ruhig und schön. Das heißt, daß, so sehr sich die sichtbare Welt der Erscheinungen auch verändern mag, so bleibt doch das wahre Sein aller Dinge unveränderlich und unvergänglich. Der hier beschriebene Zustand des ‚Reinen Landes' entspricht dem Geisteszustand dessen, der sich durch den Glauben gereinigt hat, denn jemand, der seinen Geist durch wahren Glauben völlig gereinigt hat, kann in der Welt des wahren Seins aller Dinge verbleiben, selbst während er hier in der *Sahā*-Welt lebt.

Der menschliche Körper ist ein materielles Ding und zur Veränderung bestimmt. Selbst im Falle eines so großen Mannes wie es Shakyamuni Buddha war, verschwand der Körper von dieser Welt, als sein Leben von achtzig Jahren vorbei war. Alle materiellen Dinge sind unbeständig und dauerndem Wechsel unterworfen. Niemand weiß, wann sie verschwinden, selbst wenn sie jetzt da sind. Unser Stand in der Gesellschaft und unser Ruhm sind ebenfalls unbeständig. Wenn wir jedoch unseren Geist durch Religion reinigen, können wir einen friedlichen und glücklichen Geisteszustand bewahren, wie sehr auch die äußere Welt (die Welt der materiellen Dinge) sich verändern mag. Der geistige Zustand der religiösen Erhebung wird hier in der Beschreibung des Paradieses erfaßt.

„Mein ‚Reines Land' wird nie zerstört,
Ob es auch alle verbrennen sehen,
Und sie darob mit Schreck
Und Verzweiflung ganz erfüllt sind.
Alle jene sündigen Kreaturen
Werden durch ihr übles *Karma*
Für *Asamkyaya Kalpas*
Nicht den Namen der drei Kostbarkeiten hören."

Die Worte „jene sündigen Kreaturen" stehen nicht unbedingt für „die, die falsch gehandelt haben." Der Begriff „Sünde" bedeutet in der buddhistischen Lehre, das Anhalten oder die Umwendung der Aufwärtsentwicklung des menschlichen Lebens. Anhalten der Aufwärtsentwicklung des menschlichen Lebens heißt, Vernachlässigen des Eifers den Geist so weit wie möglich zu reinigen und anderen in der Gesellschaft von Nutzen zu sein, was unheilsam und von Übel ist. Den Fortschritt des Lebens anzuhalten bedeutet, anderen Sorgen zu machen, ihnen Fallen zu stellen, ihren Besitz einzuziehen, mit ihnen zu streiten, sie aufzuwiegeln, sich gegenseitig umzubringen. Unnötig zu sagen, daß solche Taten schwere Sünden sind, aktive Sünden und Übel.

Solange wir entweder negatives oder positives *Karma* sammeln, können wir keine guten Ergebnisse erhalten, weil wir keine gute Basis schaffen. Wieviel Zeit auch vergehen mag, wir können weder den Buddha treffen, noch seine Lehren hören, noch in die Ränge seiner Jünger einrücken. Diese Situation findet ihren Ausdruck in den Worten „nicht den Namen der drei Kostbarkeiten hören".

Die drei Kostbarkeiten sind die drei grundlegenden Elemente, die Shakyamuni Buddha seine Jünger als das geistliche Fundament des Buddhismus lehrte, kurz nachdem er seine missionarische Tätigkeit begonnen hatte: der Buddha, das Gesetz und der Sangha. Wegen ihres überragenden Wertes, werden sie auch die drei Kostbarkeiten genannt.

Die Erwähnung dieses geistlichen Fundamentes erinnert uns sogleich an die Lehre: „Macht dich selbst zum Licht, macht die Lehre zum Licht". Das sind Worte, die uns große Sicherheit geben und uns sehr ermutigen. Aber der Buddha meint hier nicht das Selbst, das voller Täuschungen ist, sondern das Selbst, das im Gesetz lebt. Wir müssen mit dem Feuer des Gesetzes brennen und sein Licht über die Gesellschaft erstrahlen lassen. Obwohl wir durch unsere eigenen Bemühungen leben müssen, sollte unser Lebensweg immer mit dem Gesetz in Übereinstimmung stehen.

Das Gesetz ist die Wahrheit oder das universelle Gesetz, dessen Wahrheit für gewöhnliche Menschen sehr schwer zu verstehen ist. Deshalb fühlen sie sich unsicher, wenn sie ihre geistige Haltung und ihr tägliches Leben danach ausrichten sollen. Aus diesem Grund erklärte der Buddha das Gesetz nach den folgenden drei Grundsätzen, so daß die gewöhnlichen Menschen es verstehen können. Das erste Prinzip ist der Buddha. Das Zweite ist das Gesetz, daß heißt, die Lehren des Buddha. Das Dritte ist der Sangha, dessen Bedeutung seit alter Zeit sehr mißverstanden worden ist. Sangha wird meist als die Gemeinschaft der buddhistischen Mönche und Nonnen betrachtet. Aber der Ausdruck umfaßt oft im weiten Sinne alle Anhänger wie in den Worten „ich mit dem Sangha", wenn es auch ursprünglich einen religiösen Orden oder eine Gruppe Gläubiger bezeichnete. Das Sanskritwort *sangha* bedeutet „einen vertraute, treue Gruppe, die aus vielen Gläubigen besteht." Shakyamuni Buddha benannte die Gruppe der Gläubigen, die die gleiche Lehre suchen wie seine Jünger, Sangha.

Es ist schwer für gewöhnliche Menschen, das Gesetz in völliger Einsamkeit zu suchen und zu üben. Sie neigen dazu, träge zu werden und dem Übel zu verfallen. Wenn sie jedoch eine Gemeinschaft bilden, können sie sich gemeinsam stetig weiterentwickeln, indem sie sich gegenseitig lehren, ermahnen und ermutigen. Deshalb lehrte uns Shakyamuni Buddha, den Sangha als eines unserer geistigen Fundamente zu betrachten.

Geistlich müssen wir uns auf die drei Schätze verlassen: den Buddha, das Gesetz und den Sangha. Wir können das Gesetz richtig in unserem täglichen Leben anwenden, wenn wir uns auf den Buddha, seine Lehren und den Sangha stützen. Deshalb nehmen Buddhisten immer ihre Zuflucht zu den drei Schätzen.

Diejenigen, die schlechtes Karma ansammeln, kennen die drei Schätze nicht. Sie kommen nicht mit den Lehren des Buddha in Berührung und können nicht den Sangha angehören. Noch viel weniger können sie den Buddha treffen.

„Aber alle die, die Taten der Tugend tun
Und sanfter und aufrechter Natur sind,
Sie alle sehen, daß ich existiere
Und hier das Gesetz erkläre.
Manchmal pedige ich dieser Menge,
Daß das Leben des Buddha ewig währt;
Denen, die schließlich den Buddha sehen,
Predige ist, daß man selten einen Buddha trifft.
Die Kraft meiner Intelligenz ist so,
Das Licht meiner Weisheit scheint unendlich,
Mein Leben währt zahllose *Kalpas,*
Durch lang kultiviertes Karma gewonnen.
Ihr, die ihr intelligent seid,

Laßt keinen Zweifel darüber erwachsen,
Sondern beendet sie für immer,
Denn die Worte des Buddha sind wahr und nicht falsch."

In den Worten „mein Leben währt zahllose *Kalpas*" bedeutet „mein Leben" nicht, daß nur das Leben des ewigen, ursprünglichen Buddha, sondern, daß das Leben Shakyamuni Buddha, das er durch die Ansammlung seiner langen Übungen auf dem Bodhisattva-Weg in dieser Welt gewann, ebenfalls unendlich ist.

„Wie der Arzt, der mit kluger List,
Um seine verstörten Söhne zu heilen,
Obwohl lebend, seinen Tod verkündet,
Und doch nicht der Falschheit beschuldigt werden kann,
So habe auch ich, als Vater dieser Welt,
Der alle Leiden und Beschwerden heilt,
Um der verirrten Menschen willen,
Obwohl ich lebe, gesagt, daß ich erlösche;
Damit sie nicht, da sie mich immer sehen,
Eingebildet in ihrem Sinn werden,
Und unentschlossen und ihren fünf Begierden folgen,
Und üble Wege beschreiten.
Ich, der alle Wesen immer kennt,
Jene die auf dem Weg oder nicht auf dem Weg wandeln,
Erkläre ihnen jedes Gesetz,
Nach dem richtigen Grundsatz der Erlösung.
Immer ist mein Gedanke:
‚Wie soll ich alle Lebewesen
Dazu bringen, den überragenden Weg zu betreten
Und schnell ihre Buddhaschaft zu erreichen?'"

Das tiefe Mitgefühl des Buddha wird hier klar gezeigt, besonders in den abschließenden Worten: „Immer ist mein Gedanke: / ‚Wie soll ich alle Lebewesen / Dazu bringen, den überragenden Weg zu betreten / Und schnell ihre Buddhaschaft zu erreichen?'" Dies ist der wirkliche Schwur und der langgehegte Wunsch des Buddha.

Mit diesem Vers endet Kapitel 16. Durch dieses Kapitel verstehen wir klar, daß wir durch das große Leben des ewigen, ursprünglichen Buddha zum Leben gebracht wurden, und wir können dieses Prinzip als Basis unseres Lebens in unserem Geist verankern. Wenn wir diese Erkenntnis aufrecht erhalten, wird unser Leben hell, sicher und voller Mut und positiver Energie sein.

[1] Zwei berühmt Sätze im Prajña-paramita-hrdaya-sutra (Hannya-haramitta Shingyo) oder Herz-Sutra. Sie verweisen darauf, daß Form oder Materie identisch ist mit Leere (shiki soku zeku) und daß die Leere, oder sunyata, identisch ist mit Materie (ku soku zeshiki).

[2] Man sagt, daß der Buddhismus nach dem Dahingehen des Buddha durch drei Epochen schreitet. Das *mappo* ist die letzte dieser drei Epochen. Die Epoche des letzten Gesetzes ist die Epoche, in der die buddhistische Doktrin erhalten bleibt, in der es aber weder wahre Übung noch Erleuchtung gibt.

Kapitel 17

Unterscheidung der Verdienste

DIE VERDIENSTE RELIGIÖSER ÜBUNGEN. Das vorige Kapitel hat uns eindeutig gelehrt, daß der Buddha zu allen Zeiten mit uns existiert. Wenn wir das verstehen, verbessert sich unser Geisteszustand sofort. Ehe wir den wahren Glauben erreicht haben, neigen wir dazu, uns unsicher zu fühlen, und wir sind unfähig, tiefe, unerschütterliche Hoffnung und Selbstvertrauen zu bewahren. Man kann natürlich nicht sagen, wir hätten nie Glück, Hoffnung oder Selbstvertrauen empfunden. Einige von uns erfreuen sich einer Geisteshaltung voller Hoffnung und Selbstvertrauen. Solches Glück, solche Hoffnung und solches Selbstvertrauen sind jedoch so zerbrechlich, daß sie vom ersten großen Unglück, das uns befällt, zerschmettert werden.

Menschen, die eine oberflächliche Ansicht von den Dingen haben, und die ihrem Leben keinen Sinn geben, können es sich vielleicht leisten, dem müßigen Gedanken nachzuhängen, daß heute heute ist und morgen, morgen und sich deshalb keine Gedanken über die Zukunft zu machen und nur für den Augenblick zu leben. Den meisten dieser Leute fehlt der Verantwortungssinn gegenüber der Gesellschaft, ihren eigenen Familien und sogar sich selbst gegenüber. Man hält sie für glücklich, aber sie leben in Wirklichkeit der Wahrheit „Nichts hat ein Ego" entgegengesetzt, indem sie in ihr eigenes Glück verwickelt sind. Solche Menschen sammeln kein gutes Karma auf dieser Welt, sondern führen ein wertloses Traumdasein.

Das geistige Glück, Hoffnung und Selbstvertrauen derer, die den wahren Glauben erreicht haben, ist nicht seicht und oberflächlich, sondern tief und fest verwurzelt in ihrem Wesen. Diese Menschen haben einen ruhigen, festen Sinn, der durch nichts verwirrt wird — Feuer, Wasser oder Schwert — weil sie ihre Sicherheit bewahren in dem Wissen „Ich bin von dem Buddha als absolute Existenz geschützt; mein Leben hat seine Ursache in Buddha".

Es ist nur natürlich, daß sich unser Leben dramatisch verändert, sobald wir eine solche Geisteshaltung erreichen. Es ist unmöglich, daß sich unser Leben *nicht* ändert, wenn sich unsere Anschauungen ändert. Unsere geistige Haltung verändert sich durch den Glauben, und gleichzeitig mit der Veränderung unseres Geistes verändert sich unser Leben. Das sind die Verdienste religiöser Übungen. Deshalb ist Glauben auf natürliche Weise mit Verdiensten verbunden.

Die Verdienste religiöser Übungen zeigen sich nicht nur im Geist eines Menschen, sondern auch an seinem Körper und in seinem materiellen Leben. Da sein Geist, sein Körper und die materielle Welt, die ihn umgibt, aus derselben Leere (Energie) bestehen, ist es klar, daß sich der Körper entsprechend den Veränderungen des Geistes verändern sollte. Gleichzeitig sollten sich die materiellen Dinge seiner Umgebung auch wandeln. Es ist irrational und unwissenschaftlich, geistige Verdienste einzuräumen, aber körperliche und materielle abzuleugnen.

Die Medizin hat bemerkenswerte Fortschritte im Studium des Zusammenhanges zwischen dem menschlichen Geist und Körper gemacht. In der psychosomatischen Medizin hat man die Tatsache erkannt, daß verschiedene Krankheiten wie Augen- und Hautbeschwerden, Herzstörungen, zu hoher Blutdruck, Nesselfieber, Asthma, Morgenübelkeit und unregelmäßige Menstruation durch den geistigen Zustand einer Person verursacht werden können. So sind zum Beispiel Magengeschwüre häufiger durch Angst und Ärger als durch übermäßigen Alkohol- und Tabakgenuß verursacht. Die Ärzte haben Statistiken erstellt, die zeigen, daß Studenten oft an Blinddarmreizung leiden, wenn ihre Anspannung plötzlich nachläßt, wie zum Beispiel nach einer Prüfung oder einem Sportwettkampf. Es ist nicht erstaunlich, daß sich der Mensch durch Veränderung seiner geistigen Haltung von einer Krankheit erholen kann, da sein Körper vom Geist untrennbar ist. Ich selbst kenne viele solche Beispiele, einschließlich eines Falles, in dem jemand seine Beine nicht mehr gebrauchen konnte und nach einigen Worten religiöser Unterweisung in der Lage war, aufzustehen und nach Haus zu laufen. Wir sehen solche Dinge nicht als Wunder, sondern als natürliche Erscheinungen an.

Es ist auch nicht seltsam, daß jemand mit Geld und materiellen Dingen gesegnet wird, aufgrund eines Wechsels in seiner geistigen Haltung nach dem Eintritt in ein religiöses Leben. Die neue geistige Haltung führt eine Person unweigerlich zu einer neuen Einstellung seiner Arbeit und seinem Leben gegenüber und leitet ihn entsprechend zu einer Verbesserung seines Lebens im ganzen an. Und es ist nicht auf Veränderungen im eigenen Leben begrenzt. Wenn jemand ernsthaft in einem wahren Glauben Zuflucht nimmt, löst er in den Leuten, die mit ihm zusammentreffen, verschiedene Reaktionen aus. Die neuen Gefühle wie Optimismus, Lebenszuversicht und eine positive Einstellung allem gegenüber werden sich natürlich in seinem Gesicht, in seiner Rede und in seinem Verhalten audrücken. Wegen dieses Wechsels werden die, die um ihn sind, von ihm angezogen. Sie fühlen sich von ihm erfrischt und gestärkt. Deshalb ist es ganz natürlich, daß seine Arbeit gut voranschreitet, und daß er als Ergebnis davon mit materiellem Wohlstand gesegnet wird.

Diese Verdienste sind das Ergebnis religiöser Übungen, und wenn sie erscheinen, sollten wir sie mit Dankbarkeit und Offenheit annehmen. Wir brauchen uns nicht von der Idee gebunden zu fühlen, daß wir, weil Glaube mit Problemen des Geistes zu tun hat, keine Verdienste außer den geistigen brauchen, weil unser Religiöses sonst mit etwas Unreinem befleckt würde. Solch eine Idee spiegelt in sich selbst eine unreine, verzerrte, vorurteilsreiche Haltung wieder.

Menschen mit dieser Ansicht sind jedoch ziemlich selten. Viel mehr Leute gehören einem anderen Typ an, „Gläubige mit befangenen Blickwinkel". Diese Menschen betrachten göttliche Vorzüge in dieser Welt nicht als das Ergebnis ihrer religiösen Übungen, sondern beginnen ihre Praxis mit der Hoffnung, solche Gewinne zu erzielen. Fast alle Menschen, die sich einem religiösen Glauben anschließen, leiden in irgendeiner Form. Für sie ist es natürlich, daß sie ich von diesen Leiden befreien wollen, und man kann sie deshalb nicht beschuldigen. Aber wenn sie sich nur mit ihrem Wunsch, von ihrer Krankheit zu genesen oder mit Geld gesegnet zu werden, beschäftigen, verbinden sie sich nur mit der Idee „Krankheit" oder „Armut". Obwohl sie sich dieser Probleme entledigen wollen, werden sie ihre Opfer, denn ihre Geist umfaßt die Idee von Krankheit oder Armut so fest, daß sie sie nicht loslassen können.

Menschen, die nur an eine Religion glauben, um göttliche Gaben in dieser Welt zu empfangen, verlieren ihren Entwicklungsstand in dieser Religion oft und schreiten rückwärts. Das geschieht, weil sie die Unendlichkeit des Lebens des Buddha oder der Menschen nicht wirklich verstehen können. Sie denken nur an die Gegenwart und beginnen, an der Lehre zu zweifeln oder werden ihrer müde, wenn sich keine klaren materiellen Vorteile einstellen. Aber es gibt einige Menschen, die in dieser Welt solche Verdienste nicht erhalten können wegen tiefen, unerschöpflichen ungünstigen Karmas aus ihren früheren Leben, selbst wenn sie jetzt Glauben an eine wahre Religion haben, ihren Geist reinigen und sich der Bodhisattva-Übung zum Wohle anderer in der Gesellschaft widmen.

Trotzdem können Menschen, die an die Unvergänglichkeit von Buddhas Leben glauben, auch Zuversicht betreffs ihres eigenen ewigen Lebens fühlen. Deshalb können sie mit Selbstvertrauen leben in dem Wissen: „Wenn wir nur auf diesem Weg fortschreiten, werden wir auf jeden Fall unser früheres Karma endlich erschöpfen und Schritt um Schritt den geistigen Zustand Buddhas erreichen." Selbst wenn sie nicht unmittelbar von ihrer Krankheit geheilt sind oder plötzlich mit sichtbarem Wohlstand gesegnet sind, ist ihr Geist ruhig. Selbst wenn sie Außenstehenden als leidend erscheinen, ist ihr Geist frei von Leiden.

Wenn wir die Verdienste religiöser Üungen betrachten, müssen wir einem aufrichtigen Charakter und einer gütigen Gesinnung, wie es in Kapitel 16 gelehrt wurde, große Bedeutung beimessen. Wir sollten unseren Blick auf den Buddha allein konzentrieren und uns keine Sorgen über die göttlichen Gaben in dieser Welt machen. Wir sollten mit dem Buddha vereint sein, und seiner Führung gemäß handeln. Sollte sich unser tägliches Leben deshalb zum besseren ändern, ist das ein natürliches Phänomen, da unsere Gedanken und Handlungen in die Richtung der Wahrheit gelenkt wurden. Wir sollten solche Erscheinungen dankbar und offen empfangen.

Die Verdienste religiöser Übungen werden in drei Kapiteln der zweiten Hälfte des Lotus-Sutra gepredigt: Kapitel 17; „Unterscheidung der Verdienste"; Kapitel 18: „Die Verdienste der freudigen Annahme"; und Kapitel 19: „Die Verdienste des Predigers". Wir sollten diese Kapitel lesen, indem wir uns der grundsätzlichen Bedeutung der Verdienste, wie oben ausgeführt, bewußt sind.

Das Kapitel „Unterscheidung der Verdienste" stellt die Verdienste, die wir durch festen Glauben an das unvergängliche Leben des Buddha gewinnen können, in 12 Stufen dar und lehrt uns gleichzeitig das ideale religiöse Leben. Dieses Kapitel predigt nicht die sogenannten göttlichen Gaben in dieser Welt, sondern überwiegend die geistigen Verdienste, die der Gläubige erhalten kann. Obwohl diejenigen, die mit Buddhas Gesetz nicht vertraut sind, vielleicht nicht verstehen, was religiöse Verdienste sind, können die Leser, die das Lotus-Sutra bis Kapitel 16 studiert haben, den Wert religiöser Verdienste schätzen. Wir wollen nun zum Hauptthema dieses Kapitels kommen.

Unzähligen Lebewesen gereichte es zu großem Vorteil, daß sie von der Predigt des Buddha (Kapitel 16) lernten, daß seine Lebenslänge unbegrenzt sei, und daß er die Menschen überall in der Welt ununterbrochen unterwiesen habe. Der große Vorteil war folgender: Die Lebewesen gewannen an jenem Tage die Überzeugung, daß sie durch den Buddha leben und von ihm beschützt und unterwiesen seien, und dadurch erlebten sie eine tiefe, geistige Freude.

Dann predigte der Weltverehrte dem Boddhisattva Maitreya als dem Vertreter der großen Versammlung die Verdienste derer, die an die Unendlichkeit des Lebens Buddhas glauben, indem er die Verdienste, je nach dem Grad des Glaubens und des Verständnisses des Gläubigen, in 12 Stufen einteilte.

Die erste Stufe dieser Verdienste ist, daß „achthunderttausend *Koṭis* von *Nayutas* Lebewesen, zahlreich wie die Sandkörner des Ganges, die Versicherung ihres Nichtwiedergeboren werdens erhalten haben". Die Bedeutung dieser Worte kann wie im folgenden verstärkt werden: diejenigen, die in der Lage sind, an die Unendlichekeit von Buddhas Leben zu glauben, sind weder froh noch traurig über irgendwelche Veränderungen in ihrer Umwelt oder in sozialen Umständen. Sie können von einem unsicheren Geisteszustand fortschreiten zu einem festen Glauben in ein Leben, das nicht von äußeren Umständen erregt wird. Darüber hinaus ist diese Überzeugung nicht nur vorübergehend, sondern bleibt für das ganze Leben bestehen.

Auf der zweiten Stufe der Verdienste haben „wieder eintausendmal mehr Bodhisattva-*Mahāsattvas* die *Dhāraṇi*-Kraft erhalten das Gesetz zu hören und zu halten."[1] Die Worte „eintausendmal" werden hier zu Vermittlung eines Eindruckes einer sehr großen Zahl verwendet, so wie die später auftretenden Ausdrücke, wie z. B. „zahlreich wie die Atome der Welt", „zahlreich wie die Atome der dreitausendgroßen tausendfältigen Welt", „zahlreich wie die Atome des mittleren zweitausendfältigen Reiches", „zahlreich wie die Atome des kleinen tausenfältigen Reiches", „zahlreich wie die Atome der vier Welten der vier Kontinente"[2], „zahlreich wie die Atome dreier Welten der vier Kontinente", „zahlreich wie die Atome zweier Welten der vier Kontinente", „zahlreich wie die Atome der Welt der vier Kontinente" und „zahlreich wie die Atome der acht Welten". Wir brauchen solche Zahlen nicht buchstäblich zu nehmen. Das Wort *Dhāraṇi* bedeutet die mystische Kraft, alles Übel anzuhalten und alles Gute zu bestärken. Die Worte „haben die *Dhāraṇi*-Kraft erhalten, das Gesetz zu hören und zu halten" haben die Bedeutung, daß ein Mensch durch Hören und Befolgen der Lehren des Buddhas die mystischen Kräfte alles Böse zu unterbinden und alles Gute zu fördern erhalten kann. Diese Kraft beeinflußt natürlich alle die um ihn sind sowohl als auch ihn selbst. Diese Eigenschaft unterscheidet die Bodhisattvas von anderen Lebewesen.

Die nächste Stufe der Verdienste ist, daß „wieder Bodhisattvas, so zahlreich wie die Atome einer Welt, die Fähigkeit der redegewandten und unbefangenen Diskussionen gewonnen haben". „Redegewandt" bedeutet hier nicht, daß die Lehren des Buddha freiwillig gepredigt werden, nicht zögernd auf die Anordnung einer anderen Person hin oder aus Pflichtgefühl. Es heißt, nicht mit dem heimlichen Wunsch, besser als andere zu erscheinen oder aus eigensüchtigen Motiven zu predigen, sondern es aus freiem Willen, weil es einem Freude bereitet, zu tun. Das ist der ideale Geisteszustand, den ein Prediger aufrechterhalten sollte.

„Unbefangen" heißt hier, daß nichts den Prediger hindert, die Lehren zu verbreiten. Es bedeutet, sie zu predigen und zu verbreiten ohne entmutigt zu werden, selbst wenn man ausgelacht und verachtet, schlecht gemacht oder verfolgt wird von anderen. Solche Hindernisse können nicht nur von außen kommen, sondern auch von innen. Einige Menschen sind in ihrer Lehrtätigkeit sehr eifrig, wenn es ihnen gut geht, oder wenn sie Zeit haben, aber sie machen sich keine Gedanken um andere, wenn sie keine Zeit oder kein Geld übrig haben. Das wird von Hindernissen, die zum Teil in den Umständen, zum Teil in ihrer Gesinnung begründet sind, verursacht. Auf der anderen Seite können die, die tiefen Glauben erreicht haben, selbst wenn sie von der Hand in den Mund leben oder persönliche Sorgen haben, sich der Bodhisattva-Praxis widmen und das Lotus-Sutra weit verbreiten.

Außer der Bedeutung, daß der Prediger weder inneren noch äußeren Schwierigkeiten nachgibt, heißt „unbefangen" auch, die Fähigkeit zu haben, den geistigen Widerstand der Zuhörer der Predigt zu überkommen. Beim Predigen zu solchen, die noch nicht einmal versuchen die Lehren des Buddha zu verstehen, die sie von Anfang an auf die leichte Schulter nehmen oder die ernsthaft zuhören, aber dennoch nichts verstehen können, zeigt sich der ideale Prediger als einer, der die Überzeugungskraft hat, sie zum Zuhören zu bewegen, Verständnis zu erzeugen, sie zum ernsten Glauben zu bringen. Solche Überzeugungskraft wird als die Fähigkeit der unbefangenen Diskussion bezeichnet.

Zusammenfassend kann man die Bedeutung von „die Fähigkeit der redegewandten und unbefangenen Diskussion gewonnen haben" wie im folgenden wiederholen: Jemand hat die Fähigkeit gewonnen, anderen das gute Gesetz immer mit Freude zu predigen, ohne sich von äußeren oder inneren Hindernissen beeinflussen zu lassen und hat die Möglichkeit, Menschen verschiedenster Persönlichkeiten zu überzeugen.

Die nächste Stufe der Verdienste ist wie folgt: „Wieder haben Bodhisattva-*Mahāsattvas* so zahlreich wie die Atome einer Welt, hunderttausende von Myriaden *Koṭis* des *Dhāraṇis* der unendlichen Entwicklung gewonnen"[3]. Die Verdienste dieser Stufe sind die Möglichkeit, die mystische Kraft (*Dhāraṇi*) zu gewinnen, alles Böse zu unterbinden und alles Gute zu bestärken, das heißt die fundamentale Kraft, die sich endlos von einer Person zur anderen erstreckt. Diese Verdienste sind sehr groß, da zahlreiche Bodhisattva-*Mahāsattvas* die treibenden Kräfte einer sich endlos ausbreitenden, missionarischen Tätigkeit werden können.

Die nächste Stufe der Verdienste ist: „wieder werden Bodhisattva-*Mahāsattvas,* zahlreich wie die Atome einer dreitausendgroßen tausendfältigen Welt befähigt, das niemals zurückrollende Rad des Gesetzes in Bewegung zu setzen." Wie zuvor erklärt, heißt „das niemals zurückrollende Rad des Gesetzes in Bewegung setzen", die Lehren des Buddha so endlos zu lehren, wie ein Rad rollt. Deshalb stellen die Worte „das nie zurückrollende Rad in Bewegung setzen" die Idee dar, daß man nie auch nur einen einzigen Schritt zurückgehen darf, ganz gleich welche Widerstände oder Schwierigkeiten man antreffen mag, sondern daß man beständig predigt und die Lehren verbreitet.

Die nächste Verdienststufe ist: „wieder sind Bodhisattva-*Mahāsattvas,* zahlreich wie die Atome des mittleren zweitausendfältigen Reiches, befähigt worden, das Rad des reinen Gesetzes in Gang zu setzen". Die Verdienste dieser Stufe heißen, daß man die reinen Übungen der Bodhisattvas ausführen kann, indem man das Gesetz um seiner selbst willen predigt, ohne irgendwelche Entlohnung zu suchen. Normalen Menschen bereitet die Durchführung dieser Übungen Schwierigkeiten, aber Personen, die die ideale Vollendung des Glaubens erreicht haben, können sie ausführen.

Die Verdienste der nächsten Stufe sind: „wieder werden Bodhisattva-*Mahāsattvas,* zahlreich wie die Atome einer kleinen tausendfältigen Welt, nach acht Wiedergeburten die vollkommene Erleuchtung erreichen". Die Verdienste sind hier, daß eine Person während acht weiterer Leben verschiedene religiöse Disziplinen ausübt, als deren Ergebnis er vollkommene Erleuchtung erreichen kann.

Die nächste Stufe der Verdienste ist, daß die Bodhisattva-*Mahāsattvas* vollkommene Erleuchtung je nach der von jedem angesammelten Tugend nach vier weiteren Geburten, drei weiteren Geburten, zwei weiteren Geburten oder einer weiteren Geburt erreichen kann.

Auf der nächsten Stufe werden zahlreiche Lebewesen, wenn sie von der Unsterblichkeit des Buddha hören, die vollkommene Erleuchtung anstreben.

Dies sind die zwölf Verdienste, die ein Gläubiger erhalten kann, wenn er einen unerschütterlichen Glauben an des Buddha unendliches Leben hält. Kurz gesagt, der Buddha lehrt uns, daß wir, wenn wir die Grundlage des Glaubens festgelegt haben, die Kraft, unseren eigenen Glauben zu vertiefen, sowohl als ihn zu anderen auszustrecken, unendlich erzeugen können. Er lehrt uns auch, daß wir erwarten können, mit Sicherheit den überragenden Verdienst, die vollkommene Erleuchtung in der Zukunft zu erreichen, wenn wir uns ganz der Vertiefung unseres eigenen Glaubens widmen.

Es ist natürlich sehr schwierig vollkommene Erleuchtung zu gewinnen. Wie in diesem Kapitel gepredigt wird, können es die Bodhisattvas nicht anders erreichen, als daß sie sich in weiteren acht Leben religiöser Übungen unterziehen. Wieviel weniger wissen wir darüber, wieviel Jahre und wieviel Bemühungen es durchschnittliche Menschen kosten wird.

Welch große Hoffnung es gibt, zu wissen, daß wir sicher vollkommene Erleuchtung erreichen werden zu irgendeinem Zeitpunkt, wenn wir nur in den richtigen Glauben vertrauen und in seiner Übung aushalten. Solange wir diese Hoffnung haben, ist das Leben glücklich und lebenswert. Ein Mensch verdient oder verliert Geld, er verliebt sich oder wird in der Liebe enttäuscht; er erreicht im Laufe der Zeit eine höhere Stellung, oder er verliert seine Arbeit wegen eines kleinen Fehlers; er zieht sein Kind erfolgreich heran, oder er verliert es. Wenn wir auf diese Weise sinnlos durch das Leben gehen, nur leere Gefühle von Freude und Trauer wiederholend, dann werden wir, obwohl jeder Augenblick wesentlich und gewichtig erscheint, ein unglaubliches Gefühl der Leere beim Rückblick über unser Leben empfinden. Aber wenn unser Leben den starken Rückhalt eines richtigen Glaubens hat, und wenn wir den festen Glauben daran haben, daß wir der vollkommenen Erleuchtung Schritt für Schritt näherkommen, selbst wenn unser Leben seine offensichtlichen Höhen und Tiefen, seine verschiedenen Freuden und Leiden hat, werden wir in der Lage sein, leicht durch alle auftretenden Härten zu gehen, wie lange auch die Lebensreise währen mag, und wieviele Geburten sie auch einschließt.

Des Menschen Leben ist nicht auf diese Welt beschränkt, sondern setzt sich ewig in allen Welten fort, die kommen werden. Wenn wir jedoch die Wiederholung verschiedener Ereignisse unseres täglichen Lebens in jeder kommenden Welt vorraussehen könnten, würden wir entmutigt und würden eine solche trostlose Aussicht ablehnen. Die meisten Leute wiederholen das selbe Leiden ohne Reue in einer Welt nach der anderen, weil sie diese Wiederholung nicht vorraussehen können. Andererseits werden diejenigen, die in der Lage waren, den wahren Glauben zu erreichen, der Reise des menschlichen Lebens nicht müde, wie lang sie auch sein mag, weil sie wissen, daß sie Schritt für Schritt auf die vollkommene Erleuchtung zugehen können. Sie können reiche Leben voller Hoffnung führen. Das kann man als den größten Verdienst bezeichnen, den nur die, die an Buddhismus glauben, erreichen können.

Ein wahrer Gläubiger sollte nicht nur das Ziel seines eigenen Aufstieges in die Welt der Buddhas anstreben, sondern sollte darauf hinzielen, soviele andere Leute wie möglich dort zu seinen Begleitern zu machen. In dem Maße, in dem die Anzahl der wahren Gläubigen zunimmt, entwickelt sich die Menschheit als Ganzes und desto mehr nähert sich die Welt dem idealen Land des ewigen, ruhigen Lichtes. Darauf laufen kurz gesagt alle in den Sutras angeführten Verdienste hinaus.

Als der Buddha über die großen Verdienste gesprochen hatte, die die Bodhisattva-*Mahāsattvas* durch den festen Glauben in sein unbegrenztes Leben, erreichen könnten, regnete es *mandarava* und *mahā-mandarava* Blumen vom Himmel auf all die zahllosen Buddhas, die auf den Löwenthronen unter den Juwelenbäumen saßen, auf Shakyamuni Buddha und den langvergangenen Tathāgata Reiche Schätze, der auf dem Löwenthron in der

Stupa der kostbaren Sieben saß und auch auf all die großen Bodhisattvas und die Schar der vier Gruppen (*Bhikshus, Bhikunīs, Upāsakas* und *Upāsikas*).

Blumen in dieser Weise über jemanden zu streuen, ist ein Zeichen, Dankbarkeit auszudrücken; dieser Brauch lebt heute noch in Indien. Der Blumenregen vom Himmel symbolisiert die himmlischen Wesen, die ihre Dankbarkeit über die Lehren des Buddha ausdrücken. Daß die Blumen auch über die großen Bodhisattvas und die Schar der vier Gruppen sowohl als über die Buddhas gestreut werden, ist ein Zeichen dafür, daß die Jünger, die die Lehren des Buddha hören, und der Buddha, der sie predigt, gleich zu ehren sind. Wenn wir den Lehren des Buddha lauschen und sie mit ganzem Herzen befolgen, sollten wir uns vorstellen, daß vom Himmel schöne *mandarava* und *mahā-mandarava* Blumen auf uns herabregnen, selbst wenn diese Blumen für uns unsichtbar sind.

Der Himmel ließ auch Sandelholzweihrauch, Aloen und andere Substanzen regnen. Himmlische Trommeln ertönten von selbst über den Wolken wunderbar mit tiefem Klang. Mit diesem Bild wird das Rühmen der Lehre des Buddha dargestellt. Es regneten ebenfalls Tausende von Arten himmlischer Gewänder herab und in allen Richtungen sah man Schmuckketten verschiedenster Art hängen. Edelsteinverzierte Weihrauchkessel, in denen kostbarer Weihrauch schwelte, bewegten sich aus eigener Kraft, um der großen Versammlung ihren Respekt darzubringen. Wie schon erklärt, ist es ein Ausdruck tiefer Dankbarkeit, dem Buddha und seinen Lehren gegenüber, jemandem seinen Respekt darzubringen.

Die Bodhisattvas hielten über jeden Buddha Baldachine, einen über den anderen bis hinauf zu Brahmas Himmel. Alle diese Bodhisattvas sangen mit erlesenen Stimmen zahllose Hymnen zum Preise der Buddhas. Der Ausdruck „die Bodhisattvas hielten über jeden Buddha Baldachine, einen über den anderen, bis hinauf zu Brahmas Himmel" symbolisiert die Allgegenwart der Lehren des Buddha in diesem Universum und die Errettung aller Lebewesen durch sie. Daraufhin erhob sich Maitreya Bodhisattva von seinem Sitz, entblößte bescheiden seine rechte Schulter, legte seine Hände vor dem Buddha zusammen und sprach folgendermaßen in Versen:

„Der Buddha hat das seltene Gesetz gepredigt,
Das von uns nie zuvor vernommen wurde
Groß ist die Kraft des Weltgeehrten
Und seine Lebenszeit über alle Schätzung.
Zahllose Buddha-Söhne,
Die den Weltgeehrten in Einzelheiten hörten
Wie er über die sprach, die den Gesetz-Gewinn erhielten,
Wurden mit Freude erfüllt."

Mit diesem Vorwort fuhr Maitreya Bodhisattva fort, in Versen zu sprechen und wiederholte die Verdienste, die der Buddha gepredigt hatte. Diese Verse können leicht verstanden werden, wenn wir den vorangegangenen Prosateil verstanden haben. Nur Worte unterschiedlicher Bedeutung werden unten erklärt.

Die Worte „einige sind standhaft auf der Stufe der Nicht-Wiederkehr" bedeuten, daß einige in einem Zustand verbleiben, von dem sie nie, was immer auch geschehen mag, zurückgleiten werden. Die Bedeutung ist die gleiche wie „haben die Versicherung der Nichtwiedergeburt erhalten".

„Myriaden *Koṭis* von Entwicklungen steuern" hat die gleiche Bedeutung wie „haben Hunderttausende von Myriaden *Koṭis* des *Dhāraṇis* der unendli-Entwicklungen gewonnen".

In den Worten „Bodhisattvas ... die nach einer weiteren Geburt vollkommenes Wissen erreichen werden" bedeuten die Worte „vollkommenes Wissen" des Buddhas Weisheit. Dieser Satz bezieht sich auf die Bodhisattvas, die nach einer weiteren Geburt den gleichen geistigen Zustand wie der Buddha erreichen werden.

„Haben alle nach der überragenden Wahrheit gestrebt" bedeutet, das Streben zu haben, den hervorragenden Weg (die Erleuchtung des Buddha) zu erreichen; es ist gleichbedeutend mit dem Ausdruck „haben alle vollkommene Erleuchtung angestrebt".

Im Vers heißt es auch: „Sakras und Brahmas so zahlreich wie die Sandkörner des Ganges / Sind von unzählbaren Buddhaländern gekommen". Diese Zeilen bedeuten, daß die himmlischen Götter, einschließlich Sakras und Brahmas von zahllosen Ländern des Universums gekommen sind, um dem Buddha Verehrung darzubringen.

In den Zeile „Vor jedem der Buddhas / Flattern juwelenbestückte Banner" bezieht sich das Wort „Banner" auf die Siegesfahnen, die brahmanische Mönche nach einem religiösen Disput in dem sie ihre Gegner besiegt hatten, an den Toren ihrer Tempel hißten. Dieser Brauch war in alten Zeiten in Indien weit verbreitet, und deshalb erscheint dieser Ausdruck in den buddhistischen Sutras.

Der Menschen Glauben an die Unendlichkeit von des Buddhas Leben ist die grundlegende Idee der Buddhisten, der alle Lehren entspringen. Deshalb flatterten juwelengeschmückte Banner vor jedem Buddha, der zu der großen Versammlung gekommen war, in der der Weltgeehrte die Unendlichkeit seines Lebens predigte, als Beweis der Überlegenheit der Lehren des Buddhas.

Maitreya Bodhisattva endete, nachdem er die Predigt des Buddhas in Versen wiederholt hatte, mit den folgenden Worten:

„Wenn sie hören, daß des Buddhas Lebenszeit unendlich ist,
Sind alle Wesen erfreut.
Des Buddhas Ruhm im ganzen Universum
Erfrischt die Wurzeln des Guten
In allen Wesen
Und erhöht ihr Sehnen nach der überragenden Wahrheit."

Ohne zu übertreiben, kann man sagen, daß der Kern der ersten Hälfte von Kapitel 17 in diesen Worten zusammengefaßt werden kann. Von diesem Teil der Verse nehmen wir klar Maitreya Bodhisattvas Verständnis des Gesetzes und seine Fähigkeit, dieses Verständnis auszudrücken, wahr.

Seit alten Zeiten ist die zweite Hälfte von Kapitel 15, das ganze Kapitel 16 und die erste Hälfte von Kapitel 17, ein Kapitel und zwei halbe genannt, als Hauptteil des Gesetzes des Ursprungs angesehen worden. Das sogenannte „ein Kapitel und zwei halbe" wird nicht nur als der Hauptteil des Gesetzes vom Ursprung, sondern auch als der Kern des gesamten Lotus-Sutras angesehen. Nichiren bewunderte sie als die Seele aller buddhistischen Schriften.

Der Grund dafür, daß dieses „ein Kapitel und zwei halbe" für so wichtig angesehen werden, ist, daß das, was der Buddhist glauben sollte — die größten und grundsätzlichsten der Hauptpunkte der buddhistischen Lehre — hier gründlich untersucht und das Subjekt unseres Glaubens eindeutig festgelegt wird. Das ist zu einem gewissen Grade schon in der Diskussion über Kapitel 16 besprochen worden.

Der Buddha lehrt uns in der ersten Hälfte von Kapitel 17, wie wichtig und sichernd es für uns ist, das Subjekt unseres Glaubens in unserem religiösen Leben festgestzt zu haben. Die zweite Hälfte dieses Kapitels und die elf verbleibenden Kapitel werden als der „abschließende Teil" des Gesetzes des Ursprungs angesehen, der zwei Hauptfragen beantwortet: „Welche Ergebnisse entstehen durch den Besitz des richtigen Glaubens?" und „Welche geistige Haltung ist vonnöten, um den richtigen Glauben zu haben?" Im abschließenden Teil gibt der Weltgeehrte uns seinen Auftrag, diesen richtigen Glauben zu predigen und in die Zukunft weiter zu tragen.

Die in der ersten Hälfte von Kapitel 17 gepredigten Verdienste sind solche des Glaubens. In der zweiten Hälfte von Kapitel 17 und der ersten Hälfte von Kapitel 18 werden die gleichen Verdienste gepredigt. In der zweiten Hälfte des 18. Kapitels beginnt jedoch die Beschreibung der Verdienste, die in unseren persönlichen Angelegenheiten oder unserem täglichen Leben zum Ausdruck kommen.

Einige Menschen denken vielleicht: „Wir brauchen solchen Verdiensten keine Bedeutung beizumessen. Wenn wir die „ein Kapitel und zwei halbe“ gründlich studieren als Kern des Lotus-Sutras, sie richtig verstehen und tief an die Unendlichkeit des Lebens des Buddhas glauben, können wir ohne den Rest auskommen.“ Das wäre wirklich eine ganz annehmbare Haltung, wenn sie so gut ihre Übungen durchführen könnten, wie sie denken. Wenn es an dem wäre, wäre ihr Glaube perfekt. Gibt es aber eine solche Person unter zehntausenden oder gar unter hunderttausenden? In Wirklichkeit ist es sehr hart, genau das zu üben, was wir denken.

Den gewöhnlichen Menschen scheint der ideale Geisteszustand unendlich weit von ihrer gegenwärtigen Situation entfernt. Er erscheint ihnen, wenn sie zum ersten Mal darüber belehrt werden, sehr fremd. Aber wenn dieses Ideal in einer Art ausgeführt wird, die sich auf familiäre Probleme aus ihrem täglichen Leben stützt, fühlen sie die Lehre sehr lebhaft. Hierin liegt die erste wichtige Funktion des abschließenden Teiles des Lotus-Sutras.

Der Geist von normalen Menschen wird sehr leicht bequem. Selbst wenn sie sich des Wertes der Lehre voll bewußt sind, werden sie bald nachlässig, wenn sie die Tugenden der Lehre nur theoretisch verstehen. Wenn sie jedoch das Sutra, das lehrt, daß man sich verbessert, wenn man den rechten Glauben ausübt, beständig lesen und rezitieren, können sie ihren Entschluß erneuern, wann immer er schwach wird. Das ist die zweite Funktion des abschließenden Teiles des Sutras.

Der Buddha sagt uns, daß wir das Gesetz predigen und verbreiten sollen. Das ist etwas, für das wir ihm dankbar sein sollten. Wir werden beherzt und mit Mut inspiriert, wenn wir seine Worte empfangen und in seine Gefühle eindringen. Hierin liegt die dritte Funktion des abschließenden Teiles des Sutras.

Der dritte Teil ist unumgänglich für gewöhnliche Menschen, das heißt für die meisten von uns. Mit dem Verständnis müssen wir den abschließenden Teil des Gesetzes des Ursprunges genau so eifrig wie den Hauptteil mit Bescheidenheit und nicht mit Überheblichkeit studieren.

Daraufhin sprach der Buddha zu Maitreya Bodhisattva-*Mahāsattva* „Ajita! Die Lebewesen, die gehört haben, daß die Lebenszeit des Buddhas von so langer Dauer ist, und die in der Lage waren auch nur einen Gedanken von Glauben und Urteilskraft zu erhalten — die Verdienste, die sie erreichen werden, gehen über jede Grenze und jedes Maß hinaus. Nehmen wir an, es gäbe einen guten Sohn oder eine gute Tochter, die um der vollkommenen Erleuchtung willen durch achthunderttausend *Koṭis* von *Nayutas* von *Kalpas* hindurch die fünf *Paramitās* ausübt: *Dana-Paramitā, Sila-Paramitā, Kshanti-Paramitā, Virya-Paramitā* und *Dhyaṇa-Paramitā,* mit Ausnahme des *Prajñā-*

Paramitā[4]; dann wären die Verdienste im Vergleich zu den oben erwähnten Verdiensten noch nicht einmal einem Hundertstel, einem Tausendstel oder einem Hunderttausendstel Myriade *Koṭis* davon gleich; weder Zahlen noch Vergleiche können es erklären, wirklich. Wenn irgendein guter Sohn oder eine gute Tochter solche Verdienste wie diese besitzt, besteht keine Möglichkeit, daß sie die Erreichung der vollkommenen Erleuchtung verfehlen könnten.

Wenn wir die obigen Worte nicht aufmerksam lesen, laufen wir Gefahr sie mißzuverstehen. Es erscheint als Widerspruch, daß obwohl das Lotus-Sutra die Bodhisattva-Übung stark betont, Menschen mehr Verdienste erwerben sollen durch nur einen Gedanken von Glauben und Urteilskraft betreffs der Unendlichkeit des Lebens von Buddha als durch Übung der *Paramitās* für achthunderttausend *Koṭis* von *Nayutas* von *Kalpas*. Aber durch sorgfältiges Lesen der Worte des Buddha an Maitreya Bodhisattva können wir den Unterschied im Wert der Verdienste von dem Ausdruck „weder Zahlen noch Vergleiche können es erklären" ersehen. Dieser Ausdruck bedeutet, daß es keinen Vergleich zwischen den Verdiensten gibt, da ihr Grundwert verschieden ist. Wir können zum Beispiel zehntausend Pfund oder Dollar oder Mark mit einem Pfund oder Dollar oder Mark vergleichen, weil es sich jeweils um eine Geldsumme handelt. Aber die Summe von zehntausend Pfund kann nicht mit, sagen wir, gelehrt sein, verglichen werden, weil die zwei Dinge von Grund auf verschieden sind.

Sicher ist es gut für uns, die fünf Vollkommenheiten — Hingabe, Einhaltung der Gebote, Beharrlichkeit, Eifer und Meditation — zu üben, aber diese Vollkommenheiten, die Übung von Weisheit (*Prajñā-Paramitā*) ausgenommen, fallen in die Gruppe gewöhnlicher Moralität und philosophischer Meditation. Mittels dieser Übungen allein können wir nicht von den Täuschungen in unserem tiefsten Unterbewußtsein gerettet werden; das heißt, wir können Nirvana nicht erreichen. Weisheit bezieht sich hier auf die Weisheit des Buddha, nicht auf die gewöhnlicher Menschen. Wenn wir die fünf Vollkommenheiten aufgebaut auf der Weisheit des Buddha üben, sind solche Übungen vollkommen, sind religiöse Tätigkeiten und sind ein sicherer Weg zum Nirvana. Deshalb vermerkte der Buddha in seinen Worten an Maitreya Bodhisattva klar, daß er *Prajñā-Paramitā*, vollkommene Weisheit, ausschloß.

Wir können das vollkommene Nirvana nicht erreichen, selbst wenn wir für Jahrzehnte oder gar Jahrhunderte gewöhnliche moralische Taten und philosophische Meditation üben. Wenn wir aber andererseits auch nur einen Gedanken von Glauben und Urteilskraft, die Unendlichkeit des Lebens des Buddha betreffend, haben, führt uns dieser Gedanke dazu, von der Unendlichkeit unseres eigenen Lebens überzeugt zu sein und zu erkennen, daß wir durch den Buddha als das große Leben des Universums zum Leben verursacht wurden. Im Augenblick in dem wir das erkennen, können wir das Reich des großen Geistesfrieden betreten.

Die erste Methode ist der Versuch von jemandem abgetrennt von Religion, während der zweite Fall ein geistiger Zustand der Erleuchtung vom religiösen Standpunkt aus ist. Der Wert der beiden ist grundsätzlich verschieden, und es gibt keine Möglichkeit, sie zu vergleichen. Wenn wir verstehen, was der Buddha hier wirklich meint, sehen wir, daß es keine Übertreibung ist zu sagen, daß die Verdienste, die durch die Übung der fünf *Paramitās* gewonnen werden, einem Teil von hunderttausend Myriaden *Koṭis* der Verdienste, die durch nur einen Gedanken von Glauben und Urteilskraft gewonnen wurden, nicht gleichen.

VIER GLAUBEN UND FÜNF GRUPPEN. Seit alten Zeiten sind als die wesentlichen Punkte dieses Kapitels die „vier Glauben" (*shishin*) und die „fünf Gruppen" (*go-hon*) angesehen worden. Diese Einteilung wurde zuerst von Chih-i in China gemacht, um das Kapitel leichter verständlich zu machen.

Die Idee der vier Glauben, die während der Lebenszeit des Buddhas befolgt werden sollten, ging von der Auffassung aus, daß der ideale Glaubensweg solange der Buddha lebte in die folgenden vier Stufen unterteilt werden sollte: (1) nur einen Gedanken des Glaubens und der Urteilskraft betreffs der Unendlichkeit des Lebens des Buddhas erhalten, (2) seine Bedeutung erfassen, (3) sich dem Predigen der Lotus-Sutra zu Außenstehenden widmen, (4) Bewahren und Vervollkommnen des tiefen Glaubens und der Urteilskraft. Die fünf Gruppen des Glaubens, die nach dem Vergehen des Buddha befolgt werden sollen, entsprangen der Auffassung, daß der ideale Glaubensweg im Zeitalter des Verfalls in die folgenden fünf Gruppen unterteilt werden sollte: (1) Erste Freude über das Lotus-Sutra, (2) es lesen und rezitieren, (3) es anderen predigen, (4) gleichzeitiges Üben der sechs *Paramitās* und (5) intensives Üben der sechs *Paramitās*.

Der erste der vier Glauben ist der Erhalt von auch nur einem Gedanken des Glaubens und der Urteilskraft die Unendlichkeit des Lebens des Buddhas betreffend. Das ist die erste Glaubensstufe, aber die durch diese Übung gewonnenen Verdienste gehen über alle Grenzen und Maße hinaus.

Daraufhin sprach der Weltgeehrte, da er die Bedeutung seines Predigens nochmals verkünden wollte, folgendermaßen in Versen:

„Sollte ein Mann, Buddha-Weisheit suchend,
Während achtzig Myriaden *Koṭis*

Von *Nayutas* von *Kalpas*
Die fünf *Paramitās* ausführen,
Und während dieser *Kalpas*
Almosen und Opfergaben geben an Buddhas,
Prateyabuddhas und Jünger
Sowohl als auch an Bodhisattvas
Seltene und kostbare Speisen und Getränke,
Erlesene Gewänder und Bettgestelle,
Aus Sandelholz erbaute Klöster,
Geschmückt mit Gärten und Hainen,
Solche Almosen wie diese,
Wunderbar in ihrer Vielzahl —
Sollte er sie beibehalten, durch alle diese *Kalpas*
Als verdienstvolle Gaben an den Buddha-Weg;
Mehr noch, sollte er die Gebote halten,
Rein, ohne Versehen und Fehler,
Und den überragenden Weg suchen,
Den alle Buddhas loben;
Oder sollte er geduldig Beleidigungen ertragen,
Fest stehen in der Haltung der Sanftheit,
Und obwohl Übel ihn anfielen
Seinen Geist unverstört bewahren;
Sollte er von anderen Gläubigen,
Voll äußerster Überheblichkeit,
Verachtet und beleidigt,
In der Lage sein, sogar das zu ertragen;
Oder sollte er gewissenhaft und eifrig sein,
Immer stark in Willen und Erinnerung,
Und während unzählbarer *Koṭis* von *Kalpas*
Mit festem Sinn unnachgiebig fortfahren,
Und durch zahllose *Kalpas* hindurch
In abgeschiedenen Orten wohnen,
Entweder als Ansässiger oder Vagabund,
Schlaf vermeiden und immer den Geist konzentrieren;
Sollte er auf diese Weise
Fähig sein, Meditation zu erzeugen
Und für achtzig Myriaden *Koṭis* von *Kalpas*
Ruhig, mit ungestörtem Geist in ihnen verbleiben;
Sollte er, dieses eingleisige Glück bewahrend,
Willens den überragenden Weg zu suchen, sagen:

„Ich werde alles Wissen erreichen
Und weitergehen zum äußersten Punkt der Meditation“:
Sollte ein solcher Mann für Hunderttausende von
Myriaden von *Koṭis* von *Kalpas*
Solche verdienstvollen Taten vollziehen,
Wie sie oben ausgeführt wurden;
Doch jeder gute Sohn oder jede gute Tochter
Die, mich hörend, wie ich mein unendliches Leben verkünde,
Es mit auch nur einem Gedanken glaubt,
Übertrifft mit ihrem Verdienst den seinen.
Wenn irgend jemand ganz frei ist
Von allen Zweifeln und Befürchtungen
Und es in seinem tiefsten Herzen auch nur für einen Augenblick glaubt,
Soll so sein Lohn sein.
Wenn es hier Bodhisattvas gibt,
Die für unzählige *Kalpas* gute Wege beschritten haben
Und von meiner Aussage über mein unendliches Leben hören,
Werden sie in der Lage sein, es gläubig zu empfangen.
Solche Menschen wie diese
Werden ihre Köpfe beugen, wenn sie dieses Sutra vernehmen
Und sagen: „Mögen wir in der Zukunft
Ein langes Leben haben, um alle Lebewesen zu retten;
Und geradeso wie der gegenwärtige Weltgeehrte,
Der König der Sakyas,
Auf seiner Weisheitsterrasse des Löwen Gebrüll erhebt,
Das Gesetz ohne Furcht predigend,
So mögen wir in zukünftigen Zeitaltern,
Von allen verehrt und geachtet,
Wenn wir auf der Weisheitsterrasse sitzen,
In gleicher Weise über die Dauer des Lebens sprechen.“
Wenn es hier welche gibt mit tiefem Geist,
Rein und aufrecht,
Gelehrt und fähig, die Wahrheit zu bewahren,
Die die Bedeutung des Wortes des Buddha verstehen,
Menschen wie diese
Werden keine Zweifel an seiner Lehre haben.“

Diese Verse enthalten einige sehr wichtige Worte, die hier erklärt werden sollten. In den Worten „Als verdienstvolle Gaben an den Buddha-Weg“, bedeutet „verdienstvolle Gaben“ „Übertragung des Verdienstes“ (*eko*), die

Idee seine eigenen Verdienste anderen zu übertragen, auf daß sie Buddhaschaft erreichen. Zum Beispiel verwurzeln sich die Lehren des Buddha tief im Geist, durch Lesen und Rezitieren der Sutras. Dadurch wird der Geist gereinigt. Von diesem Standpunkt aus betrachtet, war das Rezitieren der Sutras ursprünglich eine religiöse Übung zum eigenen Erreichen der Buddhaschaft. Wenn wir die Sutras in Erinnerungsfeiern für die Geister unserer Vorfahren rezitieren, übertragen wir unseren Vorfahren die Verdienste, die wir bekommen sollten, so daß sie in der geistigen Welt Erleuchtung erreichen mögen. Aus diesem Grund wird das Rezitieren von Sutras in den Erinnerungsfeiern für die Geister der Toten „Übertragung des Verdienstes" (*eko*) genannt.

Übertragung des Verdienstes wird jedoch nicht nur für Verstorbene ausgeführt. In Übereinstimmung mit der ursprünglichen Bedeutung sollte es auch für lebende Personen anzuwenden sein. Tatsächlich ist solch eine Übertragung für Lebende viel sinnvoller als für Verstorbene. Wenn wir, während wir an das Wohl der ganzen Menschheit denken, die Sutras rezitieren, übertragen wir die Verdienste, die wir erhalten sollten, der ganzen Menschheit. Übertragung des Verdienstes ist somit die Hingabe des Verdienstes des Gesetzes, den man als seinen wichtigsten Besitz betrachten sollte, an andere. Das ist eine viel selbst-aufgebendere und heiligere Handlung als anderen geldliche oder materielle Gaben zu geben. Übertragung des Verdienstes ist die überragenste aller Hingaben.

Wenn wir anderen geldliche oder materielle Gaben mit der geheimen Erwartung, daß davon Verdienste auf uns zurückkommen, geben, dann ist das die niedrigste Form einer Gabe. Wenn wir anderen ein Geschenk machen, um sie ein bißchen glücklicher zu machen, ist die Gabe auf gewöhnliche moralische Standpunkte gegründet. Wenn wir jedoch anderen eine Gabe geben mit dem Gedanken: „Möge diese Spende die Buddha-Gesinnung in dem erwecken, der sie erhält und schließlich dazu führen, daß alle Menschen dieser Welt den Weg des Buddha erreichen", dann ist diese Gabe die beste ihrer Art. Deshalb heißt es in den Versen: „Als verdienstvolle Gaben an den Buddha-Weg."

Zwei Punkte zur Erklärung der Übertragung des Verdienstes müssen hier noch hinzugefügt werden. Einer ist, daß obwohl die Übertragung des Verdienstes ganz um des anderen willen ausgeführt werden soll, der Verdienst einer solchen Handlung unweigerlich zu dem zurückkehrt, der sie ausführt. So hilft zum Beispiel eine Feier, in der Sutras für die Geister der Ahnen rezitiert werden, diesen, in der geistigen Welt Erleuchtung zu erlangen. Gleichzeitig kehrt der Verdienst, der aus der Feier erwächst, zu ihrem

Veranstalter zurück, denn je öfter er eine solche Feier veranstaltet, desto mehr kann sein böses Karma ausgelöscht werden.

Der andere Punkt ist, daß die größte Übertragung des Verdienstes an die Geister der Ahnen ist, sein eigenes Selbst zu reinigen und zu erhöhen. Für die Geister der Vorfahren ist nichts erfreulicher und beruhigender als die Weiterentwicklung von einem selbst. Deshalb müssen wir uns nicht auf Rezitieren der Sutras und Aussprechen der heiligen Titel beschränken, sondern müssen uns bemühen, unsere Handlungen und geistige Haltung zu reinigen und zu erhöhen.

Dann fuhr der Weltgeehrte fort: „Wiederum, Ajita! Wenn jemand über die Länge der Lebenszeit des Buddha hört und die Bedeutung davon erfaßt, wird der Verdienst, den dieser Mensch gewinnt, alle Grenzen übersteigen, und er wird die überragende Weisheit der Tathāgatas ausbreiten."

Dies ist ein geistiger Zustand, der über den des Erhaltens eines Gedankens von Glauben und Urteilskraft, die Unendlichkeit des Lebens des Buddha betreffend, hinausgeht. Diese Stufe bedeutet nicht nur an die Unendlichkeit des Lebens des Buddha zu glauben und sie zu beurteilen mit einem einzigen Gedanken, sondern sie in ihrer großen Bedeutung zu erfassen. Wir alle sind durch den Buddha als das große Leben des Universums zum Leben gebracht worden, und gleichzeitig sind wir mit ihm vereint. Die Unendlichkeit des Lebens des Buddha bedeutet die Unendlichkeit unseres eigenen Lebens. Obwohl unser Dasein ganz verschieden von dem des Buddha erscheint, weil wir so mit Wolken von Täuschungen bedeckt sind, werden wir doch schließlich Buddhas werden, wenn wir versuchen, diese Wolken eine nach der anderen von unserem Geist zu entfernen. Wir können die Buddhaschaft nicht nach einem oder zwei Leben erreichen, aber wenn wir einmal die Unendlichkeit unseres Lebens erkannt haben, können wir mit Hoffnung und Mut den Pfad der Entwicklung beschreiten. Wenn alle Menschen das selbe Gefühl hätten und Hand in Hand diesem Ziel entgegen gehen würden, würde auf der Erde eine wahrhaft friedvolle und ideale Gesellschaft verwirklicht werden.

Das Verständnis der tiefen Bedeutung der Unendlichkeit des Lebens des Buddha — die Lehre davon scheint so einfach — markiert einen weiteren Schritt auf die Weisheit des Buddha hin. Dieser geistige Zustand, den wir durch Vertiefen unseres Glaubens erreichen können, wurde von Chih-i die Stufe des Verständnisses der Bedeutung des unendlichen Lebens des Buddhas genannt.

„Um wieviel mehr wird das der Fall sein mit einem, der sich dem Hören dieser Sutras hingibt, oder der andere veranlaßt, sie zu hören, oder der sie selbst befolgt oder andere dazu bringt, sie zu befolgen, oder der sie selbst abschreibt oder andere veranlaßt, sie abzuschreiben, oder der mit Blumen, Weihrauch, Girlanden, Bannern, Fahnen, seidenen Baldachinen und Lampen mit wohlriechendem Öl und Butterfett dem Sutra Ehre erweist; der Verdienst dieses Mannes wird endlos und unbegrenzt und in der Lage sein, vollkommenes Wissen hervorzubringen".

Dieser Zustand ist der eines Gläubigen, der einen Schritt weiter gegangen ist, als ihn der Zustand des Verständnisses der Bedeutung des Unendlichen Lebens des Buddha darstellt. Auf der dritten Stufe verstehen wir nicht nur die wahre Bedeutung des Unendlichen Lebens des Buddha, sondern widmen uns dem Hören seiner Lehren, und wir vergessen sie nicht, da sie in unserem Geist Wurzeln gefaßt haben; und wir geben uns religiösen Übungen, einschließlich dem Abschreiben der Sutras, hin. Nebenher müssen wir auch andere zum Üben drängen und veranlassen. Dies ist die Stufe des Predigen des Lotus-Sutras zu Außenstehenden.

Gleichzeitig lehrt uns diese Stufe, dem Lotus-Sutra auf verschiedene Weisen unsere Ehrerbietung darzubringen. Es ist ein Weg, unsere tiefgefühlte Dankbarkeit für die Lehre des Buddha auszudrücken, wenn wir das Sutra verehren. Die Namen der schönen Gaben und Schmuckgegenstände, die hier angeführt werden, symbolisieren das tiefe Dankbarkeitsgefühl dem Buddha gegenüber, das im Darbringen dieser Gaben für das Sutra zum Ausdruck kommt. Wenn wir ein tiefes Dankbarkeitsgefühl dem Buddha gegenüber haben, ist es nur natürlich, daß wir versuchen unserer Wertschätzung Ausdruck zu verleihen. Es ist deshalb für Gläubige ganz angemessen, ihre Altäre mit verschiedenen Opfergaben zu schmücken.

„Ajita! Wenn irgendein guter Sohn oder eine gute Tochter, wenn sie meine Erklärung über die Länge meiner Lebenszeit vernimmt, diese im innersten Herzen verstehen und beurteilen kann, dann wird eine solche Person immer den Buddha auf dem Berg Gṛdhakūṭa umgeben von einer Schar großer Bodhisattvas und *Śrāvakas,* das Gesetz predigend, sehen. Und sie wird diese *Sahā*-Welt, deren Land aus Lapislazuli ist, flach und eben, sehen, deren acht Straßen mit *Jambunada*-Gold markiert und mit Juwelenbäumen bestanden sind; die Türme, Hallen und Gallerien, in denen die Schar der Bodhisattvas zusammen wohnt, sind aus Juwelen erbaut. Wenn jemand in der Lage ist, dies wahrzunehmen, kannst du wissen, daß das ein Zeichen tiefen Glaubens und Urteilskraft ist."

Diese Worte lehren uns den geistigen Zustand, den wir erreichen, wenn wir in unserem innersten Herzen die Unendlichkeit des Lebens des Buddha glauben und erkennen. Der Ausdruck „dann wird eine solche Person immer den Buddha auf dem Berg Gṛdhakūṭa umgeben von einer Schar großer Bodhisattvas und *Śrāvakas,* das Gesetz predigend, sehen" verweist auf unsere

Überzeugung, daß der Buddha immer da ist, wo wir weilen. Und gleichzeitig erkennen wir durch diese Beschreibung, daß die Lehren des Buddha ständig in unserer Umgebung gepredigt werden.

Die Beschreibung der *Sahā*-Welt als ein schönes Land deutet auf die Idee hin, daß die *Sahā*-Welt mit dem reinen Land identisch ist im Kern, wenn wir nur unseren Glauben weit genug entwickeln, es wahrzunehmen. Die wirkliche Welt der Gegenwart wird in eine reine und freudige verwandelt, wenn unser Geist immer mit religiöser Erhebung durch die Lehren des Buddha erfüllt ist. In dieser Geisteshaltung erscheint jeder Ort schön, und jede Person, die wir sehen, sieht wie ein Bodhisattva aus. Wir können die oberflächliche Häßlichkeit einer Person durchdringen und bis zur eingeborenen Buddhanatur in der Tiefe seines Geistes hindurchblicken.

Dieser, der höchste Geisteszustand, den ein Gläubiger erreichen kann, wird die Stufe der Wahrnehmung und der Vervollkommnung des tiefen Glaubens und der Urteilskraft genannt. Wenn wir vom Grunde unseres Herzens den Buddha als wirkliches Wesen und die Unendlichkeit seines Lebens glauben und erkennen, können wir das Leben und die Welt seiner Lehre nach betrachten und können ununterbrochen in der Welt religiöser Erhebung leben. Als Ergebnis können wir die *Sahā*-Welt als im Wesen identisch mit dem Land des ewigen ruhigen Lichtes sehen.

FÜNF ARTEN VON VERDIENSTEN. „Und wiederum, wenn jemand nach der Auslöschung des Tathāgata, dieses Sutra hört, und es nicht herabsetzt, sondern darüber erfreut ist, kannst du wissen, daß er die Zeichen tiefen Glaubens und Urteilskraft erhalten hat."

Nach diesen Worten beginnt der Buddha den idealen Weg des Gläubigen nach der Auslöschung des Buddha und die fünf Arten von Verdiensten, die der Gläubige dann erhalten kann, zu predigen.

Solange wir die Lehren des Buddha nur theoretisch verstehen oder ihnen intellektuell zustimmen, können wir nicht sagen, daß wir Glauben haben. Wir können den Geisteszustand des Glaubens nicht erreichen, ehe wir geistige Freude in der Lehre finden. Wenn wir zum ersten Mal Freude über die Lehre empfinden, wird dieser geistige Zustand „Erstes Freuen über die Lehre" genannt. Das ist die erste der fünf Arten. Dieser Geisteszustand ist so wichtig, daß seine Verdienste genauestens in Kapitel 18, „Die Verdienste der freudigen Annahme", besprochen werden.

„Wieviel mehr derjenige, der sie liest und rezitiert, sie erhält und einhält — dieser Mensch trägt den Tathāgata auf dem Kopf[5]. Ajita, solch ein guter Sohn oder gute Tochter braucht keine Stupas, Tempel oder Klöster für mich zu errichten, oder den Mönchen Spenden der vier Notwendigkeiten machen[6]. Weshalb? Weil dieser Sohn oder diese Tochter, die dieses Sutra erhält und einhält, liest und rezitiert schon Stupas errichtet, Klöster gebaut Mönchen Spenden gegeben hat, das besagt, er hat für die Reliquien des Buddha Stupas aus den sieben Kostbarkeiten errichtet, hoch und breit, bis zum Himmel Brahmas aufragend, behängt mit Fahnen, Baldachinen und kostbaren Glocken und mit Blumen, Parfümes, Girlanden, Sandelpuder, Salben und Weihrauch verschönt und mit Instrumenten, Trommeln, Pfeifen, Flöten, Harfen, mit allen Arten von Tanz und Spiel mit wunderbaren Weisen und Tönen gelobt — er hat alle diese Spenden schon zahllose Tausende von Myriaden von *Koṭis* von *Kalpas* dargebracht."

In diesem Geisteszustand, in dem ein Gläubiger einen Schritt über das erste Freuen über die Lehre hinausgeht, erhält er die Lehre fest und bewahrt sie sicher. Er liest und rezitiert das Sutra zu wiederholten Malen. Lesen und Rezitieren eines Sutras heißt nicht nur, es aus der Erinnerung aufzusagen, sondern es beim sorgfältigen und gedankenvollen Wiederholen zu einem selbst auch zu studieren. Diese Stufe des Glaubens ist die zweite Gruppe, das „Lesen und Rezitieren der Sutras".

„Ajita! Wenn irgendjemand nach meiner Auslöschung dieses Sutra hört und in der Lage ist, es zu erhalten und zu behalten, oder wenn er es abschreibt, oder andere veranlaßt es abzuschreiben, hat er schon Klöster errichtet und rote Sandelholztempel erbaut mit zweiunddreißig Schreinen, so hoch wie acht *Tala*-Bäume, erhaben, geräumig, prächtig, in denen Hunderte, Tausende von Mönchen wohnen. Sie sind auch mit Gärten und Hainen, Wasserspiegeln, Promenaden und Meditationszellen geschmückt. Kleidung, Lebensmittel, Bettzeug und Medikamente und alle Hilfsmittel zu frohem Dasein sind in ihnen reichlich vorhanden. Solche Klöster und diese Anzahl von Tempeln, Hunderte von Tausenden Myriaden von *Koṭis,* unzählbar hat er hier in meiner Gegenwart mir und meinen *Bhikshus* geopfert. Deshalb sage ich, wenn irgend jemand nach der Auslöschung des Tathāgata das Sutra erhält und bewahrt, es liest und rezitiert, es anderen predigt, es entweder selbst abschreibt oder andere veranlaßt, es zu kopieren und es verehrt, er braucht keine Stupas und Tempel mehr zu errichten oder Klöster zu bauen und den Mönchen Spenden zu geben."

Auf dieser Stufe haben wir das Gefühl, daß wir nichts anderes tun können, als die Lehren des Buddha anderen zu predigen, wenn wir die Sutras erhalten und bewahren, lesen und rezitieren und allmählich ihren Wert erkennen. Wir brauchen uns hierbei nicht auf Predigen der Lehre des Buddha durch Sprache zu beschränken. Wir können andere durch Schreiben mit seinen Lehren bekannt machen, und wir können in Zeitschriften und Zeitungen veröffentlichen. Selbst ein schlechter Sprecher oder schwacher Schreiber kann anderen den Wert der Lehre des Buddha durch seine Übung religiösen Schweigens zeigen. Alle diese Übungen fallen unter die Worte „anderen die Lehre des Buddha predigen“.

Anderen die Lehre des Buddha predigen, gehört zu der geistigen Stufe auf der wir darüber hinaus gehen, uns selbst zu erheben und als Individuen gerettet zu werden. Wir schreiten zur Bodhisattva-Übung, anderen zu nützen und sie zu retten, fort. Es ist deshalb natürlich, daß die auf dieser Stufe erreichten Verdienste viel größer sind als die der Gruppe des Lesens und Rezitierens der Sutras.

Einige Worte mehr sind vonnöten, um diese Gruppe zu erklären. Sowohl in dieser als auch in den vorigen Gruppen sagt der Buddha, daß ein guter Sohn oder eine gute Tochter keine Stupas aus den sieben Kostbarkeiten mehr für seine Reliquien zu errichten braucht, weder Klöster zu bauen noch den Mönchen Spenden zu geben braucht. Er wiederholt, was er schon in Kapitel 10 „Ein Lehrer des Gesetzes“ gesagt hat.

Hierdurch lehrt uns der Buddha, daß ernste moralische Gaben, die ihm eine Person macht, viel mehr wert sind, als formale, materielle Spenden. Er ermahnt uns gleichfalls, daß die größte Gabe, die man dem Buddha machen kann, ist, die Lehren des Buddha zu glauben und zu bewahren, sie auszuüben und sie zu predigen und zu verbreiten. Das müssen wir zuerst behalten. Als nächstes müssen wir nicht denken, daß wir keine Tempel oder Klöster mehr brauchen, einfach weil der Buddha erklärt hat, daß sein ganzer Körper in seinen Lehren enthalten sei, und daß wir seine Reliquien nicht in einen Schrein einzuschließen brauchten. Jemand, der die Sutras nur von akademischem Gesichtspunkt aus aufnimmt, interpretiert die Worte des Buddha leicht wörtlich. Er hat dem Buddha gegenüber kein Gefühl der Dankbarkeit oder der Verehrung. Solch ein Mensch stimmt den Lehren des Buddha nur theoretisch zu und vergißt, an sie zu glauben. Unnötig zu sagen, daß nach der Lehre des Buddha Gläubige die größten Anstrengungen machen sollten, um zu glauben und die Lehren zu bewahren, sie auszuüben und sie zu predigen zum Wohle der ganzen Gesellschaft. Gleichzeitig können wir nichts anderes tun, als dem großen wohlwollenden Lehrer, der uns zum überragenden Weg führt und den vielen Bodhisattvas, die ihm durch all die Zeitalter geholfen haben, materielle Gaben zu spenden.

Wie es schon oft in diesem Buch wiederholt wurde, sind wir desto mehr dazu getrieben, unsere Gefühle in irgend einem äußeren Weg auszudrücken, je stärker wir durch die Lehren des Buddha betroffen sind. Deshalb schmücken Buddhisten immer ihre Altäre mit verschiedenen Opfergaben und beten jeden Morgen und Abend vor ihnen, preisen den Buddha und zollen ihm durch die Ausführung religiöser Taten Verehrung.

„Wieviel weniger der, der in der Lage ist diese Sutra zu bewahren und Spenden, Moralität, Geduld, Eifer, Konzentration und Weisheit hinzufügen kann. Sein Verdienst wird ausgezeichnet, unendlich und grenzenlos sein; so wie der Raum in Ost, West, Süd und Nord, den vier Zwischenrichtungen, Zenith und Nadir unendlich und grenzenlos ist, so wird der Verdienst dieses Menschen unendlich und grenzenlos sein, und er wird schnell vollkommenes Wissen erreichen."

Hier wird die Gruppe gelehrt, die wir bei weiterem Fortschritt religiöser Übung erreichen können, die Gruppe der gleichzeitigen Übung der sechs *Paramitās.* Das bedeutet, die Lehren des Buddha zu erhalten und einzuhalten, sie zu lesen und zu rezitieren, sie anderen zu predigen und gleichzeitig die sechs *Paramitās* zu üben. Es ist jedoch auf dieser Stufe fast unmöglich, alle sechs *Paramitās* vollkommen auszuüben. Deshalb lehrt uns der Buddha, zu beginnen, wo immer wir können, je nach unserer Situatuion und unseren Umständen. Shakyamuni Buddha drängt uns nie, das Unmögliche zu tun. Er lehrt uns, unsere Übung schrittweise aufzubauen, beginnend auf welcher Stufe wir uns auch immer befinden. In Kapitel 2 „Taktgefühl", predigt er, daß alle Lebewesen den Buddha-Weg betreten können, von jeder Stellung her, sogar vom Spiel her, wenn z. B. Kinder Sand zusammentragen, um eine Stupa zu bauen. In Kapitel 17 zeigt uns der Buddha die logische Ordnung, in der wir unseren Glauben Schritt für Schritt vertiefen sollen.

Es ist wichtig festzuhalten, daß die fünf *Paramitās* scheinbar herabgesetzt wurden, um die Verdienste zu betonen, die auf der Stufe des Erhaltens eines Gedankens von Glauben und Urteilskraft die Unendlichkeit des Lebens des Buddha betreffend. Aber in der gegenwärtigen Gruppe werden die sechs *Paramitās*, nicht nur die fünf, als wichtige Bestandteile des Glaubens betont. Shakyamuni Buddha war mit vollkommener Weisheit ausgestattet und war ein großer Lehrer; die Jünger, die während seiner Lebenszeit von ihm direkt unterwiesen wurden, konnten tiefen Glauben gewinnen, einfach indem sie die Lehren des Buddha durch Hören und Schätzen glaubten und erkannten. In der Übung der fünf *Paramitās* konnten die Jünger Buddhas schnell fortschreiten, da der Buddha sie mit seiner vollkommenen Weisheit unterwies. Etwas zu einfach ausgedrückt, könnte man sagen, daß der Buddha ihnen Weisheit gab, und sie brauchten nur die anderen fünf *Paramitās* — Hingabe, Einhaltung der Gebote, Beharrlichkeit, Eifer und Meditation — intensiv zu üben. Man kann sich leicht vorstellen, daß sie diese *Paramitās* ununterbrochen mit tiefem Gefühl und religiöser Erhebung üben konnten, denn sie taten es in der Anwesenheit des Buddha, ihrem großen Vorbild eines Mannes mit überragendem Charakter.

Wir jedoch müssen seine Lehren durch eigene Kraft im Zeitalter des

Verfalls studieren und üben, ohne die physikalische Anwesenheit Shakyamuni Buddhas, unseres großen Führers und Lehrers. Wir müssen Weisheit in den Lehren suchen, die er uns hinterlassen hat und müssen sie für uns selbst erkennen. Im Vergleich mit der Zeit, als er lebte, ist jetzt wirklich die Zeit, wenn die Übung aller sechs *Paramitās* einschließlich der Weisheit als das Wichtigste angesehen werden muß. Aus diesem Grund drängt uns der Buddha in dieser Gruppe dazu, alle sechs *Paramitās* zu üben.

Gläubige, deren Geisteszustand in diese Gruppe fällt, üben die sechs *Paramitās* in verschiedener Art und Weise aus, jeder seinen Umständen entsprechend. Manchmal ist man in einer Situation, die die Ausübung einiger *Paramitās* nicht erlaubt, die man doch gleichzeitig mit dem Hören und Einhalten, Lesen und Rezitieren der Lehren des Buddhas und ihrem Predigen zu anderen üben sollen. Deshalb wird diese Gruppe „Gleichzeitiges Üben der sechs *Paramitās*" genannt.

In der sechsten und letzten Gruppe können Gläubige jedoch die sechs *Paramitās* intensiv und vollkommen üben. Als nächstes predigt der Buddha den Verdienst, den sie durch solche Übung erreichen werden: „Wenn jemand dieses Sutra liest und rezitiert, erhält und bewahrt, es anderen predigt, es abschreibt oder andere zum Abschreiben veranlaßt; wenn er außerdem in der Lage ist, *Caityas* zu errichten und Klöster zu bauen, und den *Śrāvaka*-Mönchen zu dienen und sie zu rühmen, und wenn er auf Hunderttausende von Myriaden von *Koṭis* verschiedene Ruhmesweisen die Verdienste der Bodhisattvas preist; und wenn er auch anderen Menschen auf verschiedene Weisen dieses Lotusblumen-Sutra seiner Bedeutung entsprechend erklärt; und wenn er auch imstande ist, die Gebote in aller Reinheit zu halten, mit den Sanften freundlich zu verweilen, Beleidigungen ohne Ärger zu ertragen, fest in Willen und Gedanken zu sein, immer Meditation zu schätzen, gute Konzentration zu erlangen, eifrig und mutig das Gute zu unterstützen, gewitzt und weise im intelligenten Beantworten von schwierigen Fragen zu sein; Ajita, nochmals, wenn nach meinem Erlöschen gute Söhne oder gute Töchter leben, die dieses Sutra erhalten und bewahren, lesen und rezitieren, die solche ausgezeichneten Verdienste wie diese haben, dann solltest du wissen, daß solche Menschen auf die Weisheitsterrasse zugeschritten sind, daß sie nah der vollkommenen Erleuchtung sind, unter dem Baum der Erleuchtung sitzend."

Diese Gruppe wird „Intensive Übung der sechs *Paramitās*" genannt, das heißt ihre vollkommene Ausübung. Wie der Buddha erklärt hat, ist jemand der diesen geistigen Zustand erreicht hat, der vollkommenen Erleuchtung nahe. Deshalb sagte der Buddha: „Ajita! Wo auch immer diese guten Söhne oder diese guten Töchter sitzen, stehen oder gehen, in solchen Orten sollt ihr eine *Caitya* errichten; alle Götter und Menschen sollen sie verehren wie eine Stupa der Reliquien des Buddha."

In der vierten Gruppe sagte der Buddha, daß man ihm nicht länger Stupas errichten solle, während er in der letzten Gruppe erklärt, daß, wo auch immer die sechs *Paramitās* intensiv geübt werden, eine *Caitya* errichtet werden solle, und man ihr wie einer Stupa der Reliquien des Buddha Verehrung erweisen solle. Hier betont der Buddha die große Bedeutung der Ausübung seiner Lehren und ihres Predigens und ihrer Verbreitung zu anderen in diesem Zeitalter des Verfalls. Wir sollten für diese Worte des Buddha dankbar sein.

Als nächstes wiederholte der Buddha seine Worte in Versform. Wenn wir die Bedeutung des Prosaabschnittes verstanden haben, sollte es uns möglich sein, diese Verse zu verstehen, da sie fast den gleichen Inhalt haben. Die letzten vier Zeilen des Versabschnittes sollten als die heiligsten Worte des Buddha angesehen werden:

„Wenn ein Buddha-Sohn an solchem Orte weilt,
Heißt das, daß der Buddha selbst ihn benutzt
Und immer dort sich aufhält,
Gehend, stehend oder liegend."

Der Buddha betrachtet jeden, der seine Lehre glaubt und erkennt, aus vollem Herzen als seinen Sohn und nennt ihn einen Buddha-Sohn. Er sagt auch, daß, wo auch immer ein Buddha-Sohn weilt, des Buddhas Aufenthaltsort ist: „Heißt das, daß der Buddha selbst ihn benutzt." Er erklärt, daß er beständig in solch einem Ort sich aufhält, gehend, sitzend und liegend.

[1] Wörtlich, die Tür oder Methode *Dhāraṇi* zu hören und zu halten (mittels wessen man das Gesetz hört und hält). Das ist die erste der vier Furchtlosigkeiten eines Bodhisattvas.

[2] Eine Welt von vier Kontinenten, die einen Berg, Sumeru, im Mittelpunkt umrahmen. Die vier Kontinente sind Purvavideha im Osten, Avaragodaniya im Westen, Jambudvipa im Süden und Uttarakuru im Norden.

[3] Die *Dhāraṇi* der unendlichen Umdrehungen oder Entwicklungen ist die Kraft zwischen zahlreichen Phänomenen ohne Irrtum zu unterscheiden. Durch diese Unterscheidung zerstreut ein Bodhisattva all seine Verwirrungen und stellt viele Buddha-Gesetze dar.

[4] Die fünf *Paramitās* oder Vollkommenheiten sind *dana* oder Hingabe; *sila* oder Einhaltung der Gebote; *kshanti* oder Beharrlichkeit; *virya* oder Eifer; und *dhyana* oder Meditation. Die sechste Vollkommenheit ist *prajna* oder die Weisheit.

[5] Das heißt, „hält den Tathāgata in hohen Ehren"

[6] Gewänder, Speise und Trank, Bettgestelle und Medikamente

Kapitel 18

Die Verdienste der freudigen Annahme

DIESES KAPITEL PREDIGT in weiteren Einzelheiten die Verdienste der ersten Freude über die Lehren des Buddha. Der Grund für solche wiederholte Predigt der Verdienste ist, daß unsere freudige Annahme von Buddhas Lehren unser tiefes Dankbarkeitsgefühl für sie, für unseren Glauben unerläßlich ist. Selbst wenn wir viele Sutras gelesen haben und alle buddhistischen Dogmas auswendiggelernt haben, heißt das nur, daß wir über Buddhismus Bescheid wissen, solange wir die Lehren des Buddha nicht mit Herzensfreude annehmen; es heißt noch nicht, daß wir an Buddha glauben. Ein Gefühl der freudigen Annahme seiner Lehren bedeutet, an sie zu glauben. Deshalb werden die Verdienste, die wir durch die freudige Annahme der Lehren erreichen, zu wiederholten Malen in diesem Kapitel gepredigt.

Man sagt oft, daß Glauben sich vermehrt: Das Subjekt des Glaubens wird durch den glaubenden Geist vervielfältigt. Aber selbst wenn das Subjekt des Glaubens das vollkommenste der Welt ist, können seine Wirkungen in einer Person die eine falsche Glaubenshaltung annimmt und einen schwachen Glauben hat, nicht zum Ausdruck kommen. Nehmen wir einmal an, die Lehren des Buddha seien equivalent zur Zahl einhundert. Wenn die freudige Annahme der Lehren des Buddha einer bestimmten Person gleich Null ist, ergibt einhundert mal Null, Null. Andererseits wird das starke religiöse Gefühl eines Menschen wertlos für ihn sein, wenn das Subjekt seines Glaubens leer ist, denn Null multipliziert mit einhundert ergibt Null. Wie aufrichtig jemand auch an ein leeres Subjekt glaubt, das Ergebnis bleibt doch ein Nichts. Wenn er an eine falsche Lehre glaubt, ist es offensichtlich, daß das ihn zu einem bösen oder unglücklichen Ergebnis führen wird. Sollte die Religion schlecht sein, mit einem negativen Wert von minus eins und des Menschen religiöser Sinn einem Wert von einhundert entsprechen, so ergibt die Munitplikation einen Wert von minus einhundert. Das bedeutet, daß eine hochgradig negative Wirkung im Gläubigen zum Ausdruck kommen wird, da die ursprüngliche Religion einen negativen Wert hatte. Durch diese einfache Multiplikation können wir erkennen, welchen fürchterlichen Effekt blinder Glaube an eine negative Religion haben wird.

Die Lehre des Lotus-Sutras kann mit einer unendlichen positiven Nummer verglichen werden. Nehmen wir an, das Sutra entspricht einem Wert von einhundert. Wenn man tief und eindeutig an es glaubt und gleichzeitig Dankbarkeit ihm gegenüber empfindet, und wenn diesem klaren Gedanken der Wert eins beigemessen wird, wird sich im Gläubigen ein hochgradig positiver Effekt zeigen, den einhundert mal eins ergibt einhundert.

Wenn die erste Freude über die Lehre des Buddha so bedeutungsvoll für einen Gläubigen ist, wie unermeßlich werden die Verdienste sein, wenn sein religiöses Gefühl auf den Wert zwei, fünf, zehn und einhundert ansteigt.

Zu der Zeit sprach Maitreya Bodhisattva-*Mahāsattva* zum Buddha: „Weltgeehrter! Wenn es einen guten Sohn oder eine gute Tochter gibt, die nach Anhören dieses Gesetzes-Blumen-Sutras es mit Freuden annimmt, wieviel Glück wird sie erreichen?“

Wir können sicher sein, daß Maitreya Bodhisattva schon verstanden hatte, wieviel Glück ein Mensch durch freudige Annahme des Lotus-Sutra gewinnt. Aber wie man es von einem, der die Idealisierung des Mitgefühles Buddhas ist, erwarten kann, stellte er diese Frage mit der Absicht, allen Lebewesen eine Möglichkeit zu schaffen, ihren Glauben zu vertiefen. Er forderte den Buddha auf, für die mit einem niedrigen Grad des Verständnisses die Verdienste der freudigen Annahme ausführlicher zu predigen.

Dann sprach der Buddha zu Maitreya Bodhisattva: „Ajita! Wenn nach der Auslöschung des Buddha irgendein *Bhikshu, Bhikshunī, Upāsaka, Upāsika* oder eine weise Person, jung oder alt, nach Anhören dieses Sutras, selbiges mit Freude annimmt und nach Verlassen der Versammlung woanders hingeht, um entweder in einem Kloster oder an einem einsamen Ort, oder in einer Stadt, einer Straße, in einem Weiler oder einem Dorf zu leben, um das, was er gehört hat, seinen Fähigkeiten nach seinen Eltern, Verwandten, Freunden und Bekannten zu erklären; und alle diese Menschen nehmen es nachdem sie es gehört haben mit Freuden an und gehen auch fort, um die Lehre weiterzugeben; die nächsten nehmen die Lehre, nachdem sie sie vernommen haben, ebenfalls mit Freuden an und übermitteln sie, und so geht es weiter, bis zur fünfzigsten Person — Ajita! Ich werde dir jetzt über den Verdienst der fünfzigsten Person, dieses guten Sohnes oder der guten Tochter erzählen, die die Wahrheit voller Freude empfängt. Höre gut zu!“

DREI WICHTIGE PUNKTE. Diese Worte des Buddha beinhalten drei wichtige Punkte. Erstens die Worte: „Wie er es gehört hat.“ Für einen Eingeweihten, der die Lehre gehört hat, ist es sehr wichtig, sie genauso weiterzugeben, wie er sie vernommen hat. Wenn er das unterläßt, besteht die Gefahr, daß er andere über wesentliche Punkte der Lehre falsch informiert. Es erscheint sehr einfach eine Lehre genauso weiterzugeben, wie man sie empfangen hat, aber es ist schwieriger, als man denkt, wie das folgende

Beispiel, das Soziologen durchgeführt haben, beweist. Mehrere Leute werden in einer Reihe aufgestellt. Der erste in der Reihe flüstert seinem Nachbarn eine kurze Geschichte ins Ohr. So geht es weiter. Die Geschichte wird von einem zum anderen geflüstert, bis an das Ende der Reihe. Nehmen wir zum Beispiel an, daß es die folgende Geschichte sei: „Maria ging zufällig gerade vorbei, als Klaus und Jürgen eine Auseinandersetzung hatten. Klaus schien Jürgen zu besiegen, denn letzterer starrte mit glühendem Gesicht ersteren, dessen Gesicht bleich war, an." Selbst eine solch kurze Geschichte erfährt erstaunliche Umwandlungen während der Weitergabe durch nur 10 Leuten. Wenn die Geschichte von jedem Vermittler nur ein bißchen verändert wird, in einigen Punkten, macht es nichts aus. Aber in vielen Fällen verändert sich die Geschichte völlig, so daß Jürgen Klaus besiegt, oder Klaus bekommt ein glühendes Gesicht anstelle von Jürgen.

Warum wird sogar eine solch kleine Geschichte bei der Vermittlung von Mund zu Mund innerhalb einer kleinen Gruppe verändert? Weil eine Person etwas mißversteht, die nächste erinnert sich nicht richtig und vergißt beim Wiedererzählen den Hauptpunkt und andere fügen ihre eigene Interpretation ein, und so weicht sie weiter und weiter von ihrer ursprünglichen Form ab. Persönliche Ideen sind in der Tat oft eine Behinderung, die Mißverstehen und Sprechfehler verursachen. Haben wir zum Beispiel die vorgefaßte Ansicht, daß jemand, der von seinem Gegner besiegt wird, blaß ist, mißverstehen wir leicht, „Jürgen sah blaß aus" und erinnern uns der Geschichte falsch.

Wenn die Lehren des Buddha mit solchen Fehlern übermittelt würden, hätte das für viele Leute ernste Folgen. Deshalb warnte der Buddha uns, indem er sagte: „Wie er es gehört hat." Jemand, der die Grundsätze der Lehre verstanden hat, sollte die Erlaubnis haben, auf verschiedene taktvolle Arten zu predigen, ja, es ist nur natürlich für ihn, die Art und Weise seines Predigens nach den Fähigkeiten seiner Hörer zu verändern. Aber ein Beginner sollte nie des Buddhas Warnung vergessen.

Es sollte hier angemerkt werden, daß die Jünger des Buddha der getreuen Übermittlung der Lehren sehr große Aufmerksamkeit zollten. Seine fünfhundert führenden Jünger versammelten sich vier Monate nach Shakyamunis Tod in Rajagrha in Magadha. Zuerst vergewisserten sie sich der Lehren des Buddhas, die sie voneinander gehört hatten, und nachdem sie sich vergewissert hatten, daß sie des Buddhas Worte richtig gesammelt hatten, bemühten sie sich, sie sich fest in ihr Gedächtnis einzuprägen. Solche Konferenzen zur Festlegung der buddhistischen Sutras wurden *samgiti (ketsuja)* genannt, buddhistische Konzile zur Bestimmung der Orthodoxie.

Es wird berichtet, daß die Jünger auf folgende Weise in diesem Konzil verfuhren: Wenn Ānanda, der als derjenige angesehen wurde, der die Predigten Buddhas am häufigsten angehört hatte, dazu bestimmt wurde, eine Lehre zu rezitieren, fragte ihn Mahā-Kāśyapa, der über das Konzil presidierte, eine Frage nach der anderen bezüglich der Lehre — wann, wo, zu wem, und aus welchem Anlaß der Buddha sie gepredigt hatte und was ihr Inhalt war. Ānanda antwortete auf alle Fragen, die Kāśyapa stellte. Der Rest der Jünger hörte diesen Fragen und Antworten schweigend zu. Wenn zwischen den Aussagen Ānandas und ihrer eigenen Erinnerung kein Unterschied der Lehre bestand, bestätigten sie sich die Übereinstimmung der Erinnerung in aller Genauigkeit. Wenn jedoch jemand einen Einspruch erhob, wurde dieser gründlich diskutiert. Die Jünger stimmten einer Lehre nur zu, wenn sie alle zustimmen konnten, da sie sich der heiligen Arbeit, die Lehren des Buddha für die Nachwelt in sicherer Orthodoxie überliefern zu müssen, klar bewußt waren.

Wenn sie alle einstimmig einer Lehre zugestimmt hatten indem sie sagten: „Das ist genau, was wir vom Buddha direkt gehört haben," rezitierten sie es zusammen und lernten es auswendig. Deshalb beginnen so viele buddhistischen Sutras mit den Worten: „So habe ich gehört."

In den Sutras des frühen Buddhismus finden wir häufig Wiederholungen genau der gleichen Inhalte, wie zum Beispiel in den *Agama-Sutras*, da die Jünger die Fragen und Antworten auf den buddhistischen Konzilen auswendig gelernt hatten. In den *Mahāyāna-Sutras,* einschließlich des Lotus-Sutras, sind solche Wiederholungen zu einem großen Teil gestrichen worden. In Teilen, in denen dem Leser etwas besonders eindrücklich dargestellt werden soll, werden Wiederholungen jedoch verwendet.

Der zweite wichtige Punkt sind die Worte „nach seinen Fähigkeiten". Diese Worte haben zwei Bedeutungen: eine verweist auf die Idee „seinen Fähigkeiten angemessen" und die andere drückt das Ideal aus „jemanden dazu veranlassen, seine ganze Kraft einzusetzen".

Für einen Menschen, der die Lehren zum ersten Mal gehört hat, ist es kaum möglich, sie so gut wie ein hoher oder gelehrter Priester zu predigen. Wenn ein Beginner eine Lehre stockend diskutiert und ein schlechter Sprecher ist, so ist das ganz natürlich. Wenn er ein talentierter Schreiber ist, sollte er die Lehre anderen durch Schreiben vertraut machen. Unter allen Umständen sollte man jedoch die Lehre seiner eigenen Fähigkeit und Erfahrung entsprechend weitergeben. Das ist die erste Bedeutung der Worte „Nach seinen Fähigkeiten".

Wenn ein schlechter Sprecher sich aufrichtig bemüht, die Lehre, so gut wie es ihm möglich ist, zu übermitteln, macht seine Begeisterung unausbleiblich einen Eindruck auf seine Hörer. Kurzum, seine Aufrichtigkeit ist wichtig. Das ist die zweite Bedeutung der Worte „Nach seinen Fähigkeiten".

Der dritte Punkt ist, daß durch das Predigen der Verdienste der fünfzigsten Person, die die Lehre mit Freuden vernommen hat, und die sie den fünfzig weiteren Menschen vermitteln wird, die Größe der Lehren des Lotus-Sutras deutlich gezeigt wird.

Die erste Person, die der Predigt beiwohnt, ist in der Lage die Lehre direkt von jemand zu vernehmen, der das Gesetz versteht und Überzeugungskraft hat. Dadurch wird er von der Predigt tief bewegt. Nachdem er die Predigt gehört hat, vermittelt er sie andern. Er hat weder ein umfassendes Wissen über das Gesetz noch tiefen Glauben daran, noch lange Erfahrung es zu predigen. Und selbst wenn er imstande ist, die Predigt genauso weiterzugeben, wie er sie gehört hat, wird die Freude, die der Zuhörer beim Lauschen empfindet, gradweise im Verhältnis zur Entfernung zum ursprünglichen Sprecher geringer. Deshalb wird in den meisten Fällen der Hörer der fünfzigsten Übertragung keine Freude beim Lauschen empfinden, und er kann sich nicht erbauen und wird sie mit „Ja, wirklich?" abtun.

Das Lotus-Sutra unterscheidet sich von anderen Lehren in dieser Hinsicht. Solange der Inhalt richtig übermittelt wird, kann selbst der fünfzigste Hörer nicht umhin, sie mit großer Freude aufzunehmen, da sie so tief ist. Natürlich ist es unumgänglich, daß die Freude, die die fünfzigste Person fühlt, geringer als die der ersten ist. Aber selbst ein solcher Grad von Freude ruft noch große Verdienste hervor. Wir müssen die tiefe Bedeutung verstehen, die in den Worten „die Verdienste der fünfzigsten Person, die in der Folge das Lotus-Sutra hört und es mit Freude annimmt" beinhaltet ist.

Dann spricht der Buddha über die Verdienste der fünfzigsten Person, die die Wahrheit freudig empfängt. Wir müssen hier einen Punkt besonders klären; im Sutra sind einige Punkte der Verdienste auf sehr symbolische Weise ausgedrückt, während abstrakte Punkte sehr konkret dargestellt sind. Wir müssen solche Worte und Sätze nicht wörtlich nehmen, sondern ihre in der Tiefe versteckte, wahre Bedeutung erfassen, sonst laufen wir Gefahr, die Lehren des Buddha auf dumme Weise mißzuverstehen. Das gilt auch für die folgenden Kapitel des Sutras.

Es ist wie die Anzahl aller in den sechs Stufen des Daseins existierender Lebewesen in vierhundert Myriaden *Koṭis* von *Asaṃkhyeyas* von Welten, geboren auf vier Weisen, Ei-geboren, Schoß-geboren, Feuchtigkeits-geboren oder geboren durch Metamorphose, gleich ob sie geformt oder formlos sind, ob bewußt oder unbewußt oder weder bewußt noch unbewußt, fußlos, zweifüßig, vierfüßig oder vielfüßig — es ist die Summe aller dieser Lebewesen. Nehmen wir an, daß jemand der sie glücklich machen möchte, sie mit allem von dem sie sich vorstellen können, daß es sie glücklich machen würde, versorgt. Er gibt jedem ein ganzes Jambudvipa[1], Gold, Silber, Lapislazuli, Mondstein, Achat, Korallen, Bernstein und alle Arten wunderbarer Edelsteine. Er gibt ihnen Elefanten, Pferde, Wagen und aus den sieben Kostbarkeiten errichtete Paläste und Türme und so fort. In dieser Art vergibt der große Meister der Gaben achtzig ganze Jahre hindurch Geschenke, und dann überlegt er Folgendes: „Achtzig Jahre lang habe ich diesen Wesen alle Dinge gegeben, die ihr Herz begehrte, aber jetzt sind sie alle alt und verbraucht geworden, über achtzig Jahre alt. Ihre Haare sind grau und ihre Gesichter voller Falten, und der Tod ist nicht mehr weit — ich sollte sie im Gesetz des Buddha unterweisen und anleiten." Daraufhin ruft er sie alle zusammen und verkündet ihnen die Lehre des Gesetzes; und durch sein Enthüllen, Lehren, Gewinnen und Erfreutsein werden sie alle in einem Augenblick *Srota-Apannas, Sakrdagamins, Anagamins* und *Arhats,* frei von allen Unvollkommenheiten, haben sie alle die Meisterung tiefer Meditation erreicht und die acht Emanzipationen vollendet."

Die sechs Stufen des Daseins bedeuten die sechs Bereiche oder Welten durch die der Geist der Lebewesen sich bewegt. Die folgenden vier Gruppen von Lebewesen sind mit dem Ausdruck „geboren auf vier Weisen" gemeint: Ei-geboren (Wesen, die aus Eiern hervorgehen), Schoß-geboren (lebendgeborene Wesen), Feuchtigkeits-geboren (Würmer und andere Kreaturen, die in feuchter Erde leben), geboren durch Metamorphose (Wesen, deren Herkunft unbekannt ist, wie zum Beispiel himmlische Wesen). Kurz gesagt umfaßt der Ausdruck „geboren auf vier Weisen" alle Arten lebender Kreaturen.

Von den Worten „ob bewußt oder unbewußt" meint „bewußt" jemanden mit unterscheidendem Geist und „unbewußt" jemanden ohne solchen Geist. In dem Ausdruck „weder bewußt noch unbewußt" steht „weder bewußt" für jemanden, der erkannt hat, daß er mit beurteilendem Geist nicht den wahren Zustand der Dinge erkennen kann, und „weder unbewußt" steht für jemanden, der sowohl den unterscheidenden als auch den nicht unterscheidenden Geist überkommt. Zusammengefaßt weisen diese Worte auf Besitzer aller verschiedenen Arten von Geist hin. Wir sind durch die hier angewendeten Worte nicht eng gebunden und können sie als auf alle Arten von lebenden Kreaturen verweisend betrachten. Der Ausdruck „durch sein Enthüllen, Lehren, Gewinnen und Erfreutsein" wurde schon vorher besprochen.

Die vier mit *Srota-Apannas* beginnenden Gruppen sind die vier Klassen, die von *Hīnayāna*-Buddhisten erreicht werden: (1) *Srota-Apanna,* wörtlich, „Eintritt in den Strom" (der zu Nirvana führt) ist die erste Stufe, die von einem Anhänger des *Hīnayāna* erreicht wird; (2) *Sakrdagamin,* wörtlich,

„zurückkehren" oder nur noch einmal wiedergeboren werden, ist die zweite Stufe, auf der man Verunreinigung vermieden hat, aber immer noch die Möglichkeit der Verunreinigung hat; (3) *„Anagamin"* wörtlich, „nicht zurückkehren" oder keine Wiedergeburt, stellt die dritte Stufe dar, auf der man alle Verunreinigungen vermieden hat; (4) *Arhat,* wörtlich, „Mann von Wert" oder „verehrenswürdiger Mann" ist die letzte Stufe, auf der man sich von allen Verunreinigungen befreit und vollkommenes Wissen und einen reinen Geist gewonnen hat.

In ihren Übungen bemühen sich die Anhänger des *Hīnayāna*-Buddhismus allmählich durch jede dieser vier Klassen aufzusteigen, um Erleuchtung zu erreichen. Der Buddha sagt jedoch hier, daß sie die vier Klassen unmittelbar erreicht haben.

Die Worte „acht Emanzipationen" bedeuten acht Meditationsweisen, um sich vom Gebundensein zu befreien. Eine ausführliche Erklärung der acht Emanzipationen ist hier nicht erforderlich, weil das zu einer besonderen Studie der buddhistischen Doktrinen gehört.

Dann fragte der Weltgeehrte Maitreya Bodhisattva: „Wie ist deine Ansicht? Könnte man die Verdienste, die von diesem großen Meister der Gaben gewonnen wurden als zahlreich betrachten oder nicht?"

Maitreya antwortete dem Buddha: „Weltgeehrter, die Verdienste sind sehr viele, zahlreich und unbegrenzt. Selbst wenn dieser Meister der Gaben nur die Geschenke zum Vergnügen aller jener Kreaturen gegeben hätte, wären seine Verdienste unendlich, wieviel mehr dann erst, wenn er sie zur Erreichung der Arhatschaft führt?"

Daraufhin sprach der Buddha mit fester Stimme zu Maitreya: „Ich werde jetzt klar zu dir sprechen. Die Verdienste, die dieser Mann gewonnen hat, indem er allen Wesen in den sechs Bereichen der Existenz durch vier Myriaden *Koṭis* von *Asaṃkhyeyas* von Welten Glück gebracht hat, und sie zur Erreichung der Arhatschaft geführt hat, lassen sich nicht mit den Verdiensten von jener fünfzigsten Person vergleichen, die, wenn sie auch nur einen einzigen Vers des Lotusblumen-Sutras hört, diesen mit Freuden empfängt; sie gleichen keinem Hundertstel oder Tausendstel oder einem Teil eines Hunderttausendstels einer Myriade *Koṭis*; die Kraft von Zahlen oder Vergleichen kann es nicht ausdrücken."

Es gibt zwei Gründe dafür, daß die Kraft von Zahlen oder Vergleichen nicht in der Lage ist, die Verdienste jener fünfzigsten Person auszudrücken. Der erste ist der, daß materielle Gaben grundsätzlich von Gaben des Gesetzes unterschieden sind. Anderen materielle Güter zu spenden ist sicher eine gute Tat. Aber die Verdienste einer solchen Tat sind begrenzt und relativ. Nehmen wir zum Beispiel einmal an, wir gäben notleidenden Personen etwas Geld. Eine verhältnismäßig geringe Summe mag einem Menschen helfen, wieder auf die Beine zu kommen. Aber ein anderer verbraucht das Geld vielleicht nur, um ein besseres Leben zu führen, solange die Geldsumme reicht, und wenn er alles ausgegeben hat, geht es ihm nicht besser als zuvor. Im Gegenteil könnte das Geld sogar einen negativen Effekt hervorrufen, indem es die müßigen und Luxus liebenden Eigenschaften in ihm verstärkt. Deshalb sind materielle Gaben, obwohl sie sicherlich gut sind, begrenzt und relativ in ihrem Wert.

Wenn wir anderen Geld und Güter spenden, hilft es ihnen, wenn wir sie lehren, wie sie durch sinnvolle Verwendung dieser Dinge ihre Leben verändern können. Diese Art von Unterweisung sollte in die Gabe des Gesetzes eingeschlossen werden. Materielle Gaben werden effektiver, wenn ihnen die Gabe des Gesetzes zugefügt wird. Idealerweise sollte alle Sozialhilfe so ausgeführt werden. Aber selbst dann ist diese Art von Gabe immer noch begrenzt und relativ, da ihre Vorteile mit dem Tode beendet sind. Die wirklich heilige Gabe, die für alle Ewigkeit wirkungsvoll ist, ist die Gabe des Gesetzes, das bedeutet, die Vermittlung der Lehre des Buddha an andere. Diese Art von Spende wird nicht durch eine Lebensdauer begrenzt, sondern erstreckt sich in die Nachwelt. Deshalb ist nichts so wichtig wie die Verdienste, die durch solche Spende erzielt wurden.

In den Worten des Buddha an Maitreya Bodhisattva wird uns eine Person gezeigt, die materielle Spenden an alle Wesen im Universum gibt und ihnen ebenfalls die Gabe des Gesetzes bringt und sich durch sein Predigen zur Erreichung der Arhatschaft führt. Aber die Verdienste dieses Mannes lassen sich nicht mit denen der fünfzigsten Person, die, einen einzigen Vers des Lotus-Sutras vernehmend, diesen mit Freude annimmt, vergleichen. Das mag zuerst seltsam erscheinen, aber es hat folgende Bedeutung:

Arhatschaft zu erreichen, das heißt den Geisteszustand zu erreichen, der frei von allen Verunreinigungen ist, ist der Gipfel der *Hīnayāna*-Lehre. Aber wenn sich solch eine Person in den Bergen isoliert, halten ihre Verdienste auf dieser Stufe an. Die Lehren des Buddha sind sehr wertvoll, aber ihr Wert kann nicht ganz gezeigt werden, wenn nicht die Person sie zur Erhebung der Zuhörer, die dadurch Kraft und Mut bekommen, predigt und damit die ganze Welt verbessert. Solange buddhistische Mönche nach ihrer eigenen Erleuchtung in ihrem Tempel bleiben und sich der Ausführung von Beerdigungs- und Gedenkfeiern widmen, setzen sie den wahren Geist des Buddha nicht praktisch ein.

Die Lehre des Lotus-Sutras beschränkt sich nicht darauf, sich selbst vom Leiden zu erlösen; sein Ziel ist die Bodhisattva-Übung viele andere von ihren Leiden zu erlösen. Wenn ein Mensch einen einzigen Vers des Lotus-Sutras hört und ihn mit Freude aufnimmt, wird sich sein Gefühl der freudigen Annahme sicher in die Kraft andere Menschen zu erretten entwickeln.

Nehmen wir einmal an, daß Arhatschaft der Zahl einhundert entspräche, weil dieser Geisteszustand die eigene Erleuchtung anzeigt. Auf der anderen Seite mag die Freude, die man beim ersten Hören eines Verses des Lotus-Sutras hört nur einem Wert von eins entsprechen, soweit es um die eigene Erleuchtung geht. Es besteht jedoch ein großer Wertunterschied zwischen den Zahlen einhundert, die die *Hīnayāna*-Erleuchtung anzeigt und der Zahl eins, die die *Mahāyāna*-Lehre anzeigt. Der Unterschied besteht darin, daß die Zahl eins für die *Mahāyāna*-Lehre sich grenzenlos ausbreitet und die Möglichkeit einschließt, auf eintausend und schließlich auf zehntausend anzuwachsen.

Man kann zum Beispiel die Erleuchtung eines Menschen mit einhundert *koku*[2] Reis in einem Warenhaus vergleichen. Er kann von solch einer großen Menge Reis sein ganzes Leben leben, aber das ist alles was er damit tun kann. Der Reis kann von Getreidekäfern gegessen, von Ratten genagt werden oder verfaulen, ohne daß er etwas davon bemerkt. Das Gefühl der Freude, das man beim ersten Hören des Lotus-Sutras empfindet ist dagegen wie ein *sho*[3] Reiskörner, die in einem Feld ausgesät sind. Diese Samen haben die Möglichkeit zu wachsen und sich auf Hunderte oder Tausende von *koku* von Reis zu vermehren. Hierin liegt der Grund dafür, daß die Verdienste eines Menschen, der einen einzigen Vers des Lotus-Sutras gehört hat und ihn freudig aufgenommen hat, so viel zahlreicher sind als die, die gewonnen werden durch die größten materiellen Spenden oder selbst durch die Gabe des Gesetzes durch die andere Arhatschaft erreichen. Wir erkennen also, daß sowohl die Verdienste des Gebens wie auch die Verdienste des Annehmens groß sind.

Bis jetzt haben wir die Verdienste der fünfzigsten Person, die das Lotus-Sutra hört und mit Freuden annimmt, diskutiert. Wie steht es mit den Verdiensten der ersten Hörer in der Versammlung? Der Buddha führte ihre Verdienste wie folgt aus: „Ajita! Wenn in der Tat die Verdienste einer solchen fünfzigsten Person, die in der Folge des Gesetzblumen-Sutra hört und mit Freuden annimmt, so unendlich, grenzenlos und zahllos sind, wieviel größer ist das Glück dessen, der unter den ersten Hörern in der Versammlung ist und es freudig empfängt. Sein Glück überragt alles. Es übersteigt Zahlen oder Vergleiche."

Wie zuvor erklärt, kann, aufgrund des unermeßlichen Wertes der Lehre selbst, selbst jemand, der die Lehre als Fünfzigster in einer Reihe von Übertragungen von einem Anfänger hört, sie mit Freude annehmen. Wieviel größer ist die Freude desjenigen, der die Lehre direkt von einem Prediger vernommen hat, der schon Erleuchtung erreicht hatte. Solch eine freudige Annahme wird eine große Veränderung in sein Leben bringen und wird einen grenzenlosen Einfluß auf die Gesellschaft haben.

DIE GELEGENHEIT DER LEHRE ZU BEGEGNEN. Dieses Kapitel sagt auch, daß sogar eine Person, die so unerleuchtet ist, daß sie, selbst wenn sie mit der Lehre in Berührung kommt, davon nicht angerührt wird, dennoch durch dieses Zusammentreffen große Verdienste gewinnt. Das lehrt uns wie wichtig es ist, die Gelegenheit zu haben, der Lehre zu begegnen. Sicher haben wir alle eine Buddhanatur, aber wir können nur zur Erleuchtung kommen, wenn wir zur Existenz unserer Buddhanatur durch eine solche Gelegenheit erwachen. Mit der Lehre des Buddha in Berührung zu kommen, ist eine erste Voraussetzung zur Erlösung, und die Gelegenheit der Begegnung muß wirklich als eine besonders heilige betrachtet werden. Dementsprechend ist es auch eine sehr heilige Handlung, anderen die Möglichkeit dieser Begegnung zu geben.

Dann predigte der Buddha die Verdienste eines Menschen, der, selbst wenn nur für einen Augenblick, das Lotus-Sutra hört und erhält und andere überzeugt oder veranlaßt ein Gleiches zu tun: „Nochmals, Ajita! Wenn irgend jemand um dieses Sutras willen in ein Kloster geht und es entweder stehend oder sitzend auch nur für einen Augenblick hört und erhält, wird er aufgrund dieses Verdienstes in seiner nächsten körperlichen Wiedergeburt die besten Elefanten, Pferde und Wagen, juwelengeschmückten Sänften und Palankine gewinnen und in himmlischen Fahrzeugen fliegen. Und auch wenn irgend jemand an einem Ort sitzt, wo das Gesetz gepredigt wird und er andere, die kommen, überzeugt, sich auch hinzusetzen und zuzuhören, oder wenn er seinen Sitz mit anderen teilt, wird sein Sitz während seiner körperlichen Wiedergeburt aufgrund dieses Verdienstes ein Sakra-Sitz oder ein Brahma-Sitz oder der Sitz eines das Rad rollenden Königs sein. Ajita! Wenn darüber hinaus jemand zu einem anderen sagt: „Es gibt ein Sutra, das den Namen Blume des Gesetzes trägt, laßt uns zusammen gehen und es anhören", und der Überzeugte hört es auch nur für einen Moment, so wird der Verdienst dieser Person nach seiner körperlichen Wiedergeburt dazu führen, daß er am gleichen Ort mit Bodhisattvas, die *Dhāraṇi* erreicht haben, geboren wird.

Sakra und Brahma sind die höchsten Beschützerkönige der buddhistischen Lehren. Ein heiliger, das Rad rollender König oder *Cakravartin* ist ein großer König, der diese Welt gerecht und friedlich auf der Grundlage der Lehren des Buddha regiert. Bodhisattvas, die *Dhāraṇi* erreicht haben, sind solche , die Leute lehren, um zu verursachen, daß sie alles Üble vermeiden und sie zu überzeugen, Gutes zu tun. Solche Menschen, die anderen die Möglichkeit bieten, mit dem Lotus-Sutra in Kontakt zu kommen, sollten als ebenso heilig wie solche wohlwollenden Götter, das heilige Rad rollende Könige oder Bodhisattvas betrachtet werden. Die nächste körperliche Wiedergeburt dieser Menschen an einem Ort, wo Bodhisattvas leben bedeutet, daß sie geistig in dieser Welt wiedergeboren werden, nämlich, daß ihr Leben völlig verändert und erneuert wird.

Dieses Kapitel sagt auch, daß diese Menschen nicht nur geistig sondern auch körperlich in dieser Welt wiedergeboren werden mit vollkommenen menschlichen Merkmalen. Wir brauchen an dieser Stelle nicht tiefer auf die Bedingungen ihrer Wiedergeburt einzugehen. Es ist genug zu wissen, daß eines Menschen geistige Wiedergeburt sich in seiner Gestalt zeigt, die Wahrheit demonstrierend, daß des Menschen Geist seinen Körper beeinflußt. Solch eine Veränderung des Körpers geht jedoch langsam vonstatten und sein Gesichtsausdruck verändert sich auf dieser Welt nicht sehr. In diesem Fall bezieht sich die menschliche Veränderung nicht auf die körperliche Schönheit oder Häßlichkeit sondern auf die scheinende Reine des Geistes. Je mehr religiöse Übung man ansammelt, desto strahlender wird der Geist erscheinen.

Wenn wir die Portraits und Bilder gelehrter und berühmter Priester, Weiser und Heiliger betrachten, die von alten Zeiten überliefert sind, finden wir zwischen ihnen nur wenige mit körperlicher Schönheit im üblichen Sinne ausgestattet. Niemand würde zwischen den Abbildungen der zehn großen Jünger Buddhas welche als hübsch bezeichnen, abgesehen von Ānanda und Rāhula. Die meisten von ihnen haben ausdruckslose Gesichter, was zu der Redewendung „ein Mensch mit einem Gesicht wie ein *Arhat*" geführt hat. Aber immerhin ist jeder der zehn großen Jünger als eine Person mit mildem und mitfühlendem Gesicht dargestellt worden und ist außerdem mit einem Zeichen versehen, daß die Tiefe seines Wissens repräsentiert. Wenn diese großen Jünger ihre Bodhisattva-Übung in jeder Wiedergeburt fortsetzen und ansammeln, wird ihre geistige Erhöhung in zunehmendem Maße ihren Gesichtsausdruck beeinflussen und sie schließlich zum Besitz der Zeichen eines Buddha bringen, das heißt zur Vollkommenheit der zweiunddreißig Zeichen und der achtzig Arten von Hervorragendheit eines Buddha.

Der Einfluß der geistigen Wiedergeburt eines Menschen beschränkt sich nicht auf den geistigen Aspekt, sondern wirkt auch auf den Körper. Dieser Wechsel läuft sehr langsam ab, aber er tritt auf jeden Fall ein. Auf diese Weise sollten wir diesen Teil des Lotus-Sutras deuten.

1 Jambudvipa, der südliche der vier Kontinente, die um den Berg Sumeru liegen, ist die Welt, in der wir leben.
2 Eine in Japan angewendete Maßeinheit für Reis. Ein *koku* entspricht 4,629 Scheffeln. (Englisch: bushel=35,238 Liter)
3 Einhundert *koku*

Kapitel 19

Die Verdienste des Predigers

IM VORIGEN KAPITEL wurden die Verdienste eines Anfängers, der gerade in die Lehre eingetreten ist, ausgeführt. Das gegenwärtige Kapitel erklärt die Verdienste eines Predigers, der einen höheren Grad erreicht hat. „Prediger" heißt nicht unbedingt Mönch oder Nonne, sondern kann jeden bezeichnen — einschließlich buddhistischer Mönche, Nonnen, Laienanhänger und Laienanhängerinnen — der die Lehren des Buddha erhält, bewahrt und sich um ihre Verbreitung bemüht. Es gibt fünf verschiedene Arten von Übungen (*goshu hosshi*): Erhalten und Bewahren des Sutra (*juji*), sein Lesen (*doku*) und Rezitieren (*ju*), sein Auslegen (*gesetsu*) und Abschreiben (*shosha*). Eine ausführliche Erklärung dieser fünf Übungen ist schon in Kapitel 10, „Ein Lehrer des Gesetzes" gegeben worden. Der Zustand unseres sich allmählich vertiefenden Glaubens wird in diesen fünf Übungen deutlich gezeigt.

Wenn wir die Lehre nach Anhören glauben und erkennen, und wenn der Geist der freudigen Annahme erwächst, schreiten wir zuerst zu festem Einhalten fort, dann prägen wir sie uns durch Lesen und Rezitieren ins Gedächtnis ein. Diese Übung wird zur Errichtung unserer Glaubensgrundlage als persönliche Disziplin durchgeführt. Wenn unser Glauben diesen Grad erreicht hat, können wir nicht anders, als die Lehre an andere weiterzugeben. Deshalb erklären wir das Sutra und schreiben es ab. Wir können nicht von uns sagen, daß wir den wahren Glauben erreicht haben, ehe wir nicht jeden Prozeß der fünf Übungsweisen eines Predigers durchführen.

Dann sprach der Buddha zu Bodhisattva-*Mahāsattva* Immer Eifrig: „Wenn irgendein guter Sohn oder eine gute Tochter dieses Gesetz-Blumen-Sutra erhält und bewahrt oder liest und rezitiert oder erklärt oder abschreibt, gewinnt dieser Mensch achthundert Verdienste des Auges, zwölfhundert Verdienste des Ohres, achthundert Verdienste der Nase, zwölfhundert Verdienste der Zunge, achthundert Verdienste des Körpers und zwölfhundert Verdienste des Geistes. Mit diesen Verdiensten wird er seine sechs Organe adeln, so daß sie ruhig und klar werden."

Die Zahlen achthundert und zwölfhundert drücken die Idee aus, daß die Verdienste vollkommen erreicht werden.

DIE VERDIENSTE DES AUGES. Welche Verdienste des Auges kann

der gute Sohn oder die gute Tochter erwerben? Bezüglich dieser Verdienste predigt der Buddha folgendes: „Jener gute Sohn oder jene gute Tochter wird mit den natürlichen, von den Eltern bei der Geburt erhaltenen reinen Augen sehen, was immer innerhalb und außerhalb der dreitausend großen tausendfachen Welt existiert: Berge, Wälder, Flüsse und Meere bis hinunter zur Avici-Hölle und hinauf zum Gipfel der Existenz. Desgleichen kann dieser Mensch alle Lebewesen darin sehen und die Gründe ihres Karmas und die Auswirkungen in ihren Wiedergeburtszuständen bis in alle Einzelheiten verstehen."

Daraufhin sprach der Buddha, da er diese Lehre nochmals verkünden wollte, in Versen und schloß mit den Worten: „Obwohl er noch keine göttliche Sicht erreicht hat / Haben seine fleischlichen Augen solche Kräfte."

Der Ausdruck „Obwohl er noch keine göttliche Sicht erreicht hat" stellt das Gegenstück zu „mit den natürlichen, bei der Geburt von den Eltern erhaltenen reinen Augen" dar. Die letzte Zeile dieses Verses bedeutet, daß Lebewesen, obwohl sie die göttliche Sicht himmlischer Wesen, mit der der wahre Zustand aller Dinge erkannt werden kann, noch nicht besitzen, doch die Kraft, es zu tun, erhalten können, während sie in der *Sahā*-Welt leben, weil sie reine Augen haben, die unbewölkt von geistigen Täuschungen sind. Um es einfacher zu sagen, sie können es tun, weil ihr Geist so rein wird, daß sie nicht mehr selbstsüchtig sind und somit Dinge ansehen, ohne von Vorurteilen oder Subjektivität beeinflußt zu werden. Sie können Dinge richtig sehen, wie sie wirklich sind, weil ihr Geist immer ruhig, ungetrübt von Gefühlswallungen ist.

In einem bestimmten Sutra predigt der Buddha wie folgt: „Ein Ding wird nicht wie es wirklich ist in Wasser reflektiert, das über einem Feuer kocht. Ein Ding wird nicht wie es wirklich ist in einer von Pflanzen versteckten Wasseroberfläche gespiegelt. Ein Ding wird nicht wie es wirklich ist auf der Oberfläche von windbewegten Wasser reflektiert." Hier lehrt uns der Buddha, daß wir den wahren Zustand der Dinge nicht erkennen können, bis wir frei von geistigen Täuschungen sind, die durch Selbstsucht und Leidenschaft verursacht werden. Die Verdienste des Auges sollten wir in dieser Weise verstehen.

DIE VIER FURCHTLOSIGKEITEN EINES BODHISATTVAS. Der Buddha begann mit den folgenden Worten in Versen zu sprechen: „Wenn jemand in der großen Versammlung / Mit furchtlosem Geist / Dieses Gesetz-Blumen-Sutra ..." die Redewendung „mit furchtlosem Geist" heißt, daß jemand in feiner Art sagt was er denkt, ohne Furcht oder Zurückhaltung. Um solch einen furchtlosen Geist zu beschreiben ist der Ausdruck „die vier

Furchtlosigkeiten eines Bodhisattvas" seit alten Zeiten benutzt worden. Man kann das Gesetz mit furchtlosem Geist predigen, wenn man die vier folgenden Furchtlosigkeiten ständig einhält.

Die erste ist *soji-fumo*: ein Bodhisattva hat keine Furcht, das Gesetz zu predigen, da er alle Vorraussetzungen erfüllt. Das bedeutet, daß ein Bodhisattva nichts zu befürchten hat, wenn er das Gesetz irgend jemandem predigt, wenn er alle Lehren, die er gehört hat, auswendiggelernt hat und sie richtig erinnert. Das erscheint leicht genug, aber es ist nicht so einfach durchzuführen. Wenn immer ein Mensch eine Lehre erhält, hört er mit ganzem Herzen zu, und wenn er irgendwelche Fragen hat, zögert er nicht, den Prediger zu fragen, bis sein Verständnis ihn zufriedenstellt. Darüber hinaus bemüht er sich durch wiederholtes Lesen und Rezitieren morgens und abends, sie auswendig zu lernen. Er kann einen solchen geistigen Zustand nur erreichen, wenn er unermüdlich an seinen Übungen festhält.

Die zweite Furchtlosigkeit ist *jinchi-hoyaku*: der Bodhisattva predigt das Gesetz ohne Furcht, da er die Medizin des Gesetzes und auch die Fähigkeiten, Neigungen, die Natur und Gesinnung aller Lebewesen kennt. Das heißt, daß geradeso wie ein Arzt je nach dem Stand und der Natur der Krankheit ein Rezept verschreiben kann, ein Bodhisattva ohne Unsicherheit das Gesetz entsprechend den unterschiedlichen Fähigkeiten, Neigungen, Naturen und Gesinnungen der Menschen predigen kann. Ein Mensch, der es verdient ein Bodhisattva genannt zu werden, erinnert nicht nur die Lehren gut, sondern pflegt auch die Fähigkeit, sie frei aber taktvolll zu predigen.

Die dritte Furchtlosigkeit ist *zenno-mondo*: der Bodhisattva hat keine Furcht, das Gesetz durch überzeugende Fragen und Antworten zu predigen. Wenn es ausreichend wäre, über das Gesetz ganz momentan zu sprechen, könnte man sich mit rasch gewonnener und unverdauter Kenntnis darauf vorbereiten. Jeder, der einen allgemeinen Überblick über das Gesetz hat, kann das tun. Ein wirklicher Prediger muß jedoch genug Kraft haben, um alle Fragen zu seiner Predigt klar zu beantworten und sich logisch mit entgegengesetzten Meinungen auseinandersetzen. Seine Antworten und Beweise dürfen nicht irreführend oder weithergeholt sein, sondern müssen in Übereinstimmung mit den Lehren des Buddhas stehen. „Gut" bedeutet hier, daß seine Antworten mit der Lehre in Harmonie sind. Wie richtig seine Antworten auch inhaltlich sein mögen, er kann trotzdem nicht als ein guter Prediger angesehen werden, außer wenn er seine Hörer dazu bringen kann, ihre eigenen fehlerhaften Ideen als solche zu erkennen und die Lehre zu verstehen. „Überzeugend" bezieht sich hier auf seine Fähigkeit, anderen Dinge klar zu machen. Einer, der alle Fragen klar beantworten kann und alle entgegengesetzten Meinungen ausführlich und zufriedenstellend so widerlegen kann, daß sein Reden völlig mit den Lehren im Einklang steht, solch einer wird das Gesetz ohne Furcht predigen.

Die vierte Furchtlosigkeit ist *nodan-motsugi*: der Bodhisattva hat keine Furcht das Gesetz zu predigen indem er Zweifel überzeugend beseitigt. Zur Lehre des Buddha entstehen viele Fragen, weil sie so wichtig, tief und grenzenlos ist. Jeder Mensch hat eine verschiedene Interpretation der Dinge, deshalb der Spruch: „Es gibt soviele Interpretationen des Gesetzes wie es buddhistische Priester gibt." Ein Prediger muß in seiner Auslegung des Gesetzes sehr klar und bestimmt sein, aber vor allem muß er tugendhafter sein als andere, und er muß voll Mitleid sein. Das ist erforderlich, da bei Betrachtung solch schwieriger Probleme wie der verschiedenen Ansichten über das Gesetz, die wahre Absicht des Buddha nicht durch theoretische Kenntnisse allein erfaßt werden kann. Nur ein Mensch, der den geistigen Zustand erreicht hat, in dem er direkt zu dem unendlichen Mitleid des Buddha Zugang hat, kann Entscheidungen treffen, die mit der Absicht des Buddha, die feinen Abstufungen des Zweifels auszulöschen, übereinstimmt. Ein Bodhisattva, der Zweifel in dieser Weise zerstreuen kann, wird das Gesetz ohne jede Furcht predigen.

Bei Betrachtung der vier Furchtlosigkeiten eines Bodhisattvas mögen einige Menschen von der Schwierigkeit das Gesetz anderen zu predigen, entmutigt werden. Wir müssen uns jedoch nicht fürchten. In diesen vier Gruppen wird der ideale Prediger beschrieben, und wenn man solch einen Zustand erreicht hat, dann ist man wirklich ein großer Bodhisattva geworden. Aber kein großer Bodhisattva ist ein solcher ohne Anstrengungen geworden. Er hat diesen Zustand erst nach langer Ausübung harter Disziplin erreicht.

Wir, die wir uns in der Bodhisattvapraxis üben, müssen diese vier Ideale immer im Bewußtsein tragen und sie als unseren Maßstab nehmen, wenn wir das Gesetz predigen. Wenn wir auf ein schwieriges Problem stoßen oder etwas gefragt werden zu dem wir die Antwort nicht kennen, dann sollten wir das klar sagen: „Da ich diese Frage nicht beantworten kann, werde ich jemanden um Unterweisung bitten und dir dann antworten." Wir dürfen uns nicht einfach eine Antwort ausdenken, um uns irgendwie aus der Lage zu retten. Ein „Ich bin nicht sicher" erniedrigt uns in der Ansicht unserer Hörer nicht, sondern erhöht ihr Vertrauen.

DIE VERDIENSTE VON OHR, NASE, ZUNGE, KÖRPER UND GEDANKEN. Dann predigte der Buddha die Verdienste des Ohres. Er lehrt, daß jeder gute Sohn oder jede gute Tochter, die sich in den Übungen des Predigens verbessert, in der Lage sein wird, alle Worte und Töne mit dem natürlichen Ohr zu vernehmen.

Alles, was sich bewegt, gibt einen Ton ab. Ein Mensch, der durch Vertiefen seines Glaubens einen ruhigen Geist entwickelt hat, kann durch ihn die feine Verschiebung von Dingen durch Unterscheidung der Töne wahrnehmen. Die Laute von Feuer, Wasser, und Wind sind die natürlichen Töne unter den hier erwähnten. Mit ruhigem Ohr kann man die Bewegung der Natur klar unterscheiden, indem man die Geräusche prasselnden Feuers, murmelnden Wassers oder pfeifenden Windes hört. Beim Hören solcher Töne erfreut sich solch ein Mensch daran, als ob er wunderbarer Musik lausche. Wenn er ungewöhnliche Töne der Natur vernimmt, erkennt er ihre Ursache und kann dadurch sich und viele andere vor den Gefahren von Schneestürmen, Taifunen und Orkanen, Hochfluten, Überschwemmungen und anderen Naturkatastrophen retten. Und noch darüber hinaus kann er Bewegungen des menschlichen Geistes leicht durch die Töne von Muschelhörnern, Trommeln, Gongen und Glocken unterscheiden.

Ein erfahrender Maschineningenieur weiß, welche Teile welcher Maschine abgenutzt oder falsch eingestellt sind, wenn er nach Eintreten in die Fabrik einen Moment dem Maschinenlärm zuhört. Zwischen mehr als hundert Musikern eines Symphonyorchesters kann ein hervorragender Dirigent die feinen Unterschiede ihrer Leistung durch Hören unterscheiden: welcher der Instrumentalisten zu hoch oder zu tief spielt; welcher in seinem Spiel nicht die richtige Stimmung erzeugt und welche zu stark spielen. Ein Prediger, als ein Führer im menschlichen Leben, ist imstande, die Gefühle lebender Kreaturen durch ihre Worte oder Töne natürlich zu verstehen.

Es ist überflüssig zu sagen, daß die Töne der Kreaturen durch ihre Bewegungen verursacht werden. Töne werden nicht nur durch die Vibrationen der Stimmbänder, sondern auch durch die Bewegungen der Gefühle und des Willens erzeugt. Es gibt Laute der Zufriedenheit, der Klage, des Leidens und der Sprache. Jemand, der ausreichenden Glauben entwickelt hat, kann die wahre Bedeutung all dieser Töne hören: die Laute der Höllen, der Tiere, der hungrigen Geister und der *Asuras.* Er kann auch die Töne der Heiligen erkennen, der *Bhikshus,* der *Bhikshunīs* und der Bodhisattvas. Er kann verstehen, welche Lehre an welchem Ort gelehrt wird und welchen Wert sie hat. Schließlich wird er die in den folgenden Zeilen beschriebene Fähigkeit erhalten:

„Die Buddhas, große und geehrte,
Verwandler aller Lebewesen,
Die, in ihren großen Versammlungen,
Das mystische Gesetz verkünden —

Hört er ganz genau,
Der diese Gesetzesblume hält."

Es ist nur natürlich, das der, der das Lotus-Sutra hält, den Buddha das Gesetz predigen hört, da der ganze Körper des Tathāgata in ihm enthalten ist.

Wir finden in dem Versteil, in dem der Buddha über die Verdienste des Ohres spricht, die folgenden zwei wichtigen Ausdrücke: „Er kann zuhören, ohne unter ihrer Kontrolle zu sein" und „Er kann, ohne sein Hörorgan zu beschädigen, zuhören". Der erste Ausdruck bedeutet, daß er selbst wenn er schöne Musik hört, nicht von ihr gebunden wird. Er mag von ihr für eine kurze Zeit bezaubert sein, aber er hat keine dauernde Bindung an sie und läßt sich nicht so einlullen, daß er wichtige Dinge vergißt. Das ist ein gutes Beispiel für uns zur Darstellung unserer Bindungen zu Vergnügungen. Der zweite Ausdruck bedeutet, daß sein Hörvermögen auch dann nicht eingeschränkt wird, wenn er alle Laute der dreitausend großen tausendfältigen Welt hört. Das zeigt an, daß er, selbst wenn er alle verschiedenen Töne der Welt hört, nicht verwirrt wird. Wenn ein gewöhnlicher Mensch auf der einen Seite die Laute von Sorge, Leid und Trauer hört und die von Auseinandersetzungen und Streit auf der anderen Seite, wird er in Verwirrung geworfen. Hingegen wird ein Mensch, der seinen Glauben ausreichend vertieft hat, nicht überwältigt werden. Er wird inmitten des Lärms ruhig verweilen und imstande sein, die Laute mit Ruhe zu hören.

Der Buddha sprach auch über die Verdienste der Nase. Von allen Sinnesorganen des Menschen wird die Nase als das dem Tierreich am nächsten stehende bezeichnet. Aus diesem Grund sagt man, daß die Kunst des Riechens nicht im gleichen Maße wie die Künste des Auges (Malerei, Skulptur usw.) und die des Ohres (Musik) entwickelt wurde. Aber genau aus diesem Grunde beeinflußt die Nase die menschlichen Gefühle sehr direkt. Wenn man einen unangenehmen Geruch riecht, kann man seinen Appetit verlieren oder Kopfschmerzen bekommen, während man von einem erfreulichen Parfüm ganz fasziniert werden kann. Es ist sehr schwierig, den Geruchssinn genau zu bestimmen, aber der gute Sohn oder die gute Tochter, die die fünf Arten der Übungen für einen Priester verbessert, kann leicht die Dinge durch ihren Geruch unterscheiden. Das bedeutet, daß die wahre Natur der Dinge erfaßt wird.

Als nächstes führte der Buddha die Verdienste der Zunge aus. Hier gibt es zweierlei Arten von Verdiensten: erstens wird alles was man schmeckt den feinsten Geschmack haben, und zweitens wird die Stimme beim Predigen so bedeutungsvoll und klar, daß sie alle Menschen erfreut und beglückt. Was den ersten Verdienst betrifft, so ist es bei Erreichen dieses tiefen Glaubens und der geistigen Ruhe nur natürlich, daß alles was man ißt, gut schmeckt. Der zweite Verdienst bedarf keiner Erklärung.

Die Verdienste des Körpers predigte der Buddha als Nächstes. Wenn irgendein guter Sohn oder eine gute Tochter die fünf Übungen des Predigers übt, wird sie einen kristallklaren Körper gewinnen, bei dessen Anblick alle Lebewesen erfreut werden, und der wahre Zustand der Dinge wird in diesem Körper manifestiert. Ein Mensch, der von ganzem Herzen die Bodhisattva-Übungen durchführt, ist von der Idee des Selbst befreit. Durch den Besitz eines so reinen Körpers werden alle Dinge der Welt durch ihn so gesehen, wie sie wirklich sind, ohne Verzerrung oder Unklarheit. Deshalb werden, wie durch den Ausdruck „alle Lebenden sind erfreut ihn zu sehen" gesagt wird, alle Wesen ihn als einen führenden Lehrer anerkennen und sich freuen, wenn sie ihn sehen.

Der Buddha predigte danach die Verdienste der Gedanken in folgender Weise: „Wenn irgendein guter Sohn oder eine gute Tochter nach der Auslöschung des Tathāgatas dieses Sutra erhält und einhält, oder es liest oder rezitiert oder erklärt oder abschreibt, wird sie zwölfhundert Verdienste der Gedanken erhalten. Wenn der Mensch mit diesem reinen Gedankenorgan auch nur einen einzigen Vers oder Satz hört, wird er seine unendlichen und unbegrenzten Bedeutungen durchdringen. Nachdem er diese Bedeutungen erkannt hat, kann er über diesen einzigen Satz oder Vers einen Monat, vier Monate lang ja, sogar ein Jahr lang predigen. Und was er predigt wird, entsprechend seinen verschiedenen Bedeutungen, der Wahrheit nicht widersprechen."

Der Besitz eines reinen Gedankenorgans führt zum Verständnis der unendlichen und grenzenlosen Bedeutung der Lehre, selbst wenn er nur einen einzigen Satz oder Vers hört. Wenn er diese Bedeutung ganz verstanden hat, kann er über diesen einzigen Satz für einen Monat oder zwei Monate oder gar für ein ganzes Jahr predigen. Kurzum, nachdem er die Lehre vollständig verstanden hat, kann er von allen Gesichtspunkten, auf verschiedene Weisen, für welche Zeit auch immer er möchte, darüber predigen. Das zeigt die Riesigkeit und Grenzenlosigkeit des Buddha und die tiefe Weisheit eines Menschen, der sie durchdrungen hat.

Weiterhin sagte der Buddha: „Wenn er sich auf populäre klassische Werke; Maximen, um die Welt zu regieren; Möglichkeiten des Lebensunterhaltes und so weiter bezieht, wird alles mit dem wahren Gesetz übereinstimmen." Diese Worte haben für uns heute eine sehr wichtige Bedeutung. Der Begriff „populäre klassische Werke" bedeutet Bücher, die das menschliche Leben leiten, die nicht religiöse Bücher sind, wie zum Beispiel ethische oder philosophische Werke. Dieser Ausdruck bezieht sich nicht nur auf

Bücher, sondern schließt auch die Lehren des Buddha, wie sie durch Sprache verkündet werden, ein. Der Ausdruck „Maximen, um die Welt zu regieren" bedeutet Lehren, die sich auf Themen wie Politik, Volkswirtschaft und Jura beziehen, und „Möglichkeiten des Lebensunterhaltes" bedeutet Unterhaltungen mit anderen und ihre Anleitung in verschiedenen Gebieten, wie zum Beispiel Landwirtschaft, Herstellung und Handel.

Die Ideen eines Menschen, der tiefen Glauben entwickelt hat, werden natürlich mit dem wahren Gesetz übereinstimmen, selbst wenn er solche praktischen Dinge diskutiert. Für religiöse Menschen ist das der richtige Weg, sich mit geistlichen Problemen und der geistigen Welt auseinanderzusetzen. Aber man sollte sich nicht mit politischen Vorgängen oder der Außenpolitik einer Nation direkt befassen. Es gehört jedoch zu ihren wichtigen Aufgaben, die Prinzipien der richtigen geistigen Haltung allen zu predigen, die es angeht. Shakyamuni Buddha belehrte Menschen über ihre Arbeit, Wirtschaft und andere praktische Dinge, um die richtige Geisteshaltung von Regierungsmitgliedern nicht zu nennen.

Selbst während der Lebenszeit des Buddha muß die Mehrzahl derer, die an das Lotus-Sutra glaubten, Laienanhänger und nicht buddhistische Mönche oder Nonnen gewesen sein. Deshalb predigte der Buddha manchmal in den Häusern der Gläubigen über „populäre klassische Werke", und manchmal führte er „Maximen, um die Welt zu regieren" aus. Wieviel öfter war es wohl notwendig für ihn, täglich über die „Möglichkeiten des Lebensunterhaltes" zu sprechen.

Unterhaltungen über das tägliche Leben stehen dem Interesse gewöhnlicher Menschen sehr nah. Aus diesem Grund ist das, was gesagt wird, meistens sehr stark vom Ego des Sprechers beeinflußt. Wir neigen dazu, Dinge kurzsichtig zu beurteilen und wollen, daß alles nach unseren Wünschen geht und nehmen nicht den weiteren Gesichtspunkt, der das Wohl anderer sowohl als unser eigenes einschließt. Jemand mit wahrem Glauben kann sich dagegen dem Gesichtspunkt des Buddha anschließen, der allen wohl will. Dadurch entsprechen seine Äußerungen natürlich den Lehren des Buddha. Das ist eine äußerst wichtige Qualität für die moderne Gesellschaft.

Um diese Lehre weiter auszuführen, sagte der Buddha: „Die Wesen in den sechs Bestimmungsorten der dreitausend großen tausendfachen Welt, was immer ihnen durch den Sinn geht, wohin auch immer sich ihr Geist wendet, welche Argumentationen auch immer ihre Gedanken beschäftigen — er kennt sie alle. Obwohl ein solcher noch keine fehlerlose Weisheit erreicht hat, ist sein Gedankenorgan so rein, daß, was immer er bedenkt, beurteilt und spricht, Buddha-Gesetz ist, nichts als die Wahrheit und auch solches, was frühere Buddhas in dem Sutra gelehrt haben."

Die Wesen überall in der dreitausend großen tausendfachen Welt, was immer ihren Sinn beschäftigt, was immer ihre geistigen Bedingungen sind und was immer für nutzlose Argumente ihren Geist verwirren — ein Mensch höherer Geistesstufe kann sie alle kennen, da er, obwohl noch nicht vollkommen frei von Täuschungen und noch nicht im Besitz der Weisheit, die die Durchdringung aller Dinge erlaubt bis zur Erkenntnis ihrer wahren Natur, ein Gedankenorgan besitzt, das rein genug ist, ihn solch außergewöhnliche Kraft gewinnen zu lassen. Was immer er bedenkt, beurteilt und sagt, wird mit der Lehre des Buddha übereinstimmen und wird auch in Einklang mit dem stehen, was frühere Buddhas in dem Sutra gepredigt haben.

„Frühere Buddhas" verweist auf die vielen Buddhas vor dem Erscheinen Shakyamuni Buddhas in dieser Welt. Dieser Ausdruck zeigt, daß sich die Wahrheit niemals ändert, und daß, was immer ein Mensch von genügender Glaubenstiefe predigt, mit der Wahrheit übereinstimmen wird, die für die zeitlichen Welten der Vergangenheit, der Gegenwart und der Zukunft gilt.

Auf diese Weise lehrt uns der Buddha, daß jeder gute Sohn oder jede gute Tochter mit den Verdiensten der fünf Übungen für Prediger seine oder ihre sechs Sinnesorgane — Sicht, Gehör, Geruch, Geschmack, Tastgefühl und Gedanken — reinigen kann.

Letztlich schließt das Hauptthema der Predigt des Buddha zwei Punkte ein. Der erste ist die Ermutigung, die der Buddha dem Menschen gibt, sich der Übung des Lotus-Sutras zu widmen, da er sich durch ihre ganzherzige Übung geistig und physisch verbessern kann. Der zweite ist die Warnung des Buddha, daß, weil ein wirklich Gläubiger des Lotus-Sutra die wichtige Aufgabe hat, die Lehren des Buddha zu verbreiten, er auch die Kraft besitzen sollte, alle Dinge zu erkennen. Wenn ein Mensch diesen Geisteszustand noch nicht erreicht hat, ist das ein Zeichen dafür, daß seine persönlichen Übungen noch nicht ausreichend sind. Deshalb muß er sich dauernd überwachen, damit er nicht in Selbstzufriedenheit und Eitelkeit verfällt.

Kapitel 20

Der Bodhisattva ‚Der nie verachtet'

ES WIRD NICHT ANGENOMMEN, daß alle Jünger, die der Predigt des Buddha in Kapitel zuhörten, die darin enthaltende Bedeutung seiner Ermutigung und Ermahnung völlig verstanden. Einige von ihnen mögen sich entmutigt gefühlt haben, denkend: „Es ist unmöglich für uns, die Lehren des Lotus-Sutra alle vollkommen zu üben." Andere mögen selbstzufrieden gewesen sein, denkend: „Wir können irgendwie Verdienste gewinnen, wenn wir nur die fünf Übungen so oder so der Form nach halten." Noch andere mögen sich für einen Moment sehr stolz gefühlt haben, sich selbst schmeichelnd: „Wir sind nicht wie die Anhänger der zwei anderen Fahrzeuge, wie die *Śrāvakas* und *Pratyekabuddhas,* wir Bodhisattvas haben diese übernatürliche Kraft. Wir unterscheiden uns von ihnen ganz beachtlich."

Die Predigten des Buddha waren immer vollkommen und ließen nichts zu wünschen übrig. Wenn immer er in den Gedanken seiner Jünger den leisesten Zweifel fand, gab er ihnen genug Anweisungen, um sie zu vollkommener Erleuchtung zu führen. Wir können uns gut vorstellen, daß er in seiner Predigt in Kapitel 19 ein Gleiches tat.

Zu der Zeit sprach der Buddha mit verändertem Tonfall zu Bodhisattva-Mahasattva, der große Kraft gewonnen hat: „Nun solltest du wissen, daß, wenn *Bhikshus, Bhikshunīs, Upāsakas* und *Upāsikas* das Gesetzblumen-Sutra einhalten, und jemand verflucht, beleidigt oder verleumdet sie, wird er die Strafe erhalten, die zuvor verkündet worden ist; aber jene, welche die zuvor verkündeten Verdienste der Augen, Ohren, Nase, Zunge, des Körpers und Verstandes erhalten werden klar und rein sein." Dann erzählte der Buddha die Geschichte von Bodhisattva ‚Der nie verachtet' als Beispiel für das, was er meinte.

DIE GESCHICHTE VOM BODHISATTVA ‚DER NIE VERACHTET'. ‚Der große Kraft gewonnen hat!' in vergangenen alten Zeiten, unendlich, unbegrenzt, unvorstellbar lange her, vor *Asaṃkheyeya Kalpas* gab es einen Buddha namens König der majestätischen Stimme Tathāgata, Anbetungswürdiger, Allweiser, im Verhalten vollständig Erleuchteter, Wohl Getrennter, Versteher der Welten, einzigartiger Führer, Überwacher, Lehrer der Götter und Menschen, Buddha, Weltgeehrter, dessen *Kalpa* „frei von Verfall" und dessen Domäne „alles vollständig" genannt wurde. Jener Buddha,

König der majestätischen Stimme, predigte in jener Welt zu Göttern, Menschen und *Asuras.* Denen, die *Śrāvakas* werden wollten, predigte er die Beachtung der vier edlen Wahrheiten, um von Geburt, Alter, Krankheit und Tod zu entfliehen und schließlich Nirvana zu erreichen. Jenen, die *Pratyekabuddhas* werden wollten, predigte er die Beachtung des Gesetzes der 12 Ursachen, und den Bodhisattvas predigte er mittels vollkommener Erleuchtung die Beachtung der sechs *Paramitās* zur Vervollkommnung der Buddha-Weisheit. ‚Der große Kraft gewonnen hat'! Die Lebenszeit dieses Buddha, König der majestätischen Stimme, währte vierzig Myriaden *Koṭis* von Nayutas von *Kalpas,* so viele, wie die Sandkörner des Ganges. Die Anzahl der *Kalpas,* durch die hindurch das gerechte Gesetz in der Welt bestand, entsprach der der Atome eines Jambudvipa; und die Anzahl der *Kalpas,* in denen das gefälschte Gesetz galt, war so groß wie die der Atome von vier Kontinenten. Nachdem dieser Buddha allen Lebewesen ausreichend behilflich gewesen war, erlosch er. Nachdem das gerechte Gesetz und das gefälschte Gesetz völlig verschwunden waren, erschien in der Domäne ein anderer Buddha. Er trug auch den Titel König der majestätischen Stimme Tathāgata, Anbetungswürdiger, Allweiser, im Verhalten vollständig Erleuchteter, wohl Getrennter, Versteher der Welten, einzigartiger Führer, Überwacher, Lehrer der Götter und Menschen, Buddha, Weltgeehrter. Hintereinander erschienen dort in dieser Weise zwanzigtausend *Koṭis* von Buddhas, die alle denselben Titel trugen. Nach dem Vergehen des ersten Tathāgatas König der majestätischen Stimme und nach dem Ende des gerechten Gesetzes, während der Zeit des gefälschten Gesetzes erreichten äußerst arrogante *Bhikshus* die Macht. Zu dieser Zeit gab es einen Bodhisattva-*Bhikshu* namens ‚Der niemals verachtet'. ‚Der große Kraft gewonnen hat'! Aus welchem Grunde wurde er ‚Der niemals verachtet' genannt? Weil dieser *Bhikshu* allen, die er traf *Bhikshus, Bhikshunīs, Upāsakas* und *Upāsikas* seinen Respekt darbrachte und sie lobte, indem er sprach: „Ich ehre euch tief. Ich wage es nicht, euch gering zu schätzen und zu verachten. Warum? Weil ihr alle auf dem Bodhisattva-Weg wandelt und Buddhaschaft erreichen werdet." Dieser *Bhikshu* widmete sich nicht dem Lesen und Rezitieren von Sutras, sondern brachte nur Respekt dar. Sogar wenn er jemanden, der in eine der vier Gruppen gehörte, von ferne sah, ging er auf ihn zu, um ihm seinen Respekt darzubringen, und ihn zu loben, indem er sagte: „Ich wage nicht, euch gering zu schätzen, weil ihr alle Buddhaschaft erreichen werdet." Unter den Angehörigen der vier Gruppen waren einige, die ihn irritiert und ärgerlich beschimpften und beleidigten. Sie sagten: „Wo kommt dieser unwissende *Bhikshu* her, der es auf sich nimmt zu sagen: ‚Ich wage nicht, euch zu verachten' und der uns weissagt, daß wir dazu bestimmt sind, Buddhas zu werden?“ Wenn immer er so sprach, bewarfen ihn die Leute mit Keulen, Stöcken, Topfscherben und Steinen. Aber er rief weiter, während er sich in Sicherheit brachte: „Ich wage nicht, euch gering zu schätzen. Ihr werdet alle Buddhaschaft erreichen.“ Und weil er immer so redete, nannten ihn die überheblichen *Bhikshus, Bhikshunīs, Upāsakas* und *Upāsikas* ‚Der nie verachtet‘.

Als dieser *Bhikshu* seinem Ende nahe war, hörte er vom Himmel zwanzigtausend Myriaden *Koṭis* Verse des Gesetzblumen-Sutras, die der Buddha ‚König der majestätischen Stimme‘ früher gepredigt hatte. Der *Bhikshu* war im Stande, sie alle zu erhalten, und zu bewahren und erhielt daraufhin die Klarheit und Reinheit des Seh- und Hörorgans, der Nase, Zunge, des Körpers und Verstandes. Nachdem er die Reinheit der sechs Organe erreicht hatte, verlängerte er sein Leben um weitere zweihundert Myriaden *Koṭis* von *Nayutas* von Jahren und predigte den Menschen weit und breit das Gesetzblumen-Sutra. Als die überheblichen *Bhikshus, Bhikshunīs, Upāsakas* und *Upāsikas,* die diesen Mann verachtet und beleidigt und ihm den Spottnamen ‚Der nie verachtet‘ gegeben hatten, ihn mit starken übernatürlichen Kräften, der Fähigkeit der gewandten Vortrages und der Kraft ausgezeichneter Meditation ausgerüstet sahen und ihn predigen hörten, glaubten sie und folgten sie ihm alle. Dieser Bodhisattva brachte wieder Tausende von Myriaden von *Koṭis* von Wesen zur vollkommenen Erleuchtung.

„Nach dem Ende seiner Lebenszeit traf er zweitausend *Koṭis* von Buddhas, die alle den Beinamen ‚Sonnen- und Mondlicht‘ trugen und predigte unter ihrem Gesetz dieses Gesetzblumen-Sutra. Deshalb traf er wieder zweitausend *Koṭis* von Buddhas, die alle den gleichen Beinamen ‚Höchster Lichtkönig der Wolken‘ trugen. Weil er unter dem Gesetz dieser Buddhas dieses Sutra erhielt und bewahrte, las, rezitierte und allen vier Gruppen predigte, erreichte er Klarheit und Reinheit des gewöhnlichen Auges und der Organe des Gehörs, Geschmacks, Geruchs, Tastgefühls und der Gedanken und predigte das Gesetz weiterhin furchtlos allen vier Gruppen.

‚Der große Kraft gewonnen hat‘! Dieser Bodhisattva-*Mahāsattva* ‚Der nie verachtet‘ verehrte zahlreiche Buddhas, huldigte ihnen und pries sie; und nachdem er die Wurzeln des Guten kultiviert hatte, traf er wieder Tausende von Myriaden von *Koṭis* von Buddhas und predigte auch unter diesen Buddhas dieses Sutra. Als seine Verdienste dann voll waren, wurde er ein Buddha. ‚Der große Kraft gewonnen hat‘! Hältst du es für möglich, daß der Bodhisattva ‚Der nie verachtet‘ zu der Zeit ein anderer war? Er war wirklich ich. Wenn ich in meinen vorigen Leben dieses Sutra nicht erhalten und bewahrt, gelesen und rezitiert und anderen gepredigt hätte, hätte ich nicht so bald vollkommene Erleuchtung erreichen können. Weil ich aber unter vorigen Buddhas dieses Sutra erhielt und bewahrte, las und rezitierte und anderen predigte, erreichte ich so bald vollkommene Erleuchtung.

‚Der große Kraft gewonnen hat'! Zu jener Zeit beschimpften und beleidigten mich die vier Gruppen *Bhikshus, Bhikshunīs, Upāsakas* und *Upāsikas* mit ärgerlichem Sinn, deshalb trafen sie für zweihundert *Koṭis* von *Kalpas* keinen einzigen Buddha und hörten nie das Gesetz, sahen nichts von der *Sangha* und waren in der Avici-Hölle zweitausend *Kalpas* lang schweren Leiden unterworfen. Nachdem ihre Sünde beendet war, trafen sie den Bodhisattva ‚Der nie verachtet' wieder, der sie lehrte und zu vollkommener Erleuchtung führte. ‚Der große Kraft gewonnen hat'! Was meinst du, könnten diese vier Gruppen jener Zeit, die den Bodhisattva immer beleidigten, wirklich andere sein? Sie sind jetzt in dieser Versammlung — die fünfhundert Bodhisattvas ‚Bhadrapala' und die anderen, die fünfhundert *Bhikshunīs* ‚Löwenmond' und die anderen, die fünfhundert *Upāsakas* ‚An den Buddha denkend' und die anderen, die alle nicht mehr aus der vollkommenen Erleuchtung herausfallen können. Wisse, ‚Der große Kraft gewonnen hat', daß dieses Gesetzblumen-Sutra allen Bodhisattvas-*Mahāsattvas* sehr behilflich ist und sie befähigt, vollkommene Erleuchtung zu erreichen. Deshalb sollten alle Bodhisattva-*Mahāsattvas* nach dem Erlöschen des Tathāgatas immer das Sutra erhalten und bewahren, lesen und rezitieren, erklären und abschreiben."

Dann wiederholte der Buddha, da er die Lehre nochmals verkünden wollte, in Versen, was er gesagt hatte und beendete damit sein Predigen dieses Kapitels.

Der Leser, der bis hierhin gelesen hat, wird bemerken, daß dieses Kapitel sich sehr von den vorangegangenen Kapiteln des Lotus-Sutras unterscheidet. Bis jetzt sind uns sowohl Szenen vieler Länder beschrieben worden, die schön und traumhaft sind aber ganz anders als unsere Welt, als auch schreckliche Höllenszenen. Die meisten Personen, einschließlich der Buddhas wurden als übermenschliche, ideale Wesen dargestellt. Aber dieses Kapitel wird durch ein ausgeprägt menschliches Element charakterisiert. Die Umgebung des Bodhisattvas ‚Der nie verachtet' läßt uns an eine gewöhnliche Stadt der heutigen Zeit denken, obwohl keine Beschreibung eines bestimmten Ortes gegeben wird. Die in der Geschichte auftauchenden Charaktere sind gewöhnliche Menschen, wie man sie überall treffen könnte. Die Worte *Bhikshus, Bhikshunīs, Upāsakas* und *Upāsikas* beschränken sich nicht unbedingt auf buddhistische Mönche, Nonnen und Laienanhänger, sondern schließen Menschen aller Klassen und Arten ein: eingebildete, kleiner Beamte, rüde, junge Männer, mittelalterliche Kaufleute, die als gewiegte Männer mit reifer Erfahrung auftreten, gutmütige, aber willensstarke Frauen; zusammen mit ihnen können wir uns solche Leute wie gelehrte

Priester vorstellen, die angeben, vollständiges Wissen über den Buddhismus zu haben; mittelalterliche Mönche, die stolz darauf sind, die Regeln einzuhalten und alte Mönche, die zum Betteln in die Stadt kommen, die aber nicht predigen, sondern nur mit erhabenen und überlegenen Mienen an den Straßenecken stehen. Der Bodhisattva ‚Der nie verachtet' erweckt den Eindruck eines jungen Mönches, der eine aufrichtige, ernste Einstellung hat und irgend etwas Ungewöhnliches und Verfeinertes ausstrahlt.

Von allen Kapiteln des Lotus-Sutras kann man sagen, daß ihr Stil literarisch ist, aber Kapitel 20 gibt einem am ehesten das Gefühl moderner Literatur. Es erscheint uns menschlich und familiär. Das ist ganz natürlich, denn es beschreibt lebhaft, wie ein gewöhnlicher Mensch durch Übung der Tugend, anderen Verehrung zu erweisen, seinen Glauben verwirklicht und schließlich die Vervollkommnung seines Charakters erreicht.

Im vorigen Kapitel predigte der Buddha die fünf Arten von Übungen für Prediger und verwies auf die riesigen und grenzenlosen Verdienste, die durch solche Übungen gewonnen werden können. Aber ein gewöhnlicher Mensch wird natürlich durch die erforderliche persönliche Disziplin entmutigt und denkt: „Ich kann unmöglich die fünf Arten von Übungen für Prediger erfüllen." Er sollte lieber wagemutig denken: „Nun gut, ich versuche einmal der Form halber die fünf Arten von Übungen." Leider arbeitet der Geist gewöhnlicher Menschen nicht auf diesem Niveau.

Shakyamuni Buddha konnte die Gedanken derer, die seinen Lehren zuhörten, völlig verstehen. Deshalb können wir erraten, warum er die Methode zu predigen in Kapitel 20 ganz veränderte. Durch Erzählen über sein eigenes voriges Leben wünschte er, den Menschen nochmals drei wichtige Lehren klarzumachen. Erstens, daß es wirklich heilig ist, auch nur eine gute Tat vollständig zu üben, und daß das der erste Schritt zur Erlösung ist. Zweitens, daß, wieviele Formalitäten wir auch lernen und üben, es keinen grundsätzlichen Wert in solchem Lernen oder Üben gibt. Die Schaffung eines wertvollen menschlichen Lebens liegt in der Übung auch nur einer einzigen Art von guter Tat mit Hingabe und ernster Ausdauer. Die dritte ist, daß die Bodhisattva-Übung mit der Verehrung anderer beginnt, das heißt, mit unserer Erkenntnis der Buddha-Natur in allen Menschen. Wenn wir versuchen, andere zu erretten, ohne ihre Buddha-Natur zu erkennen, führen wir nur leere und formelle Taten aus. Wahre Erlösung liegt in unserem Enthüllen und Respektieren der eingeborenen Buddha-Natur des Anderen.

Der Buddha illustriert diese drei wichtigen Lehren in der Geschichte des menschlichen *Bhikshus* ‚Der nie verachtet'. Darüber hinaus erklärte er auch noch, daß ‚Der nie verachtet' der Buddha selbst in einem früheren Dasein war. Diese Erklärung rückt den Buddha, der so weit weg von uns zu sein schien, plötzlich ganz in unsere Nähe. Gleichzeitig können wir merken, daß wir, wenn wir dem Weg folgen, den der Bodhisattva ‚Der nie verachtet' genommen hat, sicherlich die Vervollkommnung unseres eigenen Charakters erreichen können. Der Buddha schien irgendwo über den Wolken zu sein, weit von uns entfernt. Wenn er uns jedoch den Bodhisattva ‚Der nie verachtet', einen Mann der freundlich und menschlich war, vorstellt und sagt, daß er diese Person in einem früheren Leben selbst war, dann fühlen wir uns, als hätten wir eine Leiter gefunden, auf der wir zu des Buddhas Wohnsitz über den Wolken steigen können. Dadurch hat uns der Buddha eine große Ermutigung gegeben. Wir fassen uns ein Herz und können uns sagen: „An der Bodhisattva-Übung ist nichts Unmögliches. Wir beginnen einfach, indem wir dem Beispiel des Bodhisattvas ‚Der nie verachtet' folgen. In dieser Bedeutung hat Kapitel 20 einen besonderen Platz im abschließenden Teil des Gesetzes des Ursprungs — ja, in dem ganzen Lotus-Sutra. In der Geschichte vom Bodhisattva ‚Der nie verachtet' sind viele wichtige Lehren enthalten. Laßt sie uns eine nach der anderen betrachten.

ENTHÜLLEN UND RESPEKTIEREN DER BUDDHA-NATUR DES ANDEREN. Der *Bhikshu* ‚Der nie verachtet' erschien während der Zeit des gefälschten Gesetzes in dieser Welt. Die Zeit des gefälschten Gesetzes ist die Zeit, wenn die vom Buddha gepredigte Wahrheit noch existiert, aber nur als eine Sache der Formalität gelernt und geübt wird, und es keine Erleuchtung mehr gibt. Während dieser Zeit widmen sich die buddhistischen Mönche dem Ziel, eine intensive Kenntnis der buddhistischen Doktrinen und Formalitäten zu gewinnen und sind stolz darauf, gelehrt zu sein. Einige von ihnen halten nur die Vorschriften und üben sie ohne Rücksicht auf andere und führen religiöse Leben abseits der Welt. Die Restlichen sind schwache Nachläufer. In solch einer Zeit haben die buddhistischen Mönche den Kontakt mit dem wahren Leben und der Seele des Buddhismus verloren.

Was ist das wahre Leben und die Seele des Buddhismus? Nichts anderes als von tiefstem Herzen die Bedeutung der Aussage „Allen Wesen ist die Buddha-Natur eingeboren" zu verwirklichen. Unser gesamtes religiöses Leben beginnt mit diesem Verständnis. Sich der eigenen Buddha-Natur bewußt zu werden, sie aus den Tiefen des Geistes ans Licht zu bringen und sie mit Energie zu pflegen und zu entwickeln, ist der erste Schritt des religiösen Lebens. Dies ist der Geisteszustand eines *Śrāvakas* und *Pratyekabuddhas*.

Wenn man selbst eine Buddha-Natur hat, müssen andere sie auch haben.

Wenn man von ganzem Herzen versteht, daß man eine Buddha-Natur hat, erkennt man spontan, daß andere sie gleichermaßen besitzen. Jeder, der das nicht erkennen kann, hat seine eigene Buddha-Natur noch nicht wahrhaft verwirklicht.

Um uns herum sind viele schlechte Menschen. Wir können nicht anders als sie als Übel zu betrachten, selbst wenn wir versuchen, sie im bestmöglichen Licht zu sehen. Wir können uns nicht dazu bringen, Mitgefühl mit denen zu haben, die andere töten, um sie zu berauben, oder mit solchen, die andere durch Betrug um Hab und Gut bringen. Wir beurteilen jedoch solche Leute als böse nach ihren kriminellen Taten, die in der Zeitung oder sonstwo veröffentlicht werden. Wenn wir in der Lage wären, die gesamten Lebensumstände zu erfahren, würden wir erkennen, daß niemand so verloren ist, als daß er nicht irgendein menschliches Gefühl hätte.

Ein Mörder spielt vielleicht mit seinem Baby, trägt es in seinen Armen, wenn er zuhause ist. Ein Erpresser behandelt vielleicht seinen Hund so freundlich, als ob er ein Kind wäre. Ein Gangster, der ehrlichen Bürgern Geld abnötigt, hat vielleicht einen bevorzugten Genossen, der ihm so nahe steht, als wäre er sein Bruder. Deshalb sollen wir ihre Verbrechen nicht auf die leichte Schulter nehmen, oder sie wie Filmhelden idealisieren. Aber wenn wir schlechte Menschen ruhig und ohne Vorurteile betrachten, nicht mit sentimentaler Symphatie, können wir nicht anders als auch in ihnen ein bißchen menschlicher Natur zu entdecken, die sie zeigen, wenn sie unschuldig versuchen, ihre Babies glücklich zu machen, oder ihren Hund so freundlich wie ihre Kinder behandeln oder wirkliche Zuneigung zu ihren Lieblingsgenossen fühlen.

Ein bißchen menschliche Natur, das ist der Samen der Buddha-Natur. Ein Funken der Buddha-Natur glimmt selbst im Sinn eines Menchen, dessen Gedanken mit dem Übel seiner Verbrechen verkrustet und befleckt sind. Er ist wie ein winziges Lichtloch in der Wand eines dunklen Gefängnisses. Alle Menschen, ohne Ausnahme, haben solch ein Licht in ihrem Geist, das heißt, solch einen Funken von Buddha-Natur.

Wir versuchen, die lichten Punkte im Geist anderer zu finden, wir respektieren sie soweit wie möglich; und indem wir das tun, helfen wir anderen, sich dieser lichten Stelle in ihnen auch selbst bewußt zu werden. Jeder Mensch, der sich des Vorhandenseins dieses Lichtloches in seinem Geist bewußt wird, wird es allein weiter öffnen, weil er mehr Licht in die Tiefen seines Geistes dringen lassen will. Das ist die Bedeutung von „Enthüllen und Respektieren der Buddha-Natur des Anderen“ und gleichzeitig die eigene Buddha-Natur zu entdecken. Die Buddha-Natur anderer zu entdecken und zu respektieren, ist wahrscheinlich der Hauptzweck der Bodhisattva-Übung, und lebendiger Buddhismus besteht daraus.

In diesem Zusammenhang dürfen wir die Worte „und jener *Bhikshu* widmete sich nicht dem Lesen und Rezitieren der Sutras, sondern brachte nur Respekt dar" nicht vergessen. Das heißt nicht, daß er nicht zu lesen und rezitieren brauchte, sondern weist darauf hin, daß Lesen und Rezitieren der Sutras als leere Formalität in der Zeit des gefälschten Gesetzes keinen Wert haben. Deshalb betonte der Buddha, daß es für einen *Bhikshu* wichtiger ist, die Buddha-Natur im anderen zu enthüllen und zu respektieren, als Sutras zu lesen und rezitieren, wenn das nur noch der Form halber geschieht. Dieser Punkt ist das Leben und die Seele des Buddhismus.

Der Bodhisattva ‚Der nie verachtet' verehrte und lobte jeden, den der sah, indem er sagte: „Ich verehre euch tief, denn ihr sollt alle Buddhas werden." Diese Tat des Bodhisattva ist das Enthüllen und Respektieren der Buddha-Natur des anderen. Seine Worte „Ihr sollt alle Buddhas werden" weisen darauf hin, daß er die Buddha-Natur in anderen entdeckt, respektiert und gelobt hat.

Es gibt zwei Wege, Menschen zur Erkenntnis ihrer Buddha-Natur zu führen. Einer ist der Weg der „Erleuchtung in direkter Ordnung"; das ist der Weg, auf dem man „seine eigenen Dinge" (*ko-ji*) tut, wie in Kapitel 16 ausgeführt wurde. Ein anderer ist der Weg der „Erleuchtung in umgekehrter Weise", das ist der Weg auf dem man sich um „die Dinge anderer" (*ta-ji*) kümmert; das wurde ebenfalls in Kapitel 16 erklärt. Erleuchtung auf dem direkten Weg heißt, andere zur Erkenntnis ihrer eigenen Buddha-Natur führen, indem wir sie entdecken und preisen. Diesen Weg beschritt der Bodhisattva „Der nie verachtet". Erleuchtung auf umgekehrtem Weg heißt, andere aus ihrer Unwissenheit durch Kritisieren zu erwecken. Diese Methode benutzt man, wenn man andere zur Ordnung ruft, indem man sie mit den harschen Worten aufschreckt: „Was stellst du dir eigentlich vor, daß du so ein häßliches und selbstsüchtiges Leben führst? Wenn du auf diese Art und Weise weiterlebst, was meinst du wohl, wie du dich fühlen wirst, wenn du am Ende deines Lebens stehst?" Dieser Weg ist für manche Leute sehr wirkungsvoll.

Erleuchtung auf dem direkten Weg kann man mit der Art einer angenehm schmeckenden Medizin vergleichen, die langsam die Wand der Täuschung schmilzt, die die Buddha-Natur bedeckt. Andererseits ist der Weg der Erleuchtung auf umgekehrte Weise wie eine drastische Operation. Wenn ein Mensch sie ertragen kann, verändert er sein ganzes jetziges Leben dadurch. Die Erleuchtung auf direktem Wege ist jedoch in den meisten Fällen wirkungsvoller, da, wie durch das Wort „direkt" angedeutet wird, dieser Weg dem natürlichen Verlauf der menschlichen Erleuchtung folgt und den Reaktionen der normalen Psychologie Rechnung trägt. Lob wird von niemandem abgelehnt. Ein gutes Gefühl hilft dem Menschen, seinen Geist zu öffnen und das warme Licht hineinströmen zu lassen. Dann wird die Buddha-Natur in seinem Innern tätig.

Im Vorkriegs-Japan wurden die Kinder durch Schimpfen erzogen; Erziehung zur Erleuchtung auf umgekehrte Weise. Aber nach dem zweiten Weltkrieg veränderte sich die Erziehungsmethode zu Lehren durch Lob, das heißt zur Erziehung zur Erleuchtung auf direktem Wege. Das Verständnis, daß Lob zur Förderung der besonderen Fähigkeiten von Kindern und ihrer Charakterentwicklung förderlicher als Strafe ist, hat zu dieser Entwicklung geführt. Andererseits hat sich die Neigung entwickelt, Kinder zu verwöhnen, was eine Übertreibung der Erziehung zur Erleuchtung in direkter Weise ist. Manchmal müssen Kinder ihren Geist auch durch Erziehung auf umgekehrte Weise trainieren.

Jeder wird gerne gelobt, aber Erwachsene, die ihre geistige Reinheit verloren haben, fühlen sich oft ungemütlich, wenn sie gelobt werden, als ob ihnen jemand schmeicheln würde. Dieses Mißverständnis sollte verschwinden, wenn das Lob wirklich vom Herzen des Menschen kommt, der es ausspricht. Solch wirkliches Lob wird das Fenster des Geistes langsam öffnen, wie fest es auch immer verschlossen war.

Dasselbe kann man von jenen sagen, die von Bodhisattva „Der nie verachtet“ geehrt und gepriesen wurden. Unter ihnen waren einige, die sich über seine Worte ärgerten, die ihn schmähten und beleidigten oder ihn schlugen oder mit Steinen bewarfen. Aber er ärgerte sich nie über ihre Gewalttätigkeit und hielt viele Jahre durch, immer die gleiche Sache wiederholend. Seine ernsthafte Einstellung erweichte allmählich die Herzen derer, die ihn verachtet hatten.

Das können wir der Tatsache entnehmen, daß ihm seine Feinde den Spottnamen ‚Der nie verachtet' gaben. Wenn sie überhaupt keine freundlichen Gefühle ihm gegenüber gehabt hätten, hätten sie ihm keinen Spottnamen gegeben. Diese eingebildeten Menschen ärgerten sich zuerst über ihn und sagten: „Er beleidigt uns“, oder „Er mischt sich in unsere Angelegenheiten“. Aber nach und nach änderte sich ihre Einstellung zu ‚Der nie verachtet', und sie betrachteten ihn als etwas ungewöhnlich und dachten: „Er wird nie irritiert oder ärgerlich, selbst wenn er mit Steinen beworfen oder geschlagen wird. Er bezeigt uns ununterbrochen seine Verehrung und preist uns, indem er sagt: ‚Ich wage nicht, euch zu beleidigen'. Er ist wirklich ein eigenartiger Mönch.“ Sie hatten sich an ihn gewöhnt und wurden sich dabei vage seiner

Größe bewußt und räumten widerwillig ein: „Dieser Mönch hat etwas Überragendes an sich."

Die Ausdauer von „Der nie verachtet" brachte sie schließlich dazu, Ehrfurcht und Hochachtung zu verspüren.

Diese Tat des Bodhisattvas zeigt uns eine sehr wichtige Lehre. Wenn ein Mensch soch eine seltsame Tat, wie die Erweisung von Verehrung einem jeden, den er sieht, gegenüber ausführt, geradeso wie ein Schwachsinniger versucht, alles nach dem einen Ding, das er kennt, zu beurteilen, und wenn er solch einen Akt von ganzem Herzen und mit Geduld wiederholt, ohne vor irgendwelchen Verfolgungen, die er erleiden mag, zurückzuweichen, dann wird diese Tat endlich die Herzen der anderen bewegen und Ehrfurcht und Hochachtung in ihnen erwachsen lassen. Da die eingebildeten Menschen für ‚Der nie verachtet', nachdem er die Lehre des Lotus-Sutras für sich selbst erkannt hatte, begannen, Verehrung und Respekt zu fühlen, glaubten sie ihm alle, als er begann ihnen das Sutra zu predigen und folgten ihm.

Ungefähr 1750 beendete ein japanischer buddhistischer Mönch die Ausgrabung eines Tunnels mit einer Länge von 185 Metern durch einen Felsenhügel bei der Yabakei Schlucht in Kyushu nach 30jähriger Bemühung. Er hatte das Projekt begonnen, um den Dorfbewohnern der Gegend ein sicheres Durchqueren der Schlucht zu gewähren. Anfangs wurde er als Verrückter betrachtet und wurde auf verschiedene Art und Weise verfolgt. Aber er kümmerte sich nicht darum, sondern fuhr starrsinnig fort, den Tunnel im felsigen Hügel auszugraben. Schließlich beeindruckte seine ernste und ausdauernde Arbeitshaltung die Dorfbewohner so sehr, daß sie ihm freiwillig halfen.

Viele Menschen, die Straßen gebaut, Ödland bebaut oder Bewässerungskanäle für das Allgemeinwohl gegraben haben, haben die gleiche Erfahrung gemacht. Diese Beispiele lehren uns die wertvolle Lektion, welche großartigen Ergebnisse es haben kann, wenn man eine gute Tat mit ganzem Herzen und unbeugsamer Ausdauer gegen alle Widerstände ausführt.

ZWEI WICHTIGE LEHREN. Die nächste wichtige Lehre in der Geschichte vom Bodhisattva ‚Der nie verachtet' ist in den folgenden zwei Sätzen enthalten: „Wenn immer er so sprach, schlugen ihn die Leute mit Keulen und Stöcken und bewarfen ihn mit Topfscherben und Steinen. Aber er rief weiter, während er sich in Sicherheit brachte: „Ich wage nicht, euch gering zu schätzen. Ihr werdet alle Buddhaschaft erreichen." Von dieser kurzen Passage können wir zwei wichtige Dinge lernen. Das Erste ist, daß ‚Der nie verachtet' sich vor seinen Angreifern in eine sichere Entfernung brachte als sie Gewalt gegen ihn anwendeten. „‚Der nie verachtet' bewegte sich nie, selbst wenn er so fest mit Stöcken geschlagen wurde, daß seine Stirn blutete und sein Arm gebrochen war." Einigen Menschen gefiele solch eine Haltung vielleicht besser. Aber wenn das so ist, kommt ihre Haltung vielleicht durch ein Mißverständnis der Bedeutung des buddhistischen Begriffes *fushaku shimmyo,* was bedeutet „sich nicht scheuen, sein Leben für das Gesetz hinzugeben" oder „die buddhistischen Doktrinen auch auf Lebensgefahr hin zu predigen".

Die wahre Bedeutung von *fushaku shimmyo* ist jedoch, daß wir uns dem Gesetz vor allem anderen widmen sollten. Wenn wir uns dem Gesetz hingeben, ist die Überlegung, daß wir es halten und entwickeln sollen und auf alle möglichen Weisen verbreiten. Deshalb vertreiben wir die kleinliche Idee aus unserem Sinn, daß wir uns schämen müßten davonzulaufen. Wenn wir den Entschluß fassen: „Ich will solange wie möglich leben und durchhalten und das Gesetz für immer predigen", dann werden wir sofort fliehen, wenn wir einer Gefahr ausgesetzt sind.

Das ist besonders für Japaner eine wichtige Lehre. Sie scheinen nicht viel Achtung vor dem menschlichen Leben zu haben. Sie haben die Neigung, ihr Leben für unbedeutend zu halten. Im zweiten Weltkrieg verloren viele Soldaten ihr Leben nutzlos nur wegen der Ideen „Nie ergeben" und „Tod für Ehre", wie in den selbstmörderischen Angriffen der Kamikaze-Flieger. Dieser bedauernswerte Verlust wurde durch das Vorurteil der japanischen Soldaten der Armee und Marine verursacht, die Flucht als unedel und Übergabe als die größtmögliche Scham betrachteten. Die japanischen Führer im Krieg hatten nicht die Beweglichkeit zu erkennen, daß der Mann, der auf die Dauer gewinnt, der wahre Sieger ist, selbst wenn er einmal weglaufen mußte. Stattdessen zwangen sie die Soldaten sich in halsbrecherischer Art auf den Feind zu stürzen. Das muß man den Kriegsführern anlasten.

Im Gegensatz dazu zog General Douglas MacArthur, oberster Kommandant der amerikanischen Armee, seine Truppen von Manila zur Halbinsel Bataan zurück, als er von der japanischen Armee besiegt wurde. Beim Fall Corrigidors floh er mit einem Torpedoboot zum nördlichen Teil der Insel Mindenao und flog von dort nach Darwin, Australien. Gerade wegen seiner Flucht von den Philippinen war er zum Schluß in der Lage, den Angriff gegen die japanische Armee zu beginnen und schließlich Japan selbst zu besetzen.

In alten Zeiten scheinen die Japaner kein solches Vorurteil über die Tugend des Sich-nicht-Ergebens gehabt zu haben. Als zum Beispiel Kusunoki Masashige, der große Held des vierzehnten Jahrhunderts, der sich mit seiner Armee in der Festung Akasaka verschanzt hatte, von der großen Streitmacht seines Feindes Ashikaga Takauji umschlossen wurde, entfloh er schnell aus der Festung mit dem Gedanken, einen anderen Kampfversuch zu unternehmen. Vielleicht hat er den Gedanken, wie wichtig es ist, beweglich zu sein, durch den Buddhismus bekommen. Wegen seiner Flucht war er in der Lage, des Feindes Streitmacht in anderen Schlachten aufzureiben.

Als der feudale Landesherr Shimazu Yoshihiro in der Schlacht zwischen den rivalisierenden Familien Toyotomi und Tokugawa 1600 in Sekigahara erkannte, daß die Niederlage unumgänglich war, brach er durch die Feindeslinien und entkam in seine Domäne in der Satsuma Provinz in Kyushu. Wegen seiner Flucht wurde die Familie später so stark, daß das Tokugawa Shogunat schließlich ihre Überlegenheit anerkennen mußte. Sie war auch die treibende Kraft, die die Meiji Restauration von 1868, die die Tokagawa Regierung stürzte, zum Erfolg führte.

Eigenartigerweise verachtet kein Japaner Kusunoki Masashige oder Shimazu Yoshihiro als Feiglinge. Jedermann betrachtet es als gut, daß sie entflohen anstatt zu sterben. Wann und warum verloren die Japaner die Beweglichkeit in Denken und Handeln? Wurde diese Starre durch den Einfluß des Konfuzianismus verursacht, der später als der Buddhismus von China nach Japan gebracht wurde? Konfuzianismus lehrt uns jedoch Achtung des menschlichen Lebens, wie in dem Spruch „Der Weise spielt niemals mit der Gefahr" zum Ausdruck kommt. Wenn nicht daher, ist die Idee das menschliche Leben leicht zu nehmen eine Eigentümlichkeit der Japaner? Die historischen Fakten erlauben uns diesen Sprung zur Beurteilung des Sachverhaltes nicht. Wir müssen daraus schließen, daß dieser Zug zu irgendeiner Zeit durch eine bestimmte „Philosophie" der Regierung geschaffen wurde, obwohl es nicht ganz klar ist, wann das geschah. Eine wissenschaftliche Untersuchung würde sehr zur Klärung dieser Eigenschaft der Japaner beitragen.

Die Weide biegt sich im Wind und wird nicht gebrochen, obwohl der Baum sehr zerbrechlich aussieht. Ein Eichenast bricht leichter im Sturm, obwohl der Baum so stark aussieht. Ist es nicht das Wichtigste für Japaner — und für alle Völker — geistige Beweglichkeit zum Aufbau besserer Nationen zu pflegen? Wahres Verständnis des Buddhismus ist der beste und kürzeste Weg, dieses Ziel zu erreichen, glaube ich, weil er klar das Prinzip eines beweglichen Geistes lehrt, und deshalb alle Gläubigen ausnahmslos beweglichen Geist entwickeln. Das Leben des Bodhisattvas ‚Der nie verachtet' zeigt uns eine ideale Person, die auf diese Art lebt.

Ein anderer wichtiger Punkt in der Geschichte des Bodhisattvas ‚Der nie verachtet' ist, daß er, obwohl er körperlicher Verfolgung entfloh, seinen Glauben fest beibehielt und niemals die Wahrheit verleugnete. Hierin liegt der Unterschied zwischen geistiger Schwäche und Beweglichkeit. Wenn jemand einen schwachen Geist hat, wird er seinem Glauben leicht bei geringem äußeren Druck absagen. Aber ein wahrhaft Gläubiger hält seinen Glauben immer aufrecht und folgt immer, was auch geschehen mag, der Wahrheit. Die Wahrheit bis zum letzten aufrechtzuerhalten ist der Sinn für den man seinen Geist beweglich macht. Der Bodhisattva ‚Der nie verachtet' unterbrach niemals seine Bodhisattva-Übung, die Buddha-Natur anderer zu enthüllen, indem er sie verehrte, selbst wenn er körperlichen Angriffen entfloh. Zum Schluß leitet er seine Verfolger dazu an, ihre eigene Buddha-Natur zu enthüllen. Solch ein Mann kann wirklich tapfer genannt werden.

Der Bodhisattva ‚Der nie verachtet' erreichte einen hohen geistigen Zustand durch die alleinige Übung der Enthüllung der Buddha-Natur in anderen und deren Verehrung. Deshalb hörte er vom Himmel, als er sich dem Tod näherte, das Lotus-Sutra, das der Buddha ‚Der König der majestätischen Stimme' früher gepredigt hatte. Der Ausdruck „vom Himmel" bedeutet, daß er die Stimme des Buddha in seinem Geist tönen hörte; daß er, anders ausgedrückt, die Wahrheit selbst erkannt hatte. Es mag sich mystisch oder mysteriös anhören, daß er die Wahrheit selbst erkannte, aber die Wahrheit kann wirklich von jedem entdeckt werden.

Die Wahrheit muß seit ewiger Vorzeit existiert haben, wenn sie wirklich die Wahrheit ist. Einige außergewöhnliche Menschen müssen sie in der Vergangenheit erkannt haben. Im Kapitel 20 des Lotus-Sutra wird gesagt, daß der Buddha ‚König der majestätischen Stimme' die Wahrheit zuvor erkannt und gepredigt hatte. Aber sie war nicht bekannt, in der Zeit, in der der Bodhisattva ‚Der nie verachtet' lebte. Weil die Wahrheit jedoch ewig und unvergänglich ist, kann sie bei Erscheinen einer außergewöhnlichen Person in dieser Welt von dieser erkannt werden. Der Bodhisattva ‚Der nie verachtet' war solch ein Mensch.

Einige denken vielleicht, daß die Geschichte für unsere Zeit, in der die Kommunikationsmittel so weit entwickelt sind, keine Bedeutung hat. Solch eine Ansicht ist jedoch sehr kurzsichtig. In der langen Geschichte des Universums seit undenkbarer Vorzeit, muß etwas ähnliches wie unsere gegenwärtige menschliche Kultur öfter als wir uns vorstellen können entstanden und vergangen sein. Wenn es einen Atomkrieg gäbe, würde unsere Kultur zusammen mit allem anderen untergehen. Neues und unterschiedliches Leben würde schließlich wieder entstehen, vielleicht nach Hunderten von Tausenden oder Hunderten von Millionen Jahren und im Laufe der Zeit würde sich eine eigene Kultur entwickeln.

Wenn man das universale Leben seit Urzeiten so betrachtet, ist es nicht erstaunlich, daß viele Tathāgatas ‚König der majestätischen Stimme' die

Wahrheit gepredigt hatten, und daß der Bodhisattva ‚Der nie verachtet' sie selbst erkannte als er dem Tod nahe war.

GEDULDIGE WIEDERHOLUNG VON LERNEN UND PREDIGEN. Wie konnte der Bodhisattva ‚Der nie verachtet' sein Leben verlängern, obwohl er auf den Tod zuging? Darin liegt eine großartige Lehre für uns. Der Bodhisattva ‚Der nie verachtet' erkannte die Lehre des Lotus-Sutras selbst. Als Ergebnis seines Glaubens daran, verlängerte er sein Leben um zweihundert Myriaden *Koṭis* von *Nayutas* von Jahren. Während dieser langen Zeit predigte er das Lotus-Sutra weit und breit. Er führte nicht nur die grundlegende Bodhisattva-Ubung, anderen Verehrung zu erweisen aus, sondern predigte auch die Lehren des Buddha ausführlich. Auf diese Weise schritt er in der Entwicklung als Bodhisattva mehrere Stufen hinan. Dann führte er alle die eingebildeten Leute, die ihn vorher verachtet hatten, zur Erleuchtung. Nachdem seine natürliche Lebenszeit beendet war, traf er zweitausend *Koṭis* von Buddhas. Er verehrte, ehrte und pries diese Buddhas und predigte unter ihnen das Lotus-Sutra. Deshalb traf er wiederum zweitausend *Koṭis* von Buddhas, unter denen er auch das Lotus-Sutra predigte. Dadurch gewann er Klarheit und Reinheit von Auge, Ohr, Nase, Zunge, Körper und Verstand, und er predigte den vier Gruppen das Gesetz furchtlos — das heißt allen Menschen.

Nachdem er solcherart die Wurzeln des Guten gepflegt hatte, traf er nochmals eine große Anzahl von Buddhas und predigte auch unter diesen Buddhas das Lotus-Sutra. Wegen dieser Verdienste traf er wieder viele Buddhas, von denen er Unterweisungen erhielt. Unzählige Male wiederholte er so die Übung der Lehren des Buddha und ermöglichte anderen ihre Ausübung. Als seine Verdienste voll waren, wurde er ein Buddha.

Die Größe des religiösen Lebens des Buddha liegt in dem mutigen Geist, der ihn vor Rückschritten bewahrte und durch den er bis zur völligen Erreichung seiner ursprünglichen Absicht aushielt. Sein Geist war nicht draufgängerisch und roh, sondern gründlich und ausdauernd. Er wandelte auf dem Pfad, die Buddhaschaft zu erreichen mit Lernen und Tun, Tun und Lernen für seinen ständigen Fortschritt, das heißt, durch die Wiederholung der Übung von des Buddhas Lehren und Anleitung anderer, das gleiche zu tun.

Wir sollten diesem Kurs Schritt für Schritt folgen. Es ist durchaus angebracht für uns, den Weg zur Buddhaschaft zu beginnen indem wir eine Bodhisattva-Übung ausführen. Wenn wir diese Übung mit voller Überzeugung ausführen, erkennen wir daraus entspringend viele Wahrheiten. Und wir begrenzen unsere Erkenntnisse nicht auf uns selbst, sondern predigen sie allen Menschen. Indem wir sie so predigen, erhalten wir die Verdienste und vertiefen unser Verständnis mehr und mehr. Mit anderen Worten: wir treffen zahllose Buddhas einen nach dem anderen. Jedesmal, wenn wir neue Buddhas (Wahrheiten) treffen, verehren wir ihre Lehren, verehren, ehren und preisen sie und predigen die Lehren allen Menschen. Aufgrund dieser Handlungen treffen wir wieder neue Buddhas (Wahrheiten). Schritt für Schritt können wir auf diese Weise den geistigen Zustand eines Buddha erreichen. Shakyamuni Buddha selbst bezeugte es, indem er ein Beispiel setzte. Das enthüllte er, als er sagte: „Kann es sein, daß der Bodhisattva jener Zeit ein anderer war? Er war wirklich ich selbst." In dieser Enthüllung zeigte er uns, daß eine Lebensweise wie die des Bodhisattva ‚Der nie verachtet' der richtige Weg zur Buddhaschaft ist.

Wie es am Anfang des Kapitels erwähnt wurde, sollte diese Enthüllung alle jene sehr ermutigen, die von ihrem religiösen Leben entmutigt sind. Einige Menschen mögen fühlen: „Ich kann unmöglich anderen das Gesetz predigen, denn ich habe es selbst noch nicht ganz verstanden." Aber wenn sie nur den Grundgedanken des religiösen Lebens verstehen — wir müssen das Gesetz nur so predigen, wie wir es verstanden haben und so gut wir können; je mehr wir predigen, desto mehr können wir unser Verständis vertiefen; wir können Schritt für Schritt auf dem Weg zur Vervollständigung unseres Charakters fortschreiten durch geduldige Wiederholung von Lernen und Predigen — dann werden sie sehr ermutigt.

Wir sollten die wichtigen Worte am Anfang des Kapitels nicht vergessen: „Wenn er jemanden, der in eine der vier Gruppen gehörte, von ferne sah, ging er extra zu ihm, um ihm seinen Respekt darzubringen und ihn zu loben..." Das ist der Geist, den wir brauchen, wenn wir anderen das Gesetz predigen wollen. Wir dürfen nicht die passive Haltung annehmen und andere nur lehren, wenn sie zu uns kommen, um das Gesetz zu hören, oder wenn wir uns zufällig treffen. Wir müssen im Gegenteil eine so positive Haltung haben, daß wir aktiv auf andere zugehen und ihnen das Gesetz predigen. Das ist die Haltung eines Bodhisattvas, der die Menschen wirklich von ihren Leiden erlösen will. Der Bodhisattva ‚Der nie verachtet' wagte die Durchführung einer solchen Bodhisattva-Übung. Zuerst verärgerte er alle die eingebildeten Leute durch seine geduldige Übung, aber schließlich erkannten sie seine Ernsthaftigkeit an. Wir können von seiner Haltung während seiner missionarischen Arbeit viel lernen.

Wir sollten auch den folgenden Satz genau beachten: „Zu jener Zeit beschimpften und beleidigten mich die vier Gruppen: *Bhikshus, Bhikshunīs, Upāsakas* und *Upāsikas* mit ärgerlichem Sinn, deshalb trafen sie für zweihundert *Koṭis* von *Kalpas* keinen einzigen Buddha und hörten nie das Gesetz, sahen nichts von der *Sangha* und waren in der Avici-Hölle zweitausend *Kalpas* lang schweren Leiden unterworfen.“ Daraus können wir entnehmen, wie die Verneinung der Lehren des Buddha bestraft wird. Wir sollten jedoch vermerken, daß in diesem Abschnitt nicht gesagt wird, daß ein Gott oder ein Buddha den Menschen eine Strafe auferlegen wird. Das folgende wird gesagt: wenn eingebildete Menschen mit ärgerlichem Sinn eine Person, die eine heilige Bodhisattva-Übung ausführt, um die Buddha-Natur in anderen zu enthüllen, beschimpfen oder beleidigen, können sie für zweihundert *Koṭis* von *Kalpas* niemals einen Buddha treffen, nie das Gesetz hören und niemals einen Gläubigen der Lehren des Buddha sehen. Solche Strafe wird nicht von irgend jemandem verhängt; solche treffen nie einen Buddha, weil die Augen ihres Geistes geschlossen sind, und sie hören das Gesetz nie, weil ihre Ohren geschlossen sind. Deshalb können sie das Feuer der Täuschungen, das in ihrem Sinn brennt, nicht löschen und erleiden für eintausend *Kalpas* die Leiden der Avici-Hölle. Der Buddha verhängt nie irgendwelche Strafen über Menschen, sondern errettet sie immer mit seinem großen Mitleid. Wenn sie nicht wünschen, ihn zu sehen, oder seine Lehren zu hören, oder eine Person, die seine Lehren predigt zu treffen, zwingt er sie nie gerettet zu werden, sondern wartet ruhig auf den passenden Augenblick, die Zeit, wenn dieses Karma abgelaufen ist. Was auch immer das schlechte Karma einer Person ist, wenn er große Leiden als Vergeltung für lange Zeit erträgt, wird solches Karma als Entgelt für das lange Leiden schließlich verschwinden. Im Augenblick, in dem sein schlechtes Karma verschwindet, öffnet sich sein geistiges Auge auf jeden Fall. In der langen Zeit des Leidens hat er ernsthaft begonnen, wirkliche Erlösung zu suchen, und er spürt eine Sehnsucht, auf etwas Absolutes zu antworten, und sein Herz dürstet mit Hoffnung. Kurzum, er erwacht zu seiner Buddha-Natur. Das wird im folgenden Satz klar: „Deshalb wird ein Mensch, wenn er in Berührung mit der Lehre des Buddha kommt, schließlich sicherlich von seinen Leiden erlöst.

In einer vorherigen Existenz wurden die eingebildeten Leute vom Bodhisattva ‚Der nie verachtet‘ über ihre Buddha-Natur belehrt. Aber weil sie seine Lehre nicht willig aufnahmen, durchliefen sie eine lange Leidenszeit. Danach erwachten sie zur Buddha-Natur in ihrem Geist. Als Ergebnis davon, konnten sie schließlich den Pfad der Erlösung betreten. Was wäre aus ihnen geworden wenn sie nicht vorher vom Bodhisattva ‚Der nie verachtet‘ über die Existenz ihrer Buddha-Natur belehrt worden wären? Sie wären auf ewig unfähig gewesen, sich selbst von ihren Leiden zu befreien.

Wir müssen nie vergessen, daß, was der andere auch für ein Mensch sein mag, die Achtung der Buddha-Natur des anderen und eine Belehrung darüber, ihm großen Verdienst gibt und ihn in der Zukunft zur Erlösung führen wird. Das ist die wichtigste Lehre dieses Kapitels.

Im letzten Teil des Kapitels wiederholt der Buddha seine Lehre in Versen. Dieser abschließende Versteil ist so wichtig, daß wir ihn, wenn möglich, auswendig rezitieren sollten. Leser können die Bedeutung des Versteiles verstehen, wenn sie den Inhalt des Prosateils fest im Griff haben. Hier werden nur einige Ausdrücke mit besonderer Bedeutung erklärt. „Führer aller Kreaturen" heißt, daß ein buddhagleicher ‚König der majestätischen Stimme', alle Lebewesen leiten wird. „Zu jener Zeit, widmeten sich die vier Gruppen materiellen Dingen" heißt, daß die vier Gruppen dem analytischen Studium anhingen, daß heißt, sie vernachlässigten es, den Geist des Gesetzes zu studieren, sondern frönten der Formalität. Dieses hat die selbe Bedeutung wie der Ausdruck: „Die Gruppen, die zuvor sich Dingen widmeten". „Von reinen Gläubigen, Männern und Frauen" vermittelt die Idee von männlichen und weiblichen Laienanhängern.

Kapitel 21

Die göttliche Kraft des Tathāgata

DIESES KAPITEL IST SEHR WICHTIG, weil darin zwei wichtige Gesetze, das Gesetz der Erscheinung und das Gesetz vom Ursprung darin zum Höhepunkt gebracht werden. Es lehrt uns auch, daß diese zwei Lehren nicht getrennt sind voneinander, sondern daß sie, obwohl sie verschieden erscheinen, in ihrem Kern gleich sind.

Im Gesetz der Erscheinung, enthüllt Shakyamuni Buddha das Ziel und den Inhalt der Lehren, die er seit der Erreichung seiner Buddhaschaft gepredigt hat. Es ist eine philosophische und ethische Lehre, die die Bildung der Welt, menschliche Wesen, wie sie sein sollten, die richtige Lebensweise und die idealen menschlichen Verhältnisse darstellt.

Im Gesetz des Ursprungs, enthüllt Shakyamuni, daß der Buddha nicht auf Shakyamuni, der in dieser Welt erschien und ein menschliches Leben führte, begrenzt ist, sondern ein ursprüngliches Wesen ist, mit einem Leben ohne Anfang und ohne Ende. In diesem Gesetz lehrt uns der Buddha, daß wir mit dem ursprünglichen Buddha vereint werden müssen, um endlich errettet zu werden, und den Weltfrieden in unserer Welt zu erhalten. Das heißt, daß wir von ganzem Herzen in ihn Zuflucht nehmen müssen.

Wir können zwischen dem Gesetz der Erscheinung und dem Gesetz des Ursprungs auf folgende Weise unterscheiden: das erste ist die Lehre, die von Buddha Shakyamuni, der als ein Mann in dieser Welt erschien, gepredigt wurde, während letzteres die Lehre ist, die vom ursprünglichen Buddha verkündet wurde, der seit unendlicher Vorzeit bis in die ewige Zukunft existiert. Weil Weisheit der nötigste Bestandteil ist, zu einer richtigen Lebensführung, ist die erste die Lehre der Weisheit, die zweite ist dagegen die Lehre des Mitleids, worin absolute Erlösung gepredigt wird. Es ist wirklich nötig für uns, zwischen den beiden Gesetzen zu unterscheiden, wenn wir tief in das Studium des Lotus-Sutras eindringen.

Wenn wir irgendetwas ernsthaft studieren ist Analyse wichtig. Analysieren heißt Dinge aufzuteilen und die Struktur der Teile, der Elemente, ihre Bedeutung und ihre Funktion zu untersuchen. Aber wenn wir das Studium nach der Analyse abschließen, haben wir es nur halb studiert. Nach Abschluß der Analyse von irgendetwas, müssen wir unsere Studien mit einem ganzheitlichen Blickwinkel fortsetzen. Dann können wir die Wahrheit, die sich auf das Ganze bezieht, herausfinden. Das nennt man Synthese.

Wir können wertvolle Ergebnisse in einer Untersuchung nur erreichen, wenn wir Analyse und Synthese verbinden.

Das gilt auch für das Studium des Lotus-Sutras. Bis jetzt haben wir die Lehren des Buddha analytisch betrachtet, um sie richtig zu verstehen. Wenn wir jedoch nach der Analyse aufhören, bleibt die Lehre in Teile aufgeteilt, und hat die Neigung in unseren Gedanken vermischt zu werden. Wir haben sie zu diesem Zeitpunkt noch nicht richtig verstanden.

Wir sollten das Lotus-Sutra nicht allein des Lernens willens studieren. Es reicht nicht aus, es intellektuell zu verstehen. Wir können nicht im wahren Sinn gerettet werden oder die Gesellschaft erretten, bis wir vom Verstehen zum Glauben fortschreiten und den Geisteszustand der völligen Einheit von Glauben und Verstehen erreicht haben.

In Kapitel 21 lehrte der Buddha, daß alle Predigten in den vorangegangenen 20 Kapiteln von einer und nur einer Wahrheit durchlaufen werden. In diesem Kapitel erkennen wir klar, daß die Wahrheit, die im Gesetz der Erscheinungen dargestellt wird, völlig vereint ist mit den Lehren, die im Gesetz des Ursprungs dargestellt werden; indem wir das verstehen, können wir unsere Hingabe an diese beiden Gesetze vertiefen.

Beim Durchlesen dieses Kapitels, mag es erscheinen, als enthalte es keine wichtige Lehre, sondern als sei darin nur die mysteriöse und wunderbare Kraft des Tathāgata beschrieben. Deshalb ist das Kapitel schwer zu verstehen. Die absolute Kraft des Tathāgata wird durch seine mysteriösen Zeichen symbolisiert, und die Bedeutung jedes Zeichens ist die Formung einer völligen Einheit zwischen dem Gesetz der Erscheinung und dem Gesetz des Ursprungs.

Die Bedeutung der zehn göttlichen Kräfte des Tathāgata, die in diesem Kapitel beschrieben werden, wird hier so erklärt, wie sie seit alten Zeiten von buddhistischen Gelehrten angenommen worden ist. Aus diesem Grunde wird die Diskussion ziemlich spezialisiert, und es kann sein, daß schwierige buddhistische Ausdrücke auftauchen. Aber wir sollten uns davon nicht stören lassen. Solche Ausdrücke sind taktvolle Mittel, um uns beim Verständnis der Erklärung zu helfen. Und es braucht natürlich nicht erwähnt zu werden, daß unser Ziel das sichere Verwirklichen des in diesem Kapitel gepredigten Geistes ist.

In dem abschließenden Versteil von Kapitel 20 sprach der Weltgeehrte wie folgt:

„Darum laß nicht zu, daß seine Nachfolger
Nach der Erlöschung des Buddha
Beim Hören einer Sutra wie dieser
Zweifel oder Verwirrung empfinden,

Sondern laß sie von ganzem Herzen
Dieses Sutra fern und nah verbreiten.
Dann werden sie Zeitalter nach Zeitalter Buddhas treffen
Und schnell den Buddhaweg durchschreiten."

In diesem Moment falteten die Bodhisattva-*Mahāsattvas,* die so zahlreich wie die Atome einer großen tausendfältigen Welt der Erde entsprungen waren, einmütig die Hände, blickten auf zu seinem edlen Gesicht und sprachen zum Buddha: „Weltgeehrter! Nach der Erlöschung des Buddhas werden wir dieses Sutra viel predigen in allen Ländern, in denen der umgewandelte Körper des Weltgeehrten existiert, und in denen er erloschen ist. Warum? Weil wir dieses wahrhaft reine große Gesetz selbst auch erreichen wollen, um es zu bekommen und zu bewahren, zu lesen und zu rezitieren, zu erklären und abzuschreiben und um ihm Opfer darzubringen. Die Bodhisattvas, die der Erde entsprungen waren, wurden in Kapitel 15 eingeführt, und es wurde gesagt, daß sie größere Tugenden als selbst der Bodhisattva Mañjuśrī und der Bodhisattva Maitreya haben sollten. Nun schworen die Bodhisattvas aus der Erde, die Lehre des Buddha weit und breit zu predigen. Sie teilten dem Buddha mit, warum sie seine Lehren predigen wollten. Ihre Begründung hat eine tiefe Bedeutung: weil sie das große Gesetz gewonnen haben, wollen sie es erhalten und bewahren, lesen und rezitieren, erklären, abschreiben und ihm Opfergaben darbringen.

Dem Buddha oder dem Gesetz Opfergaben darzubringen, bedeutet seinem Gefühl der Dankbarkeit Ausdruck zu verleihen und Rückzahlungen für seine Schuld dem Buddha oder dem Gesetz gegenüber auszuführen. Wenn die Bodhisattvas die Lehre des Buddha weit verbreiten, zahlen sie ihre Schuld zurück für die Lehren, die sie vom Buddha erhalten haben. Deshalb sind die Bodhisattvas, die der Erde entsprangen die großen Bodhisattvas. Menschen auf einem niedrigeren geistigen Niveau würden nur an sich selbst denken: „Ich selbst kann durch Ausführen dieser Übung gerettet werden". Diese Bodhisattvas erheben sich jedoch über sich selbst.

Indem man anderen Verdienste schenkt, gewinnt man natürlich Verdienste und es wäre übervorsichtig, wenn man solche Verdienste nicht annähme. Die Lehren des Buddha sind nicht eng und bigott. Deshalb hat der Buddha mehrere Male in den vorigen Kapiteln die Verdienste gepredigt, die wir anderen durch Predigen des Lotus-Sutras geben sollten und gleichzeitig die Verdienste, die wir durch solche Übung erhalten würden. In diesem Kapitel sehen wir jedoch, daß die großen Bodhisattvas, die viel mehr Tugenden haben als andere, völlig frei von der Idee eines Selbsts sind. Dieses Kapitel lehrt uns den idealen Geisteszustand eines Gläubigen.

Eine andere hier gegebene, wichtige Lehre ist, daß selbst diese großen

Bodhisattvas die Übung des Erhaltens und Bewahrens, Rezitierens, Erklärens und Abschreibens der Lehren des Buddha nicht vernachlässigen. Da sie große Bodhisattvas sind, muß ihr Verständnis der Lehren vollständig sein. Aber selbst die großen Bodhisattvas bemühen sich, die Lehren des Buddha zu erhalten und zu bewahren, ihr Verständnis durch wiederholtes Lesen und Rezitieren zu vertiefen und widmen sich selbst der Übung, die Lehren durch Erklären und Abschreiben im Gedächtnis zu bewahren. Solche Übungen sind sehr heilig und sind für uns sehr wichtig, weil wir die Neigung haben, eingebildet zu werden, wenn unser Verständnis des Gesetzes auch nur ein wenig besser wird.

DER TATHĀGATA ENTHÜLLT GÖTTLICHE KRÄFTE. As der Weltgeehrte den Schwur der Bodhisattvas, die der Erde entsprungen waren, hörte, nichte er. Er sagte nichts zu ihnen. Dann enthüllte der Weltgeehrte vor dem Bodhisattva Mañjusrī und den zahllosen hunderttausend Myriaden von *Koṭis* von Bodhisattva-*Mahāsattvas,* vor den *Bhikshus, Bhikshunīs, Upāsakas, Upāsika,* Göttern Drachen *Yakshas* und anderen Geistern, vor menschlichen und nicht menschlichen Wesen — vor allen diesen Kreaturen enthüllte der Weltgeehrte seine großen göttlichen Kräfte.

Er zeigte zuerst die folgenden göttlichen Kräfte: er streckte „seine lange und breite Zunge aus, bis sie an den Brahma-Himmel reichte". Dieser Ausdruck mag uns heute sehr seltsam erscheinen, aber dahinter steht ein alter indischer Brauch. Im alten Indien war es ein Zeichen, daß man die Wahrheit gesprochen hatte, wenn man seine Zunge herausstreckte. Mit dieser ersten Vorführung einer göttlichen Kraft, enthüllte der Buddha, daß alle seine Lehren, die er gepredigt hatte, wahr waren und bis in alle Ewigkeit wahr bleiben würden. Mit einem volkstümlichen Ausdruck könnte man sagen, daß er zeigte, daß er in seinen Predigten nie doppelzüngig war. Durch seine göttliche Kraft brachte er Folgendes zum Ausdruck: die Lehren, die er bis jetzt gepredigt hatte, scheinen in zwei Formen unterteilt zu sein, in die Lehre des erscheinenden Buddha und in die Lehre des ursprünglichen Buddha. Aber letztlich sind diese beiden Lehren in einer vereint.

Buddhistische Gelehrte der späteren Zeit führten aus, daß „die zwei Gesetze im Grunde identisch im Glauben sind" (*nimon-shiń itsu*), sich in dem mysteriösen Tun des Buddha ausdrückt, wenn er seine breite und weitreichende Zunge ausstreckt. Die „zwei Gesetze" sind das Gesetz der Erscheinung und das Gesetz des Ursprungs. Zuerst lehrte der Buddha als ein Bewohner der *Sahā*-Welt die Menschen dort, den wirklichen Weg, ein gutes Leben zu führen. Später erklärte er jedoch, daß er der ursprüngliche Buddha sei, das Wesen ohne Anfang und ohne Ende. Zwischen den Lehren des

Buddha, der in der Welt erschien und der des ursprünglichen Buddha scheint ein großer Unterschied zu bestehen. Wie sollte man diesen Unterschied zwischen den beiden Lehren betrachten?

Shakyamuni sollte als der Buddha betrachtet werden, der in dieser Welt erscheint, der vom ursprünglichen Buddha durch sein großes Mitleid für alle Lebewesen entsprang. Deshalb können wir Shakyamuni Buddha und den ursprünglichen Buddha nicht voneinander trennen. Wenn Shakyamuni nicht in dieser Welt erschienen wäre, wären wir nicht im Stande gewesen, von der wirklichen Existenz des ursprünglichen Buddhas Kenntnis zu erlangen. Wir können uns kein Urteil darüber bilden, welcher Buddha höher steht, der erscheinende oder der ursprüngliche. Die Folgerung ist, daß der ursprüngliche Buddha und der erscheinende Buddha letztlich in einem einzigen Wesen vereint sind, und unser Glaube sich auf ein Objekt beschränken sollte. Das ist die Lehre, daß „die zwei Gesetze im Grunde identisch im Glauben sind." Das mysteriöse Herausstrecken der breiten und langen Zunge des Buddha bis hinauf in die Brahma-Welt hat somit eine sehr tiefgehende Bedeutung.

Als nächstes enthüllte der Buddha die folgende göttliche Kraft: aus jeder Pore strahlte ein Licht unendlicher und zahlloser Farben, das in alle Richtungen des Universums schien. Unter den Juwelenbäumen streckten die Buddhas, jeder auf einem Löwenthron sitzend, alle gleicherweise ihre breiten und weitreichenden Zungen aus und strahlten unendliches Licht aus. Während Shakyamuni Buddha und all die anderen Buddhas unter den Juwelenbäumen ihre göttliche Kräfte enthüllten, vergingen Hunderte von Tausenden von Jahren."

Shakyamuni Buddha enthüllte seine göttliche Kraft durch die Ausstrahlung eines wunderbaren Lichtes vom ganzen Körper, das durch das ganze Universum in allen Richtungen schien. Diese mysteriöse Erscheinung bedeutet, daß die Wahrheit das Licht ist, das die Dunkelheit der Täuschungen erhellt. Wie schon erwähnt gibt es Dunkelheit nicht als wirkliches Wesen. Dunkelheit ist nur ein Zustand der Nichtbeleuchtung, der verschwinden wird, wenn Licht erscheint. Das gleiche gilt für Täuschungen. Nur die Wahrheit hat eine wirkliche Existenz; Täuschung ist unwirklich. Täuschungen werden geboren, wenn unser Geist die Wahrheit noch nicht erkennt. Täuschung wird verschwinden, wenn wir die Wahrheit erkennen.

In der Doktrin von den Ursachen lehrte der Buddha, daß sich die Menschen von solch unwichtigen Dingen wie Täuschungen nicht beunruhigen lassen sollten. Sie müssen nur die Wahrheit erkennen. Dies ist der einzige Weg, um Täuschungen zu verbannen. Der Buddha lehrte das Prinzip dieser Doktrin im Gesetz der Erscheinung. Im Gesetz des Ursprungs lehrte er dann, was die absolute Wahrheit ist. Er lehrte die Wahrheit über die wahre Existenz des Buddha und seine Unsterblichkeit, das heißt, er lehrte, daß alle Wesen durch den Buddha zum Leben verursacht werden.

Das Gesetz der Erscheinung und das Gesetz des Ursprungs sind im Grunde auf derselben Theorie aufgebaut. Diese Lehre wird *nimon-rî itsu* genannt, „Die Theorie der beiden Gesetze ist grundsätzlich die gleiche". Diese tiefe Lehre wird durch die Tatsache angezeigt, daß das Licht, welches vom gesamten Körper des Buddha ausstrahlte, die Dunkelheit überall im Universum zum Verschwinden brachte. Die anderen Buddhas streckten wie Shakyamuni Buddha ihre breiten und weitreichenden Zungen aus und strahlten unendliches Licht aus. Dieses Bild symbolisiert, daß die Wahrheit nur eine ist, und das alle Buddhas dieselbe Wahrheit erkannt haben, wie unzählbar ihre Anzahl auch sein mag.

Wahrheit zieht Wahrheit an. Sie vermischen sich und werden eins. In dem Augenblick, in dem Shakyamuni Buddha von seinem Körper das heilige Licht erstrahlen ließ, strahtlen die anderen Buddhas in gleicher Weise unendliches Licht aus. Diese Ausstrahlungen verschmolzen zu einem großen Licht, daß überall im ganzen Universum schien. Dieses Bild stellt den idealen Geisteszustand dar, den ein Gläubiger des Lotus-Sutras anstreben sollte. Es beschreibt den Zustand, in dem alle Menschen Buddhas werden und die *Sahā*-Welt substantiell identisch mit dem ‚Reinen Land des ruhigen Lichtes' ist. Wenn wir diesen kurzen Absatz, der die göttlichen Kräfte des Buddha beschreibt, nochmals mit Verständnis durchlesen, können wir die Heiligkeit des Inhalts deutlich fühlen.

Als Nächstes wird die Handlung beschrieben, die die Buddhas anschließend ausführten: „Danach zogen sie ihre Zunge wieder zurück, husteten gleichzeitig und schnalzten im Einklang mit den Fingern". Der Ausdruck „husteten gleichzeitig" bedeutet, daß alle Lehren in eine vereint werden, und die Stimmwerkzeuge, die beim Husten angespannt sind, stehen für das Predigen der Lehren.

Zuerst predigte Shakyamuni Buddha taktvolles Lehren. Da aber die Wahrheit nur eine ist, ist es kein minderwertiges Lehren.

Das taktvolle Lehren wurde nur gepredigt, um die Menschen schließlich zur absoluten Wahrheit zu führen. Aber das Gesetz der Erscheinung und das Gesetz des Ursprungs drücken beide wichtige Wahrheiten aus und sind heilige Lehren. Wenn letzteres mit Multiplikation verglichen werden kann, entspricht ersteres der Addition. Kinder können Multiplikation nicht verstehen, wenn ihnen zuerst gelehrt wird, daß zwei multipliziert mit drei gleich sechs ist. Sie müssen zuerst Addition lernen. Wenn sie verstehen, daß zwei plus zwei plus zwei gleich sechs ist, können sie klar verstehen, daß zwei multipliziert mit drei equivalent zum dreimaligen Addieren von zwei ist. Selbst wenn sie die Multiplikationstabellen auswendig lernen und somit „wissen", daß zwei multipliziert mit drei gleich sechs ist, kann man von ihnen nicht sagen, daß sie die Multiplikation wirklich verstanden haben, ehe sie nicht die Addition verstanden haben.

Im Glauben sind wie in der Arithmetik Addition und Multiplikation wahr; sowohl das Gesetz der Erscheinung als das Gesetz des Ursprungs sind die Wahrheit. Obwohl Glauben mit Mulitplikation verglichen werden kann, wird er nicht wirklich werden, bis der Glauben als und in Addition gründlich verstanden ist.

In Kapitel 18 wurde der Glaube als Multiplikation gezeigt. Wenn das Objekt des Glaubens mit dem Geist des Glaubens multipliziert wird, dann entspricht das Ergebnis dem Ergebnis des Glaubens. Wenn wir aber zu Beginn erklären: „Das Glaubensobjekt muß der Buddha ohne Anfang und ohne Ende sein", dann verwirren wir die Menschen, und es ist ihnen nicht möglich zu glauben. Wieviel ernster sind die Folgen eines falschverstandenen Glaubensobjektes.

Im Gesetz der Erscheinung lehrte der Buddha die Bildung dieser Welt, was menschliche Wesen sein sollten, die richtige Art zu leben und die idealen menschlichen Beziehungen. Durch dieses Gesetz können wir die richtige Art und Weise zu leben lernen: der Wahrheit zu folgen, die alles durchdringt, das heißt, das Siegel der drei Gesetze und das Gesetz der zwölf Ursachen erkennen und auf der Basis dieser Lehren die vier edlen Wahrheiten, den achtfachen Pfad und die sechs Vollkommenheiten zu üben. Dies ist der Geisteszustand des Glaubens durch Addition.

Für die, die diese Doktrin verstanden haben, enthüllte der Buddha, daß alle Lebewesen von der universalen Wahrheit zum Leben gebracht wurden, daß heißt, von der universalen Wahrheit, das heißt, durch den ewigen Buddha als dem Wesen ohne Anfang und ohne Ende. Dann erkennt der Gläubige, daß „Wenn wir mit dem Buddha vereint sind, kommen wir natürlich dazu, in Übereinstimmung mit der Wahrheit zu leben. Dieser Zustand ist unsere wirkliche Erlösung." Die taktvolle Lehre im ersten Teil des Lotus-Sutras und die wahre (im Sinne von absolut) Lehre, die in der zweiten Hälfte enthüllt wird, sind beide dieselbe Wahrheit und führen zur selben Erlösung. Das ist die Lehre des *nimon-kyoitsu,* „die Lehren der beiden Gesetze sind grundsätzlich die gleichen". Der Ausdruck „husteten gleichzeitig" stellt dies Lehre dar.

Der letzte Ausdruck, „schnalzten ihre Finger in Einklang" hat eine besondere Bedeutung. Das Schnalzen der Finger in Einklang von allen Buddhas stellt ihre Versicherung, „Ich gebe mein Wort" oder „Ich verspreche, es zu tun", dar. Deshalb stellt die Beschreibung der Buddhas, wie sie alle in Einklang mit den Fingern schnalzten, ihr heiliges Versprechen dar, das Gesetz zu verbreiten, oder in anderen Worten: es stellt ihren Schwur, die Bodhisattva-Übung auszuführen dar.

Der grundsätzliche Geist der Bodhisattva-Übung ist die Einheit zwischen einem selbst und anderen. Ein Einstieg in die Bodhisattva-Übung ist sozusagen, wenn wir einen Menschen retten wollen, weil er uns in seinem bedauernswerten Zustand sehr leid tut. Wenn wir den Geisteszustand erreicht haben, wo wir gar nicht anders können, als dem, der in Schwierigkeiten ist, zu helfen, können wir sagen, daß wir den wahren Geist eines Bodhisattvas erreicht haben.

Ein Baby schreit nach der Brust der Mutter. Sie nimmt es in die Arme und gibt ihm die Brust. In diesem Augenblick übersteigt der Geist der Mutter Mitleid für ihr Baby. Sie kann den Hunger so deutlich fühlen, als wenn sie selbst hungrig wäre. Deshalb nimmt sie das Baby in ihre Arme, und gibt ihm, ohne eine Idee von selbst, die Brust. Das Baby nimmt unschuldig die Brust der Mutter, die zufrieden zusieht. Zwischen Mutter und Baby besteht vollkommene Harmonie, und die Mutter hat nicht das Gefühl, dem Baby etwas zu schenken. Das ist der reine Zustand des Geistes eines Bodhisattvas. Es ist der ideale Zustand zwischen einem Prediger der Lehre und seinen Zuhörern. Wir können uns gut vorstellen, daß solch eine harmonische Beziehung zwischen Shakyamuni Buddha und seinen Jüngern bestanden haben muß. Wie es in einem Sutra geschrieben ist: „Die Krankheiten aller Wesen sind die des Buddha", der ideale Geisteszustand bei der Ausführung der Bodhisattva-Übung ist Einheit zwischen einem selbst und anderen. Da wir das Lotus-Sutra bis hierher studiert haben, wissen wir, daß alles auf die Einheit zwischen Selbst und anderen hinausläuft.

Wir scheinen Täuschungen aus unserem Geist zu entfernen und unsere Persönlichkeiten gemäß den Doktrinen der zwölf Ursachen, der vier edlen Wahrheiten und des achtfachen Pfades zu erhöhen, um unser selbst willen. Die Tatsache ist jedoch, daß unsere Erhöhung auch wiederum einen guten Einfluß auf unsere Umgebung ausübt. Die Lehren selbst zu üben ist identisch damit, andere sie auch üben zu lassen. Die Lehren gründlich zu üben ist sinnvoller und effektiver als sie schwach zu predigen. Da die Doktrin von den sechs Vollkommenheiten die Norm der Bodhisattva-Übung ist, ist die Übung der Lehre die Übung der Einheit zwischen uns selbst und anderen.

Bei Eintritt in die Lehre vom Gesetz des Ursprungs, verstehen wir endlich die Theorie der Einheit zwischen uns selbst und anderen. Wir erkennen, daß wir ursprünglich alle mit dem großen Leben des Universums verbunden sind. Diese Erkenntnis bedeutet, daß wir wissen, daß auch wenn Menschen getrennt voneinander zu sein scheinen, sie grundsätzlich doch vereint sind. Auseinandersetzungen und Schwierigkeiten entstehen oft, weil die Menschen diese Tatsache nicht erkennen. Wenn alle Menschen sie wirklich erkennen würden und den geistigen Zustand erreichen würden, in dem sie die Einheit mit anderen fühlen, würde diese Welt bald in das ‚Reine Land' verwandelt.

Somit ist die gesamte Lehre letzten Endes im Geist der Einheit zwischen Selbst und anderen zusammengefaßt. Diese Tatsache wird *nimon-niń itsu* genannt, „die beiden Gesetze sind grundsätzlich identisch in Person". Das Schnalzen der Finger in Einklang, das alle Buddhas ausführten, bedeutet ihr Versprechen, den Geist der Einheit zwischen Selbst und anderen weit zu verbreiten.

Die nächste Vorführung der göttlichen Kräfte des Buddha wird wie folgt beschrieben: „Diese beiden Laute durchdrangen alle Richtungen der Buddhawelten, ihre Länder wurden alle auf sechs Arten erschüttert." Wie in den vorigen Kapiteln oft erklärt, bedeutet der Ausdruck „alle ihre Länder wurden auf sechs Arten erschüttert", daß alle Dinge im Universum von der Vorführung der göttlichen Kräfte des Buddha sehr bewegt waren. „Diese beiden Laute" bezieht sich auf die Laute, die entstanden, als die Buddhas ihre Finger in Einklang schnalzten, um ihre Erklärung anzuzeigen, daß die in dem Lotus-Sutra gepredigte Wahrheit eine ist, und um ihr heiliges Versprechen, in dieser Welt den Geist der Einheit zwischen Selbst und anderen als das Ideal der Bodhisattva-Übung einzurichten, zu verkünden. Der Laut, den das Schnalzen ihrer Finger in Einklang hervorrief, klang in allen Richtungen wieder und rief in allen Dingen eine so tiefe Bewegung hervor, daß sie erbebten.

Niemand, der so tief von der Lehre berührt ist, daß er erbebt, kann verhindern, daß er sich zur Übung veranlaßt fühlt. Solange wie er die Lehre nur theoretisch versteht und sie in seinem Geist als Wissen aufbewahrt, kann er nicht zur Übung fortschreiten. Aber wenn er ein solch tiefes Gefühl verspüren sollte, daß er sowohl geistig wie körperlich erbebt, dann wird er natürlich beginnen, sie zu üben.

Was sollte er aber üben? Die Bodhisattva-Übung, da darin alle Lehren des Lotus-Sutra zum Ausdruck kommen. Im Gesetz der Erscheinung, drängt der Buddha die Menschen, die Bodhisattva-Übung durch die sechs Vollkommenheiten zu üben. Im Gesetz des Ursprungs lehrt er sie, daß die Erkenntnis der Einheit zwischen ihnen und dem Buddha sie zur Erkenntnis der Einheit zwischen ihnen und anderen Menschen führt, und daß sich diese Erkenntnis natürlich in ihrer Bodhisattva-Übung, andere zu retten, ausdrückt. Darüberhinaus entwickelt sich diese Erkenntnis in die große Übung der Bodhisattvas

— der Erreichung von Weltfrieden und der Verwandlung der *Sahā*-Welt in das ‚Reine Land des ruhigen Lichtes'. Das ist die Lehre des *nimon-gyotsu* „die beiden Gesetze sind grundsätzlich identisch in der Ubung". Diese tiefe Lehre kommt in den Worten „alle ihre Länder wurden in sechs Weisen erschüttert" zum Ausdruck.

Die bis hierher schon aufgeführten fünf göttlichen Kräfte des Tathāgatas sind die Darstellungen der Verwirklichung der Lehre und des Schwures, die von Shakyamuni Buddha und allen anderen Buddhas gemacht wurden. Wenn sich diese fünf göttlichen Kräfte zu allen Lebewesen im Universum ausdehnen, was wird das Ergebnis sein? Die nächsten fünf göttlichen Kräfte beschreiben ihren Einfluß auf alle Lebewesen.

Die sechste göttliche Kraft des Buddha wird wie folgt beschrieben: „Alle Lebewesen, Götter, Drachen, *Yakshas, Gandharvas, Asuras, Garudas, Kimnaras, Mahoragas,* menschliche und nichtmenschliche Wesen und die anderen Kreaturen sahen durch die göttliche Kraft des Buddha in dieser *Sahā*-Welt die unendlichen, grenzenlosen hunderttausend Myriaden *Koṭis* von Buddhas, sitzend auf ihren Löwenthronen unter all den Juwelenbäumen, und alle die Kreaturen sahen Shakyamuni Buddha zusammen mit dem Tathāgata ‚Reiche Schätze' auf dem Löwenthron in der Mitte der Stupa sitzen, und sie sahen auch die endlosen, unbegrenzten hunderttausend Myriaden *Koṭis* von Bodhisattva-*Mahāsattvas,* und die vier Gruppen, die Shakyamuni Buddha verehrend umgaben. Nachdem sie dies gesehen hatten, waren sie alle sehr erfreut und erhielten, was sie noch nie zuvor erlebt hatten."

Alle Kreaturen, sowohl menschliche wie auch nichtmenschliche Wesen, wurden in die Lage versetzt, die große Versammlung des Shakyamuni Buddha zusammen mit dem Tathāgata ‚Reiche Schätze' und viele anderen Buddhas zu sehen. In buddhistischer Terminologie wird dieser Zustand *fugen-daie* genannt, „alle Kreaturen des Universums sehen die große Versammlung des Buddha umgeben von vielen anderen Buddhas." Dieser Ausdruck heißt, daß alle Wesen gleichermaßen die Lehren des Buddha verwirklichen können. Gegenwärtig sind alle Menschen in ihrer Fähigkeit, die Lehren des Buddha zu verstehen, unterschiedlich. Einge können sie leicht verstehen, während andere sie sehr schwierig finden. Auf taktvolle Weise müssen die verschiedenen Menschen, ihren unterschiedlichen Fähigkeiten angepaßt, zur Erleuchtung geführt werden. Das ist der jetzige Zustand der Menschenwesen, aber vom Gesichtspunkt der ewigen Zukunft aus gesehen, werden alle von ihnen imstande sein, Erleuchtung zu erreichen.

Es gibt wirklich viele unterschiedlich schnelle Wege, die zur Erleuchtung führen. Die unterschiedlichen Fähigkeiten der Menschen, das Gesetz des Buddha zu verstehen, bestehen nur „auf diesem Ufer" (*shigan*), der Welt von

Geburt und Tod. Aber alle Menschen werden gleichermaßen Buddhas, wenn sie „das andere Ufer" (*higan*) erreichen, das Reich Nirvanas. Deshalb besteht grundsätzlich kein Unterschied in ihren Fähigkeiten, die Lehren des Buddha zu verstehen. Dies ist die Lehre von *mirai-kî itsu,* „Der Menschen Fähigkeit die Lehren des Buddha zu verstehen ist eine in der Zukunft". Der buddhistische Begriff *fugen-daie,* „Alle Kreaturen des Universums sehen die große Versammlung des Buddha, in der er von vielen anderen Buddhas umgeben ist", steht für die Idee, daß der Buddha die göttliche Kraft hat, alle Lebewesen gleichermaßen in der Zukunft in den Bereich von Nirvana einzuführen.

Es folgt die Beschreibung des folgenden Zustandes: „Zur gleichen Zeit sangen alle die Götter des Himmels mit entzückten Stimmen: ‚Hinter diesen unendlichen, grenzenlosen Hunderten von Tausenden von Myriaden von *Koṭis* von *Asaṃkhyeya*-Welten ist ein Reich mit Namen *Sahā.* Mitten in ihm lebt ein Buddha, dessen Name Shakyamuni ist. Für das Wohl aller Bodhisattva-*Mahāsattvas* predigt er jetzt das Sutra des ‚Großen Fahrzeuges' genannt das ‚Lotusblumen-Sutra des wunderbaren Gesetzes', das Gesetz durch das die Bodhisattvas unterwiesen werden und über das die Buddhas wachen, und das sie nie vergessen. Von ganzem Herzen solltet ihr es alle ganz befolgen, und ihr solltet dem Shakyamuni Buddha eure Verehrung und Opfergaben darbringen.'"

Der Ausdruck „Alle die Götter des Himmels sangen mit entzückten Stimmen" bedeutet, daß alle menschlichen Wesen von allen Göttern Inspiration empfingen. Solche Ausdrücke gibt es nicht nur im Buddhismus. Der Satz „Eine Stimme vom Himmel wurde vernommen", erscheint im christlichen Schrifttum, und die Worte „Ich höre des Himmels Stimme" werden in den Lehren des Konfuzius und des Menzius oft angewendet. Diese Worte zeigen an, daß die Menschen Offenbarungen erhalten, das heißt, die Wahrheit des Glaubens wird von ihnen erfahren, als hätten sie eine Inspiration ihres Geistes erfahren.

Was erhielten alle Wesen der *Sahā*-Welt durch Inspiration von den entzückten Stimmen aller Götter des Himmels? Sie nahmen wahr, daß Shakyamuni Buddha in der *Sahā*-Welt das Sutra, welches ‚Lotusblume des wunderbaren Gesetzes' genannt wird, predigte. Das ist das Gesetz, durch das die Bodhisattvas unterwiesen werden, und das die Buddhas überwachen und ständig im Sinn haben. Dies ist eine wahre Lehre, die nicht ihresgleichen hat, die alle Wesen im Universum zum Leben bringt, die ihnen Harmonie verleiht und sie zu geistigen Frieden führt. Diese Erkenntnis bedeutet, daß, obwohl die *Sahā*-Welt jetzt eine Welt des Leidens ist, sie sicherlich in Zukunft das heiligste Land des Universums werden wird, wenn alle Lehren und alles Lernen in den Lehren des Buddha zu einem Ganzen vereinigt werden. Lehren und Lernen sollten zur Verbesserung der Menschheit beitragen, aber gegenwärtig neigen sie dazu, zu Gegensätzen und Unglück zu führen. Sie verursachen zum Beispiel Gegensätze zwischen den Menschen im Feld der Religion und der Politik. Als Beispiel in der Wissenschaft kann nukleare Physik angeführt werden, die gegenwärtig Menschen zum größten Unglück führt, anstatt das menschliche Wohlergehen zu fördern.

Wenn alles Lehren und Lernen den Ideen der Achtung der Menschheit und universellen Harmonie, die von Shakyamuni Buddha gelehrt worden sind, folgen würde, würde das ‚Reine Land' in der *Sahā*-Welt verwirklicht, und diese Welt mit ihrer bemerkenswerten hochentwickelten, materiellen Zivilisation würde der Mittelpunkt der Welt werden. Das ist die Lehre von *mirai-kyoitsu*, „Alle Lehren werden in der Zukunft in einer, der Lehre des Buddha, vereint.

Wie bei einer Beschreibung eines Ablaufs in der Natur wird als nächstes der Zustand aller Lebewesen beschrieben: „Alle jene lebewesen falteten ihre Hände in Richtung *Sahā*-Welt nachdem sie die Stimme vom Himmel vernommen hatten und jubelten: ‚*Namah* Shakyamuni Buddha! *Namah* Shakyamuni Buddha!' Diese Beschreibung stellt eine Vorraussage die Zukunft der Menschheit betreffend dar. Es gibt Menschen, die jetzt die Lehren des Buddha noch nicht kennen. Andere haben kein Verlangen, die Lehren eingehender zu studieren, selbst wenn sie die Gelegenheit gehabt haben, damit in Kontakt zu kommen. Manche sind von einer falschen Idee besessen und einige denken überhaupt nicht, sondern arbeiten wie Sklaven. Noch andere tun Böses, übertreten das Gesetz und verstoßen gegen die Moral. Aber obwohl es jetzt in der Gesellschaft Menschen vieler Arten und Klassen gibt, wird die Zeit sicherlich kommen, wenn sie alle von ganzem Herzen in dem Buddha Zuflucht nehmen. Dann wird es keine dummen oder schlechten Menschen mehr geben, da sie alle ihren Charakter vervollkommnet haben. Dieser Gedanke wird *mirai-niń itsu* genannt: „Alle Menschen erreichen in der Zukunft Vollkommenheit ihres Charakters." Das ist die Bedeutung des Ausdruckes „Alle jene Lebewesen... jubelten solchermaßen: ‚*Namah* Shakyamuni Buddha! *Namah* Shakyamuni Buddha!"

Daraufhin wird ein anderes mysteriöses Geschehen beschrieben: „Dann bestreuten sie alle die *Sahā*-Welt mit verschiedenen Blumen, Weihrauch, Girlanden, Baldachinen und auch mit persönlichen Schmuckstücken, Edelsteinen und anderen wunderbaren Dingen. Die Gaben, die solcherart von ferne ausgeschüttet wurden, sammelten sich wie sich auftürmende Wolken und formten einen juwelenbesetzten Baldachin, der den gesamten Raum über den Buddhas ausfüllte." Dieses Phänomen bedeutet, daß in der Zukunft alle Menschen dem Buddha gleiche Opfergaben darbringen werden. Das großartigste Opfer, das man dem Buddha machen kann, ist, wenn man alle seine täglichen Beschäftigungen in Übereinstimmung mit dem Geist Buddhas ausführt. Obwohl es eine große Anzahl täglicher Arbeiten gibt, werden sie alle zu einer, wenn sie im Einklang mit dem Geist Buddhas sind. Das wird metaphorisch in den folgenden Worten ausgedrückt: „Die Gaben, die solcherart von ferne ausgeschüttet wurden, sammelten sich wie sich auftürmende Wolken und formten einen juwelenbesetzten Baldachin, der den gesamten Raum über den Buddhas ausfüllte.“ Diese Lehre ist *mirau-gyò itsu,* was bedeutet, daß die Wege der Menschen, die jetzt so verschieden, richtig oder falsch, sind, in der Zukunft aller vereint werden indem sie alle dem Geist des Buddhas entsprechen werden.

Alle unsere Tätigkeiten in Übereinstimmung mit dem Geist des Buddhas zu bringen, ist ein wichtiger Maßstab für unser tägliches Leben. Wir brauchen dazu Kenntnisse der Moral und Gesetze. Aber es gibt in der Gesellschaft viele Begebenheiten, die weder von Moral noch Gesetz als gut oder schlecht bezeichnet werden. Außerdem verschieben sich die Normen von Zeit zu Zeit und Ort zu Ort. Wir können uns nicht wirklich sicher fühlen, solange wir uns nicht auf etwas verlassen können, das nicht von Zeit oder Ort abhängig ist. Wenn wir den Maßstab der Übereinstimmung mit dem Geist des Buddhas annehmen, können wir jederzeit sicher und mit gutem Gewissen handeln, ohne jemals zu bösen oder unaufrichtigen Handlungen verführt zu werden. Da der Buddha die universale Wahrheit ist, heißt in Übereinstimmung mit seinem Geist zu handeln, im Einklang mit der universalen Wahrheit zu handeln. Indem wir so leben, können wir alle Fehler vermeiden.

Es folgt die Beschreibung des nächsten mysteriösen Ereignisses: „Dann wurden die Welten des Universums in ein Buddhaland ohne Grenzen vereint.“ Die *Sahā*-Welt wird als der Bereich der Täuschung angesehen, wohingegen das ‚Reine Land' ein schönes Land ohne Leiden und die Hölle ein Land der großen Leiden sein soll. Aber wenn alle Lebewesen um der Wahrheit willen leben mittels der Lehren des Buddha, wird das Universum in ein Buddha-Land vereint ohne Unterscheidung zwischen der Welt des Himmels, der *Sahā*-Welt und der Welt der Hölle. Da die Wahrheit eine einzige ist, werden in der Zukunft alle Dinge einmal zur Wahrheit neigen und dazu beitragen, eine Welt vollkommener Harmonie zu schaffen. Diese geheimnisvolle Erscheinung stellt die Lehre des *mirai-rī itsu* dar: „Alle Dinge im Universum werden in der Zukunft in einer Wahrheit vereint.“

Die verschiedenen mysteriösen Geschehen, die als die zehn göttlichen Kräfte des Tathāgatas bekannt sind, werden hier beschrieben, da dieses

Kapitel die abschließenden Lehren des gesamten Lotus-Sutras enthält, und weil sie das letzte Ziel darstellen. Die buddhistischen Begriffe, die mit jeder der göttlichen Kräfte im Zusammenhang stehen, sind erklärt worden, aber der Leser braucht sich nicht zu bemühen, solche spezialisierten buddhistischen Begriffe auswendig zu lernen; es ist völlig ausreichend, wenn man den Sinn des hier Gelehrten versteht.

Nachdem wir soweit gelesen haben, erkennen wir, daß das Lotus-Sutra ein vollkommenes und vollständiges System von Lehren enthält, daß alle Lebewesen zur Erreichung der Buddhaschaft führen kann; und wir fühlen eine unaussprechliche Dankbarkeit dem Buddha gegenüber. Gleichzeitig fühlen wir sicherlich, daß das Leben lebenswert ist, da wir uns der Tatsache bewußt sind, daß wir die Möglichkeit haben auch nur einen oder zwei Schritte auf den Idealzustand des Geistes durch Übung der Lehren des Buddha zugehen zu können, selbst wenn die Verwirklichung des Ideales noch in großer Ferne ist.

Nichts ist so förderlich, wie ein festes Ziel im Leben zu haben. Ein Mensch, der zwei oder drei Ziele zur gleichen Zeit hat, ist immer in Unruhe. Sein Geist ist nicht klar und fest. Wenn er jedoch nur auf das heiligste Ziel, die Annäherung des geistigen Zustandes des Buddhas, zugeht, wird er nicht von der richtigen Richtung abgebracht, da sein Leben von diesem großen Vorhaben durchdrungen ist, gleich ob er bei der Arbeit, zuhause, in der Gesellschaft seiner Freunde, beim Lesen oder Erholen ist.

Natürlich ist es unausbleiblich, daß gewöhnliche Menschen manchmal böse Gedanken haben, faul oder nachlässig sind, Fehler machen, sich wertlosen Vergnügungen hingeben, und ununterbrochen verschiedenen Täuschungen zum Opfer fallen. Aber sie werden nicht viel von ihrem Vorsatz zurückweichen, wenn sie sich bewußt sind, daß sie Schritt für Schritt auf den geistigen Zustand des Buddha zugehen, selbst wenn Täuschungen sie schwankend machen. Ihre Aufmerksamkeit wirkt als eine ständige geistige Unterstützung.

Gewöhnliche Menschen mag der hier beschriebene Geisteszustand als zu erhöht vorkommen, und einige betrachten ihn vielleicht als einen Traum, der weit von ihrem wirklichen Leben entfernt ist. Sie sollten diesen Idealzustand nicht als etwas Unbestimmtes und Abstraktes empfinden, sondern ein lebhaftes, direktes Gefühl dafür haben. Darüber hinaus müssen sie diesen Zustand des Geistes zu ihrem Lebensziel machen, das ihr tägliches Leben bestimmt.

Zu jener Zeit wandte sich der Buddha an ‚Hervorragende Führung' und die Schar der anderen Bodhisattvas: „Die göttlichen Kräfte der Buddhas sind so unendlich und grenzenlos, daß sie über alle Gedanken und Ausdrücke hinausgehen. Selbst wenn ich, um es als Erbe weiter zu geben, die Verdienste dieses Sutras mit diesen Kräften für unendliche, grenzenlose hunderttausend Myriaden *Koṭis* von *Asaṃkhyeya Kalpas* erklären würde, wäre ich doch nicht im Stande, das Ende der Verdienste zu erreichen."

Den Worten „um es als Erbe weiterzugeben" können wir folgende Bedeutung entnehmen: „Wenn es auch große Mühe kostet, dieses Sutra nah und fern zu predigen, ich vertraue auf euch, diese Aufgabe durchzuführen." Wenn wir diese Worte des Buddha hören, können wir nicht anders, als erneut den Vorsatz zu fassen, die Mission des Buddha auszuführen.

WESENTLICHE PUNKTE DER VERDIENSTE DES LOTUS-SUTRAS. Der Buddha sagte, daß es ihm selbst dann nicht gelingen würde, die Beschreibung der Verdienste des Lotus-Sutras zu beenden, wenn er sie für unendliche, grenzenlose hunderttausend *Koṭis* von *Kalpas* durch seine göttlichen Kräfte erklären würde. Er sprach folgendermaßen über die wesentlichen Punkte dieser Verdienste: „Grundsätzlich gesagt, sind alle Gesetze, die zum Tathāgata gehören, alle die überragenden, göttlichen Kräfte des Tathāgata, all die mysteriösen, wesentlichen Schatzkammern des Tathāgata und die sehr tiefen Bedingungen des Tathāgata alle in diesem Sutra verkündet, vorgestellt, enthüllt und erklärt." Diese Worte beinhalten das innerste Wesen der Verdienste des Lotus-Sutras.

In dem Ausdruck „alle Gesetze, die zum Tathāgata gehören" sind die Gesetze aller Wahrheiten, die der Tathāgata erkannt und in dem Lotus-Sutra gezeigt hat. Die vom Tathāgata erkannten Wahrheiten sind auch in anderen Sutras gepredigt worden, obwohl sie darin nicht so vollständig dargestellt wurden. Sie wurden darin als taktvolle Lehren enthüllt, die der Möglichkeit des Verständnisses der Zuhörer angemessen war. Eine große Wahrheit, die auf jeden Teil des Universums anzuwenden ist, wird im Lotus-Sutra gepredigt; eine Wahrheit, die alle anderen Wahrheiten und Lehren einschließt. Deshalb wird diese Lehre als der Höhepunkt aller Sutras, die der Buddha in seinem Leben predigte, angesehen. Alle Wahrheiten, die der Tathāgata erkannte, sind in diesem Sutra ausführlich beschrieben.

Wenn die vom Tathāgata erkannte, absolute Wahrheit als die Arbeit erscheint, alle Lebewesen zu erretten, ist niemand von der Errettung ausgeschlossen. Das ist die Bedeutung des Ausdruckes „alle die überragenden, göttlichen Kräfte des Tathāgata". Alle diese göttlichen Kräfte sind im Lotus-Sutra eingeschlossen. Wir können durch Lesen eines einzigen Verses, oder gar eines einzigen Wortes errettet werden, da die Wahrheit in jedem Teil des Sutras enthalten ist. Wenn wir die große Wahrheit, die auf das ganze Lotus-Sutra zutrifft, vollkommen erkennen und sie gründlich üben, können wir schließlich den gleichen geistigen Zustand wie der Buddha erreichen. Deshalb sind alle die überragenden, göttlichen Kräfte des Tathāgata, die alle Lebewesen erretten können, in dem Lotus-Sutra enthalten.

Der Ausdruck „all die mysteriösen, wesentlichen Schatzkammern des Tathāgata" verweist auf die Unendlichkeit der Lehre des Tathāgata. Er durchdringt das wirkliche Wesen aller Dinge und unterscheidet die Fähigkeit der Lebewesen, seine Lehren zu verstehen. Deshalb kann er aus den unendlichen Schatzkammern der Lehre in seinem Herzen jedesmal so predigen, wie es der Situation angemessen ist. Diese unendlichen Schatzkammern werden im Lotus-Sutra enthüllt.

Im Ausdruck „die sehr tiefen Bedingungen des Tathāgata" steht „Bedingungen" für „Übungen". Wenn wir im Glauben der Lehre nicht von der Theorie zur Ausübung der Lehre fortschreiten, können wir die Lehre nicht vollkommen erfüllen. Theorie und Praxis müssen immer Hand in Hand gehen. Im Lotus-Sutra predigt der Buddha seine Lehren nicht nur theoretisch, sondern zeigt uns die Übungen, die er ausgeführt hat, um zur Erleuchtung zu gelangen, und er zeigt die Methode, seine Jünger und alle Lebewesen zur Erleuchtung zu bringen. Er erklärt darüber hinaus nicht nur Ereignisse, die stattfanden, nachdem er in dieser Welt erschien, sondern gibt auch Beispiele einiger Bodhisattva-Übungen, die er in seinen zahllosen vorherigen Existenzen ausführte. Seine innersten Gedanken während jener Zeit der Askese in dieser Welt und seine Übungen in früheren Leben waren so tief, daß gewöhnliche Menschen sie sich überhaupt nicht vorstellen können. Das ist die Bedeutung des Ausdruckes „die sehr tiefen Bedingungen des Tathāgata".

In diesem Kapitel, als der abschließenden Lehre des Lotus-Sutras, wiederholte der Buddha kurz den wichtigsten Punkt des Lotus-Sutras folgendermaßen: „Grundsätzlich gesprochen, sind alle Wahrheiten, die die Tathāgatas erkannt haben, die Lehre, die als ihre Arbeiten erschienen sind, und all die Übungen, um alle Lebewesen zu erretten, die die Tathāgatas in der Vergangenheit gezeigt haben — alle diese sind in diesem Sutra verkündet, gezeigt, enthüllt und erklärt." Der alles überragende Wert des Lotus-Sutras und seine absolute Vollkommenheit, werden durch die Worte des Buddha selbst noch einmal versichert.

Der Buddha führt dann die geistige Haltung aus, die die Menschen nach der Erlöschung des Tathāgata einhalten müssen: „Deshalb solltet ihr nach der Erlöschung des Tathāgata, das Lotus-Sutra (als die Lehre) erhalten, bewahren, lesen und rezitieren, erklären und abschreiben, kultivieren und üben mit ganzem Herzen; und ihr sollt eine *Caitya* errichten und Opfergaben bringen an Orten, wo eine Kopie des Sutras aufbewahrt oder im Tempel oder im Hain oder unter einem Baum, oder im Haus eines Laienanhängers oder in einem Kloster, in einem Palast oder auf einem Berg, in einem Tal oder in der Wildnis. Warum? Ihr solltet wissen, daß alle diese Plätze, Orte der Erleuchtung sind. An solchen Orten erreichen die Buddhas Erleuchtung; an diesen Orten setzen die Buddhas das Rad des Gesetzes ins Rollen; an solchen Orten erreichen die Buddhas *Parinirvana.*"

Der Buddha betont hier die Heiligkeit der Lehren selbst, und er macht klar, daß der richtige Weg, den Glauben zu bewahren ist, die Lehren zu erhalten, zu bewahren, zu pflegen und zu üben. Deshalb sollte „ein Ort, an dem eine Kopie des Sutras aufbewahrt wird" nicht als ein Ort angesehen werden, wo das Sutra als ein Gegenstand aufbewahrt wird, sondern als ein Ort, wo die Lehre gilt oder wo sie richtig geübt und bewahrt wird. Es ist falsch zu denken, daß mit dem Sutra hier nur der materielle Gegenstand — ein Buch oder eine Schriftrolle — gemeint sei, wie aus dem Gedanken hervorgeht, der den oben aufgeführten Abschnitt durchdringt.

Warum müssen wir die Bedeutung eines jeden Wortes so genau bestimmen? Weil wir dazu neigen, lieber etwas, das die Lehren *symbolisiert* als hoch und überragend anzusehen, als die Lehre selbst, und wenn wir uns dem Symbol widmen, geraten wir leicht dazu, einem falschverstandenen Glauben zu verfallen. Etwas, das die Lehre symbolisiert, ist wirklich heilig. Aber wenn wir uns ihm allein widmen, es als überragend ansehen, oder wenn wir es um unserer Errettung willen verehren, dann erniedrigen wir die heiligen Lehren des Buddha zu einer Volksreligion. Solch eine Tat ist eine große Verleumdung des Gesetzes des Buddha. Die Lehren des Buddha sind in sich selbst heilig, wie er hier enthüllt hat. Der richtige Glaube lebt an jedem Ort in dem wir die heilige Lehre empfangen, bewahren, kultivieren und üben. Wir müssen uns das gut in unser Gedächtnis einprägen, denn es ist so wichtig, daß es das Fundament unseres täglichen Lebens bildet.

Dann wiederholte der Buddha seine Lehre in Versform. Obwohl die Verse im Grunde die gleiche Bedeutung haben, wie der vorangehende Prosateil, werden für die Verse kurze Erklärungen gegeben, in denen der Buddha Worte verwendet, die sich in ihrer Bedeutung von denen des entsprechenden Prosateiles unterscheiden.

Über die Verdienste, welche die, die dieses Sutra erhalten, bewahren, pflegen und üben, gewinnen, sagte der Buddha folgendes:

„Wer diese Sutra bewahren kann,
Ist jemand, der mich schon erkennt
Und auch den Buddha ‚Reiche Schätze'

Und alle die Buddhas, die aus mir hervorgingen,
Und er sieht die Bodhisattvas außerdem,
Die ich bis jetzt unterwies."

Wie der Buddha hier sagt, kann eine Person, die von ganzem Herzen dieses Sutra erhält, bewahrt, kultiviert und übt, den Buddha sehen. Wie zuvor erklärt, bedeutet den Buddha sehen, seine wahrhafte Existenz zu erkennen. diese Erkenntnis bringt uns Frieden des Geistes.

Als nächstes sagte der Buddha:

„Wer dieses Sutra bewahren kann,
Wird mich und die aus mir hervorgegangenen Buddhas
Und den Buddha ‚Reiche Schätze' im Nirvana
Uns alle wird er sehr erfreuen;
Und die Buddhas, die jetzt im Universum sind,
Und alle der Vergangenheit und der Zukunft
Wird er sehen und ihnen dienen
Und ihnen Grund zur Freude geben."

Das bedeutet kurz gesagt, daß ein Mensch, der dieses Sutra erhält, bewahrt, kultiviert und übt, alle Buddhas erfreut. Das ist so, weil seine Taten mit dem Geist aller Buddhas im Einklang stehen und einer großen Opfergabe entsprechen.

Dann sprach der Buddha:

„Die mysteriösen Gesetze, die gewonnen wurden
Von allen Buddhas auf ihren Weisheitsthronen,
Muß der vor nicht langer Zeit gewinnen,
Der dieses Sutra bewahren kann."

Das heißt, daß ein Mensch, der dieses Sutra erhält, bewahrt, kultiviert und übt sicherlich in nicht allzu langer Zeit die tiefe Erleuchtung, die von den Buddhas auf ihren Weisheitsthronen erreicht worden ist, gewinnen wird. Die Worte „vor nicht langer Zeit" dürfen jedoch nicht mit den Begriffen der Idee der Zeit in dieser Welt interpretiert werden. Gewöhnliche Menschen müssen die Lehre des Buddha für die sehr lange Zeitspanne von vier oder sogar acht Wiedergeburten üben. Aber selbst solch eine lange Zeitspanne ist eine sehr kurze Zeit vom Gesichtspunkt des ewigen Lebens her gesehen.

Der Buddha fuhr fort:

„Der, der dieses Sutra bewahren kann,
Wird die Bedeutung der Gesetze
Mit ihren Begriffen und Ausdrücken,
Ohne Ende mit Freude erklären,
Wie der Wind im Himmel
Niemals Widerstand trifft."

Die Bedeutung hier ist, daß ein Mensch, der dieses Sutra von ganzem Herzen erhält, bewahrt, kultiviert und übt, die Kraft erhalten wird, alle Gesetze anderen gut zu erklären.

Der Buddha schloß mit den folgenden Worten:

„Nachdem der Tathāgata erloschen ist, soll solch einer,
Der dieses Sutra kennt, das der Buddha lehrte
Zusammen mit den Begründungen und dem Verlauf,
Es entsprechend seiner Bedeutung erläutern.
Geradeso wie die Sonne und der Mond
Die Dunkelheit vertreiben können,
So kann dieser Mann, in der Welt arbeitend,
Die Bedrückung aller Lebewesen zerstreuen
Und zahllose Bodhisattvas dazu veranlassen,
Endlich im ‚Einen Fahrzeug' zu wohnen,
Deshalb sollte der, der Weisheit besitzt,
Wenn er von den Wohltaten dieses Verdienstes hört,
Nachdem ich erloschen bin,
Dieses Sutra erhalten und bewahren.
Dieser Mann wird in dem Weg der Buddhas
Ohne Zweifel gefestigt werden."

Das heißt, daß wenn ein Mensch nach dem Erlöschen des Buddha weiß, warum, zu wem und wo der Buddha diese Lehre zusammen mit ihren Begründungen und im Verlauf gepredigt hat und sie richtig — ihrer wahren Bedeutung entsprechend — anderen erklärt, dann kann er, geradeso wie die Sonne und der Mond die Finsternis vertreiben können, die Bedrückung anderer zerstreuen. Und dieser Mensch kann auch zahllose Gläubige dazu veranlassen, den Weg des ‚Einen Fahrzeuges' zu betreten. Deshalb, wenn ein Mensch, der tief über sein Leben nachdenkt — ein Mensch, der Weisheit besitzt — von den Wohltaten der Verdienste nach des Buddhas Erlöschen hört, sollte er dieses Sutra erhalten und bewahren. Jemand der tief über das Leben nachdenkt, wird zu diesem Sutra kommen. Es besteht kein Zweifel, daß er sicherlich den Weg des Buddha erreichen wird.

Der abschließende Vers ist als die abschließende Lehre des Lotus-Sutras sehr tief und heilig. Er wird als einer der wichtigsten Verse des gesamten Sutras betrachtet. Wir sollten seine Bedeutung gut verstehen und sollten in der Lage sein, ihn auswendig zu rezitieren.

Kapitel 22

Der letzte Auftrag

NACH BEENDIGUNG DER PREDIGT von Kapitel 21 erhob sich Shakyamuni Buddha von seinem Gesetzessitz und legte, durch seine übernatürliche Kraft, seine rechte Hand auf den Kopf zahlloser Bodhisattva-*Mahāsattvas* und sprach Folgendes: „Ich habe für unberechenbare Hunderte von Tausenden von Myriaden von *Koṭis* von *Asaṃkyeyas* von *Kalpas* dieses seltene Gesetz der vollkommenen Erleuchtung geübt. Nun vertraue ich es euch an. Verbreitet dieses Gesetz mit ganzem Herzen und laßt es nah und fern wachsen."

Jemanden die Hand auf den Kopf zu legen oder ihn leicht auf den Kopf zu schlagen, heißt ihn zu loben, nach japanischer Sitte. Im Westen ist es normalerweise ein Zeichen der Zuneigung. In Indien bedeutet eine solche Handlung jedoch, daß man ihm sein Vertrauen schenkt, als sagte man: „Ich überlasse es ganz dir. Tu dein Bestes." Es wird berichtet, daß Suryasoma, der das Lotus-Sutra seinen Lieblingsschüler Kumarajiva lehrte, ihm die Hand auf den Kopf legte und zu ihm sagte: „Verbreite dieses Sutra mit Ehrfurcht." Daß der Buddha durch seine übernatürlichen Kräfte seine rechte Hand auf die Köpfe unzähliger Bodhisattvas legte, symbolisiert das tiefe Vertrauen, das er in sie setzte. Sie müssen von der Handlung des Buddha tief bewegt gewesen sein.

Der Buddha spürte nicht nur, daß er bald verscheiden würde, sondern er sagte es auch seinen Jüngern voraus. Starke Emotionen müssen den Sinn sowohl des Buddha als auch seiner Jünger bewegt haben. Angesichts seines herannahenden Endes lehrte der Buddha nichts als das Gesetz. Jeder Buddhist muß sich vor dem reinen, hohen und wohlwollenden Geist des Buddhas verbeugen.

Dreimal legte der Buddha seine Hand auf die Häupter der Bodhisattva-*Mahāsattvas* und wiederholte die nachfolgenden Worte. Wegen der Wiederholung können wir leicht verstehen wie wichtig seine Ansage war: „Ich habe für unberechenbare Hunderte von Tausenden von Myriaden von *Koṭis* von *Asaṃkyeyas* von *Kalpas* das seltene Gesetz der vollkommenen Erleuchtung geübt. Jetzt vertraue ich es euch an. Erhaltet und bewahrt es, lest und rezitiert es, und verkündet dieses Gestz überall, so daß alle Lebewesen im ganzen Universum es hören und kennen können. Warum? Der Tathāgata ist sehr wohlwollend und mitleidig, nicht gewöhnlich und geizig, und ist in der

Lage, furchtlos allen Lebewesen die Weisheit des Buddha, die Weisheit des Tathāgata und die Weisheit, die selbstexistent ist, zu geben."

Dies ist ein äußerst wichtiger Abschnitt. Die Worte „seltenes Gesetz" und „nicht gewöhnlich und geizig" verlangen nach tiefer Überlegung, um richtig verstanden zu werden in ihrer wahren Bedeutung. Wir können die Erleuchtung des Buddha nicht gewinnen, ohne außerordentliche Schwierigkeiten zu durchlaufen. Abgesehen von der langen Zeitspanne des Trainings, die er in früheren Leben durchlief, machte der Buddha in dieser Welt zu wiederholten Malen viele Leiden durch und erreichte schließlich Erleuchtung. Er lehrte auch das seltene Gesetz der Erleuchtung offen allen Menschen ohne das kleinste Zeichen eines gewöhnlichen und geizigen Sinnes. Darüberhinaus verwendete er verschiedene taktvolle Mittel mit Überlegung, auf daß alle Lebewesen in die Lage kommen sollten, vollkommene Erleuchtung baldmöglichst und ohne abgelenkt zu werden, erreichen zu können.

Beim Vergleich dieser Einstellung mit der der gewöhnlichen Menschen müssen wir anerkennen wieviel wir dem Buddha schuldig sind. Wenn in der Welt erfahrene Menschen ihr Wissen und ihre Technik Jüngeren lehren, gibt es nur ganz wenige, die sich der Mühe unterziehen, ihre Schüler so erfolgreich zu machen, daß sie sich das Wissen und die Technik in der halben Zeit aneignen können, die der Lehrer zum Lernen benötigt hat. Die meisten erfahreren Alten beziehen die Stellung, daß es unter ihrer Würde sei, die Jungen in die Geheimisse ihres Wissens und ihrer Technik einzuweihen, oder sie zwingen die Jüngeren genauso viele Schwierigkeiten beim Lernen durchzumachen, wie sie selbst erfahren mußten. Solch eine Einstellung kommt von einem gewöhnlichen und geizigen Sinn, der ein großes Hindernis für sozialen Fortschritt darstellt.

Der Buddha warnte uns sehr davor, gewöhnliche und geizige Gedanken zu pflegen. Ein Mensch sollten nicht nur großzügig und ohne etwas zurückzuhalten andere lehren, was er erfahren hat, sondern den Lernenden auch durch verschiedene Methoden beim Lernen helfen, so daß sie es schneller meistern als er selbst. So verhält sich jemand mit einem wahrhaft mitleidigen Geist. Ein erfahrener Mensch sollte mit dieser Haltung die jüngeren in weltlichen Lehren und Techniken unterweisen, um gar nicht von Gesetz und Erleuchtung zu sprechen. Wir sollten solch eine Einstellung mit ganzem Herzen annehmen.

„Furchtlos" bedeutet, vor nichts Angst zu haben, geistig von nichts berührt zu werden. Das Gesetz muß man predigen, ohne gewöhnliche oder geizige Einstellung, ohne Angst vor irgendetwas und ohne geistig von etwas verwirrt werden zu können. Wenn man etwas fürchtet, so bedeutet das, daß man Angst hat, unbeliebt zu sein oder ausgelacht zu werden, wenn man jemandem das Gesetz predigt. Sich geistig von etwas verwirren zu lassen, heißt, daß man den Wunsch hat, irgend etwas als Gabe zu erhalten oder gutes Ansehen zu gewinnen, wenn man das Gesetz predigt.

DREI WEISHEITEN DES TATHĀGATA. Der Tathāgata ist sehr wohlwollend und mitleidig, daß er uns das Gesetz predigt. Er predigt es vollkommen und ruhig, ohne eine Spur eines gewöhnlichen oder geizigen Sinnes. Er ist völlig furchtlos und nichts verwirrt ihn. Wir müssen uns so viel Mühe wie möglich geben, uns dem geistigen Zustand des Tathāgata zu nähern. Er kann die Weisheit des Buddha, die Weisheit des Tathāgata, die Weisheit, die selbstexistent ist, furchtlos allen Lebewesen geben. Diese drei Weisheiten des Tathāgata fassen die Wahrheiten, die im Lotus-Sutra gelehrt werden, zusammen. Diese drei Weisheiten sind jedoch von vielen Menschen mißverstanden worden.

„Buddha" heißt der Erleuchtete, oder der Wissende, das heißt einer, der die Wahrheit aller Dinge des Universums erkannt hat. Dementsprechend ist die Weisheit des Buddha die Weisheit, durch die der Buddha die universale Wahrheit erkannt hat, und mit der er den wahren Zustand aller Dinge unterscheiden kann. Es ist die Weisheit der Wahrheit.

„Tathāgata" ist einer, der von der Welt der Wahrheit gekommen ist. Eine tiefe Bedeutung steckt in der Tatsache, daß der Tathāgata nicht nur die Wahrheit erkannt hat, sondern auch von der Welt der Wahrheit gekommen ist. Der Ort, zu dem er gekommen ist, ist die Welt der Lebewesen, diese *Sahā*-Welt des Leidens und der Täuschungen. Der Grund für sein Kommen in diese Welt, ist sein Wohlwollen und sein Mitleid, die alle Lebewesen zur Erkenntnis der Wahrheit, zu ihrer Errettung führen. Deshalb ist die Weisheit des Tathāgata die Weisheit des Wohlwollens und des Mitleids.

Die Weisheit, die selbstexistent ist, ist am schwierigsten von den drei Weisheiten zu verstehen. „Selbstexistent" heißt selbstgeboren, das bedeutet, ein Glaube, der im Geist des Menschen entsprungen ist. Entsprechend ist die Weisheit, die selbstexistent ist, die Weisheit des Glaubens.

Wir brauchen alle drei Weisheiten: die Weisheit der Wahrheit, die Weisheit des Wohlwollens und des Mitleids und die des Glaubens. Der Tathāgata kann uns diese drei Weisheiten schenken, denn der Tathāgata ist der große Herr des Gebens an alle Lebewesen. Niemand ist ein größerer Herr des Gebens als der Tathāgata, denn er kann alle drei Weisheiten an alle Lebewesen geben. Alle Lehren, die im Lotus-Sutra gegeben worden sind, lösen sich in diesen drei Weisheiten auf.

Der Buddha ermahnte die Bodhisattva-*Mahāsattvas* folgendermaßen: „Lernt und folgt dem Beispiel des Tathāgatas und seid nicht gewöhnlich und geizig. Wenn in kommenden Zeiten gute Söhne oder gute Töchter an die Tathāgata-Weisheit glauben, dann verkündet ihnen dieses Gesetzblumen-Sutra, so daß sie es hören und kennen können, auf daß sie die Wahrheit des Buddha erlangen mögen. Und wenn es Wesen gibt, die nicht glauben, dann zeigt, lehrt, nützt ihnen und erfreut sie mit den anderen taktvollen Gesetzen des Tathāgatas. Wenn ihr in der Lage seid, so zu handeln, werdet ihr die Gnade der Buddhas zurückbezahlt haben."

Die Worte des Buddha „Lernt und folgt dem Beispiel des Tathāgata" bedeuten, „versteht meinen Geist gut und folgt demselben Pfad, den ich einst gegangen bin." Der Weg ist dies: „Seid nicht gewöhnlich oder geizig. Wenn jemand an die Weisheit des Tathāgata glaubt, dann verkündet ihm das Lotus-Sutra, um ihn zur Erreichung der Weisheit des Buddha zu bringen."

Wie verhalten sich die Bodhisattvas Menschen gegenüber, die nicht an dieses Sutra glauben? Der Buddha unterwies die Bodhisattvas: „Zeigt, lehrt, nützt ihnen und erfreut sie durch die anderen taktvollen, tiefen Gesetze des Tathāgatas."

Wie schon erklärt zeigt uns „zeigen, lehren, nützen, erfreuen" die Reihenfolge an, die wir einhalten sollen, wenn wir Menschen zur Lehre leiten. Zuerst zeigen wir ihnen die allgemeine Bedeutung der Lehre. Dann, wenn wir sehen, daß sie davon berührt worden sind, lehren wir sie, deren tiefere Bedeutung. Als nächstes leiten wir sie dazu an, wenn wir erkennen, daß sie verstehen, die Lehren zu üben und den Nutzen davon zu gewinnen. Und schließlich verhalten wir uns so zu ihnen, daß es sie freut, die Lehren zu bewahren.

Es wird gesagt, daß die Anzahl der Lehren des Buddha achtundvierzigtausend ist, und keine von ihnen ist nutzlos. Alle seine Lehren sind heilig. Der Buddha predigte seine Lehren offen, der jeweiligen Situation und den geistigen Fähigkeiten seiner Zuhörer entsprechend. Man kann mit Sicherheit sagen, daß es unter den Lehren passende für alle Arten von Menschen gibt.

Der Buddha belehrte die Bodhisattvas: „Wenn es Menschen gibt, die nicht an das Lotus-Sutra glauben, wenn ihr es ihnen direkt predigt, könnt ihr jede andere von meinen Lehren wählen. Ihr braucht euch nicht auf dieses Sutra zu beschränken." Das Lotus-Sutra ist wirklich der Höhepunkt aller Lehren des Buddha und nimmt deshalb den ersten Platz unter all den vielen buddhistischen Sutras ein. Aber wir dürfen in unserer Treue zum Lotus-Stura nicht ausschließlich und hart werden. Nichiren hielt sich nicht nur an dieses Sutra, sondern zitierte oft von vielen anderen Sutras, um es zu loben. In der heutigen Welt müssen wir das noch mehr tun. Wenn wir keine Mühen scheuen, andere zum richtigen Gesetz zu führen, können wir die

Gnade des Buddha zurückbezahlen. Das ist die bedeutendste Rückerstattung, die uns für des Buddhas Gnade möglich ist.

All die Bodhisattva-*Mahāsattvas,* die die Ansprache des Buddha gehört hatten, waren darüber von großer Freude erfüllt und zeigten ihm ihre Verehrung, indem sie sich verneigten, ihre Köpfe senkten und, mit gefalteten Händen den Buddha grüßend, riefen sie einstimmig: „Wir werden alles tun, was der Weltgeehrte empfohlen hat. Heil, Weltgeehrter! Sei ohne Sorge!" Dreimal wiederholte die Schar der Bodhisattva-*Mahāsattva,* diese Worte. Diese dreimalige, einstimmige Wiederholung stellt die Ernsthaftigkeit des festen Schwures der Bodhisattvas dar, alles zu tun, was der Buddha empfohlen hatte. Ein solches Versprechen hätten sie nicht machen können, wenn ihr Vorsatz nicht fest und ihre Zuversicht nicht groß genug gewesen wäre. Wir können uns leicht vorstellen, was sie für ausgezeichnete Bodhisattvas waren, wenn wir ihre zustimmenden Worte hören. Die Gelehrten machen seit alter Zeit einen Unterschied zwischen den Bodhisattvas, die beauftragt sind, das Gesetz zu erhalten, zu bewahren und weiterzutragen in Kapitel 21 und solchen, denen das Gesetz in Kapitel 22 anvertraut wurde. Unsere Interpretation ist jedoch, daß der Buddha das Gesetz allen Bodhisattvas gleichermaßen anvertraute.

Der Buddha nickte, nachdem er den festen Schwur der Bodhisattvas vernommen hatte. Dann veranlaßte er alle sich manifestierenden Buddhas, die aus allen Richtungen gekommen waren, in ihre eigenen Länder zurückzukehren, indem er sagte: „Buddhas! Friede sei mit euch! Laßt die Stupa des Buddha ‚Reiche Schätze' wieder entstehen wie sie zuvor war." Er hatte geurteilt, daß die Lehren des Lotus-Sutras erhalten und bewahrt und in zukünftige Zeiten weitergetragen werden würden und sprach deshalb so zum Buddha ‚Reiche Schätze' und all den sich manifestierenden Buddhas, die aus allen Richtungen gekommen waren, um die Wahrheit der Lehren des Lotus-Sutras und seinen unendlichen Wert zu bezeugen.

Das Kapitel schließt mit den folgenden Worten: „Als diese Worte gesprochen wurden, waren sie über die Predigt des Buddha sehr erfreut, alle die unzähligen sich manifestierenden Buddhas aller Richtungen, die auf ihren Löwenthron unter den Juwelenbäumen saßen, sowohl als auch der Buddha ‚Reiche Schätze', die Schar der unendlichen *Asaṃkyeyas* von Bodhisattvas, ‚Hervorragende Führung' und andere, auch die vier Gruppen von Hörern, Sariputra und andere, und alle die Götter, Menschen, *Asuras* und so weiter aller Welten."

„Die Predigt des Buddha" bedeutet hier den Abschluß seiner Lehre, daß die *Sahā*-Welt mittels des Lotus-Sutras das ‚Reines Land des ruhigen Lichtes' werden wird. Mit Kapitel 22 haben wir die erste Stufe des Predigens des Buddha im Lotus-Sutra abgeschlossen.

Kapitel 23

Die Geschichte des Bodhisattvas ‚Medizinkönig'

MIT KAPITEL 22, „Der letzte Auftrag", haben wir die erste Stufe des Predigens des Buddha im Lotus-Sutra abgeschlossen. Es wäre vielleicht richtiger zu sagen, daß wir mit Beendigung von Kapitel 22 das Studium der Zusammenfassung des Lotus-Sutras abgeschlossen haben. Und wir könnten uns zu recht wundern, warum der Buddha dann dennoch sechs weitere Kapitel gepredigt hat.

Mit Kapitel 22 sind wir in die Lage versetzt worden, die Grundidee der Lehren des Buddha zu verstehen, unseren Glauben an sie zu bestätigen und den Entschluß zu fassen, sie zu üben. Für gewöhnliche Menschen ist es leicht, über die Lehren des Buddha zu sprechen, aber es ist sehr schwierig sie auszuführen. Wir haben der Übung gegenüber eine grundsätzliche Haltung bezogen. Aber wenn es nur zum tatsächlichen Üben der Lehren kommt, müssen wir unsere Haltung nochmals bestätigen. Wie sollte das ausgeführt werden? Wir müssen die Stärke suchen, die uns so ermutigt und begeistert, daß wir nie den Mut verlieren oder unsere Grundeinstellung zur Übung vergessen. Kurzum wir brauchen etwas, daß uns starken Antrieb zur Übung gibt.

Was ist der wirkungsvollste Antrieb? Wir können durch Beispiele der Vergangenheit sehr gute Anregung bekommen. Es gibt nichts, was uns stärker inspirieren könnte, als Beispiele von solchen, die in der Vergangenheit den Pfad des Buddha auf bestimmte Art wandelten und dadurch besondere Verdienste gewannen. Dasselbe gilt für moralische Begebenheiten des täglichen Lebens. Wenn zum Beispiel jemand seine Kinder theoretisch lehrt, freundlich zu alten Leuten zu sein, ist es fraglich, ob sie diese Lehre in die Praxis übertragen werden. Wenn die Eltern jedoch ein tatsächliches Beispiel geben, indem sie zum Beispiel sagen: „Heute sah ich im Bus einen Jungen, der seinen Platz an eine alte Dame abgab. Seine Freundlichkeit und Hilfsbereitschaft machten mich sehr froh", dann werden die Kinder interessiert und wollen dem Beispiel des Jungen folgen.

Gewöhnliche Menschen brauchen wirkliche Modelle, denen sie in der Ausübung guter Taten folgen können. Wen sollten sie als Vorbild für die Praxis nehmen, wenn sie auf dem Pfad des Buddha wandeln wollen? Es ist überflüssig zu sagen, daß sie natürlich dem Vorbild Shakyamuni Buddhas selbst folgen sollten. Das erste, was sie tun müssen, ist, den Pfad zu beschreiten, den der Buddha ihnen gezeigt hat. Aber sie haben keine Vorstellung, wie sie anfangen könnten zu versuchen, es dem Buddha gleich zu tun, denn er ist vollkommen, fehlerlos und im Besitze aller Tugenden. Es fällt gewöhnlichen Menschen leichter, der Tugend oder Übung nachzueifern, die ein Bodhisattva besessen oder ausgeführt hat. Die abschließenden Kapitel des Lotus-Sutras geben uns eine Anzahl solcher Beispiele vorbildhafter Bodhisattvas. In diesen Kapiteln werden alle Tugenden des Bodhisattvas als der höchste, ideale Geisteszustand beschrieben. Durch die Beschreibung dieser Tugenden und der Aufforderung solch einen idealen Zustand zu erreichen, ermahnt der Buddha uns, die wir zur Überheblichkeit neigen. Unser religiöses Leben ist eine endlose Reihe von Versuchen und Irrtümern. Wir gehen ständig zwei Schritte vorwärts und einen zurück. Jedesmal wenn wir die letzten sechs Kapitel des Lotus-Sutras lesen, werden wir erneut ermutigt und inspiriert, nicht nachlässig oder eingebildet zu werden. Darin liegt die Bedeutung dieser Kapitel. Deshalb dürfen wir das Studium der letzten Kapitel nicht leicht nehmen, auch wenn wir mit Kapitel 22 das Studium des Überblicks des Lotus-Sutras abgeschlossen haben.

Ein Punkt in diesen Kapiteln verdient sorgfältige Beachtung: das häufige Auftreten wunderbarer Erscheinungen in diesen Kapiteln im Vergleich zu den vorangegangenen Kapiteln des Sutras. Wir dürfen diese Beschreibungen nicht mißverstehen. Folgende Punkte müssen wir besonders beachten. Zuerst müssen wir den Geist dieser wunderbaren Beschreibungen erfassen und ihre wirkliche Bedeutung erkennen. Es heißt zum Beispiel in Kapitel 23, daß der Bodhisattva ‚Lieblichkeit' seine Arme anzündete und verbrannte. Im alten Indien gab es viele Asketen, die solche Dinge wirklich ausführten. Auch in China und Japan und erst recht in Vietnam gab es buddhistische Mönche, die sich in Brand steckten und ruhig, in den wütenden Flammen sitzend, starben. Solche Praktiken gehen jedoch gegen den vom Buddha gepredigten Mittelpfad, und die Übungen selbst verdienen kein Lob. Warum wird dann der Bodhisattva ‚Lieblichkeit' in Kapitel 23 für solch ein Handeln gelobt? Weil wir heute dem Beispiel folgen müssen, daß er uns mit durch seinen eifrigen Einsatz, die Lehren zu predigen, gibt. Das Verbrennen der Arme symbolisiert den unbesiegbaren Geist bei der Ausübung der Lehren. Genauer gesagt ist es die Manifestation des Geiste, der die Lehre unter Einsatz des Lebens übt. Wir sollten die tiefe Bedeutung solcher Ausdrücke wie die Verbrennung des Armes aufnehmen, und uns nicht von der oberflächlichen Bedeutung der Worte irreführen lassen.

Zweitens wäre unsere Beurteilung sehr falsch, wenn wir die Art der Erlösung nur oberflächlich betrachten würden. Es heißt zum Beispiel in Kapitel 23 „Die Allseitigkeit des Bodhisattvas ‚Betrachter der Schreie der

Welt'", daß jeder, der ständig an den Bodhisattva ,Betrachter der Schreie der Welt' denkt, von verschiedenen Leiden befreit wird. Wenn wir diese Aussage wörtlich deuten, dann glauben wir, daß wir nicht hart zu arbeiten brauchen, um die Lehren des Buddha zu üben. Aber mit solch einer Einstellung wird keine der Lehren des Lotus-Sutras Früchte tragen. Jeder kann leicht verstehen, daß der Buddha in den letzten sechs Kapiteln nicht so unlogisch und widersprüchlich gewesen sein kann, daß er grundsätzlich alles verleugnet, was er in den vorangegangenen 22 Kapiteln gepredigt hat. Es ist überraschend zu sehen, daß Jahrhunderte hindurch viele Menschen eine solch seichte Deutung für etwas angenommen haben, das so leicht zu verstehen ist, und sich einem leichten, bequemen Glauben zugewendet haben, von dem sie meinten, daß er ihnen erlauben würde, von allen Leiden frei zu werden, wenn sie nur des Bodhisattva ,Betrachter der Schreie der Welt' gedenken würden.

Bei tiefem und sorgfältigem Lesen von Kapitel 25 verstehen wir, daß die übernatürlichen Kräfte dieses Bodhisattvas den Kräften des Gesetzes, das der Tathāgata Shakyamuni predigt, entsprechen. Wir erkennen auch, daß wir uns geistig bis zum letzten auf das Gesetz verlassen müssen, aber daß wir als Vorbild zu seiner Pflege und Ausführung den Bodhisattva ,Betrachter der Schreie der Welt' zu unserem unmittelbaren Ziel machen sollten. Es ist sehr bedauerlich, daß in einer Zeitspanne mehrere Jahrhunderte Mißverständnisse und vereinfachte Ideen, die den wahren Geist des Buddhismus erniedrigen, über die buddhistischen Sutras in den Geist der Menschen eingedrungen sind. Wir hoffen sehr, daß Leser dieses Buches nicht dem gleichen Fehler verfallen.

Laßt uns mit dem Inhalt des 23. Kapitels fortfahren.

Der Bodhisattva ,Sternbild Königsblume' wandte sich an den Buddha als alle sich darüber freuten, die Predigt des Buddha in Kapitel 22 „Der letzte Auftrag" gehört zu haben, und sprach: „Weltgeehrter! Warum wandert der Bodhisattva ,Medizinkönig' in der *Sahā*-Welt? Weltgeehrter! Der Bodhisattva ,Medizinkönig' muß Hunderte von Tausenden von Myriaden von *Koṭis* von *Nayutas* Schmerzen ertragen! Es wäre ausgezeichnet Weltgeehrter, wenn es möglich wäre, das ein wenig zu erklären, so daß die Götter, Drachengeister, *Yakshas, Gandharvas, Asuras, Garudas, Kimnaras, Mahoragas,* menschliche und nicht menschliche Wesen und die Bodhisattvas, die von anderen Ländern gekommen sind, als auch diese *Srāvakas* alle erfreut werden, wenn sie es hören." (Der Ausdruck „wandert in der *Sahā*-Welt" bedeutet, daß der Bodhisattva ,Medizinkönig' oft in der *Sahā*-Welt erscheint, um dort alle Lebewesen zu erleuchten und erretten.).

Daraufhin sprach der Buddha zu dem Bodhisatva ,Sternbild Königsblume': „Vor langer, langer Zeit, vor *Kalpas* so unzählbar wie die Sandkörner des Ganges gab es einen Buddha mit Namen Sonnen- und Mondschein Tathāgata, Anbetungswürdiger, Allweiser, in Führung völlig Erleuchteter, Wohlgetrennter, Versteher der Welten, Leiter ohnegleichen, Überwacher, Lehrer von Göttern und Menschen, Buddha, Weltgeehrter. Jener Buddha hatte achtzig *Koṭis* von großen Bodhisattva-*Mahāsattvas* und eine große Schar *Śrāvakas,* zahlreich wie die Sandkörner von zweiundsiebzig Gangesflüssen. Die Lebensspanne dieses Buddha betrug zweiundvierzigtausend *Kalpas,* und die Lebenszeit seiner Bodhisattvas war ebensolang. In seinem Reich gab es keine Frauen, keine Höllen, keine hungrigen Geister, keine Tiere, keine *Asuras,* und keine Katastrophen. Das Land war so eben wie eine Handfläche. Es war aus Lapislazuli, geschmückt mit Juwelenbäumen, bedeckt mit juwelenbesetzten Vorhängen, behängt mit Flaggen aus Juwelenblumen, und juwelenbesetzten Vasen und Weihrauchkessel waren überall im Land zu sehen. Es gab auch Terrassen aus den sieben Kostbarkeiten mit Bäumen die im Abstand eines vollen Pfeilfluges standen, für jede Terrasse. Unter all diesen Juwelenbäumen saßen Bodhisattvas und *Śrāvakas.* Plattformen, auf denen einhundert *Koṭis* von Göttern himmlische Musik erklingen ließen und Lobgesänge des Buddha zu seiner Verehrung sangen, waren über jedem von ihnen errichtet."

Wie schon in der Besprechung von Kapitel 13 „Devadatta" erklärt wurde, liegt der Grund dafür, daß hier Frauen zusammen mit Höllen, hungrigen Geistern, Tieren und *Asuras* aufgeführt werden, in der im alten Indien allgemein akzeptierten Idee, daß Frauen die Verkörperung der Sünde seien und ein Hindernis für die Männer, die religiöse Disziplin üben, darstellten. Deshalb sollten wir die Erwähnung von Frauen in solch einem Kontext nicht wörtlich nehmen. Wir dürfen nicht vergessen, daß der Buddha mit seinen Lehren diese, im Indien seiner Tage weitverbreiteten Ideen umstieß.

„Dann predigte der Buddha das Gesetzesblumen-Sutra für den Bodhisattva ‚Lieblichkeit' und all die anderen Bodhisattvas und die Schar der *Śrāvakas.* Dieser Bodhisattva ‚Lieblichkeit' hatte den steten Gang des Leidens freudig als seinen Weg angenommen und hatte mit großem Eifer Fortschritte im Gesetz des Buddha ‚Sonnen und Mondschein' gemacht, während er den Buddha mit konzentriertem Sinn für volle zwölftausend Jahre suchte. Nach dieser Zeit gewann er die Kontemplation der Enthüllung aller Formen."

Die Kontemplation der Enthüllung aller Formen ist die Kontemplation durch die der Bodhisattva in jeder Form oder jedem Körper erscheinen kann, den er wählt, um den Menschen angemessene Unterweisung zu erteilen, um sie zur Lehre zu führen. Wenn sie durch Freundlichkeit geführt werden können, nimmt der Bodhisattva eine freundliche Gestalt an und gebraucht sanfte Worte. Wenn es sich um Menschen handelt, die streng unterwiesen werden müssen, nimmt er eine furchterregende Gestalt an wie Fudo Myo-o[1] und stößt harte Worte aus. Der Bodhisattva kann solche Veränderung mit vollständiger Freiheit und ohne Fehler machen. Ein Mensch, der den Zustand dieser Kontemplation noch nicht erreicht hat, fällt leicht ein falsches Urteil über die Fähigkeiten des anderen, die Lehre zu verstehen, und versagt deshalb in der Aufgabe, sie zur Lehre zu führen. Das ist eine wichtige Warnung für uns Gläubige des Lotus-Sutras, die wir im Zeitalter des Verfalls üben.

„Nachdem der Bodhisattva ‚Lieblichkeit' diese Kontemplation erreicht hatte, war er voller Freude und überlegte folgendes und sprach: ‚Daß ich die die Kontemplation der Enthüllung aller Formen erreicht habe, ist gänzlich auf die Kräfte zurückzuführen, die dem Hören des Lotus-Sutras entsprangen. Laß mich jetzt dem Buddha ‚Sonnen und Mondschein' und dem Gesetzesblumen-Sutra meine Verehrung bekunden.' Kaum hatte er sich in diesen Gedanken versenkt, da regnete es vom Himmel *mandarava*-Blumen, *mahamandarava*-Blumen und feinen Staub harten, schwarzen Sandelholzes, der den Himmel erfüllte und wie eine Wolke niedersank. Er bildete auch Weihrauch aus Binnenseeufer-Sandelholz[2], sechs *karshas*[3] dieses Weihrauches haben den Wert einer *Sahā*-Welt. All das tat er zu Ehren des Buddha.

„Nachdem er diese Opfergaben dargebracht hatte, erhob sich der Bodhisattva ‚Lieblichkeit' aus seiner Versenkung und überlegte: ‚Dem Buddha durch meine übernatürlichen Kräfte Opfergaben zur Verehrung darzubringen ist nicht so gut, wie meinen Körper zu opfern.' Daraufhin nahm er viele Arten von Weihrauch zu sich — Sandelholz, *kunduraka*[4], *turushka*[5], *prikka*[6], Aloen und Harzweihrauch[7], und er trank die ätherischen Öle der *campaka* und anderer Blumen. Nach langen zwölfhundert Jahren rieb er seinen Körper mit duftenden Salben ein und wickelte sich selbst, in Anwesenheit des Buddha ‚Sonnen und Mondschein', in ein himmlisches, kostbares Gewand, badete in parfümiertem Öl und verbrannte mittels seines übersteigenden Schwures seinen eigenen Körper. Die Helligkeit erleuchtete Welten, so zahlreich wie die Sandkörner von achtzig *Koṭis* Gangesflüssen."

Viele Arten von Weihrauch zu sich zu nehmen, und die ätherischen Ole der Blumen zu trinken, symbolisiert die Reinigung des Körpers. Diese symbolische Handlung lehrt uns, daß wir unseren Wandel reinigen müssen, ehe wir dem Buddha Verehrung darbringen. In dem Ausdruck „und verbrannte mittels seines alles übersteigenden Schwures seinen eigenen Körper" bedeutet „sein alles übersteigender Schwur" seine übernatürliche Kraft, Kraft, die er nicht um seiner selbst willen, sondern um die Lehren des Buddha weiterzutragen, benutzte. Solche übernatürlichen Kräfte zu gewinnen und sie großzügig zur Verkündigung und Verbreitung der Lehren den Buddha zu benutzen, ist die größte Verehrung des Buddha.

„Die Buddhas lobten ihn alle gleichzeitig indem sie sagten: ‚Gut! Gut! Guter Sohn! Das ist wahrer Eifer. Das nennt man ‚Wahre Gesetzesverehrung für den Tathagata'. Opfergaben von Blumen, Wohlgerüchen, Girlanden, Weihrauch, Sandelpuder, Salben, Flaggen, und Baldachinen aus himmlischer Seide und Weihrauch aus Sandelholz vom Ufer der Binnensee, solche vermischten Opfergaben wie diese können ihr nicht entsprechen, und die Gabe von Geldspenden, Ländern, Städten, Frauen und Kindern kommen ihr auch nicht gleich. Mein guter Sohn! Dieses wird die überragende Gabe genannt, die geehrteste und feinste Gabe, weil es die Gesetzesverehrung an die Tathagatas ist.' Alle wurden still, nachdem diese Feststellung getroffen worden war.

„Sein Körper brannte für zwölfhundert Jahre. Danach war sein Körper beendet."

DIE ÜBERRAGENDE GABE. Der Buddha lehrt hier mit starkem Nachdruck, daß wahre Verehrung des Tathāgata und eine wahre Gabe ist, die Lehre selbst zu üben. Seinen eigenen Körper zu verbrennen, bedeutet, sich dem Gesetz zu widmen, was auch immer das für Schwiergkeiten und Selbstaufopferung verlangen mag.

„Der Bodhisattva ‚Lieblichkeit' wurde, nachdem er eine Gesetzesopferung wie diese gemacht hatte, im Tode im Reich des Buddha Sonnen- und Mondschein wiedergeboren. Er durchlief eine plötzliche Metarmorphose und saß mit gekreuzten Beinen im Hause des Königs ‚Reine Tugend' zu welchem er als Vater folgendermaßen in Versen sprach:

‚Wisse, oh großer König,
Daß ich, in einer oder der anderen Stätte weilend,
Unmittelbar die Kontemplatzion der
Enthüllung aller Formen gewann,
Und hingebungsvoll eine Tat großen Eifers ausführte,
Indem ich den Körper opferte, den ich liebte.'

„Nachdem er diese Verse geäußert hatte, sprach er zu seinem Vater und sagte: ‚Der Buddha ‚Sonnen- und Mondschein' existiert immer noch wie früher. Nachdem ich zuerst diesem Buddha Verehrung gezollt hatte, gewann ich die *Dharaṇi,* alle Äußerungen aller Lebewesen zu verstehen und darüber hinaus hörte ich dieses Gesetzesblumen-Sutra in achthunderttausend Myriaden von *Koṭis* von *Nayutas, Kankaras, Bimbaras, Akshobhyas*[8] Versen. Großer König! Ich sollte jetzt zurückkehren und diesem Buddha meine Verehrung bezeigen'. Als er das gesagt hatte, nahm er seinen Platz auf einem

Verehrung bezeigen'. Als er das gesagt hatte, nahm er seinen Platz auf einem Turm aus den sieben Kostbarkeiten ein, und erhob sich so hoch wie sieben *tala*-Bäume in den Himmel, und als er den Buddha erreichte, verbeugte er sich zu seinen Füßen, faltete seine zehn Finger und lobte den Buddha in Versen:

,Wunderbarste Gestalt,
Glanz, der das ganze Universum erhellt;
Zuvor habe ich meine Verehrung dargebracht,
Und jetzt kehre ich nochmals zurück, um Zeuge zu sein.'

„Dann sprach der Bodhisattva ‚Lieblichkeit', nachdem er diese Verse gesprochen hatte zum Buddha: „Weltgeehrter! Der Weltgeehrte ist immer noch in der Welt!"

Diese wenigen Worte, die der Bodhisattva ‚Lieblichkeit' sprach, zeigen die Sehnsucht und den Durst der Jünger des Buddha nach ihm sehr deutlich. Dies ist ein religiöser Jubel, indem sich die Sehnsucht der Jünger mit dem Mitleid des Buddha für sie vollkommen mischen. Wir sollten bereit sein, die gleichen Worte wie der Bodhisattva ‚Lieblichkeit' jederzeit zu sprechen, wenn wir den Buddha sehen.

„Daraufhin sprach der Buddha ‚Sonnen- und Mondschein' zum Bodhisattva ‚Lieblichkeit': „Mein guter Sohn! Die Zeit für mein Nirvana ist gekommen. Die Zeit meiner Erlöschung ist gekommen. Ihr könnt mein Lager bereiten. Heute Nacht werde ich in das *Parānirvana* eintreten. Dann ermahnte er den Bodhisattva ‚Lieblichkeit' nochmals: „Mein guter Sohn! Ich übertrage Dir das Buddha-Gesetz. Und ich gebe Dir alle meine Bodhisattvas und Hauptjünger, mein Gesetz der vollkommenen Erleuchtung, auch meine dreitausend große tausendfältige Welt, die aus den sieben Kostbarkeiten besteht, Juwelenbäume und Juwelentürme und meine himmlischen Helfer. Ich vertraue Dir auch alle die Reliquien an, die nach meiner Erlöschung verbleiben werden. Laß sie verteilen, und nah und fern soll ihnen Ehrfurcht erwiesen werden.""

Warum vertraute der Buddha dem Bodhisattva ‚Lieblichkeit' soviel? Es ist einfach so, daß dieser Bodhisattva mit ganzem Herzen selbst das Gesetz übte, und daß der Buddha diese Übung erkannte. Hieran können wir deutlich erkennen, daß unsere Übung des Gesetzes das Wichtigste für uns als Gläubige des Buddhismus ist.

DIE BEDEUTUNG DER ERRICHTUNG VON STUPAS. Der Buddha ‚Sonnen- und Mondschein' gab dem Bodhisattva ‚Lieblichkeit' auch Anweisungen, seine Reliquien nah und fern zu verteilen und zu verehren. Aber er meinte nicht, daß die Reliquien nur verehrt werden sollten, sondern mittels dieser Verehrung sollen alle Lebewesen dazu erweckt werden, in ihrem Geist ein Sehen und Dürsten nach dem Buddha zu spüren. Der Buddha ‚Sonnen- und Mondschein' gab dem Bodhisattva auch die Anweisung, tausende von Stupas zu errichten. Der Buddha wollte dadurch alle Lebewesen veranlassen, die Lehren in ihrem Geist verwurzeln zu lassen. Die Stupas sollten zum Lobe der Tugenden des Buddha errichtet werden. Wenn wir bei Errichtung einer Stupa nur ihre Form und ihr Aussehen berücksichtigen und vergessen, den Geist der Lehre in unserem Sinn zu festigen, dann kann sich unser Geist nicht auf den Geist des Buddha einstellen. Was er wünscht ist nicht äußere Erscheinung, sondern Gehalt, nicht leere Theorie, sondern Übung.

Nachdem der Buddha auf diese Weise den Bodhisattva ‚Lieblichkeit' ermahnt hatte, ging er im letzten Teil der Nacht ins Nirvana ein.

„Daraufhin, als der Bodhisattva ‚Lieblichkeit' sah, daß der Buddha erloschen war, erfüllte ihn große Trauer und er sehnte sich sehr nach ihm. Dann errichtete er einen Scheiterhaufen aus Sandelholz vom Ufer der Binnensee, erwies dem Körper des Buddha Verehrung und verbrannte ihn. Als das Feuer herabgebrannt war, sammelte er die Reliquien, formte vierundachtzigtausen kostbare Urnen und errichtete vierungachtzigtausend Stupas."

Da gesagt wird, daß der Buddha achtundvierzigtausend Predigten hielt, symbolisiert der Ausdruck „Als das Feuer herabgebrannt war, sammelte er die Reliquien, formte achtundvierzigtausend Urnen und errichtete achtunvierzigtausend Stupas", daß der Bodhisattva ‚Lieblichkeit' es unternahm, alle Lehren des Buddha für immer zu erhalten, daß er sich an sie erinnerte und sie pries.

„Dann überlegte der Bodhisattva ‚Lieblichkeit' nochmals: ‚Obwohl ich meine Verehrung erwiesen habe, ist mein Geist noch nicht zufriedengestellt. Ich werden den Reliquien noch mehr Verehrung erweisen'. Er wandte sich an die Bodhisattvas und Hauptjünger, an die Götter, Drachen, *Yakshas* und die große Schar und sprach: ‚Seid ganz aufmerksam, denn ich werde gleich den Reliquien des Buddha ‚Sonnen- und Mondschein' meine Verehrung erweisen'. Nachdem er das gesagt hatte, verbrannte er vor den vierundachzigtausend Stupas zur Ehre des Buddha für zweiundsiebzigtausend Jahre seine Arme mit ihren hundert glücklichen Zeichen und führte zahllose Scharen von Suchern der *Śrāvaka*-Schaft und unzählige *Asaṃkyeyas* von Menschen dazu, ihren Geist auf vollkommene Erleuchtung auszurichten, indem er sie alle dazu brachte, in der Kontemplation der Enthüllung aller Formen zu verweilen."

DEM BUDDHA EHRE ERWEISEN. Die größte Ehrerweisung des Bodhisattva ‚Lieblichkeit' an den Buddha war, daß er sich bemühte, die

Lehren des Buddha für immer zu bewahren, sie sich ins Gedächtnis einzuprägen und sie zu preisen. Als ein Gläubiger des Lotus-Sutras war er jedoch damit nicht zufriedengestellt, weil er erkannte, daß es die größte Verehrung des Buddha ist, seine Lehren zu üben. Deshalb verbrannte der Bodhisattva ‚Lieblichkeit' seine Arme. Er gab sich, mit anderen Worten ausgedrückt, der Ausübung des Gesetzes hin, ohne Rücksicht darauf, was für Schwierigkeiten, Schmerzen oder Sorgen das mit sich bringen würde. Seine Übungen wurden in sich selbst ein großes Sicht, das alle Menschen anleitete, die Dunkelheit in ihrem Geist zu erhellen, den Weg dorthin freiwillig zu suchen. Aus dieser Beschreibung können wir entnehmen, was es für große Vorteile bringen wird, wenn wir das Gesetz üben.

„Dann waren alle Bodhisattvas, Götter, Menschen, *Asuras* und die anderen sehr traurig, bekümmert und klagten und sagten: ‚Dieser Bodhisattva ‚Lieblichkeit' ist wirklich unser Lehrer und Unterweiser, aber jetzt sind seine Arme verbrannt und sein Körper ist verkrüppelt.' Daraufhin schwor der Bodhisattva vor der großen Versammlung: „Durch die Aufgabe meiner beiden Arme werde ich sicher noch einmal den goldenen Körper eines Buddha erreichen. Wenn diese Versicherung wahr ist, sollen meine beiden Arme so wie sie waren, wieder hergestellt werden.' Sobald er diesen Schwur ausgesprochen hatte, wurden seine Arme wie von selbst wieder hergestellt. Das wurde durch die Großartigkeit der glücklichen Tugend des Bodhisattvas und durch seine Weisheit veranlaßt. In diesem Augenblick wurde die dreitausend große tausendfache Welt auf sechs Arten erschüttert, verschiedene Blumen regneten vom Himmel herab und Götter und Menschen erhielten, was sie noch nie zuvor erlebt hatten."

Der Wiedergewinn der Arme des Bodhisattvas ‚Lieblichkeit' symbolisiert den idealen Zustand des Geistes, den alle, die die Bodhisattva-Übung praktizieren, beibehalten müssen. Seine Arme zu verbrennen, müssen Außenstehende sich als unerträglich schmerzhaft vorstellen. Solch eine Handlung ist jedoch für jemand, der den Geisteszustand eines großen Bodhisattvas erreicht hat, nicht schmerzhaft. So sehr er sich auch für das Gesetz einsetzt, er fühlt kein Leiden. Das Sutra beschreibt den geistigen Zustand folgendermaßen: „Der Bodhisattva ist stets erfreut/ Und ist zufrieden, wenn er das Gesetz predigen kann." Wie schon oft in diesem Buch gesagt wurde, ist das der ideale Geisteszustand.

Der Buddha wandte sich dann an den Bodhisattva ‚Sternbild Königsblume': „Kannst du dir vorstellen, daß der Bodhisattva ‚Lieblichkeit' jemand anderes war? Es war wirklich der jetzige Bodhisattva ‚Medizinkönig'. Seine Selbstaufopferung und Gaben waren von solch unzählbaren hunderttausend Myriaden *Koṭis* von *Nayutas* in Zahl, daß das möglich war. ‚Sternbild

Blumenkönig'! Wenn irgend jemand, dessen geistiges Ziel die vollkommene Erleuchtung ist, in der Lage ist, die Finger seiner Hand oder sogar einen Zeh seines Fußes vor einer Stupa zu ihrer Ehre zu verbrennen, wird er den überfliegen, der sie mit Reichen, Städten, Frauen, Kindern und mit seiner dreitausendgroßen tausendfältigen Welt mit ihren Bergen, Wäldern, Flüssen, Seen und all ihren Kostbarkeiten verehrt.

„Wiederum, wenn jemand eine dreitausend große tausendfältige Welt, angefüllt mit den sieben Kostbarkeiten, opfert zur Ehre der Buddhas, großen Bodhisattvas, *Pratyekabuddhas* und *Arhats,* wird der Verdienst dieses Menschen nicht der alles übersteigenden Glücklichkeit dessen gleichen, der auch nur einen einzigen vierfältigen Vers dieses Lotusblumen-Sutras erhält und bewahrt."

ZEHN VERGLEICHE ZUM PREIS DES LOTUS-SUTRAS. Der Buddha fuhr fort: „,Sternbild Königsblume'! Geradeso wie von allen Gewässern — Bächen, Flüssen, Strömen, Kanälen und den anderen Wasserkörpern — die See an erster Stelle steht, geradeso steht es mit dem Lotus-Sutra; unter all den Sutras, die von den Tathāgatas gepredigt worden sind, ist es das tiefste und größte. Und gerade so, wie zwischen all den Bergen — den Erdbergen, den schwarzen Bergen, den kleinen Eisenkreisbergen, den großen Eisenkreisbergen, den zehn kostbaren Bergen und all den anderen Bergen — Berg Sumeru der überragende ist, geradeso ist es auch mit dem Lotus-Sutra; unter all den Sutras ist es am höchsten. Wiederum, geradeso, wie unter all den Sternen der königliche Mond der erste ist, so ist es mit diesem Gesetzesblumen-Sutra; unter tausenden von Myriaden von *Koṭis* von Arten von Sutras, ist es die leuchtendste. Weiterhin, geradeso wie es der königlichen Sonne möglich ist, alle Dunkelheit zu erhellen, geradeso ist es mit diesem Sutra; es ist im Stande, alle unheilige Dunkelheit zu vertreiben. Wiederum, gerade wie unter allen kleinen Königen, der das heilige Rad rollende König der höchste ist, geradeso ist es mit diesem Sutra; unter allen Sutras ist es das meist verehrungswürdige. Und geradeso wie Sakra von allen Göttern der dreiunddreißig Himmel der König ist, ist diese Sutra der König aller Sutras. Auch so wie der große himmlische Vater König Brahma der Vater aller Lebewesen ist, ist es mit diesem Sutra; es ist der Vater aller weisen und heiligen Menschen, der geübten und der übenden und derer mit Bodhisattvageist. Wiederum, so wie unter allen gewöhnlichen Menschen die *Srota-apanna, Sakrdagamin, Anagamin, Arhat* und *Pratyekabuddha* die ersten sind, so ist es mit diesem Sutra; von allen Sutas, die von den Tathāgatas, Bodhisattvas oder *Śrāvakas* gepredigt wurden, ist es die erste. So ist es auch mit denen, die dieses Sutra erhalten und bewahren können — unter allen

Lebewesen sind sie die hervorragensten. Zwischen allen *Śrāvakas* und *Pratyekabuddhas* sind die Bodhisattva die ausgezeichnetsten; so ist es auch mit diesem Sutra, unter allen Sutras ist es das ausgezeichnetste. Geradeso wie der Buddha der König des Gesetzes ist, ist es mit diesem Sutra; es ist der König unter den Sutras."

In den oben aufgeführten zehn Beispielen zum Preise des Sutras wird zu wiederholten Malen gesagt, daß es das hervorragendste und das feinste aller Sutras ist. Das illustriert die Absicht des Buddha, unauslöschlich in unsere Herzen zu schreiben, daß die Übung des Gesetzes der erste Grundsatz zur Erfüllung des Beschreitens des Weges zur Buddhaschaft ist.

Folgendes Beispiel von den zehn oben angeführten ist besonders bemerkenswert: „Geradeso wie der große himmlische Vater König Brahma der Vater aller Lebewesen ist, ist es mit diesem Sutra; es ist der Vater aller weisen und heiligen Menschen, der geübten und der übenden und derer mit Bodhisattvageist." Lange Zeit ehe Shakyamuni Buddha in dieser Welt erschien, glaubten die Menschen, daß der große himmlische König Brahma der Vater aller Lebewesen sei, und daß dieser himmlische König alle Lebewesen regiert. In dem angeführten Beispiel sagt der Buddha nicht ausdrücklich, daß das eine falsche Idee ist, sondern predigt: „Geradeso wie alle Lebewesen den großen himmlischen König Brahma als ihren Vater betrachten, so ist dieses Sutra der Vater aller." Es ist eine Charakteristik des Buddhismus, die gewöhlichen Menschen auf so sanfte Art zum Weg der Wahrheit zu führen, wie es der Buddha hier zeigt. Er predigt sanft aber bestimmt: „Die Wahrheit ist der Vater aller Dinge."

Der Buddha fuhr fort: „‚Sternbild Königsblume'! Dieses Sutra ist, was alle Lebewesen erretten kann alle Lebewesen von Schmerzen und Leiden erlösen; dieses Sutra ist imstande, allen Lebewesen Gutes zu tun und ihre Wünsche zu erfüllen."

Der Buddha predigt hier ausführlicher, daß das Lotus-Sutra selbst alle Lebewesen in die Lage bringt, gerettet zu werden, von Schmerz und Leiden befreit zu werden, Gutes zu erfahren und ihre Wünsche erfüllt zu sehen. Das Wort „Wünsche" steht hier nicht für unmittelbare Wünsche zur materiellen Befriedigung eines bequemen Lebens, sondern es steht für das Ideal, das das wahre Ziel des Lebens ist. Wenn auch jede Person ihre eigenen bestimmten Wünsche und Ziele hat, sollten sie doch immer so sein, daß sie anderen nützen. Das ist für Buddhisten von entscheidener Bedeutung. Mißverständnisse über das Lotus-Sutra entstehen, wenn das Wort „Wünsche" so verstanden wird, als bedeute es die unmittelbaren Wünsche, die aus der menschlichen Gier erwachsen. Es gibt nichts Gefährlicheres und Schrecklicheres als das Gesetz falsch zu verstehen. Wir müssen uns sehr darum bemühen, es richtig zu verstehen.

ZWÖLF BEISPIELE GÖTTLICHER BEGÜNSTIGUNGEN, DIE DAS LOTUS-SUTRA VERURSACHT. Der Buddha sprach weiter: „Geradeso, wie ein klarer kühler Teich imstand ist, alle Durstigen zu befriedigen, wie die, die kalt sind durch Feuer zufriedengestellt werden, wie die Nackten, die Kleidung finden, wie die Kaufmannskarawane, die einen Führer findet, wie Kinder, die ihre Mutter finden, wie jemand, der das Fährboot am Fluß findet, wie ein Kranker, der einen Arzt findet, wie einer, der im Dunkeln eine Lampe erhält, wie ein armer Mann, der einen Edelstein findet, wie ein Volk, das einen König findet, wie Kaufleute, die die See erreichen, wie sie alle zufriedengestellt werden, und wie eine Fackel das Dunkel erhellt, so ist es mit dem Gesetzesblumen-Sutra; es kann alle Lebewesen von allen Leiden und Krankheiten befreien und kann alle Fesseln des sterblichen Lebens lösen."

Der Buddha führt hier zwölf Beispiele für göttliche Vergünstigungen an, die vom Lotus-Sutra verursacht werden. Wenn wir sorgfältig prüfen, finden wir, daß nicht nur die die göttlichen Begünstigungen des Sutras hier gepriesen werden. Der letzte Satz „Es kann alle Fesseln des sterblichen Lebens lösen" hat eine sehr wichtige Bedeutung. "Die Fesseln des sterblichen Lebens" bedeutet die geistigen Zustände in die wir geraten, wenn wir durch plötzliche Veränderungen in unseren Umständen verwirrt oder verzweifelt sind und uns unsicher fühlen. Wenn wir die drei Grundsätze des Buddhismus erkennen — alles ist vergänglich, nichts hat ein Selbst und Nirvana ist Ruhe — können wir von allen Fesseln des sterblichen Lebens erlöst werden und können wahren Geistesfrieden erreichen, so daß Veränderungen unserer Umgebung, gleich welcher Art, uns nicht mehr verstören.

Dann sagte der Buddha: „Wenn irgend jemand, nachdem er dieses Gesetzesblumen-Sutra hört, es abschreibt oder andere veranlaßt, es abzuschreiben, können die Grenzen der Verdienste, die dadurch gewonnen werden, selbst mit der Buddha-Weisheit nicht errechnet werden. Wenn irgend jemand dieses Sutra abschreibt, ihm mit Blumen, Wohlgerüchen, Girlanden, Weihrauch, Sandelpuder, Salben, Flaggen, Baldachinen, Gewändern und mit verschiedenen Arten von Lampen, Butterfettlampen, Öllampen, Lampen mit duftendem Öl, Lampen mit *campaka*-Öl, Lampen mit *sumana*-Öl, Lampen mit *patala*-Öl, Lampen mit *varshika*-Öl und Lampen mit *navamalika*-Öl Verehrung erweist, der Verdienst, den er gewinnt, ist gleichermaßen unschätzbar."

Dem Sutra durch materielle Opfergaben Verehrung zu erweisen, heißt, ihm seine Dankbarkeit auszudrücken. In diesem Buch ist schon mehrmals gesagt worden, daß man, wenn man seine Anerkennung für das Sutra zum Ausdruck bringen will, vor allem das Gesetz üben und es verkünden und es verbreiten muß. Hier bedeutet die Verehrung des Sutras mit Blumen, Wohlgerüchen, Weihrauch und verschiedenen Lampen die Verehrung des Sutras durch verschiedene Bodhisattva-Übungen.

Der erste Teil dieses Kapitels besprach das Lotus-Sutra als ganzes; danach behandelt es die Verdienste, die in diesem Kapitel gesondert stehen, nämlich die Verdienste der Tat des Bodhisattva ‚Medizinkönig'. Der Grund dafür, daß dieses Kapitel zuerst die Verdienste des Erhaltens und Hörens des Lotus-Sutras bespricht, ist, daß das Gesetz nicht lebendig sein kann, wenn es nicht praktiziert wird. Dieses Kapitel preist hauptsächlich die Heiligkeit, die jemand zeigt, der das Lotus-Sutra persönlich übt. Deshalb sollten wir dieses Kapitel unter keinen Umständen so verstehen, als wenn es uns nur zum Erhalt und zur Bewahrung dieses Kapitels des Lotus-Sutras drängen würde. Solch eine seichte Interpretation produziert eine Religion sehr niederer Art. Wenn wir das Sutra sorgfältig und tief lesen, können wir solch einen Fehler nicht machen.

Die Buddhas äußern zum Beispiel die folgenden Worte: „Ausgezeichnet! Ausgezeichnet, guter Sohn! Du warst in der Lage das Sutra zu erhalten, zu bewahren, zu lesen und zu rezitieren und über das Gesetz des Buddha nachzudenken und es anderen zu erklären."

Die Buddhas ziehen unsere besondere Aufmerksamkeit auf die Wichtigkeit dieses Sutra des Gesetzes des Shakyamuni Buddha zu erhalten, zu bewahren, zu lesen, zu rezitieren, zu bedenken und es anderen zu erklären. Was wir erhalten und bewahren müssen ist immer das ganze Lotus-Sutra. Diesen Gesichtspunkt dürfen wir vor allem nicht aus dem Auge verlieren, wenn wir Kapitel 25 lesen „Die Allseitigkeit des Bodhisattva ‚Betrachter der Schreie der Welt'."

DIE FÜNF ZEITSPANNEN DER FÜNFHUNDERT JAHRE. Zuerst eine Vorwarnung den Rest dieses Kapitels betreffend. Wie schon zuvor erwähnt, sollten Leser scheinbar erniedrigende Bemerkungen über Frauen, wie zum Beispiel: „Nachdem sie ihren gegenwärtigen Frauenkörper abgelegt hat, wird sie nicht nochmals einen erhalten" und „Wenn es irgend eine Frau gibt, die dieses Sutra hört und nach seinen Lehren handelt..." nicht zu wörtlich nehmen.

Als nächstes müssen wir sicher sein, in dem Ausdruck „nach dem Verlöschen des Buddha, in den letzten fünfhundert Jahren" die Worte „fünfhundert Jahre" richtig zu verstehen. Shakyamuni Buddha sah voraus,

Daß nach seinem Versceiden der Buddhismus fünf Zeitspannen durchlaufen würde, von denen jede fünfhundert Jahre dauern würde. Nach dem *Mahasamnipata-sutra* sollen nach dem Eintritt des Buddha ins Nirvana fünf Perioden von je fünfhundert Jahren aufeinander folgen. In der ersten Periode ist der Geist der Menschen gefestigt, und sie widmen sich der Erlösung, in der zweiten geben sie sich der Meditation hin. Diese beiden Zeitabschnitte sind die, in denen das richtige Gesetz (*shobo*) in seiner Reinheit bewahrt wird. Die dritte Periode wird durch Hingabe an Lesen und Rezitieren und die Genauigkeit des Gesetzes gekennzeichnet und die vierte durch Errichtung von Stupas und Tempeln, das heißt Erinnerungsmalen der Lehrer und Propheten. Diese beiden sind die Perioden des gefälschten Gesetzes (*zobo*). Die fünfte Zeitspanne, die des Verschwindens des weißen oder wahren Gesetzes und der Hingebung an Bemühung und Teilung, ist die letzte Periode und auch die des Verfalls des Gesetzes (*mappo*).

Die erste Fünfhundertjahrspanne wird als eine beschrieben, in der die Menschen die Lehre des Buddha fest üben werden und frei von Täuschungen und Leiden sein werden. Während dieser Zeit wird der große Charakter des Buddha fest im Geist der Menschen sein und sie zum Guten beeinflussen, und sie werden sichere und gute geistige Leben führen, wenn sie nur die Lehren üben. Es ist dies eine einfache Zeit, in der die Menschen nicht aus sich selbst zur Erleuchtung kommen müssen, sondern nur die Lehren zu üben brauchen, die ihnen überliefert wurden. Die Menschen werden Schuldiger des Buddha in dieser Zeit, weil er ihnen durch seine persönlichen Tugenden, die Übung so leicht macht. Diese Periode geht nach fünfhundert Jahren zu Ende, obwohl die Lehren des Buddha für immer bestehen bleiben.

Die zweite Spanne von fünfhundert Jahren wird eine sein, in der die Menschen, die die Lehre des Buddha erhalten und bewahren, sich der Meditation widmen und überlegen, wie sie die Lehren in einem neuen Zeitalter anwenden können. Die Gesellschaft wird sich nach Ablauf der ersten fünfhundert Jahre nach dem Tod des Buddha sehr verändern. Die Menschen müssen überlegen, wie sie die Lehren deuten und wie sie sie in der Gesellschaft anwenden sollten, um den richtigen Gebrauch von ihnen zu machen. Diese Periode ist eine, in der die Übung des Gesetzes schwieriger ist als in der vorhergehenden, obwohl die Lehren unverändert bestehen bleiben. Deshalb wird in dieser Periode Meditation blühen.

Auch in der dritten Fünfhundertjahrperiode wird das Studium des Gesetzes weiterhin gepflegt. In dieser Zeit, tausend Jahre nach dem Dahingehen des Buddha, werden die Menschen den Buddha mehr als eine historische Figur betrachten als einen Leiter des wirklichen menschlichen Lebens. Er wird weit entfernt vom täglichen Leben der Menschen sein, und demzufolge werden sie ihn verehren, aber sie werden weniger Sehnsucht und Durst nach ihm verspüren. Gleichzeitig mit der Entwicklung der materiellen Zivilisation und der Bildung einer vielschichtigeren Gesellschaft wird der Buddhismus, der bis dahin eine lebendige Lehre im täglichen Leben der Menschen war, etwas werden, das man vom wissenschaftlichen Gesichtspunkt aus studiert.

Die Errichtung von Tempeln und Stupas wird in der vierten Fünfhundertjahrperiode anhalten. In dieser Periode werden die Menschen das Studium des Gesetzes gering achten. Sie wollen göttliche Begünstigungen vom Buddha erhalten nur durch die Errichtung von Stupas und Tempeln. Die Form des Buddhismus wird weiterhin blühen, aber sein Geist wird völlig verloren sein. Edle und einflußreiche Menchen werden glauben, daß sie das Wohlergehen ihrer Familien durch die Konstruktion wunderbarer Tempel sichern können. Unter dem Schutz solcher edler und einflußreicher Männer werden die buddhistischen Mönche ein luxuriöses Leben führen, und die Masse der Leute wird denken, daß sie durch einfache Tempelbesuche und Falten der Hände vor dem Abbild des Buddha ihre Erlösung erhalten werden.

Während der fünften Fünfhundertjahrperiode wird der buddhistische Orden durch Streit zerrissen und Irrlehren werden blühen. In dieser Zeit wird sogar rein formale Religion überwiegend abgelehnt. Die Menschen werden selbstsüchtig und werden ihren Vorteil und den ihrer Familie, Gruppe, Land oder soziale Klasse suchen. Das Ergebnis wird ständiger Wettkampf um den Gewinn und Streit sein. In ihrer aller Bestreben, sich selbst zu bestätigen, werden sie gegeneinander eingestellt sein, was schließlich zu großem Streit und Blutvergießen führen wird. Selbst unter normalen Bedingungen wird es laufend zu größeren oder kleineren Konflikten in der Gesellschaft kommen, und es wird den Menschen unmöglich sein, ein friedliches Leben zu führen. Die gegenwärtige Zeit entspricht dieser Periode.

Von dieser Periode von fünf mal fünfhundert Jahren sagt man, daß die ersten tausend Jahre die Zeit des richtigen Gesetzes sind, weil die Lehren des Buddha während dieser Zeit bewahrt und richtig geübt werden. Die nächsten tausend Jahre werden die Zeit des gefälschten Gesetzes genannt, weil die Lehre noch existieren wird aber nur formal. Die letzte Periode wird die Zeit des Verfalls des Gesetzes genannt, weil die Lehren verschwinden werden. In dieser Zeit werden die Menschen die Lehren, die in sich unvergänglich und unzerstörbar sind, verlieren. Das ist die Zeit, wenn die Lehren am allermeisten gebraucht werden. Deshalb predigte der Buddha zu wiederholten Malen die Heiligkeit derer, die in den Tagen des Verfalls das Lotus-Sutra erhalten, bewahren, üben, verkünden und verbreiten.

Als nächstes sagte der Buddha: „Wenn es in den letzten fünfhundert

Jahren nach der Verlöschung des Buddha eine Frau geben sollte, die dieses Sutra hört und entsprechend den Lehren lebt, wird sie am Ende ihres Lebens in die ‚Glückliche Welt' eingehen, in der Amida-Buddha umgeben von seiner Schar großer Bodhisattvas weilt, und wird dort in der Mitte einer Lotusblume auf einem juwelengeschmückten Thron wiedergeboren werden."

Ungefähr fünfhundert Jahre nach dem Verlöschen des Buddha breitete sich vom Westen Indiens ein auf Amida-Buddha (auch Amitābha und Amitayus genannt) konzentrierter Glaube aus. Die Gläubigen suchten Wiedergeburt im ‚Reinen Land', dem Paradies Amidas, indem sie sich völlig auf die Macht dieses Buddha verließen. Wenn auch dieser Buddha angesehen wird, als einer der großes Mitleid hat, und auch die Kraft alle Menschen ins reine Land zu bringen, so ist dieser Glaube doch unvollkommen, solange er die Idee der Erlösung durch völliges Verlassen auf diese Kraft vermittelt. Es ist für die Lebewesen unmöglich, Wiedergeburt im Land des Amida-Buddha zu gewinnen, ohne daß sie die universale Wahrheit erkennen und sich bemühen, wirklich danach zu leben. Die Erlösung durch diesen Buddha wird verwirklicht, wenn die Menschen die Wahrheit suchen und den Weg, der zur Vollkommnung ihres Charakters führt, üben. Shakyamuni Buddha fügte seiner Aussage eine Bedingung bei, damit nicht alle Lebewesen ihn mißverstehen würden und darin verfallen würden, sich ganz auf die Kraft des Amida-Buddha zu verlassen, „Falls es eine Frau gibt, die dieses Sutra hört und entsprechend seiner Lehren handelt...". Der Glaube an Amida-Buddha wird seine wahre Kraft entsprechend der Tugend der Wahrheit, die im Lotus-Sutra gelehrt wird, zeigen.

DIE DREI GIFTE. Der Buddha fuhr fort: „Nie wieder wird er (die verwandelte Frau) von Wünschen oder Ärger oder Dummheit bedrängt werden...". Die drei Verunreinigungen der Lust, des Ärgers und der Dummheit werden als die ursprünglichen Gifte betrachtet, die gewöhnliche Menschen zur Degenerierung führen. Wenn sie diese drei Gifte aus ihrem Geist entfernen könnten, würden sie große Verdienste gewinnen. Wegen der Gifte in ihrem Geist werden sie von Stolz, Neid und Unsauberkeit aufgerieben.

Als nächstes sagte der Buddha: „Sollte es jemanden geben, der, wenn er dieses Kapitel der früheren Taten des Bodhisattva ‚Medizinkönig' hört, in der Lage ist, es mit Freude anzunehmen und ihm zuzustimmen, der Mensch wird in diesem gegenwärtigen Leben den Duft blauer Lotusblumen ausatmen, und von den Poren seines Körpers wird der Duft ochsköpfigen Sandelholzes verströmen." Diese Worte bedeuten, daß derjenige, der dieses

Kapitel der früheren Taten des Bodhisattvas ‚Medizinkönig' mit Freude hört und ihnen zustimmt, einen guten Einfluß auf seine Umgebung ausüben wird. Sein Duft wird nicht nur an seinen Kleidern bleiben, sondern wird auf die übertragen, die seine Kleider berühren. Der Ausdruck „den Duft blauer Lotusblumen ausatmen" heißt, daß die Worte, die jemand spricht, der das Lotus-Sutra mit Freude hört und es lobt, den Geist der Menschen seiner Umgebung spontan verschönen werden. Der Ausdruck „von den Poren seines Körpers wird der Duft ochsköpfigen Sandelholzes verströmen" zeigt an, daß alle, die um ihn herum sind, natürlicherweise von seinen guten Taten beeinflußt werden.

Der Buddha fuhr fort: „‚Sternbild Königsblume'! Hüte und beschütze dieses Sutra mit deinen alles überschreitenden Kräften. Warum? Weil dieses Sutra gute Medizin für die Krankheiten der Menschen des Jambudvipa ist." Das Wort „Krankheiten" zeigt die geistige Verkrüppelung aller Lebewesen an. Wie zuvor schon ausgeführt wurde, ist es nur natürlich, daß man von seinen physischen Beschwerden auch geheilt wird, wenn man von geistiger Unordnung befreit wird. Wir müssen gut aufpassen, „Krankheiten" nicht nur einfach als physische Krankheiten zu betrachten, da das zu Mißverständnissen führen würde.

In den nächsten Worten des Buddha „er wird alle Menschen von der See des Alters, der Krankheit und des Todes befreien" stehen die Worte „Alter, Krankheit und Tod" für das vergängliche Leben des Menschen. Sie stehen für alle großen Veränderungen des menschlichen Lebens. Wenn der Mensch alle Fesseln des vergänglichen Lebens lösen kann, wird keine der verschiedenen Veränderungen des menschlichen Lebens ihn verwirren.

Wie sein Name zeigt, gibt der Bodhisattva ‚Medizinkönig' allen Lebewesen gute Medizin, mit der sie sich von ihren geistigen Störungen heilen können. Wenn dieser Bodhisattva ihre geistigen Krankheiten völlig geheilt hat, werden auch ihre physischen Umstände sich verbessern. Dieser Bodhisattva gewann seine überragenden Kräfte des Heilens durch die Opferung seiner Arme durch Verbrennen als Bodhisattva ‚Lieblichkeit' in einem früheren Leben. Anders gesagt, er gewann sie durch seine Übung des Lotus-Sutras. Weil der Bodhisattva das Lotus-Sutra selbst ausübte, wurde er als Bodhisattva ‚Medizinkönig' wiedergeboren, der die übernatürliche Kraft, die geistigen Krankheiten aller Lebewesen zu heilen, besaß. Sein Heilen der geistigen Krankheiten verbessert die physischen Zustände der Lebewesen sehr. Deshalb kommen wir zu dem Schluß, daß, wenn wir das Lotus-Sutra von ganzem Herzen empfangen, bewahren und üben, das eine starke Kraft wird, mit der wir die geistigen Störungen anderer heilen können. Kapitel 23 lehrt uns dieses Prinzip und ermutigt uns, es nah und fern zu verbreiten.

[1] In Sanskrit *acala,* was wörtlich „der Unbewegliche" heißt. Er ist eine der wenigen furchterregenden Gottheiten des buddhistischen Pantheons.

[2] Wörtlich: Sandelholz „dieser (Süd)Küste der (Binnen)See (von Berg Sumeru)", wo man annahm, daß dieses Gewürz gefunden würde.

[3] Ein *karsha* sind 176 oder 280 Gran Troygewicht.

[4] Ein milchiger, harziger Weihrauch; wörtlich „westlicher Weihrauch".

[5] Ein Weihrauch aus einer Thymian-Mischung.

[6] Nelken

[7] Eine Gummiart; Weißgummi-Weihrauch.

[8] Ein *kankara* ist eine Trillion, ein *bimbara* einhundert *kankaras* und ein *akshobya* einhundert *bimbaras.*

Kapitel 24

Der Bodhisattva ‚Wunderklang'

DIESES KAPITEL ERZÄHLT die Geschichte des Bodhisattva ‚Wunderklang', der von einer idealen Welt zur *Sahā*-Welt kam. Wichtige Punkte der Geschichte werden erklärt werden, wenn sie auftreten. Laßt uns also zu der Geschichte kommen.

DER LICHTSTRAHL VOM KREIS DER WEISSEN HARRE. Nach Beendigung des Predigens der Geschichte des Bodhisattvas ‚Medizinkönig' sandte Shakyamuni Buddha einen Lichtstrahl von der Schwellung auf seinem Schädel[1], dem Zeichen eines großen Mannes, aus, und er sandte einen Lichtstrahl von dem weißen Haarkranz zwischen seinen Augenbrauen aus, der gen Osten alles erhellte, einhundertundacht Myriaden *Koṭis* von *Nayutas* von Buddhawelten, so zahlreich wie die Sandkörner des Ganges. Hinter diesen Welten liegt eine Welt mit Namen ‚Geschmückt mit reinem Glanz'. In diesem Reich gibt es einen Buddha mit dem Beinamen ‚Weisheitskönig der strahlenden Gesellschaft der reinen Blumen Tathāgata, Anbetungswürdiger, Allweiser, im Verhalten völlig Erleuchteter, Wohl Getrennter, Weltversteher, Führer ohnegleichen, Kontrolleur, Lehrer von Göttern und Menschen, Buddha, Weltgeehrter."

Der Lichtstrahl, der aus dem weißen Haarkranz zwischen den Augenbrauen des Shakyamuni Buddha austrat, schien durch das gesamte Reich der Buddhas. Das bedeutet, daß, obwohl der ursprüngliche Buddha überall existiert, Lebewesen erst durch die Lehren des Shakyamuni von seiner Existenz erfahren können. Der Lichtstrahl von dem weißen Haarkranz des Shakyamuni Buddha ist das Symbol seiner Buddhaweisheit, die die universale Wahrheit enthüllt hat. Diese Tatsache ist seit Kapitel 1 des Lotus-Sutras fortwährend erwähnt worden, aber es ist besonders wichtig für uns, daß wir in diesem Kapitel erneut uns seiner Bedeutung erinnern. Deshalb beginnt die Geschichte mit dem Hinweis auf die Aussendung eines durch das gesamte Buddhareich scheinenden Lichtstrahles von dem weißen Haarkranz des Buddha. Wenn wir die Bedeutung davon nicht erfassen, können wir die Geschichte nur oberflächlich verstehen oder, noch schlimmer, sie völlig mißverstehen.

DIE KONTEMPLATION DER GESETZESBLUME. Der Buddha sprach: „Zu jener Zeit weilte in der Domäne ‚Geschmückt mit reinem Glanz' ein Bodhisattva names ‚Wunderklang', der seit langem viele Wurzeln des

Guten kultiviert, unzähligen hunderttausend Myriaden von Buddhas seine Verehrung und Liebe erwiesen hatte und völlige, tiefe Weisheit erreicht hatte. Er hatte die Kontemplation des wunderbaren Bannerzeichens, die Kontemplation der Gesetzesblume, die Kontemplation der reinen Tugend, die Kontemplation der Freuden des Königs der strahlenden Versammlung, die Kontemplation der Ursachenlosigkeit, die Kontemplation des Siegel des Wissens, die Kontemplation der Deutung der Äußerungen aller Lebewesen, die Kontemplation des Gewinnes aller Verdienste, die Kontemplation der Reinheit, die Kontemplation der übernatürlichen Freuden, die Kontemplation der Fackel der Weisheit, die Kontemplation des Königs des Schmuckes, die Kontemplation des reinen Glanzes, die Kontemplation der reinen Schatzkammer, die Kontemplation des Einmaligen, die Kontemplation der Umdrehung der Sonne; hunderte von Tausenden von Myriaden von *Koṭis* großer Kontemplationen wie diese, so zahlreich wie die Sandkörner des Ganges, hatte er gewonnen."

Kontemplation, in Sanskrit *samadhi,* heißt, seinen Geist auf ein einziges Objekt zu konzentrieren, ohne von irgendetwas abgelenkt zu werden. Von den hier aufgeführten sechzehn Kontemplationen hat jede eine besondere Bedeutung. Die Kontemplation des wunderbaren Bannerzeichens steht für den festen und unerschütterlichen Glauben, daß das Lotus-Sutra das Herz aller Lehren des Buddha ist. Die Kontemplation der Gesetzesblume beduetet tiefen Glauben an das Lotus-Sutra, seine von nichts abgelenkte Übung durch einen selbst. Diese Kontemplation steht representativ für alle sechszehn Kontemplationen. Die anderen fünfzehn können als von der Kontemplation des Lotus-Sutras abgeleitet angesehen werden. Die Kontemplation der reinen Tugend beschreibt den Geisteszustand in dem jemand vollkommene Tugend besitzt, aber sich dessen nicht bewußt ist. Ein Mensch, der diese Kontemplation durchführt, ist nicht eingebildet oder selbstsüchtig, und sein Sprechen und Benehmen beeinflussen natürlich die ihn umgebenden Menschen zum besseren. Die Kontemplation der Freuden des Königs der strahlenden Versammlung heißt, daß man seinen Geist auf den Wunsch konzentriert, ein Buddha oder ein großer Bodhisattva zu sein, der mit edlen Tugenden aus früheren Leben ausgerüstet ist und die Kraft hat, andere leicht durch seine Tugend zu führen, und der auch den festen Entschluß hat, selbst Buddhaschaft zu erreichen.

Die Kontemplation der Ursachenlosigkeit heißt, sich der Errettung nicht nur derer, mit denen man verwandt ist, sondern auch derer, mit denen man keinerlei Beziehung hat, zu widmen. die Kontemplation des Siegels des Wissens steht für die Konzentration seines Geistes in einem solchen Zustand, daß das tiefe Wissen, das man hat, den Geist derer, die einem nah stehen, positiv beeinflußt. Die Kontemplation der Deutung der Äußerungen aller Lebewesen bedeutet, in einem geistigen Zustand zu sein, in dem man die Wünsche aller Lebewesen gut unterscheiden kann, und in dem man darüber meditiert, wie man so predigen kann, daß es ihnen gemäß ist. Die Kontemplation des Gewinnes aller Verdienste ist die Konzentration des Geistes auf die Idee, daß die Verdienste aller Lehren alle auf nur einen Verdienst hinauslaufen: daß man selbst und alle anderen Buddhas werden. Die Kontemplation der Reinheit, heißt, seinen ganzen Sinn auf ein einziges Objekt zu konzentrieren, wodurch man seinen Geist von Täuschungen befreit und seinen Körper rein erhält. Die Kontemplation der übernatürlichen Freuden meint die Anstrengung aus ganzem Herzen, die den geistigen Zustand aufrechterhält, in welchem man von allen Umständen unbeeinflußt bleibt.

Die Kontemplation der Fackel der Weisheit bedeutet, sich dem Wunsch zu widmen, das Licht seiner Weisheit in seine Umgebung scheinen zu lassen, geradeso, wie eine Fackel ihr Licht weit scheinen läßt. Die Kontemplation des Königs des Schmucks heißt seinen Geist auf den Wunsch konzentriert zu halten, ein solcher Mensch zu sein, der andere durch seine Tugend beeinflußt. Die Kontemplation des reinen Glanzes bedeutet den Wunsch, seine Umgebung durch Aussendung eines fleckenlosen Glanzes zu reinigen. Die Kontemplation der reinen Schatzkammer ist die Konzentration des Geistes auf den Wunsch, den Geist zu reinigen. Die Kontemplation des Einmaligen ist die feste Absicht, das Ideal, selbst einen geistigen Zustand zu erreichen, der dem des Buddha eintspricht, und die Lehren auf dieses Ziel hin zu üben. Die Kontemplation der Umdrehung der Sonne heißt, einen unablenkbaren Geist haben und zu wünschen, solch einen Geisteszustand zu erreichen, in dem man alle Dinge zum Leben bringt, geradeso wie die lebenspendende Sonne unaufhörlich auf alle Dinge scheint.

Kaum war der Strahl von Shakyamuni Buddha auf den Bodhisattva ‚Wunderklang' gefallen, sagte er zu dem Buddha ‚Weisheitskönig der strahlenden Gesellschaft der reinen Blumen': „Weltgeehrter! Ich sollte zur *Sahā*-Welt gehen, um mich Shakyamuni Buddha zu nähern, ihn zu grüßen und ihm Verehrung darzubringen, und auch um den Bodhisattva Mañjuśrī, den Sohn des Gesetzeskönigs, zu sehen, den Bodhisattva ‚Medizinkönig', den Bodhisattva ‚Mutiger Geber', den Bodhisattva ‚Sternbild Königsblume' den Bodhisattva ‚Geist für höhere Taten', den Bodhisattva ‚König des Schmucks' und den Bodhisattva ‚Medizinherr'."

Der Buddha ‚Weisheitskönig der Gesellschaft der reinen Blumen' wandte sich dann an den Bodhisattva ‚Wunderklang': „Sieh nicht leichtfertig auf jene Domäne und achte sie nicht gering. Guter Sohn! Jene *Sahā*-Welt, deren hohe und niedere Orte uneben und voll mit Erde, Steinen, Hügeln und

Schmutz sind; dort ist der Körper des Buddha kurz und klein, und all die Bodhisattvas sind klein, während dein Körper zweiundvierzigtausend *Yojanas* hoch ist und mein Körper sechsmillionenachthunderttausend *Yojanas*. Dein Körper ist von der feinsten Art, gesegnet mit hunderttausend von Myriaden von Glückszeichen und von wunderbarer Helligkeit. Deshalb mußt du nicht leichtfertig auf jene Domäne blicken oder dir eine niedrige Meinung über den Buddha oder über die Bodhisattvas oder über ihr Land bilden."

Der Bodhisattva ,Wunderklang' antwortete dem Buddha: „Weltgeehrter! Daß ich jetzt die *Sahā*-Welt besuchen gehe, beruht auf der Kraft des Tathāgata, dem magischen Spiel des Tathāgatas und des Tathāgatas Schmuck von Verdienst und Weisheit."

DIE LÜCKE ZWISCHEN IDEAL UND WIRKLICHKEIT. Was ist mit der Bemerkung, daß im Vergleich mit dem Buddha ,Weisheitskönig der Versammlung der reinen Blumen' und dem Bodhisattva ,Wunderklang' der Körper des Shakyamuni Buddha kurz und klein sei, und daß die Bodhisattvas alle von kleiner Gestalt seien und keine Lichtstrahlen von ihrem Körper aussenden würden? Diese Metapher verdeutlicht den Unterschied zwischen Ideal und Wirklichkeit. Die Domäne des Buddha ,Weisheitskönig der Gesellschaft der reinen Blumen' ist eine ideale Welt, die sich in den Himmeln befindet. Deshalb sind die Körper der Buddhas und Bodhisattvas in jenem Reich außerordentlich groß und strahlend.

Was ist auf der anderen Seite die Wirklichkeit? Im Vergleich mit dem Ideal ist nichts Eindruckvolles an ihr. Die Wirklichkeit erscheint viel kleiner, niedriger und flacher als das Ideal. Ein Mensch, der seinen Charakter in solch einer wirklichen Welt zur Vollkommenheit gebracht hat, ist viel heiliger als eine Idealfigur in einem der Himmel, selbst wenn sein Körper klein ist und keine offensichtliche Helligkeit ausstrahlt. Es gibt nichts Heiligeres als den Gewinn des geistigen Zustandes eines Buddhas in der wirklichen Welt, wo von schlechten Menschen oft Hindernisse errichtet werden. Das predigte der Buddha ,Weisheitskönig der Gesellschaft der reinen Blumen' ernsthaft dem Bodhisattva ,Wunderklang'.

Daraufhin versenkte sich der Bodhisattva ,Wunderklang',ohne von seinem Sitz aufzustehen oder seinen Körper zu bewegen, in Kontemplation. Durch die Kraft dieser Kontemplation erschienen auf dem Berg Grdhrakuta, nicht weit entfernt vom Gesetzes-Sitz, durch Verwandlung achtundvierzigtausend kostbare Lotusblumen mit Stielen aus *jambunada*-Gold, Blättern aus weißem Silber, Staubgefäßten aus Diamanten und Schalen aus *kinsuka*-Edelsteinen.

Mañjuśrī, der Sohn des Gesetzeskönigs, sagte daraufhin, als er jene Lotusblumen sah, zum Buddha: „Weltgeehrter! Aus welchem Grund erscheint dieses glückbringende Zeichen? Da sind einige Tausende von Myriaden von Lotusblumen mit Stielen aus *jambunada*-Gold, Blättern aus weißem Silber, Staubgefäßen aus Diamanten und Schalen aus *kinsuka*-Edelsteinen[2]".

Shakyamuni Buddha erklärte dann Mañjuśrī: „Der Bodhisattva ‚Wunderklang' verursachte dies. Er wünscht aus der Domäne des Buddha ‚Weisheitskönig der Gesellschaft der reinen Blumen' mit seiner Schar von achtundvierzigtausend Bodhisattvas in diese *Sahā*-Welt zu kommen, um mir Verehrung zu zollen, mir nah zu kommen und um mich zu grüßen, und der auch das Gesetzesblumen-Sutra verehren möchte."

Mañjuśrī sagte zum Buddha: „Weltgeehrter! Was hat dieser Bodhisattva für Wurzeln des Guten gepflanzt, welche Verdienste hat er gesammelt, daß er so große übernatürliche Kräfte hat? Welche Kontemplation übt er? Sei so freundlich, uns den Namen dieser Kontemplation zu sagen; wir wünschen sehr, sie auch zu üben, denn wenn wir sie üben, sind wir vielleicht im Stande, jenen Bodhisattva zu sehen — seine Farbe, Form und Größe, seine Würde und sein Auftreten. Laß es dir genehm sein, Weltgeehrter, uns durch deine übernatürliche Kraft, das Kommen jenes Bodhisattvas sehen zu lassen."

Shakyamuni Buddha antwortete Mañjuśrī: „Der schon lange erloschene Tathāgata ‚Reiche Schätze' soll dir das Zeichen zeigen." Der Buddha ‚Reiche Schätze' sprach sofort zu jenem Bodhisattva: „Komm, guter Sohn, der Bodhisattva Mañjuśrī möchte dich sehen."

Daraufhin verschwand der Bodhisattva ‚Wunderklang' aus jener Domäne und machte sich mit achtundvierzigtausend Bodhisattvas auf den Weg. Die Länder, durch die sie kamen, wurden auf sechs Arten erschüttert, überall regnete es Lotusblumen aus den sieben Kostbarkeiten und Hunderte von Tausenden von himmlischen Instrumenten erklangen von selbstt. Die Augen jenes Bodhisattvas waren wie die breiten Blätter des blauen Lotus. Seine strahlende Figur überstieg die Herrlichkeit von Hunderten von Tausenden Myriaden von Sonnen und Monden zusammen. Sein Körper hatte eine reingoldene Farbe und war mit Hunderten von Tausenden von verdienstvollen Zeichen geschmückt; er war von strahlender Majestät, glühend und scheinend, gekennzeichnet mit den vollkommenen Zeichen, und sein Körper war stark wie der Narayanas[3]. Er bestieg den Himmel sieben *tala*-Bäume hoch über der Erde in einem mit sieben Juwelen geschmückten Turm. Angebetet und umgeben von einer Schar Bodhisattvas kam er zum Berg Grdhrakuta in dieser *Sahā*-Welt. Nachdem er angekommen war, verließ er seinen mit sieben Juwelen geschmückten Turm und ging mit einer

Halskette, die Hunderte von Tausenden wert war, zu Shakyamuni Buddha, zu dessen Füßen er sich niederwarf und dem er die Halskette schenkte. Er sagte: „Weltgeehrter! Der Buddha ‚Weisheitskönig der Gesellschaft der reinen Blumen' erkundigt sich nach dem Weltgeehrten: ‚Hat er nur wenige Beschwerden und Sorgen? Lebt er leicht und bequem? Sind die vier Elemente harmonisch zueinander? Steht es mit seinen weltlichen Dingen zufriedenstellend? Sind die Kreaturen leicht zu erretten? Sind sie nicht neidisch, ärgerlich, dumm, eifersüchtig, eingebildet; nicht unfreundliche Kinder ihren Eltern gegenüber oder gleichgültig gegen *Srāmanas;* haben sie keine falschen Anschauungen oder keinen bösen Sinn; sind sie nicht unbeherrscht in ihren fünf Leidenschaften? Weltgeehrter! Sind diese Kreaturen im Stande die Feinde — Mara — zu überwinden? Weilt der langerlöschte Tathāgata ‚Reiche Schätze' immer noch in der Stupa aus den sieben Kostbarkeiten und kommt, um das Gesetz zu hören?' Der Weisheitskönig möchte auch vom Buddha ‚Reiche Schätze' wissen: ‚Ist er hier zufrieden und hat wenige Schwierigkeiten? Wird er es zufrieden sein, lange zu verweilen?' Weltgeehrter! Wir würden jetzt gerne den Körper des Buddha ‚Reiche Schätze' sehen. Laß es dir gefallen, Weltgeehrter, ihn uns zu zeigen und uns ihn sehen zu lassen."

Da sagte Shakyamuni Buddha zum Buddha ‚Reiche Schätze': „Dieser Bodhisattva ‚Wunderklang' möchte dich sehen." Da wandte sich der Buddha ‚Reiche Schätze' sofort an ‚Wunderklang': „Ausgezeichnet, ausgezeichnet, daß du hierher kommen konntest um dem Shakyamuni Buddha Ehre zu erweisen, das Lotus-Sutra zu hören und Mañjuśrī und die anderen zu sehen."

Die hier vom Buddha ‚Reiche Schätze' gesprochenen Worte beinhalten eine tiefe Bedeutung. Als Zeuge der Wahrheit verkündete der Buddha klar in seinem Preisen des Bodhisattvas ‚Wunderklang', daß die erste Notwendigkeit für jeden ist, die drei folgenden Dinge zu tun: dem Shakyamuni Buddha, der die Wahrheit predigte, Verehrung darzubringen; die Lehre der Wahrheit, nämlich das Lotus-Sutra, zu hören; und dem Muster der tugendhaften Bodhisattvas, die die Lehre üben, zu folgen.

Dann fragte der Bodhisattva ‚Blumentugend' den Buddha: „Weltgeehrter! Dieser Bodhisattva ‚Wunderklang' — welche Wurzeln des Guten hat er gepflanzt, welche Verdienste hat er kultiviert, daß er solche übernatürlichen Kräfte besitzt?" Der Buddha antwortete dem Bodhisattva ‚Blumentugend': „In der Vergangenheit gab es einen Buddha mit dem Namen ‚König des Wolkendonners Tathāgata, Arhat, Samyaksambodhi' dessen Domäne Ausstellung aller Welten genannt wurde und dessen Zeit den Namen Freudvolle Sicht trug. Der Bodhisattva ‚Wunderklang' verehrte den Buddha ‚König des Wolkendonners' zwölftausend Jahre lang mit hunderttausend Arten von

Musik und opferte achtundvierzigtausend Gefäße voll mit den sieben Kostbarkeiten. Als Entgelt dafür wurde er jetzt im Reich des Buddha ‚Weisheitskönig der Gesellschaft der reinen Blumen' wiedergeboren und ist im Besitze solch übernatürlicher Kräfte. ‚Blumentugend'! Was meinst du, war der Bodhisattva ‚Wunderklang', der zu jener Zeit dem Buddha ‚König des Wolkendonners' Verehrung bezeigte durch Musik und Opferung der kostbaren Gefäße — war er eine andere Person? Es war wirklich der gegenwärtige Bodhisattva-*Mahāsattva* ‚Wunderklang'. ‚Blumentugend'! Dieser Bodhisattva ‚Wunderklang' hat zuvor unzähligen Buddhas nahegestanden und ihnen Verehrung erwiesen. Er hat lange Zeit die Wurzeln des Guten kultiviert und hat Hunderte von Tausenden von Myriaden von *Koṭis* von *Nayutras* von Buddhas, so viele wie Sandkörner am Ganges getroffen."

Den Buddha mit Musik zu verehren, heißt seine Tugend preisen. Das sollte als Preisen des Buddhas mit Worten verstanden werden und weniger als tatsächliches Spiel von Musik.

DIE KRAFT DER WORTE. Im Buddhismus wird Worten große Bedeutung beigemessen. Lächeln und freundliche Worte werden als Möglichkeiten betrachtet, Menschen zur Emanzipation zu führen. Im esoterischen Buddhismus glaubt man, daß geheime und mystische Worte die Kraft haben, alles Böse und Verwünschungen abzulenken. In Kapitel 26 des Lotus-Sutras wird von *Dhāraṇis*-Formeln mystischer Silben, die das religiöse Leben des Rezitierenden bewahren — angenommen, daß sie mystische Kraft beinhalten.

Im Christentum kann man das gleiche finden. Das Evangelium des Johannes beginnt mit den folgenden Worten: „Am Anfang war das Wort, und das Wort war mit Gott, und Gott war das Wort." Die moderne Wissenschaft weißt darauf hin, daß Gedanken von Worten geboren werden. Wenn wir etwas denken, formulieren wir Worte in unseren Gedanken. Wir können nichts denken, ohne Wörter zu gebrauchen.

Wenn wir tief darüber nachdenken, warum der Bodhisattva ‚Wunderklang' so genannt wurde, erkennen wir, daß der Name dieses Bodhisattvas von einem Ausdruck mit der Bedeutung „die Worte der Wahrheit" gebildet worden sein muß. Der Buddha ist nicht sehr erfreut, wenn Menschen ihm nur mit Musik, wie schön sie auch sein mag, Verehrung zollen. Er ist geistig wirklich zufriedengestellt, wenn die Menschen ihn mit Worten der Wahrheit loben.

Wenn wir das bedenken, können wir den Ausdruck „verehrte den Buddha ‚König des Wolkendonners' und opferte achtundvierzigtausend Gefäße der sieben Kostbarkeiten" verstehen. Opfergaben vieler schöner

Gefäße allein, würden den Buddha nicht erfreuen. Im Buddhismus wird der Terminus „achtundvierzigtausend" benutzt, um eine grenzenlose Anzahl von Sutras anzuzeigen. Der Ausdruck „opferte achtundvierzigtausend Gefäße der sieben Kostbarkeiten" bedeutet also, daß der Bodhisattva ‚Wunderklang' vielen Menschen die Lehren des Buddha aus Dankbarkeit für den Erhalt der Gnade des Buddha gepredigt hat.

Der Buddha fuhr fort im folgenden Sinne zu predigen: „‚Blumentugend'! Hier siehst du nur einen Körper des Bodhisattvas ‚Wunderklang'. Aber dieser Bodhisattva erscheint in vielen verschiedenen Körpern und predigt überall allen Lebewesen dieses Sutra. Manchmal erscheint er als Brahma, manchmal als Sakra, er erscheint als Isvara oder als Mahesvara, er erscheint als himmlischer General oder als der göttliche König Vaisravana, er erscheint als heiliger, das Rad rollender König, und er erscheint als einer der gewöhnlichen Könige, er erscheint als ein Ratgeber oder als Bürger, er erscheint als Minister oder als Brahmane, er erscheint als die Frau des Ministers oder als die Frau des Brahmanen, oder er erscheint als Jugendlicher oder als Jungfrau, als ein *Bhikshu* oder eine *Bhikshunī*, als *Upāsaka* oder *Upāsika*, oder er erscheint als Gott oder als Drachen, *Yaksha, Gansharva, Asura, Garuda, Kimnara, Mahoraga*, als menschliches oder als nicht menschliches Wesen und so weiter und predigt dieses Sutra.

Hier führt der Buddha vierunddreißig Arten von Körpern an, in denen der Bodhisattva ‚Wunderklang' erscheint. Das bedeutet, daß der Bodhisattva sich verwandelt und je nach Situation und Zeit in verschiedenen, nicht auf diese vierunddreißig Arten beschränkten Körpern erscheint. In der *Sahā*-Welt und in den anderen Welten führt er alle Lebewesen durch seine taktvollen Mittel, je nach Charakter und Fähigkeit des betreffenden Wesens.

Dann sagte der Bodhisattva ‚Blumentugend' zum Buddha: „Weltgeehrter! Dieser Bodhisattva ‚Wunderklang' hat die Wurzeln des Guten wirklich tief gepflanzt. Weltgeehrter! In welcher Kontemplation lebt dieser Bodhisattva, daß er in der Lage ist, sich dieser Art zu verwandeln und aufzutreten wie es den Umständen entspricht, um Lebewesen zu erretten?" Der Buddha antwortete dem Bodhisattva ‚Blumentugend': „Guter Sohn! Diese Kontemplation wird Enthüllung aller Formen genannt. Der Bodhisattva ‚Wunderklang' lebt in dieser Kontemplation und ist somit in der Lage, zahllosen Wesen zu nützen."

Während der Predigt dieses Kapitels über den Bodhisattva ‚Wunderklang' erhielten die achtundvierzigtausend, die mit dem Bodhisattva ‚Wunderklang' gekommen waren alle die Kontemplation der Enthüllung aller Formen. Zahlreiche Bodhisattvas in dieser *Sahā*-Welt erhielten sie ebenfalls.

Der Bodhisattva ‚Wunderklang' kehrte in sein eigenes Reich zurück, nachdem er seine Verehrung Shakyamuni Buddha und der Stupa des Buddha ‚Reiche Schätze' seine Verehrung erwiesen hatte. Die Länder, durch die er kam, wurden auf sechs Weisen beunruhigt. Es regnete kostbare Lotusblumen und Hunderte von Tausenden von Musikarten wurden aufgeführt. Als er sein Reich erreicht hatte, ging er, umgeben von den achtundvierzigtausend Bodhisattvas, zum Buddha ‚Weisheitskönig der Gesellschaft der reinen Blumen' und sagte zu ihm: „Weltgeehrter! Ich war in der *Sahā*-Welt, habe ihren Lebewesen Gutes getan, habe Shakyamuni Buddha und auch die Stupa des Buddha ‚Reiche Schätze' gesehen und ihnen meine Verehrung dargebracht; ich habe auch den Bodhisattva Mañjuśrī, den Sohn des Gesetzeskönigs gesehen und den Bodhisattva ‚Medizinkönig', den Bodhisattva ‚Gewinner von Ehrlichkeit und Eifer', den Bodhisattva ‚Mutiger Geber' und andere und habe diese vierundachzigtausend Bodhisattvas dazu gebracht, die Kontemplation der Enthüllung aller Formen zu erreichen."

Das Kapitel endet: „Während das Kapitel des Kommens und Gehens des Bodhisattvas ‚Wunderklang' gepredigt wurde, gewannen die zweiundvierzigtausend himmlischen Söhne die Versicherung, nicht wiedergeboren zu werden, und der Bodhisattva ‚Blumentugend' erreichte die Kontemplation genannt Gesetzesblume."

Beim Lesen des Schlußteiles dieses Kapitels könnten wir denken, daß der Bodhisattva ‚Wunderklang' mit dem ewigen, ursprünglichen Buddha identisch ist. Es wird erwähnt, daß der Bodhisattva ‚Wunderklang' sich verwandeln und in verschiedenen Formen überall erscheinen kann. Es steht sogar geschrieben: „Für die, die er in der Form eines Buddha retten muß, erscheint er als ein Buddha und predigt ihnen das Gesetz."

Der Bodhisattva ‚Wunderklang' ist jedoch nicht der ursprünglche Buddha, sondern ist ein Bodhisattva, der als sein Bote handelt. Die Kraft des Bodhisattvas, andere Lebewesen zu erleuchten, ist viel geringer als die des Tathāgatas Shakyamuni, der der erscheinende Buddha ist.

Wie zuvor erwähnt, ist der Bodhisattva ‚Wunderklang' das Symbol eines Ideals. Es ist ein Bodhisattva, der den Menschen auf verschiedenen Weisen einen idealen Geisteszustand lehrt. Er lehrt die ideale Tugend, die jeder Mensch als Ziel anstreben muß, den idealen Geisteszustand für Staatsmänner, Geschäftsleute, Wissenschaftler und Hausfrauen. Die Lehre des idealen Geisteszustandes ist wirklich heilig, aber sie zeigt ihren wahren Wert nicht, solange sie unbenutzt bleibt. Er kann sich erst entfalten wenn die Menschen die Lehre Schritt für Schritt in ihrem täglichen Leben verwirklichen.

Das wird durch die Handlungend des Bodhisattvas ‚Wunderklang' eindeutig gezeigt: dieser Bodhisattva (oder dieses Ideal) besuchte mit strahlendem, goldenem Körper unendlicher Größe Shakyamuni Buddha, der die zweiunddreißig Zeichen und die achtzig klaren Körpermale des Buddha besaß, aber die Gestalt eines gewöhnlichen Menschen angenommen hatte, und brachte ihm zu Füßen Verehrung dar und schenkte ihm eine kostbare Halskette. Der Bodhisattva ‚Wunderklang', das Symbol eines Ideals, pries den Buddha, der in dieser Welt als perfekter Mensch erschien, indem er zu ihm sagte: „Weltgeehrter, du bist der, der unser Ideal tatsächlich verwirklicht hat. Der Bodhisattva ‚Wunderklang' kam von einer idealen Welt in diese wirkliche Welt, um zu lobpreisen und um zu beweisen, daß es eine großartige und heilige Sache für Menschen ist, wenn sie sich bemühen, das richtige Gesetz zu etablieren und in dieser *Sahā*-Welt eine ideale Gesellschaft aufzubauen, obwohl diese Welt voll von Unreinheiten und Übel ist.

Der wahre Sinn von Kapitel 24 ist, daß ein Ideal nicht wirklich heilig ist, bis es Stück für Stück von den Menschen verwirklicht wird. Wenn auch jene Buddhas, die in den idealen Welten leben, so wie der Tathāgata Mahāvairocana und der Tathāgata Amida, sicherlich sehr heilig sind, sollte doch der ewige, ursprüngliche Buddha, den die Menschen durch den Tathāgata Shakyamuni verehren können, das Objekt der Verehrung für die Menschen dieser Welt sein.

[1] Eine Schwellung am Cranium des Buddha, die einen Haarschopf bildet; sie ist das erste der zweiunddreißig Zeichen eines Buddha.

[2] Der *kinsuka* ist ein Baum mit roten Blüten, der „Roter Edelstein“ oder „Macao-Edelstein“ genannt wird, weil seine Blüten so rot wie der Schnabel des Macao sind.

[3] Narayana, „fest und stark“ oder „ursprünglicher Mensch“; ein Titel Brahmas als Schöpfer.

[4] Die vier Elemente, Erde, Wasser, Feuer und Wind, aus denen sich jeder Körper zusammensetzt.

Kapitel 25

Die Allseitigkeit des Bodhisattvas ‚Betrachter der Schreie der Welt'

VON DEN ACHTUNDZWANZIG Kapiteln des Lotus-Sutras ist keines mehr mißverstanden worden als dieses. Indem man die Lehre oberflächlich und wörtlich verstand, ist das ganze Kapitel als eine Lehre für einen leichtfertigen Glauben genommen worden: jeder der den Bodhisattva ‚Betrachter der Schreie der Welt' anruft, wird unmittelbar von all seinen Leiden befreit.

Zwar behandelt der erste Teil dieses Kapitels zum gößten Teil die übernatürlichen Kräfte des Bodhisattvas und erklärt, daß Lebewesen, die den Bodhisattva ‚Betrachter der Schreie der Welt' immer im Sinn haben und ihn verehren von den sieben Gefahren durch Wasser, Feuer, Wind, Schwert, Dämonen, Folter und Raub beschützt sind. Wenn sie in ihrer Verehrung des Bodhisattvas fortfahren, werden sie von den vier menschlichen Leiden Geburt, Alter, Krankheit und Tod bewahrt. Verehren sie ihn noch mehr, werden sie von den drei Giften Verlangen, Ärger und Dummheit emanzipieren, und sie werden in der Lage sein, solche Kinder zu erhalten, wie sie wünschen. Wenn gewöhnliche Menschen Kapitel 23 mit oberflächlichem Verständnis lesen, kann man nichts anderes erwarten, als daß sie in einen leichtfertigen Glauben verfallen. Dieses Mißverständnis des Kapitels rührt von ihrem nicht ausreichenden Verständnis der Lehre, die in den anderen Teilen des Lotus-Sutras gepredigt wird her. Wenn sie wenigstens Kapitel 16 wirklich verstehen würden, die „Offenbarung des (ewigen) Lebens des Tathāgatas", dann könnten sie Kapitel 25 nicht auf diese Weise mißverstehen.

Es gibt zwei grundsätzliche Ursachen für ihr Mißverständnis. Der erste ist ihre oberflächliche Auffassung von Erlösung, die sie irgendwo außerhalb von sich suchen. Wie schon in Kapitel 16 erklärt wurde, liegt die Erlösung in unserem Bewußtsein der Existenz des ewigen Buddha, der sowohl außerhalb von uns wie innerhalb gegenwärtig ist und in unserer ernsten und tiefgefühlten Überzeugung, daß der Buddha unser Leben verursachte.

Solch eine sichere Verwirklichung führt uns zu wahrem Geistesfrieden. Gleichzeitig werden unser Sprechen und Handeln auf natürliche Weise in Einklang mit dem Buddha stehen und in unserer Umgebung Harmonie schaffen. Das Land des unendlichen ruhigen Lichtes, das heißt eine ideale

Gesellschaft, wird geformt werden, wenn eine harmonische Welt sich langsam in alle Richtungen verbreitet.

Die wirkliche Erlösung geschieht auf diese Weise. Das Mißverständnis über Erlösung wird durch die fehlerhafte Ansicht, daß Erlösung Freiheit von Schmerzen oder Kummer, die durch einen Agenten außerhalb unserer selbst verursacht werden, bedeutet. Diese Ansicht entspricht der Handlung einer Person, die Kopfschmerzen hat, die von Verstopfung verursacht worden sind, und die Aspirin nimmt. Für eine Weile werden die Kopfschmerzen wegen der Medizin nachlassen, aber er wird solange nicht völlig wiederhergestellt sein, wie er nicht von seiner Verstopfung, der Wurzel seines Leidens, kuriert ist. Gleicherweise wird es nicht zur wahren Befreiung führen, wenn man sich völlig auf eine Kraft außerhalb seiner selbst verläßt, selbst wenn man von einem unmittelbaren Problem befreit wird.

Zweitens gibt es große Mißverständnisse Bodhisattvas betreffend. Wahre Erlösung wird nur durch den Buddha erreicht; das sollte klar von dem oben beschriebenen Prinzip verstanden werden. Erlösung kommt durch unsere Erkenntnis, daß es eine ewige Wahrheit gibt, und es gibt nur eine Wahrheit. Ein Bodhisattva ist jemand, der den starken Willen hat, andere zu erlösen, und der sicherlich bei bestimmten Gelegenheiten, alle Lebewesen, die an Täuschungen und Schmerzen leiden, davon erlöst. Grundsätzliche Erlösung tritt jedoch nicht ein außer bei Erkenntnis der Existenz des Buddha. Wie stellt ein Bodhisattva seine Erlösung anderen Lebewesen dar? Natürlich stellt er ihnen seine Erlösung dar, um sie bei bestimmten Gelegenheiten von ihren Täuschungen und Leiden zu befreien. Eine wichtigere Arbeit seiner Erlösung ist jedoch, die Lehren des Buddha als ihr Bote zu verbreiten, und uns ein gutes Beispiel religiösen Lebens zu geben. Die wahre Erlösung des Bodhisattvas liegt darin, uns durch sein gutes Beispiel zur Erlösung zu führen.

Die großen Bodhisattvas haben ihre Tugenden vervollkommnet, und jeder von ihnen hat besondere Tugenden, die seine Eigenart sind. Der Bodhisattva ‚Der nie verachtet' wird zum Beispiel durch seine Übung, anderen seine Hochachtung vor ihnen auszudrücken und ihre Buddha-Natur zu enthüllen, charakterisiert. Der Bodhisattva ‚Medizinkönig' zeigt seinen besonderen Charakter durch seine Übung, des Buddhas Gnade mit seiner persönlichen Übung der Lehren zurückzuzahlen. Der Bodhisattva ‚Wunderklang' führt die Übung, große Hochachtung vor der Verwirklichung eines Ideals zu haben, aus. Wir können uns an der einen oder der anderen dieser besonderen Tugenden der Bodhisattvas ein Beispiel nehmen. Der Bodhisattva ‚Betrachter der Schreie der Welt' ist kein Buddha, sondern ein Bodhisattva. Er ist jemand, den wir als Beispiel betrachten sollten, aber er sollte nicht das Objekt unserer Gebete für Erlösung werden. Der Buddha erzählt uns in diesem Kapitel die übernatürlichen Kräfte des Bodhisattva ‚Betrachter der Schreie der Welt', um ihn uns als Beispiel darzustellen und uns zu veranlassen, den Wunsch zu entwickeln, so strahlend wie dieser Bodhisattva zu werden und die Lehren des Lotus-Sutras um so mehr zu üben.

Sich in Gedanken mit dem Bodhisattva ‚Betrachter der Schreie der Welt' zu beschäftigen und ihn zu verstehen, heißt über diesen Bodhisattva nachzudenken und sich nach ihm als dem idealen Vorbild zu sehnen. Es ist eine Hilfe zur Verbesserung unseres Charakters, wenn wir an ihn denken und uns nach ihm sehnen. Seit alter Zeit haben jedoch die Menschen die Bedeutung der Übung, den Bodhisattva ‚Betrachter der Schreie der Welt' im Sinn zu behalten, nicht auf diese Art verstanden, sondern haben ihn verehrt, um durch seine übernatürlichen Kräfte, von wirklichen Leiden befreit zu werden. Das kann man nicht wahren Glauben nennen. Wahrer Glaube ist viel tiefer.

Wir wollen Kapitel 25 studieren und dabei diese grundsätzlichen Gesichtspunkte nicht aus dem Bewußtsein verlieren. Dieses Kapitel enthält einige verwirrende, schwierige Begriffe, aber es sollte für uns ausreichen, die Hauptlehre und die Bedeutung der wichtigen Punkte zu verstehen.

WAS IST AVALOKITESVARA? Das Kapitel beginnt mit der folgenden Frage, die der Bodhisattva ‚Unendlicher Gedanke' an den Buddha stellt: „Weltgeehrter! Aus welchem Grund wird der Bodhisattva Avalokitesvara ‚Betrachter der Schreie der Welt' genannt?" Der Buddha antwortete, daß selbst wenn zahllose Lebewesen an Schmerzen und Kummer leiden und sie den Namen des Bodhisattvas ‚Betrachter der Schreie der Welt' rufen, der Bodhisattva ihre Schreie sofort beachten wird, und alle diese Lebewesen erlöst werden. Deshalb wird der Bodhisattva ‚Betrachter der Schreie der Welt' genannt.

In Japan wird Avalokitesvara, der Bodhisattva des großen Mitleids, der Gnade und der Liebe *Kanzeon* oder *Kannon* genannt. *Kan* heißt etwas wahrnehmen und *zeon* steht für die Idee der Schreie der Menschen. Diese Schreie sind nicht auf laute Ausrufe beschränkt, sondern schließen auch ernsthafte Verlangen und Bestrebungen ein. Der Bodhisattva *Kanzeon* kann als der Bodhisattva betrachtet wreden, der mittels seiner übernatürlichen Kräfte im Stande ist, die Schreie der Menschen zu vernehmen, gleich ob sie ihr Leiden oder ihr Verlangen ausdrücken und der sie, indem er die Lehre für jeden passend predigt, von ihren Leiden befreit und sie zur Erfüllung ihrer Verlangen führt, indem er die Form annimmt, die denen, die geführt werden sollen, am besten entspricht.

Das sind unbedingt erforderliche Vorraussetzungen für die, die in einer Stellung sind, in der sie andere führen. Die Eltern einer Familie müssen ständig über die Gesundheit und die geistige Entwicklung der Kinder wachen, um in der Lage zu sein, sie richtig aufziehen zu können. Wenn die Eltern den Schrei jedes Kindes betrachten — dieses Kind braucht etwas bestimmtes zu essen, jenes Kind sucht etwas — bereiten sie die richtige Nahrung, geben den Kindern die richtigen Anweisungen und beraten sie über ihre Probleme. Die Eltern leiten die Kinder auf eine für ihre Gesundheit zuträgliche Weise und führen sie zur Erfüllung ihrer Wünsche. Alle Eltern, die diesen Namen verdienen, bringen Opfer für das Glück ihrer Kinder. Solche Menschen sind ideale Eltern und sind Manifestationen des Geistes des Bodhisattvas ‚Betrachter der Schreie der Welt'.

Ein Gläubiger des Lotus-Sutras, der den ernsthaften Wunsch hat, die Lehren des Buddhas zu verbreiten, alle Menschen auf den Weg zur Vervollkommnung ihres Charakters zu führen und eine ideale Gesellschaft in der Welt zu errichten, die auf der Grundlage von Wohlwollen und Mitgefühl, wie sie vom Bodhisattva ‚Betrachter der Schreie der Welt' gezeigt wurde, aufgebaut ist, muß die Sorgen, Leiden und Verlangen von denen, die ihn umgeben, klar unterscheiden. Er muß auch in der Lage sein, die Menschen mit taktvollen Mitteln, die jedem einzelnen angemessen sind, zu führen. Dann kann er die Bodhisattva-Übungen wirkungsvoll ausführen.

Durch seine übernatürlichen Kräfte, kann der Bodhisattva ‚Betrachter der Schreie der Welt' alle Lebewesen von den sieben Gefahren und den drei Giften retten. Er kann ihnen geben, was sie wünschen und das Gesetz frei in jeder seiner dreiunddreißig Formen, welche auch immer dem Jünger entsprechen mag, predigen. Die übernatürlichen Kräfte, die dieser Bodhisattva zeigt, sind das Ziel, das jeder Gläubige des Lotus-Sutras versuchen sollte zu erreichen, indem er dem Beispiel des Bodhisattvas folgt. Es ist auch das Ideal einer führenden Persönlichkeit, die in ihrer Stellung ein Beispiel für andere geben sollte.

DAS MITLEID DES AVALOKITESVARA. Von alters her tragen die Statuen und Malereien des Bodhisattvas ‚Betrachter der Schreie der Welt' einen sehr friedvollen, mitleidigen Gesichtsausdruck. Buddhistische Maler und Bildhauer haben traditionsmäßig diesen Bodhisattva dargestellt, der durch Freundlichkeit, Toleranz und Mitleid gekennzeichnet ist. Unser Geist wird natürlicherweise friedvoll, wenn wir eine Statue oder ein gemaltes Bild diese Bodhisattvas anbeten.

Dr. Hideki Yukawa, ein theoretischer Physiker und Gewinner des Nobelpreises für Physik 1951 hate eine Fotographie der elfköpfigen Kannon mit tausend Armen als Titelseite für sein Buch *Mensch und Wissenschaft* verwendet. Er fügte den folgenden Kommentar bei: „Obwohl diese Abbildung der Kannon elf Gesichter und tausend Arme hat, scheint sie nichts von der Harmonie des ganzen Körpers zu verlieren und geistigen Frieden auszustrahlen. Es mag nicht dem Geschmack des modernen Menschen entsprechen und die perfekten Formen mögen ihn sogar etwas unzufrieden machen. Die Menschen von heute haben viele Gesichter und Arme als Ergebnis des bemerkenswerten Fortschrittes von Wissenschaft und Technologie. Sie haben jetzt für ihre Arbeit neue Augen so wie das Mikroskop und das Periskop. Sie haben magische Hände produziert, um die Gefahren der Radioaktivität zu vermeiden. Elektronische Computer haben das Gehirn des Menschen ersetzt. All das trägt zum Fortschritt des Menschen durch die Wissenschaft bei. Die Menschen von heute leben jedoch in einer Welt, die von Maschinen aller Art bestimmt ist und werden allmählich eckig und nervös. Sie scheinen dabei zu sein, eine herbere, frischere, stromlinienmäßige Schönheit zu entdecken. So ein friedlicher und mitfühlender Ausdruck wie der der Kannon, ist unter den heutigen Menschen nicht zu entdecken. Es liegt eine gewisse Gefahr in der Annahme, daß ein Mensch, der nicht leicht neurotisch ist, nicht normal ist. Aber ist es nicht so, daß, je deutlicher diese Tentenz wird, desto stärker andererseits die Neigung wird, tief und intensiv geistigen Frieden und Weltfrieden zu suchen?"

Wie aber kann man solch einen sich selbst aufopfernden Geist, solch überragende Unterscheidungskraft und die Leitung der Welt wie der Bodhisattva ‚Betrachter der Schreie der Welt' gewinnen? Wir können es nur durch Erhalten, Bewahren, Kultivieren und Üben der Lehren tun, die Shakyamuni gepredigt hat. Das wird klar in dem Sutra wie folgt ausgedrückt: Der Bodhisattva ‚Unendlicher Gedanke' sagte zum Buddha: „Weltgeehrter! Laß mich jetzt eine Opferung an den Bodhisattva ‚Betrachter der Schreie der Welt' machen."

Daraufhin nahm er ein Perlenhalsband, das einhunderttausend Goldstücke wert war und bot es ihm dar mit der Bemerkung: „Guter Herr! Bitte nimm dieses Halsband als eine fromme Gabe an." Aber der Bodhisattva ‚Betrachter der Schreie der Welt' wollte es nicht annehmen.

„Der Bodhisattva ‚Unendlicher Gedanke' sprach daraufhin wieder zum Bodhisattva ‚Betrachter der Schreie der Welt': „Guter Herr, nehmt dieses Halsband aus Mitleid für uns an." Da sagte der Buddha zum Bodhisattva ‚Betrachter der Schreie der Welt': „Nimm dieses Halsband aus Mitleid für den Bodhisattva ‚Unendlicher Gedanke' und die vier Gruppen und für die Götter, Drachen, *Yakshas, Gandharavas, Asuras, Garudas, Kimnaras, Mohoragas,* menschliche und nicht menschliche Wesen an. Daraufhin nahm der

Bodhisattva ‚Betrachter der Schreie der Welt' aus Mitleid mit den vier Gruppen und den Göttern, Drachen, menschlichen und nicht menschlichen Wesen und anderen das Halsband an, teilte es in zwei Teile und opferte einen Teil dem Shakyamuni Buddha und den anderen Teil der Stupa des Buddha ‚Reiche Schätze'.

Daß der Bodhisattva das Halsband in zwei Teile teilte hat folgende Bedeutung: „Ich schulde meine übernatürlichen Kräfte dem Tathāgata Shakyamuni, der mich die Wahrheit lehrte und dem Tathāgata ‚Reiche Schätze', der die Wahrheit bezeugte." Der Bodhisattva zeigt hier, daß er seine übernatürlichen Kräfte durch Erkennen und Üben der vom Tathāgata Shakyamuni gelehrten Wahrheit erreicht hat. Da viele Menschen diesen wichtigen Gesichtspunkt vergessen haben, halten sie den einfachen und abergläubischen Glauben, daß sie von ihren Leiden durch einfaches Denken an den Bodhisattva ‚Betrachter der Schreie der Welt' und Verehrung erweisen befreit werden können. Moderne Menschen müssen einen solchen mißverstandenen Glauben völlig ablehnen.

DER SCHWUR ES AVALOKITESVARA. Wir können das klar durch die folgenden Worte verstehen, die der Buddha als Antwort auf die Frage des Bodhisattvas ‚Unendlicher Gedanke', warum dieser Bodhisattva den Namen ‚Betrachter der Schreie der Welt' genannt wurde,gab.

„Höre die Taten des ‚Betrachters der Schreie der Welt',
Der überall wohl regiert.
Sein Schwur ist so tief wie die See,
Unvorstellbar in seien Äonen.
Tausenden von *Koṭis* von Buddhas dienend,
Schwörte er einen großen, reinen Schwur."

Anders ausgedrückt: „Hört erst alle Taten, die der Bodhisattva ‚Betrachter der Schreie der Welt' angesammelt hat. Dieser Bodhisattva tat einen Schwur, allen Menschen auf eine ihnen angemessene Art aus allen Schwierigkeiten zu helfen. Dieser Schwur ist so tief wie die See und für gewöhnliche Menschen für Äonen unvorstellbar. Mit solch einem Schwur hat er zahllosen Buddhas gedient. Er hat fürwahr einen großen, reinen Schwur geschworen".

Aus den oben aufgeführten Versen können wir entnehmen, daß alle übernatürlichen Kräfte des Bodhisattvas ‚Betrachter der Schreie der Welt' auf seinem Schwur beruhen, alle Lebewesen mittels seiner Kräfte zu erretten, und daß er solche Kräfte aufgrund seines Schwures und der langzeitigen Übung der Lehren des Buddha erhielt. Der Prosateil dieses Kapitels stellt die Wirkung der übernatürlichen Kräfte des Bodhisattvas dar, während der

Versteil den Grund — den großen Schwur selbst — beschreibt. Durch beide Teile dieses Kapitels lehrt und der Buddha, daß, wenn wir Schwüre leisten, anderen zu helfen oder Schwüre des Mitleids machen und sie mit festem Sinn einhalten, dann werden wir sicherlich den geistigen Zustand des Bodhisattvas ‚Betrachter der Schreie der Welt' erreichen.

Der Versteil dieses Kapitels ist einer der berühmtesten des gesamten Lotus-Sutras. Im ersten Teil führt der Buddha verschiedene Unfälle an, die menschliche Lebewesen befallen. Dann predigt er zusammenfassend Folgendes:

„Die Lebenden, unterdrückt und geplagt
durch das Joch zahlloser Leiden:
Der Betrachter der Schreie mit seiner mystischen Weisheit
kann solch eine leidende Welt retten.
Vollkommen in übernatürlichen Kräften,
Wohl erfahren in Weisheit und Takt,
Gibt es in den Ländern des Universums keinen Ort,
An dem er sich nicht manifestiert.
All die üblen Existenzzustände,
Höllen, Geister und Tiere,
Kummer von Geburt, Alter, Krankheit und Tod
Werden gradweise von ihm beendet."

Die mystische Weisheit des ‚Betrachters der Schreie' ist eine, durch deren Kraft er den Geist der Menshen unterscheiden und ihnen die Lehre der Rettung geben kann, die für sie geeignet ist. Der ‚Betrachter der Schreie' möchte in solchen übernatürlichen Kräften vollkommen sein, die dazu beitragen, eine leidende Welt zu retten. Er möchte Weisheit und Takt ausgiebig üben und sich verkörpern, um überall im Universum Lebewesen zu erretten. Er strebt danach, jene zu erretten, die in die üblen Existenzzustände gefallen sind, einschließlich der Reiche der Höllen, Geister und Tiere. Er ist auch bemüht, allmählich den Kummer von Geburt, Alter, Krankheit und Tod vom Geist der Menschen zu entfernen und sie schließlich zur Erlöschung aller Schmerzen zu führen. Das ist der große Schwur des ‚Betrachters der Schreie'.

Nach dem bestehenden Sanskrittext des Sutras, folgen den oben angeführten Versen die Sätze: „Solches vom Buddha vernehmend / Sprach ‚Unendlicher Gedanke' mit Freude und Zufriedenheit / Folgendes in Versen." Wenn dieser Versteil aus dem Sanskrit eingefügt wird, wird der Ablauf klarer und stimmt mit dem gesamten Lotus-Sutra überein. Der nächste Teil sollte als die Verse angesehen werden, die der Bodhisattva ‚Unendlicher Gedanke' zum Preise des Bodhisattvas ‚Betrachter der Schreie der Welt' sprach, nachdem er von den Versen des Buddha bezüglich der verschiedenen Schwüre des Mitleides vom Schreibetrachter bewegt worden war.

„Wahre Betrachtung, ruhige Betrachtung,
Weitreichende, weise Betrachtung,
Betrachtung aus Bedauern, Betrachtung aus Mitleid,
Immer ersehnt, immer gesucht!
Rein und strahlend im Glanze —
Weisheitssonne, die die Dunkelheit zerstreut,
Unterwerfer der Beschwerden von Sturm und Feuer,
Der die ganze Welt erhellt!
Gesetz des Erbarmens, wie Donnergrollen,
Mitleid, wundervoll wie eine große Wolke,
Geistigen Regen wie Nektar sendend,
Die Flammen der Verzweiflung löschend!
In Verhandlungen vor einem Gericht,
Oder in der Angst vor der Schlacht —
Wenn jemand der Kraft des Betrachters der Schreie gedenkt
Werden alle seine Feinde überwältigt.
Sein ist die wunderbare Stimme, Stimme des Weltbetrachters,
Brahma-Stimme, Stimme der rollenden Gezeiten,
Stimme, die die ganze Welt durchdringt
Und die darum immer erinnert werden muß
Ohne die Spur eines Zweifels.
‚Betrachter der Schreie der Welt', rein und heilig,
Bei Schmerz, Verzweiflung, Tod und Unfall
Imstande, sichere Zuflucht zu sein,
Vollkommen in allen Verdiensten,
Alle mit mitleidigen Augen betrachtend,
Grenzenloser Ozean der Segnungen!
Uns niederwerfend wollen wir ihn verehren."

Wahre Betrachtung bedeutet die Fähigkeit des Bodhisattvas, die Wahrheit zu durchdringen; ruhige Betrachtung, die Freiheit von Täuschungen; weitreichende, weise Betrachtung, seine vervollkommnete Weisheit, alle Lebewesen zu erretten; Betrachten aus Bedauern, sein Bedauern für alle leidenden Lebewesen und seine Entschlossenheit, sie aus solchem Zustand zu retten; und Betrachtung aus Mitleid bedeutet das Mitleid, durch das er sie zum Glücklichsein führt. Diese Betrachtungen zeigen die Bewunderung der Augen, mit denen der Bodhisattva ‚Betrachter der Schreie der Welt' ausgerüstet ist. Die Bewunderung der Augen des Bodhisattvas heißt natürlich, daß man seinen Geist bewundert.

Der Ausdruck „immer ersehnt, immer gesucht“ steht für unseren Wunsch, Augen (Geist) wie der Bodhisattva ‚Betrachter der Schreie der Welt‘ zu haben und ihn als Vorbild zu nehmen.

Durch seinen mitleidigen Geist sendet der Bodhisattva einen Strahl reinen und ruhigen Lichtes aus und erhellt seine gesamte Umgebung. Dieses ist der Lichtstrahl, der von seinem warmen Gemüt ausgesendet wird und der natürlich den Sinn aller, die um ihn herum sind, erhellt. Der Ausdruck „rein und strahlend im Glanze“ schließt diese sehr heilige Bedeutung ein. Seine Weisheitssonne zerstört die Dunkelheit. Wie oft in diesem Buch erwähnt, verschwindet die Dunkelheit, sobald die Sonne wahrer Weisheit darauf scheint, denn Dunkelheit rührt von dem Zustand her, in dem die wirkliche Existenz aller Dinge von Täuschungen bedeckt ist. Wenn die Täuschungen vergehen, verschwinden verschiedene Miseren sofort, und die ganze Gesellschaft wird hell. Dieser Zustand findet seinen Ausdruck in den Worten „Unterwerfer der Beschwerden von Sturm und Feuer / Der die ganze Welt erhellt!“

Die Worte „Gesetz des Erbarmens, wie Donnergrollen“ loben die große Kraft der Verhaltensregeln, die der Bodhisattva einhält. Der Wert der Regeln ist von der Grundeinstellung des Menschen, der sie erstellt und einhält, abhängig. Der Wert von Regeln, Gesetzen, Verfügungen beruht auf dem Geist derer, die die einführen und ausgeben. Je selbstsüchtiger sie sind, desto geringer ist der Wert solcher Regeln, Gesetze und Verfügungen. Es ist nicht gut, das gewöhnliche Volk nicht zu beachten und die Menschen zu zwingen, schwierige Gesetze oder Regeln zu befolgen, nur weil die Formulierungen der Gesetze in sich selbst schon einen hochentwickelten Stand erreicht haben. Gesetze und Regeln, die auf solch einer selbstsüchtigen und selbstzufriedenen Basis beruhen, sind minderwertig.

Die Regeln des Bodhisattvas ‚Betrachter der Schreie der Welt‘ entspringen jedoch seinem mitleidigen Sinn, durch den er Erbarmen mit allen Lebewesen spürt und wünscht, ihre Leiden zu entfernen. Seine Verhaltensregeln, die auf seinem mitleidigen Sinn beruhen, haben soviel Kraft wie Donnergrollen. Hier ist ein Beispiel für alle, die in leitender Stellung stehen.

Die folgenden Zeilen beinhalten eine tiefe Bedeutung: „Mitleid, wundervoll wie eine große Wolke, / Geistigen Regen wie Nektar sendend, / Die Flammen der Verzweiflung löschend.“ Mitleid deutet auf den Geist des Bodhisattvas ‚Betrachter der Schreie der Welt‘ hin, der alle Lebewesen glücklich zu machen wünscht. Sein Mitleid ist so groß wie eine dunkle Wolke, die den Himmel bedeckt. Mit diesem Mitleid regnet er den Regen des Gesetzes auf die Lebewesen und löscht die Flammen ihrer Verzweiflung, geradeso wie Regen vertrocknete Pflanzen erfrischt.

Die übernatürliche Kraft dieses Bodhisattvas wird in den folgenden Zeilen beschrieben: „In Verhandlungen vor einem Gericht / Oder in der Angst vor der Schlacht — / Wenn jemand der Kraft des Betrachters der Schreie gedenkt / Werden alle seine Feinde überwältigt." Hier müssen wir zwischen den Zeilen lesen. Aller Streit, groß oder klein, hat seinen Ursprung in einer Auseinandersetzung verchiedener Egos. Sie entstehen durch die gnadenlose Gesinnung des Menschen, denen es gleich ist, was aus den anderen wird und durch seine intolerante Einstellung, die anderen nicht vergeben kann. Bei solchen Gelegenheiten müssen wir uns des Bodhisattvas ‚Betrachter der Schreie der Welt' erinnern und seiner Kraft gedenken. Der Bodhisattva tat einen großen Schwur, die Schreie der Gedanken der Menschen zu betrachten und ihre Leiden zu entfernen. Wir müssen uns seines Sanftmutes, seiner Selbstaufopferung und seines mitleidigen Gesichtes, das so voller Wärme ist, erinnern. Dann wird es eine lebendige Verbindung zwischen unserem Geist und dem seinen geben.

LEBENDIGE VERBINDUNG. Wenn wir an den Bodhisattva ‚Betrachtung der Schreie der Welt' denken, wird unser Sinn automatisch in denselben geistigen Zustand gebracht wie der seine. Als Ergebnis strahlen wir Wärme und Toleranz aus. Wir können uns der Streitsüchtigkeit, die von unserem Egoismus verursacht wird, entledigen und einen friedlichen Geisteszustand erreichen. Wir fühlen uns selbst bei Streitigkeiten und Auseinandersetzungen leicht, und deshalb werden diese zu einer friedlichen Lösung geführt. Das ist die wahre Bedeutung einer lebendigen Verbindung zwischen dem Bodhisattva und gewöhnlichen Menschen.

Die folgenden Zeilen enthalten ebenfalls ermutigende Worte: „Sein ist die wunderbare Stimme, Stimme des Weltbetrachters, / Brahma-Stimme, Stimme der rollenden Gezeiten, / Stimme, die die ganze Welt durchdringt / - Die deshalb immer erinnert werden muß." Wie vorher gesagt wurde, bedeutet „die wunderbare Stimme" daß Worte der Wahrheit gesprochen werden. Die Worte „Stimme des Weltbetrachters" sind schon erklärt worden. „Brahma-Stimme" drückt die Idee aus, daß die Lehre mit reinem Geist gepredigt wird. Die Worte „Stimme der rollenden Gezeiten" bedeuten, daß die Lehre die Zuhörer tief in ihrem Innern berühren, so wie man die Stimme der rollenden Gezeiten noch aus der Entfernung in sich vibrieren spürt. „Stimme, die die ganze Welt durchdringt" steht für die Lehre mit ihrer übernatürlichen Kraft, die es ihr ermöglicht, alle Täuschungen und Leiden der Welt zu überkommen. Deshalb sollten alle Lebewesen den Bodhisattva ‚Betrachter der Schreie der Welt', der die in aller Hinsicht überragende Lehre predigt, immer vor Augen haben und wünschen, so zu werden wie dieser Bodhisattva ist.

Der Versteil endet mit den folgenden Zeilen:

„Ohne die Spur eines Zweifels.
‚Betrachter der Schreie der Welt', rein und heilig,
Bei Schmerz, Verzweiflung, Tod und Unfall
Im Stande sichere Zuflucht zu sein,
Vollkommen in allen Verdiensten,
Alle mit mitleidigen Augen betrachtend,
Grenzenloser Ozean der Segnungen!
Uns niederwerfend wollen wir ihn verehren."

Wir müssen uns den Bodhisattva ‚Betrachter der Schreie der Welt' jedoch nicht vor Augen halten, zweifelnd ob unser Wunsch auch erfüllt wird oder nicht. Wir können uns immer auf diesen Bodhisattva verlassen, wenn wir Schmerzen, Verzweiflung, Tod oder Unfall ausgesetzt sind. Er ist vollkommen in seinen Verdiensten und sieht mit seinen mitfühlenden Augen alle Lebewesen. Aller Segen kann uns durch die Kraft seines Mitleids übermittelt werden. Aus diesem Grunde müssen wir uns vor ihm niederwerfen, ihn verehren und seinen Übungen folgen.

Kapitel 25 endet mit den folgenden Worten: „Daraufhin erhob sich der Bodhisattva ‚Waher des Zustandes' von seinem Platz ging vor den Buddha und sprach zu ihm: „Weltgeehrter! Wenn irgend ein Lebewesen von der überragenden Arbeit und den allseitig übernatürlichen Kräften hört, die in diesem Kapitel von dem Bodhisattva ‚Betrachter der Schreie der Welt' gezeigt werden, dann sollte bekannt sein, daß die Verdienste dieses Mannes nicht wenige sind."

Während der Buddha dieses Kapitel über den Allseitigen predigte, richteten die achtundvierzigtausend Lebewesen, die in der Versammlung waren, alle ihren Geist auf die vollkommene Erleuchtung aus, mit der sich nichts vergleichen läßt."

Wenn wir die Lehren dieses Kapitels zusammenfassen, sollten die folgenden drei Punkte erwähnt werden:

Die erste Lehre ist: Eine Person, die eine leitende Stellung inne hat, muß die Wünsche aller Menschen betrachten und sich mit vollkommenen Mitleid für die leidenden Menschen aufopfern und ihnen während ihres Leidens und in ihrer Verzweiflung beistehen. Die zweite Lehre ist: Wenn sich jemand einem bedrückenden, plagenden Problem oder einem Streit gegenüber sieht, oder den Drang fühlt, etwas Schlechtes zu tun, sollte er sich den Bodhisattva ‚Betrachter der Schreie der Welt' ins Gedächtnis rufen, der sanft, friedvoll und tolerant ist. Dann wird er in der Lage sein, seinen Geist zu öffnen und sich ruhig mit dem Problem auseinanderzusetzen, wie schwer und bedrückend es auch sein mag. Die dritte Lehre ist: Der Mensch sollte sich darum bemühen, den geistigen Zustand des Bodhisattva ‚Betrachter der Schreie der Welt', dessen Tugend ausgezeichnet ist und der übernatürliche Kräfte hat, zu erreichen. Zu diesem Zweck muß er der Wahrheit folgen, die von Shakyamuni Buddha gelehrt worden ist, und er muß die Disziplinen ohne Rückschritte üben.

Kapitel 26

Dhāraṇis

IN DIESEM KAPITEL WIRD ERKLÄRT, wie nicht menschliche Wesen, die die geistige Welt repräsentieren und die von den Lehren des Lotus-Sutras tief bewegt sind, mit mystischen Silben schwören, die Lehren und ihre Prediger zu beschützen.

Zuerst schwören die beiden Bodhisattvas ‚Medizinkönig' und ‚Mutiger Geber' die Prediger des Lotus-Sutra zu beschützen und zu bewachen. Diese Schwüre waren zu erwarten, da die beiden Bodhisattvas Jünger und Boten des Buddha sind. Als nächstes schwören die zwei Könige des Brahma-Himmels, der göttliche König Vaisravana und der göttliche König ‚Dämonenhalter', das Sutra zu beschützen. Der Schwur dieser nicht buddhistischen, göttlichen Könige bedeutet, daß die Lehren des Buddha alle anderen Lehren umfassen und ihnen religiöses Leben einflößen.

Danach schwören zehn weibliche *Rakshasas* und die Mutter der Dämonensöhne[1] das Lotus-Sutra zu beschützen. Diese weiblichen Dämonen erklärten einstimmig vor dem Buddha, daß sie, wenn jemand die Prediger des Sutras plagen würde, die Prediger schützen und vor solcher Verfolgung retten würden. Ihre Erklärung bezeugt, daß selbst in diesen Dämonen der Geist zur Buddhaschaft steckt. Umgekehrt könnte man sagen, daß die Lehren des Lotus-Sutras die Kraft haben, selbst in diesen Dämonen die Voraussetzungen zu schaffen, Buddhas zu werden.

FÜNF ARTEN UNÜBERSETZBARER WORTE. In diesem Kapitel erscheinen viele Sanskritwörter mystischer Art. Warum wurden diese Worte nicht übersetzt? Der Grund liegt in der Vorsicht Kumarajivas, der das Lotus-Sutra aus dem Sanskrit ins Chinesische übersetzte. Bei den Übersetzungen der Mahayana-Sutras aus dem Sanskrit ins Chinesische ließen die Übersetzer einschließlich Kumarajiva die „unübersetzbaren Worte" unberührt. Die folgenden fünf Arten von Worten wurden von den Übersetzern für unübersetzbar gehalten:

1. Worte, deren Bedeutung im Chinesischen nicht vorhanden ist, wie zum Beispiel die Namen von Tieren, Pflanzen und Dämonen, die in Indien heimisch aber in China unbekannt sind. Beispiele sind: der Duft von *Tamalapattra* oder *tagara,* die in Kapitel 19 erwähnt werden, und solche Wesen wie *Garudas* und *Kimnaras.*

2. Worte mit vielen Bedeutungen, das heißt Worte, die nicht mit einem Wort ganz übersetzt werden können. Zum Beispiel: *Dhāraṇi* ist manchmal die mystische Kraft, die dem Rezitierenden ermöglicht, die Lehre, die er empfangen hat, zu bewahren; manchmal bedeutet es die Macht, alles Übel zu kontrollieren und alles Gute zu ermutigen, und manchmal steht es für die mystischen Silben, mittels derer der Rezitierende Unglück zu entkommen vermag. Die mystischen Silben in Kapitel 26 gehören zu dieser letzten Kategorie.
3. Mystische Worte. Zum Beispiel: Die *Dhāraṇi*-Beschwörungen, die in Kapitel 26 auftauchen. Diese Worte wurden in ihrem ursprünglichen Zustand belassen, da ihre Bedeutung durch Übersetzung verletzt würde.
4. Durch vorgegebene Transkriptionen gut eingeführte Ausdrücke. Zum Beispiel: *Anuttara-samyak-sambodhi*, daß mit „Vollkommene Erleuchtung" oder „die unübersteigbare Weisheit des Buddhas" übersetzt werden kann.
5. Worte mit tiefer Bedeutung, die ihre wahre Bedeutung durch eine Übersetzung verlieren würden. Zum Beispiel: *Buddha* und *Bodhi*.

Diese fünf Arten von Worten wurden ausnahmslos von allen Übersetzern unberührt gelassen. Sie werden *goshu-fuhon* genannt.

Als der Buddha mit der Predigt des fünfundzwanzigsten Kapitels fertig war, erhob sich der Bodhisattva ‚Medizinkönig' von seinem Platz, entblößte bescheiden seine rechte Schulter, faltete seine Hände vor dem Buddha und sprach zu ihm: „Weltgeehrter! Wenn es einen guten Sohn und eine gute Tochter gibt, die im Stande sind, das Gesetzesblumen-Sutra zu erhalten und zu bewahren durch Lesen oder Rezitieren oder Abschreiben oder Studieren des Sutras, welches ist das Ausmaß der erworbenen Segnungen?"

Der Buddha antwortete: „Medizinkönig: „Angenommen, ein guter Sohn oder eine gute Tochter bringt achthundert Myriaden *Koṭis* von *Nayutas* von Buddhas, so zahlreich wie die Sandkörner des Ganges, Verehrung dar, würden nicht die so erworbenen Verdienste deiner Ansicht nach ziemlich zahlreich sein?"

„Sehr zahlreich, Weltgeehrter!" war die Antwort.

Der Buddha fuhr fort: „Wenn ein guter Sohn oder eine gute Tochter fähig ist, dieses Sutra betreffend auch nur einen einzigen Vierzeiler zu empfangen, zu behalten, ihn zu lesen, zu rezitieren, seine Bedeutung zu verstehen und so zu tun, wie er sagt, dann würden die Verdienste noch zahlreicher sein."

Daraufhin sagte der Bodhisattva ‚Medizinkönig' zum Buddha: „Weltgeehrter! Ich werde jetzt den Predigern des Gesetzes *Dhāraṇi*-Beschwörungsformeln[2] zur Bewachung und zum Schutz geben."

Dann gab er die folgende Beschwörung: „*Anye manye mane mamane citte carite same samita visante mukte muktame same avishame samasame jaye (kshaye) akshaye akshine sante samite dharani alokabhashe pratyavekshani nidhiru abhyantarianivishte abhyantaraparisuddhi utkele mutkele arade parade sukankshi asamasame buddhavilokite dharmaparikshite samghanirghoshani (nirghoshani) bhayabhayavisodhani mantre mantrakshayate rute rutakausalye akshaye akshayavanataye (vakulle) valoda amanyanataye (svaha).*

„Weltgeehrter! Diese übernatürlichen *Dhāraṇi*-Beschwörungsformeln sind von Buddhas so zahlreich wie die Sandkörner von zweiundsechzig *Koṭis* von Ganges-Flüssen gesprochen worden. Wenn irgend jemand den Predigern dieses Gesetzes Gewalt antut, dann wird er diesen Buddhas Gewalt angetan haben."

Shakyamuni Buddha lobte den Bodhisattva ‚Medizinkönig' indem er sagte: „Gut, gut, oh Medizinkönig! Weil du mitleidig bist und zum Schutze der Prediger des Gesetzes hast du diese *Dhāraṇis,* die allen Lebewesen reichlich nützlich sein werden, ausgesprochen."

Daraufhin sprach der Bodhisattva ‚Mutiger Geber' zum Buddha: „Weltgeehrter! Ich werde ebenfalls zum Schutze derer, die dieses Gesetzesblumen-Sutra lesen und rezititieren, erhalten und bewahren *Dhāraṇis* sagen. Wenn die Lehrer des Gesetzes diese *Dhāraṇis* besitzen, können weder *Yakshas* noch *Rakshasas,* weder *Putanas* noch *Krityas* oder *Kumbhandas,* weder hungrige Geister noch andere, die Verfehlungen suchen, eine Gelegenheit finden. Dann sagte er in der Gegenwart des Buddha die folgende Beschwörung:

„*Jvale mahajvale ukke (tukku) mukku ade adavati nrtye nrtyavati ittini vittini cittini nrtyeni nrtyavati (svaha).*

Weltgeehrter! Diese übernatürlichen *Dhāraṇi*-Beschwörungen sind von Buddhas so zahlreich wie der Sand des Ganges gesprochen worden und alle stimmten zu. Wenn irgend jemand Gewalt gegen die Lehrer des Gesetzes anwendet, dann hat er diesen Buddhas Gewalt angetan."

Daraufhin sprach der göttliche König Vaisravana, der Beschützer der Welt, zum Buddha und sagte: „Weltgeehrter! Ich werde ebenfalls aus Mitleid mit den Lebenden und zum Schutze dieser Lehrer des Gesetzes diese *Dhāraṇis* von mir geben." Daraufhin gab er die folgende Beschwörung: „*Atte, (tatte) natte vanatte anade nadi kunadi (svaha).*

„Weltgeehrter! Mit dieser übernatürlichen Beschwörung will ich die Lehrer des Gesetzes beschützen. Ich selbst will auch die beschützen, die dieses Sutra bewahren, so daß während einhundert *Yojanas* keine zersetzende Pflege auftreten kann."

Danach trat der göttliche König ‚Domänenhalter', der dieser Versammlung mit einer Schar von Tausenden von Myriaden von *Koṭis* von *Nayutas* von *Gandharvas,* die ihn verehrend umgaben, beiwohnte, vor den Buddha, faltete seine Hände und sagte zu ihm: „Weltgeehrter! Ich will auch mit übernatürlichen *Dhāraṇi*-Beschwörungen die beschützen, die das Gesetzesblumen-Sutra halten. Und er gab den folgenden Beschwörungsspruch: *„Agane gane gauri gandhari candali matangi (pukkasi) samkule vrusali sisi (svaha).*

Weltgeehrter! Diese übernatürlichen *Dhāraṇi*-Beschwörungen sind von zweiundvierzig *Koṭis* von Buddhas gesprochen worden. Wenn irgend jemand diesen Lehren des Gesetzes Gewalt antut, dann hat er all den Buddhas Gewalt angetan."

Es gab dort weibliche *Rakshasas.* Die erste hieß ‚Lamba', die zweite ‚Vilamba', die dritte ‚Hakenzähne', die vierte ‚Blumige Zähne', die fünfte ‚Schwarze Zähne', die sechste ‚Viele Zöpfe', die siebente ‚Nicht zu sättigen', die achte ‚Halsbandhalter', die neunte ‚Kunti' und die zehnte ‚Geistgreifer'. Diese zehn weiblichen *Rakshasas* gingen zusammen mit der Mutter der Dämonensöhne und ihren Kindern und ihrem Gefolge zum Buddha und sagten einstimmig: „Weltgeehrter! Wir möchten auch jene beschützen, die diese Sutras lesen, rezitieren, erhalten und bewahren und sie von nachteiliger Behandlung befreien. Wenn irgend jemand versucht, Fehler an diesen Lehrern zu entdecken, werden wir verhindern, daß sie Erfolg damit haben." Dann sprachen sie in der Gegenwart des Buddhas die folgende Beschwörung: *„Iti me, iti me, iti me, iti me; ni me, ni me, ni me, ni me, ni me; ruhe, ruhe, ruhe, ruhe, (ruhe); stuhe, stuhe, stuhe, stuhe, stuhe (svaha).*

Mögen die Probleme zu uns kommen und nicht zu den Lehrern des Gesetzes; weder *Yakshas,* noch hungrige Geister, noch *Putanas,* noch *Krityas,* noch *Vetadas,* noch *Kashajas,* noch *Umarakas,* noch *Apasmarakas,* noch *Yaksha-Krityas,* noch *Mensch-Krityas*[3], noch Fieber, gleich ob für einen einzigen Tag oder täglich oder alle drei Tage oder alle vier Tage oder wöchentlich oder ununterbrochenes Fieber; weder in männlicher oder in weiblicher Gestalt, in Gestalt eines Jugendlichen oder einer Jungfrau, selbst in Träumen sollen sie nie von Schwierigkeiten geplagt werden." Dann sprachen sie in Gegenwart der Buddhas folgendes in Versen:

„Wer auch immer unserer Beschwörung widersteht
Und einen Prediger belästigt,
Sein Kopf soll in sieben Teile zerspringen
Wie ein *Arjaka*-Schößling;
Möge sein Schicksal das eines Vatermörders sein,
Seine Strafe, die eines Ölerpressers

Oder eines Betrügers der falsche Maße und Gewichte benutzt,
Oder die Devadattas, der die Sangha gespalten hat;
Er, der etwas gegen die Lehrer des Gesetzes tut,
Er soll solche Vergeltung erfahren."

Dies ist ein berühmter Vers. Es wird gesagt, daß eine *Arjaka*-Blume bei Berührung ihrer Blütenblätter sich öffnet und in sieben Teile zerfällt. Die Zeilen „Sein Kopf soll in sieben Teile zerspringen / Wie ein *Arjaka*-Schößling" bedeuten „Möge sein Schicksal das eines Vatermörders sein". Die Worte „Seine Strafe, die eines Ölerpressers" beziehen sich auf einen alten indischen Brauch. Wenn man Sesam malt, legt man einen Stein auf den oberen Mühlstein, um den Sesam herunterzupressen. Wenn dieses Gewicht nur mäßig auf den Sesam drückt, werden die Würmer nicht zerquetscht. Aber wenn man ein zu schweres Gewicht auf den Sesam legt, um ihn schneller zu pressen, werden die Würmer zerdrückt, und der Sesam verliert seinen Geschmack. Solch ein Vorgehen wurde deshalb im alten Indien als ein Verbrechen angesehen, bei dem man aus Selbstsucht anderen das Leben nahm.

Gleiches kann man von den Verbrechen sagen, bei denen jemand mit falschen Gewichten und Maßen betrügt. Wenn auch im heutigen System der Gesetze der Vergleich mit Mord nicht gemacht werden kann, so bleibt es doch eine schreckliche Tat vom Spirituellen her gesehen. Deshalb wurde eine solche Tat im alten Indien als ein großes Verbrechen angesehen.

DAS VERBRECHEN DEN SANGHA ZU SPALTEN. Es folgt der Ausdruck „Oder die Devadattas, der den Sangha gespalten hat". Devadatta beging die üble Tat, die enge, freundschaftliche Harmonie in der Gemeinschaft von Shakyamunis Gläubigen zu brechen. Es bedarf keiner besonderen Erwähnung, daß ein Mensch ein großes Verbrechen begeht, wenn er in einer Gemeinschaft, die von Anhängern eines Glaubens geformt wird, eine Spaltung verursacht. Ein Mensch, der die Prediger des Lotus-Sutras stört, ist nicht besser als ein Verbrecher, und seine Vergeltung wird sein, daß sein Kopf in sieben Teile zerspringt wie ein *Arjaka*-Sprößling.

Bei oberflächlichem Lesen dieses Abschnittes, scheinen die weiblichen *Rakshasas* den Feinden des Lotus-Sutras Rache zu schwören. Das ist jedoch eine falsche Deutung. Wir sollten bedenken, daß ihre Energie und ihr Eifer sie zur Äußerung leidenschaftlicher Worte trieb, da sie noch nicht so große Tugenden wie die Jünger des Buddha erreicht hatten, und weil ihre Natur dämonisch war. Sonst hätte Shakyamuni Buddha, der Toleranz für alle Lebewesen predigte, die *Rakshasas* nicht bedingungslos loben können, indem er „Gut, gut!" sagte.

Die Erklärung des Prinzips der Bestrafung im Buddhismus trifft hier ganz zu. Der Vers heißt: „Sein Kopf soll in sieben Teile zerspringen“ und nicht „Möge der Buddha seinen Kopf in sieben Teile spalten“. Ferner lesen wir „Er soll eine solche Vergeltung erfahren“ nach der Liste der verschiedenen Verbrechen gegen die Lehre des Gesetzes. Dieser Ausdruck stimmt mit der buddhistischen Idee der Bestrafung überein, das lehrt, daß man von seinen eigenen Missetaten gestraft wird und nicht von irgendeiner äußeren Stelle oder willkürlichen Macht.

Nachdem die weiblichen *Rakshasas* diese Verse gesprochen hatten, wandten sie sich mit folgenden Worten an den Buddha: „Weltgeehrter! Wir werden auch selbst jene beschützen, die dieses Sutra erhalten und bewahren, lesen und rezitieren und es üben. Wir wollen ihnen die Probleme abnehmen und sie vor übler Behandlung und vor allen Giften schützen.“

Der Buddha sprach zu den *Rakshasa*-Frauen: „Gut, gut! Selbst wenn ihr nur die beschützen könnt, die den Namen der Gesetzesblume erhalten und bewahren, wird euer Glück alle Berechnungen übersteigen; wieviel mehr wird es sein, wenn ihr die, die das Sutra vollkommen erhalten und bewahren und ihm mit Blumen, Duftstoffen, Halsbändern, Sandelholzpuder, Salben, Weihrauch, Flaggen, Baldachinen und Musik und durch Brennen verschiedener Lampen — Butterfettlampen, Öllampen, Lampen mit duftendem Öl — Lampen mit dem Öl der *Kampaka*-Blumen, Lampen mit dem Öl der *Varshika*-Blumen und Lampen mit dem Öl der *Udumbara*-Blumen, — auf hunderttausende von Weisen Opfergaben zur Verehrung darbringen wie diese, beschützt. Kunti! Du und dein Gefolge müßt solche Lehrer des Gesetzes wie diese beschützen.

Das Kapitel endet: „Während dieses Kapitel gepredigt wurde, erhielten achtundsechzigtausend Menschen die Versicherung, nicht wieder geboren zu werden.“

[1] Auch ‚Freudvolle Mutter‘ oder ‚Mutter, die ihre Kinder liebt‘ genannt. Sie ist ein *Rakshasi* oder weiblicher *Raksha*, die jeden Tag die Babies anderer verschlang, bis eines Tages ihre eigenen fünfhundert Babies von Shakyamuni Buddha versteckt wurden und sie bekehrt wurde. Nachdem sie konvertiert war, gelobte sie, das Gesetz des Buddhas zu beschützen und besonders Babies zu schützen.

[2] Formeln, die Talismane sind, eine der vier *Dharani*-Arten. Es gibt vier Arten von Beschwörungen: (1) zur Heilung von Krankheiten, (2) um die Folgen von Sünden zu beenden, (3) um die Sutras zu beschützen, (4) für Weisheit. Die Beschwörungen hier dienen dem Schutz dieses Sutras.

[3] Ein *Vetada* ist ein roter Dämon, ein *Kashaya* ein gelber Dämon, ein *Umaraka* ein schwarzer Dämon, ein *Apasmaraka* ein blauer Dämon; ein *Yaksha-Kritya* ist ein *Kritya* in Gestalt eines *Yakshas* und ein Mensch-*Kritya* ist ein *Kritya* in Gestalt eines Menschen.

Kapitel 27

Die Geschichte des Königs ‚Strahlend'

DIESES KAPITEL SCHEINT eine phantastische Geschichte aus einer weit entfernten Welt und Zeit zu erzählen, aber es lehrt uns wirklich eine Lektion, die auf unser tägliches Leben zutrifft. Es geht zunächst um Religion in der Familie, was hier am Problem eines Vaters und seiner Söhne dargestellt wird, die verschiedenen religiösen Glaubens sind. Das Problem eines Vaters, der einem falschen Glauben anhängt und seiner Söhne, die an die richtige Religion glauben und die Haltung der Mutter, die mit dem Vater als auch den Söhnen umgehen muß, ist in der heutigen Gesellschaft recht gewöhnlich.

In der Geschichte geht es auch um den Glauben, den die, die in einer leitenden Position sind, leben sollten. In der heutigen Gesellschaft wird jedem Individuum Freiheit der Religion gewährt, und keine Autorität kann ihm solche Freiheit nehmen. Der religiöse Glaube derer, die in führenden Stellungen sind, übt unweigerlich einen Einfluß auf viele andere Menschen aus, obwohl es eine Angelegenheit privater Natur ist, und es um den persönlichen Glauben geht. Die Handlungen des Königs ‚Strahlend' zeigen uns dieses Problem. König ‚Strahlend' und seine zwei Söhne sagen der Welt ab. In unserer Zeit werden Religionen und tägliches Leben nicht als im Widerspruch zueinanderstehend empfunden sondern als miteinandergehend angesehen. Wenn wir die Abdankung des Königs wörtlich nehmen, mißverstehen wir die Geschichte wahrscheinlich. Die Absage der zwei Prinzen die in guten Umständen lebten, an die Welt, verweist auf die Idee, daß der geistige Friede, den man durch sein geistliches Leben gewinnen kann, viel wichtiger als die Befriedigung durch materielle Dinge ist. Die Geschichte des Königs ‚Strahlend', der zugunsten seines jüngeren Bruders vom Thron zurücktrat und in das religiöse Leben eintrat, verleiht der Idee Ausdruck, daß das geistliche Königreich, das im Geiste des Menschen errichtet wird, viel wertvoller als die weltliche Macht eines Königs ist. Wir sollten die Worte „der Welt absagen" nicht wörtlich nehmen, sondern sie so interpretieren, als bedeuteten sie die Veränderung des geistlichen Lebens des Menschen.

Um zum Kern dieses Kapitels zu kommen, verfolgen wir zuerst die Geschichte des Königs ‚Strahlend' und diskutieren dann die wichtigen Worte und Ausdrücke.

Zu jener Zeit sprach der Buddha zu der großen Versammlung: „In alter

Zeit, in einem früheren Äon, unendliche, grenzenlose und unvorstellbare *Asaṃkhyeya Kalpas* lange her, gab es einen Buddha, mit dem Namen ‚Donnerstimme Gesellschaftskönig der Weisheit, Tathāgata, Arhat, Samyaksambodhi' dessen Domäne ‚Geschmückte mit Glanz' genannt wurde und dessen *Kalpa* ‚Freudvoller Blick' hieß. Ein König namens ‚Strahlend' stand unter der geistlichen Herrschaft dieses Buddha. Die Frau jenes Königs hieß ‚Reine Tugend'. Sie hatten zwei Söhne mit Namen ‚Reine Schatzkammer' und ‚Reines Auge'. Diese beiden Söhne besaßen große übernatürliche Kräfte und Weisheit und waren gesegnet. Lange hatten sie sich dem Weg gewidmet, den die Bodhisattvas gehen, das heißt, sie verstanden genau das *Paramitā* der Hingabe, das *Paramitā*, die Regeln einzuhalten, das *Paramitā* der Beharrlichkeit, das *Paramitā* des Eifers, das *Paramitā* der Meditation, das *Paramitā* der Weisheit, das *Paramitā* des Taktes, Mitleids, Wohlwollens, der Freude und Überlegenheit. Sie hatten auch die siebenunddreißig verschiedenen Hilfsmittel für die Einhaltung des Weges wohl verstanden. Die Bodhisattva Kontamplation hatten sie ebenfalls erreicht, die Kontemplation der Reinheit, die Kontemplation des Sonnengstirnes, die Kontemplation des reinen Lichtes, die Kontemplation der reinen Farbe, die Kontemplation des ewigen Strahlens und die Kontemplation der Schatzkammer der großen Ehrwürdigkeit. All diese Kontemplationen hatten sie völlig bewältigt.

Dann predigte jener Buddha, der König ‚Strahlend' leiten wollte und der Mitgefühl für die Lebenden hatte, dieses Gesetzesblumen-Sutra. Inzwischen gingen die beiden Söhne ‚Reine Schatzkammer' und ‚Reines Auge' zu ihrer Mutter, legten ihre zehnfingrigen Hände zusammen und sprachen zu ihr: ‚Mutter, wir bitten dich, den Buddha ‚Donnerstimme Gesellschaftskönig der Weisheit' zu besuchen. Wir würden ihn auch aufsuchen, uns ihm nähern, ihm dienen und ihn anbeten. Warum? Weil der Buddha zwischen der Schar der Götter und Menschen das Gesetzesblumen-Sutra predigt, und wir sollten es auch hören.' Die Mutter antwortete ihren Söhnen: ‚Euer Vater glaubt den Irrlehren und fühlt sich dem Brahmanengesetz tief verbunden. Geht zu eurem Vater und redet zu ihm, daß er mit uns geht.' ‚Reine Schatzkammer' und ‚Reines Auge' legten ihre zehnfingrigen Hände zusammen und sagten zu ihr: ‚Wir sind Söhne des Gesetzeskönigs, auch wenn wir in diesem Hause eines Irrgläubigen geboren wurden.' Die Mutter sprach zu ihren Söhnen: ‚Ihr solltet Mitgefühl mit eurem Vater haben und ihm eine übernatürliche Tat vorführen, so daß sein Geist klar wird, wenn er sie sieht. Dann erlaubt er uns vielleicht, zu dem Buddha zu gehen.'

Daraufhin sprangen die zwei Söhne für ihren Vater so hoch in den Himmel wie sieben *Tala*-Bäume und führten viele übernatürliche Dinge vor, während sie im Himmel standen, gingen, saßen und lagen; ihre Oberkörper gaben Wasser ab und ihre Unterkörper Feuer oder umgekehrt; oder sie vergrößerten sich, bis ihre Körper den Himmel füllten, und dann wurden sie wieder ganz klein oder sie machten sich erst ganz klein und vergrößerten sich dann; oder sie verschwanden vom Himmel und erschienen plötzlich auf der Erde, oder sie gingen in die Erde wie in Wasser oder sie liefen über Wasser wie über den Boden. Durch die Vorführung brachten sie ihren Vater dazu, seinen Geist zu reinigen und Glauben und Unterscheidung zu gewinnen.

Als der Vater sah, daß seine Söhne solche übernatürlichen Kräfte hatten, war er sehr über dieses niemals zuvor erlebte Geschehen erfreut und grüßte seine Söhne mit zusammengelegten Händen und fragte: ‚Wer ist euer Meister? Wessen Schüler seid ihr?' Die beiden Söhne antworteten: ‚Großer König! Jener Buddha ‚Donnerstimme Gesellschaftskönig der Weisheit', der jetzt unter dem Bodhibaum mit den sieben Juwelen auf dem Thron des Gesetzes sitzt und inmitten der Weltschar der Götter und Menschen das Gesetzesblumen-Sutra predigt — er ist unser Meister, wir sind seine Schüler.' Da sagte der Vater zu seinen Söhnen: ‚Ich würde jetzt gerne euren Meister sehen; laßt uns zusammen gehen.'

Darauf kamen die Söhne vom Himmel herab, gingen zu ihrer Mutter und sagten mit gefalteten Händen zu ihr: ‚Unser Vater, der König, hat jetzt geglaubt und verstanden und seinen Geist der vollkommenen Erleuchtung zugewendet. Wir haben eine Buddha-Tat für unseren Vater getan. Sei so gut Mutter, uns zu erlauben, das Haus zu verlassen, und unter jenem Buddha den Weg zu beschreiten.'

Die beiden Söhne wollten ihren Wunsch wiederholen und sprachen deshalb in Versen zu ihrer Mutter:

‚Sei so gut, Mutter, uns zu entlassen.
Aus dem Haus wollen wir gehen und *Srāmanas* werden.
Es ist schwer die Buddhas zu treffen,
Und wir wünschen Jünger eines Buddha zu sein.
Es ist schwieriger einen Buddha zu treffen,
Als eine *Udumbara*-Blüte zu finden.
Hart ist es, den Schwierigkeiten zu entkommen.
Sei so gut, uns zu erlauben, das Heim zu verlassen.'

Die Mutter antwortete und sprach: ‚Ich gebe euch die Erlaubnis, das Heim zu verlassen; und warum? Weil es schwierig ist, einen Buddha zu treffen.'

Die Söhne sagten daraufhin zu ihren Eltern: ‚Gut, Vater und Mutter! Wir bitten euch, daß ihr jetzt zu dem Buddha ‚Donnerstimme Gesellschaftskönig der Weisheit' geht, euch ihm nähert und ihm Verehrung darbringt. Weshalb? Weil ein Buddha so schwierig wie eine *Udumbara*-Blume zu treffen ist;

ein Treffen ist so selten wie das der einäugigen Schildkröte mit dem Loch des Treibholzes [1]. Aber wir, die wir von früher her reich gesegnet sind, haben das Buddhagesetz in diesem Leben angetroffen. Vater und Mutter, hört deshalb auf uns und laßt uns das Heim verlassen. Warum? Weil es sehr schwer ist, Buddhas zu treffen, und weil auch die Gelegenheit selten kommt.'

In diesem Augenblick wurde es allen achtundvierzigtausend Hofdamen des Königs ‚Strahlend' möglich, das Gesetzesblumen-Sutra zu empfangen und zu bewahren. Der Bodhisattva ‚Reines Auge' war seit langem in der Kontemplation der Gesetzesblume erfahren gewesen und der Bodhisattva ‚Reine Schatzkammer' hatte für unendliche Hunderte von Tausenden Myriaden von *Koṭis* von *Kalpas* in der Kontemplation des Freiseins von üblen Wegen gelebt, die versucht, alle Lebewesen von den üblen Zuständen des Daseins zu befreien. Die Königin jenes Königs hatte die Kontemplation der Versammlung der Buddhas gepflegt und kannte die heimlichen Quellen der Buddhas. Auf diese Art brachten die beiden Söhne ihren Vater taktvoll zur Veränderung seines Geistes; so daß er mit Freude und Erkenntnis an das Gesetz des Buddha glaubte.

Dann machte sich der König, begleitet von seinen Ministern und dem Gefolge, die Königen ‚Reine Tugend' mit ihren feinen Hofdamen und die zwei Söhne jenes Königs zusammen mit zweiundvierzigtausend Leuten gemeinsam auf, um den Buddha zu besuchen. Als sie ankamen, warfen sie sich zu seinen Füßen, zogen in einer Prozession dreimal um den Buddha herum und ließen sich dann auf einer Seite von ihm nieder.

Dann predigte der Buddha dem König, indem er ihm erklärte, zeigte, ihn beglückte und ihm Gewinn brachte, so daß der König sehr erfreut war. Der König ‚Strahlend' und die Königin lösten daraufhin ihre Perlenhalsbänder, die Hunderte von Tausenden wert waren und warfen sie dem Buddha zu. Sie wurden in der Luft in einen juwelengeschmückten Turm mit vier Säulen verwandelt; oben auf dem Turm war eine mit Hunderten von Tausenden von Myriaden himmlischer Decken bedeckte Couch auf der der Buddha mit gekreuzten Beinen und Lichtstrahlen aussendend, saß. Der König überlegte Folgendes: ‚Selten, edel und außergewöhnlich ist der Körper des Buddha in seiner vortrefflichen, feinen Farbe!'

Der Buddha ‚Donnerstimme Gesellschaftskönig der Weisheit' wandte sich dann den vier Gruppen zu und sprach: ‚Seht ihr den König ‚Strahlend' hier mit gefalteten Händen vor mir stehen? Wenn dieser König ein Bhikshu unter meiner Ordnung geworden ist, und eifrig die Gesetze befolgt, die dem Buddha-Weg dienlich sind, wird er ein Buddha mit dem Beinamen ‚Salendrabaum-König' werden. Seine Domäne wird den Namen ‚Großes Glitzern' tragen und seine *Kalpa* ‚Großer Hochkönig' genannt werden. Dieser

Buddha ‚Salendrabaum-König' wird zahllose Bodhisattvas und *Śrāvakas* haben und sein Reich wird flach und gerade sein. So werden seine Verdienste sein.'

Der König trat sein Reich sofort an seinen jüngeren Bruder ab; zusammen mit seiner Königin, den zwei Söhnen und dem Gefolge verließ er sein Heim und folgte dem Weg unter dem Gebot des Buddhas. Nachdem er sein Heim verlassen hatte, folgte der König eifrig und gewissenhaft dem wunderbaren Gesetzesblumen-Sutra vierundachtzigtausend Jahre lang. Nach diesen Jahren erreichte er die Kontemplation des Geschmücktseins mit allen reinen Verdiensten.

Daraufhin erhob er sich in den Himmel, sieben *Tala*-Bäume hoch und sagte zu jenem Buddha: ‚Weltgeehrter! Meine beiden Söhne haben schon eine Buddha-Tat getan, indem sie durch ihre übernatürlichen Vorführungen meinen Geist von der Irrlehre abwendeten und mich dem Buddha-Gesetz zuführten und mich veranlaßten, den Weltgeehrten zu sehen. Diese beiden Söhne sind meine guten Freunde, denn sie kamen und wurden in meinem Haus geboren, aus dem tiefen Wunsch heraus, die in früheren Leben gepflanzten Wurzeln des Guten in mir zu entwickeln.'

Darauf entgegnete der Buddha ‚Donnerstimme Gesellschaftskönig der Weisheit': ‚So ist es, so ist es, es ist geradeso wie du sagst. Jeder gute Sohn oder jede gute Tochter ist imstande in jeder Generation gute Freunde durch Pflanzen von Wurzeln des Guten zu gewinnen, und diese guten Freunde sind befähigt Buddha-Taten auszuführen. Sie können zeigen, lehren, beglücken, nützlich sein und zum Eintritt in die vollkommene Erleuchtung verhelfen. Wisse großer König, ein guter Freund ist der große Grund, durch den Menschen verändert werden und dazu geführt werden, den Buddha zu sehen und zur vollkommenen Erleuchtung zu erwachen. Großer König, siehst du diese zwei Söhne? Sie haben schon Buddhas verehrt, ihnen gedient und sie gepriesen, Buddhas so zahlreich wie fünfundsechzig mal die Hundert von Tausenden von Myriaden von *Koṭis* von *Nayutas* von Sandkörnern des Ganges. Sie erhielten unter jenen Buddhas das Gesetzesblumen-Sutra und bewahrten es, hatten Mitleid mit den Lebewesen mit ihren falschen Ansichten und verhalfen ihnen dazu, die richtigen Ansichten anzunehmen.'

König ‚Strahlend' kam daraufhin vom Himmel herab und sagte zum Buddha: ‚Weltgeehrter! Selten ist wirklich der Anblick des Tathāgatas. Die Erhebung auf seiner Stirn strahlt leuchtend durch seine Verdienste und seine Weisheit. Seine Augen sind weit offen. Der Haarbüschel zwischen seinen Augenbrauen ist weiß wie der perlenbleiche Mond. Seine Zähne sind weiß, eben, dicht und leuchten immer. Seine Lippen sind rot und schön wie die *Bimba*-Frucht. Als der König die vielen Verdienste des Buddha, zahllose

Hunderte von Tausenden von *Koṭis* von Verdiensten, gepriesen hatte, faltete er seine Hände ganz konzentriert vor dem Tathāgata und sprach den Buddha wieder an und sagte: ‚Der Weltgeehrte ist beispiellos. Die Lehre des Tathāgatas ist vollkommen in ihren unvorstellbaren und wundervollen Verdiensten. Die moralischen Vorschriften, die er verbreitet, sind beruhigend und erbauend. Ab heute will ich nicht mehr meinem eigenen Geist folgen, auch weder falschen Ansichten annehmen noch überhebliche, ärgerliche oder anderweitig sündhafte Gedanken pflegen.' Nachdem er dies zum Buddha gesagt hatte, erwies er dem Buddha seine Ehrerbietung und ging davon."

Zum Abschluß der Geschichte sagte der Buddha zu der großen Versammlung: „Was meint ihr? Der große König ‚Strahelnd' kann er jemand anders sein? Er ist wirklich der gegenwärtige Bodhisattva ‚Blumentugend'. Jene Königin ‚Reine Tugend' ist der Bodhisattva ‚Strahlende Pracht', der jetzt in der Gegenwart des Buddha ist, der aus Mitleid für den König ‚Strahlend' und sein Volk unter ihnen geboren wurde. Jene beiden Söhne sind die gegenwärtigen Bodhisattvas ‚Medizinkönig' und ‚Medizinherr', die unter zahllosen hunderttausend Myriaden von Buddhas tugendhafte Wurzeln gepflanzt haben und einen unvorstellbaren Grad von Gutsein erreicht haben. Wenn es irgend jemanden gibt, der mit den Namen dieser beiden Bodhisattvas vertraut ist, werden ihm Götter und Menschen in der ganzen Welt Verehrung darbringen."

Das Kapitel schließt mit den Worten: „Während der Buddha dieses Kapitel, ‚Die Geschichte des Königs ‚Strahlend', predigte, gingen die vierundachtzigtausend Menschen von der Unreinheit fort und trennten sich von Unsauberkeit und erwarben reine geistliche Augen für geistliche Dinge.

Wir wollen jetzt die wichtigen Punkte der Geschichte betrachten. Zuerst müssen wir die wahre Bedeutung der Vorführung vieler übernatürlicher Taten der Söhne für den Vater bedenken. Es bedeutet weder, daß sie die Fähigkeit solche Taten vorzuführen durch die Lehren des Buddha gewannen, noch daß sie die Neugierigkeit des Vaters durch ihre Vorführung erweckten, indem sie ihm solche Dinge zeigten. Ihre Vorführung verschiedender übernatürlicher Taten bedeutet, daß sie ihren Charakter und ihr tägliches Leben völlig änderten durch ihren Glauben in die Lehren des Buddha. Das Zeigen übernatürlicher Verhaltensweisen hat also keine andere Bedeutung, als daß sie vor ihrem Vater den wahren Wert der Lehren des Buddha durch ihre Taten bewiesen und ihn dahin führten, die vollkommene Erleuchtung anzustreben.

Wenn wir andere zur Lehre des Buddha führen wollen, wird niemand folgen, wenn sie uns nur die Lehren preisen hören. Wir müssen klar zeigen, warum die Lehren verehrungswürdig sind. Es ist wichtig für uns, den Inhalt der Lehren zu erklären. Wir müssen die Lehren zur Befriedigung anderer, je nach dem Grad ihres Verständnisses ausführen, manchmal intellektuell, manchmal durch den Gebrauch von Parabeln und manchmal im Licht der modernen Wissenschaft.

ZUR FÜHRUNG ANDERER IST LEBENDIGES ZEUGNIS ERFORDERLICH. Der schnellste und einfachste Weg, andere zu den Lehren des Buddha zu führen, ist, die Lehren durch unsere eigene Praxis zu dokumentieren. Unsere erste Überlegung gilt, anderen ein lebendiges Beispiel zu zeigen — „So habe ich mich verändert, seit ich an die Lehren des Buddha glaube und sie übe.“ — Es gibt keinen überzeugenderen und direkteren Weg, andere zu leiten. Wir können jedoch denen, die wir nur selten treffen, in der kurzen Zeit, in der wir sie sehen, kaum ein lebendiges Beispiel zeigen, wenn wir nicht ein sehr einschneidendes Beispiel haben, wie die Genesung von einer Krankheit oder eine Wendung zum Guten in unseren äußeren Umständen. Familienmitglieder, die zusammenleben, können jedoch selbst kleinste Veränderungen im täglichen Verhalten und in der Einstellung merken. Eltern können eine große Veränderung in ihren Söhnen oder Töchtern feststellen, wenn diese beginnen, nach den Lehren des Buddha zu leben. Ihre Sprache, ihre Haltung zu ihren Eltern, Geschwistern und Menschen außerhalb der Familie ändert sich sehr. Solch ein Beispiel beeinflußt sicherlich jedes Familienmitglied.

Dagegen führt mehrfaches Erklären der Lehre die Familienmitglieder, selbst wenn sie intellektuell zufriedengestellt sind, nicht zu irgendwelchen praktischen Ergebnissen, wenn wir nicht unsere Haltung im täglichen Leben ändern. Außenstehenden können wir feine Worte präsentieren, aber in der Familie verraten wir unser wahres Selbst. Wenn uns ein Familienmitglied entgegen unseren Worten handeln sieht, wird er oder sie uns nicht mehr zuhören, sondern uns kritisieren: „Die Lehre mag gut sein, aber ich kann unmöglich daran glauben, solange du dich so verhältst.“

Es erscheint einfach, die Mitglieder unserer Familien zu den Lehren des Buddha zu führen. Obwohl wir nichts über König ‚Strahlends‘ Charakter hören, können wir annehmen, daß er das Modell eines typischen Vaters war.

Die beiden Söhne bedauerten, daß ihr Vater ein Anhänger der Irrlehre war und so stark an seinen verblendeten Ideen hing. Aber ihre weise Mutter forderte die Söhne niemals auf, ihren Vater offen zu einem Besuch des Buddha ‚Donnerstimme Gesellschaftskönig der Weisheit‘ zu drängen, da sie vorraussah, daß solche Versuche genau das Gegenteil des erwünschten Erfolges bewirken würden. Sie sagte auch nicht, daß sie zwischen Vater und Söhnen vermitteln wolle. Sie hielt es nicht für richtig, wenn sie mit ihrer lauwarmen Haltung in einem solch ernsten Problem des Glaubens als Vermittler auftreten würde. Die weise Mutter schlug stattdessen ihren Söhnen vor, ihrem Vater handfeste Beweise der Ergebnisse ihrer Ausübung ihres Glaubens zu zeigen.

König ‚Strahlend' war ein guter Vater. Als er den Beweis sah, den ihm die Söhne für ihren Glauben zeigten, hielt er seine Anerkennung nicht zurück. Die meisten Väter würden, wenn sie solch eindrucksvollen Beiweis vorgeführt bekämen mit dem ein oder anderen Vorwand kritisieren oder versuchen den Sprecher auf einem möglichen, unwichtigen Fehler festzunageln, aber sie würden wohl ihre starren Ideen oder falschen Glauben nicht aufgeben. Selbst wenn sie innerlich von den erstaunlichen Beweisen der Ergebnisse des Glaubens beeindruckt wären, würden sie zögern, es zuzugeben, da sie fürchten würden, ihr Prestige dadurch zu verringern. Die Haltung des Königs ‚Strahlend' ist wirklich bewundernswert. Es ist ganz richtig für jemanden, der Wahrheit zu folgen, wenn er sie trifft. Das ist eine natürliche Reaktion. Aber ein Mensch in der Stellung als Vater einer Familie oder König eines Landes reagiert normalerweise nicht so stark und frei wie der König ‚Strahlend'. Er hatte keine Skrupel, daß er sein Gesicht bewahren müsse, und er hing nicht am Thron, sondern achtete die Wahrheit und ihre Überbringer. Das sieht man daran, daß der König seine Söhne seine guten Freunde nannte.

Die Worte „gute Freunde" beinhalten nicht nur die Bedeutung von Freundschaft sondern auch die Führung. König ‚Strahlend', der als König Macht über sein Reich gehabt hatte und als Vater die absolute Autorität in der Familie sein nannte, hatte einen so offenen Geist, daß er seine Söhne gute Freunde nennen konnte. Wir können nicht anders, als die Haltung, mit der er nur die Wahrheit ehrte, zu bewundern. Auf diese Weise wurde das Problem in der Familie des Königs ‚Strahlend' zufriedenstellend gelöst. Alle Mitglieder der Königsfamilie traten dem Glauben des Buddhismus bei und begannen ihr religiöses Leben mit Freude und Jubel. Es war eine ideale Familie.

[1] Nach der indischen Geschichte lebt im Ozean eine blinde Schildkröte, die unendliche *Kalpas* alt ist. Sie kommt alle hundert Jahre einmal an die Wasseroberfläche. Es gibt auch ein großes Stück Treibholz im Ozean, das ein Loch hat. Wie groß ist die Chance, daß sie sich treffen?

Kapitel 28

Ermutigung des Bodhisattvas ‚Universelle Tugend'

DER BODHISATTVA MANJUSRI repräsentiert die Tugend des Buddha, während der Bodhisattva ‚Universelle Tugend' die Übung des Buddha darstellt. Diese beiden Bodhisattvas werden als ein Paar betrachtet: die von Mañjuśrī dargestellte Weisheit symbolisiert die Wahrheit, die jemand verwirklicht hat, und die von ‚Universelle Tugend' dargestellte Übung seine praktische Ausführung dieser Wahrheit.

Wir haben die Erkenntnis der Wahrheit schon im Gesetz der Erscheinung studiert. Der Bodhisattva Mañjuśrī war der Repräsentant der Jünger des Buddha in der Versammlung in der der Buddha dieses Gesetz predigte. Wir haben die Einheit der Wahrheit in dem „einen Kapitel und den zwei halben" — die zweite Hälfte von Kapitel 15, das gesamte Kapitel 16 und die erste Hälfte von Kapitel 17 — gelernt. In dieser Versammlung repräsentierte der Bodhisattva Mañjuśrī die Jünger. Die Übung der Wahrheit wurde uns anhand verschiedener Beispiele der Übungen einiger Bodhisattvas in der zweiten Hälfte von Kapitel 17 und den folgenden Kapiteln gezeigt, die als der abschließende Teil des Gesetzes des Ursprungs bezeichnet werden. Schließlich erscheint der Bodhisattva ‚Universelle Tugend' im letzten Kapitel des Lotus-Sutras. Sein Erscheinen an dieser bestimmten Stelle hat eine tiefe Bedeutung.

VIER ÜBUNGEN DES BODHISATTVAS ‚UNIVERSELLE TUGEND'. Wie in diesem Kapitel und in dem Sutra über die Meditation auf den Bodhisattva ‚Universelle Tugend', das sogenannte Abschlußsutra des Lotus-Sutras, gesagt wird, ist der Bodhisattva ‚Universelle Tugend' in den folgenden vier Übungen vollkommen:

1. Er selbst übt die Lehren des Lotus-Sutras.
2. Er beschützt die Lehren vor jeder Verfolgung.
3. Er bezeugt die Verdienste, die von einem, der die Lehren übt, gewonnen werden und die Strafen, die einer, der die Lehren verleumdet oder ihre Anhänger verfolgt, erleidet.
4. Er beweist, daß selbst die, die der Lehre Gewalt antun, von ihrer Sünde befreit werden können, wenn sie sie wirklich bedauern.

Der Bodhisattva ermutigt die, die das Lotus-Sutra bis zu Ende angehört haben und ein neues Leben beginnen mit diesen Worten: „Ich schwöre diese vier Übungen als Abschluß der Übungen des Lotus-Sutras zu tun. Versucht in eurer Übung beharrlich zu sein und habt keine Furcht."

Diese Ermutigung kann man mit der Rede eines Direktors vergleichen, die er seinen abgehenden Schülern hält. Sie verlassen jetzt die Schule. Sie tragen die Wahrheit, die sie in dieser Schule gelernt haben, in sich. Wenn sie hinaus in die Welt gehen, wissen sie oft nicht, wie sie das, was sie in der Schule gelernt haben, am besten anwenden könnten. Manchmal machen sie die unglückliche Erfahrung, daß die Wahrheit, die sie studiert haben, von anderen abgelehnt wird, oder daß sie gar ihretwegen verfolgt werden. „Ihr könnt eure alte Schule jederzeit besuchen, wenn ihr Schwierigkeiten habt. Wir werden versuchen zu beweisen, daß die Wahrheit nicht falsch ist. Darüber hinaus werden wir euch lehren, wie die Wahrheit bei jedem praktischen Problem angewandt werden sollte. Wenn ihr irgend etwas falsch macht, werden wir euch zeigen, wie der Fehler überwunden werden kann." Auf diese Weise garantiert die Abschiedsrede des Direktros den Schülern den Schutz für ihr Tun, selbst nachdem sie die Schule verlassen haben. Es gibt keine ermutigendere Abschiedsrede, die mehr Begeisterung hervorbringen könnte.

Kommen wir zum Inhalt von Kapitel 28:

Zu der Zeit kam der Bodhisattva ‚Universelle Tugend' mit höchster übernatürlicher Kraft, Majestät und Ruhm, begleitet von großen Bodhisattvas, unbegrenzt, unendlich, unzählbar, aus den östlichen Vierteln. Die Länder, durch die er zog erbebten, juwelenbesetzte Lotusblumen regneten hernieder, und zahllose hunderttausend Myriaden *Koṭis* verschiedener Arten von Musik wurden gespielt. Er kam am Berg Grdhakuta in der *Sahā*-Welt an, umgeben auch noch von einer großen Schar zahlloser Götter, Drachen, *Yakshas, Gandharvas, Asuras, Garudas, Kimnaras, Mahoragas,* Menschen, nicht menschlicher Wesen und anderen, die alle großartige, übernatürliche Kräfte zeigten.

Nichtmenschliche Wesen, wie Götter, Drachen und *Yakshas* sind oft als Teil der Versammlung, die der Predigt des Buddha lauscht, aufgeführt worden seit ihrem ersten Erscheinen zu Beginn des Sutras der unermeßlichen Bedeutungen. Die Beschreibung unterscheidet sich jedoch in diesem Kapitel von der in den vorangehenden Kapiteln. Der Unterschied liegt in dem Ausdruck, „die alle großartige, übernatürliche Kräfte zeigten". Das bedeutet, daß ihr Zuhören der Predigt des Lotus-Sutras des Buddha, sie dazu gebrachte hat, großartige, übernatürliche Kräfte zu erreichen und zu zeigen.

Nachdem sich der Bodhisattva ‚Universelle Tugend' vor dem Shakyamuni Buddha niedergeworfen hatte, ging er siebenmal um ihn in Ehrerbietung herum, ihn auf der rechten Seite haltend und sprach zu ihm und sagte: „Weltgeehrter! Ich bin mit dieser Schar zahlloser, unendlicher hunderttausen Myriaden *Koṭis* von Bodhisattvas gekommen, nachdem ich in der Domäne des Buddha ‚Juwelengeschmückter, majestätischer, überragender König' von weither gehört habe, daß in der *Sahā*-Welt das Gesetzesblumen-Sutra gepredigt würde, auf daß wir es alle hören und empfangen können. Weltgeehrter, sei so freundlich, es uns zu predigen und uns zu erzählen, wie gute Söhne und Töchter nach der Erlöschung des Tathāgatas dieses Gesetzesblumen-Sutra erhalten können."

Der Buddha antwortete dem Bodhisattva ‚Universelle Tugend': „Wenn ein guter Sohn oder eine gute Tochter die vier Voraussetzungen gewinnt, solch ein Mensch wird nach der Erlöschung des Tathāgatas dieses Gesetzesblumen-Sutra erhalten: erstens, unter dem Schutz der Buddhas zu stehen, zweitens, die Wurzeln des Guten zu pflanzen; drittens, die Stufe der richtigen Konzentration zu erreichen; viertens, die Erlösung aller Lebewesen anzustreben. Jeder gute Sohn und jede gute Tochter, die diese vier Voraussetzungen erfüllen wird dazu befähigt sein, dieses Gesetzesblumen-Sutra nach der Erlöschung des Tathāgatas zu gewinnen."

DIE VIER VORAUSSETZUNGEN. Der Ausdruck „solch einer wird das Gesetzesblumen-Sutra erhalten" bedeutet nicht nur, daß man die Lehren antrifft, sondern daß der, der sie trifft, sie ausreichend versteht, um sie anzuwenden. Dieses Sutra ausreichend zu verstehen, heißt, seine wahren Verdienste zu erhalten. Der Buddha lehrt uns hier die vier Voraussetzungen, die nötig sind, um das Lotus-Sutra nach seinem Verlöschen zu erhalten. Wir müssen sie gut verstehen, denn sie sind wesentliche Glaubenspunkte.

Die erste Voraussetzung ist, daß man unter dem Schutz der Buddhas steht. Das heißt, man hat einen unerschütterlichen Glauben daran, unter dem Schutz der Buddhas zu stehen. Mit anderen Worten: es bedeutet die Errichtung des persönlichen Glaubens. Wie gründlich auch jemand die Lehren des Lotus-Sutras von einem doktrinären Gesichtspunkt aus verstehen mag, er kann es im praktischen Leben nicht verwenden, wenn er nicht daran glaubt.

Die zweite Voraussetzung ist das Pflanzen von Wurzeln der Tugend. Das meint beständiges Tun guter Taten im täglichen Leben. Der Ausdruck „Wurzeln der Tugend" verweist auf einen guten Geist, der die Grundlage für das Erreichen von Erleuchtung bildet. Um solchen guten Geist zu pflanzen, reicht es nicht aus, nur die Samen des Guten zu säen, sondern man muß sie pflegen, indem man sie bewässert und düngt. Wodurch wird der gute Sinn gefördert? Die Ausführung guter Taten ist die erste Überlegung. Die Ausübung guter Taten wird vom guten Geist eines Menschen veranlaßt, und gleichzeitig fördert die Übung guter Taten den guten Sinn. Diese beiden, die guten Taten eines Menschen und sein guter Sinn bilden einen Wesenskreis, sie verstärken einander zu dauernder Verbesserung. Wir können ebensowenig wie wir sagen, ob die Henne oder das Ei zuerst da war, sagen, ob der gute Sinn oder die guten Taten zuerst da waren oder welches das andere verursacht. Die beiden sind untrennbar, jedes ist abhängig vom anderen.

Wir fühlen uns tatsächlich erfreut und erfrischt, wenn wir etwas Gutes tun. Selbst wenn es nur der Form halber geschieht, wächst dadurch der gute Sinn in uns. Die Absicht geht der Handlung nicht unbedingt voraus. Das wird bewiesen, wenn wir uns dazu zwingen zu lächeln, wenn wir uns selbst im Spiegel betrachten. Wenn wir das mehrmals tun, fühlen wir uns leichter ums Herz. Andererseits fühlen wir uns niedergeschlagen, wenn wir vor dem Spiegel einen schwachen Versuch machen, Tränen zu unterdrücken. Um zum Thema zurückzukommen, die tägliche Ausübung guter Taten pflanzt die Wurzeln der Tugend in unserem Herzen — das heißt, wir beginnen, die Lehren des Lotus-Sutras wirklich zu verstehen.

Die dritte Voraussetzung ist der Eintritt in den Zustand der richtigen Konzentration, das heißt der Gruppe derer, die sich entschlossen haben Gutes zu tun, beizutreten. Im Buddhismus werden die Menschen in drei Gruppen eingeteilt: solche mit der richtigen, solche mit der unrichtigen und solche mit unentschiedener Konzentration. Die erste Gruppe umschließt die, die sich dazu entschlossen haben, Gutes zu tun, zum Beispiel die Versammlung derer, die an eine richtige Religion glauben. Die zweite Gruppe, die mit der unrichtigen Konzentration, ist die Gruppe derer, die sich entschlossen haben, Übles zu tun wie zum Beispiel eine Clique von Taschendieben oder Rowdies. Zur dritten Gruppe mit unentschiedener Konzentration gehören jene, die zwischen Gut und Böse hin und herschwanken. Die meisten Versammlungen gewöhnlicher Menschen gehören dieser dritten Gruppe an, indem sie zwar grundsätzlich Gutes tun wollen, aber so wankelmütig sind, daß sie jeden Augenblick sich dazu entschließen könnten, Übles zu tun.

Wir Gläubigen müssen uns der Gruppe derer anschließen, die die richtige Konzentration haben. Es ist unnötig zu sagen, daß es leichter und besser für uns ist, wenn wir zu einer Gruppe von Menschen gehören, die den gleichen Glauben haben, als wenn wir das Gesetz für uns allein suchen. Wenn wir in einer Gruppe sind, in der die richtige Konzentration gepflegt wird, können wir uns gegenseitig ermutigen, nicht von einem Geisteszustand abzufallen, den wir mit soviel Mühe errungen haben. Selbst wenn wir nicht direkt über Ermutigung oder Nichtrückschreiten sprechen, stehen wir in enger geistiger Verbindung, nur durch gemeinsames Anhören und Diskutieren des Gesetzes, und wir können die Kraft des Glaubens viel stärker zum Ausdruck bringen, als wenn wir allein wären. Die dritte Voraussetzung, der Eintritt in die richtige Konzentration, lehrt uns das.

Die vierte Voraussetzung ist das Streben nach der Erlösung aller Lebewesen. Eine Erklärung dieses Ausdruckes sollte an dieser Stelle nicht mehr nötig sein. Die wahre Erfüllung der Buddhaschaft bedeutet nicht die Erkenntnis nur um seiner selbst willen, oder um nur selbst von den eigenen Leiden erlöst zu werden. Der grundlegende Geist des Mahayana-Buddhismus liegt sowohl in der Erlösung der anderen als auch in der Erlösung von einem selbst und in der Errichtung eines idealen Reiches in dieser Welt. Wenn wir entgegengesetzt diesem grundsätzlichen Geist handeln, wird unsere Anstrengung keine Früchte tragen, sosehr wir uns auch bemühen werden, das Gesetz zu finden, und auch die Erkenntnis der wahren Verdienste des Gesetzes werden wir nicht verwirklichen können.

Die vier Voraussetzungen können auch auf folgende Weise ausgedrückt werden:

1. Wir müssen uns immer sagen, daß der Buddha unser Leben verursacht hat.
2. Wir müssen uns immer bemühen, gute Taten zu tun.
3. Wir sollten immer Mitglieder einer Gruppe wahrer Gläubiger sein.
4. Wir sollten anderen immer Dienste erweisen.

Diese vier Voraussetzungen müssen als die heiligsten Lehren des Buddha angesehen werden. Sie müssen auch als der Höhepunkt der Lehren des Buddha angesehen weren, die in einfachen Worten enthüllen, daß es für alle Lebewesen notwendig ist, sich den vier Voraussetzungen zur Übung der Lehren zu widmen, auch wenn der Buddha zuvor verschiedene, schwierige Lehren gepredigt hat. Wenn die Menschen, die vor den tiefen und schwierigen Lehren des Lotus-Sutras zurückschrecken, diese einfache Erklärung der vier Voraussetzungen hören, werden sie sicherlich ermutigt.

Als der Bodhisattva ‚Universelle Tugend', der die Übung des Lotus-Sutras repräsentiert, bedachte, was er im Zeitalter des Verfalls für Richtlinien geben könnte, wurden ihm vom Buddha die vier Voraussetzungen gelehrt, und er muß von der Führung des Buddha tief bewegt gewesen sein.

Dann sagte der Bodhisattva ‚Universelle Tugend' zum Buddha: „Weltgeehrter! Ich werde in den letzten fünfhundert Jahren des korrupten und bösen Zeitalters jeden bewachen und beschützen, der dieses Sutra erhält und bewahrt. Ich werde die Angst abzufallen auslöschen und den Sinn erleichtern und kein Verführer — weder Mara noch Marasöhne oder Maratöchter, noch Marasatelliten, noch *Yakshas,* noch *Kumbhandas,* noch *Pisacakas,* noch *Krityas,* noch *Putanas,* noch *Vetadas* oder andere Widersacher der

Menschen — soll eine Gelegenheit finden. Wo auch immer jemand geht oder steht und dieses Sutra liest und rezitiert, will ich sofort meinen weißen Elefantenkönig mit den sechs Stoßzähnen besteigen und mit einer Schar großer Bodhisattvas zu jenem Ort gehen, mich zeigen und ihm dienen und ihn beschützen, seinen Sinn beruhigen und dadurch auch dem Lotus-Sutra dienen."

Wir müssen die Bemerkung „mich zeigen und ihm dienen und ihm beschützen, seinen Geist beruhigen und dadurch auch dem Lotus-Sutra dienen" sorgfältig betrachten. Es wird Menschen geben, die es für sicher halten, daß sie, weil sie an das Lotus-Sutra glauben, des Schutzes des Bodhisattvas sicher sein können. Aber kein Schutz oder Verdienst besteht für die scheinbaren Gläubigen des Sutras, die seine Lehren nicht wirklich üben. Eine gute Ermahnung liegt in dem Ausdruck „und dabei auch dem Lotus-Sutra dienen".

Ein anderer Ausdruck „will ich sofort meinen weißen Elefantenkönig mit den sechs Stoßzähnen besteigen" stellt den Bodhisattva ‚Universelle Tugend' dem Bodhisattva ‚Manjusri' gegnüber, der einen Löwen reitet. Der Löwe ist das Symbol der Erkenntnis der Wahrheit. Der Löwe, König der Tiere genannt, hat Kontrolle über die anderen Tiere und erfüllt sie mit Ehrfurcht. Deshalb kann er die Ebenen frei durchqueren. Wie der Löwe kontrolliert die Wahrheit alle Dinge im Universum und ist selbst unter der Kontrolle von nichts. Die Wahrheit ist sozusagen der König des Universums, und erscheint ungebunden in allen Erscheinungen.

Der Elefant stellt dagegen große Kraft in der Ausführung dar. Niemand kann dieses Tier anhalten, wenn er mit seinem riesigen Körper irgendwo hingeht. Wenn in seinem Weg ein großer Baum steht, wirft er ihn um. Wenn er einen Fels auf dem Pfad findet, rollt er ihn an die Seite. Beim Durchqueren eines Flusses oder Sumpfes geht er sicher über den Grund. Deshalb ist der Elefant das Symbol der gründlichen Übung.

Die sechs Stoßzähne des Elefantenkönigs, den der Bodhisatva ‚Universelle Tugend' reitet, symbolisieren die Doktrin der sechs Vollkommenheiten. Diese Doktrin lehrt uns die Übung, uns selbst und anderen zu nützen. Der Bodhisattva ‚Universelle Tugend', der den weißen Elefantenkönig mit den sechs Stoßzähnen als Bote des Buddhas reitet, und sich allen Lebewesen zeigt, ist das Symbol des großen Mannes, der alle Hindernisse beseitigt und ohne zu schwanken das Gesetz übt.

Der Bodhisattva ‚Universelle Tugend' fuhr fort: „Wo auch immer so jemand sitzt und über dieses Sutra nachdenkt, werde ich sofort den weißen Elefantenkönig wieder besteigen und mich ihm zeigen. Wenn so einer auch nur ein einziges Wort oder einen einzigen Vers des Gesetzesblumen-Sutras vergißt, werde ich es ihn lehren, es mit ihm lesen und rezitieren und ihn dazu veranlassen, es wieder zu erinnern."

Der Ausdruck „wo auch immer so jemand sitzt und über dieses Sutra nachdenkt" verweist auf die Übung der Meditation, eine der sechs Vollkommenheiten. Wo irgend jemand Meditation übt, besteigt der Bodhisattva ‚Universelle Tugend' den weißen Elefanten und zeigt sich dem Gläubigen. Das bedeutet, daß der Bodhisattva im Geist des Gläubigen erscheint, wenn sich dieser an ihn erinnert.

Die Worte „Wenn so einer auch nur ein einziges Wort oder einen einzigen Vers des Gesetzesblumen-Sutras vergißt, werde ich ihn es lehren" sollten dermaßen verstanden werden, daß, wenn man die wahre Bedeutung der Lehre trotz viel Nachdenken und Meditieren nicht begreifen kann, man zuerst die Übung bedenken sollte. Dann kann man sicherlich die wahre Bedeutung der Lehre verstehen. Da das Lotus-Sutra die Lehre der Übung des Gesetzes ist, verlieren wir bestimmt den rechten Weg, wenn wir die Übung vergessen und stattdessen nur versuchen, den Berg seiner tiefen Doktrin zu besteigen. Wenn wir uns dann ruhig hinsetzen und über das Lotus-Sutra nachdenken, das letztlich die Lehre davon ist, wie wir uns und andere erretten können, finden wir den richtigen Weg zum Gipfel sofort. Die im Folgenden zitierten Worte des Bodhisattvas ‚Universelle Tugend' ergeben sich dann ganz natürlich: „Der das Gesetzesblumen-Sutra erhält und bewahrt, liest und rezitiert wird sehr erfreut, wenn er mich sieht und erneuert seinen Eifer. Durch meinen Anblick wird er dann die Kontemplation und *Dhāraṇis*, die das *Dhāraṇi* der Entwicklung [1], das *Dhāraṇi* der Hunderte von Tausenden von Myriaden von *Koṭis* von Entwicklungen [2] und das *Dhāraṇi* des Geschickes in Gesetzes-Tönen [3] genannt werden, erhalten.

„Weltgeehrter! Wenn in der späteren Zeit, in den letzten fünfhundert Jahren des Zeitalters der Korruption und des Verfalls die *Bhikshus, Bhikshunīs, Upāsakas* und *Upāsikas,* Sucher, Erhalter und Bewahrer, Leser und Rezitierende oder Abschreiber dieses Gesetzesblumen-Sutra in die Praxis umsetzen wollen, müssen sie sich ihm dreimal für sieben Tage mit ganz konzentriertem Sinn widmen. Wenn die dreimal sieben Tage vollführt sind, werde ich meinen weißen Elefanten mit den sechs Stoßzähnen besteigen und zusammen mit zahllosen mich umgebenden Bodhisattvas vor solchen Menschen erscheinen in einer Form, die alle Lebewesen gerne anschauen und ihnen predigen, enthüllen, nützen, sie belehren und erfreuen.

DIE FORMUNG GUTER GEISTLICHER GEWOHNHEITEN. Wir müssen die Zahl der dreimal sieben Tage nicht wörtlich nehmen, aber wir sollten manchmal eine bestimmte Zeit festlegen, in der wir uns ganz der religiösen Disziplin unterwerfen. In der heutigen geschäftigen Welt erscheint es den Laienanhängern schwierig, sich für längere Zeit in einem Bergtempel einzuschließen, um religiöse Disziplin zu üben. Aber für einen Tag — zum Beispiel ein Sonntag — oder für drei aufeinander folgende Tage sollten wir, wenn wir die Zeit erübrigen können, versuchen, alle weltlichen Angelegenheiten zu vergessen und uns ganz dem Studium der Lehren oder der Meditation oder dem Rezitieren oder Abschreiben des Sutras zuwenden. Warum ist das notwendig? Geradeso wie wiederholte Handlungen zur Gewohnheit werden, bilden wir gute geistliche Gewohnheiten; wiederholtes tiefes Nachdenken oder ernsthaftes Überlegen werden zur Gewohnheit des Geistes.

Nehmen wir einmal an, daß wir eine Reportage hören würden: „Die Studenten marschierten mit Bannern und Plakaten durch die Straßen." Einige Leute denken sogleich mißmutig: „Ah, die Studenten demonstrieren schon wieder!" — selbst wenn sie den Grund der Demonstration nicht kennen. Andere sind im Gegenteil erfreut: „Ah, gut! Es braut sich etwas zusammen." Ein Lehrer macht sich Sorgen über die Erziehung junger Leute, wenn er von der Demonstration hört, und ein Börsenmakler denkt sofort an ihren möglichen Einfluß auf die Börsenkurse. All diese Haltungen sind auf Denkgewohnheiten zurückzuführen.

Wenn wir für eine bestimmte Zeit versuchen, alle weltlichen Dinge zu vergessen und unseren Sinn auf ein einziges Objekt konzentrieren, wird diese Übung eine Gewohnheit unseres Geistes. Wenn zum Beispiel eine Person ununterbrochen denkt: „Andere wurden genauso wie ich vom Buddha zum Leben gebracht", und das drei Wochen lang, formt sich dadurch die Gewohnheit, bei jeder Gelegenheit sofort zu denken: „Einen Augenblick, er wurde genauso wie ich vom Buddha zum Leben gebracht." Die Stärke und Dauer einer solchen Gewohnheit sind von der Ernsthaftigkeit der Übung, ihrer Gründlichkeit und Länge abhängig. Wenn wir für eine Stunde an etwas denken und uns dann ablenken lassen, wird unser Denken nie eine neue Gewohnheit formen. Wenn wir einen Tag lang versuchen, tief an nur eine Sache zu denken, kann solche Tendenz vielleicht eine Woche lang anhalten. Vom Gesichtspunkt der Formung religiöser Gewohnheiten aus ist es wirklich beneidenswert, daß die Menschen in christlichen Ländern es sich zur Gewohnheit machen, sonntags zur Kirche zu gehen.

Ein dreiwöchiges Hinwenden auf ein einziges Objekt bringt uns zum Aufbau guter geistlicher Gewohnheit. Diejenigen, die zu beschäftigt sind, um eine bestimmte Zeit zu reservieren, sollten sich den tiefen Lehren des Buddha so oft wie möglich wenigstens für eine Stunde am Tag widmen. Eine solche Wiederholung bildet auch Gewohnheiten des Geistes.

Der gereinigte Sinn und die religiöse Erhebung, die wir fühlen, nachdem wir uns religiösen Disziplinen unterzogen haben, kann mit dem Gefühl verglichen werden, den Bodhisattva ‚Universelle Tugend' auf dem weißen Elefanten sitzen zu sehen.

Der Bodhisattva fuhr fort: „Darüber hinaus will ich ihnen *Dhāraṇis* geben, und wenn sie diese *Dhāraṇis* erhalten haben, kann kein menschliches oder nicht menschliches Wesen sie verletzen, und keine Frau kann sie betören. Ich selbst will sie auch für immer beschützen. Laß es dir genehm sein, Weltgeehrter, mir zu erlauben, diese *Dhāraṇi*-Beschwörungsformeln zu verkünden."

Die Worte „kein menschliches oder nichtmenschliches Wesen" beziehen sich auf Geld oder materielle Dinge. Wenn diese Dinge gesucht und für den richtigen Zweck verwendet werden, bilden sie kein Hindernis für den Glauben, das geschieht nur, wenn ein übermäßiges Verlangen danach unseren Geist verstört. Der Ausdruck „und keine Frau sie betören" drückt den Standpunkt des Mannes aus, aber die Bedeutung gilt mit anderen Vorzeichen für den Standpunkt der Frau ebenfalls. Der Ausdruck steht einfach für die Anziehung des anderen Geschlechtes. Die eheliche Liebe zwischen Mann und Frau ist natürlich ein wichtiger Faktor in der Bildung des individuellen Heimes und der Gesellschaft. Die Menschen haben jedoch die Neigung, sich an solche Liebe anzuklammern und in ihrer Zuneigung selbstsüchtig zu werden. Sie vergessen oft die viel größere Liebe, die sie für alle Menschen empfinden sollten. Andere überlassen sich der sexuellen Liebe zu vielen Menschen und sind unehrlich. Wenn sie immer an die Übung des Bodhisattvas ‚Universelle Tugend' denken, kehrt ihr Sinn, der sich gerne vom Gelüst nach dem anderen Geschlecht verwirren läßt, auf den rechten Weg zurück, voll großzügiger und reiner menschlichen Liebe.

Dann äußerte der Bodhisattva ‚Universelle Tugend' in der Gegenwart des Buddha die folgende Beschwörung: *„Adanda dandapati dandavartani dandakusale dandasudhari sudhari sudharapati buddhapasyane dharani avartani samvartani samghaparikshite samghanirgharani dharmaparikshite sarvasattvarutakausalyanugate simhavikridite (anuvarte vartani vartali svaha).*

„Weltgeehrter! Wenn es irgendwelche Bodhisattvas gibt, die diese *Dhāraṇis* hören, sollen sie die Macht von ‚Universelle Tugend' kennen. Wenn das Gesetzesblumen-Sutra auf seinem Lauf durch das Jambudvipa ist und es dabei von jemanden erhalten und bewahrt wird, dann soll er so reflektieren: „Das ist alles auf die majestätische Macht von ‚Universelle Tugend' zurückzuführen. Wenn jemand das Sutra erhält und bewahrt, liest und rezitiert, es richtig erinnert, seine Bedeutung versteht und so übt, wie es lehrt, dann sollte man wissen, daß er die Arbeit von ‚Universelle Tugend' ausführt, und daß er unter zahllosen Buddhas die Wurzeln des Guten gepflanzt hat, und daß sein Kopf von der Hand des Tathāgatas liebkost wird. Wenn er das Sutra nur abschreibt, wird er nachdem sein leben beendet ist, im Trayastrimsahimmel wiedergeboren. Zu dieser Gelegenheit werden achtundvierzigtausend Nymphen, die alle Arten von Musik aufführen, ihn willkommen heißen, und er wird sich mit einer Krone, die mit sieben Juwelen besetzt ist, zwischen den Nymphen erfreuen und genießen. Wieviel mehr werden erst die erhalten, die das Sutra erhalten und bewahren, lesen und rezitieren, es richtig erinnern, seine Bedeutung verstehen und es so üben, wie es gepredigt wird! Wenn es welche gibt, die es erhalten und bewahren, lesen und rezitieren und seine Bedeutung verstehen, dann werden ihnen am Ende ihres Lebens die Hände von tausend Buddhas angeboten, so daß sie nichts fürchten und nicht zu einem üblen Geschick abfallen, sondern geradewegs zum Bodhisattva Maitreya im Tushitahimmel gehen. Dort sitzt Maitreya Bodhisattva, der die zweiunddreißig Zeichen besitzt, inmitten einer Schar großer Bodhisattvas und Hunderten von Tausenden von Myriaden von *Koṭis* von Nymphen, die seine Gefolgschaft sind, und zwischen ihnen werden sie geboren werden."

Der Ausdruck „sein Kopf wird von der Hand des Tathāgatas liebkost" bedeutet, daß der Buddha den Gläubigen vertraut und sie lobt. Es ist höchste Freude, ein Leben voller religiöser Erhebung. Der nächste Ausdruck „wenn er es nur abschreibt, wird er, nachdem sein Leben beendet ist, im Trayastrimsahimmel wiedergeboren" bedeutet, daß er nicht den Geisteszustand der religiösen Erhebung erreicht, sondern, daß er, der Leiden ledig, ein glückliches und friedliches Leben führen wird.

Der Ausdruck „geradewegs zu Maitreya Bodhisattva gehen" bedeutet, daß die Gläubigen so einen mitleidigen Sinn wie Maitreya Bodhisattva haben werden und in ihrer täglichen Übung der Bodhisattva-Übung sehr eifrig werden. Drei Bodhisattvas, die drei wichtige Punkte der Lehren des Lotus-Sutras darstellen, sind schon eingeführt worden: der Bodhisattva Manjusri (Die Weisheit des Buddha), der Bodhisattva Maitreya (sein Mitleid) und der Bodhisattva ‚Universelle Tugend' (seine Übung). Der Bodhisattva Maitreya, der das Mitleid des Buddha symbolisiert, wird als der Nachfolger von Shakyamuni Buddha betrachtet. Auf Japanisch wird er *Fusho no Bosatsu* genannt, „der Bodhisattva, der die Position (des Buddha) als Nächster einnehmen wird." Man glaubt, daß Maitreya im Tushitahimmel auf die Zeit wartet, wenn er in der *Sahā*-Welt erscheinen wird und, als Ergebnis seiner Übung, der nächste Buddha werden wird. In diesem Sinne kann man sagen, daß er der höchste Bodhisattva ist. Deshalb ist er mit den zweiunddreißig Zeichen eines Buddha versehen. Der Ausdruck „geradewegs zu Maitreya Bodhisattva gehen" bedeutet auch, daß, wenn man in der *Sahā*-Welt fortwährend Mitleid übt, er den Wert des Lebens und eine große Freude empfinden wird.

‚Universelle Tugend' sprach weiter: „Solcher Art sind ihre Verdienste und Begünstigungen. Deshalb sollten die Weisen es mit konzentriertem Sinn selbst abschreiben oder andere dazu veranlassen, es abzuschreiben, es zu empfangen und zu erhalten, es zu lesen und zu rezitieren, es richtig zu erinnern und es zu üben, wie es gepredigt wird. Weltgeehrter! Ich will jetzt dieses Sutra mit meiner übernatürlichen Kraft bewachen und beschützen, so daß es sich nach der Erlöschung des Tathāgatas unaufhörlich in Jambudvipa ausbreiten kann."

DER HÖCHSTE GIPFEL DER RELIGIÖSEN ERHEBUNG. Shakyamuni Buddha lobte den Bodhisattva dann: „Es ist gut, es ist gut, ‚Universelle Tugend', daß du dieses Sutra beschützen und unterstützen kannst und Lebewesen in vielen Orten Glück und Wohl bringen kannst. Du hast schon unvorstellbare Verdienste, tiefes Wohlwollen und Mitleid erreicht. Seit grauer Vorzeit hast du die vollkommene Erleuchtung angestrebt und bist in der Lage gewesen, diese übernatürliche Gelübde abzulegen, das Sutra zu bewachen und zu beschützen. Und ich werde durch meine übernatürliche Kraft die bewachen und beschützen, die den Namen des Bodhisattva ‚Universelle Tugend' erhalten und bewahren können! Wenn es welche gibt, die dieses Gesetzesblumen-Sutra erhalten und bewahren, lesen und rezitieren, richtig erinnern, üben und abschreiben, so soll man wissen, daß sie dem Buddha aufwarten, als hörten sie dieses Sutra aus dem Munde des Buddha; wisse, daß der Buddha sie lobt — ‚Wohlgetan'! wisse, daß ihre Köpfe von den Händen Shaykamuni Buddhas liebkost werden; wisse, daß sie mit der Robe von Shakyamuni Buddha bedeckt sind."

Der Ausdruck „sie sind mit der Robe von Shakyamuni Buddha bedeckt", bezieht sich auf den Geisteszustand in dem man fest in den Armen des Buddha gehalten wird; das ist der höchste Gipfel religiöser Erhebung und geistigen Friedens. Glaube oder Übung von jemandem, der diesen Zustand erreicht hat, kann von keinem Hindernis mehr verletzt werden.

Der Buddha fuhr fort: „Solche wie diese werden weder nach weltlichen Vergnügungen wieder Verlangen verspüren, noch werden sie an ketzerischen Schriften hängen, noch jemals wieder an Intimität mit solchen Menschen wie Metzger, Hirten von Schweinen, Schafen, Geflügel und Hunden, oder Jägern oder Zuhältern Gefallen finden. Sondern die werden rechtschaffen sein, richtige Ziele haben und glückbringend sein."

Wir müssen den Worten „solche wie diese werden weder nach weltlichen Vergnügen wieder Verlangen spüren" sorgfältige Beachtung schenken. Sie bedeuten nicht, daß es schlecht für die Menschen sei, ein glückliches Leben zu führen, sondern daß es schlecht für sie ist, wenn sie sich an Glück und Vergnügen anklammern und danach verlangen. Es ist nicht schlecht, ketzerische Schriften zu lesen, es kann in der Tat zur Erweiterung des geistigen Horizontes beitragen und dazu verhelfen, besser zwischen Wahrheit und Unwahrheit unterscheiden zu lernen. Aber man muß nicht an den ketzerischen Schriften hängen, denn sonst verliert man den Ausblick auf die Wahrheit.

„Schriften" steht im Sanskrit für „Poesie", aber wir können es hier so deuten, daß es weltliche Literatur im allgemeinen umfaßt. Es heißt nicht, daß Literatur für die Menschen nicht gut ist, sondern daß es schlecht für sie ist, wenn sie sich in dekadenter und volkstümlicher Literatur so verlieren, daß ihr Sinn unklar wird, und sie nicht länger imstande sind, die Wahrheit zu sehen.

Besondere Sorgfalt ist nötig, wenn wir die folgenden Worte betrachten, damit wir sie nicht mißverstehen „noch jemals wieder Gefallen finden an Intimität mit solchen oder anderen üblen Menschen wie Metzger, Hirten von Schweinen, Schafen, Geflügel und Hunden oder Jägern oder Zuhältern". Es heißt nicht, daß wir uns nicht mit solchen Menschen unterhalten sollten, sondern nur, daß wir uns nicht von der Atmospäre, die sie erzeugen, beeinflussen lassen sollen. Wenn wir, die wir die Lehre des Buddha in der Welt nah und fern verbreiten wollen, die, die solchen Beschäftigungen nachgehen, ausschließen wollten, würden wir die Absicht des Buddha, alle Lebewesen zu erretten, grob verletzen. Es würde uns unmöglich sein, das geistliche Glück zu erlangen, was mit den Worten beschrieben ist: „Solche wie diese werden rechtschaffen sein, richtige Ziele haben und glückbringend sein."

Auch der folgende Satz erscheint: „Solche werden nicht von den drei Giften geplagt und nicht von Neid, Stolz, Hochmut und Eingebildetsein beunruhigt." Die drei Gifte sind Gier, Ärger und Dummheit, die als die drei grundsätzlichen Gifte angesehen werden, die die Menschen zur Degeneration bringen. „Stolz" heißt Egoismus, Selbstsucht. „Hochmut" heißt Überheblichkeit, auch bei falschem Verhalten sich selbst als im Recht seiend zu betrachten. „Eingebildetsein" umschließt Hochmut und Einbildung, die auf der Täuschung beruhen, man habe etwas völlig verstanden, wenn man kaum eine Ahnung davon hat. Neid wird durch Minderwertigkeitsgefühle hervorgebracht, während Hochmut und Einbildung von einem falschen Gefühl besser zu sein, verursacht werden. Solcher Stolz und solche Einbildung entstehen, wenn man die Dinge von einem verzerrten, selbstsüchtigen Gesichtspunkt aus betrachtet. Diejenigen, die die Lehren des Buddha wirklich verstanden haben und die richtige Sicht gewinnen konnten, werden niemals solch krummen Gedankengängen verfallen.

Der Buddha erklärte auch: „Sie werden mit wenigen Wünschen zufrieden sein und können die Arbeiten von ‚Universelle Tugend' ausführen." "Wenige Wünsche" heißt hier, daß sie nach weltlichen Dingen wenig Verlangen haben. „Wünsche" umschließt hier nicht nur das Verlangen nach Geld und materiellen Dingen, sondern auch den Wunsch nach Stellung und Ruhm und das Suchen von Liebe und Diensten anderer. Ein Mensch der den geistigen Zustand tiefen Glaubens erreicht hat, hat nur wenige Wünsche, und denen mißt er keine Bedeutung bei. Wir müssen jedoch bemerken, daß solch eine Person, obwohl sie ihren weltlichen Wünschen gegenüber gleichgültig ist, sich sehr eifrig um die Wahrheit bemüht, ja, ein großes Verlangen nach der Wahrheit hat. Wenn man der Wahrheit gegnüber gleichgültig ist, macht man sich ein bequemes Leben. Mit wenigen Wünschen zufrieden zu sein, heißt dagegen, mit geringem materiellen Gewinn zufrieden zu sein, nicht mit seinem Los unzufrieden zu sein und frei von weltlichen Sorgen zu sein. Es heißt jedoch nicht, sich nicht um seine Verbesserung zu bemühen, sondern man tut was man kann, ohne unzufrieden zu sein. Ein solcher Mensch wird nie von seiner Umgebung ignoriert. Aber sogar, wenn das der Fall wäre, sollte er sich ganz glücklich fühlen, denn vom geistlichen Gesichtspunkt her gesehen, lebt er wie ein König.

Weiterhin sagte der Buddha: „‚Universelle Tugend', wenn jemand nach der Erlöschung des Buddha, in den späteren fünfhundert Jahren, jemanden sieht, der das Gesetzesblumen-Sutra erhält und bewahrt, liest und rezitiert, dann muß er über folgendes nachdenken: ‚In nicht allzulanger Zeit wird dieser Mensch zum Ort der Weisheit gehen, Māras Scharen unterwerfen und das Rad des Gesetzes weiterrollen, die Trommel des Gesetzes rühren, die Muschelhörner des Gesetzes blasen und den Regen des Gesetzes regnen lassen und auf dem Löwenthron des Gesetzes inmitten der großen Schar von Göttern und Menschen sitzen.'"

Diesen Abschnitt kann man als eine Beschreibung der Erreichung der Buddhaschaft des Shaykamuni Buddha unter dem Bodhibaum und seiner Arbeit, das Gesetz zu verbreiten, ansehen. Wir können es auch als eine Versicherung des Buddha betrachten, daß alle, die das Lotus-Sutra erhalten und bewahren, lesen und rezitieren, auf jeden Fall Buddhaschaft erreichen werden.

Dann verkündete der Buddha: „‚Universelle Tugend'! Alle Menschen, die in der Zukunft das Lotus-Sutra erhalten und bewahren, lesen und rezitieren, werden nicht länger gierig an Kleidung, Möbeln, Essen, Trinken und anderen Dingen des täglichen Lebens hängen; sie werden nichts vergebens wünschen und im gegenwärtigen Leben gesegnete Vergeltung haben."

Die Worte „andere Dinge des Lebens" stehen für die lebensnotwendigen Dinge. „Sie werden nichts vergeblich wünschen" verweisen darauf, daß ihr Wunsch, alle Lebewesen glücklich zu sehen, sicherlich erfüllt wird. Deshalb werden sie „im gegenwärtigen Leben gesegnete Vergeltungen haben". Sich nicht an materielle Dinge gierig anzuklammern, ist ein Zeichen eines selbstlosen Geistes. Der Wunsch für vollkommenes Glück aller anderen kommt aus einem mitleidigen und selbstlosen Geist. Jeder, der solch einen großzügigen Geist hat, wird in diesem Leben sicherlich vergütet, da sein eigenes Leben voller Freude, geistigem Frieden und Hoffnug ist.

DIE SÜNDE, GLÄUBIGE HERABZUSETZEN UND ZU VERLEUMDEN. Der Buddha sprach weiter: „Angenommen jemand setzt sie herab und verleumdet sie indem er sagt: ‚Ihr seid nur Verrückte, die einen Weg verfolgen, auf dem nie etwas zu erreichen ist.' Generation nach Generation wird für solch eine Rede mit Blindheit geschlagen. Wenn aber jemand ihnen Opfergaben bringt und sie preist, wird er in dieser Welt sichtbare Vergütungen erhalten."

Die Worte „Generation nach Generation wird für solche Rede mit Blindheit geschlagen" ist ein bildhafter Ausdruck für die Tiefe der Sünde. Der Grund dafür, daß die Sünde, das Lotus-Sutra herabzusetzen und zu verleumden, so schwer ist, ist, daß mit solcher Rede und solchem Verhalten der Mensch verhindert, daß das Rad des Gesetzes gedreht wird. Wenn jemand ununterbrochen stiehlt und lügt, ist es ohne Zweifel, daß solche Taten gegen die fünf moralischen Vorschriften des Buddha verstoßen, und daß solch übles Verhalten anderen schadet. Da jedoch üble Taten unweigerlich ihre Strafe nach sich ziehen, ist es unausbleiblich, daß ein solcher Mensch irgendwann verurteilt wird und die Strafe für seine Taten verbüßt. Wenn andere Menschen das sehen, denken sie: „Schlechte Taten werden eher oder später entdeckt. Wir müssen niemals so etwas tun."

Solch schlechte Taten haben jedoch nur in einem relativ begrenzten Rahmen Auswirkungen. Andererseits üben jedoch, obwohl sie nach dem Gesetz nicht strafbar sind, Rede und Verhalten, die gegen das richtige Gesetz gerichtet sind, großen Einfluß auf des Menschen Umgebung aus. Wenn das Gesetz in alle Richtungen verbreitet wird, werden unzählige Menschen seine Verdienste erzielen und das Leben des Übels deshalb verlassen. Wenn also jemand einen anderen daran hindert, das Gesetz zu verbreiten, begeht er eine große Sünde. Seine Sünde ist unsichtbar, aber ihre Auswirkungen so unermeßlich, daß der Buddha sie „das Abschneiden des Samen des Gesetzes" nennt, ein bildhafter Ausdruck, der die Ernsthaftigkeit der Verleumdung des Gesetzes gut ausdrückt.

Die fürchterliche Vergeltung für die Verleumdung des Gesetzes wird in bildhafter Sprache folgendermaßen ausgedrückt: „Wiederum, wenn jemand diejenigen sieht, die das Gesetz verbreiten, und — zu recht oder unrecht —ihre Irrungen und Sünden verkündet, dann wird er im gegenwärtigen leben an Aussatz erkranken. Wenn er sie lächerlich macht, werden seine Zähne Generation nach Generation schwach sein und viele werden ihm fehlen, seine Lippen werden häßlich sein, seine Nase flach, seine Hände und Füße verkrüppelt, seine Augen schielend, sein Körper stinkend und mit Schuppen und blutigem Eiter bedeckt sein, er wird wassersüchtig und kurzatmig sein und alle bösartigen Krankheiten haben."

Dann sagte der Weltgeehrte: „Deshalb, ,Universelle Tugend', sollte man, wenn man jemand sieht, der dieses Sutra erhält und bewahrt, aufstehen und ihn von Ferne grüßen, geradeso, als wenn man den Buddha verehren würde." Mit diesen Worten schloß der Buddha die Predigt des Lotus-Sutras, das sich über die zwei Welten und die drei Versammlungen erstreckte, ab. Weil der ganze Körper des Tathāgatas in den Lehren des Sutras enthalten ist, sollen die, die es glauben und üben, genauso wie der Buddha verehrt werden. Wir sollten diese Worte des Buddha mit Dankbarkeit annehmen.

Kapitel 28 schließt mit den folgenden Worten: „Während dieses Kapitels der Ermutigung des Bodhisattvas ,Universelle Tugend' gepredigt wurde, erreichten Bodhisattvas, so unzählbar wie die Sandkörner des Ganges, das *Dhāraṇi* von den Hunderten von Tausenden von Myriaden von *Koṭis* von Entwicklungen, und Bodhisattvas so zahlreich wie die Atome der dreitausendfachen dreitausendfältigen Welt wurden vollkommen in dem Weg von ,Universelle Tugend'.

„Als der Buddha dieses Sutra gepredigt hatte, waren ,Universelle Tugend' und die anderen Bodhisattvas, Sāriputra und die anderen *Śrāvakas* und die Götter, Drachen, menschliche und nicht menschliche Wesen und alle anderen in der großen Versammlung sehr erfreut. Sie ergriffen von den Worten des Buddha Besitz, grüßten ihn ehrerbietig und zogen sich zurück."

[1] Dies wird als „unbehinderte Entwicklung" interpretiert, das bedeutet, die Kontemplation aller Erscheinungen als Leere. Es ist die Kontemplation der Leere.

[2] Es bedeutet, die Leere in Erscheinungen umzukehren, das heißt alle Erscheinungen als seiend zu betrachten. Es ist die Kontemplation des Seins.

[3] Dies ist die Kontemplation des mittleren Pfades, weder Leere noch Sein, die die beiden obenerwähnten Kontemplationen zusammenfaßt.

Dritter Teil

Das Sutra der Meditation über den Bodhisattva 'Universelle Tugend'

Das Sutra der Meditation über den Bodhisattva ‚Universelle Tugend'

ES IST NICHT BEKANNT, wann und von wem dieses Sutra, das sogenannte Abschluß-Sutra des Lotus-Sutras, zuerst rezitiert wurde. Der erste Mensch, der es tat, war aber sicherlich eine große Persönlichkeit, denn das Sutra der Meditation über den Bodhisattva ‚Universelle Tugend' ist so tief, daß es als die Fortsetzung des Predigens des Lotus-Sutra des Buddha angesehen wird, und weil es uns lehrt, wie wir das Lotus-Sutra im täglichen Leben anwenden sollen. Die Methode ist Reue. Das Sutra der Meditation über den Bodhisattva ‚Universelle Tugend' lehrt uns die wahre Bedeutung und Methode der Reue so gründlich, daß es gemeinhin „das Sutra der Reue" genannt wird.

ZWEI BEDEUTUNGEN UND METHODEN VON REUE. Das Wort „Reue" hat zwei Bedeutungen und Anwendungen. Eine ist die Reue im gewöhnlichen Sinn, das Bekenntnis unserer eigenen physischen und geistigen Missetaten. Durch solche Reue wird unser Geist gereinigt, und da es uns vom Gefühl der Sünde befreit, fühlen wir uns danach sehr erfrischt. Es gibt zuviele Fälle, um sie einzeln aufzuführen, in denen Mitglieder der Rissho Kosei-Gesellschaft nur durch Bekennen ihrer Missetaten vor anderen Gruppenmitgliedern in Gruppentherapie-Sitzungen von Krankheiten geheilt oder von Familienproblemen befreit wurden. Psychoanalytiker, besonders diejenigen, die tiefenpsychologische Analysen durchführen, haben mit diesem Prinzip vielen gestörten Menschen geholfen.

Die Genesung von Krankheit hängt natülich von unserer Reue ab, deren wahrer Wert darin besteht, daß sie unsere Buddha-Natur enthüllt. Wir haben durch das Lotus-Sutra gelernt, zu verstehen, daß alle Menschen gleichermaßen eine Buddha-Natur haben. Wir sind durch das Sutra zu der Tatsache aufgewacht, daß wir alle das unschätzbare Juwel der Buddha-Natur besitzen. Das Lotus-Sutra kann in der Tat, die Lehre der Enthüllung unserer Buddha-Natur genannt werden.

Ein Edelstein ist unittelbar nachdem er ausgegraben worden ist, mit Erde bedeckt und zeigt nicht seine wahre Brillianz. Er zeigt seinen Wert als unschätzbarer Edelstein nicht, ehe nicht die Erde abgewaschen worden ist. Das Abwaschen der Erde von dem Edelstein ist der ersten Stufe der Reue vergleichbar. Die Oberfläche unserer Buddha-Natur ist mit den verschiedensten Täuschungen bedeckt, die wir im Laufe unseres Lebens angesammelt haben. Durch Reue entfernen wir solche Täuschungen von unserer Buddha-Natur, gerade so, wie Wasser die Erde von dem Edelstein abwäscht.

Reue anderen gegenüber ist die erste Stufe der Reue. Wir müssen dieses Stadium durchlaufen, aber mit sich vertiefendem Glauben kommen wir schließlich dazu, alle unsere Sünden direkt vor dem Buddha zu bereuen. Wir studieren unserer Unvollkommenheiten und Fehler, studieren die buddhistischen Schriften tiefer, meditieren über die buddhistischen Doktrinen und erheben uns immer höher. Das ist das geheime Prinzip der Reue; das ist wahre Reue.

Die zweite Stufe der Reue ist die Übung, durch die wir das Juwel unserer Buddha-Natur ununterbrochen polieren. Ein Edelstein enthüllt selbst nachdem die Erde abgewaschen worden ist, noch nicht seinen Glanz. Die Oberfläche ist mit mineralischen Ablagerungen besetzt und verhindert den Anblick der wahren Brillianz, bis solche Unreinheiten von der Oberfläche durch Polieren entfernt worden sind. So ist die zweite Stufe der Reue die Übung durch die wir unsere Buddha-Natur polieren.

Wie es in Kapitel 20 des Lotus-Sutras „Der Bodhisattva ‚Der nie verachtet'" ausgeführt wurde, ist es wichtig für uns, die Buddha-Natur in anderen zu verehren, um sie zu enthüllen. Das heißt, wir müssen jederman Verehrung darbringen. Wir müssen viel strenger gegen uns sein. Wir müssen unsere Buddha-Natur ununterbrochen reinigen und polieren. Es schmerzt uns, kaltes Wasser über unseren Körper zu gießen und ihn hart mit einem nassen Tuch zu reiben, um ihn zu reinigen. Wenn wir es wagen, unsere Buddha-Natur trotz der Schmerzen zu polieren, fängt sie an, ein strahlendes Licht auszusenden.

Das Sutra der Meditation über den Bodhisattva ‚Universelle Tugend' lehrt uns deutlich und gründlich die Übung und Bedeutung der Reue auf der zweiten Stufe. Laßt uns jetzt zum eigentlichen Sutra kommen.

Einmal, als der Buddha bei der zweigeschossigen Versammlungshalle im großen Waldkloster in Vaisali weilte, hielt er eine Ansprache an alle *Bhikshus* und sagte: „Ich werde bestimmt in drei Monaten ins *Paranirvāna* eingehen." Daraufhin erhob sich der geehrte Ānanda, richtete seine Gewänder und machte mit zusammengelegten Handflächen, mit gefalteten Händen, eine Prozession um den Buddha. Dreimal umkreiste er ihn, grüßte ihn, kniete vor ihm nieder mit gefalteten Händen und sah, ohne seine Augen auch nur für einen Augenblick abzuwenden, den Tathāgata aufmerksam an. Auch der älteste Maha-Kāśyapa und der Bodhisattva-*Mahāsattva* Maitreya erhoben sich von ihren Plätzen, grüßten ihn mit gefalteten Händen und sahen in sein verehrtes Antlitz. Dann sprachen die drei Leiter wie mit einer Stimme zum Buddha und sagten: „Weltgeehrter! Wie können die Lebewesen nach der Erlöschung des Buddha ihren Bodhisattvageist erwecken, das Sutra des großen Ausmaßes, das große Fahrzeug üben und die Welt der einen Wirklichkeit mit rechtem Sinn bedenken? Wie können sie den Verlust des Geistes der überragenden Buddhaschaft verhindern? Wie können sie, ohne ihre weltlichen Pflichten abzubrechen und ihren fünf Gelüsten abzusagen, ihren Geist reinigen und ihre Sünden zerstören? Wie können sie mit den natürlichen Augen, die sie von ihren Eltern zur Geburt erhielten, und ohne ihren fünf Gelüsten abzusagen, die Dinge ohne Behinderung sehen?"

Der Buddha sagte zu Ānanda: „Höre mir aufmerksam zu ! Höre mir aufmerksam zu, überlege gut und behalte es! Zu alter Zeit hat der Tathāgata auf dem Berg Gṛdhakuṭa und an anderen Orten schon den Weg der einen Wirklichkeit ausführlich erklärt. Aber ich will jetzt an diesem Ort für alle lebenden Wesen und für andere in den kommenden Welten, die das überragende Gesetz des großen Fahrzeuges üben wollen, und für alle, die die Arbeiten des Bodhisattva ‚Universelle Tugend' lernen und sie nachvollziehen wollen, das Gesetz predigen, das ich gehalten habe. Ich will dir jetzt genauer erklären, wie es um die Vertilgung zahlreicher Sünden für die steht, die den Bodhisattva ‚Universelle Tugend' zu sehen vermögen oder nicht. Ananda! Der Bodhisattva ‚Universelle Tugend' wurde im östlichen reinen Wunderland geboren, dessen Gestaltung ich schon klar und ausführlich in dem Sutra der vermischten Blumen beschrieben habe. Jetzt will ich es nochmals kurz beschreiben.

„Ānanda! Alle die das große Fahrzeug rezitieren ,es üben, es anstreben, die erfreut sind, die Gestalt und den Körper des Bodhisattva ‚Universelle Tugend' zu sehen, denen es Vergnügen bereitet, die Stupa des Buddha ‚Reiche Schätze' zu betrachten, die glücklich sind, wenn sie Shakyamuni Buddha sehen und die Buddhas, die aus ihm hervorgingen, alle die frohlocken über den Erhalt der Reinheit der sechs Organe, gleich ob sie *Bhikshus, Bhikshunīs, Upāsakas, Upāsikas,* Götter der acht Gruppen oder Drachen sind, sie alle müssen diese Meditation lernen. Die Verdienste dieser Meditation werden sie von allen Hindernissen befreien und sie die wunderbaren Gestalten sehen lassen. Selbst wenn sie die Kontemplation noch nicht ausführen, werden sie, nur weil sie das große Fahrzeug rezitieren und bewahren, sich seiner Übung widmen. Und nachdem sie ihren Geist für einen Tag oder für dreimal sieben Tage ununterbrochen auf das große Fahrzeug konzentriert haben, werden sie im Stande sein, ‚Universelle Tugend' zu sehen. Solche, die ein schweres Hindernis in sich tragen, werden ihn nach sieben mal sieben Tagen sehen, und solche mit einem noch größeren Hindernis werden ihn nach einer Geburt sehen, solche mit noch schwererer Belastung werden ihn nach drei Geburten sehen. Die Ergebnisse des Karmas der einzelnen sind hier verschieden und nicht gleich. Aus diesem Grunde variiere ich die Predigt der Lehre."

Verschiedene wichtige Punkte sind im obigen Abschnitt enthalten. Besonders der folgende Ausdruck verdient unsere Beachtung: „Wie können sie, ohne sich ihren weltlichen Pflichten zu entledigen und ihren fünf Gelüsten abzusagen, ebenfalls ihre Sinne reinigen und ihre Sünden zerstören?"

Das Ideal unserer Übung ist die Beendigung unserer weltlichen Pflichten und der Abschied von den fünf Begierden. Solch ein Ideal sollte von buddhistischen Mönchen verlangt werden, es ist jedoch für Laienanhänger viel schwieriger durchzuführen, da sie ihren Glauben bewahren müssen, während sie in der weltlichen Gesellschaft leben und arbeiten. In ihren Verhältnissen entstehen dauernd Probleme, die von den fünf Gelüsten verursacht werden, und sie sind von Menschen und Situationen umgeben, die ihnen weltliche Pflichten verursachen. Idealerweise sollten sie von allen Gelüsten frei werden, aber es ist wirklich zu viel, zu erwarten, daß sie einen solchen geistigen Zustand sofort erreichen. Nichtsdestoweniger müssen sie, solange sie Gläubige sind, versuchen, ihr Ziel zu erreichen. Aber wie sollen sie die Kluft zwischen ihrem Ideal und der Wirklichkeit überspannen? Dieses Sutra lehrt die Antwort auf diese praktische Frage, der Gläubige im Zeitalter des Verfalls gegenüberstehen.

Durch das gesamte Sutra läuft das folgende Konzept: „Obwohl sie noch nicht in die Kontemplation eingetreten sind, werden sie, nur weil sie das große Fahrzeug rezitieren und bewahren, sich seiner Übung widmen..." Nur ein Mensch der ein beachtliches Maß religiösen Trainings erhalten hat, kann seinen Geist auf ein einziges Objekt konzentrieren und sogleich in den Geisteszustand der Unterscheidung des wahren Seins aller Dinge eintreten. Einer, der eine solche geistige Stufe noch nicht erreicht hat, wird die Übung des Bodhisattva ‚Universelle Tugend' nach und nach durch intensives Rezitieren und Bewahren des großen Fahrzeuges erreichen. Einige werden sich der Übung des Bodhisattvas nach dreimal sieben Tagen nähern, andere erst nach drei Geburten. Auf jeden Fall ist aber die Versicherung, daß man solch einen geistigen Zustand nach und nach erreichen wird, in diesem Zeitalter der Degeneration eine große Ermutigung.

TUGENDEN UND KRÄFTE DES BODHISATTVAS ‚UNIVERSELLE TUGEND'. Der Buddha sprach: „Es gibt keine Grenzen für die Körpergröße des Bodhisattva ‚Universelle Tugend', auch für den Klang seiner und die Gestalt seiner Erscheinung nicht. Wenn er in diese Welt kommen will, benutzt er seine freien, übernatürlichen Kräfte und verkleinert seine Gestalt bis auf die kleinste Größe eines Menschen. Da die Menschen im Jambudvipa die drei schweren Hindernisse haben, erscheint er durch seine Weisheitskraft so verwandelt, daß er auf einem weißen Elefant reitet. Der Elefant hat sechs Stoßzähne, und sein Körper wird von sieben Beinen über dem Boden getragen. Unter seinen sieben Beinen wachsen Lotusblumen. Der Elefant ist so weiß wie Schnee, das Weiß ist das Strahlendste aller möglichen weißen Schattierungen, so rein, daß selbst Kristall und die Himalayas nicht damit verglichen werden können. Der Körper des Elefanten ist vierhundertundfünfzig *Yojanas* lang und vierhundert *Yojanas* hoch. Am Ende der sechs Stoßzähne befinden sich sechs Badebecken. In jedem der Becken wachsen vierzehn Lotusblumen, die genau die Größe des Beckens haben. Die Blumen sind in voller Blüte wie der König der himmlischen Bäume. Auf jeder dieser Blumen sitzt eine kostbare Tochter, deren Gesicht hochrot ist und deren Ausstrahlungen die der Nymphen übertrifft. In den Händen dieser Töchter erscheinen von selbst fünf Harfen, von denen jede von fünhundert Musikinstrumenten begleitet ist. Zwischen den Blättern und Blumen erscheinen fünfhundert Vögel, unter ihnen Enten, Wildgänse und Mandarinenten, die alle die Farben kostbarer Dinge haben. Auf dem Rüssel des Elefanten ist eine Blume. Ihr Stiel ist gefärbt wie eine rote Perle. Diese goldene Blume ist noch in Knospe, ist noch nicht erblüht. Hat man diese Erscheinung klar erfaßt und bereut seine Sünden weiterhin, meditiert über das große Fahrzeug mit ganzer Hingabe und bedenkt es ununterbrochen, dann kann man sehen, wie die Blume plötzlich erblüht und in goldener Farbe erstrahlt. Der Blütenboden der Lotusblume ist eine Schale aus *Kimsuka*-Edelsteinen mit wunderbaren Brahma-Juwelen, die Staubgefäße sind aus Diamanten. Auf den Blütenblättern dieser Lotusblume sieht man einen verwandelten Buddha sitzen und eine Schar von Bodhisattvas auf den Staubgefäßen. Ein Lichtstrahl wird von den Augenbrauen des verwandelten Buddha ausgesendet und tritt in den Rüssel des Elefanten ein. Dieser Strahl, der die Farbe einer roten Lotusblüte hat, tritt aus dem Rüssel des Elefanten aus und tritt in seine Augen ein; der Strahl tritt dann aus den Augen des Elefanten wieder aus und tritt in die Ohren ein; er tritt wieder aus den Ohren des Elefanten und beleuchtet seinen Kopf und verwandelt sich in eine goldene Schale. Auf dem Elefantenkopf sind drei verwandelte Männer: einer hält ein goldenes Rad, ein anderer ein Juwel und der dritte ein diamantenes Zepter. Wenn er das Zepter anhebt und damit auf den Elefanten zeigt, geht der sofort einige Schritte. Der Elefant tritt nicht auf den Boden auf, sondern schwebt sieben Fuß hoch über der Erde. Er hinterläßt jedoch seine Fußabdrücke, die vollkommen sind, auf dem Boden. Jeder Abdruck ist ein Abbild der Radnabe mit tausend Speichen. Und auf jeder Abbildung der Radnabe erwächst eine große Lotusblume, auf der ein verwandelter Elefant erscheint. Dieser Elefant hat ebenfalls sieben Beine. Er folgt den großen Elefanten. Jedesmal, wenn der verwandelte Elefant seine Beine anhebt und wieder absetzt, erscheinen siebentausend Elefanten, die alle dem großen Elefanten als Gefolge nachgehen. Auf den Rüsseln der Elefanten sitzt jeweils ein verwandelter Buddha in der Farbe einer roten Lotusblume. Von seinen Augenbrauen geht ein Lichtstrahl aus. Dieser Lichtstrahl tritt, wie zuvor beschrieben, in den Rüssel des Elefanten ein; der Strahl tritt aus dem Rüssel des Elefanten aus und tritt wieder in seine Augen ein; dann tritt der Strahl aus den Augen wieder aus und tritt in die Ohren ein; dann tritt er aus den Ohren des Elefanten wieder aus und erreicht den Hinterkopf. Er bewegt sich langsam zum Rücken weiter. Dort wird der Strahl in einen goldenen Sattel verwandelt, der mit den sieben Kostbarkeiten geschmückt ist. An den vier Seiten des Sattels sind Pfeiler der sieben Kostbarkeiten mit wertvollen Verzierungen, die ein Juwelenpodest bilden. Auf diesem Podest ist ein Staubgefäß einer Lotusblume, das die sieben Kostbarkeiten trägt. Das Staubblatt selbst besteht aus hundert Juwelen. Der Boden jener Lotusblüte ist ein großer Edelstein.

Auf dem Blütenboden ist ein Bodhisattva, der ‚Universelle Tugend' genannt wird. Er sitzt mit gekreuzten Beinen. Sein Körper, so rein wie ein weißer Juwel, sendet fünfzig Lichtstrahlen in fünfzig verschiedenen Farben aus, die um seinen Kopf herum einen hellen Kranz formen. Aus den Poren seines Körpers sendet er Lichtstrahlen aus, und unzählige, verwandelte Buddhas, die von einem Gefolge verwandelter Bodhisattvas begleitet sind, erscheinen am Ende der Strahlen."

Hier werden in rhythmischen Sätzen die Tugenden und Kräfte des Bodhisattvas ‚Universelle Tugend' aufgeführt. Es folgen kurze Erklärungen wichtiger Worte und Ausdrücke.

Der Ausdruck „Es gibt keine Grenzen für die Körpergröße des Bodhisattvas ‚Universelle Tugend', auch für den Klang seiner Stimme und die Gestalt seiner Erscheinung nicht" deutet auf den unermeßlichen Schatz der Tugenden und Kräfte hin, die der Bodhisattva ‚Universelle Tugend' besitzt. Wenn der Bodhisattva völlig anders als die Menschen der *Sahā*-Welt aussähe, wenn er erscheint, um sie zu unterweisen, würden sie sich sehr unwohl in seiner Gegenwart fühlen und könnten ihm nicht folgen. Deshalb erscheint er in menschlicher Form und sollte als solcher als eine Personifikation des „Prinzips des halben Schrittes" angesehen werden.

Die „drei Hindernisse" sind die drei Übel Einbildung, Neid und Begehrlichkeit. Da die Menschen in der *Sahā*-Welt mit diesen drei schweren Hindernissen belastet sind, sollten sie durch Übungeng geführt werden, die sich an ihre Umgebung anlehnen. Das ist die Arbeit des Bodhisattva ‚Universelle Tugend'. Deshalb reitet er auf dem weißen Elefanten, der das Symbol für buddhistische Übung ist und Reinheit repräsentiert. Die sechs Stoßzähne des Elefanten stehen für die Reinheit der sechs Sinnesorgane: Augen, Ohren, Nase, Zunge, Körper und Geist. Die sieben Beine des Elefanten verweisen auf die Abwesenheit der sieben Übel: Töten, Stehlen, Ehebruch, Lügen, üble Nachrede, Beleidugung und Doppelzüngigkeit.

Als nächstes wird der Körper des Elefanten und seine Schönheit auf verschiedene Arten beschrieben. Das symbolisiert wie schön und wertvoll es ist, die Lehren des Buddha zu üben. Die kostbare Tochter, die auf jeder der Lotusblumen erscheint, die auf den Badebecken an den Enden der Stoßzähne des Elefanten wachsen — begleitet von vielen Musikinstrumenten und bunten Vögeln — hat die Bedeutung, daß alle in der Umgebung von jemandem, der die Lehren des Buddha übt, natürlicherweise gereinigt werden.

Wir lesen weiterhin die Beschreibung: „Auf dem Rüssel des Elefanten ist ein Blume. Ihr Stiel hat die Farbe einer roten Perle. Diese goldene Blume ist noch in der Knospe, ist noch nicht erblüht." Das symbolisiert den Zustand in dem der Glaube noch nicht vollkommen ist, in dem man noch nicht die vollkommene Erleuchtung erreicht hat. Wenn man sich dessen aber bewußt ist und seine Sünden weiterhin bereut und die Bodhisattva-Übung mit ganzem Herzen weiterhin durchführt, dann wird man erleben, wie die Blüte des Glaubens sich plötzlich ganz öffnet und ihren goldenen Glanz erstrahlen läßt. Auf den Blütenblättern dieser Lotusblume sieht man einen verwandelten Buddha sitzen. Von seinen Augenbrauen geht ein Lichtstrahl aus, der in die Augen des Elefanten eindringt; er tritt aus den Augen wieder aus und dringt in seine Ohren ein; dann tritt der Strahl aus den Ohren des Elefanten wieder aus und beleuchtet seinen Kopf. Das verweist auf die Idee, daß der Geist des Buddha einer jeden Handlung eines Menschen, der die Lehren des Buddha übt, innewohnt.

Im folgenden Ausdruck „auf dem Kopf des Elefanten sind drei verwandelte Männer: einer hält ein goldenes Rad, ein anderer ein Juwel und der dritte ein diamantenes Zepter" steht das goldene Rad für die Führerschaft mit der man die Menschen leicht regieren kann, der Juwel zeigt die Kraft der Weisheit an, mit der man den wahren Zustand aller Dinge erkennen kann, und das diamantene Zepter bedeutet die Kraft, falsche Ansichten zu widerlegen. Mit dieser Kraft kann man die schlechten Menschen und ihre Sünden überkommen. Jeder, der die Lehren des Buddha übt, wird allmählich dahin kommen, ebenfalls solche Kräfte zu haben.

„Wenn er das Zepter anhebt und damit auf den Elefanten zeigt, geht der sofort einige Schritte". Dieser Ausdruck bedeutet, daß die Übung der Lehren mit der Reue beginnt, mit der man die eigenen Übel und Sünden erschlägt. „Der Elefant tritt nicht auf den Boden auf, sondern schwebt sieben Fuß hoch über der Erde. Der Elefant hinterläßt jedoch seine Fußabdrücke, die vollkommen sind, auf dem Boden. Jeder Abdruck ist ein Abbild der Radnabe mit tausend Speichen." Diese bildliche Darstellung lehrt uns, daß man, während man auf sein Ideal (den weißen Elefanten) zugeht, tatsächliche Ergebnisse der richtigen Übung erhalten wird. „Aus jeder Abbildung der Radnabe erwächst eine große Lotusblume, auf der ein verwandelter Elefant erscheint. Dieser Elefant hat ebenfalls sieben Beine. Er folgt dem großen Elefanten. Jedesmal wenn der verwandelte Elefant seine Beine anhebt und wieder herabsetzt, erscheinen siebentausend Elefanten, die alle dem großen Elefanten als Gefolge nachgehen." Das bedeutet, daß ein Mensch, der den Lehren des Buddha folgt, viele andere Menschen beeinflußt, sie veranlaßt, ebenfalls an die Lehren zu glauben und sie nach und nach, indem sie dem Beispiel derer, die schon länger im Glauben stehen, folgen, auch zu üben.

Der Buddha sprach weiter: „Der Elefant geht ruhig und langsam vor den Nachfolgern des großen Vehikels einher und läßt große mit Juwelen besetzte Lotusblumen herabregnen. Wenn dieser Elefant sein Maul öffnet, spielen die kostbaren Töchter in den Badebecken an den Stoßzähnen des Elefanten mystische Musik, die den Weg der einen Wirklichkeit des großen Fahrzeuges preist." Der Ausdruck „preist den Weg der einen Wirklichkeit des großen Fahrzeuges" heißt, daß jeder, der sich der Übung der Lehren des Buddha hingibt, sicherlich Erleuchtung erreichen wird.

„Nachdem er dieses Wunder gesehen hat, ist der Gläubige voller Freude und Verehrung, liest und rezitiert das tiefe Sutra weiterhin, grüßt alle Buddhas in allen Richtungen des Universums, erweist der Stupa des Buddha ‚Reiche Schätze' und Shakyamuni Buddha Verehrung und grüßt ‚Universelle Tugend' und all die anderen Bodhisattvas. Dann leistet der Gläubige den folgenden Schwur: „Wenn ich durch meine vorigen Bestimmungen Segnungen gewonnen hätte, könnte ich bestimmt den Bodhisattva ‚Universelle Tugend' sehen. Laß es dir genehm sein, geehrter ‚Universelle Tugend', mich deine Form und deinen Körper sehen zu lassen!" Der Ausdruck „der Gläubige leistet diesen Schwur" umschließt nicht nur das Sprechen des Schwures, sondern auch die Leistung aller zu seiner Erfüllung notwendigen Anstrengungen.

Die Anstrengungen, die unternommen werden sollten, um diesen Schwur zu erfüllen, sind in den folgenden Worten enthalten: „Nachdem er diesen Schwur getan hat, muß der Gläubige die Buddhas aller Richtungen sechsmal bei Tag und Nacht grüßen, und er muß das Gesetz der Reue üben; er muß die Sutras des großen Fahrzeuges lesen und rezitieren und über ihre Übung reflektieren und über die Bedeutung des großen Fahrzeuges nachdenken und alle jene verehren und ihnen dienen, die es einhalten. Er muß alle Menschen so ansehen, als denke er an den Buddha und alle Lebewesen so behandeln, als denke er an Vater und Mutter." Das lehrt uns, daß, wenn ein Mensch alle ihm möglichen Anstrengungen unternimmt, um diesen Schwur zu erfüllen, er sich der verehrungswürdigen Tugenden und Arbeiten des Bodhisattvas ‚Universelle Tugend' tief bewußt wird.

„Wenn er mit diesen Überlegungen zu Ende gekommen ist, wird der Bodhisattva ‚Universelle Tugend' sofort einen Lichtstrahl vom Kranz der weißen Haare zwischen seinen Augenbrauen, der ein Zeichen eines großen Mannes ist, aussenden. Wenn dieser Strahl erscheint, wird der Körper des Bodhisattvas ‚Universelle Tugend' wie ein Berg reinen Goldes gewürdigt, so wohlgeordnet und veredelt, daß er alle zweiunddreißig Zeichen besitzt. Von den Poren seines Körpers werden Lichtstrahlen ausgehen, die den großen Elefanten erleuchten werden und ihn golden färben. Alle verwandelten Elefanten werden ebenfalls goldfarben und alle verwandelten Bodhisattvas gleichfalls. Wenn diese Lichtstrahlen in die zahllosen Welten des Ostens scheinen, werden sie die auch alle golden färben, und so wird es auch in den Welten des Südens, des Westens und des Nordens sein, sowohl als in den vier Zwischenrichtungen, dem Zenith und dem Nadir.

„Dann wird es in allen Richtungen einen Bodhisattva geben, der, auf einem weißen Elefant reitend, genau ‚Universelle Tugend' gleicht. Auf diese Weise wird der Bodhisattva ‚Universelle Tugend' alle Bewahrer der Sutras des großen Vehikels verwandelte, weiße Elefanten sehen lassen, die die unendlichen und grenzenlosen Welten nach allen Richtungen hin erfüllen.

Dieser Abschnitt bedeutet, daß eine gute Tat (ein verwandelter Elefant) mehr gute Taten (mehr verwandelte Elefanten) hervorruft. Gute Taten vermehren sich in geometrischer Reihe, bis schließlich alle Welten in allen Richtungen mit guten Taten gefüllt sind. Diese Lehre zeigt uns, daß die Gläubigen dieses Sutras zur tiefen Überzeugung der Verwirklichung einer idealen Gesellschaft in dieser *Sahā*-Welt gelangen können.

„Zu dieser Zeit wird der Gläubige in Körper und Geist erfreut, wenn er all die Bodhisattvas sieht. Er wird sie grüßen und zu ihnen sagen: „Große Gnadenreiche und große Mitleidige! Laßt es euch gefallen aus Mitleid zu mir, das Gesetz zu erklären!" Wenn er so spricht, werden alle die Bodhisattvas und andere einstimmig zusammen das reine Gesetz der Sutras des großen

Fahrzeuges erklären und werden ihn in verschiedenen Versen preisen. Das wird als der erste Geisteszustand bezeichnet, in dem der Gläubige zuerst über den Bodhisattva ‚Universelle Tugend' meditiert."

‚UNIVERSELLE TUGEND' IN EINEM TRAUM SEHEN. Der Buddha sprach weiter: „Dann, wenn der Gläubige dieses Geschehen aufgenommen hat, und das große Fahrzeug immer vor Augen hat, ohne es bei Tag oder bei Nacht zu vernachlässigen, selbst dann, nicht wenn er schläft, dann wir der im Stande sein, den Bodhisattva ‚Universelle Tugend' zu sehen, wie er ihm im Traum das Gesetz predigt. Der Bodhisattva wird genau so, als wäre der Gläubige wach, den Geist trösten und beruhigen und so sprechen: „In den Sutras, die du rezitierst und bewahrt hast, hast du dieses Wort vergessen und jenen Vers ausgelassen." Dann wird der Gläubige, wenn er den Bodhisattva ‚Universelle Tugend' das Gesetz predigen hört, seine tiefe Bedeutung verstehen und sich seiner erinnern, ohne es zu vergessen."

„‚Universelle Tugend' in einem Traum sehen" ist eine Metapher, die in diesem Kapitel oft erscheint und die zwei Bedeutungen hat. Es bedeutet erstens, obwohl jemand, wenn er wach ist, versuchen kann, seine Gedanken auf das große Fahrzeug zu richten, kann er, wenn er schläft, seinen Geist nicht lenken (sein Unterbewußtes). Selbst wenn er einen bestimmten Traum haben möchte, oder wenn er sich vornimmt, nicht im Schlaf zu sprechen, ist es ihm unmöglich, sein Verhalten und Denken im Schlaf zu lenken. Wenn jedoch jemand wirklich seinen Glauben vertieft, kann er sogar im Traum sehen, wie ihm der Bodhisattva ‚Universelle Tugend' das Gesetz predigt. Der Bodhisattva wird ihm im Traum erscheinen, und ihn ermutigend folgendes sprechen: „Es wird dir möglich sein, den geistigen Zustand eines Bodhisattvas zu erreichen." Und er wird ihn genau beraten: „Du hast dieses Wort vergessen oder diesen Vers mißverstanden."

Die zweite Bedeutung von „‚Universelle Tugend' in einem Traum sehen" ist folgende: ein Mensch, der seinen Glauben wirklich vertieft hat, kann die Wahrheit der Lehre oft durch Intuition erfahren. Der Ausdruck zeigt den geistigen Zustand an, in dem jemand eine Offenbarung vom Buddha erhalten hat oder allein die Erleuchtung erreicht hat. Die Offenbarung, die jemand vom Buddha durch Intuition erhält, ist jedoch wie ein Traum, sie ist nicht verwirklicht. Wenn er diese Offenbarung jedoch von allen Seiten gründlich prüft und zuversichtlich ist, daß es wirklich die Wahrheit ist, dann wird sie ihm behilflich sein, und es wird eine Lehre sein, die es wert ist, anderen vermittelt zu werden.

Weiterhin sprach der Buddha: „Durch tägliche Ausführung solcher Übung wird sein Geist allmählich geistlichen Gewinn ernten. Der Bodhisattva ‚Universelle Tugend' hilft den Gläubigen, sich der Buddhas aller Richtungen zu erinnern. Entsprechend der Belehrung des Bodhisattvas ‚Universelle Tugend' wird der Gläubige richtig denken und sich an alles erinnern. Mit seinen geistigen Augen wird er nach und nach alle östlichen Buddhas sehen, deren Körper golden und wunderbar in ihrer Majestät sind. Nachdem er einen Buddha gesehen hat, wird er den nächsten sehen. Auf diese Weise wird er alle Buddhas der östlichen Welten sehen. Wegen dieser verdienstvollen Kontemplation wird er alle Buddhas im gesamten Universum sehen."

In den vorangehenden Kapiteln des Buches sind die Worte „ost" und „östlich" schon oft erschienen. Der Osten ist die Himmelsrichtung, in der die Sonne aufgeht, und steht darum für den Anfang aller Dinge. Im Gegensatz steht der Westen, die Himmelsrichtung des Sonnenunterganges für das Ende aller Dinge. Letztere Idee steht in Verbindung mit dem Glauben innerhalb des Buddhismus, daß jeder, der den Namen Amida Buddhas aufrichtigen Herzens anruft, Wiedergeburt im ‚Reinen Land' im Westen gewinnen kann. In diesem Kapitel deutet der Ausdruck „die Buddhas der östlichen Welten sehen" darauf hin, daß der Mensch gerade erst begonnen hat, den wahren Glauben zu üben.

Der Ausdruck „nachdem er einen Buddha gesehen hat, wird er den nächsten sehen" bedeutet, daß, obwohl die Wahrheit nur eine ist, der Gläubige, wenn er erstmal eine Wahrheit erkannt hat, viele Erscheinungen der Wahrheit erfassen kann. Wenn ein Mensch alle Buddhas der östlichen Welt sehen kann, kann er besser über sich selbst reflektieren, und dadurch wird es ihm möglich, die Buddhas aller Richtungen zu sehen. Seine geistliche Freude vertieft sich, wenn er diesen Geisteszustand erreicht. Der Buddha lehrt uns im nächsten Satz, daß, selbst wenn der Gläubige solch einen Geisteszustand erreichen kann, er sich nicht damit zufrieden geben soll, sondern daß er seine Sünden weiter bereuen soll. Daraus lernen wir, daß die Übung der wahren Reue sich nicht auf die Bekenntnis unserer Sünden beschränken sollte. Reue bedeutet nicht nur unsere Buddha-Natur zu waschen, sondern sie auch zu polieren.

Wie sollten wir Reue im einzelnen üben? Der Buddha lehrt uns, folgende Haltung zu entwickeln, auch wenn wir obengenannte höhere Geisteszustände schon erreichen können: „Wenn er (der Gläubige) die Buddhas gesehen hat, füllt sich sein Herz mit Freude, und er äußert die Worte: ‚Mittels des großen Fahrzeuges war es mir möglich, die großen Führer zu sehen. Durch die Wirkung ihrer Kraft konnte ich auch die Buddhas sehen. Obwohl ich die Buddhas gesehen habe, habe ich sie dennoch nicht klar wahrnehmen können. Wenn ich meine Augen schließe, kann ich die Buddhas sehen, aber wenn ich sie öffne, verliere ich den Anblick'. Nachdem er so gesprochen hat, sollte der Gläubige universell seinen Respekt darbringen und sich vor den Buddhas aller Richtungen zu Boden werfen. Wenn er ihnen seine Verehrung dargebracht hat, sollte er, mit gefalteten Händen knieend, sprechen: „Die Buddhas, die Weltgeehrten, besitzen die zehn Kräfte, die Furchtlosigkeiten, die achtzehn einzigartigen Charakteristiken, große Gnade und drei Arten von Standhaftigkeit in der Kontemplation. Diese Buddhas, die für immer in dieser Welt verbleiben, haben die schönste Form aller Erscheinungen. Welche Sünde hindert mich daran, diese Buddhas zu sehen?'"

Die Worte „wenn ich meine Augen schließe, kann ich die Buddhas sehen, aber wenn ich sie öffne, verliere ich den Anblick" beschreiben ein Erlebnis, das jeder Buddhist wiedererkennen wird.

DIE ZEHN KRÄFTE. Die zehn Kräfte meinen das vollkommene Verständnis der zehn Wissensbereiche, die nur zu einem Buddha gehören. Die Kräfte werden hier kurz beschrieben, weil es für die Gläubigen des Lotus-Sutras sehr wichtig ist, sie zu verstehen. Die dem Buddha zugeschriebenen zehn Kräfte sind: (1) die Kraft, richtige und falsche Zustände zu erkennen, (2) die Kraft, die karmischen Folgen zu erkennen, (3) die Kraft, alle Meditationen und Kontemplationen zu kennen, (4) die Kraft, die verschiedenen höheren und niedrigeren Fähigkeiten aller Lebewesen zu kennen, (5) die Kraft, zu wissen, was Lebewesen verstehen, (6) die Kraft, die grundsätzliche Natur und Handlungen der Lebewesen zu kennen, (7) die Kraft, die Ursachen und Wirkungen der Lebewesen aller Welt zu kennen, (8) die Kraft, die Ergebnisse des Karmas voriger Leben zu kennen, (9) die Kraft durch übernatürliches Verständnis zu wissen und (10) die Kraft, frei aller Irrtümer zu sein oder fehlerfreies Wissen zu haben.

Die achtzehn einzigartigen Eigenschaften sind die achtzehn Verdienste, die nur einem Buddha zugehören. Diese besonderen Charakteristiken sind: (1) Makelloser Körper, (2) Fehlerlose Sprache, (3) Tadellose Gedanken und Gefühle, (4) Keine Meinungsschwankungen, (5) Unparteilichkeit, (6) Vollkommener Verzicht, (7) Unerschütterliche Absicht, alle Lebewesen zu erretten, (8) Unveränderlicher Eifer, (9) Unfehlbares Gedächtnis für alle Lehren aller Buddhas der Vergangenheit, Gegenwart und Zukunft, (10) Makellose Kontemplation, (11) Tiefste Weisheit, (12) Vollkommene Freiheit von allen Hindernissen, (13) Alle körperlichen Taten stehen im Einklang mit der Weisheit, (14) Alles Sprechen ist in Übereinstimmung mit der Weisheit, (15) Alle Gedanken sind in Harmonie mit der Weisheit, (16) Unbehinderte Kenntnis der Vergangenheit, (17) Unbehinderte Kenntnis der Zukunft, (18) Unbehinderte Zukunft der Gegenwart.

Die drei Arten der Beständikeit der Kontemplation beinhalten die Haltungen, die der Buddha allen Lebewesen gegenüber einnimmt, indem er sie in drei Typen unterteilt: die erste Beständigkeit der Kontemplation (*sho-nenjo*), die zweite Beständigkeit der Kontemplation (*ni-nenjo*) und die dritte Beständigkeit der Kontemplation (*san-nejo*).

Wenn Lebewesen den Buddha preisen, lobt er sie dafür, daß sie ihn preisen und nicht die Tatsache, daß er gepriesen wird. Diese Haltung ist die erste Beständigkeit der Kontemplation. Der Buddha fühlt nie Trauer oder Ärger einer Person gegenüber, die ihn verhöhnt oder verflucht, weil sie ihn beleidigt. Mit seinem tiefen Mitleid hat er stattdessen Erbarmen für sie. Diese Haltung ist die zweite Beständigkeit der Kontemplation. Von den zahlreichen Lebewesen nehmen einige in den Lehren des Buddha ihre Zuflucht aber andere nicht. Der Buddha macht niemals einen Unterschied zwischen diesen beiden Gruppen, sondern hat mit allen gleichermaßen Mitgefühl, denn sie alle haben eine Buddha-Natur. Diese Haltung, mit der der Buddha alle Lebewesen ohne zu unterscheiden behandelt, ist die dritte Beständigkeit der Kontemplation. Diese drei Haltungen werden nur dem Buddha zugeschrieben, aber wir müssen seinem Beispiel folgen, wenn wir seine Lehren verbreiten.

Der Buddha fuhr fort: „Wenn er also gesprochen hat, soll der Gläubige weiterhin Reue üben. Wenn er die Reinheit seiner Reue erreicht hat, wird der Bodhisattva ‚Universelle Tugend' wiederum vor ihm erscheinen und wird ihn nicht mehr verlassen. Im Gehen, Stehen, Sitzen und Liegen und sogar in seinen Träumen wird er ihm ununterbrochen das Gesetz predigen. Wenn er aus den Träumen erwacht, wird sich der Mensch des Gesetzes erfreuen. Nachdem auf diese Weise dreimal sieben Tage und Nächte vergangen sind, wird er das *Dhāraṇi* der Entwicklung gewinnen. Indem er dieses *Dhāraṇi* erreicht, wird er ohne es jemals zu vergessen, das wunderbare Gesetz, das die Buddhas und Bodhisattvas gelehrt haben, im Gedächtnis behalten. Er wird in seinen Träumen beständig die sieben Buddhas der Vergangenheit sehen, von denen nur Shakyamuni Buddha ihm das Gesetz predigen wird. Diese Weltgeehrten werden jeder die Sutras des großen Vehikels preisen. Zu dieser Zeit wird der Gläubige weiterhin jubilieren und die Buddhas aller Richtungen grüßen. Wenn er die Buddhas aller Richtungen gegrüßt hat, wird ihm der Bodhisattva ‚Universelle Tugend', der vor ihm steht, alle Karmas und Umgebungen seiner früheren Leben erklären und wird ihn dazu veranlassen, seine schwarzen und üblen Sünden zu bekennen. Er sollte sie mit seinem eigenen Munde vor den Weltgeehrten bekennen."

NUR SHAKYAMUNI BUDDHA PREDIGT DAS GESETZ. In dem obigen Abschnitt steht ein sehr wichtiger Ausdruck: „Er wird in seinen

Träumen beständig die sieben Buddhas der Vergangenheit sehen, von denen nur Shakyamuni Buddha ihm das Gesetz predigt." In Wahrheit sind alle Buddhas der Vergangenheit heilig, aber von ihnen predigt nur Shakyamuni Buddha uns seine Lehren in der *Sahā*-Welt. Durch diese Lehren können wir die Wahrheit lernen, die seit unendlicher Vergangenheit unverändert existiert hat. Deshalb brauchen wir nur in Shakyamuni Buddha unsere Zuflucht zu nehmen; durch diesen Akt nehmen wir auch in die anderen Buddhas (die verschiedenen Erscheinungen der Wahrheit) Zuflucht.

Die Buddhas in Träumen zu sehen, bedeutet ein vages Bewußtsein davon zu haben, daß man zusammen mit den Buddhas existiert. Durch Erreichen dieses unklaren Bewußtseins fühlt man schon eine tiefe geistliche Freude und grüßt universell alle Buddhas aller Richtungen. Dann erscheint der Bodhisattva ‚Universelle Tugend' vor dem Gläubigen und lehrt ihn, daß es ihm wegen all der Karmas und Umgebungen früherer Leben unmöglich war, die Buddhas zu sehen, und wird ihn dazu veranlassen, seine Sünden zu bekennen. Das bedeutet, daß sich der Gläubige durch den Bodhisattva ‚Universelle Tugend' seiner eigenen Sünden bewußt wird. Dieses ist die Reue, die man vor den Buddhas übt. Der Ausdruck „er soll seine Sünden mit eigenem Munde bekennen" meint die Reue, die man geistig vollzieht.

Weiterhin sprach der Buddha: „Nach Beendigung des Bekenntnisses seiner Sünden wird er die Kontemplation der Enthüllung der Buddhas für die Menschen erhalten[1]. In dieser Kontemplation wird er den Buddha Aksobhya und das Königreich der ‚Wunderbaren Freude' ganz klar im Osten sehen. Gleicherweise wird er die mystischen Länder aller Buddhas aller Richtungen klar sehen. Nachdem er alle die Buddhas aller Richtungen gesehen hat, wird er einen Traum haben: auf dem Elefantenkopf zeigt ein Diamantmann mit seinem Diamantzepter auf die sechs Organe; nach dieser Darstellung wird der Bodhisattva ‚Universelle Tugend' dem Gläubigen das Gesetz der Reue zum Erhalt der Reinheit der sechs Organe predigen. Solcher Art wird der Gläubige für einen Tag oder dreimal sieben Tage Reue üben. Dann wird der Gläubige allmählich durch die Kraft der Kontemplation der Enthüllung der Buddhas für die Menschen und durch die Zierde der Predigt des Bodhisattvas ‚Universelle Tugend' mit seinen Ohren Töne ohne Behinderung hören, seine Augen werden nach und nach Dinge sehen ohne Behinderung, und seine Nase wird langsam Gerüche ohne Behinderung riechen. Das wird ausführlich in dem wunderbaren Gesetzesblumen-Sutra gepredigt.[2] Wenn er die Reinheit der sechs Organe gewonnen hat, wird er Freude an Körper und Geist und Freiheit von üblen Ideen haben. Er wird sich diesem Gesetz widmen, so daß er sich ihm anpassen kann. Außerdem wird er hunderttausend Myriaden *Koṭis* von *Dhāraṇis* der Entwicklung gewinnen und wird wiederum ausgiebig hunderttausend Myriaden *Koṭis* unzählbarer Buddhas sehen. Diese Weltgeehrten werden ihre rechten Hände ausstrecken, sie auf den Kopf des Gläubigen legen und sprechen: „Gut! Gut! Du bist ein Gläubiger des großen Fahrzeuges, ein Anwärter auf den Geist des großen Schmuckes und einer, der das große Fahrzeug immer im Geiste bewahrt. In alten Zeiten, als wir Anwärter auf die Buddhaschaft waren, waren wir wie du. Sei voller Eifer und lasse nicht ab vom großen Fahrzeug! Wir sind der reine Körper des Allweisen geworden, weil wir es in früheren Leben geübt haben. Sei jetzt fleißig und nicht faul! Die Sutras des großen Fahrzeuges sind die Gesetzesschatzkammer der Buddhas, die Augen der Buddhas aller Richtungen in der Vergangenheit, Gegenwart und Zukunft, und der Samen, der in der Vergangenheit, Gegenwart und Zukunft Tathāgatas produziert. Wer diese Sutras einhält, hat den Körper der Buddhas und tut die Arbeit der Buddhas; wisse, daß er ein Apostel ist, der von den Buddhas gesandt ist; er ist von den Roben der Buddhas, der Weltgeehrten, bedeckt; er ist der wahre Erbe des Gesetzes der Buddhas, der Tathāgatas. Übe das große Fahrzeug! Behindere nicht das Wachstum der Samen des Gesetzes! Beobachte jetzt genau die Buddhas der östlichen Welten!“

Wenn diese Worte gesprochen werden, sieht der Gläubige all die zahllosen Welten des Ostens, deren Länder so flach wie Handflächen sind, ohne Erhebungen oder Hügel oder Dornen. Der Boden ist aus Lapislazuli, und die Wege sind mit Gold eingefaßt. Genauso ist es in den Welten aller Richtungen. Wenn der Gläubige diese Erscheinung betrachtet hat, wird er einen hochgewachsenen, wunderbaren Juwelenbaum sehen, der fünftausend *Yoyanas* hoch ist. Dieser Baum bringt immer rotes Gold und weißes Silber hervor und ist mit den sieben Kostbarkeiten geschmückt. Unter dem Baum ist ein von selbst entstandener, juwelengeschmückter Löwenthron; der Löwenthron ist zweitausend *Yoyanas* hoch und strahlt das Licht von hundert Juwelen aus. Unter den anderen Bäumen senden die jeweiligen Juwelenthrone gleichfalls jeder das Licht von hundert Juwelen aus. Von allen Bäumen, von allen Juwelenthronen entstehen von selbst fünhundert weiße Elefanten, auf denen allen der Bodhisattva ‚Universelle Tugend‘ reitet.“

Das diamantene Zepter war ursprünglich eine Waffenart, die im alten Indien benutzt wurde. Er wird im Buddhismus als Symbol des *Bodhi*-Geistes betrachtet, weil er alle Unreinheiten und falschen Ansichten zerstören kann. Deshalb beschreibt der Ausdruck „zeigt mit seinem diamantenen Zepter auf die sechs Sinnesorgane“ die Kraft des Gläubigen, die Unreinheiten seiner sechs Sinnesorgane zu zerstören. Er bezeugt, daß der Geist sich auf Reue hin entwickelt. Die Aussage „der Bodhisattva ‚Universelle Tugend‘ wird dem Gläubigen das Gesetz der Reue zum Gewinn der Reinheit der sechs Organe predigen" bedeutet, daß der Gläubige durch die Ausübung von Reue das Bewußtsein gewinnen kann, an Körper und Geist gereinigt zu werden.

Ein anderer bemerkenswerter Ausdruck ist: „Wenn diese Worte gesprochen werden, sieht der Gläubige all die zahllosen Welten des Ostens..." Das heißt, wenn jeder die Heiligkeit der Lehren des Buddha und ihr Predigen verinnerlicht (Juwelenbäume und Juwelenthrone), und wenn die Lehren des Buddha universell bekannt werden, daß dann alle Menschen, die Gesellschaft und die ganz Welt schön werden.

„Dann sollte der Gläubige, allen ‚Universellen Tugenden' seinen Respekt darbringend, sprechen wie folgt: ‚Durch welche Sünde kann ich nur Juwelengelände, Juwelenthrone und Juwelenbäume sehen, aber keine Buddhas?"

Im vorletzten Abschnitt stand: „Wegen seiner vorteilhaften Überlegung, wird er überall im Universum die Buddhas aller Richtungen sehen." Der Leser mag denken, daß diese Aussage im Widerspruch steht zu den Worten „durch welche Sünde kann ich... sehen, aber keine Buddhas?" Es besteht jedoch kein wirklicher Widerspruch zwischen beiden, denn selbst wenn man ein starkes Bewußtsein gewonnen hat, zusammen mit den Buddhas zu existieren, schwindet dieses Bewußtsein, sobald die Aufmerksamkeit auf etwas anderes gelenkt wird, dem sich das Interesse zuwendet.

„Wenn der Gläubige so gesprochen hat, sieht er, daß auf jedem Juwelenthron ein Weltgeehrter sitzt, wunderbar in seiner Majestät. Der Gläubige ist sehr glücklich, die Buddhas zu sehen und rezitiert und studiert die Sutras des großen Fahrzeuges weiterhin. Durch die Kraft des großen Fahrzeuges wird vom Himmel eine preisende Stimme ertönen: ‚Gut, gut! Guter Sohn, kraft des Verdienstes, den du durch die Übung des großen Fahrzeuges gewonnen hast, hast du die Buddhas gesehen. Obwohl du die Buddhas, die Weltgeehrten, nun sehen konntest, ist es dir noch nicht möglich, Shakyamuni Buddha und die Buddhas, die aus ihm hervorgegangen sind und die Stupa des Buddha ‚Reiche Schätze' zu sehen.'

Nachdem er die Stimme vom Himmel gehört hat, wird der Gläubige wieder eifrig die Sutras des großen Fahrzeuges rezitieren und studieren. Weil er die Sutras des weiten Ausmaßes, des großen Fahrzeuges, rezitiert und studiert, wird er selbst in seinen Träumen Shakyamuni Buddha sehen, der auf dem Berg Gṛdhrakuṭa mit einer großen Versammlung weilt, das Gesetz predigt und die Bedeutung der einen Wirklichkeit erklärt. Nach der Predigt der Lehre wird er voll Reue und einem dürstenden Herzen voller Hoffnung wünschen, den Buddha zu sehen. Dann muß er seine Hände falten und in der Richtung des Berg Gṛdhrakuṭa knieend, sprechen: ‚Tathāgata, der Held der Welt verbleibt für immer in dieser Welt. Bitte zeige dich mir aus Mitleid.'"

Der Leser mag sich wundern warum der Gläubige trotz der Erklärung, daß „er selbst in seinen Träumen Shakyamuni Buddha auf dem Berg Gṛdhrakuṭa weilend, sieht“, noch sagt: „Bitte zeige dich mir.“ Dies geschieht, weil der Gläubige die wahre Absicht des Buddha klarer und tiefer erfassen möchte. Wenn er so reflektiert und sich den Berg Gṛdhrakuṭa vorstellt, kann er die folgende wunderbare Szene sehen:

„Nachdem er so gesprochen hat, wird er den Berg Gṛdhrakuṭa, geschmückt mit den sieben Kostbarkeiten und voll zahlloser Bhikshus, *Śrāvakas* und einer großen Versammlung, sehen. Der Ort ist mit Juwelenbäumen bestanden und sein Juwelenboden ist eben und glatt. Ein wunderbarer Löwenthron ist ausgebreitet. Auf ihm sitzt Shakyamuni Buddha, der von seinen Augenbrauen einen Lichtstrahl aussendet, der in alle Richtungen des Universums scheint und die unzähligen Welten in allen Richtungen erhellt. Die Buddhas, die aus Shakyamuni Buddha hervorgingen versammeln sich in jeder Richtung, in die der Strahl scheint, wie eine Wolke und predigen das wunderbare Gesetz ausgiebig — wie es in dem wunderbaren Gesetzesblumen-Sutra beschrieben wird.[3] Jeder dieser Buddhas hat einen Körper aus rotem Gold, dessen Größe grenzenlos ist und sitzt auf seinem Löwenthron, umgeben von zahllosen Hunderten von *Koṭis* der großen Bodhisattvas aus seinem Gefolge. Die Übung eines jeden Bodhisattvas ist gleich der ‚Universelle Tugends'. Und genauso ist es in dem Gefolge eines jeden der zahllosen Buddhas und Bodhisattvas in allen Richtungen des Universums. Wenn sich die große Versammlung wie eine Wolke versammelt hat, werden sie Shakyamuni Buddha sehen, der von allen Poren seines Körpers Lichtstrahlen aussendet, in jedem von welchen hundert *Koṭis* verwandelter Buddhas weilen. Die aus Shakyamuni hervorgegangenen Buddhas werden Lichtstrahlen aus den weißen Haarkreisen zwischen ihren Augenbrauen, dem Zeichen eines großen Menschen, aussenden, die auf das Haupt Shakyamuni Buddhas fallen. Wenn sie das sehen, werden sie auch aus allen Körperporen Lichtstrahlen aussenden, in denen jeweils verwandelte Buddhas weilen, so zahlreich wie die Atome der Sandkörner des Ganges.“

Der obige Abschnitt enthält vier wichtige Beschreibungen. Erstens, daß die Buddhas, die aus dem Shakyamuni Buddha hervorgegangen sind, durch den Lichtstrahl gesehen werden, der von seinen Augenbrauen ausgesendet wird. Das bedeutet, daß, wenn ein Mensch in die Lehren des Buddha seine Zuflucht nimmt, sein Geist mit dem Geist aller Buddhas in Verbindung tritt; anders ausgedrückt, er wird die Bedeutung aller Lehren verstehen können, wenn er die Wahrheit, die von Shakyamuni Buddha gelehrt wurde, erkennt. Zweitens, daß die Buddhas, die aus Shakyamuni Buddha hervorgingen, dasselbe Gesetz, das im Lotus-Sutra gepredigt wird, predigen. Das beweist, daß alle Lehren im Lotus-Sutra vereint sind. Drittens, daß die Übung eines jeden der unzähligen Hunderte von *Koṭis* von großen Bodhisattvas der Übung des Bodhisattvas ‚Universelle Tugend' enspricht. Das bedeutet, daß die Heiligkeit eines Bodhisattvas vor allem in seiner Ubung liegt. Viertens, daß als die Lichtstrahlen, die von den Augenbrauen der aus Shakyamuni Buddha hervorgegangenen Buddhas ausströmen, auf seinen Kopf scheinen, aus allen Poren der hervorgegangenen Buddhas Lichtstrahlen austreten, in denen jeweils unzählige, verwandelte Buddhas verweilen. Das bedeutet, daß die Lehren des Buddha sich grenzenlos ausbreiten. Das Licht der Wahrheit erreicht jeden Ort, und alles, was mit der Wahrheit in Einklang steht, erstrahlt durch das reflektierte Licht. Aber wo die Wahrheit durch Illusionen und Sünden verdeckt ist, erstrahlt kein Licht, selbst wenn das reflektierte Licht der Wahrheit dorthin scheint. Solange deshalb ein Mensch seinen Geist nicht durch die Übung von Reue von Illusionen und Sünden befreit, bleibt er geistlich unentwickelt.

„Daraufhin wird der Bodhisattva ‚Universelle Tugend' wiederum den Lichtstrahl von zwischen seinen Augenbrauen austreten lassen und ihn in das Herz des Gläubigen senden. Nachdem der Lichtstrahl in das Herz des Gläubigen eingetreten ist, erinnert sich dieser, wie er unter zahllosen Hunderten und Tausenden von Buddhas der Vergangenheit die Sutras des großen Fahrzeuges empfangen und bewahrt und sie gelesen und rezitiert hat, und er kann klar seine früheren Leben sehen. Er wird die Fähigkeit der transzendentalen Erinnerung früherer Existenzzustände besitzen.[4] Er erreicht sofort eine große Erleuchtung und kommt in den Besitz des *Dhāraṇis* der Entwicklung und von hunderttausend Myriaden *Koṭis* von *Dhāraṇis.*"

„Unmittelbar eine große Erleuchtung erreichen" bedeutet nicht, daß wir die Übung unserer Reue beenden können. Nichts könnte der Wahrheit ferner sein. Selbst wenn wir von uns selbst glauben, eine große Erleuchtung gewonnen zu haben, besteht doch noch ein gewaltiger Unterschied zwischen der Erleuchtung des Buddha und der unseren. Deshalb dürfen wir die Übung zum Polieren unserer Buddha-Natur zeit unseres Lebens nicht aufgeben.

SECHS OBJEKTE DES NACHDENKENS. Der Buddha sprach weiter: „Wenn er von seiner Kontemplation aufsteht, sieht er vor sich alle hervorgegangenen Buddhas auf den Löwenthronen unter den Juwelenbäumen sitzen. Es wird ihm auch möglich sein, den Boden aus Lapislazuli vom unteren Himmel wie Berge von Lotusblumen entspringen zu sehen. Zwischen den Blumen sitzen mit gekreuzten Beinen Bodhisattvas, so zahlreich wie die Sandkörner am Ganges. Er ist auch imstande, die aus ‚Universelle

Tugend' hervorgegangenen Bodhisattvas zu sehen, die in ihrer Versammlung das große Fahrzeug preisen und erklären.

Dann werden die Bodhisatttvas einstimmig den Gläubigen anregen, seine sechs Sinnesorgane zu reinigen. Die Predigt eines Bodhisattvas wird lauten: ‚Reflektiere über den Buddha.' Eine andere Predigt wird lauten: ‚Denke über das Gesetz nach.' Eine weitere wird sagen: ‚Denke über den Sangha nach.' die Predigt eines anderen Bodhisattvas wird sein: ‚Bedenke die moralischen Vorschriften.' Noch ein anderer wird predigen: ‚Reflektiere über das Geben von Gaben.' Während noch ein anderer sagen wird: ‚Denke über die Himmel nach.' Weiterhin wird gepredigt: ‚Dieses sind die sechs Gesetze, die das Streben nach Buddhaschaft darstellen und die Bodhisattvas hervorbringen. Bekenne deine Sünden jetzt vor den Buddhas und bereue sie aufrichtig.'"

Die Bodhisattvas teilen dem Gläubigen hier mit, was er tun muß, um seine sechs Sinnesorgane zu reinigen. Das heißt, daß er seine Unvollkommenheiten überprüft und über sie nachdenkt, wenn er seine eigenen Übungen mit denen der Bodhisattvas vergleicht, wie sie in den Sutras des großen Fahrzeuges mitgeteilt werden. Das sollte als eine vom Himmel kommende Stimme angesehen werden. Die erste Stimme befiehlt dem Gläubigen: „Reflektiere über den Buddha." Diese Stimme sagt ihm: „Du meinst, du hättes deine Zuflucht zum Buddha genommen, aber dein Zufluchtnehmen ist noch nicht vollkommen. Du wirst kein wirklich guter Gläubiger werden, wenn du dich nicht viel mehr der Anbetung des Buddha widmest." Eine andere Stimme gibt dem Gläubigen den Befehl: „Denke über das Gesetz nach." Diese Stimme sagt ihm: „Bist du zu frieden mit dir selbst, weil du so fleißig bist, daß du das Gesetz des Buddha gänzlich verstanden hast? Bist du nicht sehr eingebildet so zu denken? Die Lehren des Buddha sind sehr tief. Wenn du sie nicht sehr gründlich studierst und ein sehr tiefes Verständnis für sie entwickelst, kannst du sie nicht richtig verstehen."

Noch eine andere Stimme befiehlt dem Gläubigen: „Denke über den Sangha nach." Diese Stimme wirft ihm vor: „Die Einheit und Harmonie unter den Gläubigen ist unbedingt notwendig, um die Lehren des Buddha in dieser Welt zu verbreiten. Hast du dich um die Verwirklichung der zwei Dinge bemüht, die für die Sangha grundlegend sind? Ist dein Einsatz ausreichend? Du solltes die Selbstsucht deines Geistes aufgeben und dich um das Wohl der Gemeinschaft derer, die gleichen Glaubens sind, bemühen."

Eine andere Stimme fragt, ob der Gläubige die moralischen Vorschriften, die der Buddha gegeben hat, einhält oder nicht; eine weitere Stimme erkundigt sich, ob er die Übung, Gaben zu geben ausführt oder nicht; und noch eine andere Stimme fragt ihn, ob er schon einen geistigen Zustand, der den Himmel entspricht, erreicht hat, ein Zustand, der völlig frei von Illusionen und Leiden ist.

Die Stimmen sagen außerdem, daß der Gläubige Erleuchtung erreichen wird, wenn er die sechs Voraussetzungen meistert, welche sind: der Buddha, das Gesetz, den Sangha, die Vorschriften, das Geben von Gaben und die Himmel — und daß die Übung dieser sechs Voraussetzungen der Weg ist, ein Bodhisattva zu werden. Deshalb muß der Gläubige seine Unvollkommenheiten vor den Buddhas bekennen und sie ernstlich bereuen.

DIE SÜNDEN DES AUGES. Der Geist der Reue, den der Gläubige aufrechterhalten muß, wird klar in den folgenden Worten gezeigt: „In deinen unzähligen vorigen Leben, warst du wegen des Organes der Augen stark an Formen gebunden. Aufgrund dieses Gebundenseins an Formen hast du Verlangen nach allem Staub.[3] Wegen deines Verlangens nach Staub erhältst du den Körper einer Frau, und Zeitalter auf Zeitalter bist du, überall wo du geboren wirst, angenehm mit Formen beschäftigt. Formen schaden deinen Augen, und du wirst ein Sklave menschlicher Zuneigung. Dadurch lassen dich Formen in der dreifachen Welt umherwandern. Die Ermüdung deiner Wanderungen macht dich so blind, daß du gar nichts sehen kannst. Jetzt hast du die Sutras des weiten Ausmaßes, des großen Fahrzeuges rezitiert. In diesen Sutras predigen die Buddhas aller Richtungen, daß ihre Formen und Körper nicht vergangen sind. Du warst jetzt imstande, sie zu sehen — ist das nicht wahr? Das Übel der Organe deiner Augen fügt dir oft großen Schaden zu. Meinen Worten gehorsam folgend, mußt du deine Zuflucht zu den Buddhas und zu Shakyamuni Buddha nehmen und die Sünden, die auf deinen Augen beruhen bekennen, indem du sagst: ‚Gesetzeswasser des Weisheitsauges, das die Buddhas und Bodhisattvas besitzen, laßt es euch angenehm sein, mich damit zu waschen und rein werden zu lassen!'

Nachdem er so gesprochen hat, soll der Gläubige die Buddhas aller Richtungen grüßen, sich dem Buddha und den Sutras des großen Fahrzeuges zuwenden und also sprechen: ‚Die schweren Sünden meiner Sehorgane, die ich jetzt bereue, sind solch eine Behinderung und sind so belastend, daß ich ganz blind bin und gar nichts sehen kann. Mag der Buddha es sich gefallen lassen, mich zu bedauern und mich zu beschützen durch seine große Gnade! Der Bodhisattva ‚Universelle Tugend' an Bord des Schiffes des großen Gesetzes führt die Gesellschaft der zahllosen Bodhisattvas überall hin. Laß es dir gefallen, mir aus Mitleid zu erlauben, das Gesetz der Reue über das Übel des Organs meiner Augen und die Behinderung meines schlechten Karmas zu hören.'

Indem er dreimal so spricht, muß sich der Gläubige zu Boden werfen und richtig, ohne etwas zu vergessen, über das große Fahrzeug nachdenken. Das wird das Gesetz des Bereuens der Sünden der Sehorgane genannt. Wenn es irgendjemanden gibt, der den Namen der Buddhas anruft, Weihrauch verbrennt, Blumen streut, das große Fahrzeug anstrebt, seidene Flaggen und Baldachine aufhängt, von den Irrungen seiner Augen spricht und seine Sünden bereut, solch einer wird in der gegenwärtigen Welt den Buddha Shakyamuni und die aus ihm hervorgegangenen Buddhas und unzählige andere Buddhas sehen und für *Asaṃkhyeya Kalpas* keinen üblen Weg beschreiten. Aufgrund der Kraft des großen Fahrzeuges und seines Schwures, wird ein solcher Mensch ein Diener der Buddhas und, zu sammen mit allen anderen Bodhisattva, des *Dhāraṇi.* Jedermann, der so reflektiert, denkt richtig. Alle, die anders reflektieren, werden die Falschdenkenden genannt. Dies wird als Zeichen der ersten Stufe des Weges zur Reinheit des Organes der Augen bezeichnet."

Als nächstes lehrt der Buddha den Gläubigen, daß er sich nicht mit der Reinigung des Organes der Augen zufriedengeben, sondern weiterhin Reue üben solle. Der Buddha zeigt ihm mit den folgenden Worten, wie das auszuführen ist: „Nach Abschluß der Reinigung der Augen soll der Gläubige wieder die Sutras des großen Fahrzeuges lesen und rezitieren, sechsmal täglich sich niederknien und bereuen und so sprechen: ‚Warum kann ich nur Shakyamuni Buddha und die Buddhas, die aus ihm hervorgegangen sind, sehen und nicht die Reliquien des ganzen Körpers des Buddha in der Stupa des Buddha ‚Reiche Schätze'? Die Stupa des Buddha ‚Reiche Schätze' existiert für immer und ist nicht vergangen. Ich habe unreine und üble Augen. Aus diesem Grund kann ich die Stupa nicht sehen.' Danach sollte der Gläubige wiederum weitere Reue üben."

Wie in Kapitel 11 des Lotus-Sutras gepredigt wird, erscheint der Buddha ‚Reiche Schätze' um zu bezeugen, daß alles, was der Tathāgata Shakyamuni predigt, wahr ist. Deshalb muß der Gläubige streng gegen sich selbst sein und darf sich nicht selbst betrügen. Er muß sich seiner Unvollständigkeit wegen kritisieren und sie bereuen, solange er noch kein volles Verständnis irgendeiner der Lehren des Buddha hat. Nach sieben Tagen wird seine Reue folgendermaßen belohnt: „Nachdem sieben Tage vergangen sind, wird die Stupa des Buddha ‚Reiche Schätze' plötzlich aus der Erde hervorgehen. Shakyamuni öffnet mit der rechten Hand die Tür der Stupa, in der man den Buddha ‚Reiche Schätze' in tiefer Kontemplation der universellen Offenbarung der Formen sieht. Von allen Poren seines Körpers sendet er Lichtstrahlen, so zahlreich wie die Atome des Sandes des Ganges, aus. In jedem Strahl halten sich hunderttausend Myriaden *Koṭis* verwandelter Buddhas auf. Bei der Erscheinung dieses Zeichens, wird der Gläubige sehr erfreut und zieht mit lobenden Versen in Prozession um die Stupa. Wenn er siebenmal um die Stupa gezogen ist, preist ihn der Buddha ‚Reiche Schätze' mit lauter Stimme und sagt: ‚Erbe des Gesetzes! Du hast das große Fahrzeug wahrlich geübt und ‚Universelle Tugend' gehorsam gefolgt und die Sünden des Organs deiner Augen bereut. Deshalb werde ich zu dir gehen und für dich Zeugnis geben.' Daraufhin preist der Tathāgata den Buddha: ‚Ausgezeichnet, ausgezeichnet, Shakyamuni Buddha! Dir ist es möglich, das große Gesetz zu predigen, den Regen des großen Gesetzes herabregnen zu lassen und alle verunreinigten Lebewesen zu veranlassen, ihre Buddhaschaft zu verwirklichen.' Der Gläubige geht, nachdem er die Stupa des Buddha ‚Reiche Schätze' wahrgenommen hat, wieder zum Bodhisattva ‚Universelle Tugend' und grüßt ihn mit gefalteten Händen und spricht: ‚Großer Lehrer! Bitte lehre mich die Reue meiner Irrtümer.'"

Die Kontemplation der universellen Enthüllung aller Formen bedeutet die Kontemplation der Formen oder der Körper des Buddha ‚Reiche Schätze', in welchen er allerorten erscheint. Dieser Ausdruck lehrt uns, daß, wenn wir den geistigen Zustand erreichen, in welchem wir die absolute Wahrheit der Lehren des Buddha klar erkennen, wir den Buddha ‚Reiche Schätze' jederzeit sehen können.

DIE SÜNDEN DES OHRES. Der Buddha fuhr fort: „‚Universelle Tugend' spricht dann wieder zu dem Gläubigen: ‚Viele *Kalpas* hindurch hast du dich wegen deines Hörorgans an äußerliche Töne gehängt; das Hören mystischer Klänge ruft Anklammerung an sie hervor, das Hören übler Klänge führt zur Schädigung der einhundertundacht Illusionen. Diese Folgen deines Anhörens übler Dinge verursachen Übles und dein ununterbrochenes Hören solcher Töne führt zu verschiedenen Verwicklungen. Wegen deines perversen Hörens wirst du üble Wege beschreiten, in abgelegene Orte falscher Ansichten gelangen, wo das Gesetz nicht gehört werden kann. Gegenwärtig hast du das große Fahrzeug rezitiert, das Meer der Verdienste. Deshalb kannst du die Buddhas aller Richtungen sehen und die Stupa des Buddha ‚Reiche Schätze' ist erschienen, um vor dir Zeugnis abzulegen. Du mußt dir selbst alle deine Irrtümer und Übel bekennen, und du mußt alle deine Sünden bereuen.'"

Im obenstehenden Abschnitt ist für jeden guter Rat enthalten. Gewöhnliche Menschen haben die bedauernswerte Neigung, das, was andere sagen, mißzuverstehen. Diese Gewohnheit zeigt sich am Schlimmsten im Klatsch. Wenn wir, was andere sagen, ungünstig auslegen, bilden wir Vorurteile und pflegen den Geist des Haßes und der Feindschaft. Wir müssen uns sorgfältig vor solch schlechter Gewohnheit in unserem täglichen Leben in acht nehmen.

„Der Gläubige, muß sich, wenn er das gehört hat, wieder zu Boden werfen, die Hände falten und sagen: ‚Allweiser, Weltgeehrter! Enthülle dich mir und bezeuge mir! Die Sutras des großen Ausmaßes sind die Meister des Mitleids. Laß es dir gefallen, mich anzusehen und meine Worte zu hören'. Der Satz „Die Sutras des großen Ausmaßes sind die Meister des Mitleids" ist sehr wichtig. Er steht für die Idee, daß die Lehren des großen Fahrzeuges die Meister des Mitleides sind, das heißt, daß diese Lehren die Fundamente für die Übung von Mitleid sind. Man kann nicht wahrlich den Geist des Mitleids erwecken und Taten des Mitleids ausführen, bis man erkennt, daß alle Menschen gleichermaßen eine Buddha-Natur besitzen.

„Bis zu meinem jetzigen Leben, durch viele *Kalpas* hindurch, hing ich durch mein Hörorgan an üblen Lauten wie Kleister am Gras; das Hören übler Laute produziert das Gift der Illusionen, die sich jeder Situation verbinden, und ich bin nicht imstande, auch nur für einen kurzen Augenblick zu ruhen. Mein Erzeugen übler Töne ermüdet meine Nerven und bringt mich in den Zustand der drei schlechten Wege. Jetzt, wo ich das zum ersten Mal verstanden habe, bekenne ich und bereue ich es, mich an die Weltgeehrten wendend.' Wenn der Gläubige also bekannt hat, wird er den Buddha ‚Reiche Schätze' sehen, wie er einen großen Lichtstrahl aussendet, der das ganze östliche Universum sowohl als auch alle anderen Richtungen erhellt, wo die zahllosen Buddhas mit ihren rein goldfarbenen Körpern erscheinen. Vom Himmel der östlichen Welten ertönt eine Stimme: ‚Hier ist ein Buddha, ein Weltgeehrter mit Namen ‚Ausgezeichnete Tugend', der auch unzählige Buddhas besitzt, die mit gekreuzten Beinen unter Juwelenbäumen auf Löwenthronen sitzen. Alle diese Weltgeehrten, die die Kontemplation der universellen Enthüllung der Formen beginnen, sprechen zu dem Gläubigen und preisen ihn: ‚Gut, gut! Guter Sohn! Du hast jetzt die Sutras des großen Fahrzeuges gelesen und rezitiert. Was du rezitiert hast, ist der geistige Zustand des Buddha.'"

Wenn er so Reue geübt hat, reinigt der Gläubige seinen Geist weiterhin und gewinnt das sichere Bewußtsein, daß er auf dem Weg zum geistigen Zustand des Buddha ist. Seine Reue hört jedoch an diesem Punkt nicht auf. Der Bodhisattva ‚Universelle Tugend' drängt den Gläubigen zu weiterer Ausübung der Reue: „Nachdem diese Worte gesprochen worden sind, wird der Bodhisattva ‚Universelle Tugend' dem Gläubigen das Gesetz der Reue weiter predigen: ‚Während der zahllosen *Kalpas* deiner vorigen Leben waren deine Unterscheidungskraft und Wahrnehmungsfähigkeit wegen deiner Anhänglichkeit an Gerüche an alle Verhältnisse gebunden, und deshalb fällst du in Geburt und Tod. Meditiere jetzt über die Ursache des großen Fahrzeuges! Die Ursache des großen Fahrzeuges ist die Wirklichkeit der Gesamtexistenz.'

„Der Gläubige sollte weitere Reue ausüben, nachdem er diese Worte gehört hat, indem er sich zu Boden wirft. Wenn er bereut hat, sollte er ausrufen: ‚*Namah* Shakyamuni Buddha! *Namah* Stupa des Buddha ‚Reiche Schätze'! *Namah* alle Buddhas, die aus Shakyamuni Buddha hervorgingen!' Dann sollte er, die Buddhas aller Richtungen universell grüßend ausrufen: ‚*Namah* Buddha ‚Ausgezeichnete Tugend' und alle Buddhas, die aus ihm hervorgingen!' Der Gläubige sollte ihnen allen so aufrichtig Respekt darbringen, als sähe er sie mit seinen natürlichen Augen. Er sollte sie mit Weihwasser und Blumen verehren. Nachdem er den Buddhas seinen Respekt dargebracht hat, sollte er sie, mit gefalteten Händen knieend, mit verschiedenen Versen lobpreisen. Anschließend sollte er über die zehn üblen Karmas sprechen und alle seine Sünden bereuen. Wenn er sie bereut hat, sollte er sagen: „Während der zahllosen *Kalpas* meiner vorigen Leben, sehnte ich mich nach Gerüchen, Geschmack und Berührungen und verursachte alle Arten von Übel. Deshalb erhielt ich unzählige Leben in üblen Existenzzuständen einschließlich in Höllen, unter hungrigen Geistern und Tieren und in weitentfernten Orten, wo falsche Ansichten herrscheten. Ich bekenne jetzt solch übles Karma und bekenne und bereue meine Sünden und nehme meine Zuflucht zu den Buddhas, den Königen des gerechten Gesetzes.'

Ohne Nachlässigkeit in Körper und Geist muß der Gläubige, nach Ausführung solcher Reue wieder die Sutras des großen Fahrzeuges lesen und rezitieren. Durch die Kraft des großen Fahrzeuges erschallt eine Stimme vom Himmel: ‚Erbe des Gesetzes! Preise und erkläre jetzt das Gesetz des großen Fahrzeuges; dich allen Buddhas aller Richtungen zuwendend, sprich jetzt vor ihnen über deine Irrtümer! Die Buddhas, die Tathāgatas sind deine gnadenvollen Väter.'"

Die Worte „die Buddhas, die Tathāgatas sind deine gnadenvollen Väter" sind sehr wichtig. Einige Menschen, die eine oberflächliche Ansicht solcher Reue haben, mögen sich von der mehrfachen Reue des Gläubigen hin bis zu dem Punkt, an dem er äußerst streng gegen sich war, bedrückt fühlen. Andere Menschen sehen den reuigen Gläubigen vielleicht als eine bedauernswerte Person an, die vor Furcht zittert und sich vor dem Herrscher, der ihre Sünden untersucht, zu Boden wirft, bekennt und um seine Vergebung fleht. Das ist jedoch ein sehr falscher Eindruck. Die Buddhas sind unsere gnädigen Väter, die nur an die Erlösung aller Lebewesen denken. Deshalb preisen die Buddhas uns, wenn wir durch unsere Reue Stück für Stück die Unreinheiten von unserem Sinn entfernen. Wir üben die Reue nicht aus Furcht vor den Buddhas aus, sondern ehrer mit der Hoffnung von ihnen, für die wir langdauerndes Sehnen und ein dürstendes Herz haben, gelobt zu werden. Diese tiefe Bedeutung liegt in dem Ausdruck „die Buddhas, die Tathāgatas sind unsere gnadenreichen Väter“.

DIE SÜNDEN DER ZUNGE. Die Sünden der Zunge werden im Folgenden beschrieben. Die Zunge verursacht verschiedene Arten der Sünde, wenn sie von üblen Gedanken bewegt wird. Um das zu berichtigen, muß man seinen Geist berichtigen. Umgekehrt verursacht nachlässiges Reden oft die Entwicklung schlechter Gedanken. Man sollte sich vor seiner Zunge besonders hüten, denn Gedanken können sowohl als auch Worte der Anlaß oder die Folge von Bösem sein.

„Sprich selbst über das Übel und das schlechte Karma, das durch das Organ deiner Zunge verursacht wurde, indem du sagst: ‚Dieses Organ meiner Zunge, hat mich, von schlechten Gedanken bewegt, dazu gebracht, Falschheiten, niedrige Sprache, Schlechtigkeiten, Zweideutigkeiten, üble Nachrede, Lügen und Worte des Mißverstehens zu loben und mich auch dazu geführt, nutzlose Worte zu äußern. Durch solche vielen verscheidenen Karmas sind von mir Kämpfe und Mißverständnisse verursacht worden, und ich spreche deshalb über das Gesetz, als wäre es nicht das Gesetz. Ich bekenne jetzt alle meine Sünden dieser Art.‘“

Man könnte „nutzlose Worte“ als nicht sonderlich schädigend ansehen. Wenn sich jedoch ein Mensch dummen Geschwätz hingibt, wird sein Geist stumpf, und er kommt aus der Gewohnheit, über bedeutungsvolle Dinge nachzudenken und sie zu diskutieren. Deshalb sollten wir versuchen, uns von nutzlosem Gerede fern zu halten.

„Nachdem er so vor den Helden der Welt gesprochen hat, muß der Gläubige universell die Buddhas aller Richtungen verehren, sich zu Boden werfen, die Hände falten und, sie knieend grüßend, also ansprechen: ‚Die Fehler der Zunge sind zahllos und grenzenlos. Alle Dornen des schlechten Karmas rühren vom Organ der Zunge her. Diese Zunge verursacht die Unterdrückung des Rades des richtigen Gesetzes. Solch eine üble Zunge läßt die Samen der Verdienste verkümmern. Bedeutungsloses Predigen wird anderen oft aufgezwungen. Das Preisen falscher Ansichten ist dem Auflegen von Holz auf ein Feuer gleich, daß leidende Lebewesen weiter verwundet, die schon in lodernden Flammen leiden. Es ist wie das Sterben von jemandem, der Gift getrunken hat, ohne daß man irgendwelche Verwundungen oder Geschwüre sieht. Die Vergeltung solcher Sünden ist übel, falsch und schlecht und bringt mich für hundert oder tausend *Kalpas* in schlechte Umstände. Durch Lügen falle ich in eine große Hölle. Ich nehme jetzt in die

Buddhas der südlichen Sphäre meine Zuflucht und bekenne meine Irrtümer und Sünden.'

„Wenn der Gläubige so reflektiert, wird eine Stimme vom Himmel ertönen: ‚In der südlichen Sphäre gibt es einen Buddha namens ‚Sandelholztugend', der ebenfalls zahllose Buddhas besitzt, die aus ihm hervorgegangen sind. Alle diese Buddhas predigen das große Fahrzeug und bringen Sünden und Übel zum Erlöschen. Du mußt, dich in alle Richtungen wendend, solche Sünden und falschen Übel bekennen und sie aus ganzem Herzen bereuen.' Der Gläubige sollte, nachdem diese Worte gesprochen worden sind, wiederum die Buddhas grüßen, indem er sich zu Boden wirft.

Daraufhin werden die Buddhas Lichttrahlen aussenden, die den Körper des Gläubigen erleuchten und ihn dazu bringen, natürliche Freude an Körper und Geist zu empfinden, die große Gnade erwecken, und die ihn veranlassen, über alle Dinge ausführlich zu reflektieren. Zu diesem Zeitpunkt werden die Buddhas dem Gläubigen das Gesetz der großen Freundlichkeit, Freude, des Mitleids und Gleichmutes weitgehend predigen und ihn auch freundliche Worte lehren, um ihn zur Ausübung der sechs Wege der Harmonie und Verehrung zu bewegen. Das Anhören dieser königlichen Lehre erfüllt das Herz des Gläubigen mit tiefer Freude und ohne Verzug rezitiert und studiert er es weiterhin."

Freude und Gleichmut sind zwei der vier unendlichen Tugenden. Die unendliche Tugend der Freude meint die Freude, die der Anblick derer bringt, die das Glück gefunden haben. Die Tugend der Gleichmut meint die Aufgabe der Anhänglichkeit an gute Taten, die wir für andere tun und sogar auch dem Schaden gegenüber, den unsere Feinde uns zufügen. Zusammen betrachtet, bezeichnen die Worte „Freude und Gleichmut" eine geistige Haltung, in der man den eigenen Vorteil und die Selbstsüchtigkeit zurückläßt und nur an das Wohl der anderen denkt.

Der Ausdruck „freundliche Worte" bedeutet liebevolle Worte, die eine der vier Tugenden des Bodhisattva sind. Die sechs Wege der Harmonie und Verehrung sind die sechs Arten von Übungen, durch die die Gläubigen im Laufe ihres Suchens der Erleuchtung einander respektieren und miteinander harmonieren.

DIE SÜNDEN DES KÖRPERS UND DES GEISTES. Der Buddha sprach weiterhin: „Und wiederum ertönt vom Himmel eine mystische Stimme, die spricht: ‚Übe nun die Reue des Körpers und des Geistes! Die Sünden des Körpers sind Töten, Stehlen und Ehebruch, während die Sünden des Geistes die Pflege verschiedener schlechter Gedanken ist. Das Schaffen der zehn üblen Karmas und die fünf tödlichen Sünden ist so, als wenn man wie ein Affe leben würde, ist wie Vogelleim und Kleister, und die Anhänglichkeit an jede Art von Bedingungen führt universell zu den Leidenschaften der sechs Sinnesorgane der Menschen. Das Karma dieser sechs Organe mit ihren Stämmen, Zweigen, Blumen und Blättern füllt die dreifache Welt, die fünfundzwanzig Wohnplätze der Lebewesen und alle Orte in denen Kreaturen geboren werden völlig aus. Solche Karmas vermehren auch die Unwissenheit, Alter, Tod und die zwölf Leiden und erreichen unweigerlich die acht Falschheiten und die acht Umstände. Bereue du jetzt solche üblen und schlechten Karmas!'"

Die fünf tödlichen Sünden sind, den eigenen Vater zu töten, die eigene Mutter zu töten, einen *Arhat* zu töten, den Körper eines Buddha zu verletzen und Unfrieden in der Gemeinschaft der Mönche zu stiften. Alle, die diese fünf Sünden begehen, fallen in die Avici-Hölle. Die fünfundzwanzig Wohnplätze der Lebewesen sind die vier üblen Welten (die Welt der Höllen, der Tiere, der hungrigen Geister und der *Asuras*), die vier Kontinente der Welt der Menschen, die sechs Himmel der Welt der Begierden, die sieben Himmel der Welt der Form und die vier Himmel der formlosen Welt. Die acht Umstände bezeichnen die acht Bedingungen, unter denen es unmöglich ist, den Buddha zu sehen oder das Gesetz zu hören. Es sind die Zustände der Hölle, der Tiere, der hungrigen Geister, des Himmels des langen Lebens, der abgelegenen Orte, blind oder taub zu sein, der weltlichen Vorurteile und der Zeitspanne, in der der Buddha abwesend ist.

Nachdem der Gläubige das gehört hat, fragt er die Stimme im Himmel: ‚Wo soll ich das Gesetz der Reue üben?'

Und die Stimme vom Himmel antwortet: ‚Shakyamuni Buddha trägt den Titel ‚Vairocana, der alle Orte durchdringt, und sein Wohnort wird ‚Ewiges, ruhiges Licht' genannt, der Ort der erbaut wurde aus Beständigkeis-*Pāramitā* und befestigt wurde mit Selbst-*Pāramitā*, der Ort, an dem das Reinheits-*Pāramitā* den Aspekt des Seins auslöscht, wo das Segnungs-*Pāramitā* nicht im körperlichen oder geistigen Aspekt verweilt, und wo die Aspekte aller Gesetze weder als seiend noch als nichtseiend gesehen werden können; der Ort der ruhigen Befreiung oder des *Prajñā-Pāramitās*. Da diese Formen auf dem unvergänglichen Gesetz erbaut sind, mußt du jetzt über die Buddhas aller Richtungen meditieren.'"

Die Ausdrücke „Vairocana, der alle Orte durchdringt" und „Ewiges, ruhiges Licht" bezeichnen, ebenso wie die folgenden, das Überschreiten aller Begrenzungen von Raum und Zeit, das auf der Idee von *sunya* oder der Leere fundiert (Erklärung folgt). Positiv ausgedrückt bedeutet es die absolute Universalität des Buddha und des Buddhalandes.

„Dann strechen die Buddhas aller Richtungen alle ihren rechten Arm aus und legen ihre Hände auf den Kopf des Gläubigen und sprechen: ‚Gut! Gut! Guter Sohn! Die Buddhas aller Richtungen werden jetzt das Gesetz der Reue predigen, weil du die Sutras des großen Fahrzeuges gelesen und rezitiert hast. Die Bodhisattva-Übung ist weder, Bindungen und Antriebe zu unterdrücken, noch im Meer der Antriebe zu verweilen. In der Meditation über den Geist gibt es keinen Geist, den man erfassen könnte außer des Teils, der durch die verdrehten Gedanken entsteht. Der Geist, der eine solche Form darstellt, erhebt sich aus den falschen Vorstellungen wie der Wind im Himmel, der keinen festen Halt hat. Weder erscheint eine solche Gesetzesform, noch erscheint sie nicht. Was ist Sünde? Was heißt es, gesegnet zu sein? So wie der eigene Geist leer seiner selbst ist, so haben auch Sünden und Segen kein Sein. Gleichermaßen sind die Gesetze weder festgelegt, noch gehen sie dem Untergang entgege. Wenn man so meditiert, so gibt es keinen Geist, den man erfassen könnte. Das Gesetz lebt auch nicht im Gesetz. Alle Gesetze sind Befreiung, die Wahrheit der Erlöschung und Ruhe. Dieser Aspekt wird die große Reue genannt, die große geschmückte Reue, die Reue des nichtsündigen Blickwinkels und die Zerstörung der Unterscheidung. In dem, der diese Reue übt, ist die Reinheit des Körpers und des Geistes nicht durch das Gesetz festgelgt, sondern frei wie fließendes Wasser. In jeder Spiegelung kann er den Bodhisattva ‚Universelle Tugend' und die Buddhas aller Richtungen sehen."

„Danach predigen die Weltgeehrten, den Lichtstrahl großer Gnade aussendend, dem Gläubigen das Gesetz des Nichtaspektes. Er hört, wie die Weltgeehrten die Lehre des ersten Prinzips predigen. Daraufhin wird sein Geist unerschütterlich. Wenn die Zeit reif ist, wird er den wahren Bodhisattva-Status erreiche."

„Bindungen und Antriebe" ist ein buddhistischer Ausdruck, der für Verunreinigungen steht, die die Menschen an Wiedergeburten binden und sie in die Welt des Leidens treiben. Die Bodhisattva-Übung ist der Mittelweg zwischen übertriebener Enthaltsamkeit und übertriebener Befriedigung. In den Worten „leer von selbst" bedeutet „leer", in Sanskrit *sunya* oder *sunyata,* erstens Substanzlosigkeit und zweitens Ungebundensein. Der Ausdruck „Sünde und Segen haben kein Sein" zeigt den Zustand des Nichtanklammern, das heißt von *sunya,* an. Wenn ein Mensch den Zustand des Nichtanhängens erreicht ist das Problem von Gut und Böse erledigt.

Der Buddha sprach zu Ānanda: „Die Übung in dieser Weise durchzuführen, wird Reue genannt. Dies ist das Gesetz der Reue, das die Buddhas und großen Bodhisattvas aller Richtungen üben. Nach der Erlöschung des Buddha müssen seine Jünger, wenn sie alle ihre üblen und schlechten Karmas bereuen, nur die Sutras des großen Fahrzeuges lesen und rezitieren.

Diese Sutras von großem Ausmaß sind die Augen des Buddha. Mittels der Sutras haben die Buddhas die fünf Arten von Augen entwickelt. Die drei Körperarten der Buddhas erwachsen aus den Sutras des großen Ausmaßes. Das ist das Siegel des großen Gesetzes, mit welchem der Ozean des Nirvana versiegelt ist. Aus solch einem Ozean werden die drei reinen Körperarten der Buddhas geboren. Diese drei Arten von Körpern des Buddha sind ein Feld des Segens für die Götter und Menschen und das höchste Objekt der Anbetung. Wenn es irgendwelche gibt, die die Sutras des großen Ausmaßes, des großen Fahrzeuges rezitieren und lesen, wisse, daß sie mit den Verdiensten der Buddhas ausgerüstet sind. Sie sind, nachdem sie ihre alten Übel ausgelöscht haben, aus der Weisheit des Buddha geboren."

Die fünf Arten von Augen sind (1) die Augen aller, die einen materiellen Körper haben, (2) das göttliche Auge der himmlischen Wesen im Reich der Formen, (3) die Augen der Weisheit, mit denen die Gläubigen des großen Fahrzeuges das Nichtsein aller Dinge wahrnehmen, (4) das Auge des Gesetzes, mit denen die Bodhisattvas alle Lehren wahrnehmen, um alle Menschen zur Erleuchtung zu führen; und (5) die Buddha-Augen, das sind die vier Arten oben angeführter Augen, die im Körper des Buddha vorhanden sind.

Dann wiederholte der Weltgeehrte das Wichtigste seiner Lehre in Versen:

„Wenn jemand Übel in seinen Augen hat,
Und seine Augen mit der Behinderung von Karmas verunreinigt sind,
Muß er nur das große Fahrzeug rezitieren
Und über das erste Prinzip reflektieren.
Das wird die Reue des Auges genannt,
Alle schlechten Karmas beendend.
Sein Ohr hört ungeordnete Töne
Und verstört das Prinzip der Harmonie.
Das erzeugt in ihm einen irren Geist,
Gleich dem eines Affen.
Er muß nur das große Fahrzeug rezitieren
Und über den leeren Nichtaspekt des Gesetzes meditieren,
Alle die alten Übel beendend,
So daß er mit himmlischen Ohren aus allen Richtungen Klänge vernimmt.
Sein Riechorgan hängt an allen Düften,
Alle Kontakte den Gelüsten nach schaffend,
Seine Nase, solchermaßen verführt,
Gebiert allen Staub der Illusion entsprechend seiner Lust.
Wenn jemand die Sutras des großen Fahrzeuges rezitiert

Und über die grundlegenden Wahrheiten des Gesetzes nachdenkt,
Wird er frei von seinen alten üblen Karmas
Und wird sie in zukünftigen Leben nicht wieder erzeugen.
Seine Zunge verursacht fünf Arten
Von schlechtem Karma üblen Redens.
Wenn jemand sie allein kontrollieren möchte,
Muß er eifrig Gnade üben,
Und, unter Betrachtung des wahren Prinzips der Ruhe des Gesetzes,
Sollte er keine Unterscheidungen wahrnehmen.
Das Organ seiner Gedanken ist gleich dem eines Affen
Nimmer ruhend auch nur eine kleine Weile.
Sollte jemand dieses Organ unterwerfen wollen,
Muß er eifrig das große Fahrzeug rezitieren,
Über den großartig erleuchteten Körper des Buddha reflektieren,
Die Vollendung seiner Kraft und Furchtlosigkeit.
Der Körper ist der Meister seiner Organe,
Wie der Wind den Staub umherweht,
Wandert er in seinen sechs Organen
Ohne irgendwelche Hindernisse.
Wenn man diese Übel zerstören möchte,
Um von den alten Täuschungen des Staubes befreit zu sein,
Für immer in der Stadt Nirvanas zu wohnen,
Und mit ruhigem Geist glücklich zu sein,
Sollte er die Sutras des großen Fahrzeuges rezitieren
Und über die Mutter der Bodhisattvas nachdenken.[4]
Unzählbare hervorragende Mittel des Taktes
Werden durch das Reflektieren über die Wirklichkeit gewonnen.
Diese sechs Gesetze
Werden die Reinigung der sechs Sinnesorgane genannt.
Das Meer der Hindernisse allen Karmas
Wird durch die falschen Vorstellungen erzeugt.
Sollte jemand wünschen es zu bereuen,
Sollte er aufrecht sitzen und über den wahren Aspekt der Wirklichkeit meditieren.
Alle Sünden sind nur wie Reif und Tau,
Deshalb kann die Sonne der Weisheit sie auflösen.
Deshalb soll er mit ganzer Hingabe
Seine sechs Sinnesorgane bereuen."

Der Kern der Reue im Buddhismus ist in den folgenden Zeilen der obigen Verse zusammengefaßt:

„Sollte jemand wünschen, es zu bereuen,
Sollte er aufrecht sitzen und über den wahren Aspekt der Wirklichkeit meditieren.
Alle Sünden sind nur wie Reif und Tau,
Deshalb kann die Sonne der Weisheit sie auflösen.“

Diese Zeilen sind so heilig und wichtig, daß wir sie auswendig lernen und uns immer wieder ins Gedächtnis rufen sollten.

DIE VERDIENSTE DER REUE. Nachdem der Buddha diese Verse gesprochen hatte, redete er wiederum zu Ananda: „Bereue jetzt diese sechs Organe, halte das Gesetz, über den Bodhisattva ‚Universelle Tugend' zu meditieren, erkenne es und erkläre es allen Göttern des Universums und den Menschen gut. Nach der Erlöschung des Buddha, müssen alle seine Jünger, wenn sie die Sutras des großen Fahrzeuges erhalten und bewahren wollen, sie immerzu lesen und rezitieren und erklären gleich ob in einem ruhigen Ort, auf einem Friedhof, unter einem Baum oder an einem Platz des *Aranya*, und sie müssen über die Bedeutung der Sutras des weiten Ausmaßes, des großen Fahrzeuges, nachdenken. Dank der großen Kraft ihrer Reflektion über die Sutras, können sie mich, die Stupa des Buddha ‚Reiche Schätze', die zahlreichen Buddhas aller Richtungen, den Bodhisattva ‚Universelle Tugend', den Bodhisattv Mañjuśrī, den Bodhisattva ‚Medizinkönig' und den Bodhisattva ‚Medizinherr' sehen. Dank ihrer Verehrung des Gesetzes werden diese Buddhas und Bodhisattvas, die im Himmel mit den verschiedensten Blumen verweilen, alle diejenigen loben und preisen, die das Gesetz halten und bewahren. Selbst wenn sie nur die Sutras des großen Ausmaßes, des großen Fahrzeuges rezitieren, werden die Buddhas und Bodhisattvas allen, die das Gesetz halten, Tag und Nacht Ehrerbietung darbringen.

Ich und die Bodhisattvas der tugendreichen *Kalpas*[7] und die Buddhas aller Richtungen haben uns nun durch unser Bedenken der wahren Bedeutung des großen Fahrzeuges während Hunderten von Myriaden *Koṭis* von *Asaṃkahyeya Kalpas* von den Sünden von Geburt und Tod befreit. Mittels dieses wunderbaren, einmaligen Gesetzes der Reue sind wir alle die Buddhas aller Richtungen geworden. Wenn man die vollkommene Erleuchtung schnell erreichen will und in diesem jetzigen Leben die Buddhas aller Richtungen und den Bodhisattva ‚Universelle Tugend' zu sehen wünscht, muß man ein Bad nehmen, um sich zu reinigen, saubere Gewänder tragen, kostbaren Weihrauch verbrennen und an einem abgelegenen Ort leben, an dem man die Sutras des großen Fahrzeuges lesen und rezitieren und über ihre Bedeutung nachdenken sollte.

Wenn es Lebewesen gibt, die über den Bodhisattva ‚Universelle Tugend' meditieren möchten, dann müssen sie so meditieren. Jeder, der so meditiert, wird als einer, der richtig meditiert bezeichnet. Alle, die anders meditieren, werden als die bezeichnet, die falsch meditieren. Wenn nach der Erlöschung des Buddha alle seine Jünger seinen Worten gehorsam folgen und Reue üben, dann laß es bekannt werden, daß sie die Arbeit von ‚Universelle Tugend' tun. Wer die Arbeit von ‚Universelle Tugend' ausführt, sieht weder die schlechten Aspekte noch die Vergeltung übler Karmas. Wenn irgendein Lebewesen die Buddhas aller Richtungen täglich während Tag und Nacht sechsmal grüßt, die Sutras des großen Fahrzeuges rezitiert und über das tiefe Gesetz der Leere des ersten Prinzips nachdenkt, macht sich frei von Sünden der Geburt und des Todes, die in Hunderten von Myriaden von *Koṭis* von *Asaṃkyeya Kalpas* gemacht wurden, in der kurzen Zeitspanne, in der man seine Finger schnalzen läßt. Jeder, der diese Arbeit ausführt, ist ein wirklicher Buddhasohn, geboren aus den Buddhas. Die Buddhas aller Richtungen und die Bodhisattvas werden seine geistlichen Lehrer werden. So jemand wird genannt, einer der in den Vorschriften der Bodhisattvas vollkommen ist. Ohne die Zeremonie des Bekenntnisses durchzumachen, wird er die Bodhidsattvaschaft erreichen und von allen Göttern und Menschen verehrt werden."

Ein geistlicher Lehrer ist die Person, die die buddhistischen Verhaltensregeln an die Person gibt, die Mönch werden möchte. In dieser Zeremonie gelobt letzerer, die Regeln einzuhalten. Hier wird bestätigt, daß die Buddhas aller Richtungen und die Bodhisattvas die geistlichen Lehrer eines wahren Buddhasohnes, eines, der die Regeln eines Bodhisattvas vollkommen einhält, werden.

Die „Zeremonie des Bekenntnisses", *jnapti-karman* in Sanskrit, ist ein Zeremonie, in der ein Mensch seine Übertretungen der disziplinarischen Regeln, die der Buddha für die Mönche und Nonnen aufgestellt hat, bekennt. Hier wird gesagt, daß ein wahrer Buddhasohn, auch ohne durch diese Zeremonie zu gehen, sich zur vollkommenen Bodhisattvaschaft bringen kann und von allen Göttern und Menschen verehrt werden wird.

Als nächstes lehrt der Buddha den Gläubigen, Reue in der folgenden Weise auszuführen, wenn er sich wünscht, in der Übung der Bodhisattvas vollkommen zu sein: „Wenn der Gläubige wünscht, in der Übung der Bodhisattvas vollkommen zu sein, muß er seine Hände falten, in der Einsamkeit der Wildnis leben, universell die Buddhas aller Richtungen grüßen, seine Sünden bereuen und sich selbst seine Irrtümer bekennen. Danach sollte er an einem stillen Ort folgendermaßen zu den Buddhas sprechen: „Die Buddhas, die Weltgeehrten, bleiben für immer in dieser Welt. Wegen der

Behinderungen durch mein Karma, kann ich die Buddhas nicht klar sehen, obwohl ich an die Sutras des großen Ausmaßes glaube. Ich habe jetzt in die Buddhas Zuflucht genommen. Laß es dir genehm sein, Shakyamuni Buddha, Allweiser und Weltgeehrter, mein geistlicher Lehrer zu sein. Mañjuśrī, der du großes Mitleid besitzt, laß es dir in deiner Weisheit gefallen, mir die Gesetze der reinen Bodhisattvas zu übertragen! Bodhisattva Maitreya, einmalige und gnadenreiche Sonne! Habe Gefalen daran, mir zu erlauben, die Gesetze der Bodhisattvas zu empfangen. Buddhas aller Richtungen! Seid so gut euch zu enthüllen und mir Zeugnis zu geben! Große Bodhisattva, laßt es euch gefallen, indem ich jeden von euch bei Namen rufe, ihr großen Lehrer, alle Lebewesen zu beschützen und uns zu helfen! Gegenwärtig habe ich die Sutras des großen Gesetzes empfangen und bewahre sie. Selbst wenn es mein Leben kosten sollte, ich in die Hölle fiele und unzählbare Leiden empfangen sollte, würde ich niemals das richtige Gesetz der Buddhas verspotten. Aus diesem Grund und kraft seiner Verdienste laß es dir, Shakyamuni Buddha, nun genehm sein, mein geistlicher Lehrer zu sein! Maitreya, laß es dir gefallen, in der kommenden Welt mir das Gesetz zu übertragen! Buddhas aller Richtungen, bitte seid meine Zeugen! Bodhisattva ‚Große Tugend', bitte seid meine Freunde! Jetzt, mittels der tiefen und mysteriösen Bedeutung des großen Fahrzeuges, nehme ich meine Zuflucht zu dem Buddha, nehme meine Zuflucht in das Gesetz und nehme meine Zuflucht in die *Sangha.*'"

Der Buddha sagt dem Gläubigen, dies dreimal zu sprechen. Glauben und Wünsche der Buddhisten sind in diesem Abschnitt zusammengefaßt. Die Ausdrücke „Laßt es euch gefallen, euch zu enthüllen und Zeugnis abzulegen" bedeuten, „Ich rufe alle Buddhas an, zu bezeugen, ob ich meine Gelübde einhalte oder nicht." Die Worte „ihr großen Lehrer" beziehen sich auf die Bodhisattvas.

„Selbst wenn es mein Leben kosten sollte, ich in die Hölle fiele und unzählige Leiden empfangen sollte, würde ich niemals das richtige Gesetz der Buddhas verspotten" zeigt die richtige Geisteshaltung eines wahren Gläubigen. Menschen, die aufgrund alten schlechten Karmas aus früheren Leben keine offensichtlichen Verdienste von ihren religiösen Übungen erhalten, neigen dazu, Gott oder Buddha zu verspotten. Indem sie das tun, lassen sie die Rettungsleine los, die sie von Leiden befreien könnte. Niemand der an das richtige Gesetz des Buddha glaubt, kann in die Hölle sinken. Selbst wenn ein Gläubiger des richtigen Gesetzes dahin kommen sollte, muß er seine feste Entschlossenheit, auszuhalten bis zum Ende, aufrecht erhalten. Ein Mensch, der mit reinem Geist sich derart seinem Glauben widmet, wird natürlich von seinen Leiden erlöst werden.

In dem Anruf: „Mañjuśrī, laß es dir gefallen, mein Lehrer zu sein!" bedeutet „Lehrer" einen besonderen Priester, der als Assistent des geistlichen Lehrers dem Novizen in der Zeremonie, in der er die buddhistischen Verhaltensregeln annimmt, Anweisungen gibt. „Maitreya, laß es dir in der kommenden Welt genehm sein, mir das Gesetz zu übertragen!" zeigt den Wunsch des Gläubigen an, das Gesetz von Bodhisattva Maitreya zu erhalten, von dem angenommen wird, daß er 5.670.000 Jahre nach dem Eintritt Shakyamuni Buddhas ins Parānirvāna in dieser Welt erscheinen wird. „Bitte, seid meine Freunde" drückt den Wunsch des Gläubigen aus, daß die Bodhisattvas großer Tugend, ihn als Begleiter auf dem Weg zur Erleuchtung belehren mögen. Der letzte Satz erwähnt, daß der Gläubige in die drei Kleinodien, das ist in den Buddha, in das Gesetz und in die Sangha, Zuflucht nehmen muß. Die Bedeutung dieser drei Schätze ist ausführlich in Kapitel 16 besprochen worden.

Weiterhin sagte der Buddha: „Der Gläubige muß das dreimal sprechen. Und wenn er seine Zuflucht in die drei Schätze genommen hat, muß er sich als nächstes geloben, das sechsfache Gesetz zu empfangen. Nach Empfang des sechsfachen Gesetzes muß er als nächstes eifrig unbehindertes Brahmaverhalten üben, seine Absicht, universell alle Lebewesen zu erretten, erwachsen lassen und dann das achtfache Gesetz empfangen. Nachdem er solche Gelöbnisse in der Wildnis abgelegt hat, muß er seltenen Weihrauch verbrennen, Blumen streuen, allen Buddhas, Bodhisattvas und den Sutras des großen Ausmaßes, des großen Fahrzeuges, Verehrung darbringen und Folgendes sprechen: ‚Ich habe jetzt das Streben nach Buddhaschaft geweckt, möge dieser Verdienst alle Lebewesen retten!'

Wenn er so gesprochen hat, soll sich der Gläubige wieder vor allen Buddhas und Bodhisattvas zu Boden werfen und über die Bedeutung der Sutras großen Ausmaßes nachdenken. Für einen Tag oder für dreimal sieben Tage braucht er, gleich, ob er ein Mönch oder ein Laienanhänger ist, weder einen geistlichen Führer, noch ist es nötig, daß er einen Lehrer anstellt. Die Kraft, die dadurch entsteht, daß der die Sutras des großen Fahrzeuges erhält, bewahrt, liest und rezitiert und durch die Taten, die er mit Hilfe und Ermunterung von Bodhisatttva ‚Universelle Tugend' ausführt — die in Wahrheit die Augen des richtigen Gesetzes der Buddhas aller Richtungen sind — ermöglicht es ihm, sogar ohne die Zeremonie des *Jarman-Karman* durchzuführen, allein die fünf Arten des Gesetzeskörpers: Verhaltensregeln, Meditation, Weisheit, Befreiung und Kenntnis der Befreiung auszuführen. Alle die Buddhas, die Tathāgatas, sind aus diesem Gesetz geboren worden und haben die Verheißung ihrer Erleuchtung in den Sutras des großen Fahrzeuges erhalten.

Die sechsfachen Gesetze sind die folgenden sechs buddhistischen Verhaltensregeln: kein Leben zu nehmen, nicht zu stehlen, sich falscher sexueller Aktivität zu enthalten, nicht zu lügen, keine berauschenden Getränke zu trinken und nicht über die Fehler anderer Menschen zu reden. Das achtfache Gesetz umfaßt außer den eben angeführten sechs Vorschriften noch zwei weitere: seine eigenen Fehler nicht zu verstecken und nicht die schwachen Seiten anderer Menschen herauszustellen anstelle ihrer Vorzüge. „*Jnapti-Karman*" ist ein zusammengesetztes Wort mit zwei Bedeutungen; *Jnapti* ist eine Erklärung oder Ansage, während *Karman* den Ablauf einer Versammlung der buddhistischen Gemeinde beschreibt. Es ist ein Bestandteil der buddhistischen Mönchsweihe, in der der Kandidat seine vergangenen Sünden bekennt und gelobt, den Lehren des Buddha zu folgen.

DIE REUE DER DREI HAUPTKLASSEN. Als nächstes predigte der Buddha die Reue, die von jeder der drei Hauptklassen — *Śrāvakas* (Mönche), Upāsakas (männliche Laienanhänger) und allen Menschen einschließlich Könige, Minister, Brahmanen, Bürger, Ältere, Regierungsbeamte und so weiter — ausgeübt werden muß. „Deshalb, o Mensch, sei weise! Angenommen ein *Śrāvaka* bricht die dreifache Zuflucht, die fünf Verhaltensregeln, die acht moralischen Vorschriften, die Regeln für *Bhikshus* oder *Bhikshunīs,* für *Śramaneras,* für *Śramanerikas* und für *Śikshamanas* und verstößt gegen ihr edles Verhalten und wegen seiner Dummheit und seinem üblen, bösen und falschenSinn übertritt er viele Regeln und Vorschriften des richtigen Benehmens. Wenn er sich dieser Fehler entledigen will und frei sein von diesen Irrtümern, wenn er wieder ein Mönch werden und die Gesetze für *Bhikshus* einhalten möchte, muß er die Sutras des großen Ausmaßes ernsthaft lesen, das tiefe Gesetz der Leere des ersten Prinzips betrachten und diese Weisheit der Leere in sein Herz nehmen; wisse, daß solch ein Mensch allmählich alle Verunreinigungen seiner alten Sünden restlos überkommen wird — er wird einer genannt, der in den Gesetzen und Vorschriften für Mönche vollkommen ist und das edle Verhalten zeigt. Menschen und Götter werden solch einem Menschen dienen."

Die fünf Vorschriften sind, kein Leben zu nehmen, nicht zu stehlen, keine falschen sexuellen Handlungen auszuführen, nicht zu lügen und keine berauschenden Getränke zu trinken. Die acht Verhaltensregeln schließen außer den fünf oben aufgeführten noch drei weitere ein: den Gebrauch von Parfüm, Theater und Musik zu vermeiden; nicht auf einem geschmückten Stuhl zu sitzen oder zu schlafen; und nicht nach Mittag zu essen. Ein *Sramanera* ist ein Novize, der die zehn Verhaltensregeln bekommen hat. Danach kann er Mönch oder Asket werden. Eine *Śikshamana* ist eine

Novizin im Alter zwischen achtzehn und zwanzig, die die fünf allgemeinen Vorschriften einhält und zusätzlich die Regel befolgt, nicht zu unregelmäßigen Zeiten zu essen.

Der Buddha fuhr fort: „Angenommen ein *Upasaka* verstößt gegen das edle Verhalten und tut schlechte Dinge. Schlechte Dinge tun, heißt Fehler und Sünden des Buddhagesetzes zu verkünden, schlechte Dinge zu diskutieren, die unter den vier Gruppen vorgekommen sind, und sich nicht zu schämen, selbst Diebstahl oder Ehebruch zu begehen. Wenn er wünscht, diese Sünden zu bereuen und sich ihrer zu entledigen, muß er die Sutras des großen Ausmaßes mit Eifer lesen und rezitieren und über das erste Prinzip nachdenken. Angenommen ein König, ein Minister, ein Brahmane, ein Bürger, ein Älterer, ein Staatsbeamter, sie alle suchen gierig und unermüdlich ihre Gelüste zu befriedigen, begehen die fünf tödlichen Sünden, verspotten die Sutras des großen Ausmaßes und vollziehen die zehn üblen Karmas deren Vergeltung sie schneller auf üble Wege bringt, als ein Gewittersturm losbricht, die sie sicher in die Avici-Hölle führt; wenn sie diesen karmischen Behinderungen entkommen und sie zerstören wollen, müssen sie ihr Schamgefühl erwecken und alle ihre Sünden bereuen.

Warum wird es das Gesetz der Reue der *Kshatriyas* und Bürger genannt? Das Gesetz der Reue der *Kshatriyas* und Bürger ist, daß sie beständig die richtige Einstellung haben müssen; daß sie die drei Schätze nicht verspotten; daß sie niemanden behindern oder verfolgen, der Brahmaverhalten ausübt; daß sie nicht vergessen, das Gesetz der sechs Reflektionen zu üben; sie müssen andererseits alle unterstützen und verehren, die das Gesetz des großen Fahrzeuges wahren; sie müssen die tiefe Doktrin der Sutras beständig vor Augen haben und die Lehre des ersten Prinzips. Jemand, der dieses Gesetz bedenkt, wird als einer bezeichnet, der die erste Reue der *Kshatriyas* und Bürger ausführt. Die zweite Reue ist, daß sie ihre kindlichen Pflichten ihren Eltern gegenüber ausführen und ihre Vorgesetzten und Lehrer respektieren — das wird das zweite Gesetz der Reue genannt. Ihre dritte Reue ist, ihr Land mit dem richtigen Gesetz zu reagieren und die Untertanen nicht ungerechterweise zu unterdrücken — das ist die Ausübung der dritten Reue. Ihre vierte Reue ist, in ihrem Land die sechs Fastentage anzuordnen und die Menschen, so weit es ihnen möglich ist, davon abzuhalten zu töten. Einer, der dieses Gesetz übt, wird einer, der die vierte Reue übt genannt. Die fünfte Reue ist, tief an Ursache und Wirkung aller Dinge zu glauben, in den Weg der einen Wahrheit zu vertrauen und zu wissen, daß der Buddha niemals erlöscht — das ist die fünfte Reue."

Das Gesetz der sechs Reflektionen bedeutet das Nachdenken über die sechs wichtigen Dinge: den Buddha, das Gesetz, die Sangha, die Verhaltensregeln, Gabenspenden und die Himmel. Wir können Himmel hier als nicht von weltlichen Unreinheiten besudelt betrachten. Die sechs Fastentage sind die Tage der Reinigung, an denen Opferungen für die Toten gemacht werden. Die sechs Tage sind der achte, vierzehnte, fünfzehnte, dreiundzwanzigste, neunundzwanzigste und dreißigste Tag des Monates, an denen Laienanhänger die acht Regeln einhalten; auf japanisch heißen diese Tage *roku sainichi,* oder sechs Fastentage. In der Sprache unserer Tage ausgedrückt, heißt der Ausdruck „in ihrem Land die sechs Fastentage anzuordnen und die Menschen, soweit es ihnen möglich ist, davon abzuhalten zu töten", daß alle Menschen das Leben aller Kreaturen respektieren sollten.

Der Ausdruck „Ursache und Wirkung aller Dinge", der in der fünften Reue angeführt wurde, spricht das grundsätzliche Prinzip aus, daß eine gute Saat eine gute Ernte bringt, während eine schlechte Saat unweigerlich zu einer schlechten Ernte führt. Wenn auch die Ergebnisse langsam oder schnell auftreten können, wird jedermann ganz sicherlich die Ergebnisse bekommen, die seine Handlungen hervorgebracht hat. Niemand, der dieses Prinzip wirklich verstanden hat, wird jemals Schlechtes tun. In dem Ausdruck „der Weg der einen Wirklichkeit" bedeutet „eine Wirklichkeit" eine Wahrheit, nämlich das unveränderliche eine Sein (Wahrheit oder der Buddha) zwischen all den sich verändernden Dingen dieser Welt.

Der Buddha sprach zu Ânanda: „Wenn es in zukünftigen Welten Menschen geben sollte, die diese Gesetze der Reue üben, dann wisse, daß solche Menschen die Gewänder der Scham angelegt haben, daß sie von den Buddhas geschützt und unterstützt sind, und daß sie in nicht allzulanger Zeit vollkommene Erleuchtung erreichen werden." Als diese Worte gesprochen wurden, erlangten tausend göttliche Söhne reine geistliche Augen so wie auch die großen Bodhisattvas, der Bodhisattva Maitreya und andere und Ânanda, der den Reden des Buddha lauschte. Sie alle waren sehr erfreut und taten, wie ihnen der Buddha geheißen."

Das Sutra der Meditation über den Bodhisattva ‚Universelle Tugend' endet mit diesen Worten. Ich fürchte, daß einige Leser große Schwierigkeiten hatten, es in allen Teilen ganz zu verstehen, den sein Inhalt ist sehr tief und schwierig. Wir können jedoch zum Schluß sagen, daß Reue heißt, die Lehren des großen Fahrzeuges zu lernen und zu üben. Reue läßt keinen Raum für Kompromisse oder für eine lauwarme oder gleichgültige Haltung, sondern bedeutet unermüdliches Polieren der Buddha-Natur durch allmähliches Entfernen aller Täuschungen und Unreinheiten aus dem Sinn. Die Ausübung der Reue besteht in der Bodhisattva-Übung durch welche man nicht nur die Unreinheiten des eigenen Geistes entfernt, sondern auch anderen dient. Reue ist ein unbedingt notwendiger Bestandteil religiösen

Lebens. Es bleibt zu hoffen, daß alle Menschen zu wiederholten Malen dieses Sutra der Reue lesen und rezitieren und seinen Kern erkennen und im täglichen Leben ausüben.

Der Kommentar auf das dreifache Lotus-Sutra endet hier. Wenn jemand das gesamte Sutra gelesen hat und sich im Lichte seiner Lehren betrachtet, findet er vielleicht, daß sein geistiger Zustand vollkommen ist, daß er gar nicht weiß, was er nun anfangen soll. Es wurde mir erzählt, daß jemand bekannte, daß er es sehr schwierig fände, sich mit dem Lotus-Sutra nochmals zu beschäftigen nachdem er es einmal gelesen hatte, da es so außerordentlich tief sei. Ich kann verstehen, warum er sich vor der Tiefe des Sutras einschüchtern ließ. Ich nehme jedoch an, daß er das Sutra nicht gründlich genug gelesen hatte und daß, wenn er es mehrmals gelesen hätte, er zu der Erkenntnis gelangt wäre, daß es eine Lehre ist, die uns alle direkt zur Erlösung führen kann. Wir sollten unsere Übung mit nur einer Lehre des Lotus-Sutras beginnen und mit dem kleinsten Teil unseres täglichen Lebens. Das Sutra selbst warnt uns davor, seine Lehren für so schwierig zu halten, daß wir sie nicht üben könnten.

Es gibt eine passende Geschichte in dem Sutra der hundert Parabeln (*Hyakuyu-kyo*), mit der ich schließen möchte.

Es war einmal ein dummer Mann. Er war sehr durstig und lief hierhin und dorthin auf der Suche nach Wasser. Während er nun so umherwanderte, gelangte er glücklicherweise an das Ufer des Flusses Sindh. Aus irgendeinem Grund stand er jedoch am Ufer, ohne zu trinken. Ein Freund, der in der Nähe war, wunderte ich sehr über sein Verhalten und fragte ihn: „Warum trinkst du das Flußwasser nicht?“ Der Mann antwortete: „Ich komme um vor Durst! Aber der Fluß hat soviel Wasser, daß ich es unmöglich alles trinken kann. Deshalb zögere ich, ob ich es trinken soll oder nicht.“

Ich hoffe von ganzem Herzen, daß niemand solch eine wahnsinnige Haltung den Lehren des Lotus-Sutras gegenüber einnimmt.

[1] Die Kontemplation, in der sich die Buddhas immer vor allen enthüllen.

[2] Eine der sechs transzendenten Kräfte. Das sind wunderbare Kräfte des Buddha, und der *Arhats*, die durch Meditation und Weisheit gewonnen werden können.

[3] Symbol der Täuschungen, denn die Täuschungen, die die Lebewesen vom Erreichen des richtigen Wissens abhalten, sind so zahlreich, wie Staubkörner.

[4] Das bezieht sich auf die Doktrin des großen Fahrzeuges als die Mutter und Stütze der Bodhisattvas.

[5] Die gegenwärtige *Kalpa*, auch *Kalpa* der Heiligen genannt.